'96

Theorie und Praxis des Wirtschaftslehre-Unterrichts

von
Prof. Dr. Hermann Speth
Wangen im Allgäu

MERKUR
VERLAG RINTELN

Für:
Birgitt,
Christian,
Fabian

3. überarbeitete Auflage 1996

© by MERKUR VERLAG RINTELN Hutkap GmbH & Co. KG, 31735 Rinteln

Gesamtherstellung:
Druckerei Karl Nusser, 88239 Wangen im Allgäu

ISBN 3-8120-**0370-8**

Vorwort zur 1. Auflage

Das vorliegende Buch faßt die fünf Bände der Reihe „Methodik und Didaktik des Wirtschaftslehreunterrichts" in einem Band zusammen. Gleichzeitig wurde eine Überarbeitung der Themengebiete vorgenommen und neue pädagogische Entwicklungen berücksichtigt. Geblieben ist das Ziel, das mit der Veröffentlichung der fachdidaktischen Reihe verfolgt wurde, nämlich die Umsetzung der pädagogischen Theorie in den Unterrichtsalltag. Dabei gilt es, die Diskrepanz zwischen wissenschaftlicher Forschung und pädagogischer Praxis zu überwinden.

Die vorliegende Fachdidaktik versteht sich als ein Versuch, die gegenwärtigen pädagogischen Theorien aufzuzeigen und sie für den Wirtschaftslehre-Unterricht zu erschließen. Es wurde daher sehr viel Sorgfalt auf Beispiele aus dem Unterrichtsalltag verwendet. Die Unterrichtspraxis hat nach meiner Überzeugung zwar auf einer Theorie aufzubauen, die es aber nicht um ihrer selbst zu betreiben gilt.

Nach meinem Grundverständnis von Unterricht muß wieder der gemeinsame Aspekt, das Ganze, gesehen werden. Unterricht ist ein ganzheitlich zu sehendes Geschehen, das zu jeder Zeit und in jedem Unterrichtsabschnitt den Schüler in seiner Gesamtpersönlichkeit zu erfassen und zu formen hat.

Es wurde im übrigen nicht der Versuch unternommen, den Text der bisherigen Reihen dort zu ändern, wo er nach meinem Verständnis auch heute noch seine volle Gültigkeit hat. Das bedeutet natürlich auch, daß die „alten Zitate" belassen wurden. Es wird also weiterhin z.B. eine 5. Auflage zitiert, auch wenn inzwischen beispielsweise die 15. Auflage erschienen ist. Durch eine Umstellung auf die jeweils neuere Auflage hätte sich die Qualität der Aussagen nach meinem Verständnis nicht erhöht.

Zum Schluß sei noch angemerkt: Die Wissenschaftler mögen mir verzeihen, wenn nach ihrer Ansicht zu wenig Theorie geboten wird und die praktizierenden Lehrer mögen mir nachsehen, wenn das Buch zu theorielastig ausgefallen ist.

Wangen im Allgäu, im Herbst 1994

Hermann Speth

Vorwort zur 3. Auflage

Ausdrücklich darf ich darauf hinweisen, daß in den von mir verwendeten *allgemeinen* Begriffen „Lehrer" und „Schüler", selbstverständlich Lehrerinnen und Schülerinnen einbezogen sind. Ständig von Lehrer/Lehrerinnen bzw. Schüler/Schülerinnen zu sprechen hätte m.E. das Lesen der Texte erschwert. Ich bitte daher die Lehrerinnen bzw. Schülerinnen um Nachsicht für meine Entscheidung.

Wangen im Allgäu, im Frühjahr 1996

Hermann Speth

Inhaltsverzeichnis

A. Fachdidaktik Wirtschaftslehre im Beziehungsfeld von Allgemeiner Didaktik und Bezugs-(Berufs-)wissenschaft

B. Ziel- und Inhaltsanalyse

D. Lernsicherung

E. Unterrichtskonzeptionen

A. Fachdidaktik Wirtschaftslehre im Beziehungsfeld von Allgemeiner Didaktik und Bezugs-(Berufs-)wissenschaft

1 Vorüberlegungen

Am Anfang dieses Buches ist es angebracht, die Grundlagen aufzuzeigen, auf diesen die hier vorgelegte Fachdidaktik gründet.

Es wird zu zeigen sein, daß sich Fachdidaktik nicht in der Vorgabe von Auswahlkriterien für fachwissenschaftliche Inhalte bzw. Zielsetzungen und im Aufzeigen adäquater Vermittlungstechniken erschöpft, sondern eine selbständige Disziplin darstellt, die sich aus den beiden Bezugsfeldern Allgemeine Didaktik und Bezugs-(Berufs-)wissenschaft speist. Diese Eigenständigkeit ist für eine Fachdidaktik unerläßlich, steht sie doch an vorderster pädagogischer Front, und sie muß sich deshalb, auf gesichertem pädagogisch-theoretischem Fundament, das von der Verantwortung für die nachwachsende Generation geprägt ist, an der praktischen Umsetzbarkeit ihrer Aussagen messen lassen. Fachdidaktik ist eine Wissenschaft *von* der Unterrichtspraxis *für* die Unterrichtspraxis.

2 Bezugsfeld Allgemeine Didaktik

2.1 Begriff und Problemkreise

Ich befasse mich zunächst mit dem Bezugsfeld Allgemeine Didaktik. Es kann nicht Aufgabe dieser Fachdidaktik sein – sozusagen im Vorbeigehen – zu der Vielzahl der Didaktikmodelle ein weiteres Modell anzufügen. Ich greife deshalb in Grundzügen auf das kritisch-konstruktive Didaktikmodell von Klafki zurück, das seine Wurzeln in der weiterentwickelten geisteswissenschaftlichen Pädagogik hat, und lege es in modifizierter Form dieser Fachdidaktik zugrunde.[1]

Wie ist Didaktik zu definieren?

Unter Didaktik[2] verstehe ich ein als Strukturmodell konzipiertes System von Bedingungen und interdependenten Entscheidungen, das darauf abzielt, für alle Formen systematischen und zielgerichteten Lehrens und des sich hieraus auf allen Stufen vollziehenden Lernens zielorientierte Vorgehensanweisungen zu formulieren.

Differenziert man den Gegenstandsbereich Didaktik auf und wendet man sich den Fragestellungen bzw. Problemkreisen zu, die durch die Didaktik determiniert sind,

---

1 Klafki, W.: Neue Studien zur Bildungstheorie und Didaktik: zeitgemäße Allgemeinbildung und kritisch-konstruktive Didaktik, 4. Aufl., Weinheim/Basel 1994.
2 Didaktik (nach dem griechischen Begriff didaktiké techné) heißt wörtlich übersetzt: Lehrkunst. In der pädagogischen Literatur ist, nach dem Umfang des Betrachtungsfeldes, eine definitorische Dreigliederung des Begriffs Didaktik zu beobachten:
   Didaktik wird – weitgefaßt – als die *Wissenschaft vom Lehren und Lernen definiert*. Eine engere Auffassung des Begriffs definiert Didaktik als die *Wissenschaft vom Unterricht*. Eine noch engere Betrachtungsweise schränkt den Didaktikbegriff auf die *Theorie der Bildungsinhalte* oder auf die *Wissenschaft vom Lehrplan* ein.

so ist festzuhalten, Didaktik bezieht sich auf[1]

- die Festlegung der allgemeinen und/oder besonderen *Ziele* des Lehrens und Lernens;

- die an den Zielen orientierte Auswahl der *Inhalte* bzw. Themen des Lehrens und Lernens;

- die *Methoden* des Lehrens und Lernens, die auf die Inhalte und auf die Lernvoraussetzungen und Lernmöglichkeiten der Lernenden abzustimmen sind,

- die *Kontroll-, Beurteilungs-* und *Sanktionsmaßnahmen,* die direkt oder indirekt Lehren und Lernen beeinflussen;

- die Erfassung des *pädagogischen Feldes,* in dem sich das jeweilige Lehren und Lernen manifestiert.

Betrachtet man die Beziehungen zwischen den einzelnen Elementen des Problemfeldes Allgemeine Didaktik, so gilt: es handelt sich um ein Gefüge von Relationen, die sich gegenseitig und im Hinblick auf den Gesamtzusammenhang bedingen und erhellen, wobei es keine Rangfolge im Sinne eines deduktiven Argumentationsgangs gibt. Gleichwohl ist festzuhalten, daß nicht alle aufgeführten Problemkreise in jeder Hinsicht gleichrangig sind. Eines haben aber alle didaktisch bedeutsamen Faktoren und Aspekte gemeinsam, sie bedürfen eines generellen Leit- und Zielsystems. Dieses Leit- und Zielsystem stellt den übergeordneten Orientierungs- und Beurteilungsrahmen für alle pädagogischen Einzelmaßnahmen dar.[2]

Ein solches Leit- und Zielsystem kann in einem Begriff wie Bildung, Emanzipation, Selbst- und Mitbestimmungsfähigkeit manifestiert werden oder aber durch Deskription. Da die meisten pädagogischen Begriffe in vielfacher Weise belegt und vorgeprägt sind (hier trifft die aus der Informationswissenschaft hinlänglich erwiesene Tendenz zu, daß der Bedeutungsgrad von Begriffen in dem Maße abnimmt, wie sein Gebrauch zunimmt), erscheint es mir angebracht, den neutralen Begriff „Leit- und Zielsystem" zu verwenden und diesen zu beschreiben.

2.2 Leit- und Zielsystem

Wie ist das Leit- und Zielsystem ganz grobflächig zu charakterisieren?

Das Leit- und Zielsystem hat die Aufgabe, den Gesamtzusammenhang aller didaktischen Maßnahmen zu strukturieren. Dabei gilt es zu berücksichtigen, daß es sich um ein offenes System handelt, das zwar von der pädagogischen Theorie besetzt werden muß, letztlich aber aufgrund der Machtkämpfe der gesellschaftlichen Gruppen bestimmt und durchgesetzt bzw. wieder verändert wird. Das Leit- und Zielsystem kann daher immer nur im Sinne eines regulativen Prinzips als

---

1 Vgl. Klafki, W.: Bildungstheorie und Didaktik, S. 92 f.
2 Der Begriff „Leit- und Zielsystem" und der Begriff „Bildung" im Sinne von Klafki entsprechen sich weitgehend. Obwohl der neutrale Begriff „Leit- und Zielsystem" bevorzugt wird, kann es nicht ausbleiben, daß hin und wieder auch der Begriff „Bildung" verwendet wird.

12

„abgeschlossen" gelten. Im folgenden liste ich in thesenartiger Form einige Charakteristika dieses Leit- und Zielssystems auf:[1]

- Gesellschaftliche Verhältnisse und Entscheidungen sind unter dem Gesichtspunkt der pädagogischen Verantwortung für gegenwärtige Lebens- und Entwicklungsmöglichkeiten jedes einzelnen jungen Menschen zu beurteilen und mitzugestalten. Es ist dabei davon auszugehen, daß der Bezug zur historischen Wirklichkeit den Menschen dazu befähigt, für sich Verständnis-, Handlungs- und Verantwortungsmöglichkeiten für die Wirklichkeit zu erschließen.

- Der Lernende hat durch die Lehr- und Lernprozesse Grundfähigkeiten zu entwickeln, die es ihm erlauben, selbständig und personalverantwortlich seine Lebensbeziehungen aufzubauen und mit Sinn zu erfüllen (= *Selbstbestimmungsfähigkeit*), an den gesellschaftlichen und politischen Verhältnissen gestaltend mitzuwirken (= *Mitbestimmungsfähigkeit*) und Solidarität mit den Schwachen in der Gesellschaft zu empfinden, verbunden mit dem Willen, helfend einzugreifen (= *Solidaritätsfähigkeit*).

- Ein weiteres Bedeutungsmoment des Leit- und Zielsystems besteht darin, dem einzelnen einen Lebens-„Rucksack", gefüllt mit Allgemeinbildung, mitzugeben. Allgemeinbildung ist nach Klafki durch drei Bedeutungselemente charakterisiert:

  - Bildung ist eine Möglichkeit und ein Anspruch aller Menschen einer Gesellschaft. Die Bildung ist deshalb eine *allgemeingültige, d.h. für alle Menschen gleich gültige Bildung.* Insoweit muß ständig um Inhalte und Organisationsformen des Bildungswesens gerungen werden.

  - *„Allgemein'* zielt weiterhin auf das Insgesamt der menschlichen Möglichkeiten, sofern sie mit der Selbstbestimmung und der analogen Entwicklung aller anderen Menschen vereinbar sind: auf den Menschen als produktiv arbeitendes und seine Welt handwerklich-technisch veränderndes, erkennendes, ethisch und politisch entscheidendes und handelndes, emotional empfindendes und wertendes, zwischenmenschliche Beziehungen vollziehendes, ästhetisch wahrnehmendes und gestaltendes Wesen.

  - Die Bestimmung *,allgemein'* im Begriff der Allgemeinbildung meint schließlich, daß Bildung sich zentral *im Medium des Allgemeinen* vollzieht, d.h. in der Aneignung *von* und in der Auseinandersetzung *mit* dem die Menschen gemeinsam Angehenden, mit ihren gemeinsamen Aufgaben und Problemen, den in der Geschichte entwickelten Denkergebnissen und Lösungsversuchen, den Erfahrungen des Menschen als Individuum und als gesellschaftliches Wesen, aber auch den sich abzeichnenden zukünftigen Entwicklungen, Gefahren und Möglichkeiten und mit alternativen, ggf. kontroversen Antwortversuchen auf solche Schlüsselprobleme der Gegenwart und der Zukunft. Aneignung des und Auseinandersetzung mit dem Allgemeinen in diesem Sinne – das ist eine Präzisierung des kategorialen Bildungsverständnisses – geschieht nicht, um die Aufwachsenden auf die bis-

---

1 Vgl. Klafki, W.: Bildungstheorie und Didaktik, S. 49 f.

herige Geschichte festzulegen, sondern um sie zu Begreifen und zur Gestaltung ihrer historischen Gegenwart und ihrer Zukunft in Selbstbestimmung freizusetzen."[1]

Bildung im Medium des Allgemeinen bedeutet dabei für Klafki die Konzentration auf „epochaltypische Schlüsselprobleme" wie die Friedensfrage, die Umweltfragen, die Frage nach den gesellschaftlich produzierten Ungleichheiten oder die Frage nach den Möglichkeiten und Gefahren der neuen technischen Steuerungs-, Informations- und Kommunikationsmedien.

Dabei gilt es zum einen zu beachten, daß „Schlüsselprobleme" komplexe, vernetzte Strukturen aufweisen und eine Vielzahl fachwissenschaftlicher Fragen tangieren. So müssen beispielsweise bei dem Schlüsselproblem „Krieg und Frieden" politische, wirtschaftliche, militärische, gesellschaftspolitische, ethnische oder soziologische Fragen zur Sprache kommen. Rational wohlbegründete primäre Handlungsweisen (z.B. Lösung wirtschaftlicher Probleme für eine Region) können möglicherweise an anderer Stelle gravierende Neben-Wirkungen hervorrufen (z.B. das Entstehen von ethnischen Problemen). Durch den Lernprozeß muß daher „vernetztes Denken", „Zusammenhangsdenken", „fächerverbindendes und fächerübergreifendes Denken" gefördert werden, und zwar mit allen organisatorischen Konsequenzen für das Bildungswesen.

Zum anderen ist festzuhalten, daß Schlüsselprobleme nicht allein durch Einsichten oder intellektuelle Fähigkeiten vermittelt werden können, sie müssen vielmehr vom Lernenden auch emotional erfahren werden. Der Lernende muß sie an exemplarischen Beispielen selbständig entdecken, suchen, Wege finden und verwerfen, Betroffenheiten sammeln, um in sich Verantwortlichkeit, Entscheidungs- und Handlungsfähigkeiten aufzubauen. Dies setzt eigenständiges Handeln, auch außerhalb des Lernorts Schule, voraus.

Die Ausführungen zeigen, daß das dargestellte Leit- und Zielsystem umfangreiche erziehungstheoretische Reflexionen enthält und außerdem die Notwendigkeit wertorientierter Zielsetzungen ausdrücklich anerkennt. Das Ziel der Erziehung, so argumentiert Herzog, kann nur auf der höchsten Ebene gesucht werden: „Wozu z.B. Verkehrs-,erziehung' oder Drogen-,aufklärung', ohne die Wertschätzung des Lebens, wozu der Pythagoras, Bert Brecht oder Heinrich IV, in der Schule, wenn es nicht letztlich um Zukunftsbewältigung, damit um die Geschichtlichkeit des Menschen und also um ein bestimmtes Menschenbild ginge."[2] Dem Jugendlichen ist ein grundlegendes Werteangebot zu unterbreiten, das ihm Halt und die Möglichkeit der Identifikation gibt. Nur aus einer gesicherten Grundposition heraus kann es der Jugendliche wagen, sich an erworbenen Werten zu reiben, Kritik zu äußern, sie in Frage zu stellen, seine Urteilsfähigkeit zu üben und einen eigenen Standort zu gewinnen – kurz, seine Persönlichkeit zu entwickeln. Wissen, Kenntnisse, die die Schule vermittelt, werden nach meinen Erfahrungen vom Schüler nur dann angenommen, wenn er sie in einen Sinn- und Wertzusammenhang einordnen und dann für sich übernehmen bzw. sich mit ihnen auseinandersetzen kann.

---

1 Klafki, W.: Bildungstheorie und Didaktik, S. 97.
2 Herzog, R.: Werteerziehung in Familie und Schule, in: Lehren und Lernen, 1/1980, S. 1.

Bezogen auf den Lernort Schule ist festzuhalten: Die Schule hat nicht nur den Auftrag zu unterrichten, sondern sie muß im und durch den Unterricht auch erziehen.[1] Der Erziehungsauftrag beinhaltet dabei das im Leit- und Zielsystem Definierte und Geforderte. Allerdings hat die Schule nur einen ergänzenden Auftrag, denn die Grundlage des Erziehungsauftrages liegt im Erziehungsrecht der Eltern. Es kann in einer pluralistischen Demokratie nicht Aufgabe der öffentlichen Schule sein, gegen das Elternhaus zu arbeiten. Die Schule „darf sich nicht als Institution einer Veränderung der Gesellschaft sehen, deren Ziele nicht von der Gesellschaft insgesamt selbst mitgetragen werden. Schule hat in diesem Sinn keine Vorreiterfunktion."[2]

Es kann nun nicht Aufgabe dieser Fachdidaktik sein, hier die Erziehungs- und Wertediskussion der Erziehungswissenschaften neu aufzurollen und darzustellen. Deshalb mag es mit dem Gesagten sein Bewenden haben.

2.3 Interdependenz- und Strukturierungszusammenhang

Nach der isolierten Betrachtung der Segmente „Leit- und Zielsystem" und „Gegenstandsbereiche der Allgemeinen Didaktik" komme ich jetzt zu deren Beziehungszusammenhang. Ich sehe ihn wie folgt: Die Bereiche der Allgemeinen Didaktik weisen untereinander eine starke Interdependenz auf. Sie sind wechselseitig abhängig, beeinflussen sich gegenseitig und drängen auf Integration, wobei sie in ihrer Gesamtheit am Leit- und Zielsystem als zentrierende, übergeordnete Orientierungs- und Beurteilungskategorie ausgerichtet sind.

Allerdings gilt es, das damit postulierte *Primat der Zielentscheidung* dahingehend zu relativieren, daß es nicht in der Weise mißverstanden wird, als ob man von der Zielentscheidung her die Entscheidungen in allen anderen Bereichen ableiten, deduzieren könnte. Der Grund hierfür ist darin zu sehen, daß es sich bei den Interdependenzen zwischen den verschiedenen Entscheidungsdimensionen bzw. Faktoren des Unterrichts nicht um gleichartige, sondern um qualitativ unterschiedliche Abhängigkeitsbeziehungen handelt. Anders gewendet: alle pädagogischen Einzelmaßnahmen sind einerseits als selbständige Einheiten anzusehen und zu bewerten, andererseits sind sie zu hinterfragen, welchen Beitrag sie zur Förderung des Leit- und Zielsystems zu leisten vermögen.

Insoweit stellen die einzelnen Problemkreise also selbständige Einheiten (Strukturen) dar, die insgesamt ein auf Integration ausgerichtetes Strukturgeflecht darstellen. „Aus einem komplexen *Interdependenzgeflecht* hat das Postulat nach Struktur ein geordnetes *Dependenzgefüge* zu generieren, das zumindest unter sto-

---

1 Da nähere Ausführungen über den Erziehungsbegriff den Rahmen dieser fachdidaktischen Abhandlung sprengen würde, mag es genügen, die Definition von Brezinka anzuführen, um aufzuzeigen, was hier unter Erziehung verstanden wird. Brezinka definiert: „Als Erziehung werden Handlungen bezeichnet, durch die Menschen versuchen, die Persönlichkeit anderer Menschen in irgendeiner Hinsicht zu fördern."
Brezinka, W.: Grundbegriffe der Erziehungswissenschaft, 5. Aufl., München 1990, S. 95.
Der eigentliche Gegenbegriff von Erziehung ist Verwahrlosung, d.h. daß weder bewußt noch unbewußt etwas in Richtung auf die Verbesserung, Vervollkommnung zu wahrer Menschlichkeit beigetragen wird. Dolch, J.: Grundbegriffe der pädagogischen Fachsprache, 8. Aufl., München 1971, S. 57.
2 Herzog, R.: Werteerziehung, S. 2.

chastischem Anspruch eine Identifikation von Zusammenhängen erlaubt, die prognostische Aussagen möglich machen könnten. Integration und Struktur dienen also dem Anspruch, die gegebene Komplexität didaktischen Geschehens gleichermaßen *umfassend wie geordnet* abzubilden in einem System, das Entscheidungen für die am didaktischen Geschehen Beteiligten *approximiert* und *optimiert.*"[1]

3 Verhältnis von Allgemeiner Didaktik, Fachdidaktik Wirtschaftslehre und den Wirtschaftswissenschaften

Werden die soeben beschriebenen Prinzipien und Kategorien der Allgemeinen Didaktik auf das systematische Lehren und Lernen spezieller fachwissenschaftlicher Aufgaben-, Problem- und Sachbereiche angewandt und konkretisiert, wechsle ich in den Bereich der *Fachdidaktik* über. Damit wird das Blickfeld, das bisher auf die Thematik Allgemeine Didaktik beschränkt war, um die Bereiche Fachdidaktik und Fachwissenschaft ausgeweitet.

Betrachtet man das Verhältnis von Fachdidaktik, Fachwissenschaft und Allgemeiner Didaktik, könnte man geneigt sein, die Fachdidaktik aufzuspalten, und zwar in einen erziehungswissenschaftlichen Teil (Lehr- und Lernprozesse) und in einen fachlich-inhaltlichen Teil, den die Fachwissenschaften abzudecken hätten.

Bezogen auf den *erziehungswissenschaftlichen* Teil ist die Aussage zutreffend. Die Fachdidaktik hat alle Anforderungen der Allgemeinen Didaktik mit zu übernehmen, denn didaktische Reflexionen sind nur in Verbindung mit Fachinhalten möglich. Insoweit ist die Fachdidaktik der Allgemeinen Didaktik weder unter-, noch über-, noch nebenzuordnen. Das Fach schränkt nur das Feld der Inhalte ein, nicht aber die strukturellen Merkmale eines Didaktikkonzepts.

Bezogen auf den *fachwissenschaftlichen Teil* ist diese Aussage aus mehreren Gründen nicht haltbar.

(1) Vielzahl von Bezugswissenschaften. Die Fachwissenschaft Wirtschaftswissenschaften deckt keineswegs alle Inhalte und Ziele ab, die für das Berufsfeld Wirtschaft bedeutsam sind. Sie ist durch Bezugswissenschaften zu ergänzen. Hierzu zählen z.B. das Recht, die Mathematik, die Statistik, die Informatik, die Umweltökonomie, die Geschichtswissenschaft, die Psychologie, die technischen Wissenschaften oder auch die Ethik, um wesentliche Bezugswissenschaften aufzuzeigen. Will man also im Wirtschaftslehre-Unterricht die ganze Komplexität des Faches aufzeigen, müssen die Bezugswissenschaften jeweils integriert werden.

(2) Ausweitung der Wissensinhalte. Der Wissensstoff in den Wirtschaftswissenschaften, insbesondere in Verbindung mit den Bereichen Informations- und

---

1 Jongebloed, H.C., Twardy, M.: Strukturmodell Fachdidaktik Wirtschaftswissenschaften (SMFW), in: Twardy, M. (Hrsg.): Kompendium Fachdidaktik Wirtschaftswissenschaften, Wirtschafts-, Berufs- und Sozialpädagogische Texte, Bd. 3/Teil 1, Düsseldorf 1983, S. 169.

Kommunikationstechnik, wächst exponentiell. Themen, Informationssysteme, Vorgehensweisen veralten teilweise so schnell, daß sie, kaum in den Lehrplan aufgenommen, schon wieder revidiert und ergänzt werden müssen.

Da bei Lehrplanrevisionen in der Regel nur ungern Abschied genommen wird von altvertrauten Stoffgebieten, führt die Ausweitung der Wissensinhalte in der Fachwissenschaft in der Regel zu einer Vermehrung der Lerninhalte für die Schüler. Die Folge hiervon ist, die Lehrer bevorzugen lehrintensive Methoden, um die Stoffülle bewältigen zu können. Stoffdruck und lehrintensive Methoden beim Lehr- und Lernprozeß sind jedoch nicht geeignet, die von der Praxis geforderten beruflichen Qualifikationen zu vermitteln.

Die Fachdidaktik ist daher aufgerufen, die Lerninhalte auf ihre Strukturen zu reduzieren, Ausschlußkriterien zu entwickeln, exemplarische Inhalte zu bestimmen und Qualifikationsraster zu erstellen. Die Ausführungen zur Allgemeinen Didaktik zeigen die Richtungen an, wie man der Ausweitung der Wissensinhalte begegnen kann.

(3) Veränderungen in der Arbeitswelt. Die beruflichen Schulen umfassen Vollzeitschulen und Berufsschulen. Die Fachdidaktik muß beide Bereiche abdecken. Für den Lernort Betrieb ist festzuhalten, daß sich in der Praxis eine Vielzahl von betrieblichen Anforderungsprofilen herauskristallisiert hat, die über die korrespondierenden Fachwissenschaften nur schwer vermittelt werden können. Der Geldberater einer Bank muß beispielsweise mehr „können", als nur alle Geldanlagemöglichkeiten zu wissen, oder der Holzeinkäufer einer Möbelfabrik muß neben dem kaufmännischen Wissen auch technische Fähigkeiten, Verhandlungsgeschick, eventuell Fremdsprachen oder psychologische Kenntnisse über die Gesprächsführung besitzen. Der Ansatz, die Berufe im Beschäftigungssystem über die korrespondierenden Fachwissenschaften – in unserem Fall über Wirtschaftswissensinhalte – mit einer Theorie auszustatten, ist unzulänglich.[1] Die einzelnen Fachwissenschaften entwickeln als solche keine ausreichenden Auswahlkriterien für didaktische Entscheidungen.

Hinzu kommt, daß sich die Anforderungen an die kaufmännischen Mitarbeiter verändert haben. Sie lassen sich in Stichwörtern wie folgt charakterisieren:

– abteilungsspezifische Bürotätigkeiten gehen zugunsten integrierter Sachbearbeitungen zurück;
– bisher selbständige betriebliche Teilbereiche werden immer stärker vernetzt mit der Folge, daß von den Mitarbeitern verlangt wird, daß sie
    – sich in komplexen Informations- und Kommunikationssystemen zurechtfinden,
    – die Zusammenhänge betrieblicher Abläufe durchschauen und aus der Fülle der komplexen betrieblichen Datenbestände ökonomisch sinnvolle Rückschlüsse ziehen,
– Entscheidungen bzw. Entscheidungsvorbereitung/-assistenz werden auf *allen* Ebenen der Betriebshierarchie angesiedelt und verlangt;

---

1 Vgl. hierzu Pahl, J. P.: Berufliche Fachdidaktik „Metall- und Maschinentechnik" im Spannungsfeld von Fachwissenschaften, Allgemeiner Didaktik und Erziehungswissenschaften, in: Dresdner Beiträge zur Berufspädagogik 4, Dresden 1994, S. 10.

- repetitive und belastende Tätigkeiten werden zunehmend von Maschinen und Computern übernommen. Die Folge hiervon ist, daß auf die Mitarbeiter vermehrt komplexe Verrichtungen sowie planende, steuernde und überwachende Tätigkeiten zukommen;

- immer mehr Büroarbeiten werden im Team oder in Kooperation mit anderen internen bzw. externen Mitarbeitern erledigt.

Diese Veränderungen führen dazu, daß die bisherigen „Sachbearbeiter" in immer stärkerem Maße zu „Fallbearbeitern" werden, die selbständig Probleme lösen können müssen. Dem muß die Schule Rechnung tragen.

(4) Wissenschaftsorientierte Auswahl der Inhalte reicht nicht aus. Es bleibt zu fragen, ob der Wissensstoff, der sich aus der Wissenschaft ableitet, das zur Situationsbewältigung erforderliche Wissen (Begriffe, Strategien) voll abdeckt. Ohne dies hier näher zu begründen,[1] muß diese Frage verneint werden. Gleiches gilt für die Bewältigung persönlicher Situationen. Für beide Fälle gilt: die Struktur der aus den Wissenschaften abgeleiteten Wissensinhalte ist mit der Wissensstruktur, die zur Bewältigung von Lebenssituationen erforderlich ist, nicht deckungsgleich. Hieraus ist zu folgern, daß die Bezugs-(Berufs-)wissenschaft Inhalte umfassen muß, die aus den *Fachstrukturen der Wissenschaft,* aus der *Analyse von Lebenssituationen der Schüler* und aus der *Analyse von Denk- und Lernprozessen der Schüler* abzuleiten sind.[2]

(5) Mängel im System des beruflichen Lernens. Als Leitbild der Berufsausbildung lebt in vielen Lehrplänen und Lehrer- bzw. Ausbilderköpfen immer noch der auf das Erbringen einer genau vorgegebenen Leistung spezialisierte, repetitive Schüler bzw. Mitarbeiter weiter. Die Folge ist, daß das berufliche Lernen zu weiten Teilen durch folgende Hauptmerkmale gekennzeichnet ist:

- Die Schüler müssen sich ein in Fächern zerlegtes, taylorisiertes Einzelwissen einprägen, wobei die programmierte Abschlußprüfung der „Aufgabenstelle für kaufmännische Abschluß- und Zwischenprüfungen (AkA)" dieser Philosophie durchaus funktional ist.

- Persönlicher Verwertungssinn und Gebrauchswert bleiben bei einem zerfaserten Einzelstoffwissen häufig unklar.

- Mangelnde Lernbereitschaft wird durch Prüfungszwang und Aussicht auf eine gutbezahlte Berufsstellung künstlich aufrechterhalten.

- Der kollektiv organisierte Lehr- und Lernprozeß wird durch starr vorgegebene Unterrichtszeiten abgebrochen. Langsam- bzw. Schnellerner sind nicht vorgesehen. Die Lernleistung in der Schule wird häufig als Gruppenakkord erbracht.

---

1 Vgl. hierzu die Ausführungen in Kapitel D.IV.
2 Vgl. Reetz, L.: Wirtschaftsdidaktik. Eine Einführung in Theorie und Praxis wirtschaftsberuflicher Curriculumentwicklung und Unterrichtsgestaltung, Bad Heilbrunn 1984, S. 77.

18

Diese etwas überzeichnete, im Kern aber zutreffend beschriebene Schulpraxis gilt es zu verändern. Nach meiner Überzeugung erfordern die zuvor herausgearbeiteten Kriterien eine vernetzte, fächerverbindende und fächerübergreifende, ganzheitliche Aufbereitung von Inhalten in exemplarischen Situationen.

Diesem Ansatz muß ein adäquates Vermittlungskonzept (= Lernkonzept für den Schüler) beigegeben werden, das, ebenfalls vereinfacht formuliert, selbständiges Planen, Durchführen und Kontrollieren an schulischen und außerschulischen Lernorten erlaubt. Bausteine einer solchen Vermittlungs- (Lern-)Konzeption sind zwar in Hülle und Fülle vorhanden (Stichwörter: Projektunterricht, handlungsorientierter Unterricht, fächerverbindender Unterricht, Lernbüro usw.), sie sind gegenwärtig allerdings noch nicht zu einer überzeugenden Gesamtkonzeption des beruflichen Lernens integriert.

Aus den angeführten Kriterien ziehe ich den Schluß: Für den Bereich der Wirtschaftswissenschaften fehlt eine eigenständige *Bezugswissenschaft bzw. Berufswissenschaft.* Zu fordern ist die Entwicklung einer eigenständigen Bezugs- (Berufs-)wissenschaft „Wirtschaftslehre" (für kaufmännische Berufe), die den Wissensstoff, die Praxisanforderungen und alle außerbetrieblichen bzw. außerberuflichen Faktoren, die in irgendeiner Weise Schule und Beruf tangieren, integriert.

„Diese Bezugswissenschaft könnte man Berufswissenschaft des Lehrers nennen. Außerdem könnte die Fachdidaktik als Berufliche Didaktik der jeweiligen beruflichen Fachrichtung gekennzeichnet werden."[1] Die Fachdidaktiken bzw. beruflichen Didaktiken sind im Beziehungsfeld von Allgemeiner Didaktik und Bezugswissenschaften (Berufswissenschaften) zu entwickeln.

4 Fachdidaktik Wirtschaftslehre

4.1 Grundlagen

Die Bezugs- bzw. Berufswissenschaft gilt es nun – mit dem Strukturmodell der Allgemeinen Didaktik – zu einer Fachdidaktik, im konkreten Fall zur Fachdidaktik Wirtschaftslehre bzw. Wirtschaftsdidaktik, zu verschmelzen. Auf der Grundlage des jetzigen Wissenstandes läßt sich der Begriff Fachdidaktik nominaldefinitorisch wie folgt festlegen:

*Unter **Fachdidaktik** verstehe ich ein als Strukturmodell konzipiertes System von Bedingungen und interdependenten Entscheidungen, das darauf abzielt, für alle Formen systematischen und zielgerichteten Lehrens und des sich hieraus auf allen Stufen vollziehenden Lernens, die sich auf das durch eine Bezugs-(Berufs-)wissenschaft abgegrenzte Gegenstandsfeld beziehen, zielorientierte Vorgehensanweisungen zu formulieren.*[2]

---

1 Pahl, J.P.: Berufliche Fachdidaktik, S. 9.
2 Es ist Jongebloed/Twardy zuzustimmen, wenn sie ausführen: „Die Einschränkung, die eine *Fachdidaktik* gegenüber einer Didaktik erfährt, liegt damit weder in der *Reduzierung* des Anspruchs noch in der Verminderung zu berücksichtigender Einflußfaktoren im didaktischen Prozeß, sondern auf dem *Felde,* das durch den Terminus *Fach* gekennzeichnet ist," Jongebloed, H.-C., Twardy, M.: Strukturmodell Fachdidaktik, S. 178.

Oder anders gewendet: Fachdidaktik wird hier verstanden als eine Didaktik, deren Aussagefeld durch die Bezugs-(Berufs-)wissenschaft determiniert ist. Sie ist darauf ausgerichtet, für systematische, zielgerichtete Lehr- und Lernprozesse Handlungs-anweisungen zu formulieren, die sich in Lehrplänen bzw. Curricula niederschlagen. Die Fachdidaktik, in unserem speziellen Fall die Fachdidaktik Wirtschaftslehre, wirkt sich auf alle Bereiche des Menschen, seien sie beruflich oder nicht beruflich, aus.

Ohne Systematisierungsanspruch müßte dieser fachdidaktische Ansatz in folgende Richtung gehen:

– Im Mittelpunkt hat der Lernende zu stehen, ihn gilt es, zu einer Persönlichkeit mit einer allgemeinen Bildung zu führen, damit er die Möglichkeit hat, sein Leben, im Rahmen der Gemeinschaft, selbst zu gestalten. Dies intendiert mehr Selbständigkeit und weniger Fremdsteuerung durch die Lehrer. Geschlossene Lernarrangements sind möglichst zu vermeiden. Dagegen sind offene und gestaltbare Lernsituationen anzubieten.

– Der Lernende muß fähig werden, individuelle Vorteile und gesellschaftliche Notwendigkeiten gegeneinander abzuwägen.

– Dem Lernenden sind allgemeingültige berufliche Qualifikationen zu vermitteln, die es ihm ermöglichen, sich im Laufe eines Berufslebens die jeweils erforder-lich werdenden berufsspezifischen Kenntnisse und Fertigkeiten anzueignen. Dies erfordert, daß das fachlich-prozeßhafte Vorgehen und das Arbeiten mit ganzheitlichen und berufsrelevanten Aufgaben zu stärken und das fachlich-inhaltliche Vorgehen mit taylorisierten eindimensionalen Aufgaben zum Erfragen von Faktenwissen zurückzunehmen ist. Die konkrete Handlungsori-entierung mit vernetzten, transferierbaren Strukturen und Verfahren für die Berufs- und Lebenswelt ist zu Lasten einer abstrakten Stofforientierung zu for-cieren.

– Dadurch, daß das berufliche Lernen als ganzheitlicher und handlungsorientier-ter Prozeß zu sehen und in einer komplexen Lernumgebung zu organisieren ist, kann sich der Lernende selbsttätig und selbständig mit den Lerngegenständen auseinandersetzen und so neben einem souveränen fachlichen Können auch Kreativität, Sensibilität, Erfahrungen, Durchsetzungsvermögen und Selbstver-trauen erwerben.

Trotz dieses nur skizzenhaften Anreißens der fachdidaktischen Charakteristika ist es jetzt möglich, Schlußfolgerungen zur Umsetzung des beruflichen Lehrens und Lernens zu ziehen. Sie gehen in zwei Richtungen:

1. Der hier vorgestellte fachdidaktische Ansatz verlangt, daß die Lehrpläne und Ausbildungsordnungen neben berufsspezifischen Kenntnissen verstärkt allge-meingültige berufliche Qualifikationen enthalten müssen. Sie sind berufspäda-gogisch auszurichten. Der bisher enge Bezug von Schulfächern und Fachwissen-schaften ist zugunsten einer integrierten Bezugs-(Berufs-)wissenschaft aufzuhe-ben.

2. Der Lehr- und Lernprozeß bzw. der Unterricht für den Bereich Wirtschaft ist zu erforschen und Vorschläge zu dessen Erneuerung sind zu erarbeiten. Durch neue Organisationsformen beruflichen Lehrens und Lernens, die sich sicher verstärkt in Richtung Handlungsorientierung bewegen werden, gilt es, eine ganzheitliche Lern- und Arbeitsqualifikation anzusteuern.

4.2 Umsetzungs- und Vermittlungsprinzipien

Bevor die einzelnen Ziele und Lerninhalte im Lehr- und Lernprozeß z.B. durch Lehrervortrag, Tafelbild, Hefteintrag usw. vermittelt oder durch entdeckende Einzelarbeit selbständig erarbeitet werden, gilt es darüber nachzudenken, ob diese pädagogischen Einzelmaßnahmen nicht durch grundlegende Umsetzungs- und Vermittlungsprinzipien miteinander verzahnt sind.

Analysiert man die pädagogischen Grundüberlegungen, die im Leit- und Zielsystem festgeschrieben wurden, so können in einem ersten Schritt folgende Umsetzungs- und Vermittlungsprinzipien festgehalten werden *(Umsetzungs- und Vermittlungsprinzipien ersten Grades):*

– Unterrichtsinhalte sind umfassend und vernetzt zu lehren und zu lernen, was zu einer Beschränkung der Menge der Lerninhalte führt *(Grundsatz des exemplarischen Lehren und Lernens).* Das bedeutet, Wesentliches, Strukturen, Gesetzmäßigkeiten, Einstellungen, Fähigkeiten, Verallgemeinerbares sind dem Lernenden exemplarisch an einer begrenzten Zahl von ausgewählten Beispielen (Exempeln) zugänglich und einsichtig zu machen. Das so gewonnene Strukturwissen führt dazu, daß der Lernende, von einer gesicherten Wissensbasis aus, sich weitere Kenntnisse und Fähigkeiten anzueignen vermag.

– Verbunden mit dem exemplarischen Lehren und Lernen ist, daß der Lernende allgemeine Verfahrensweisen, Vorgehensweisen, Strategien lernt und erkennt, die ihn dazu befähigen, ein Lösungsinstrumentarium für ähnlich gelagerte Problemfälle zu entwickeln. Dieses Prinzip wird in der pädagogischen Literatur allgemein als *methodenorientiertes Lernen* bezeichnet.

– Die Ausführungen zur Zielsetzung Allgemeinbildung haben gezeigt, daß die Komponente der Vermittlung intellektueller Fähigkeiten ergänzt werden muß durch praktisches Tun. Durch Erkunden, Befragen, Herstellen, Entwerfen, allgemein: durch Handeln, ist der Lernort Schule mit außerschulischen Lernorten und Erfahrungsfeldern in Beziehung zu bringen. Das dritte Umsetzungs- und Vermittlungsprinzip lautet daher *Handlungsorientierung des Unterrichts.* Da handlungsorientiertes Lernen nicht eindimensional auf eine Fachwissenschaft bezogen ist, sondern komplex abläuft, beinhaltet es auch immer vernetztes, fächerübergreifendes, ganzheitliches Denken.

– „Das vierte Prinzip ist die *Verbindung von sachbezogenem und sozialem Lernen,* die eine Skala von Aufgaben und Möglichkeiten umfaßt; ich deute einige der wichtigsten wenigstens an:

- das kooperierende Lernen in Partner- und Kleingruppen;
- die Fähigkeit, anderen sachgemäß bei Schwierigkeiten im Lernprozeß helfen zu können; man muß allerdings zugeben, daß eine praktisch hilfreiche Didaktik für Lehrerinnen und Lehrer, das Helfen zu lehren, weitgehend erst erarbeitet werden muß;
- das Erlernen von rationalen Formen der Konfliktbewältigung;
- die Fähigkeit, sich auch in größere Gruppen mit Anregungen, Kritik, eigenen Argumentationen einbringen zu können."[1]

- Ein fünftes und letztes Umsetzungs- und Vermittlungsprinzip soll noch angeführt werden. Es ist das Prinzip der *inneren Differenzierung des Lernprozesses.* Innere Differenzierung bedeutet, Vorkehrungen zu treffen, um individuelle Unterschiede (Begabung, Lerntempo, Motivation, Anstrengungsbereitschaft, Vorwissen u.a.) im Rahmen einer gemeinsam unterrichteten Klasse oder Lerngruppe zu berücksichtigen. Erhebt man die Forderung, daß junge Menschen in allen Persönlichkeitsdimensionen eine optimale Förderung erfahren sollen (und diese Forderung muß erhoben werden), so setzt man voraus, daß im Rahmen des Lehr- und Lernprozesses individuell auf jeden einzelnen Lernenden einzugehen ist. Da davon ausgegangen werden muß, daß weitgehend homogene Lerngruppen in der Praxis die absolute Ausnahme darstellen, muß im Lehr- und Lernprozeß auf eine innere Differenzierung geachtet werden.

Innere Differenzierung ist in zwei Grundformen möglich: Differenziert werden kann entweder im Bereich der *Lerninhalte und der Lernziele* (z.B. Pflichtinhalte und Wahlinhalte) oder bei gleichen Lerninhalten und Lernzielen für alle Schüler einer Klasse bzw. Lerngruppe im Bereich der *Vermittlungsmethoden* (z.B. unterschiedliches Arbeitsmaterial, variabler Einsatz der Sozialformen durch den gleichzeitigen Einsatz von Einzelarbeit, Partnerarbeit und Gruppenunterricht). Da die Differenzierung der Lerninhalte und -ziele sehr stark vom jeweiligen Stoffgebiet abhängt und daher generelle Aussagen letztlich nicht getroffen werden können, soll hier nur die Differenzierung durch Variation der Vermittlungsmethoden näher skizziert werden.

Der Lernprozeß eines jeden Lernenden verläuft höchst individuell, d.h., die Schüler nehmen den gleichen Stimulus auf unterschiedliche Weise wahr und codieren und verarbeiten ihn auch unterschiedlich. Diese Beobachtung führt zu der Annahme, daß die Art und Weise der internen Verarbeitung die Lernreaktion und damit den Lernerfolg mindestens ebenso oder sogar stärker beeinflußt als der nominelle Stimulus. Für den Lehrenden bedeutet dies, daß er den Lernprozeß – zumindest von der Intention her – schwerpunktmäßig auf den Lernenden auszurichten hat. Der Lernprozeß verläuft um so nachhaltiger, je genauer die Gestaltung des Lehr- und Lernprozesses dem internen Lernablauf des Lernenden entspricht. Als zentrale These kann demnach festgestellt werden: Zwischen den individuellen

---

1 Klafki, W.: Bildungstheorie und Didaktik, S. 68 f.

Persönlichkeitsmerkmalen der Lernenden und der Lernumwelt, also Stoff, Lehrer, Vorgehensweise u.a., bestehen Wechselbeziehungen, so daß bei unterschiedlicher Vorgeprägtheit der Lernenden unterschiedliche Mittel eingesetzt werden müssen, um den gleichen Lernerfolg zu erzielen.

Der Individualität der Lernenden mit ihren unterschiedlichen Lernabläufen stehen nun die Lerninhalte als eine Einheit gegenüber. Schematisch gesagt: eine strukturierte Fläche soll mit einer glatten Fläche zu einer fugenlosen Einheit zusammengefaßt werden. Die Aufgabe des Lehrenden kann damit nur darin zu suchen sein, durch den Einsatz unterschiedlicher Methoden die Lerninhalte und -ziele ebenso aufzulockern, um so die Lernprozesse und die Lerninhalte bzw. -ziele deckungsgleich zu machen.

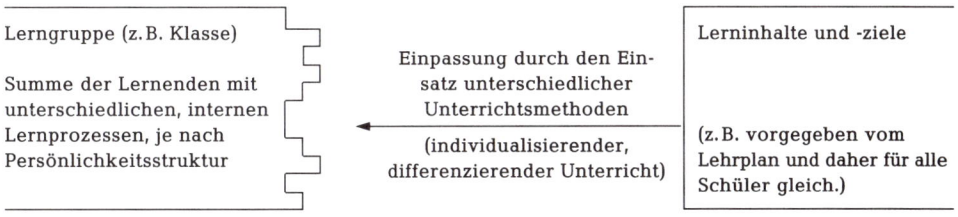

Der entscheidende Ansatz für die Auswahl der methodischen Maßnahmen ist der Lernprozeß des Individuums. Der interne Lernprozeß der einzelnen Lernenden und die Eigenschaften der einzelnen methodischen Maßnahmen müssen in Übereinstimmung gebracht werden.

Eine Differenzierung des Unterrichts setzt jedoch voraus, da der Lehrende nicht für alle Lernenden gleichzeitig präsent sein kann, daß die Lernenden die Fähigkeit besitzen, lern- und denkstrategisch selbständig vorgehen zu können. Ohne eine solche Verselbständigung ist der individuellen Erarbeitung der Lerninhalte und -ziele der Boden entzogen.

Die bisher angesprochenen Umsetzungs- und Vermittlungsprinzipien haben eine große Distanz zum konkreten Lehr- und Lernprozeß. Sie können als *Umsetzungs- und Vermittlungsprinzipien ersten Grades (= abstrakte Umsetzungs- und Vermittlungsprinzipien)* angesehen werden. Wird die Betrachtungsdistanz zum Lehr- und Lernprozeß verkürzt, sind *Umsetzungs- und Vermittlungsprinzipien zweiten Grades (= konkrete Umsetzungs- und Vermittlungsprinzipien)* auszumachen. In der pädagogischen Literatur werden hier insbesondere folgende Prinzipien herausgestellt:

23

- Prinzip der Anschaulichkeit,
- Prinzip der Selbsttätigkeit,
- Prinzip der Erfolgssicherung,
- Prinzip der Lebens- und Praxisnähe,
- Prinzip des Methodenwechsels,
- Prinzip der Ganzheitlichkeit und Entwicklungsgemäßheit,
- Prinzip der Elementarisierung und der Strukturierung.

4.3 Entscheidungsfeld Unterricht

Bisher haben wir die fachdidaktischen Überlegungen auf den gesamten Lehr- und Lernprozeß bezogen. Da sich die hier vorgelegte Fachdidaktik das Ziel setzt, den Lernort Schule zu hinterfragen, wird im folgenden der Blickwinkel verstärkt auf die Rolle der Fachdidaktik im Wirtschaftslehre-Unterricht der kaufmännischen Schulen bezogen.

Nach dem hier gewählten didaktischen Ansatz haben sich alle unterrichtlichen Maßnahmen an den allgemeinen didaktischen Zielsetzungen zu orientieren. In diesem Sinne hat der Lehrer zunächst darüber zu entscheiden, welche *Inhalte und Ziele* er im Rahmen des vorgegebenen Lehrplans und bezogen auf die angetroffenen *Rahmenbedingungen* (anthropogene und sozialkulturelle Voraussetzungen, Klassenstruktur, Schulart) auswählt. Im einzelnen verlangt die *Ziel- und Inhaltsanalyse* Entscheidungen über die Stoffstruktur, die Stoffauswahl, die Stoffanordnung, die erkenntnisleitende Fragestellung, die Lernziel- und Schlüsselqualifikationen und die Motivation.

Sind Inhalt und Ziele bestimmt, ist der Lehr- und Lernprozeß im Rahmen des Unterrichts, unter Berücksichtigung der Umsetzungs- und Vermittlungsprinzipien, zu organisieren. Die *Lehr- und Lernorganisation* legt die Auswahl der Organisations- und Vollzugsformen des Unterrichts unter Berücksichtigung der angetroffenen *Rahmenbedingungen* fest (= *Unterrichtsmethoden*). Die Unterrichtsmethoden umfassen als Grundelemente die Aktionsformen, die Sozialformen, die Unterrichtsverfahren und die Medien sowie die methodischen Großformen.[1] Unterrichtsmethoden und Rahmenbedingungen stehen dabei in einem Interdependenzverhältnis. Der Lehr- und Lernprozeß ist aufzufassen als ein Interaktionsprozeß zwischen Lehrer und Schüler sowie der Schüler untereinander.

Zwischen der „Ziel- und Inhaltsanalyse" und der „Lehr- und Lernorganisation" besteht ein enger Beziehungszusammenhang. So können die Folgerungen, die sich aus der inhaltlichen Festlegung für die Lehr- und Lernorganisation ergeben,

---

1 Durch die Auswahl der Unterrichtsmethoden wird festgelegt „Wie" der Unterricht durchgeführt wird. Alle Fragen, die sich mit der Durchführung des Unterrichts (dem „Wie") befassen, sind aus meiner Sicht unter dem Begriff *„Methodik"* subsumiert. Der Begriff Methodik ist in dem Begriff Didaktik integriert.

24

dazu führen, daß die Inhaltskomponente neu überdacht werden muß und umgekehrt. Ziel- und Inhaltsanalyse bedingen und befruchten sich gegenseitig, wobei beide immer an den allgemeinen didaktischen Zielsetzungen auszurichten sind.

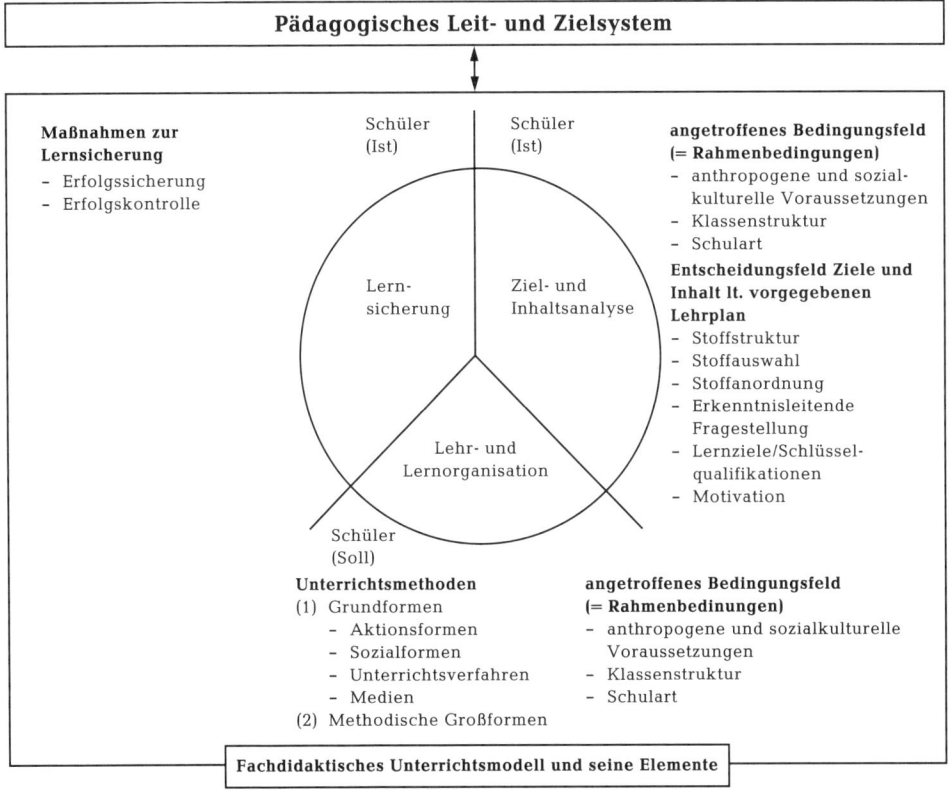

Das Ergebnis des Unterrichts ist zu sichern und zu kontrollieren. Die *Lernsicherung* hat dabei eine zweifache Aufgabe. Die erste Aufgabe besteht darin, die Effektivität des Unterrichts zu sichern und den erzielten Lernerfolg zu kontrollieren. Dies umfaßt zum einen die *Evaluation der Schülerleistungen* (Erfolgssicherung, Erfolgskontrolle), und zum anderen hat der Lehrer die Frage zu überprüfen, ob die *eingesetzten Unterrichtsmethoden in bezug auf die angetroffenen Rahmenbedingungen und die ausgewählten Inhalte und Ziele optimal waren.* Die zweite Aufgabe der Lernsicherung besteht darin, die angesprochenen Curriculumelemente auf ihre Bedeutung für den Lehr- und Lernprozeß zu hinterfragen und gegebenenfalls eine Revision in die Wege zu leiten.

Die drei Bereiche des Unterrichts „Ziel- und Inhaltsanalyse," „Lehr- und Lernorganisation" und „Lernsicherung" weisen in sich und in ihrer Verkettung einen so hohen Interdependenz- und Strukturzusammenhang auf, daß die Veränderung eines Faktors in einem Teilbereich notwendigerweise Folgewirkungen in allen anderen Teilbereichen auslöst.

Dabei ist nochmals daran zu erinnern, daß alle Unterrichtselemente, seien es die Ziel- und Inhaltsentscheidungen, der Interaktionsprozeß des Lehrens und Lernens oder die Maßnahmen der Lernsicherung im Dienste des übergeordneten Leit- und Zielsystems stehen.

4.4 Modell der Fachdidaktik Wirtschaftslehre

Normative Grundlage der Fachdidaktik Wirtschaftslehre als selbständige Wissenschaft sind zum einen die Prinzipien der Allgemeinen Didaktik, die sich am pädagogischen Leit- und Zielsystem ausrichten, und zum anderen die Bezugs-(Berufs-)wissenschaft Wirtschaftslehre, die sich aus der Fachwissenschaft Wirtschaftswissenschaften, den mit ihr verbundenen Bezugswissenschaften (sonstige Fachwissenschaften), dem betrieblichen und beruflichen Wissen, den kooperierenden außerbetrieblichen bzw. außerberuflichen Einflüssen und aus situations- und persönlichkeitsorientierten Inhalten speist. Produkt der didaktischen Reflexion der Bezugs-(Berufs-)wissenschaft Wirtschaftslehre sind die verschiedenen fachbezogenen Lehrpläne bzw. Curricula. Die Lehrpläne bzw. Curricula sind als offene Systeme (auf der Ebene von Richt- und Grobzielen) zu charakterisieren, die ständiger Erneuerung und Revision bedürfen. Sie haben *Ergebnischarakter.*

Die Vermittlung der aus den Lehrplänen bzw. den Curricula abgeleiteten Lernziele (als Feinziele) und Schlüsselqualifikationen im Rahmen des Unterrichts erfolgt über den planmäßigen Einsatz von Unterrichtsmethoden (= *Entscheidungsebene*) unter Berücksichtigung der angetroffenen anthropogenen und sozialkulturellen Rahmenbedingungen (*Bedingungsebene*). Den Umsetzungs- und Vermittlungsprinzipien kommt hierbei eine Transmissionsfunktion zu, um „Reibungsverluste" im Rahmen des Lehr- und Lernprozesses so gering wie möglich zu halten. Trotzdem ist Unterricht ein Prozeß von Entscheidungen, der im Unterrichtsalltag ständigen Restriktionen unterworfen ist.

Ergebnis des Unterrichts ist ein bestimmter Lernerfolg, der sowohl von Schüler- als auch von Lehrerseite her der Kontrolle bedarf (= *Ebene der normativen Ergebnisse*). Die Lehr- und Lernkontrollen, verbunden mit einer eventuellen Revision, sind dabei zum einen am Unterricht selbst (Lernziele, Schlüsselqualifikationen, Unterrichtsmethoden, anthropogene-sozialkulturelle Bedingungen) und zum anderen am betroffenen Lehrplan- bzw. Curriculumelement vorzunehmen, da dieses ja konstitutiver Teil des Lernergebnisses ist. Durch die Lehr- und Lernkontrollen stellt der Lehrer fest, ob die getroffenen Entscheidungen realisiert wurden oder nicht. Die Lehr- und Lernkontrollen sind damit ein systemimmanentes Kontrollinstrumentarium, das die Revision und damit die Flexibilität des Modells garantiert.

26

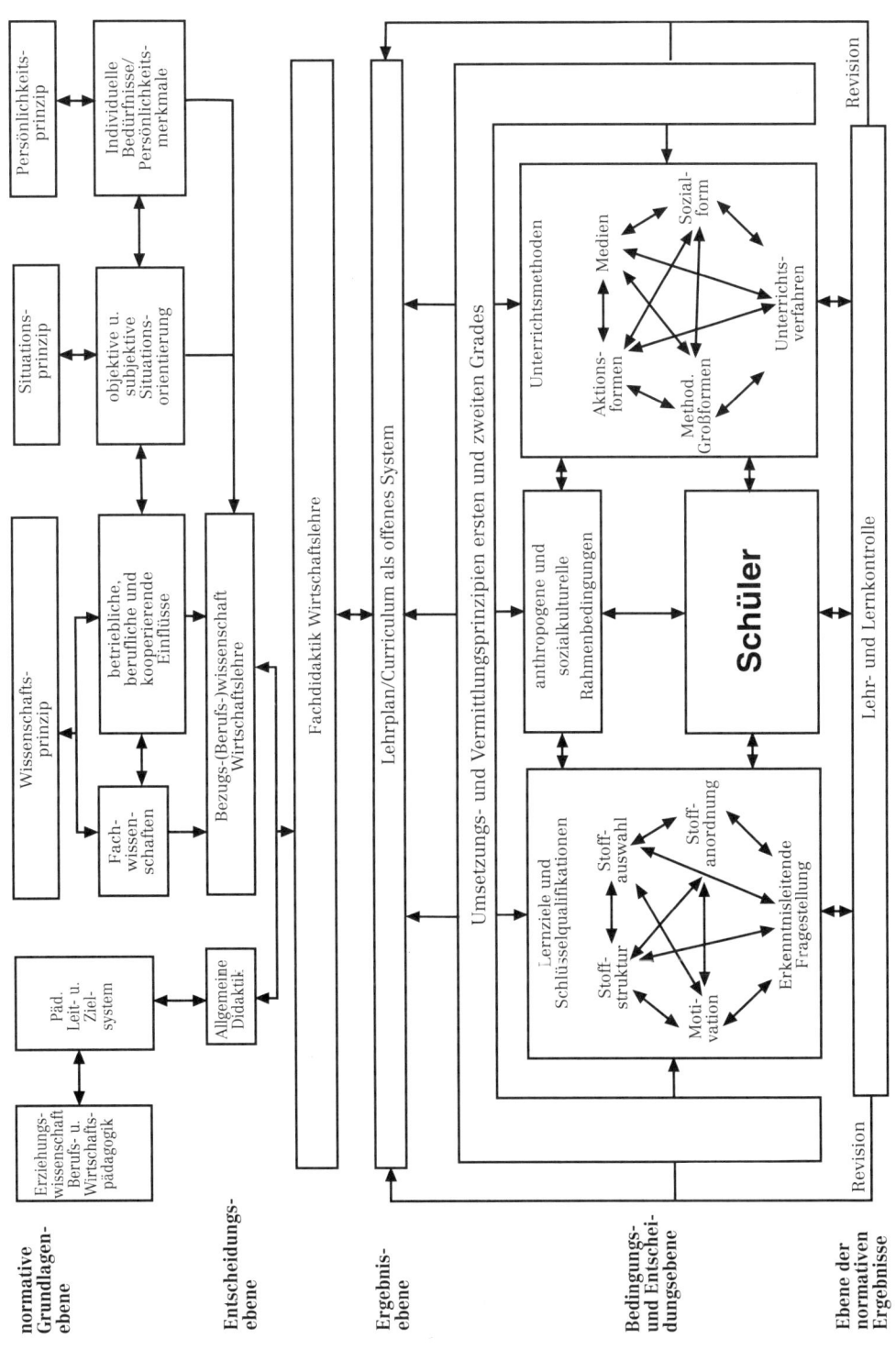

normative Grundlagenebene

Persönlichkeitsprinzip

Individuelle Bedürfnisse/ Persönlichkeitsmerkmale

Situationsprinzip

objektive u. subjektive Situationsorientierung

Wissenschaftsprinzip

betriebliche, berufliche und kooperierende Einflüsse

Fachwissenschaften

Bezugs-(Berufs-)wissenschaft Wirtschaftslehre

Erziehungswissenschaft Berufs- u. Wirtschaftspädagogik

Päd. Leit- u. Zielsystem

Allgemeine Didaktik

Entscheidungsebene

Fachdidaktik Wirtschaftslehre

Ergebnisebene

Lehrplan/Curriculum als offenes System

Umsetzungs- und Vermittlungsprinzipien ersten und zweiten Grades

Bedingungs- und Entscheidungsebene

Unterrichtsmethoden

Medien

Aktionsformen

Sozialform

Method. Großformen

Unterrichtsverfahren

anthropogene und sozialkulturelle Rahmenbedingungen

Schüler

Lernziele und Schlüsselqualifikationen

Stoffauswahl

Stoffanordnung

Stoffstruktur

Motivation

Erkenntnisleitende Fragestellung

Lehr- und Lernkontrolle

Ebene der normativen Ergebnisse

Revision

Revision

27

Neben der systemimmanenten Revision des fachdidaktischen Modells kann aber auch eine Revision von außen erfolgen, die in der Regel allerdings nicht didaktisch, sondern meistens politisch begründet ist.

4.5 Wertung

Ich fasse zusammen: Die Fachdidaktik Wirtschaftslehre ist als eine eigenständige Wissenschaftsdisziplin aufzufassen. Sie ist geprägt von den Kriterien Interdependenz und Struktur.

- *Interdependenz* besagt dabei, daß alle für den Unterricht konstitutiven Faktoren wechselseitig voneinander abhängig sind und sich gegenseitig beeinflussen, wobei die Beziehungen qualitativ unterschiedlich sind. Alle Faktoren drängen auf Integration. In ihrer Gesamtheit sind sie am Leit- und Zielsystem als zentrierende und übergeordnete Orientierungs- und Beurteilungskategorie ausgerichtet.

- Die Komponente *Struktur* generiert aus den komplex verwobenen Interdependenzen ein geordnetes Dependenzgefüge. Durch Strukturierung wird das Modell in Grundlagen-, Bedingungs-, Entscheidungs- und Ergebnisebenen gegliedert und ermöglicht so für die am didaktischen Prozeß Beteiligten planvolles Handeln.

Auf allen Modellebenen sind Entscheidungen zu treffen, wobei jeweils entsprechende Entscheidungs- und Handlungsinstrumentarien bereitgestellt werden. Die fachdidaktische Kennzeichnung erfährt das didaktische Modell durch die Wahl der Fachwissenschaft und eventuell damit korrespondierender Bereiche. Im vorliegenden Fall ist dies die Bezugs-(Berufs-)wissenschaft Wirtschaftslehre.

Mit der Lehr- und Lernkontrolle steht ein Strukturierungsinstrument zur Verfügung, das die interne Revisionsfähigkeit und damit die Flexibilität des Modells garantiert.

Das vorgestellte fachdidaktische Modell stellt eine Verständnis- und Strukturierungshilfe dar, wenn es im folgenden gilt, die einzelnen didaktischen und methodischen Elemente zu analysieren und ihre Stellung im Interdependenz- und Strukturierungszusammenhang aufzuzeigen.

B. Ziel- und Inhaltsanalyse

I. Beschreibung der Rahmenbedingungen[1]

1 Einführung

1.1 Ziele der Analyse unterrichtlicher Bedingungsfelder

Das Unterrichtsgeschehen ist eingebettet in eine Vielzahl interagierender Einflußgrößen, die über die Komponenten des didaktischen Feldes auf konkrete Lernprozesse einwirken und deren Verlauf wesentlich mitbestimmen. Die Identifizierung, Analyse und Reflexion der Elemente des Unterrichts muß als Voraussetzung für sinnvolle didaktisch-methodische Entscheidungen und für effektives Handeln im Unterricht angesehen werden. Dabei treten die Hintergrundsdaten zutage, aufgrund derer die didaktische Relevanz von Lerninhalten bestimmbar und das Lern- und Sozialverhalten der Schüler erklärbar werden. Die permanente Auseinandersetzung mit den Rahmenbedingungen schafft die Grundlage für den Aufbau einer Unterrichtskompetenz des Lehrers, sie hilft ihm, jenes Maß an Problemkapazität, Variabilität und Flexibilität zu erwerben, das professionelles Lehrerverhalten gegenüber laienhaftem Unterweisen auszeichnet. Wo die Analyse der Rahmenbedingungen unterbleibt, gerät Unterrichten zu unreflektierter Unterrichtstechnik; der Erfolg des Lernens und Lehrens bleibt weithin zufallsgeleitet.

Ohne die Kenntnis der Einflußfaktoren des Unterrichts kann der Lehrer auch andere wichtige Rollenfunktionen wie die Diagnostizierung von Lernschwierigkeiten, die Beratung und Beurteilung der Schüler sowie die Schaffung eines spannungsarmen, lernintensiven Arbeitsklimas in der Klasse nicht optimal erfüllen.

Wirkungen der Basisfaktoren werden vom Lehrer vor allem dann wahrgenommen, wenn er sich trotz sorgfältiger inhaltlicher und methodischer Vorbereitung mit unerwarteten Störphänomenen, sogenannten „Friktionen", konfrontiert sieht, etwa dem Fehlverhalten einzelner Schüler, dem Desinteresse der Klasse am Lerngegenstand, dem schleppenden Verlauf des Lernprozesses, kollektiven Widerständen gegen Erziehungsmaßnahmen etc. Aufgrund der nahezu undurchdringlichen „Faktorenkomplexion" (Winnefeld) lassen sich solche Probleme allerdings auch dann nicht völlig ausschließen, wenn sich der Lehrer bemüht, die Rahmenbedingungen in den Griff zu bekommen. Doch wird er in vielen Fällen Problemsituationen vorbeugen können, wird Lern- und Verhaltensschwierigkeiten frühzeitig erkennen, ihre Entstehungsbedingungen erklären und geeignete Gegenmaßnahmen einleiten können.

---

1 Verfasser dieses Kapitels ist Prof. Dr. Rolf Nußbaum. Vgl. hierzu: Speth, H., Nußbaum, R.: Die sozialen und anthropogenen Rahmenbedingungen und ihr Einfluß auf den Wirtschaftslehre-Unterricht, 2. Aufl., Rinteln 1979.

Mit der Forderung nach einer sorgfältigen Analyse der Basisfaktoren sind im einzelnen die folgenden Ziele verknüpft:

1. Der Lehrer erfährt, wie komplex und einflußmächtig die Faktoren der Basisschicht sind.

2. Er erwirbt nach und nach die Fähigkeit, Lernprozesse distanziert zu beobachten und die Ursachen für Erfolg oder Mißerfolg seiner Lehr- und Erziehungshandlungen zu erforschen.

3. Bei der Auswahl und bei der didaktisch-methodischen Aufbereitung der Lerninhalte berücksichtigt er Motive, Interessen und Strebungen sowie die Lernkapazität seiner Schüler.

4. Gruppendynamische Prozesse nimmt er frühzeitig wahr, erkennt ihre Ursachen und ergreift, sofern diese Vorgänge das individuelle oder kollektive Lernen beeinträchtigen, sinnvolle Gegenmaßnahmen.

5. Er kann seine Schüler besser verstehen, sachgerecht beraten und sie in ihren Lernbemühungen wirksam unterstützen.

6. Sein Urteil über die ihm anvertrauten Schüler wird differenzierter, ausgewogener, gerechter.

Damit leistet die Analyse der Rahmenbedingungen einen entscheidenden Beitrag zur Schaffung optimaler Lehr- und Lernbedingungen und zu erfolgreichem Unterrichten.

Im folgenden wird versucht, in der erziehungswissenschaftlichen Literatur referierte, praxisrelevante Forschungsergebnisse möglichst gerafft darzustellen und auf die Verhältnisse in den beruflichen Schulen zu beziehen. Die Breite des Gegenstandsfeldes bedingt allerdings ein mitunter selektives und vereinfachendes Vorgehen.

1.2 Einzelne Faktorenkomplexe und ihr Zusammenwirken (Modellbildung und Übersicht)

Zu den Rahmenbedingungen des Unterrichts zählen alle Faktoren, die das Verhalten der am Unterricht beteiligten Personen sowie die thematischen, finalen und materiellen Komponenten des Lehrens, Lernens und Erziehens präformieren. Die Komplexheit und Vielschichtigkeit der Bedingungsfelder zwingt zur Typisierung und Strukturierung. Eine mögliche Grundlage für die Modellbildung (s. Abb., Seite 31) liefert die Unterscheidung von außen eindringender (extraprozessualer) und im Unterrichtsprozeß erzeugter (intraprozessualer) Faktoren.[1]

Die *extraprozessualen Bedingungen* lassen sich nach dem Grad ihrer Entfernung vom Lernprozeß in allgemeingesellschaftliche Vorgaben und solche Faktorengruppen aufgliedern, die sich in den öffentlichen und privaten Sozialisationsin-

---

1 Vgl. Schorb, A.O., Louis, B.: Unterrichtsanalyse, ein Grundkurs im Medienverbund, München 1975, S. 34.

stanzen herausbilden. Die Elemente des so entstehenden äußeren Doppelkreises gehen innerhalb der Schichten und schichtenübergreifend vielfältige Einwirkungs- und Rückkoppelungsbeziehungen ein.

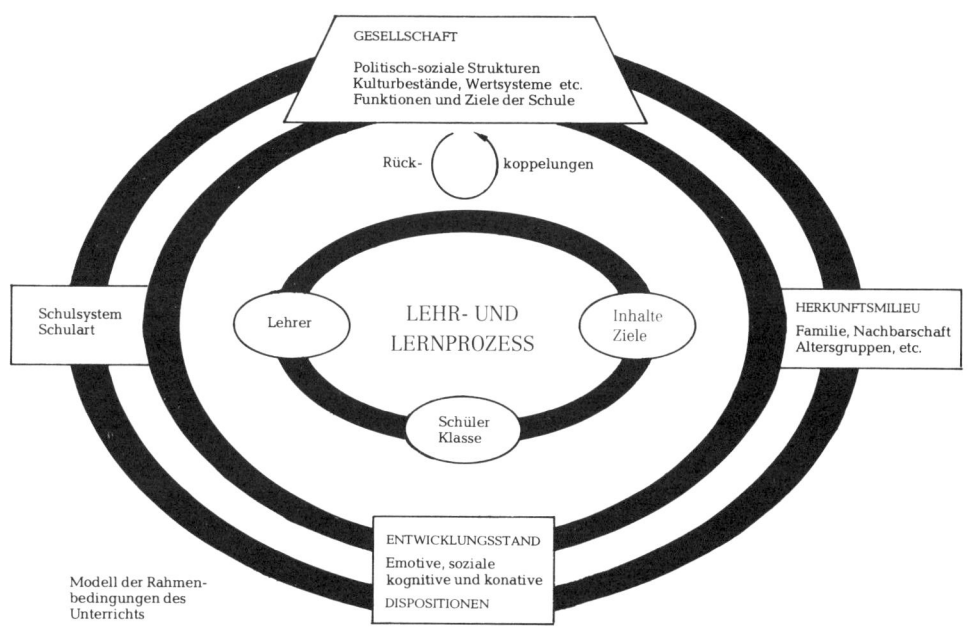

Modell der Rahmenbedingungen des Unterrichts

(1) Gesellschaftliche Verhältnisse

Gesamtgesellschaftliche Verhältnisse und Entwicklungen bilden den Rahmen für die Vorgänge in den einzelnen Sozialisationsfeldern wie Schule, Familie, Altersgruppe etc., die ihrerseits spezifische Elemente auswählen und zu konkreten Sozialisationsangeboten formen. Die unterschiedliche Rezeption und Interpretation gesellschaftlicher Vorgaben durch die Sozialisationsinstanzen führt zu Modifikationen, die wiederum auf die Gesellschaft als Ganzes zurückwirken.

Zur Darstellung von Wirkungszusammenhängen zwischen Gesellschaft und Schule bieten sich die Entwicklungen im Bereich der beruflichen Bildung an. Die derzeit zu beobachtenden Bestrebungen, die berufliche Bildung aus ihrem Schattendasein herauszuführen und die Qualifikationen, die sie vermittelt, zu erweitern und aufzuwerten, signalisieren einen Wandel gesellschaftlicher Wertvorstellungen. Dabei spielen sowohl ökonomische als auch soziale Motive eine Rolle: Die vielen Modellversuche und Vorschläge zur Verbesserung der Ausbildung im Dualen System und der Auf- und Ausbau beruflicher Vollzeitschulen versuchen der gesteigerten Nachfrage nach qualifizierten Fachkräften Rechnung zu tragen, gleichzeitig erhöht sich die soziale Mobilität der Adressaten beruflicher Bildung.

Mit der Ausweitung und Verbesserung des Bildungsangebots wachsen zudem die Chancen der Jugendlichen, eine ihren Neigungen und Fähigkeiten gemäße Ausbildung zu erhalten.

Allerdings spricht viel dafür, in den ökonomischen Interessen die dominierende Triebfeder für Schulreformen zu sehen. Sie geben den Orientierungsrahmen vor, an dem die Sozialisations-, Qualifikations- und Selektionsfunktion der Schule gemessen wird.[1] „Das impliziert, daß durch die Schule nicht alle möglichen Talente produziert und gefördert werden, sondern nur so viele, als die Gesellschaft - konkret die relevanten Interessengruppen - zu benötigen glaubt und ohne Schaden für die Steigerung des Allgemeinwohls - meist verstanden als Steigerung des Bruttosozialprodukts - meint produzieren zu können."[2]

(2) Schulsystem, Schulart

Die Dreigliedrigkeit des Bildungssystems mit seinen verschiedenen Qualifikationsstufen, die auch im beruflichen Schulwesen nachweisbar ist, spiegelt und reproduziert die Sozialstruktur der Gesellschaft. Wenn auch die Bildungsaspirationen einfacher Schichten im Zuge der Ausschöpfung der „Begabungsreserven" gestiegen sind, so hat sich im grundsätzlichen doch wenig geändert. Nach wie vor strebt die Mehrzahl der Jugendlichen aus der sog. Unterschicht einfache und mittlere Bildungsabschlüsse an, während für die Mittel- und Oberschicht Abitur und Hochschulstudium beinahe selbstverständlich sind. „Differenziert nach Statusgruppen ergibt sich eine eindeutige, monotone Beziehung zwischen der Höhe der Statusgruppen und der Höhe der Bildungsaspirationen."[3] Die beruflichen Gymnasien, Oberschulen und Fachschulen bilden insofern eine Ausnahme, als hier der Anteil sozialer Aufsteiger relativ hoch ist.

(3) Herkunftsmilieu

Wirkungen der Gesellschaftsstruktur werden auch in der familialen Sozialisation manifest. Über statusspezifische Erziehungsmilieus sind sie an der Ausprägung der sozio-ökonomischen und sozialkulturellen Voraussetzungen der Schüler wesentlich beteiligt. Auch die übrigen sozialen Bezugsfelder des Jugendlichen, die Nachbarschaft, die Altersgruppe und bei Teilzeitschülern die berufliche Umwelt werden von hierher beeinflußt. Alle diese Teilumwelten sind als Einflußkreise zu denken, die sich im Lebenskreis des Jugendlichen schneiden. Aus dem Gesamtbestand an Normen, Wertvorstellungen, Kulturgütern und Wissensinhalten etc. filtern sie jeweils spezifische Bestände aus und tragen sie als Sozialisationsangebot an den Aufwachsenden heran. Das bedeutet, daß der junge Mensch nur diejenigen Angebote für seine Entwicklung nutzen kann, mit denen er im Prozeß der Sozialisation konfrontiert wird. Die spezifischen Ausprägungen der sozialen Bezugsfelder mit ihren vielfältigen Verschränkungen und Wechselwirkungen erweisen sich als wichtige Determinanten der Lernvoraussetzungen. Über Wertorientierungen, Motive, Interessen und Strebungen beeinflussen sie vor allem den Lern- und Leistungswillen der Schüler.

---

1 Zu den intraprozessualen Faktoren vgl. die Kapitel 3.2.1 und 4.
  Fend, H.: Gesellschaftliche Bedingungen schulischer Sozialisation. Zur Soziologie der Schule I, Weinheim u. Basel 1974, S. 67.
2 Fend, H., ebenda, S. 66.
3 Mayer, K. U.: Ungleichheit und Mobilität im sozialen Bewußtsein, Opladen 1975, S. 173.

(4) Entwicklungsstand, Dispositionen

Art und Umfang der Nutzung von Umweltangeboten hängen wiederum von den individuellen biogenetischen Dispositionen, den Anlagen, ab. Summe und Qualität der konativen, sozial-emotionalen und kognitiven Lernerfahrungen, über die ein Schüler zu einem bestimmten Zeitpunkt seiner Lebensgeschichte verfügt, umschreiben seinen Entwicklungsstand.[1]

Für den Lehrer ist der Entwicklungsstand seiner Schüler die zentrale Kategorie im Rahmen der Unterrichtsplanung, hängen doch von der richtigen Einschätzung des Entwicklungstandes im Hinblick auf den jeweils relevanten Sachbereich, dem sachstrukturellen Entwicklungsstand, Angemessenheit und Erfolg aller unterrichtlichen Entscheidungen und Maßnahmen ab.

Zu der sozialkulturellen Komponente der schülerbezogenen Basisfaktoren zählt auch die Klasse. Sie bildet zusammen mit dem Lehrer den Lernverband. Zusammensetzung, Größe und soziale Struktur der Klasse sowie das pädagogische Verhalten des Lehrers bestimmen das sozial-emotionale Klima der Lerngruppe wesentlich mit. Wie der einzelne Schüler, so ist auch die Klasse als Lernkollektiv zugleich Bedingungsfaktor und Zielfeld pädagogischen und didaktisch-methodischen Vorgehens.

Während die schülerbezogenen Einflußfaktoren in den folgenden Kapiteln ausführlich thematisiert werden, seien die situativen Sonderbedingungen nur genannt. Es sind dies Größe und Ausstattung der Räume, die verfügbaren Medien sowie die aktuelle psychische und physische Befindlichkeit der Schüler und des Lehrers.

Zwar dürfen diese Komponenten nicht vernachlässigt werden, doch werden ihre Wirkungen im Lernprozeß eher evident, so daß eine ausführliche Darlegung entbehrlich erscheint.

2 Anthropogene Bedingungsgrößen

Die Unterscheidung von anthropogenen und sozialen Lernvoraussetzungen der Schüler könnte zu dem Mißverständnis Anlaß geben, die Prägungseffekte von Anlage- und Umweltfaktoren seien deutlich unterscheidbar. Demgegenüber weisen Befunde der neueren Entwicklungspsychologie und der Lernpsychologie unmißverständlich darauf hin, daß sich die konativen, sozialemotionalen und kognitiven Kräfte des Individuums in der *ständigen Interaktion von Anlage- und Umweltfaktoren herausbilden.*[2] Während die *endogenen Dispositionen* und die durch sie gesteuerten Entwicklungsverläufe die *maximale Höhe* der individuell erreichbaren *Lern- und Leistungskapazität* festlegen, entscheiden *Milieueinflüsse* darüber, *welcher Grad auf der Skala des individuell Möglichen* zu einem bestimmten Zeitpunkt der lebensgeschichtlichen Entwicklung erreicht wird.

---

1 Gagné, R. M.: Die Bedingungen des menschlichen Lernens. Aus dem Amerikanischen übersetzt von H. Skowronek, 3. Aufl., Hannover 1973, S. 227 f.
2 Vgl. Mühle, G.: Definitions- und Methodenprobleme der Begabungsforschung, in: Deutscher Bildungsrat, 8. Aufl., Begabung und Lernen, Gutachten und Studien der Bildungskommission, Band 4, Stuttgart 1972, S. 24.

2.1 Begabung und Intelligenz

2.1.1 Begriffliche Klärung

Der wichtigste Faktor, der den anthropogenen Bedingungen zugerechnet wird, ist die *Begabung* bzw. die *Intelligenz* des Schülers. Da eine verbindliche Definition und eine genaue Abgrenzung der beiden Begriffe bisher aussteht, werden sie im folgenden synonym gebraucht.[1] Sie sollen die *allgemeine Bildsamkeit*[2] oder *Erziehbarkeit*[3] eines Individuums beinhalten. Bildsamkeit und Erziehbarkeit beruhen auf allgemeinen Lern- und Leistungsdispositionen als Bedingung der Möglichkeit, Lernerfahrungen zu machen und sinnvoll zu verwerten. Begabung als allgemeine Bildsamkeit liegt vor, wo sichtbare Erfolge in der Aneignung kulturell wertvoller Fähigkeiten zu beobachten sind.[4] So definiert, umfaßt der Begriff neben der *intellektuellen Tüchtigkeit* die *sozial-emotionale Komponente* und die *Handlungskomponente*.

Mit Hinsicht auf die beruflichen Schulen gewinnen Sonderbegabungen eine erhöhte Bedeutung. Mit Sonderbegabung ist die „Hinordnung auf einen bestimmten Kultur- und Lebensbereich, verbunden mit einer besonderen Intensität der Wahrnehmung und des Erlebens sowie der Drang nach Produktivität in diesem Bereich" gemeint.[5]

2.1.2 Intelligenzmessung

Solange Begabung und Intelligenz definitorisch nur unpräzise faßbar sind, wird es auch nicht möglich sein, Tests zu entwickeln, die sich auf den Gesamtbereich intelligenten Verhaltens erstrecken. Zwar genügen gebräuchliche Intelligenztests den Kriterien der Objektivität (intersubjektive Überprüfbarkeit), der Reliabilität (Zuverlässigkeit) und Gültigkeit im Hinblick auf das zugrunde liegende Kriterium, doch messen sie jeweils nur bestimmte Aspekte der Begabung wie Sprachbeherrschung, numerische Fähigkeiten, Raumvorstellung, Auffassungsgeschwindigkeit, rationales und abstraktes Denken, Erfassen von Beziehungen und Zusammenhängen etc. Kreative Fähigkeiten werden kaum berücksichtigt, sozial-emotionale nur, soweit sie an den kognitiven Leistungen beteiligt sind, wie z.B. Ausdauer, Selbständigkeit und emotionale Sicherheit.[6]

---

1 Dennoch seien einige Versuche, Intelligenz zu definieren, angeführt. Intelligenz ist die Fähigkeit:
   a) vernünftig zu denken und zweckentsprechend zu handeln, um sich wirksam mit der Umwelt auseinandersetzen zu können (D. Wechsler);
   b) Beziehungen und Sinnzusammenhänge (Strukturen) zu erfassen, herzustellen und zur Problemlösung anzuwenden (P. Hofstätter);
   c) anschaulich oder abstrakt in sprachlichen, numerischen oder raumzeitlichen Beziehungen zu denken, d.h. imstande sein, komplexe und jeweils spezifische Situationen und Aufgaben zu bewältigen (K. J. Goffermann).
2 Mühle, G.: Definitions- und Methodenprobleme, S. 69.
3 Oevermann, U.: Sprache und soziale Herkunft, 2. Aufl., Frankfurt 1972, S. 24.
4 Aebli, H.: Die geistige Entwicklung als Funktion von Anlage, Reifung, Umwelt- und Erziehungsbedingungen, in: Begabung und Lernen, S. 163.
5 Mühle, G., ebenda, S. 69.
6 Vgl. Wolf, W.: Das Problem von Anlage und Umwelt – Das Wechselwirkungsmodell, in: Funkkolleg, Erziehungswissenschaft, Bd. 3, Frankfurt 1971, S. 65 f.

Die genannten Fähigkeiten schlagen sich in dem von Thurstone ermittelten generellen Faktor der Intelligenz nieder, der auch bei Anwendung verschiedenartiger Tests konstant bleibt. Cattell konnte nachweisen, daß sich die generelle Intelligenz wiederum aus zwei Teilfaktoren zusammensetzt: der kristallisierten Intelligenz und der fluiden Intelligenz. Fluide Intelligenz erweist sich in der Anpassungsfähigkeit an neue Situationen, in der Auffassungsgeschwindigkeit und im kreativen Problemlöseverhalten. Dagegen ermöglicht kristallisierte Intelligenz kumulatives Lernen und das Verfügen über erlernte Problemlösungsstrategien. Während der *fluide Faktor stärker anlagegebunden* ist, kann *kristallisierte Intelligenz durch Lernen beeinflußt* werden.[1] Die Beeinflußbarkeit des kristallisierten Faktors erklärt die von Lorge nachgewiesene Korrelation von Dauer der Schulzeit und Intelligenzquotient des Probanden.[2]

Mit der Abhängigkeit der Testergebnisse von der Lerngeschichte des Individuums rückt das Problem der Erfolgschancen von Probanden aus unterschiedlichen sozialen Milieus ins Blickfeld: „Die Geschichte dieser Meßinstrumente, die wir Intelligenztests nennen, zeigt nach Jensen, daß sie vornehmlich zur Vorhersage von Schulleistungen entwickelt und vorwiegend auf Kinder der europäischen Mittelschicht und deren typische Fähigkeitsvoraussetzungen sowie auf typische Formen des Unterrichts und auf damit zu erreichende Schulnoten bezogen sind."[3]

Indem die Tests auf Kenntnissen und Fähigkeiten aufbauen, die vor allem im Mittelschichtenmilieu vermittelt werden, dem auch die Testkonstrukteure entstammen, benachteiligen sie Testpersonen aus der sozialen Grundschicht.[4] Das erklärt m.E. die Überlegenheit von Schülern aus gehobenen Statusgruppen bei Intelligenztests (s. Abbildung).[5] Die Hypothese von intelligenzbedingten Sprachdefiziten von Schülern der Unterschicht hat hierin eine wesentliche Ursache. Sie läßt sich jedoch, neueren Forschungsbefunden zufolge, kaum aufrecht erhalten.[6]

	C/E	C/D	C/E
Numerisch	4.8	–	4.9
Verbales Verständnis	4.3	2.0	3.6
Räumliches Vorstellen	2.5	1.1	2.0
Wortflüssigkeit	3.4	1.4	2.8
Nachdenken	2.0	1.3	1.5
Gedächtnis	2.3	–	2.0

C = untere Mittelschicht   E = untere Unterschicht, Differenzen
D = obere Mittelschicht   unter 1.0 sind nicht aufgeführt

Unterschiede in Intelligenzleistungen bei Kindern verschiedener sozialer Herkunft (nach Havighurst und Breese)

(Aus: Wendeler, J.: Intelligenztests in Schulen, 3. Aufl., Weinheim 1972, S. 43)

---

1 Zur Theorie der fluiden und kristallisierten Intelligenz nach Raymund B. Cattel, in: Skowronek H. (Hrsg.): Umwelt und Begabung, Stuttgart 1973, S. 29 f., sowie Klausmeier, H. J., Ripple, R. E.: Moderne Unterrichtspsychologie, Bd. 2, Lernen im Unterricht, München 1974, S. 108.
2 Nach Tyler, L.: The Psychology of Human Differences, 2 nd ed., New York 1956, S. 80.
3 Skowronek, H.: Umwelt und Begabung, S. 64.
4 Ingenkamp, K. H.: Möglichkeiten und Grenzen des Lehrerurteils und der Schultests, in: Begabung und Lernen, S. 419; sowie Oevermann, U.: Sprache und soziale Herkunft, S 29.
5 Wendeler, I.: Intelligenztests in Schulen, 3. Aufl., Weinheim und Basel, 1972, S. 41.
6 Vgl. z.B. Ort, M.: Sprachverhalten und Schulerfolg, Weinheim und Basel 1976, S. 21.

Die erheblichen Differenzen im verbalen und numerischen Bereich machen auf die besondere Milieuabhängigkeit der entsprechenden Leistungen aufmerksam. Dabei ist gerade die Sprachkompetenz in einer Kultur, in welcher die meisten Lernprozesse sprachlich vermittelt werden,[1] eine der wesentlichsten Voraussetzungen für die Aneignung neuer Erfahrungen.

Um die Wirkungen stark kulturabhängiger Variablen bei der Intelligenzmessung zu vermindern und den Angehörigen unterschiedlicher Statusgruppen gleiche Erfolgschancen einzuräumen, wurden sogenannte „kulturneutrale" Tests entwickelt. Kulturneutrale Tests sind möglichst sprachfrei konzipiert; sie messen vornehmlich das Raumvorstellungsvermögen und die Fähigkeit, die Bildungsprinzipien angefangener Reihen zu identifizieren. Für die Schule sind sprachfreie Tests allerdings von geringem Wert, zumal hier sprachliche Fähigkeiten besonders gewichtet werden und den Schulerfolg maßgeblich beeinflussen.[2]

Es ist zu hoffen, daß im Prozeß des sozialen Wandels durch Statusanhebung aufgrund besserer Verdienstmöglichkeiten der Arbeiter, der Aufwertung manueller Tätigkeiten, der Angleichung der Bildungschancen und der Verlängerung der Pflichtschulzeit die Umweltvarianz und damit auch die „Erblichkeit" von Intelligenzunterschieden abnimmt.[3]

Obwohl Intelligenztests an Schulleistungen validiert werden, liegt die Korrelation von Zensuren und Testergebnissen unter dem Erwartungswert.[4] Dafür können mehrere Gründe verantwortlich sein: Einmal wird von den Tests als Kontrollmittel in der Bundesrepublik Deutschland kaum Gebrauch gemacht, zum anderen gehen in die Notengebung subjektive Werturteile mit ein, wobei Geschlecht, Verhalten und soziale Herkunft (s. Abbildung) eine Rolle spielen dürften.

		sozio-ökonomischer Status			
		N	hoch % auf College	N	niedrig % auf College
IQ	hoch	51	71	57	23
	niedrig	33	18	96	5

Wahrscheinlichkeit des Collegebesuchs (in %) von Jugendlichen unterschiedlicher Intelligenz und differenzierender sozialer Herkunft.[5]
(Aus: D. C. McClelland: Testing for competence rather than for intelligence, in: American Psychologist, 1973, 28, 1-14, S. 5)

---

1 Roeder, P. M.: Sprache, Sozialstatus und Schulerfolg, in: b:e Redaktion (Hrsg.): Familienerziehung, Sozialschicht und Schulerfolg, Weinheim und Basel 1971, S. 14.
2 Nach Oevermann scheitern nur 3 % der Sitzenbleiber ausschließlich an mathematisch-naturwissenschaftlichen Fächern, Oevermann, U.: Schichtenspezifische Form des Sprachverhaltens und ihr Einfluß auf kognitive Prozesse, in: Begabung und Lernen, S. 319.
3 Heckenhausen, H.: Anlage und Umwelt als Ursache von Intelligenzunterschieden, in: Funk-Kolleg Päd. Psychologie, Bd. 1, Frankfurt 1974, S. 310.
4 Die Angaben schwanken zwischen 25 % und 36 %, vgl. B. Heckenhausen, ebenda, S. 310.
5 Weinert, F. E.: Die Familie als Sozialisationsbedingung, in: Funk-Kolleg Päd. Psychologie, Bd. 1, Frankfurt 1974, S. 369.

Weiterhin erfassen die Schulzensuren ein breiteres Spektrum von Kenntnissen, Fähigkeiten und Fertigkeiten als die Aufgaben der vorwiegend an der kognitiven Leistung orientierten Tests. Dazu zählen vor allem umweltabhängige Faktoren wie Anpassungsfähigkeit, Wertorientierungen, Aspirationsniveau, Motivation und Durchhaltevermögen. Fraglich ist auch, ob die gebräuchlichen Intelligenztests komplexes analytisches, konstruktives und kreatives Denken und Verhalten hinreichend berücksichtigen.

Da sich das Lernen in der Schule durch Planmäßigkeit und Systematik auszeichnet, ist die Gefahr gering, daß Lernbestände geprüft werden, die zu erwerben der Geprüfte keine Möglichkeit hatte. Aufgrund des breiten Spektrums an Leistungsmomenten, der engeren Bindung an sachstrukturelle Entwicklungsstände und des langen Beobachtungszeitraums behält z.B. das Abiturzeugnis einen hohen prognostischen Wert für den Studienerfolg.[1]

Wenn auch vor einer naiven Testgläubigkeit zu warnen ist, so rechtfertigen die vorgebrachten Einwände doch nicht den Verzicht auf dieses diagnostische Mittel.[2] Vor oder kurz nach dem Eintritt in eine Schulart des beruflichen Schulwesens angewendet, können z.B. Intelligenzstrukturtests wesentliche Orientierungshilfen für die Prognostizierung von Erfolgschancen, die Feststellung des Begabungsniveaus und der Begabungsschwerpunkte liefern. In Verbindung mit standardisierten Schulleistungstests[3] geben sie Aufschluß über den allgemeinen und den sachstrukturellen Stand der kognitiven Entwicklung der einzelnen Schüler und der Klasse als Ganzes. Wenn auch die Testergebnisse interpretationsbedürftig sind, so geben sie doch Anhaltspunkte, verkürzen die Phase anfänglicher Unsicherheit in der Einschätzung der Schüler und mindern die Gefahr der Über- oder Unterforderung. Aufgrund der Standardisierung geben sie dem Lehrer einen klassenübergreifenden Bewertungsmaßstab an die Hand, wirken der oft beobachteten Neigung entgegen, von auffälligen Leistungsmängeln oder Leistungshöhepunkten in einzelnen Fächern auf die allgemeine Lernfähigkeit zu schließen (Haloeffekt) und Verhaltens- und Leistungsurteile miteinander zu verquicken.[4]

Bei der Auswertung von Tests ist u.a. zu berücksichtigen, daß die Ergebnisse auch durch situative Bedingungen, die die augenblickliche physische und psychische Befindlichkeit des Probanden beeinflussen, verfälscht werden können. Sie bewirken mitunter Abweichungen von 15 IQ-Punkten und mehr.[5]

Auf eine negative Wirkung der Offenlegung von Testergebnissen vor der Klasse macht Ausubel aufmerksam: „Weil Jugendliche so großen Wert auf Intelligenz legen (was man daran erkennt, daß die Intelligenz bei der Selbsteinschätzung zunehmend eine wichtige Rolle spielt..., ebenso bei der Einschätzung des anderen Geschlechts), stellen geringe intellektuelle Fähigkeiten... eine erhebliche Behinde-

---

1 Trost, G.: Die Not mit den Noten, in: die Zeit, Nr. 10, 17. 02. 1976, S. 36.
2 Ingenkamp, K.: Lehrerurteil, S. 407 f.
3 Übersicht über die in Deutschland erhältlichen Tests gibt die 1968 erstmals aufgelegte Broschüre, Deutsche Schultests, Weinheim und Basel. Einführende Beiträge zur Konstruktion von Schultests, zur Testanwendung und Testbeurteilung, s. Ingenkamp, K. (Hrsg.): Tests in der Schulpraxis, Weinheim und Basel 1971.
4 Mollenhauer, K.: Sozialisation und Schulerfolg, in: Begabung und Lernen, S. 288.
5 Klausmeier, H. J., Ripple, R. E.: Unterrichtspsychologie, S. 111.

rung dar."[1] Die Minderung der sozialen Position in der Klasse infolge niedriger Testergebnisse kann demnach Selbstachtung und Selbstvertrauen der betroffenen Schüler mindern und vorhandene Lernhemmungen verstärken.

Während Intelligenztests relativ konstante allgemeine Lernkapazitäten anzeigen und standardisierte Schulleistungstests den aufgabenbezogenen Leistungsstand objektiv spiegeln, haben vom Lehrer selbst konstruierte informelle Tests den Vorzug, daß sie genau auf die im Unterricht vermittelten oder zu vermittelnden Leistungen abgestimmt werden können.

Bevor der Lehrer mit einer neuen Unterrichtsreihe beginnt, sollte er mit Hilfe informeller Tests ermitteln, ob seine Schüler die Kenntnisse, Fertigkeiten und Fähigkeiten erworben haben, die für die Bewältigung des neuen Lernangebots erforderlich sind. Parallel zur didaktischen Aufbereitung der Lerninhalte sollten Lernzieltests entstehen, mit deren Hilfe die Lernfortschritte permanent überprüft werden können. Ein solches Vorgehen verhindert zu große oder zu geringe Spannungen zwischen Istwert und Sollwert und erlaubt eine schülergemäße Dosierung des Lernpensums. Dadurch vergrößern sich die Chancen vor allem der weniger leistungsfähigen Schüler, jenes Maß an Erfolgsgefühlen zu erleben, das für die Aufrechterhaltung der Lernmotivation erforderlich ist.

2.2 Entwicklungsalter und Entwicklungsstand

Entwicklungspsychologisch gesehen befinden sich die Schüler beruflicher Schulen im Stadium der Adoleszenz. In dieser nachpubertären Phase kommt die organisch-funktionale Reifung zum Abschluß. Die enge Bindung der Intelligenzent-

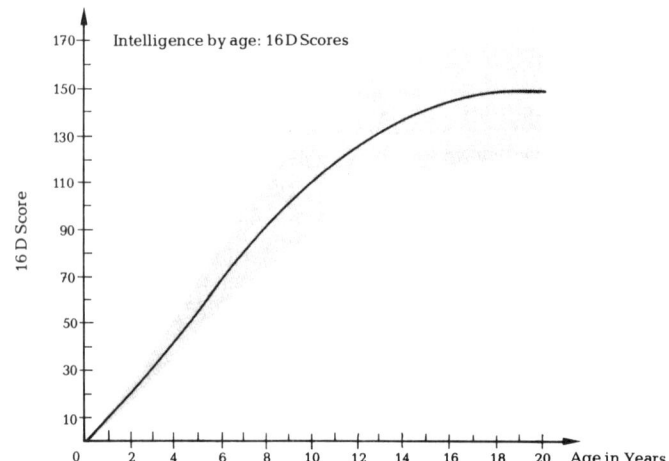

Curve of growth in intelligence from one month to 21 years, of children in the Berkeley Growth Study.
The 16D scores are units of intelligence
(From Bayley, Amer. Psychologist, 1955, 10:805.)

---

1 Ausubel, D. P.: Jugendalter – Fakten, Probleme, Theorie, 4. Aufl., München 1974, S. 284.

wicklung an die Reifung des Zentralnervensystems[1] bedingt, daß die Wachstumskurve der allgemeinen Intelligenz, die im frühen Jugendalter einen steilen Anstieg zeigte, um die Mitte der Adoleszenz abflacht.[2]

Eine wesentliche Erhöhung des IQ ist von diesem Zeitpunkt an nicht mehr zu beobachten. Das bedeutet keineswegs, daß damit die Grenze der individuellen Lernfähigkeit erreicht wäre. In der nun einsetzenden sekundären Phase der kognitiven Entwicklung differenzieren sich die intellektuellen Kräfte zunehmend aus. Der junge Mensch entdeckt allmählich, in welchen Bereichen er aufgrund seiner Neigungen und Fähigkeiten zu besonderen Leistungen imstande ist. Die Ausformung der kognitiven Kräfte verlagert sich also von der Vertikalen in die Horizontale. Mit der Stabilisierung der Leistungskapazität ist eine erhöhte Sensibilität für bestimmte Lernangebote verbunden.[3] „Und da die meisten Probleme, denen der Jugendliche begegnet, kaum neu sind, kann die fortgesetzte, ‚horizontale‘ Entwicklung von viel größerer praktischer Bedeutung sein als die Stufe der ‚vertikalen‘ Entwicklung, die schon erreicht ist.“[4]

Im Unterschied zu früheren Entwicklungsstufen darf nun davon ausgegangen werden, daß die Schüler in besonderem Maße zum Lernen aus eigenem Antrieb fähig sind. Damit verbunden ist der Wunsch nach einsichtsvollem Lernen. Der Schüler will wissen, warum er sich bestimmte Kenntnisse, Fertigkeiten und Fähigkeiten aneignen soll. Gleichzeitig wächst der Widerstand gegen das Auswendiglernen reproduzierbaren Wissens.[5] Dagegen können an das abstrakte begriffliche Denken zunehmend höhere Anforderungen gestellt werden.[6]

Mit dem Fortschritt der intellektuellen Entwicklung hängt auch zusammen, daß der Jugendliche die ihn umgebenden sozialen Phänomene zunehmend sensibler registriert und kritischer deutet: „Er entdeckt, daß er nicht nur abhängig bleibt von seiner ersten Natur (als Organismus in Konstitution und Temperament) und von seiner ‚zweiten Natur‘ als Kulturmensch, die ihn an seine Lebensgeschichte zurückbindet, der er nicht entfliehen kann, sondern er entdeckt auch seine Abhängigkeit von der Gesellschaft, der er angehört. Er entdeckt, daß das ihm vorgegebene Sozial- und Kultursystem sein Verhalten, angefangen von der selektiven Perspektive seiner Muttersprache über die Autorität der etablierten Institutionen bis hin zu vorherrschenden Leitbildern, Rollenerwartungen und Rollenzumutungen des Verhaltens, unbarmherzig systemkonform kanalisiert.“[7]

Aus den unterschiedlichen Lerngeschichten der Schüler beruflicher Schulen ergeben sich auch bei Gleichaltrigen erhebliche Entwicklungsdifferenzen, wobei Jungarbeiter und berufliche Gymnasiasten Extrempositionen darstellen. Eine angemessene Einschätzung und Behandlung der Schüler erfordert deshalb vom

---

1 Aebli, H.: Geistige Entwicklung, S. 189.
2 Abb. aus Roth, H.: Pädagogische Anthropologie, Band 2, Entwicklung und Erziehung, Hannover 1971, S. 86.
3 Aebli, H., ebenda, S. 189.
4 Ausubel, D.: Jugendalter, S. 272.
5 Ausubel, D., ebenda, S. 464.
6 Ausubel, D., ebenda, S. 280.
7 Roth, H., ebenda, S. 512.

Berufsschullehrer ein besonders hohes Maß an psychologischen Kenntnissen, Einfühlungsvermögen und Flexibilität in Unterrichtsgestaltung und Lehrerverhalten.

Der allgemeine Entwicklungsstand der Schüler im Jugendalter legt nach Ausubel die folgenden Maßnahmen nahe:[1]

1. Die Schule sollte die kognitiven Fähigkeiten und die positiven Einstellungen des Jugendlichen zum kognitiven Lernen stärker als bisher nützen. Gleichzeitig sollte dem Bedürfnis nach Einsicht in die Bedeutsamkeit der Fachgebiete und der Lernangebote für die Berufsziele der Jugendlichen Rechnung getragen werden. Das bedeutet eine stärkere Akzentuierung des systematischen, lehrgangsmäßigen Lernens, wobei die höheren Stufen der kognitiven Leistung, etwa die Analysefähigkeit, das Erkennen von Beziehungen und Zusammenhängen, das problemlösende Denken und die Urteilsfähigkeit, besonders zu gewichten wären. Zudem gewinnen Zielklarheit und Transparenz der Unterrichtsprozesse erhöhte Bedeutung.

2. Im sozial-emotionalen Bereich ist der Fortschritt in der Persönlichkeitsbildung zu berücksichtigen. Demzufolge müssen subjektive und interpersonale Faktoren sowie individuelle Motivationsunterschiede stärker als bisher in die Überlegung des Lehrers eingehen. Nicht-direktive Erziehungs- und Unterrichtsformen „die mehr auf Erklärung, Diskussion und Gelegenheit zur individuellen Entscheidung"[2] abgestellt sind, sollte gegenüber starker Gängelung und dogmatischen Sanktionen der Vorzug gegeben werden. Auf diese Weise entsteht ein kooperatives Lernklima, das abweichendem Verhalten sowie Lernwiderständen vorbeugen hilft und gleichzeitig die Ablösung von der Erziehungsautorität der Erwachsenen erleichtert.

Das Maß an Freiheit, das dem Jugendlichen eingeräumt wird, bedarf allerdings der Abstimmung auf den Stand seiner sozial-emotionalen Entwicklung. In jedem Falle ist es günstig, wenn der Lehrer die an den Schüler gerichteten Erwartungen klar definiert und erläutert. Auch sollte die Berufsschule die Möglichkeit nutzen, auf aktuelle Anpassungsprobleme der Jugendlichen an die Erfordernisse der Arbeitswelt einzugehen.[3]

Diese generellen Postulate sind den besonderen Verhältnissen in den verschiedenen Schularten und -klassen entsprechend zu *modifizieren*. Während beispielsweise bei Schülern der *beruflichen Gymnasien* erhöhte Anforderungen an Abstraktionsfähigkeit und Kooperationsbereitschaft angemessen erscheinen, müssen in manchen *Berufsschulklassen* und bei *Jugendlichen ohne Ausbildungsberuf* oftmals erhebliche Abstriche gemacht werden. Aus den genannten Gründen (Doppelstatus, geringere Förderung der kognitiven Kräfte, stärkere Autoritätsabhän-

---

1 Ausubel, D.: Jugendalter, S. 236, vgl. Kap. 4, S. 65 f.
2 Ausubel, D., ebenda, S. 473 f.
3 Ausubel, D., ebenda, S. 474.

40

gigkeit etc.) wird mindestens zu Beginn der Berufsschulzeit ein Unterricht unter besonderer Berücksichtigung des Prinzips der Anschaulichkeit den Lernerfolg eher fördern als überhöhte Anforderungen an das abstrakte begriffliche Denken.

Überhaupt ist *das Lebensalter eines Schülers ein unsicherer Maßstab für den Stand seiner kognitiven und emotionalen Entwicklung.* Die Phasenlehren der älteren Entwicklungspsychologie lassen die Entwicklung einheitlicher erscheinen, als sie in Wirklichkeit ist. Indem sie einheitliche Entwicklungstände bei Gleichaltrigen vortäuschen, verleiten sie zu falschen Annahmen über die jeweilige Lern- und Sozialkompetenz der Schüler.[1] Man wird daher davon ausgehen müssen, daß sich der Entwicklungswandel permanent und individuell vollzieht.

Unterschiede in der Begabungsstruktur und im Sozialverhalten der Schüler können auch durch die *Verschiedenheit der Geschlechterrollenprägungen* bedingt sein. Die im Prozeß der Sozialisation internalisierten rollenspezifischen Werte, Motive und Verhaltensnormen bewirken eine unterschiedliche Ausformung der Intelligenzstrukturen und Verhaltensdispositionen bei *Mädchen und Jungen.* Während in der Erziehung *der Mädchen soziale Tugenden und musische Neigungen* besonders akzentuiert werden, begünstigt die stärker technisch, instrumental und rational orientierte Erziehung der *Jungen Rationalität und technisches Verständnis.* Dem entspricht, daß Mädchen im allgemeinen höhere Werte in Wortschatz, Sprachgebrauch, Analogiebildung und Gedächtnis erzielen, während die Jungen im Erfassen räumlicher Beziehungen, im mathematisch-numerischen Bereich sowie in technischen Fähigkeiten überlegen sind.[2] Zudem beugen sich Mädchen bereitwilliger den Erwartungen der Schule, verursachen weniger Disziplinprobleme und sind kooperationsoffener als Jungen.[3] Beides, Anpassungsfähigkeit an die schulischen Verhaltensnormen und verbale Intelligenz, mag dazu beitragen, daß Mädchen „in fast allen Klassenstufen besser beurteilt und häufiger versetzt (werden), obwohl dies in vergleichend durchgeführten Tests keineswegs einwandfrei erscheint."[4]

3 Sozio-ökonomische und sozialkulturelle Bedingungsgrößen

Mit sozialkulturellen Einflußfaktoren sind die *Bedingungen der materiellen und psychisch-sozialen Umwelt* gemeint, die die Sozialisationen des Aufwachsenden beeinflussen.[5] Milieufaktoren sind nicht nur in einem schwer bestimmbaren Maße an der Ausprägung der Begabung oder Intelligenz beteiligt, sie entscheiden

---

1 Heckhausen, H.: Entwicklung psychologisch betrachtet, in: Funk-Kolleg Päd. Psychologie, Bd. 1, Frankfurt 1974, S. 87.
2 Vgl. z.B. Roth, H.: Pädagogische Anthropologie, Bd. 2, S. 246.
3 Klausmeier, H. J.: Ripple, R. E.: Unterrichtspsychologie, S. 395.
4 Ingenkamp, K,: Lehrerurteil, S. 410.
5 Der Begriff Sozialisation „beschreibt ganz allgemein die Transformation des biologischen in ein soziales Wesen mit spezifischen kulturellen Maßstäben der Wirklichkeitsdeutung... (Er) bezeichnet das Hineinwachsen des Individuums in gesellschaftliche Struktur- und Interaktionszusammenhänge, in Klassen, Schichten, Familien, Freundesgruppen, Schulen und Arbeitsstätten..." Roth, L. (Hrsg.); Handlexikon zur Erziehungswissenschaft, München 1976, S. 412.

darüber hinaus fast ausschließlich über die *Wertorientierungen, Einstellungen, Motive, Strebungen und Verhaltensweisen* der Individuen:

„Nur in einem ganz begrenzten Sinn schafft das Individuum aus sich selbst die Sprech- und Denkweise, die wir ihm zuschreiben. Es spricht die Sprache seiner Gruppe; es denkt in der Art, in der seine Gruppe denkt. Es findet bestimmte Worte und deren Sinn zu seiner Verfügung vor, und diese bestimmen nicht bloß in weitem Ausmaß seinen Zugang zur umgebenden Welt, sondern offenbar gleichzeitig, von welchem Gesichtspunkt aus und in welchem Handlungszusammenhang Gegenstände bisher für die Gruppe oder das Individuum wahrnehmbar und zugänglich waren."[1]

Die Sozialisationsfelder, in denen der Aufwachsende interagiert, haben den Status von *Subkulturen,* von sozialen Teilsystemen, die aus dem Potential von Normen, Erwartungen, Wertorientierungen, Interaktionsmustern, Lebensformen und Kulturbeständen der Gesamtgesellschaft spezifische Segmente auswählen, in spezifischer Weise arrangieren und als Sozialisationsangebote an den Sozialisanden herantragen. Dieser eignet sich, modifiziert durch genetische Dispositionen, diejenigen Motive, Wertungen, Vorstellungen und Verhaltensmuster an, die in den jeweiligen Sozialisationskontexten *funktional* sind.[2]

3.1 Schichtenspezifische Sozialisation am Beispiel Familie

Die Prägekraft von Milieueinflüssen ist um so stärker und wirkt um so nachhaltiger, je früher sie in der lebensgeschichtlichen Entwicklung auf das Individuum einwirken und je länger sie dessen Sozialisationsprozeß begleiten. Indem die Faktorengruppen des Herkunftsmilieus (Familie, Wohngegend etc.) die Wahl weiterer Sozialisationsfelder (Freundesgruppen, Altersgruppen, Schultypen etc.) und die Rollenzuweisungen innerhalb dieser Bezugsräume mibestimmen, umschreiben sie den Rahmen für die individuelle Entwicklung. Damit hängt zusammen, daß sich schichtenspezifische Fähigkeitsunterschiede mit zunehmendem Lebensalter vergrößern.[3]

3.1.1 Ermittlung der Schichtenzugehörigkeit

Ein sehr differenziertes Verfahren zur Ermittlung der Schichtenzugehörigkeit wurde von dem Kölner Soziologen E. K. Scheuch entwickelt.[4] Scheuch legt seinen Ermittlungen neun Kriterien zugrunde und bewertet sie mit Hilfe eines Punktsystems.

---

1 Mannheim, K.: Ideologie und Utopie, Frankfurt 1952, S. 5 zit. nach: Badura, B.: Sprachbarrieren. Zur Soziologie der Kommunikation, 2. verb. Aufl., Stuttgart 1973, S. 31.
2 Vgl. Mollenhauer, K.: Sozialisation und Schulerfolg, S. 271.
3 Oevermann, U.: Sprachverhalten, S. 315.
4 Scheuch, E. K.: Sozialprestige und soziale Schichtung, in: Class/König (Hrsg.): Soziale Schichtung und soziale Mobilität, Köln-Opladen 1961, S. 85 – 103.

Diese Kriterien sind:

1. Relation Wohnraum pro Person,
2. Beruf des Ehemannes bzw. eigener Beruf,
3. Einkommen des Ehemannes,
4. Pro-Kopf-Einkommen der Familie,
5. Wohlstandsindex (Kaufkraft),
6. Theaterbesuch,
7. Konzertbesuch,
8. Niveau des Lesens,
9. Schulbildung.

Die Untersuchungsergebnisse Scheuchs spiegelt das folgende Schichtenmodell wider.[1]

Oberschicht	2,6 %
Obere Mittelschicht	9,9 %
Mittlere Mittelschicht	18,9 %
Untere Mittelschicht	23,3 %
Obere Unterschicht	33,6 %
Mittlere Unterschicht	10,2 %
Untere Unterschicht	0,6 %
Unbekannt	0,9 %

Soziale Schichtung in der Bundesrepublik nach Scheuch

Für schulische Zwecke wird es im allgemeinen genügen, sich auf die hauptsächlichen Statusindikatoren *Beruf, Einkommen und Ausbildung der Eltern* zu stützen. Da Einkommen und Ausbildung mit dem ausgeübten Beruf eng zusammenhängen, ist schon die Kenntnis der elterlichen Berufe eine wertvolle Orientierungshilfe für den Praktiker.

Eine weitere Vereinfachung, deren Zulässigkeit allerdings umstritten ist, besteht in der Reduzierung des Schichtenmodells auf *Unter- und Mittelschicht.* Zur Unterschicht zählen aus dieser Sicht die vorwiegend manuell bestimmten Berufe, zur Mittelschicht diejenigen beruflichen Tätigkeiten, bei denen vorwiegend geistige Fähigkeiten gefordert werden.[2] Allerdings wäre es verfehlt, die Schichtenmodelle statisch zu begreifen. Als idealtypische Konstrukte können sie in der Wirklichkeit zu beobachtende Differenzierungen nicht erfassen.

Mit der Mobilität der Gegenwartsgesellschaft in der Bundesrepublik Deutschland hängt zusammen, daß in Familien, deren Status als niedrig einzustufen ist, mitunter ein Erziehungsmilieu anzutreffen ist, das den höheren Statusgruppen entspricht und umgekehrt. Deshalb wäre es nützlicher, die spezifischen Merkmale der einzelnen Familien für die Analyse der sozio-ökonomischen und sozialkulturellen Lernvoraussetzungen heranzuziehen. Dem stehen jedoch gravierende

---

1 Fend,H.: Sozialisation, S. 113.
2 Oevermann, U.: Sprachverhalten, S. 301.

Hemmnisse entgegen. Einmal besteht in den Familien die Tendenz, sich gegenüber der Schule abzuschirmen, so daß gezielte Fragen oftmals als Eingriff in die familiale Intimsphäre abgelehnt werden, zum anderen übersteigen detaillierte Ermittlungen über das familiale Erziehungsmilieu schon aus Gründen der zeitlichen Beanspruchung die Möglichkeiten des Lehrers. Daher erscheint es gerechtfertigt, den relativ leicht zu ermittelnden Familienstatus für die globale Orientierung heranzuziehen.

3.1.2 Merkmale und Wirkungen

Ergebnissen der Sozialisationsforschung zufolge verlaufen die Sozialisationsprozesse innerhalb der Statusgruppen unterschiedlich.[1] Die Unterschiede basieren im wesentlichen auf der Verschiedenartigkeit der *Wertorientierungen, Erziehungspraktiken, Interaktionsmuster und des Anregungsgrades* der materiellen Umwelt.

3.1.2.1 Erziehungsverhalten der Eltern

Ein besonders wesentlicher Faktor ist das *Erziehungsverhalten* der Eltern;[2] werden doch in der familialen Interaktion schichtenspezifische Wertvorstellungen, Lern- und Leistungsdispositionen an die Kinder weitergegeben. Nach Grauer legen *Mittelschichteltern* besonderen Wert auf „Selbstbeherrschung, überlegtes, selbständiges Handeln, Zufriedenheit und Wißbegierde, während *Unterschichteltern* vor allem auf Gehorsam, Sauberkeit und äußeres Erscheinungsbild ihrer Kinder achten."[3] Hinzu treten *Unterschiede in der Einstellung zu materiellen Gütern.* So wird der aktuell verfügbare Besitz in der Unterschicht wesentlich höher geschätzt als in der Mittelschicht, wo Ausbildungsniveau, Zufriedenheit mit dem Beruf und Freizeitwert eine mindestens gleichrangige Bewertung erfahren.[4]

Mittelschichteltern geben ihren Kindern mehr Freiheit und sind *nachgiebiger* gegenüber deren Wünschen und Bedürfnissen; auch reagieren sie auf Übertretungen der Verhaltensnormen *toleranter* als Unterschichteltern. Zur Verhaltenslenkung bevorzugen sie *sublimere Formen wie rationale Argumentation und Appelle an die Einsicht* (Überzeugungstyp), zeitweiligen Liebesentzug und soziale Isolierung. Disziplinarische Maßnahmen gelten weniger den Handlungsfolgen als den Handlungsmotiven. Dagegen sind Unterschichteltern eher geneigt, *imperativisch allgemeine Verbote* aufzustellen und äußere Anpassung durch den *Rekurs auf die formelle Erziehungsautorität* zu erwirken, wobei negative Sanktionen sehr frühzeitig einsetzen und abweichendes Verhalten auch dann bestraft wird, wenn es unbeabsichtigt unterläuft.

Gestützt auf Mollenhauer faßt H. Lüdtke schichtenspezifische Unterschiede im Erziehungsverhalten der Eltern so zusammen:[5]

---

1 Vgl. z.B. Berstein, B.: Studien zur sprachlichen Situation, hrsg. von W. Loch und G. Priesemann, Düsseldorf 1972, S. 200.
2 Vgl. auch Kapitel 4 zur Lehrer-Schüler-Interaktion, S. 65 f.
3 Grauer, G.: Leitbilder und Erziehungspraktiken, in: b:e, Familienerziehung, Sozialschicht und Schulerfolg, 3. Aufl., Weinheim/Basel 1973, S. 42.
4 Vgl. Mayer, K. U.: Ungleichheit und Mobilität, S. 49 f.
5 Lüdtke,H.: Soziale Schichtung, Familienstruktur und Sozialisation, in: b:e., Familienerziehung, 3. Aufl., Weinheim/Basel, S. 157.

Erziehungsverhalten:

Unterschichteltern	Mittelschichteltern
– Bestrafung von Handlungen	– Bestrafung von Absichten
– Fehlende dialogische Kommunikation (Befehlstyp)	– Stärkere dialogische Kommunikation (Überzeugungstyp)
– Unbegründete Sanktionen	– Begründete Sanktionen
– Emotionale Sicherheit der Kinder, verbunden mit strikter Kontrolle	– Modifizierte emotionale Sicherheit der Kinder, verbunden mit autonomem Spielraum
– Mehr negative als positive Sanktionen	– Mehr positive Sanktionen, Androhung von Liebesentzug, indirekte Techniken der Erziehung
– Macht aktualisierende Disziplinierungstechniken	– Stärkere Kindzentriertheit und „Wärme"
– Feindlichere Einstellung gegenüber Kindern	– Produktion von Wertverinnerlichungen, Gewissen, Schuldgefühlen
– Produktion von Angst vor Strafe	

Die Erziehungspraktiken der Mittelschichteltern fördern die *Internalisierung der Erwartungsnormen,* die *Rollenflexibilität,* die *kognitive Entwicklung,* insbesondere verbale Fähigkeiten, kritisches und alternatives Denken, Abstraktionsfähigkeit. Sie begünstigen die Entfaltung *individueller Kräfte* und damit die Heranbildung autonomer Persönlichkeiten.[1] Das Erziehungsverhalten der Unterschichteltern bewirkt eher äußere Anpassung an kollektive Normen, Rollenfixiertheit, konkretes Denken und Autoritätsabhängigkeit.

Wenn auch in der Bundesrepublik Deutschland schichtenspezifische Unterschiede im Erziehungsverhalten der Eltern weniger ausgeprägt zu sein scheinen als in den USA, wo die referierten Befunde ermittelt wurden, so ließ sich doch für Mütter von Auszubildenden nachweisen, daß sie sich gegenüber Selbständigkeitsbestrebungen und Kritik der Kinder restriktiver und autoritärer verhalten als Mütter gleichaltriger Vollzeitschüler.[2]

3.1.2.2 Erziehungsautorität der Eltern

Unterschiede zwischen den Schichten werden auch hinsichtlich der Erziehungsautorität der Eltern vermutet.[3] Während in der Mittelschicht eine Tendenz zur Überlegenheit des Vaters besteht, dominiert in der Unterschicht eher die Mutter, vor allem, wenn sie einen Beruf ausübt. Offenbar wächst die Autorität eines Elternteils mit dem sozialen Ansehen und dem Einkommen: „Je größer das Potential an äußeren Ressourcen ist, über das ein Ehepartner verfügt, desto größer ist das Ungleichgewicht in der Autoritätsstruktur."[4]

Aufgrund der Neigung der Kinder, sich vorzugsweise mit dem gleichgeschlechtlichen Elternteil zu identifizieren,[5] werden Söhne stärker von ihren Vätern, Töchter

---

1 Vgl. Ausubel, D.: Jugendalter, S. 319.
2 Grauer, G.: Leitbilder, S. 56.
3 Grauer, G., ebenda, S. 51.
4 Plake, K.: Familie und Schulanpassung, Düsseldorf 1974, S. 118.
5 Plake, K., ebenda, S. 92.

stärker von ihren Müttern geprägt. Verbindet sich die geschlechterrollenbedingte Identifikationsbereitschaft des Kindes mit der Dominanz des gleichgeschlechtlichen Elternteils, so dürfte sich dessen Einfluß erhöhen.

Nach T. Parsons repräsentiert der Vater den *instrumental-universalistischen, die Mutter den expressiv-partikularistischen Erziehungstyp.*[1]Der instrumental-universalistische Typus ist gekennzeichnet durch Qualitäten wie rationales Denken und Handeln, Aktivismus und Außenorientierung, während beim expressiv-partikularistischen Typus sozial-emotionale und familiale Tugenden vorherrschen. Bei geringen Autoritätsdifferenzen zwischen den Eltern, also im partnerschaftlichen Familienklima, ergänzen sich die Qualitäten beider Orientierungen wechselseitig und führen zu Ichstabilität sowie zu günstigen Lern- und Leistungsdispositionen der Kinder.[2] Dagegen werden von einseitigen Prägungen negative Auswirkungen erwartet. Während die Dominanz instrumental-universalistischer Einflüsse die Entwicklung sozial-emotionaler Kräfte wie Liebesfähigkeit, Kooperationsoffenheit etc. beeinträchtigt, erschwert ein Übergewicht expressiv-partikularistischer Einflüsse die Eingliederung des Aufwachsenden in öffentliche Bereiche wie Schule, Beruf und Gesellschaft, wo vor allem die dem instrumental-universalistischem Typus entsprechenden Einstellungen und Qualifikationen gefordert werden. Ein Defizit an Unabhängigkeit und Rationalität ist geeignet, den von Plake beobachteten *strukturellen Sozialisationskonflikt*[3] zu verschärfen.

Nach R. Dahrendorf hat die in deutschen Familien generell vorherrschende Neigung zum Partikularismus in Verbindung mit der Gepflogenheit, der Familienerziehung die Priorität vor der öffentlichen Sozialisation einzuräumen, negative politische Konsequenzen: „In dem Maße, in dem die Familie der Schule vorgeordnet wird, begründet eine Gesellschaft mit der Vorherrschaft privater Tugenden auch die Autorität politischer Institutionen; umgekehrt verbieten soziale Strukturen den Autoritarismus in dem Maße, in dem sie die Schule der Familie vorordnen und damit die öffentlichen Tugenden pflegen."[4]

3.1.2.3 Familienstruktur

Mit den vorstehend beschriebenen Zusammenhängen korrespondieren Untersuchungsbefunde über Strukturdefekte der Elternfamilie. Danach kann das Fehlen des Vaters zu einer ungenügenden Ausbildung verhaltenskontrollierender Normen und Werte führen und die Identifikation des Sohnes mit der männlichen Geschlechterrolle erschweren.[5] Bei Abwesenheit der Mutter wurden Defizite in der

---

1 Vgl. Parsons, T., und Bales, R. F.: Family-Socialization and Interaction-Process, London 1955.
2 Plake, K.: Schulanpassung, S. 94.
3 Plake, K., ebenda, S. 80. Der strukturelle Sozialisationskonflikt erwächst aus der Strukturverschiedenheit von Familie einerseits und öffentlichen Erziehungs- und Ausbildungsinstitutionen andererseits. Während im privaten Bereich Bedürfnisorientierung möglich ist, erfordert die öffentliche Erziehung die Ausrichtung an objektiven Normen. Der ständige Wechsel zwischen Familie, wo ein Eingehen auf die emotionalen Bedürfnisse des Aufwachsenden möglich ist, und Schule, die überindividuelle und sachgerichtete Maßstäbe setzt, hat, mindestens anfänglich, starke Verunsicherung zur Folge.
4 Dahrendorf, R.: Demokratie und Gesellschaft in Deutschland, München 1973, S. 328 f.
5 Heller, K., Nickel, H. (Hrsg.): Psychologie in der Erziehungswissenschaft, Bd. 2, Verhalten im sozialen Kontext, Stuttgart 1976, S. 27.

sozial-emotionalen Entwicklung beobachtet.[1] Gleichsinnig scheint sich auch die übermäßige Beanspruchung der Eltern außerhalb der Familie auszuwirken.[2]

Ein sehr wesentliches Strukturmoment der Familie ist die *Kinderzahl. Sie entscheidet* mit über das Maß an sozial-emotionaler Zuwendung, das das einzelne Kind von seinen Eltern erfährt. Mit steigender Kinderzahl lichtet sich das Netz sozialer Kontakte zwischen Kind und Eltern. Gleichzeitig wächst die Neigung zu konflikthaften Spannungen und zu autoritären Erziehungspraktiken.[3]

Offenbar ersetzen die Kinder den Mangel an Interaktionsbeziehungen mit den Eltern, indem sie sich stärker zusammenschließen und sich gegen den Einfluß der Eltern abschirmen. Auf diese entwicklungshemmende Erscheinung macht ein Experiment von Lurija und Judowitsch aufmerksam.[4]

Die Forscher untersuchten ein Paar eineiiger Zwillinge aus einer kinderreichen Familie, das in der Entwicklung sprachlicher, intellektueller und praktischer Fähigkeiten weit zurückgeblieben war. Nach Trennung der Zwillinge und ihrer Eingliederung in andere Interaktionsbeziehungen holten sie die Entwicklungsdefizite rasch auf. Offenbar hatten sie während ihres Zusammenseins eine Art innerfamiliale Subkultur mit spezifischen Interaktionsriten ausgebildet, die Sozialisationsfortschritte vereitelten.

Einzelkinder, aber auch *Erstgeborene* sind innerhalb frühkindlicher Entwicklungsperioden auf die Interaktion mit den Eltern angewiesen. Sie werden auch von ihren Eltern ständig angefordert. Dadurch gewinnen sie einen beträchtlichen Sozialisationsvorteil. Untersuchungsbefunde belegen die Überlegenheit von Erstgeborenen gegenüber ihren Geschwistern in Leistungsmotivation, Sprachvermögen, Intelligenz und Schulleistungen.[5] Den größten Sozialisationsvorteil scheinen jedoch Einzelkinder zu haben. Wie die folgende Abbildung zeigt, wächst mit der Kinderzahl die Wahrscheinlichkeit, auf mittlere und höhere Bildungsabschlüsse verzichten zu müssen.[6]

Kinderzahl der Familie	Schulbesuch der Kinder in %		
	Volksschuloberstufe	Realschule[1]	Gymnasium
1	61	19	20
2	65	17	17
3	69	15	16
4	71	13	15
5	74	12	14
6	77	11	13

(1 einschl. Aufbauzugklassen)

Die Beziehungen zwischen der Familiengröße und dem Schulbesuch der Kinder im Bundesgebiet

(Aus H. W. Jürgens: Familiengröße und Bildungsweg der Kinder, Bonn-Bad Godesberg: Bundesministerium für Familie und Jugend, 1967, S. 10.)

---

1 Heller, K., Nickel, H. (Hrsg.): Psychologie in der Erziehungswissenschaft, S. 22.
2 Heller, K., Nickel, H. (Hrsg.), ebenda, S. 27.
3 Weinert, F. W.: Sozialisationsbedingungen, S. 376.
4 Lurja, A. R., Judowitsch, F. J.: Die Funktion der Sprache in der geistigen Entwicklung des Kindes, 3. Auflage, Düsseldorf 1973.
5 Heller, K., Nickel, H. (Hrsg.), ebenda, S. 28.
6 Aus: Weinert, F. W., ebenda, S. 377.

3.1.2.4 Anregungsgehalt der materiellen Umwelt

In welcher Weise *der finanzielle* Spielraum der Familie und der unterschiedliche *Anregungsgehalt der materiellen Umwelt* sozialisationswirksam wird, ist noch wenig erforscht.[1] Neben *extremen Mangelsituationen,* die die Entwicklungsmöglichkeiten stark einschränken, wurde vor allem ein deutlicher Zusammenhang zwischen *Wohnqualität und Leistungsverhalten* ermittelt. „Gravierend im Hinblick auf die Schulleistungen wirken sich die *Wohnbedingungen* aus: Je schlechter die Wohnbedingungen, desto niedriger liegen die Leistungswerte."[2] Günstige Wohnverhältnisse beeinflussen nicht nur das Interaktionsklima positiv; sie implizieren auch die Möglichkeit, dem Jugendlichen einen eigenen Raum zur Verfügung zu stellen, in den er sich zurückziehen und in dem er ungestört arbeiten kann.

Obwohl in der Bundesrepublik Deutschland Lehrmittelfreiheit besteht und Schüler aus sozial schwachen Familien durch Ausbildungsbeihilfen unterstützt werden, haben Kinder aus Familien mit *hohem Einkommen immer noch günstigere materielle Lernbedingungen.* Die finanziell schlechter gestellten Familien erübrigen oft nicht die Mittel für die Beschaffung von Einrichtungsgegenständen und Lernhilfen, die das Lernen angenehmer, „komfortabler", machen. Auch sind kostspielige Privat- bzw. Nachhilfestunden für diese Familien kaum erschwinglich. Da die Eltern aufgrund ihres geringeren Ausbildungsniveaus ihre Kinder selbst nicht gezielt und effizient fördern können, tragen vermutlich *auch relative Mangelsituationen zur Vertiefung der Chancenunterschiede* zwischen den Statusgruppen bei.

3.1.2.5 Bildungsaspiration und Aufstiegsorientiertheit

Besitzorientierung auf seiten der niedrigen Statusgruppen und Berufsorientierung bei den höheren schlagen sich auch in den *Erwartungen nieder, die die Eltern an die Zukunft ihrer Kinder stellen.* Dementsprechend steigt mit Höhe der Statusgruppe die Tendenz der auf beruflichen Erfolg gerichteten Aspirationen.[3] Da der Zusammenhang zwischen Schulbildung und Berufschancen vor allem in den höheren Schichten deutlich gesehen wird, ist die *Berufsaspiration eng mit der Bildungsaspiration* verknüpft:

„Für die obere Mittelschicht ist das Abitur für ihre Kinder eine Selbstverständlichkeit (98 %), ein anderer Schulabschluß wird gar nicht in Betracht gezogen. Für die mittlere und untere Unterschicht wird von ungefähr dreiviertel aller Befragten das Abitur erwünscht, aber eine mit dem Status abnehmende Minderheit gibt sich mit der mittleren Reife bzw. dem Abschluß einer höheren Handelsschule zufrieden. Die Facharbeiter und einfachen Beamten der oberen Unterschicht sind geteilt: 50 % erstreben für ihre Kinder das Abitur, während schon nahezu ein Drittel mittlere Reife oder höhere Handelsschule anstreben. Unter den un- und angelernten Arbeitern sind es nur noch ein Drittel mit dem Abitur als Bildungsziel. Zwanzig Prozent erhoffen nicht mehr als Volksschule mit Handelsschule."[4]

---

1 Mollenhauer, K.: Sozialisation und Schulerfolg, S. 289.
2 Mollenhauer, K., ebenda, S. 289.
3 Mayer, K. U.: Ungleichheit und Mobilität, S. 168.
4 Mayer, K. U., ebenda, S. 175 f.

Die nachstehenden Untersuchungsbefunde zeigen dies mit aller Deutlichkeit.

erwünschte Schulbildung	insg.	UU	OU	UM	MM	OM	
(Anzahl = 100%)	(398)	(35)	(86)	(115)	(105)	(52)	
Volksschule	1	6	2	–	–	2	
Volksschule und Handelsschule	14	14	5	3	2	–	
Mittel- oder Realschule	8	20	14	10	3	–	
höhere Schule ohne Abitur	1	–	1	1	1	–	
höhere Handelsschule	10	26	16	9	6	–	
höhere Schule mit Abitur	69	31	50	72	79	98	gamma = .62
	6						
sonstiges/weiß nicht	6	3	9	5	10	–	
keine Antwort	1	–	2	1	–	–	

Bildungsaspirationen für Kinder (Schulbildung) - in v. H. der Befragten, nach Statusgruppen[1]

erwünschte Berufsausbildung	insg.	UU	OU	UM	MM	OM	
(Anzahl = 100%)	(398)	(35)	(86)	(115)	(105)	(52)	
gewerbliche Lehre	3	9	8	2	1	–	
kaufmännische Lehre	6	26	6	4	5	–	
Meisterprüfung	5	17	7	4	2	2	
Ingenieurschule	17	23	27	22	11	2	
höhere Fachschule	8	3	5	14	8	2	
Hochschule/Universität	48	17	33	40	59	87	gamma = .57
sonstiges/weiß nicht	12	6	14	13	13	4	
keine Antwort	2	–	1	2	1	4	

Bildungsaspirationen für Kinder (Berufsbildung) - in v. H. der Befragten, nach Statusgruppen[2]

Mit dem höheren Aspirationsniveau der gehobenen Sozialschichten hängt zusammen, daß Schüler dieser Herkunft meistens die *Befriedigung aktueller Bedürfnisse,* etwa nach mehr Freizeit oder Konsum, zunächst *zurückstellen* und längere Schulzeiten in Kauf nehmen. Auch wird ein Schüler, dessen Eltern den Qualifikationen und Berechtigungen, die die Schule vermittelt, einen hohen Wert zuschreiben, dem schulischen Lernangebot selbst dann mehr Interesse entgegenbringen, wenn er dessen Nutzeffekt nicht unmittelbar einsieht. Dadurch erhält die ohnehin höhere Langzeitmotivation dieser Schüler verstärkende Impulse. Gleichzeitig verringert sich die Notwendigkeit, die Schüler durch allerlei motivierende Manipulationen für die jeweiligen Lerngegenstände zu interessieren.

---

1 Mayer, K. U.: Ungleichheit und Mobilität, S. 175.
2 Mayer, K. U., ebenda, S. 174.

3.1.2.6 Sprachmilieu und Sprachverhalten

Im Prozeß des Spracherwerbs eignet sich der Aufwachsende nicht nur einen guten Teil der im jeweiligen sozialen Kontext funktionsfähigen Einstellungen, Motive und Verhaltensweisen an; er erwirbt gleichzeitig ein *kognitives Instrument*, das die Wahrnehmung von Objekten und Beziehungen sowie *denkoperationale* Fähigkeiten wie *Analysieren, Abstrahieren, Generalisieren und Synthetisieren* maßgeblich beeinflußt.[1] Stellt man darüber hinaus in Rechnung, daß die Zahl sprachlich nicht zu vermittelnder Erfahrungen „auf einen kleinen Bestand von ihrerseits kulturell vermittelten Primärerfahrungen zusammenschrumpft,"[2] wird die hervorragende Bedeutung des *Sozialisationsmittels Sprache* erkennbar.

Indem das Sprachmilieu dem Aufwachsenden subkulturelle Inhalte, gruppenspezifische Verhaltensmuster und Denkstile übermittelt, umschreibt es weiterhin die Entwicklungsmöglichkeiten des Individuums.

Dabei spielen die schichtenspezifischen lexikalischen und syntaktischen Varianten, entgegen der ursprünglichen Annahme Bernsteins u.a.[3] eine untergeordnete Rolle. Entscheidend ist vielmehr, inwiefern ein Sprachbenutzer in der Lage ist, situationsangemessene verbale Verhaltensstrategien zu entwickeln und diejenigen Sprachmaterialien verfügbar zu machen, die eine *effiziente Verwirklichung der eigenen Kommunikationsziele* ermöglichen. Weniger die Sprachform selbst ist also kommunikativ und intentional relevant, sondern der Gebrauch, den ein Sprecher/Schreiber in konkreten Kommunikationssituationen davon macht. Situationsangemessene Sprachverwendung setzt zunächst voraus, daß die *Bedingungen spezifischer Kommunikationssituationen* wie soziale Normen, Erwartungen, Ziele und Strebungen der Kommunikationspartner richtig erfaßt und interpretiert werden. Die Analyse von Kommunikationssituationen erfordert neben einer distanzierten, kritisch-reflexiven Grundhaltung die genannten denkoperationalen Fähigkeiten, die ihrerseits von der Sprache her geprägt sind.

Damit wird deutlich, daß Sprache, Denken und Verhalten sich wechselseitig bedingen, wobei dieser Zusammenhang nicht als simple Analogie, sondern als Leistungsgesamt zu denken ist.[4]

Für die Darstellung schichtenspezifischer Sprachunterschiede eignet sich eine Untersuchung, die von Schatzmann und Strauß im Jahre 1955 durchgeführt wurde.[5] Die Untersuchung stützt sich auf 340 Interviewprotokolle, die unmittelbar nach einer Unwetterkatastrophe entstanden. Für die Zuordnung zur Ober- und Mittelschicht einerseits, zur Unterschicht andererseits bedienten sich die Au-

---

1 Vgl. Mühlfeld, C.: Sprache und Sozialisation, S. 95.
2 Roeder, P. M.: Sprache, S. 14.
3 Die Untersuchung des Zusammenhangs von Sprachverhalten und sozialen Chancen ist ein zentrales Gebiet der Soziolinguistik. Eine Übersicht über den Stand soziolinguistischer Forschungen bis 1970 gibt: Niepold, W.: Sprache und soziale Schicht, Berlin 1971.
4 Wygotski, L.: Denken und Sprechen, Frankfurt 1971, S. 94 f.
5 Schatzmann, L., Strauß, A.: Soziale Schicht und Kommunikationsweisen, in: Holzer, H., Steinbacher, K. (Hrsg.): Sprache und Gesellschaft, Hamburg 1972, S. 351 f.

toren der Statusindikatoren Einkommen und Bildungsniveau. Um die Unterschiede deutlich sichtbar werden zu lassen, legten sie extreme Maßstäbe an.[1]

Die Ergebnisse dieser Untersuchung korrespondieren mit den in 3.1.2.1 (vgl. S. 44) beschriebenen Wirkungen schichtenspezifischen Erziehungsverhaltens.

Beobachtungskategorien	Mittel- und Oberschicht	Unterschicht
Darstellung der Sachverhalte und sprachliche Fassung der Denkinhalte	Explizite Übermittlung Objektivität Rollendistanz Exaktheit Hoher Organisationsgrad	Implizite Übermittlung Subjektivität Rollengebundenheit Verschwommenheit Geringer Organisationsgrad Bruchstückhaftigkeit
Formale Ausdrucksmöglichkeiten und Vorhersagbarkeit der syntaktischen Organisation	Großer Wortschatz Reichtum an strukturellen Möglichkeiten (größere syntaktische Komplexität, Hypotaxen etc.) Exakte, folgerichtige Verknüpfungen Geringe Vorhersagbarkeit	Geringer Wortschatz Armut an Strukturvarianten (geringe syntaktische Komplexität, Parataxen) Elliptische, unkorrekte Fügungen Hohe Vorhersagbarkeit
Einstellung auf den Kommunikationspartner und Kontexabhängigkeit der Sprachverwendung in Mittel- und Oberschicht	Richtige Einschätzung der Erwartungen Anpassung an die spezifischen Gegebenheiten der Interviewsituation Umfassende, kontextunabhängige Informationsgaben	Keine oder ungenügende Berücksichtigung der Höhererwartungen und der spezifischen Bedingungen der Kommunikationssituation Verkürzte, bruchstückhafte und kontextgebundene Informationsgaben

Sozialisationsbedingte Unterschiede im Sprachverhalten nach Schatzmann und Strauß (1955)

Wenn auch diese Gegenüberstellung stark kontrastiv angelegt ist und Überlagerungserscheinungen zwischen den Schichten in keiner Weise gerecht wird, so macht sie doch die im Sprachverhalten der Statusgruppen angelegten *Tendenzen* eindrucksvoll sichtbar. Während die Unterschichtensprecher ihre Gedanken und Erlebnisinhalte bruchstückhaft, aus subjektiver Perspektive und ohne Berücksichtigung spezifischer Kommunikationserfordernisse mitteilen,[2] verfügen Mittelschichtensprecher über die Möglichkeit, sich auf *konkrete Kommunikationssituationen einzustellen* und sich den Bedürfnissen und Erwartungen des Kommunikationspartners anzupassen. Im Unterschied zu den unteren Statusgruppen beweisen die Angehörigen der Mittel- und Oberschicht ein hohes Abstraktions-

---

1 Zur Unterschicht wurden Probanden gezählt, die Elementarschulbildung besaßen und deren Einkommen 2 000 Dollar jährlich nicht überstieg. Der Mittel- und Oberschicht wurde zugerechnet, wer Collegebildung besaß und über ein Jahreseinkommen von mehr als 4 000 Dollar verfügte.

2 Die hier beobachtete Neigung der Unterschichtensprecher, Aspekte von Sachverhalten relativ beziehungslos nebeneinanderzustellen und beim Adressaten zu viel vorauszusetzen, wird u.a. in Problemaufsätzen von Berufsschülern manifest. Oft kann der korrigierende Lehrer nicht entscheiden, ob der Schüler das zur Rede stehende Problem gedanklich unscharf erfaßt hat, oder ob es ihm lediglich an den für eine stringente Darstellung erforderlichen Ausdrucksmöglichkeiten mangelt. Die Untersuchung belegt u.a. die Kontextgebundenheit der Unterschichtensprache und die Kontextunabhängigkeit der Mittelschichtensprache; eine Beobachtung, die inzwischen durch mehrere Untersuchungen bestätigt wurde. Vgl. z.B. Ort, M: Sprachverhalten und Schulerfolg, S. 146.

niveau verbunden mit der Fähigkeit zu klarem begrifflichem Denken und zu differenzierter Formulierung der Denk- und Erlebnisinhalte.

Aus den Untersuchungsbefunden schließen die Autoren, daß das Denken der Unterschichtsprecher im Konkreten verhaftet ist, was sie allerdings nicht nur negativ bewerten. Sie vermuten vielmehr, die Vorstellungswelt der Mittelschichtsprecher sei „verkrüppelt" und „durch das Überwiegen und den Reichtum der begrifflichen Terminologie überschattet."[1]

Diese Feststellung macht darauf aufmerksam, daß eine situationsadäquate Informationsdarbietung auch durch übertrieben gewähltes, differenzierendes Sprechen behindert werden kann. Ob aber Inhalt und Form sprachlicher Äußerungen als angemessen oder als unangemessen einzustufen sind, *ist nicht nur eine Frage der Funktionalität des Sprechers im Sinne der Informationsübermittlung, sondern auch ein Normenproblem:* „Gruppen und Organisationen können die Normierung von Sprachinhalten, die Art also, wie etwas gesagt oder beurteilt werden muß, mit einer solchen Verbindlichkeit ausstatten, daß Abweichungen davon schwere Sanktionen zur Folge haben können."[2] Wenn es zutrifft, daß die herrschende Sprachnorm diejenige der Mittelschicht ist, wird auch verständlich, warum Kinder, die in dem wenig gepflegten Sprachmilieu der Unterschicht aufwachsen, den Anforderungen der Schule in weit geringerem Maße gewachsen sind als ihre Mitbewerber aus den gehobenen Statusgruppen, für die der *Milieuwechsel von der Familie zur Schule nicht durch Sprachprobleme noch zusätzlich belastet wird.*

Aufgrund der hohen Bewertung des Sprachverhaltens in den Schulen tendieren viele Lehrer dazu, *verbale Intelligenz als Maßstab für die Begabung schlechthin heranzuziehen:* Unter Kindern mit vergleichbarer Gesamtintelligenz werden die verbal intelligenten Kinder vom Lehrer am besten eingeschätzt, am meisten gefördert und im Unterricht am meisten beachtet. Sie erzielen auch in den nichtsprachlichen Fächern weitaus bessere Schulleistungen.[3]

Die Wirkungen schichtenspezifischer familialer Sprachmilieus interagieren mit denen der übrigen Milieufaktoren und fügen sich zu einem *komplexen Wirkungsgesamt,* das im ungünstigsten Falle zu einem *kumulativen Lern- und Leistungsdefizit* führt.

Die im Prozeß der Sozialisation erworbenen Wertorientierungen, Einstellungsmuster und Interaktionsstile werden - sofern sie von den Erwartungen der Schule abweichen - als *defizient oder unangemessen interpretiert* und mit *negativen*

---

1 Schatzmann, L., Strauß, A.: Soziale Schicht, S. 357.
2 Badura, B.: Sprachbarrieren, S. 164.
3 Mollenhauer, K.: Sozialisation und Schulerfolg, S. 318. In dem Zitat werden zwei Verhaltenstendenzen angesprochen, über die sich der Lehrer Rechenschaft ablegen sollte: der schon erwähnte Haloeffekt und der sog. „Pygmalion-Effekt." Unter Haloeffekt wird die Neigung verstanden, von besonders guten oder besonders schlechten Leistungen oder Verhaltensweisen in einem speziellen Bereich auf die Gesamtheit der Leistungs- und Verhaltensdispositionen eines Schülers zu schließen und ihn von hierher zu beurteilen. Obwohl auf den Pygmalion-Effekt noch ausführlich eingegangen wird, sei an dieser Stelle darauf verwiesen, daß die Schichtenzugehörigkeit und das Sprachverhältnis viel zum Aufbau negativer Lehrererwartungen beitragen. Der Lehrer muß sich dessen bewußt sein, sollen sich die Vorteile der Analyse von Bedingungsfaktoren nicht in Nachteile für den Schüler verkehren.

Sanktionen belegt. Die spezifische Ausprägung der Sprach- und Denkmöglichkeiten *erschwert die Nutzung des schulischen Lernangebots.* Auf diese Weise kommt ein verhängnisvoller Kreislauf in Gang, in dem sich die im Milieu angelegte Chancenungleichheit gleichsam *„vererbt".* Zwar fehlt es nicht an Versuchen, diesen Kreislauf der Benachteiligung zu durchbrechen. Doch ist der *kompensatorischen Erziehung bisher kein nachhaltiger Erfolg beschieden.*

Damit werden die Schichtenzugehörigkeit, vor allem aber das familiale Erziehungs- und Sprachmilieu zu zentralen Faktoren der Rahmenbedingungen. Sie liefern Erklärungshilfen für das Maß an Leistungsfähigkeit und Leistungsbereitschaft der Schüler, für angepaßtes oder abweichendes Verhalten, für das Interesse oder das Desinteresse am schulischen Lernangebot.

Von hierher wird auch verständlich, warum es vielen *Berufsschülern so schwerfällt, abstrakt und kritisch zu denken,* sich klar und unmißverständlich auszudrücken und selbständig und selbstverantwortlich zu handeln. In den beruflichen Vollzeitschulen, insbesondere in den gymnasialen Zweigen, liegen die Verhältnisse günstiger. Zwar stammt auch hier ein großer Teil der Schüler aus einfachen Schichten; diese Schüler zeigen jedoch insofern ein atypisches Verhalten, als sie in der Regel hochmotiviert sind und die schulischen Normen bereitwillig akzeptieren. Durch das hohe Maß an Leistungsbereitschaft können sie Lernrückstände nach und nach ausgleichen.[1] Diese Beobachtung weist darauf hin, daß sich auch *innerhalb der Sozialschichten unterschiedliche Milieubedingungen* finden. Die neuere Sozialisationsforschung trägt dieser Tatsache Rechnung, indem sie sich stärker auf *die Familie* (z.B. Mühlfeld) und auf *Berufsrollen* (z.B. Badura) konzentriert. Eine Einschätzung der Lern- und Leistungskapazität des Schülers, die sich einseitig auf die Schichtenzugehörigkeit stützt, dürfte ebenso zu Fehlschlüssen verleiten wie z.B. eine zu starke Gewichtung des Intelligenzquotienten.

3.2 Außerfamiliale Bezugsfelder des Jugendlichen

Mit zunehmendem Alter des Heranwachsenden schwächt sich der Einfluß der Familie mehr und mehr ab. Gleichzeitig verlagern sich wichtige Sozialisationsfunktionen in außerfamiliale Bezugsfelder. Im *privaten Bereich* sind dies *Gleichaltrigengruppen sowie Freundschafts- und Liebesbeziehungen.* Im *Ausbildungsbereich* tritt für einen großen Teil der Jugendlichen der *Betrieb* neben die *Schule.*

---

1 Als Beleg für die These, daß es den Besuchern weiterführender Schulen eher gelingt, sozialisationsbedingte Sprachunterschiede auszugleichen, kann eine Untersuchung von V. Reitmajer dienen. Der Autor untersucht u.a. den Zusammenhang von Schichtenzugehörigkeit und Deutschzensur in den einzelnen Stufen allgemeiner Gymnasien. Er kommt zu dem Ergebnis, „daß der global festgestellte negative Einfluß der Unterschichtenzugehörigkeit auf das Leistungsbild im Fach Deutsch im Laufe der Gymnasialzeit in unterschiedlicher Intensität zum Tragen kommt. *Von einem sichtbar schlechteren Abschneiden der US* (= Unterschicht, d. Verf.) *kann eigentlich nur in der Unter- und Oberstufe gesprochen werden, wobei wiederum nur ersteres als gravierend bezeichnet werden kann".* Reitmajer, V.: Untersuchung über den Einfluß von Schicht- und Sprachzugehörigkeit auf die Deutschnote am Gymnasium, in: Linguistik und Didaktik, 26. Jg., 1976, S. 101. Eigene Beobachtungen des Verfassers legen nahe, für die beruflichen Gymnasien eine Verschiebung bzw. ein Fortwirken der Sprachunterschiede bis in die Oberstufe hinein anzunehmen. Dafür gibt es plausible Erklärungen. Einmal sind sprachliche Fächer an beruflichen Schulen nicht in gleicher Weise versetzungsrelevant wie an allgemeinen Gymnasien, zum anderen stehen für das Fach Deutsch in Berufsfachschulen weniger Wochenstunden zur Verfügung.

3.2.1 Die Altersgruppe

Die im Kapitel über das Entwicklungsalter der Schüler beruflicher Schulen beschriebenen sozial-emotionalen Probleme werden verstärkt durch den konfliktträchtigen *Ablösungsprozeß vom Elternhaus,* der sich in der Adoleszenz vollzieht. Der Jugendliche verliert allmählich den relativ genau umschriebenen Status des Kindes, ohne einen festen Platz in der Erwachsenengellschaft zu gewinnen. Er ist weiterhin den Ansprüchen der Eltern ausgesetzt, die ihn meist unbewußt in *Kindesrollen* festhalten wollen.

Im Bezugsfeld *Beruf* trifft er auf neue, in sich *widersprüchliche Erwartungen,* die wiederum mit denen der *Schule* partiell *divergieren.* Der Komplex inkongruenter, oft undefinierter Erwartungen und Ansprüche ist für den Jugendlichen kaum durchschaubar und erschwert ihm die Orientierung in den von den Erwachsenen geprägten sozialen Feldern. Problemverschärfend wirkt, daß er in allen diesen Beziehungen *untergeordnete Positionen* einnimmt. Materiell und emotional ist er noch zu wenig abgesichert, um den völligen Bruch mit dem Elternhaus wagen zu können. In Beruf und Schule muß er - will er nicht sein berufliches Fortkommen gefährden - den Ansprüchen der Ausbilder und Lehrer genügen. In Konfliktsituationen befindet er sich demnach von vornherein im *Nachteil.* Andererseits sollte er auch nicht alle Auseinandersetzungen vermeiden, sind doch Autoritätskonflikte eine wesentliche Voraussetzung für die Gewinnung von Ich-Stärke und persönlicher Autonomie.

In diesem Stadium gravierender Unsicherheiten gewinnt die *Altersgruppe* eine erhöhte Bedeutung. Hier findet der Jugendliche *Erlebnis- und Erfahrungssolidarität.* Indem die Gruppe dem Jugendlichen einen meist scharf umrissenen Status und entsprechende Rollenfunktionen zuweist, hilft sie ihm, den erlittenen Statusverlust mindestens teilweise auszugleichen. Dabei gerät er jedoch in *neue Abhängigkeitsverhältnisse.*

An die Stelle der von den Erwachsenen ausgeübten Zwänge tritt der *Konformitätsanspruch* der Altersgruppe: „Schon recht früh erbrachte Whyte (1943) in seiner Untersuchung der ‚Norten Street Gang‘ den empirisch gesicherten Nachweis, daß die Gruppe auf die Leistung eines jeden ihrer Mitglieder einen sozialen Druck in dem Umfang ausübt, wie sie nur rangpositionsadäquate Leistungen duldet, die Gruppe sogar rangniedrige Mitglieder mit hervorragenden Leistungen auf spezifischen Sektoren dazu zwingt, ihre Leistungen dem jeweiligen Gruppenstatus anzupassen."[1] Wo die Normen und Ziele der Gleichaltrigengruppe in starkem Widerspruch zu denen der Erwachsenengesellschaft stehen, können schwere, mitunter kriminelle Konflikte die Folge sein. Das abweichende Verhalten, das der Jugendliche als Gruppenmitglied zeigt, überträgt sich jedoch nicht automatisch auf die von den Erwachsenen geprägten Bezugsfelder. Vermutlich verleiht die Altersgruppe ihren Mitgliedern den erforderlichen sozial-emotionalen Rückhalt, der eine flexible Handhabung unterschiedlicher Rollen erlaubt: „Wo in Gleichaltrigengruppen Verhaltensstandards und Verhaltensweisen feststellbar sind, die von denen der ‚dominanten Gesamtkultur‘ abweichen, brauchen diese

---

1 Mühlfeld, K.: Sprachen und Sozialisation, S. 133.

54

nicht auch für das Verhalten der Jugendlichen in anderen Bereichen (Schule, Elternhaus) verhaltensleitend zu sein; sie vertragen sich durchaus mit dem Praktizieren der von den Erwachsenen geforderten Verhaltensweisen in anderen Feldern."[1]

Im Regelfall erfüllt die Gleichaltrigengruppe jedoch Funktionen, die für den Jugendlichen auf seinem Weg in die Erwachsenengesellschaft von großem Nutzen sind:

1. Sie weist dem Individuum innerhalb eines außerfamilialen Bezugsfeldes Rollen und Positionen, kurz: einen *Status* zu, der nicht von den Wertungskategorien der Erwachsenengesellschaft abhängt.

2. Sie vermittelt *emotionale Sicherheit* und fördert die Ich-Stärke.

3. Die gruppeninternen Orientierungsnormen und Verhaltensregeln *kompensieren Unsicherheit* und helfen, *Schuldgefühle* und *Angst abzuwehren.*

4. Indem sie die einseitige Dominanz der Erwachsenen abbaut, erleichtert sie die *Emanzipation* vom Elternhaus und den Übergang in die Erwachsenengesellschaft.

5. Sie ist ein Lern- und Erprobungsfeld für die sozial-emotionalen und kognitiven Kräfte des Jugendlichen.

6. Sie hilft, Frustrationen abzuwenden und wirkt als Stabilisierungsfaktor in der Übergangsperiode.[2]

Die Kenntnis der Einflüsse von Gleichaltrigengruppen ist für den Lehrer von großer Bedeutung. Sie gibt Aufschluß über Interessen und Strebungen des Jugendlichen und Anhaltspunkte für die Erklärung von Verhaltensweisen. Gleichzeitig lernt der Lehrer die spezifischen Probleme der Jugendlichen besser verstehen. Nach Ausubel hängt die Wirksamkeit der Schulerziehung nicht zuletzt davon ab, „inwieweit es gelingt, die Lehren der jugendlichen Subkulturen aufzunehmen."[3]

3.2.2 Betrieb und Schule im dualen Ausbildungssystem

Die außerfamilialen Sozialisationsfelder erweitern sich für den Teilzeitschüler um die berufliche Umwelt, die im jeweiligen Ausbildungsbetrieb konkret wird. Hier verbringt der Jugendliche drei Viertel bis vier Fünftel seiner Ausbildungszeit. Berücksichtigt man darüber hinaus, daß das Ausbildungs- und Prüfungswesen in den Händen der Kammern liegt, ist verständlich, warum sich der Jugendliche *eher als Arbeitnehmer, denn als Schüler fühlt*[4] und für die Anforderungen des Betriebs wesentlich offener ist als für diejenigen der Schule. Die im Betrieb gültigen Wertmaßstäbe und Orientierungsnormen, unter denen *Zucht und Ordnung,*

---

1 Funkkolleg, Beratung in der Erziehung, Studienbegleitbrief 8, S. 42.
2 Ausubel, D.: Jugendalter, S. 368 – 370.
3 Ausubel, D., ebenda, S. 370.
4 Vgl. Strattmann, K.: Berufsausbildung auf dem Prüfstand. Zur These vom „bedauerlichen Einzelfall", Ergebnisse empirischer Untersuchungen zur Situation der Berufsbildung in der BRD, in: „Zeitschrift für Pädagogik", 1973, S. 132.

Pünktlichkeit, Pflichtbewußtsein und Arbeitsdisziplin Priorität besitzen,[1] prägen den Berufsschüler besonders tiefgreifend, zumal sie weithin mit den Wertorientierungen der sozialen Grundschicht übereinstimmen, der etwa 70 % der Berufsschüler entstammen.[2]

Die Dominanz der betrieblichen Einflüsse im dualen System und die Sozialisationsbedingungen des Herkunftsmilieus schränken die Wirkungsmöglichkeiten der Berufsschule vor allem dort ein, wo sie selbständiges und mündiges Verhalten sowie Lernen aus eigenem Antrieb fördern will. Maßnahmen wie Einräumung von Mitbestimmungsbefugnissen, Schaffung eines möglichst autoritätsfreien Lernklimas auf der Basis wechselseitiger Akzeptierung, Einführung kooperativer Lernformen etc. werden von den Berufsschülern deshalb oft mißverstanden. Will der Berufsschullehrer neuzeitliche und altersgemäße Unterrichtsmethoden mit Erfolg praktizieren, muß er berücksichtigen, daß er an die Flexibilität seiner Schüler extrem hohe Anforderungen stellt; verlangt er doch eine Umbewertung und Neugewichtung internalisierter Orientierungsnormen und der entsprechenden Verhaltensdispositionen. Während in der Unterschichtenfamilie und im Betrieb vom Jugendlichen vielfach *kritiklose Unterordnung* und *solidarisches Handeln* gefordert wird, soll er im schulischen Milieu, in dem er sich nur wenige Stunden wöchentlich bewegt, *Selbstverantwortung, Mitbestimmung, Selbstfähigkeit* oder *Mündigkeit* zeigen.

Die angedeuteten Problemlagen erklären, warum manche Berufsschullehrer - oft wider bessere Einsicht - ihre Erziehungsmaßstäbe und ihren Unterrichtsstil mit den Normen, die in den übrigen von den Erwachsenen bestimmten sozialen Bezugsfeldern des Jugendlichen vorherrschen, in Einklang zu bringen versuchen und ihre Schüler in vieler Hinsicht bevormunden. Dabei können sie mit einem gewissen Recht darauf verweisen, daß sie so zusätzliche Unsicherheiten bei ihren Schülern vermeiden. Die Tendenz zur Gängelung der Schüler wird häufig durch die Beschaffenheit der Lehrpläne begünstigt. Sie sind oft mit Wissensinhalten überhäuft und geben dem Training von Lernmethoden und höheren kognitiven Leistungen ebensowenig Raum wie der Förderung kooperativen Verhaltens. Allerdings sind gegenwärtig die meisten Bundesländer darum bemüht, im Rahmen einer Lehrplanrevision diesen Mißstand zu beseitigen, und mehr Freiraum für den Lehrer zu schaffen.

Gleichsinnig wirkt, daß die Berufsschüler aufgrund ihrer starken Hinordnung auf die Praxis die Relevanz theoretischer Lernangebote danach bemessen, inwiefern sie in einem unmittelbaren Zusammenhang mit den Verrichtungen stehen, die in den Betrieben zum gleichen Zeitpunkt auszuführen sind.[3] Nun klaffen aber die Ausbildungspläne von Schule und Betrieb und der Betriebe untereinander oft weit auseinander, so daß eine wechselseitige Durchdringung von Theorie und Praxis oft nicht möglich ist.

---

1 Vgl. Scharmann, Th. (Hrsg.): Schule und Beruf als Sozialisationsfaktoren, 2. Aufl., Stuttgart 1974, S. 212; Kleinbeck, U., Lempert, W.: Die Bedeutung verschiedener Lernorte in der beruflichen Bildung. Gutachten und Studien des Deutschen Bildungsrates, Stuttgart 1974, S. 60, sowie Strattmann, K.: Berufsausbildung, S. 132.

2 Autorenkollektiv: Berufliche Sozialisation und gesellschaftliches Bewußtsein jugendlicher Erwerbstätiger, Frankfurt 1973, S. 75.

3 Winterhager, W. D.: Lehrlinge, die vergessene Majorität, Weinheim/Basel, 2. Aufl. 1972, S. 22.

Die *Skepsis vieler Berufsschüler gegen alles Theoretische* hat eine weitere Ursache in den *Denkstrukturen.* Die Neigung zum *konkreten, objektbezogenen Denken,* die ungenügend ausgebildete kritisch-reflexive Kompetenz, verbunden mit einer stark kontextabhängigen Sprachverwendung, verstärken die einseitige Wertschätzung praktischer Tätigkeiten. Gleichzeitig begünstigen sie die passiv-bejahende Grundhaltung, die sie selbst gravierende Benachteiligungen gegenüber anderen Schülergruppen nicht registrieren, mindestens aber nicht aktiv angehen läßt.[1]

Alle diese Faktoren tragen dazu bei, die *Autoritätsfixiertheit* zu erhalten und die Berufsschüler für *Fremdbestimmung* anfällig zu machen. Sie wirken aber nicht nur restriktiv mit Hinsicht auf die Ausbildung der Ich-Autonomie, sie beeinträchtigen auch *langfristige Lern- und Leistungsmotivationen und eigeninitiatives selbständiges* Lernen. Durch den Mangel an Anpassungsfähigkeit an neue Berufssituationen verringern sich auch die Mobilitätschancen dieser Jugendlichen. Dabei sehen sich nicht weniger als 50 % der Auszubildenden - aus welchen Gründen auch immer - veranlaßt, im Laufe von zwanzig Jahren nach Beendigung der Ausbildungszeit von ihrem erlernten Beruf abweichende Tätigkeiten zu verrichten;[2] eine Zahl, die mit der Beschleunigung der Veränderungsprozesse in der Arbeitswelt noch ansteigen dürfte. Daß ein Berufswechsel, vor allem für diejenigen Fachkräfte, denen es an breiten Grundqualifikationen, an Lernfähigkeit oder Lernbereitschaft mangelt, einen sozialen Abstieg bedeutet, liegt auf der Hand.

Der durch die Berufsausbildung erworbene Sozialstatus ist vornehmlich bei *den* Jugendlichen bedroht, die nicht den Vorzug genossen haben, in Großbetrieben mit eigenen Ausbildungsabteilungen und genügend geschulten Fachkräften ausgebildet zu werden. Nach Winterhager sind das etwa 90 %.[3]

Unter den Bedingungsgrößen, die den späteren Berufswechsel zur Folge haben, spielt neben Wandlungen der Wirtschaftsstrukturen die Unzufriedenheit mit dem gewählten Beruf eine entscheidende Rolle. Oft läßt sich diese Unzufriedenheit recht bald nach der Aufnahme der berufspraktischen Tätigkeit beobachten. Auch von hierher empfängt die Lernunlust vieler Berufsschüler verstärkende Impulse. Das frühe Unbehagen am gewählten Beruf ist nach W. Jaide darauf zurückzuführen, „daß bei der Berufswahl Außenlenkung und Übersteuerung durch soziale Motive viel stärker ins Gewicht fallen als eine Ausrichtung nach individuellen Beweggründen."[4]

Die ungemein reiche Palette beruflicher Möglichkeiten ist für den Jugendlichen und oft auch für dessen Eltern und Berater kaum übersehbar. Konkrete Erfahrungen oder realistische Vorstellungen betreffen nur einen relativ kleinen Teilbereich. Daran ändern auch die im 9. Schuljahr der Hauptschulen eingeführten Be-

1 Crusius, R.: Lehrling in der Berufsschule, S. 80.
2 Winterhager, W. D.: Lehrlinge, die vergessene Majorität, S. 81.
3 Winterhager, W. D., ebenda, S. 16. Aus den ungünstigen Ausbildungsverhältnissen in der Mehrzahl der kleineren Betriebe und aus der inhaltlichen Überlegenheit des Berufsschulunterrichts leitet Lempert die Forderung nach Umverteilung der Gewichte im dualen System ab. Kleinbeck, U., Lempert, W.: Lernorte, S. 60.
4 Jaide, W.: Die Berufswahl, 2. Aufl, München 1966, S. 234.

triebspraktika wenig. Zudem hängt die Realisierbarkeit von Berufswünschen mit davon ab, ob der Jugendliche die Selektionskriterien der Berufe und der Betriebe wie Niveau der Schulbildung, Schulnoten, Verhalten bei Einstellungsgesprächen etc. erfüllt. Oft geben auch völlig sachfremde Gesichtspunkte wie Entfernung des Ausbildungsbetriebs von der Wohnung oder Beziehungen der Eltern zu Inhabern von Lehrbetrieben den Ausschlag.

Bei der Priorität der Betriebe im dualen System kann deren Einstellung zur Berufsschule nicht ohne Auswirkungen auf die Lern- und Verhaltensdispositionen der Jugendlichen als Schüler bleiben. Die Einflußmächtigkeit der Betriebe übertrifft oft die der Eltern bei Vollzeitschülern. Wird die Berufsschule von den Ausbildungsbetrieben als lästiges Anhängsel betrachtet, das den Jugendlichen von nützlicher Arbeit fernhält,[1] so überträgt sich diese negative Grundhaltung auf den Schüler, so daß auch er den Wert des schulischen Lernangebots gering veranschlagt. Dabei vermittelt die Berufsschule trotz aller ungünstigen Umstände mehr theoretisches Wissen als ihrem Anteil an der gesamten Ausbildungszeit entspricht.[2]

Das insgesamt düstere Bild der *Rahmenfaktoren des Berufsschulunterrichts,* das hier nur aspekthaft umrissen werden konnte, ist wenig geeignet, den Berufsschullehrer zur Einführung moderner Lehr- und Lernmethoden und zur Durchsetzung derjenigen Ziele zu ermutigen, die nach den Erkenntnissen der allgemeinen Didaktik bzw. der Fachdidaktik, und den langfristigen Bedürfnissen der Arbeitswelt, für die Persönlichkeitsbildung des Schülers und für seine berufliche Entwicklung förderlich wären. Andererseits kann den Wirkungen der Hemmfaktoren nur begegnen, wer sie kennt und im Lehr- und Lernprozeß identifizieren kann. Zudem zeichnet sich im Zuge der Reform beruflicher Bildung eine wesentliche *Verbesserung* der *äußeren Verhältnisse* ab.

3.2.3 Schulklasse

Die Bemühungen des Lehrers, die Rahmenbedingungen des Unterrichts in den Griff zu bekommen, sind letzlich auf die Klasse hingeordnet, wo in Lern- und Interaktionsprozessen der Einfluß der Basisgrößen wirksam wird. Gleichzeitig ist die Klasse selbst ein Bedingungsfaktor, als dessen wichtigste Variablen *Größe, Zusammensetzung und soziale Struktur* anzusehen sind.

3.2.3.1 *Klasse als formelle und informelle Lerngruppe*

Schulklassen sind nach rechtlich fundierten Organisationsmustern gebildete *formelle Gruppen.* Größe und Zusammensetzung beruhen im Unterschied zu *informellen Gruppen* nicht auf der freien Entscheidung ihrer Mitglieder.[3] Von den Konstitutionsprinzipien Geschlecht, Reife, Leistung und Alter hat sich das letztere durchgesetzt: Eine Anzahl von Schülern des gleichen Jahrgangs wird zu einer Klasse zusammengefaßt. Die Klassenbildung nach dem Alterskriterium stützt

---

1 Crusius, R.: Lehrlinge in der Berufsschule, S. 59.
2 Winterhager, W. D.: Lehrlinge, S. 73.
3 Gordon, C. W.: Die Schulklasse als ein soziales System, in: König, R. (Hrsg.): Kölner Zeitschrift für Soziologie und Sozialpsychologie, Sonderheft 4, Soziologie der Schule, Opladen 1969, S. 131 f.

sich auf das *Reifungskonzept* der älteren Entwicklungspsychologie, wonach Veränderungen im Entwicklungsablauf als Ergebnisse endogen gesteuerter Prozesse begriffen werden.[1]

In beruflichen Schulen wird das Jahrgangsprinzip mehrfach durchbrochen. Während in den Teilzeitschulen der gewählte Ausbildungsberuf die Einweisung in eine bestimmte Klasse bedingt, gelten in den Vollzeitschulen unterschiedliche Eingangsvoraussetzungen, die zwar gleichrangig, nicht aber gleichartig sind. So rekrutiert sich beispielsweise die Schülerschaft der Wirtschaftsgymnasien in Baden-Württemberg aus Berufsfachschulen (Wirtschaftsschulen), Realschulen und Gymnasien sowie aus Einrichtungen der Erwachsenenbildung, etwa der Abendrealschule oder dem Telekolleg.

Die *Klassengröße* bemißt sich innerhalb rechtlich fixierter Grenzen in den Teilzeitschulen nach der Zahl der Auszubildenden, die im Einzugsbereich dieser Schule von den Betrieben eingestellt werden, in den Vollzeitschulen nach der Zahl geeigneter Bewerber und der Aufnahmekapazität der Schule. Die Größe der Lerngruppe umschreibt die *Kommunikationschancen* der einzelnen Schüler im Unterricht sowie das *Maß an Unterstützung,* das der Lehrer dem einzelnen Schüler zuwenden kann. Aus lernorganisatorischen Gründen und mit Rücksicht auf die gesellschaftlichen Funktionen der Schule: nämlich Anpassung zu erwirken, Qualifikationen zu vermitteln und Selektionen vorzunehmen, dürfte die *optimale Klassengröße* in beruflichen Schulen zwischen *fünfzehn und zwanzig Schülern* liegen. Zu große Klassen tendieren zur *Desintegration,* vergrößern damit den Aufwand, der zur Herstellung eines geeigneten Lernklimas notwendig ist, und erschweren die Anwendung neuzeitlicher Unterrichtsmethoden.

Die Zusammensetzung der Klassen beruflicher Schulen ist mitunter recht *heterogen,* und zwar nicht nur hinsichtlich des Alters der Schüler, sondern auch in bezug auf die Vorbildung. Während in den Vollzeitklassen die Gleichrangigkeit der erreichten Bildungsabschlüsse eine gewisse Homogenität schafft, befinden sich in der Teilzeitschule gelegentlich Absolventen der Hauptschule, der Realschule und des Gymnasiums in einer Lerngruppe beieinander. Ehemalige Sonderschüler und Jugendliche aus Gastarbeiterfamilien verschärfen das Heterogenitätsproblem.

Die *Hinordnung auf bestimmte Berufsfelder und Einzelberufe* schwächt zwar die mit dem Alters- und Bildungsgefälle verbundenen Unterschiede der Lernvoraussetzungen etwas ab, kann sie jedoch nicht ausgleichen. Das Lernangebot für jeden Schüler faßbar und interessant zu gestalten, wird unter diesen Bedingungen zu einer schier unlösbaren Aufgabe. Viel hängt davon ab, inwiefern es dem Lehrer gelingt, das unterschiedliche Erfahrungsrepertoire für den Unterricht fruchtbar zu machen.

Neben dem Alter der Schüler und der Zusammensetzung der Klasse sind *Merkmale wie Intelligenz, Geschlecht, individuelle Interessen, Schichtenzugehörigkeit, Kontaktfähigkeit und Erscheinungsbild* zu berücksichtigen.[2]

---

1 Roth, H., Pädagogische Anthropologie, Bd. 2, S. 61.
2 Ulich, D.: Gruppendynamik in Schulklassen, Möglichkeiten und Grenzen sozialwissenschaftlicher Analysen, München 1971, S. 27.

Größe und Zusammensetzung der Klasse umschreiben die Ausgangslage für *gruppendynamische Prozesse,* in deren Verlauf sich *informelle Beziehungen* ausbilden. Vor der Entstehung sozial-emotionaler Binnenkontakte sind die Schüler meist unsicher. Sie passen sich bereitwillig den schulischen Normen an. Durch Wohlverhalten, gute Mitarbeit und Leistungsbereitschaft versuchen sie, Anerkennung und Bestätigung durch den Lehrer zu gewinnen. Infolgedessen dominiert das *Konkurrenzprinzip.* Der Lehrer, dessen pädagogische und fachliche Qualifikationen noch kaum in Erscheinung getreten sind, „regiert" die Klasse aufgrund der Autorität, die ihm seine Rolle verleiht. Daß neugebildete Klassen in der Regel leicht zu führen sind, hat hierin eine wesentliche Ursache.

Auf der Basis der Persönlichkeits- und Sozialmerkmale der Schüler bildet sich allmählich ein Netz von Binnenkontakten, das innere System, aus.[1] Die im Prozeß der sozialen Integration der Klasse entstehenden *affektiven Beziehungen* zwischen den Schülern kommen deren Bedürfnis nach *Solidarität* und sozialer *Anerkennung* entgegen. Dadurch *verringern sich Angst und Unsicherheit;* die einseitige Ausrichtung auf den Lehrer wird allmählich abgebaut. Eine Gruppe mit eigenen Wertvorstellungen, eigenen Zielen und eigenen Führungsmustern entsteht. Sie weist ihren Mitgliedern Rollen und Positionen, einen Status, zu. Die Ranghöhe der Position, die der einzelne Schüler innerhalb der Klasse einnimmt, richtet sich in der Regel danach, inwieweit er den Erwartungen der Mitschüler und der Lehrer entspricht. Eine gut integrierte, sozial homogene Klasse kann für ihre Mitglieder *ähnliche Funktionen* übernehmen *wie die Altersgruppe.*

Die im äußeren System vorgegebenen formellen Regeln der Klassenbildung bewirken, daß häufig nicht alle Schüler in das Binnengefüge einbezogen sind. Oftmals bleiben periphere Cliquen und einzelne Außenseiter neben der Kerngruppe bestehen. Ein soziales Gebilde gilt nach Hofstätter aber schon als homogen, wenn eine hohe Dichte der Binnenkontakte im Vergleich mit den Außenbeziehungen sowie Rollenspezialisierung zu beobachten sind.[2]

Diese Homogenitätskriterien reichen allerdings nicht aus, um die sozialstrukturelle Basis für das *Lernklima* zu bestimmen. Das gilt insbesondere für die *Rollenspezialisierung,* liegt sie doch auch dort vor, wo erhebliche *Statusunterschiede* und - damit verbunden - ein starkes Ranggefälle zu beobachten sind. Wichtiger als Rollenspezialisierung sind: die *Qualität der Rollenbeziehungen,* die *Größe der Rangdifferenzen sowie die Stärke der positiven bzw. negativen Gefühle und Bewertungen der Schüler untereinander.*[3] Finden sich z.B. neben sogenannten Stars abgelehnte Schüler, oder entstehen innerhalb der Klasse Subgruppen mit unterschiedlichen Wertsystemen, so dürfte das sozial-emotionale Klima mindestens ebenso stark, der Lernprozeß selbst aber noch stärker belastet sein als bei schwach ausgebildeten Binnenbeziehungen.

---

1 Gordon, C. W.: Schulklasse, S. 134.
2 Hofstätter, P. R.: Einführung in die Sozialpsychologie, Stuttgart 1966, S. 324.
3 Lippitt, R., Gold, M.: Die soziale Struktur der Klasse als psychosoziales Problem, in: Weinert, F. (Hrsg.): Pädagogische Psychologie, 8. Aufl., Köln 1974, S. 296.

Ein hoher Integrationsgrad wird problematisch, wenn die Normen und Ziele der Klasse denjenigen widersprechen, die der Lehrer zu vertreten hat; wenn also das innere System in Widerspruch zum äußeren tritt. Erscheinungen wie die häufige, geschlossene Auflehnung der Klasse gegen Maßnahmen des Lehrers, die er in Erfüllung seines gesellschaftlichen Auftrags ergreift, können die Folge sein.

In sozial homogenen Klassen, deren Wertesystem mit denen des äußeren Systems weithin übereinstimmen, liefern niedrige Gruppenränge oder Außenseiterpositionen Hinweise auf Problemschüler. Diese Schüler empfangen aus der Gruppe kaum Anerkennung und Bestätigung, mitunter sogar Ablehnung. Oft werden sie auch vom Lehrer weniger beachtet oder sogar mit negativen Erwartungen belegt. Darunter leiden Selbstvertrauen und Leistungsmotivation. Problemschüler erzielen deshalb oft schlechtere Zensuren, als aufgrund ihrer Intelligenz zu erwarten wäre.[1]

Ob und innerhalb welcher Zeit eine kohäsive Lerngruppe entsteht, welches Ausmaß und welche Qualität die Binnenbeziehungen erreichen und inwiefern die klasseninternen Normen und Ziele mit denen des äußeren Systems übereinstimmen oder konfligieren, hängt nicht zuletzt vom Verhalten des Lehrers ab. Auch in dieser Hinsicht ist der Lehrer „eine wichtige, vielleicht sogar entscheidende... Variable im Unterrichts- und Erziehungsgeschehen."[2]

Die Einwirkungsmöglichkeiten des Lehrers auf die soziale Struktur der Klasse wachsen mit dem *Ansehen, das er bei den Schülern genießt*. Anders gewendet: Je stärker seine Führungsautorität durch die Klasse selbst abgestützt wird, desto erfolgreicher wird er die Kohäsion der Lerngruppe fördern und gleichzeitig die Bedürfnisse des inneren Systems mit denen des äußeren in Einklang bringen können.[3] Nach Gordon wird der Lehrer den beiden Erwartungskomplexen am besten gerecht, wenn er „die an ihn gestellten Anforderungen mit einem Minimum an Störung der informellen Gruppe erfüllt,"[4] wobei mit Störungen namentlich direkte Eingriffe gemeint sind. Maßnahmen, die auf die Förderung positiver Binnenkontakte und die Schaffung eines ersprießlichen Lernklimas gerichtet sind, werden im Kapitel über die Lehrer-Schüler-Interaktion thematisiert. An dieser Stelle seien lediglich einige Möglichkeiten des Lehrers angeführt, den Gruppenstatus einzelner Schüler positiv zu beeinflussen:

Solche Möglichkeiten sind:

— freundliche, achtungsvolle Behandlung der Problemschüler,

— häufigeres Lob, das allerdings gerechtfertigt erscheinen muß,

---

1 Vgl. z.B. Höhn, E.: Der schlechte Schüler, 7. Aufl, München 1967. Die Autorin untersucht die sozialpsychologischen Ursachen und Wirkungen des Schulversagens. Dabei zeigen sich signifikante Zusammenhänge zwischen niedrigem Gruppenstatus und Leistungsschwächen: Je niedriger der Gruppenrang eines Schülers ist, desto größer ist die Wahrscheinlichkeit, daß er den Leistungsanforderungen der Schule nicht gerecht wird. Andererseits zieht das Versagen im Leistungsbereich in der Regel die Zuweisung eines geringeren Ranges innerhalb der Gruppe nach sich.
2 Pause, G.: Merkmale der Lehrerpersönlichkeit, in: Ingenkamp, K. (Hrsg.): Handbuch der Unterrichtsforschung, Teil II, Weinheim 1970, Spalte 1357.
3 Gordon, C. W.: Schulklassen, S. 132.
4 Gordon, C. W., ebenda, S. 136.

– Betonung von positiven Gemeinsamkeiten, die diese Schüler mit anderen, angeseheneren, haben,

– Übertragung angesehener Funktionen, etwa die Beteiligung an Planungsaufgaben,

– persönliche Gespräche mit diesen Schülern, evtl. auch mit den Inhabern hoher Gruppenränge, um diese zu einer positiveren Einstellung zu dem oder den Problemschüler(n) zu bewegen.

Voraussetzungen für die zweckentsprechende Wirkung solcher Einflußnahmen sind - wie erwähnt - Ansehen und Beliebtheit des Lehrers in der Klasse. Schätzt der Lehrer seinen eigenen Gruppenrang falsch ein, so kann er das Gegenteil von dem bewirken, was er beabsichtigt.

3.2.3.2 Verfahren zur Ermittlung der sozialen Struktur der Klasse

Während wichtige Informationen über die Zusammensetzung der Klasse der Schülerkartei entnommen werden können, bereitet die Ermittlung der Binnenstruktur erheblich größere Mühe. Die Verfahren, die hierfür zur Verfügung stehen, lassen sich nach dem Kriterium des methodischen Ansatzes in mehr quantifizierende (Soziometrie) und mehr hermeneutische (Interaktionsanalyse) einteilen. Da sich die Ergebnisse beider Methoden wechselseitig ergänzen, sollten sie kombiniert angewendet werden.

(1) Soziometrische Verfahren

Soziometrie meint „die quantitative Untersuchung zwischenmenschlicher Beziehungen unter dem Aspekt der Bevorzugung, Gleichgültigkeit oder Ablehnung in einer Wahlsituation."[1] Der Beitrag der Soziometrie zur Erforschung sozialer Interaktionen in Schulklassen wird bei Peters so beschrieben:

„1. Die Bereitschaft der Schüler zu bestimmten Interaktionen (insbesondere der Partnerwahl) und die Bedeutung einer Reihe von Faktoren, die sie beeinflussen (Aussehen, Beliebtheit, Sympathie, räumliche Nähe, Leistung, Sozialstatus der Eltern usw.), kann nachgewiesen werden.

2. Die soziale Position jedes einzelnen Schülers kann genauer als vorher ermittelt und die Verflochtenheit des einzelnen Schülers in die Klassenstruktur kann besser als vorher quantitativ erfaßt und dargestellt werden.

3. Die Kohäsion der Klassengruppe kann gemessen werden.

4. Soziale Struktureigentümlichkeiten von Klassen verschiedener Schultypen und Schulstufen und von Jungen-, Mädchen- und gemischten Klassen können ermittelt werden."[2]

Voraussetzungen für die soziometrische Befragung sind: Natürlichkeit des Anlasses (etwa die Festlegung oder Veränderung der Sitzordnung, die Bildung von Arbeitsgruppen etc.) und der Ernstcharakter in bezug auf die Folgen. Das heißt: Die Ergebnisse sollten als Grundlage für dem Anlaß entsprechende Entscheidungen dienen.

---

1 Nicklis, W. S.: Handwörterbuch der Schulpädagogik, Bad Heilbrunn 1975, S. 156.
2 Peters, O.: Soziale Interaktion in der Schulklasse, in: Handbuch der Unterrichtsforschung, Teil II, Weinheim und Basel 1970, Spalte 1904.

Die soziometrische Befragung sei anhand eines Beispiels skizziert:[1] In einer Klasse mit 20 Schülern sollen 5 Arbeitsgruppen zu je vier Schülern gebildet werden. Nachdem der Grund für die Befragung erläutert ist, werden sie aufgefordert, je drei Mitschüler zu benennen, mit denen sie am liebsten zusammenarbeiten würden. Da beabsichtigt ist, die Ergebnisse offenzulegen, empfiehlt es sich nicht, Negativwahlen anzufordern. Das Resultat der Befragung wird in einer Tabelle erfaßt, die als Grundlage für die Erstellung einer Strukturgraphik dient. Die Auswertung des Soziogramms kann unter zwei Gesichtspunkten erfolgen:

1. *sozialdiagnostisch:* Ermittelt werden der Grad der Homogenität bzw. Heterogenität des Binnengefüges, die Konzentrationspunkte, Führer und Außenseiter, Cliquenwesen und Stabilisationsfaktoren,

2. *individualdiagnostisch:* Aus den Rangpositionen, die die einzelnen Schüler innerhalb der Klassenstruktur einnehmen, kann auf Problembelastungen der einzelnen Schüler geschlossen werden. Sind Negativwahlen zugelassen, gewinnt das Soziogramm an Plastizität und Aussagekraft, weil auch der Grad der Ablehnung und der Umstrittenheit der einzelnen Schüler sichtbar wird.

Die *soziometrische Befragung kann durch die soziometrische Selbsteinschätzung* ersetzt oder ergänzt werden. Bei der soziometrischen Selbsteinschätzung würde die Befragungsaufgabe etwa so lauten: „Benennen Sie drei Schüler, von denen Sie annehmen, daß sie mit Ihnen zusammen eine Arbeitsgruppe bilden möchten." Im Vergleich mit dem die Realsituation widerspiegelnden Soziogramm wird in der Regel evident, daß Schüler mit objektiv niedrigem Klassenstatus aufgrund psychischer Abwehr- und Selbstschutzmechanismen ihre Beliebtheit überschätzen. Diesen Schülern wird die Offenlegung der Ergebnisse eher schaden als nützen.

Eine gute, allerdings zeitraubende Möglichkeit, mit Hilfe soziographischer Methoden positive Gruppenprozesse anzuregen und Aggressionen innerhalb der Klasse abzubauen, ist das in der außerschulischen Gruppenarbeit entwickelte *Autosoziogramm.*[2] Nach einer Einführung in sozialpsychologische Zusammenhänge werden Konfliktsituationen aufgearbeitet und Lösungsvorschläge unterbreitet. Die Darstellung der Gruppenkonstellationen im Soziogramm erfolgt in Abwesenheit des Lehrers. Das entstandene Diagnosemodell bleibt für den Lehrer zwar anonym, doch dürfte es ihm aufgrund seiner Kenntnisse und Beobachtungen nicht schwerfallen, es zu interpretieren.

Die soziometrischen Verfahren wurden u.a. von Ulich kritisiert.[3] Der Autor macht darauf aufmerksam, daß möglicherweise der enge Zusammenhang der Ergebnisse mit der Fragesituation nicht genügend berücksichtigt wird, daß unter Umständen nur die augenblicklichen Wünsche und Bevorzugungen der Befragten zum Ausdruck kommen und daß das Soziogramm keinerlei Aufschluß über die Ursachen der Wahlen gibt. Zudem stellt das Soziogramm einen zeitlich begrenzten Spiegel der Gruppenstruktur dar. Mit der Veränderung der Bedingungen für die soziometrische Wahl wie Anlaß, vermutete Übereinstimmung der Wertorien-

---

1 Hinweise für die Handhabung soziometrischer Verfahren finden sich in Abschnitt B, Kapitel II, 2.1.
2 Rössner, R.: Das Autosoziogramm, München 1968.
3 Ulich, D.: Gruppendynamik, S. 56 f.

tierung, Erwartungshaltungen, affektive Beziehungen etc. gehen mitunter rasche Wandlungen der Gruppenstrukturen einher. Die soziometrischen Verfahren sollten deshalb wiederholt angewendet werden, wobei die Anlässe zu variieren sind.

(2) Interaktionsanalyse

Die Unzulänglichkeiten des Soziogramms als diagnostisches Mittel können mit Hilfe der Interaktionsanalyse weithin ausgeglichen werden. Dieses Verfahren beruht auf der Beobachtung sozial-emotionaler Prozesse. Im Unterschied zu den soziographischen Erhebungen wirft die Datengewinnung für Interaktionsanalysen erhebliche Probleme auf. Wissenschaftliche Verfahren - wie sie die einschlägige Literatur bereitstellt[1] - setzen entweder die Anwesenheit geschulter Beobachter oder aufwendige technische Apparaturen voraus. Sie sind folglich unter den Bedingungen der Praxis allenfalls in starker Vereinfachung anwendbar. Zudem verhalten sich Schüler und Lehrer in Beobachtungssituationen kontrollierter als sonst üblich. Dieser Mangel tritt bei der *Datenerhebung durch den Lehrer* selbst nicht auf. Dafür sind seine Möglichkeiten, direkt, umfassend und objektiv zu beobachten, äußerst begrenzt. Die Wahrnehmung seiner Lehrfunktionen läßt ihm wenig Spielraum für die systematische Registrierung von Interaktionsabläufen. Gleichwohl sollte er versuchen, seine bescheidenen Mittel effektiv einzusetzen. Dazu gehören protokollarische Notizen im Anschluß an einzelne Unterrichtsstunden, in denen soziale Beziehungen besonders deutlich sichtbar wurden. Die Protokolle lassen sich aus Tonbandaufzeichnungen ergänzen, die mit Hilfe leistungsfähiger, leicht handhabbarer Kasettenrecorder gewonnen werden können. Die Mitschnitte von Interaktionsabläufen ersetzen - wenn auch um die visuelle Dimension verkürzt - die *direkte Unterrichtsbeobachtung.*

Bei der hohen Beanspruchung des Lehrers im Unterrichtsalltag kann allerdings nicht erwartet werden, daß er umfangreiche Protokolle anfertigt oder längere Bandaufzeichnungen extensiv auswertet. Deshalb empfiehlt sich ein *selektives und gezieltes Vorgehen.* Anknüpfungspunkte hierfür liefern neben dem Soziogramm *spontane Aktionen oder Reaktionen der Klasse* bzw. *einzelner Schüler.* Aufgrund der Planbarkeit und der hohen Interaktionsdichte erweisen sich *Klassensprecherwahlen,* die *Besprechung von Unterrichtsvorhaben,* die *Thematisierung von Disziplinproblemen* etc. als fruchtbar.

Als Auslöser für gruppendynamische Prozesse können auch Provokationen der Klasse durch den Lehrer und das Experimentieren mit Führungsstilen[2] fungieren. Aus den Problemfeldern, die dabei sichtbar werden, wählt der Lehrer einen begrenzten Teilbereich aus, um ihn zum Gegenstand detaillierter Beobachtung zu machen. Diesen Teilbereich schlüsselt er in einzelne Beobachtungsaufgaben so auf, daß er sie während des Unterrichts ohne große Mühe bewältigen kann.

Gewinnt er beispielsweise den Eindruck, daß ein Schüler vorwiegend Ablehnung erfährt, so wird sein Interesse der Untersuchung im Interaktionsprozeß selbst angelegter Ursachen gelten. Sein Beobachtungsprogramm könnte in diesem Falle die folgenden Schritte enthalten:

---

1 Vgl. z.B. Schulz, W., Teschner, W. P., Vogt, J.: Verhalten im Unterricht, seine Erfassung durch Beobachtungsverfahren, in: Handbuch der Unterrichtsforschung, Bd. 1, Weinheim 1970, S. 633 f.
2 Ulich, D.: Gruppendynamik in der Schulklasse, S. 56.

1. Erfassung der verbalen Interaktionen zwischen sich und dem Problemschüler mit dem Ziel, seinen eigenen Beitrag zu dessen Misere zu bestimmen. Ein günstiger Nebeneffekt dieser Maßnahme liegt übrigens darin, daß der Lehrer das Gespräch mit dem Problemschüler suchen wird, woraus sich ein Einstellungswandel bei den unmittelbar Beteiligten und bei der Klasse ergeben kann.

2. Erfassung der verbalen Interaktionen zwischen den Problemschülern und anderen Mitgliedern der Lerngruppe.

3. Erfassung der verbalen Interaktionen, in die der Problemschüler zwar nicht einbezogen ist, die jedoch auf ihn zielen.

4. Erfassung visueller Kontakte und Reaktionen.

Auf diese Weise entsteht nach und nach ein plastisches Bild des Interaktionsfeldes um den Problemschüler. Gegenüber dem Soziogramm hat es den Vorteil, daß es die sozial-emotionalen Beziehungen *nicht nur quantitativ, sondern auch qualitativ* erfaßt und zudem der Prozeßhaftigkeit und Differenziertheit sozialer Interaktionen weit eher gerecht wird.

Gleichviel unter welchem Blickwinkel solche Beobachtungsprogramme erstellt werden und wie sie im einzelnen aussehen; in jedem Falle schärfen sie die Wahrnehmungsfähigkeit des Lehrers und verhelfen zu bewußterer Registrierung der Vorgänge in der Klasse. Der Einsatz von Ton- und Videoaufzeichnungsgeräten erleichtert und objektiviert zwar die Datenerhebung, doch stellen sich mitunter ähnliche Probleme ein wie bei der Anwesenheit von Beobachtern: Schüler und Lehrer verhalten sich weniger spontan. Andererseits bieten Mitschnitte die Möglichkeit, der Klasse gleichsam den Spiegel vorzuhalten und einzelne Interaktionssequenzen gemeinsam zu besprechen, wovon wiederum wertvolle Hinweise auf sozial-emotionale Lagen erwartet werden dürfen.

Die Entscheidung, ob man von dieser Möglichkeit Gebrauch machen will, muß allerdings mit Bedacht getroffen werden, zumal ähnlich unerwünschte Wirkungen auftreten können wie bei der Besprechung von Soziogrammen.

Die systematische und direkte Beobachtung ist - auch wenn sie durch den unterrichtenden Lehrer nur eingeschränkt erfolgen kann - der intuitiven und „naiven" Datenerfassung vorzuziehen. Dafür sprechen mindestens zwei Gründe: Zum einen ist der Lehrer in die Interaktionsvorgänge in der Klasse selbst einbezogen, wodurch seine Wahrnehmung beeinträchtigt wird, zum anderen ist es ihm nicht möglich, komplexe soziale Prozesse zu speichern und aus dem Gedächtnis zu rekonstruieren. Hinreichend verläßliche Interpretationsgrundlagen lassen sich auf diese Weise wohl kaum gewinnen.

4 Aspekte der Lehrer-Schüler-Interaktion

Über einen langen Zeitraum hinweg galt das Interesse der pädagogischen Psychologie vornehmlich der Erforschung der schülerbezogenen Einflußfaktoren, in denen man die hauptsächlichen Determinanten schulischen Lernens zu erkennen vermeinte. In den vergangenen Jahrzehnten rückte jedoch das *Lehrerverhalten* als eine zusätzliche, *nicht minder wichtige Komponente* in den Blickpunkt.

„Es wurde als ein entscheidender Faktor erkannt, durch den sowohl das Verhalten und Erleben der Schüler, ihre Einstellungen und Haltungen und damit die Möglichkeit erzieherischer Einflußnahme, als auch die Effektivität und der Erfolg schulischer Lernarbeit in bedeutsamer Weise bestimmt werden."[1]

Die Darstellungen wichtiger Determinanten des Lern- und Sozialverhaltens der Schüler erfordert demnach die Einbeziehung der Variable Lehrer, auch wenn sie - ebensowenig wie die Schulklasse - den extraprozessualen Faktoren, den Rahmenbedingungen im engeren Sinne, zuzurechnen ist.

Die Beobachtung, daß sich das Verhalten von Lerngruppen weniger mit der Person als mit dem Verhalten des Lehrers ändert,[2] rechtfertigt die Ausklammerung der in der Person des Lehrers liegenden, äußerst komplexen Verhaltensursachen. Gleichwohl wird dem Lehrer daran liegen, die Voraussetzungen seines Unterrichtsverhaltens in gleicher Weise zu reflektieren wie diejenigen der Schüler. Dabei sind hier wie dort die gleichen Faktoren heranzuziehen. Unter diesen Faktoren scheinen Intelligenz, Leistungsmotivation und Ausbildungsstand besondere Aufmerksamkeit zu verdienen. Aus einer Anzahl von Untersuchungsergebnissen resümieren Klausmeier und Ripple: „Intelligenzgrad, durchschnittliche Studienleistung, Unterrichtsvorbereitung, Kenntnisse der Entwicklungs- und Lernpsychologie sowie Problemlösefähigkeit hängen eng mit der Effektivität des Unterrichts zusammen."[3]

Die lehrerbezogenen Rahmenbedingungen bestimmen die „Position des Erziehers im Spannungsfeld zwischen Reifendem und Sachgehalt" von der wiederum „die qualitative Struktur der pädagogischen Gruppen, die Art des Eingriffs des Erziehers, der Distanzgrad zwischen Erzieher und Reifenden, die Führungsdichte des Erziehers und die Proportion von Spontaneitätsgrad und Rezeptivitätsgrad der Reifenden" abhängen. Ziel der Analyse des eigenen Unterrichtsverhaltens ist es, *sich Klarheit über die Bedingungen und Wirkungen des pädagogischen Tuns zu verschaffen.* Daß intendiertes und faktisches Lehrerverhalten vielfach auseinanderklaffen, daß also zwischen Wirkungsabsicht und realer Wirkung Diskrepanzen entstehen, darauf wird in der Literatur mehrfach hingewiesen.[4]

Man müßte sich mit dieser Feststellung begnügen, wäre pädagogisches Verhalten eine unveränderliche Funktion der jeweiligen Lehrerpersönlichkeit. Tatsächlich aber sind Verhaltensweisen „nicht einfach die Auswirkungen von starren Anlagen oder angeborenen Eigenschaften, *sondern steuerungsfähige Prozesse.* "[5] Das bedeutet, daß erwünschte und effektive Formen pädagogischen Verhaltens *gelehrt* und *gelernt* werden können.[6] Über die Effekte bestimmter Verhaltensweisen,

1 Nickel, H.: Stile und Dimensionen des Lehrerverhaltens, in: Betzen, K., Nopkow, K. E. (Hrsg.): Der Lehrer in Schule und Gesellschaft, 2. Auf., München 1972, S. 141.
2 Nickel, H., ebenda, S. 146.
3 Klausmeier, H. J., Ripple, R. E.: Unterrichtspsychologie, S. 167.
4 Peters, O.: Soziale Interaktion, Sp. 1933; Tausch, R., Tausch, A.: Erziehungspsychologie, 6. Aufl., Göttingen 1971, S. 194.
5 Roth, H.: Pädagogische Anthropologie, Bd. 1, Bildsamkeit und Bestimmung, 3. Aufl., Hannover 1971, S. 265.
6 Siehe z.B. Lutz M., Ronellenfitsch W.: Gruppendynamik in der Lehrerbildung, Ulm 1971, S. 23 f. und Grell, J.: Techniken des Lehrerverhaltens, 3. erw. Aufl., Weinheim/Basel 1975, S. 15.

die heute als erwünscht gelten, liegen allerdings nur wenige gesicherte Befunde vor. Immerhin liefert die *Unterrichtsstilforschung* wertvolle Hinweise. Die Annahme dieser Forschungsrichtung, das Lehrerverhalten sei die unabhängige, das Schülerverhalten die abhängige Variable im schulischen Interaktionsprozeß, weist dem Lehrer den verursachenden, dem Schüler den reaktiven Part zu.

Diese Sichtweise erscheint zwar unter methodischem Blickwinkel vertretbar, stellt aber eine starke Vereinfachung des faktisch äußerst vielschichtigen Interaktionsgeschehens dar. In der Praxis erweist sich das Schülerverhalten nicht einfach als Spiegel des Lehrerverhaltens: Zum einen bedingen die spezifischen Ausprägungen der schülerbezogenen Rahmenfaktoren individuelle Reaktionsunterschiede, die eine gleichsinnige Wirkung des Lehrerverhaltens auf alle Schüler von vornherein fragwürdig erscheinen lassen; zum anderen ist die Interaktionssituation Unterricht dialogisch angelegt; d.h., das Schülerverhalten orientiert sich nicht nur am Lehrerverhalten, sondern auch umgekehrt: der Lehrer reagiert auf Merkmale und Verhaltensweisen seiner Schüler. Brophy und Good vertreten sogar die Auffassung, daß die Schülermerkmale die wichtigsten Determinanten des Lehrerverhaltens seien.[1]

Vom Lehrer als einem professionellen Erzieher kann erwartet werden, daß er Interaktionsprozesse bewußt steuert und seine Einstellungen zu den Schülern laufend überprüft. Mit der Darstellung der Stile und Dimensionen des Lehrerverhaltens und deren Wirkungen sowie der Skizzierung von Mechanismen wechselseitiger Beeinflussung von Lehrer und Schülern am Beispiel der Lehrererwartungen will dieses Kapitel Hilfen zu einem kontrollierten Unterrichtsverhalten anbieten.

4.1 Stile und Dimensionen des Lehrerverhaltens

4.1.1 Global-typisierender Ansatz

Erziehungs- und Unterrichtsstile sind nach E. Weber „relativ sinneinheitlich ausgeprägte Möglichkeiten erzieherischen Verhaltens, die sich durch typische Komplexe von Erziehungspraktiken charakterisieren lassen."[2] Zur Erforschung dieser Erziehungspraktiken und ihrer Wirkungen dienten im Anschluß an Lewin, Lippitt und White u.a. drei zunächst hypothetische Stiltypen oder Verhaltenskomplexe: der autokratische oder dominative Stil, der sozial-integrative Stil und schließlich das Laissez-faire-Verhalten.

Der *dominative bzw. direktive Stiltypus* zeichnet sich aus durch ein hohes Maß an Lenkung und Dirigismus, verbunden mit emotionaler Abweisung und Geringschätzung der Schülerpersönlichkeit. Der Lehrer legt die Unterrichtsziele sowie

---

1 Brophy, J. E., Good, T. L.: Die Lehrer-Schüler-Interaktion, hrsg. von Ulich, D., München, Berlin, Wien 1976, S. 41.
2 Weber, E.: Erziehungsstile, 4. überarbeitete und erweiterte Auflage, Donauwörth 1973, S. 33. Webers Definition ist bewußt weit gefaßt, soll sie doch sowohl hermeneutische als auch empirische Ansätze in der Unterrichtsstilforschung abdecken. Während „sinneinheitliche Ausprägung" auf den intuitiv-verstehenden Ansatz verweist, bezieht sich „Komplexe von Erziehungspraktiken" auf empirisch-analytische Konzeptionen. Zwar arbeitet die moderne Unterrichtspsychologie vorwiegend empirisch, doch kann unter den Bedingungen der Praxis auf die globale, und damit intuitive Einschätzung von Verhaltensweisen kaum verzichtet werden. Deshalb seien im folgenden beide Ansätze dargestellt, wobei nur die wichtigsten Ergebnisse erfaßt werden.

alle Maßnahmen, die zur Erreichung der Ziele ergriffen werden sollen, selbst fest. Im Unterricht gib er nur den jeweils folgenden, eng begrenzten Arbeitsschritt bekannt und greift häufig durch knappe Anweisungen, Informationen und enge Fragen in den Lernprozeß ein, so daß den Schülern kaum Spielraum für eigene Initiativen und spontanes Verhalten bleibt. Die Interaktionen sind stark lehrerzentriert; die Schüler haben nur wenig Zeit, ihre Antworten auszuformulieren. Meistens spricht der Lehrer; Lob und Tadel sind persönlich gefärbt; Kritik wird nicht begründet.

Derartige Verhaltensweisen führen zur Abhängigkeit der Schüler vom Lehrer und zu reaktiven Verhaltensweisen. Dem entspricht, daß die Schüler untereinander konkurrieren. Eine positive Gruppenmoral bildet sich kaum aus. Die Schüleräußerungen erscheinen uniform und vorhersagbar, auch verraten sie eine starke Egozentrik. Zwar verhält sich die Lerngruppe äußerlich meist diszipliniert, doch treten unterschwellige Spannungen auf, die gelegentlich zu offenen Aggressionen führen. Diese Aggressionen werden jedoch meist an anderen Personen, in der Regel an Mitschülern, abreagiert. Weniger ichstarke Schüler neigen zur Unterwürfigkeit, selbstbewußte opponieren, was wiederum Strafaktionen des Lehrers auslöst. Die Arbeitsaktivität ist an die Anwesenheit des Lehrers gebunden. Verläßt er den Raum, so erlahmen die Aktivitäten; der Geräuschpegel steigt stark an.

Beim *sozial-integrativen oder non-direktiven Typus* versucht der Lehrer, das Ranggefälle zu den Schülern zu vermindern, ohne jedoch auf die Führungsrolle zu verzichten. Er akzeptiert seine Schüler als Partner im Lernprozeß und bestärkt sie in ihrem Selbstwertgefühl. Unterrichtsvorhaben werden gemeinsam geplant, so daß die Transparenz der Ziele und Maßnahmen gewährleistet ist und die Schüler über längere Unterrichtsabschnitte hinweg aus eigenem Antrieb lernen können. Lob und Tadel sind sachbezogen, wobei der Tadel auf das notwendige Mindestmaß beschränkt bleibt und - wie Kritik - sachlich und konstruktiv formuliert wird. Zwar bemüht sich der Lehrer, die Schüler zu selbstverantwortlichem Lernen zu erziehen, entzieht sich jedoch nicht der Verantwortlichkeit für den Erfolg der Lernbemühungen. Er versteht sich mehr als Helfer und Moderator, denn als Antreiber und Zensor. Seine schülerbezogenen Äußerungen sind freundlich und verraten Wohlwollen, was sich auch in reversiblen Formulierungen ausdrückt; d.h., er begegnet den Schülern mit der gleichen Höflichkeit, Achtung und Wertschätzung, die er seinerseits von den Schülern erwartet. Auf diese Weise entsteht ein angstfreies Lernklima, in welchem die Schüler Spontaneität, Produktivität, Konstruktivität und Kreativität entfalten können. Gleichzeitig bilden sich innerhalb der Lerngruppen partnerschaftliche Beziehungen aus. Die Schüler arbeiten gerne kooperativ und identifizieren sich mit der gemeinsamen Leistung. Die gruppeninterne soziale Motivation bewirkt, daß die Arbeitsaktivität auch dann nicht nachläßt, wenn sich der Lehrer zeitweilig passiv verhält. Zwar ist die Menge des bewältigten Lernpensums, namentlich mit Hinsicht auf reproduzierbares Wissen, nicht höher als beim autokratischen Verhaltenskonzept, doch sind die Lernergebnisse qualitativ besser und auch resistenter gegen Vergessen. Zudem erwerben die Schüler Lerntechniken, die sie mehr und mehr zu eigenständigem Lernen befähigen. Sie arbeiten genauer, systematischer und bewerten ihre Ergebnisse objektiver als dies beim dominativen Erziehungskonzept der Fall ist. Aufgrund der Lernerfolge wächst das Vertrauen in die eigene Leistung, was wiederum motivierend wirkt.

Laissez-faire-Verhalten bedeutet den völligen Verzicht auf Lernplanung und auf Steuerungsmaßnahmen des Erziehers. Ein weiteres wesentliches Kennzeichen ist Freundlichkeit des Lehrers bei gleichzeitiger Indifferenz gegenüber dem Sozialverhalten und den Lernfortschritten der Schüler. Dieser Verhaltenstypus ist bei Lehrern selten anzutreffen, widerspricht er doch seinen Rollenfunktionen. Er wird deshalb bei der Erforschung der Interaktionsstile in der Schule mehr und mehr vernachlässigt.

Laissez-faire-Verhalten bewirkt bei den Schülern rege Vorschlagsaktivität, behindert aber Entscheidungen. Die Schüler erzielen nur geringe Lernfortschritte. Das Lernklima ist meist schlecht; eine positive Gruppenmoral bildet sich nicht aus. Verläßt der Lehrer die Klasse, so ist ein Anstieg der Arbeitsaktivität zu verzeichnen, sofern einzelne Schüler Führungsfunktionen übernehmen.

Den unter sozialpsychologischem Blickwinkel entwickelten Unterrichtsstilen entsprechen aus soziologischer Sicht die von Gordon beschriebenen *Integrationstypen*.[1] Der Autor geht davon aus, daß das Lehrerverhalten im wesentlichen von zwei Erwartungskomplexen bestimmt wird: den Forderungen der Schulverwaltung als Repräsentantin des gesellschaftlichen Auftrages der Schule, die vor allem die übergreifenden Ziele und Werte des „äußeren Systems" vertritt, und den bedürfnisorientierten Ansprüchen der Schüler bzw. der Schulklasse, dem „inneren System".

Der Funktionsdefinition des Lehrers in diesem Spannungsfeld widersprüchlicher Erwartungen entsprechend, unterscheidet Gordon drei Verhaltenstypen:

1. den instrumental-spezialistischen Typus,
2. den instrumental-expressiven oder integrativen Typus,
3. den expressiven oder schülerorientierten Typus.

Diese drei „Autoritätstypen" werden so charakterisiert:

„Typus A Instrumental-spezialistisch:
a) Orientierung an den Zielen und an der Erhaltung der Werte des Systems.
b) Aufgabenbetonung bei den Schülern.
c) Führungsfunktion auf Lehrer konzentriert.
d) Autorität als primäre Grundlage des Einflusses...

Typus B Instrumental-expressiv oder integrativ:
a) Orientierung an der Anpassung der Ziele des Systems an die Schülerinteressen.
b) Aufgabenbetonung, verbunden mit dem Bedürfnis des Schülers nach unmittelbarer Befriedigung aus der Tätigkeit und den persönlichen Beziehungen.
c) Integration auf dem Wege einer Kombination von Autorität, Empfehlung, Überredung und persönlichem Einfluß.

---

1 Gordon, C. W.: Schulklasse, S. 131 f.

Typus C Expressiv oder schülerorientiert:
a) Orientierung an den Zielen und Bedürfnissen des Schülers als primäres Kriterium für die Tätigkeit und die Funktion des Lehrers.
b) Betonung der Befriedigung des Schülers aus Leistung und sozialer Beziehung.
c) Integration durch persönlichen Einfluß, Überredung, Empfehlung."[1]

Den Autoritätstypen ordnet Gordon Verhaltensmerkmale zu, die im wesentlichen aus den vorher beschriebenen sozialpsychologischen Konzepten gewonnen wurden. Grundlegende Unterschiede ergeben sich lediglich zwischen dem expressiven Autoritätstypus und dem Laissez-faire-Verhalten. Diese Unterschiede sind primär auf das Maß an Verantwortlichkeit und Engagement des Lehrers zurückzuführen.

Die Untersuchungsergebnisse zeigen eine deutliche Überlegenheit des integrativen Typus in der Produktivität der Schüler, vor allem, was die freiwillig erbrachten Arbeitsleistungen betrifft. Dagegen erscheinen die Meßwerte für die Gruppenmoral auf einem mittleren Niveau. Hier erreicht der expressive Typus die höchsten Werte. Die Ergebnisse des instrumental-spezialistischen Verhaltens bleiben im Hinblick auf die Gruppenmoral weit hinter den beiden anderen Verhaltensgruppen zurück, während sie bezüglich der freiwillig erbrachten Arbeitsleistung ähnliche Werte erreichen wie der instrumental-expressive Typus.

Diese Befunde legen die Annahme einer engen Beziehung zwischen der Verhaltensbreite des Lehrers und der Arbeits- und Gruppenmoral der Schüler nahe. Demnach wächst der Erfolg des Lehrers in dem Maße, in dem es ihm gelingt, mehrere Funktionen wahrzunehmen und mehrere Ziele gleichzeitig zu verfolgen. Fähigkeiten, die offenbar beim sozial-integrativen bzw. integrativen Typus am ehesten zu finden sind. In diesem Verhaltenskonzept verbinden sich Aufgaben- und Zielorientierung mit Interessen- und Bedürfnisorientierung. Abgesehen von den positiven Einflüssen auf die Gruppenmoral erscheint dieses Konzept geeignet, jene Einstellungen und Haltungen zu vermitteln, die den Schüler zu lebenslangem Lernen befähigen und damit seine Mobilitätschancen erhöhen.

4.1.2 Analytischer Ansatz

Während im Rahmen global-typisierender Ansätze „typische pädagogische Stilformen als weitgehend intuitiv erfaßte Gesamtkonzepte in ihrer Gesamtwirkung untersucht"[2] wurden, arbeitet die moderne Unterrichtspsychologie mit differenzierten Methoden: Aus einer Vielzahl einzelner, im Unterricht selbst aufgenommener Merkmale des Lehrerverhaltens werden mit Hilfe des faktorenanalytischen Verfahrens *relativ unabhängige Merkmalsbündel* ermittelt und als *Verhaltensdimensionen* interpretiert. Dabei zeichnen sich drei *Hauptdimensionen* des Lehrerverhaltens ab, die das Schülerverhalten in spezifischer Weise beeinflussen: die *emotionale Dimension,* die *Lenkungsdimension* und die *Dimension anregender, nichtdirigierender Aktivität.* Die Hauptdimensionen lassen sich zu einem mehrdimensionalen Bezugssystem koordinieren.

---

1 Gordon, C. W.: Schulkasse, S. 151 f.
2 Weber, E: Erziehungsstile, S. 263.

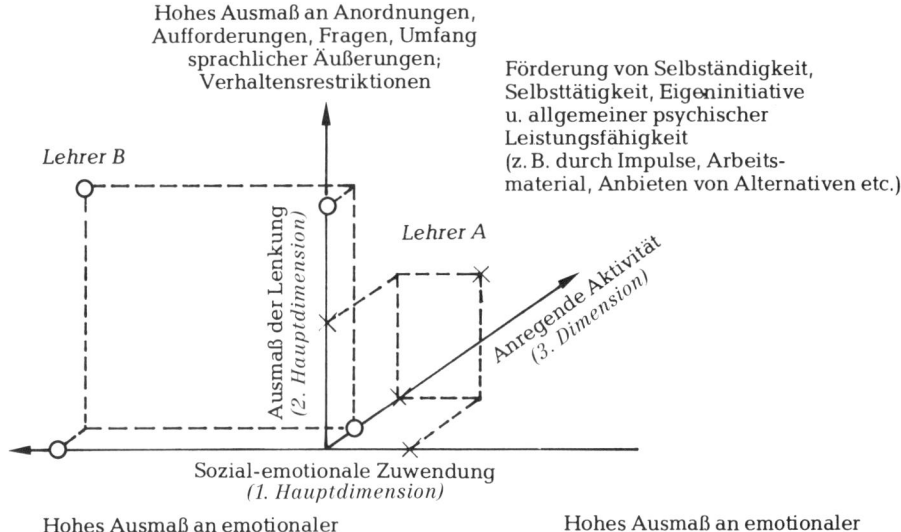

Hohes Ausmaß an Anordnungen, Aufforderungen, Fragen, Umfang sprachlicher Äußerungen; Verhaltensrestriktionen

Förderung von Selbständigkeit, Selbsttätigkeit, Eigeninitiative u. allgemeiner psychischer Leistungsfähigkeit (z. B. durch Impulse, Arbeitsmaterial, Anbieten von Alternativen etc.)

Lehrer B

Lehrer A

Ausmaß der Lenkung
(2. Hauptdimension)

Anregende Aktivität
(3. Dimension)

Sozial-emotionale Zuwendung
(1. Hauptdimension)

Hohes Ausmaß an emotionaler Kälte, Unfreundlichkeit, Geringschätzung als Person, verständnisloser Haltung, Irreversibilität des Verhaltens

Hohes Ausmaß an emotionaler Wärme, Freundlichkeit, Wertschätzung als Person, verständnisvoller Haltung, Reversibilität des Verhaltens

Hauptdimensionen des Lehrerverhaltens mit Beispielen für einzelne Verhaltensformen[1]

Mit Hilfe solcher Koordinatensysteme kann das Interaktionsverhalten von Lehrern ziemlich genau bestimmt werden. Zuvor gilt es allerdings, die den einzelnen Dimensionen zugeordneten Verhaltensmerkmale durch Einschätzung zu ermitteln. Die drei Hauptdimensionen sowie die entsprechenden Verhaltenstendenzen der Schüler werden nachfolgend beschrieben.

(1) Wichtige Charakteristika der bipolaren *emotionalen Dimension* sind Wertschätzung und Annahme gegenüber Geringschätzung und Abweisung der Schüler. Hierher gehören Subdimensionen wie Ermutigung gegenüber Entmutigung, Reversibilität gegenüber Irreversibilität, Freundlichkeit gegenüber Unfreundlichkeit, Ruhe gegenüber Erregung.[2] Positive sozial-emotionale Zuwendung bewirkt ein Interaktionsklima wechselseitiger Akzeptierung, vor allem fördert sie Selbstachtung und Selbstvertrauen, während bei der Ausprägung des Gegenpols das Selbstkonzept des Schülers, seine Selbstachtung und sein Selbstvertrauen empfindlich gestört werden können.

(2) Im Unterschied zur emotionalen Dimension ist die *Lenkungsdimension* unipolar aufzufassen. Sie mißt das Ausmaß direkter Steuerungsimpulse, wie Fragen, Aufforderungen, Anweisungen, Befehle und namentliche Aufrufe von Schülern. Nach Tausch und Tausch liefert bereits der Anteil des Lehrers an der verbalen Kommunikation im Unterricht Hinweise auf das Maß an Lenkung.[3]

1 Aus: Nickel, H.: Psychologie, S. 74, zit. nach Heller, K., Nickel, H. (Hrsg.): Psychologie, S. 248.
2 Tausch, R. u. A.: Erziehungspsychologie, S. 330.
3 Tausch, R. u. A., ebenda, S. 217.

Die Auswirkungen eines stark dirigistischen Lehrerverhaltens decken sich weithin mit den im Zusammenhang mit dem autokratischen Führungsstil beschriebenen Verhaltensweisen der Schüler: Die Schüler reagieren uniform, wenig spontan, entwickeln kaum eigene Initiative und zeigen eine erhöhte Neigung zu Konzentrationsschwächen.[1]

Die einzelnen korrelationsstatistisch ermittelten Dimensionen schließen zwar Überlagerungserscheinungen zwischen den ihnen zugeordneten Merkmalen aus, nicht aber Interferenzen zwischen den Hauptdimensionen. Beispielsweise wird ein Lehrer, der seine Schüler stark gängelt, ihnen aber mit Freundlichkeit und emotionaler Wertschätzung begegnet, andersartige Effekte erzielen, als wenn sich in seinem Verhalten starke Lenkung mit Geringschätzung paart. Die von Tausch und Tausch erstellten und im folgenden dargestellten zweidimensionalen Modelle machen diese Zusammenhänge sichtbar.

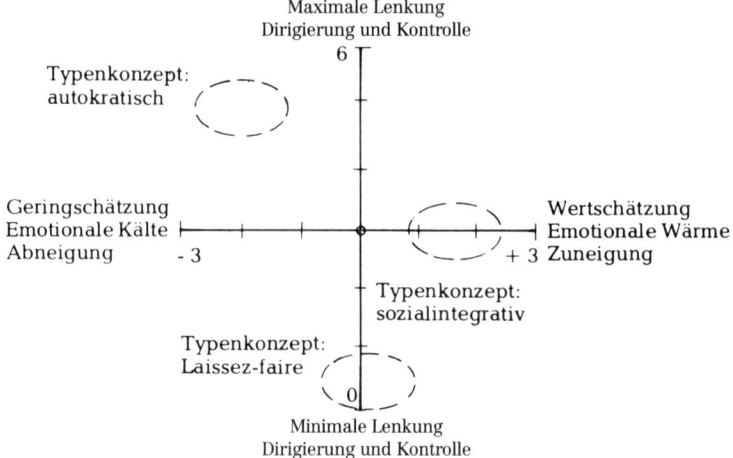

Einordnung der Typenkonzepte in das zweidimensionale Koordinationssystem[2]

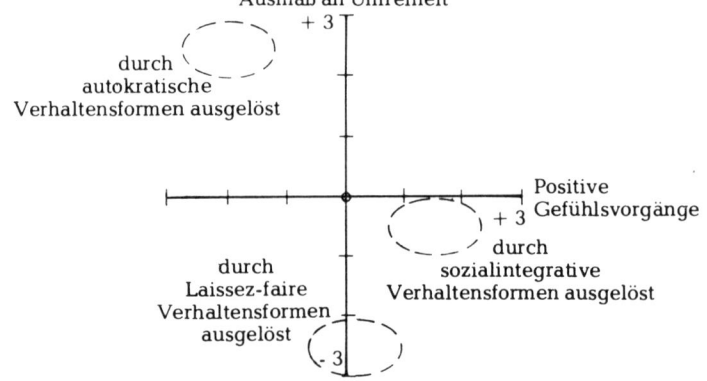

Bei den Schülern ausgelöste Verhaltensformen

---

1 Heller, K., Nickel, H.: Psychologie, S. 251.
2 Aus: Tausch, R. u. A.: Erziehungspsychologie, S. 72 u. 174.

Die Einordnung der globalen Typenkonzepte in das zweidimensionale Koordinatensystem ist für die Praxis von großer Bedeutung, zeigt es doch, wie sich Typisierung und Differenzierung miteinander verbinden lassen. Gegenüber dem dreidimensionalen Modell hat es den Vorzug der leichteren Handhabbarkeit.

Mit Hinsicht auf die Wirkungen des sozial-integrativen Verhaltenskonzepts kommen Tausch und Tausch in *einem* Punkt zu einem Ergebnis, das andere Effekte als die eingangs beschriebenen vermuten läßt. Danach fördert sozial-integratives Verhalten die Bindung an den Lehrer und behindert somit Selbständigkeit und Unabhängigkeit bei Jugendlichen.[1]

Zielsetzungen wie Befähigung des Jugendlichen zu selbständigem und selbstverantwortlichem Handeln erfordern einen Lehrer, der auf den Schüler eingeht und ihn in seinen Lernbemühungen wirksam unterstützt, gleichzeitig aber auch emotional unabhängig macht. Äußere Lenkungsmittel wie Befehle, Tadel und sonstige Sanktionen durch innere, etwa durch Liebesentzug, zu ersetzen, mag zwar im Kindesalter angemessen sein, in der späten Adoleszenz aber, wo der Abbau des Reifegefälles im Mittelpunkt pädagogischen Bemühens steht, gefährden sie die Erfüllung einer der wichtigsten Lehrerfunktionen, nämlich *sich selbst überflüssig zu machen.*[2]

Offenbar reichen Ausgewogenheit lenkender Maßnahmen und hohe Schülerwertschätzung - entgegen der ursprünglichen Annahme von Tausch und Tausch[3] - nicht aus, um die notwendigen Lernimpulse zu vermitteln und gleichzeitig die Emanzipation des Jugendlichen zu fördern.

(3) Die dritte Dimension, die *Dimension nichtdirigierender, anregender Aktivität,* korrespondiert insofern mit der Lenkungsdimension, als jede Art der Beeinflussung, und sei sie noch so zurückhaltend, Lenkung bleibt. Indem sie jedoch auch das *unterrichtsmethodische Verhalten* des Lehrers einbezieht, gewinnt sie einen zusätzlichen Aspekt. Der Anregungsdimension werden zugeordnet: Strukturiertheit der Lernangebote, Klarheit, Verständlichkeit, Ausdrucksfähigkeit, Dynamik und Engagement des Lehrers, aber auch Verhaltensweisen und Maßnahmen, die den von Carl Rogers für die klientenzentrierte Gesprächspsychotherapie und Beratung beschriebenen ähneln.[4]

---

1 Tausch, R. u. A.: Erziehungspsychologie, S. 175.
2 Vgl. Thiersch, H.: Lehrerverhalten und kognitive Lernleistung, in: Begabung und Lernen, S. 484 und Winnefeld F.: Pädagogische Analyse des pädagogischen Lernvorgangs, in: Weinert F. (Hrsg.): Pädagogische Psychologie, 7. Aufl., Köln und Berlin 1972, S. 57.
3 „Das dargestellte zweidimensionale Schema mit den Hauptdimensionen Wertschätzung/Geringschätzung und dirigierende – lenkende – kontrollierende Aktivität gestattet eine hinreichende Charakterisierung des derzeit im allgemeinen in Schulen und Familien verwirklichten und in Untersuchungen erfaßten Erzieher-Lehrerverhaltens.“
Tausch, R. u. A., ebenda, S. 165.
4 Rogers, C. R.: Die nicht-direktive Beratung, München 1972. Bei dieser Methode versucht der Therapeut oder Berater, die Führung des Gesprächs dem Klienten zu überlassen, ihm Gelegenheit zum freien Sprechen zu geben und direkte Ratschläge zu vermeiden. Vgl. Funkkolleg, Beratung in der Erziehung, Studienbegleitbrief VI, S. 60.

Hier lassen sich wohl alle Methoden und Maßnahmen des schülerzentrierten Unterrichts einordnen, etwa die Schaffung von Problemsituationen, die die Schüler zu eigener geistiger Aktivität anregen, seien diese Situationen nun verbal (durch den Lehrer) oder material (durch didaktische Materialien) vermittelt, eine relativ weite Ausdehnung des Kommunikationsnetzes beim Unterrichtsgespräch, vor allem aber ein einfalls- und abwechslungsreiches Unterrichtsarragement.

Die im Sinne nichtdirektiven Vorgehens günstigen Unterrichtsmethoden sind die methodischen Großformen. Voraussetzung für den Erfolg solcher Organisationsformen ist allerdings, daß die Klasse eine homogene Lerngruppe darstellt und an sozial-integratives Verhalten gewöhnt ist. Die Verhaltensweisen dieser Dimension zielen insgesamt darauf ab, beim Schüler Spontaneität, Produktivität, Unabhängigkeit, Selbstbestimmung und Selbststeuerung zu bewirken. Ob diese Wirkungen beim Schüler tatsächlich erzielt werden, konnte bisher nicht schlüssig nachgewiesen werden, nicht zuletzt, weil in der Praxis konsequentes nichtdirektives Lehrerverhalten kaum anzutreffen ist.

Der vermuteten positiven Wirkung schülerzentrierten Unterrichts widerspricht nicht, daß eine von Tilmann[1] im Fach Betriebswirtschaftslehre vorgenommene Untersuchung hinsichtlich der Motivation und Leistung keine signifikanten Wirkungsunterschiede zwischen lehrerzentriert-höflichem und schülerzentriert-höflichem Unterrichtsverhalten feststellen konnte. Einmal spielen - wie erwähnt - die Rahmenbedingungen eine wesentliche Rolle, zum anderen sind Motivation und Leistung lediglich Aspekte des vom schülerzentrierten Unterricht erwarteten Wirkungsgesamts. Gesichert, mindestens aber nicht widerlegt, scheint die Beobachtung Ryans zu sein, daß stimulierendes, phantasie- und ideenreiches Verhalten namentlich älteren Schülern starke Lern- und Leistungsimpulse vermittelt.[2]

4.1.3 Schwierigkeiten bei der Verwirklichung sozial-integrativen, nichtdirektiven Lehrerverhaltens

Wenn auch die referierten Befunde in erfreulicher Übereinstimmung eine verstärkte Anwendung sozial-integrativer, nichtdirektiver Verhaltensweisen nahelegen, so ist es doch unter den in beruflichen Schulen vorfindbaren Rahmenbedingungen oft recht schwierig, die Schüler an ein entsprechendes Lehrerverhalten zu gewöhnen. Als Hemmfaktoren wirken autokratische, direktive Interaktionsstile in Elternhäusern und/oder Betrieben, starke Reglementierungen innerhalb der Schule sowie die Gängelung der Schüler durch Kollegen, die ihnen „den

1 Gerner, B.: Der Lehrer, Verhalten und Wirkung, Darmstadt 1974, S. 25 f.
2 Ryans, D. G.: Einige Beziehungen zwischen Schülerverhalten und gewissen Verhaltensweisen des Lehrers, in: Weinert, F. (Hrsg.): Pädagogische Psychologie, S. 327: „Für die höhere Schule scheint also zu gelten, daß das Schülerverhalten... in einer weniger engen Beziehung zum Lehrerverhalten steht, als wir manchmal annehmen... Von allen Dimensionen des Lehrerverhaltens scheint nur die eine, die sich auf den Grad bezieht, in dem der Lehrer als ‚langweilig bzw. anregend' eingeschätzt wurde, eng mit dem Cluster der Dimensionen des Schülerverhaltens zusammenzuhängen."

Schneid abkaufen", also dominativ unterrichten und fast ausschließlich lehrer-
zentrierte Interaktionsformen anwenden. Kommen mehrere dieser Faktoren zusammen, besteht die Gefahr, daß sich im restriktiven Sozialklima entstandene
Spannungen dort entladen, wo versucht wird, den Autoritätsdruck zu mildern.
Um nicht von der Klasse für den Abbau direktiver Lenkung durch Disziplinlosigkeit gleichsam bestraft zu werden, empfiehlt sich ein äußerst behutsames Vorgehen. Da jede Situation besondere Vorgehensweisen nahelegt, können Verfahrens-
vorschläge nur Beispielcharakter haben. Dennoch sei eine Möglichkeit zur Einführung der als erwünscht geltenden sozial-integrativen Verhaltensformen um-
rißhaft angedeutet. Dabei wird von den Rahmenbedingungen einer durchschnittlichen Berufsschulklasse ausgegangen.

Zu Beginn seiner Arbeit mit der Klasse pflegt der Lehrer einen freundlichen Kon-
taktstil, der erkennen läßt, daß er den Schülern Achtung und Wertschätzung ent-
gegenbringt, dennoch aber auf Disziplin Wert legt. Er nimmt also zunächst ein relativ hohes Maß an dirigistischer Lenkung in Kauf, vermeidet jedoch alles, was
als persönlich verletzend empfunden werden kann. Um nicht durch die Unterrichtsgestaltung selbst Disziplinlosigkeit zu fördern, bereitet er sich äußerst sorgfältig vor und arrangiert seinen Unterricht abwechslungsreich und anregend. Auf
diese Weise schafft er die Basis, auf der eine Verringerung direktiver Eingriffe
möglich wird. Gleichzeitig versucht er - wenn immer es die Aufgabensituation erlaubt - das Kommunikationsnetz auszudehnen und Interaktionen zwischen den
Schülern anzuregen. Im Rahmen des üblichen fragend-entwickelnden Unterrichts spontan auftretende Gespräche wird er bewußt fördern und auf die dabei
geäußerten Gedanken und Gefühle der Schüler behutsam eingehen. Gegenstandsbezogene Interessen, die dabei erkennbar werden, berücksichtigt er im
Fortgang des Unterrichts. Nach und nach werden Verhaltensprobleme und ihre
möglichen Ursachen mit der Klasse erörtert. Gegebenenfalls über Verhaltensver-
träge, sog. Kontrakte,[1] „korrigiert".

Auf Kritik von seiten der Schüler reagiert der Lehrer wohlwollend, zumindest
macht er deutlich, daß er Einwände genau prüft. Kritische Anmerkungen, die er
nach Form und Inhalt nicht akzeptieren kann, weist er nicht schroff zurück, sondern legt die Gründe dar, warum sie ihm unangemessen erscheinen. Gelegentlich
wird er den Klassenverband für die Bearbeitung begrenzter Aufgaben in Partner-
gruppen auflösen, um schließlich die Schüler zu größeren Arbeitsteams zusammenzufassen. Läuft die Gruppenarbeit bei eng gefaßter Aufgabenstellung problemlos ab, weitet er den Umfang der Arbeitsaufträge aus. Mit dem Selbstbewußtsein der Schüler und mit dem Vertrauen in die eigene Leistungsfähigkeit
wächst auch die Möglichkeit, das Maß an Lenkung zu verringern, ohne Disziplinlosigkeit befürchten zu müssen.

Ob es dem Lehrer gelingt, die gesteckten Ziele zu erreichen, hängt nicht zuletzt
davon ab, inwieweit er von seinen Schülern als Verhaltensmodell akzeptiert wird.

---

1 Blackham, G.J., Silbermann, A.: Grundlagen und Methoden der Verhaltensmodifikation bei Kindern. Deutsche Bearbeitung von D. und G. Eggert, Weinheim und Basel 1975, S. 132.

Wichtige Voraussetzungen dafür sind nach Thiersch persönliche Glaubwürdigkeit, Ansehen, indirekte Mächtigkeit, Enthusiasmus und beherrschtes Engagement.[1]

Schüler, die den Lehrer als Modell für eigenes Verhalten akzeptieren, die sich also teilweise mit ihm identifizieren, ahmen nicht nur Aspekte seines sozial-emotionalen Verhaltens, etwa seinen Interaktionsstil, nach. Das Verhaltensangebot des Modells wirkt auch im kognitiven Bereich. Für das Sprachverhalten wurde diese Erscheinung von Wieczerkowski nachgewiesen.[2] R. und A. Tausch machen darauf aufmerksam, wie günstig ein Lehrer wirken kann, der nicht immer fertige Lösungen parat hat, sondern gelegentlich auch vor der Klasse laut nachdenkt, sich also selbst als Lernender begreift. Dadurch ermöglicht er den Schülern, am Lösungsprozeß teilzuhaben und den Denkstil des Lehrers nachzuvollziehen.[3]

Die Annahme des Lehrers als Verhaltensmodell ist problematisch, wenn sich der Schüler unkritisch mit seiner Person identifiziert. Dadurch werden gegenstandsbezogene Motivationen behindert und autonomiefeindliche Bindungen erzeugt. Wenn sich der Lehrer selbst sachlich verhält und gegenstandsbezogen interagiert, dürfte diese Gefahr jedoch gering sein.

4.2 Wirkungen von Lehrererwartungen - „Pygmalion im Klassenzimmer"

Im Umgang mit Schülern baut der Lehrer ein Erwartungsgefüge auf, das sein Interaktionsverhalten nachhaltig beeinflußt. Solche Lehrererwartungen sind „Schlüsse, die Lehrer über die gegenwärtige und zukünftige Schulleistung und das allgemeine Klassenzimmerverhalten ihrer Schüler ziehen."[4] Dabei ist es unerheblich, ob der Lehrer seine Informationen aus gewissenhafter Datenerhebung bezieht oder ob sie lediglich Anmutungscharakter haben. Die Lehrererwartungen werden im Interaktionsgeschehen auf vielfältige Weise kommuniziert und vom Schüler bewußt oder unbewußt registriert.

Rosenthal und Jacobson konnten nachweisen, daß diese Erwartungen im Sinne sich selbst erfüllender Vorhersagen wirken können. Die Autoren bezeichnen dieses Phänomen mit „Pygmalion im Klassenzimmer."[5] Gemeint ist „eine Erwartung oder Vorhersage, die *ursprünglich* falsch ist und eine Reihe von Ereignissen

---

1 Thiersch, H.: Lehrerverhalten und kognitive Lernleistung, S. 489.
2 Wieczerkowski, W.: Merkmalszusammenhänge in der sprachlichen Kommunikation von Lehrern und Schülern im Unterricht, in: Betzen, K., Nipkow, K. E.: Der Lehrer in Schule und Gesellschaft, 2. Aufl., München 1972, S. 197 f.
3 „Wir halten die nachfolgende Hypothese, die manchem Lehrer zunächst absurd vorkommen mag, für zutreffend und bedeutsam: Je häufiger Erwachsene – Lehrer, Hochschullehrer oder Erzieher – in Unterrichtsstunden, Vorlesungen, Seminaren oder in sonstigem Kontakt mit Jugendlichen oder Studierenden in angemessener und glaubwürdiger Weise ein Modell für Lernende und Denkende sind und je häufiger Kinder, Schüler und Studenten dieses deutlich wahrnehmen und erfahren, desto stärker werden unter sonst gleichen Bedingungen Kinder, Schüler und Studenten zum Lernen, zur Offenheit für Erfahrungen, zur Flexibilität, zur kooperativen Mitarbeit stimuliert, desto eher übernehmen sie die Haltung des Denkens und Lernens der erziehenden Erwachsenen. Auch bestehen so größere Gemeinsamkeiten zwischen den sog. Lehrern und ihren Schülern." Tausch, R., Tausch, A.: Erziehungspsychologie, S. 391.
4 Brophy, J. E., Good, T. L.: Lehrer-Schüler-Interaktion, S. 52.
5 Rosenthal, R., Jacobson, L.: Pygmalion in the classroom, New York 1968, deutsch: Pygmalion im Klassenzimmer, Weinheim, 2. Aufl. 1974.

in Gang setzt, die dazu führen, daß die ursprüngliche Erwartung oder Vorhersage wahr wird."[1] Der Mechanismus von Entstehung und Wirkung des Pygmalioneffekts läßt sich so beschreiben: Aufgrund von Schülerdaten wie Intelligenz, Schichtenzugehörigkeit, Alter, Aussehen, Kleidung, Sprachverhalten, Schriftbild, ja sogar die Sitzposition im Klassenzimmer kann eine Rolle spielen, macht sich der Lehrer ein Bild vom Schüler. Dieses Bild wird auf den Schüler projiziert. Gleichzeitig beeinflußt es das Wahrnehmungsmuster des Lehrers. Er registriert vor allem jene Verhaltensweisen des Schülers, die in das Erwartungskonzept passen und interpretiert sie auf der Grundlage dieses Konzepts. Dementsprechend fallen die Rückkoppelungen in Form von Lob und Tadel, Bestätigung und Abweisung etc. aus.

Ein Beispiel mag diese Zusammenhänge verdeutlichen: Ein Lehrer schätzt die Leistungsfähigkeit eines Schülers aufgrund seiner objektiven und subjektiven Informationen relativ hoch ein. Der Schüler erhält gleichsam einen Vertrauensvorschuß. Dieser Vertrauensvorschuß bewirkt, daß der Schüler seinerseits seine Beziehung zum Lehrer positiv definiert.[2] Dadurch erhöht sich seine Bereitschaft zur Mitarbeit und sein Interesse an dem, was der Lehrer an Unterrichtsinhalten anbietet. Der Lehrer fühlt sich seinerseits bestätigt und läßt diesen Schüler häufig zu Wort kommen. Sind seine Beiträge weniger qualifiziert, so läßt ihm der Lehrer Zeit zum Überlegen und hilft ihm nötigenfalls durch Impulse, die richtige Lösung zu finden. Gelingt dem Schüler dennoch keine akzeptable Lösung, wird dies vom Lehrer nicht als Unfähigkeit interpretiert. Er sucht vielmehr nach einer Erklärung, die den Schüler entlastet. Beispielsweise redet er sich ein, daß der Schüler an vorübergehenden Konzentrationsschwächen leidet oder aus irgendeinem anderen Grund an der Entfaltung seiner Möglichkeiten gehindert wird. Diese positive Einstellung des Lehrers bewirkt, daß sich der Schüler jederzeit angstfrei äußern kann.

Das Selbstkonzept des Schülers wird hierdurch in mindestens zweifacher Weise beeinflußt: indirekt über die Positionszuweisung innerhalb der Lerngruppe und direkt über das Maß an Bestätigung und Erfolgserlebnissen, die ihm der Lehrer vermittelt. Sind die Erwartungen des Lehrers positiv, so wird der Schüler im Bestreben, ihnen zu entsprechen, seine Möglichkeiten voll ausschöpfen. Er wird also zu erhöhter Anstrengung gefordert. Sind die Erwartungen aber negativ, kann Resignation die Folge sein. In diesem Falle wird er in seinen Lernbemühungen behindert.

In der erwähnten Studie von Rosenthal und Jacobson wurden den Lehrern am Anfang des Schuljahres einige Schüler benannt mit dem Hinweis, aufgrund von Testbefunden sei von diesen Schülern im Laufe des Schuljahres eine beachtliche Leistungssteigerung zu erwarten; eine Information, die jedoch nicht den Tatsachen entsprach. Die Nachuntersuchung am Ende des Schuljahres ergab, daß die betreffenden Schüler nicht nur eine wesentliche Steigerung ihrer Schulleistungen erzielten, sondern auch höhere Intelligenzwerte erreichten. Als einzige Erklä-

---

1 Brophy, J. E., Good, T. L.: Lehrer-Schüler-Interaktion, S. 58.
2 Zur Wirkung von Beziehungsdefinitionen s. Watzlawick, P., Beavin, J. H., Jackson, D. D.: Menschliche Kommunikationen, Formen, Störungen, Paradoxien, 4. Aufl., Bern 1974, S. 83 f.

rung für diese Veränderungen wurden die positiven Lehrererwartungen gewertet. Nicht untersucht wurde, auf welche Weise sich diese Erwartungen im Lernprozeß selbst auswirkten. Allerdings konnten Folgeuntersuchungen die Ergebnisse von Rosenthal und Jacobson nicht mit der gleichen Signifikanz bestätigen. Möglicherweise, weil die Lehrer nach der Veröffentlichung der Studie den Vorinformationen mit Mißtrauen begegneten und der Aufbau von Erwartungshaltungen an die Überzeugung von der Richtigkeit der Ausgangsdaten gebunden ist. Andererseits berichten Brophy und Good, daß die Eingruppierung von Schülern in Leistungskurse ähnliche Effekte wie die oben beschriebenen hervorruft: Schüler, die höher eingestuft wurden, verbesserten sich, während sich die niedriger bewerteten Schüler verschlechterten.[1]

Die referierten Sachverhalte legen den Schluß nahe, daß die Leistungen der Schüler mit der Höhe der Lehrererwartungen zwangsläufig ansteigen. Das mag zutreffen, solange die Erwartungen nicht überhöht sind; denn unrealistisch hohe Erwartungen können die Schüler überfordern. Wenn sie trotz aller Anstrengungen den Erwartungen des Lehrers nicht entsprechen, treten ähnliche Wirkungen auf wie bei zu niedrigen Einschätzungen ihrer Möglichkeiten. Das bedeutet, daß zwar hohe, dennoch aber realistische Erwartungen die günstigen Effekte hervorrufen dürften.

Mit der Forderung nach realistischen Einstellungen zu den Schülern ist wiederum ein Appell an den Lehrer verbunden, die schülerbezogenen Rahmenbedingungen möglichst genau zu ermitteln und seine Erwartungshaltungen flexibel zu korrigieren. Er muß berücksichtigen, „daß kein Komplex von Verhaltensweisen universell wirksam ist und daß sich der Lehrer nicht auf Rezepte stützen kann, die sein Verhalten vorschreiben, sondern daß er selbst feststellen muß, wie angemessen sein Verhalten ist, d.h. welchen Einfluß es auf die Leistungen der Schüler hat."[2]

5 Anstelle einer Zusammenfassung: Hypothesen über erfolgreiches Lehrerverhalten

Wenn abschließend die Frage gestellt wird, welche Kenntnisse und Fähigkeiten den erfolgreichen Lehrer auszeichnen, so ist zu berücksichtigen, daß gesicherte Befunde, die im Sinne von Verhaltensanweisungen in die Praxis umgesetzt werden könnten, nicht vorliegen. Immerhin scheinen die nachstehenden Einzelaspekte, sinnvoll kombiniert, den Unterrichtserfolg günstig zu beeinflussen:

1. Sorgfältige Abstimmung der Anforderungen auf die individuelle Situation der einzelnen Schüler.

2. Vermeidung entbehrlicher Lenkungsmaßnahmen und Schaffung eines spannungsarmen Lernklimas auf der Basis wechselseitiger Akzeptierung.

---

1 Brophy, J. E., Good, T. L.: Lehrer-Schüler-Interaktion, S. 115.
2 Brophy, J. E., Good, T. L., ebenda, S. 351.

Dazu gehört, daß der Lehrer

- seinen Schülern höflich begegnet,
- auf ihre Gedanken und Gefühle eingeht,
- weniger als 50 % der Unterrichtszeit selbst spricht und dafür seine Schüler häufiger zu Wort kommen läßt, indem er die direkte Bezugnahme auf Beiträge von Mitschülern anfordert, indirekte Denkanstöße bevorzugt und zu Fragen und Anregungen ermuntert,
- mehr lobt als tadelt,
- Befehle und Anweisungen auf das nötigste beschränkt,
- die Unterrichtsziele und Maßnahmen, soweit möglich, im Benehmen mit den Schülern festlegt,
- Hektik vermeidet.

3. Flexibilität und Variabilität in der Interaktion und in der Unterrichtsgestaltung. Das bedeutet im einzelnen:

- Unabhängigkeit von vorgefertigten Lösungsschemata bzw. deren situationsangemessene Modifikation,
- Verfügungsmöglichkeit über eine breite Palette von Verhaltensmustern,
- die Fähigkeit, wechselnde Lehrerfunktionen wahrzunehmen und das Unterrichtsarrangement abwechslungsreich zu gestalten,
- Rollendistanz und Originalität.

4. Persönliche Glaubwürdigkeit, Bemühen um gerechte Behandlung und Beurteilung der Schüler.

5. Ein hoher fachlicher und pädagogisch-didaktischer Informationsstand, verbunden mit dem Aufbau eines realistischen Erwartungsgefüges.

II. Ermittlung der Rahmenbedingungen in der Schulpraxis

Vorbemerkungen: Im folgenden wollen wir uns auf die praktische Erfassung der drei wichtigsten Datengruppen und deren Auswirkungen auf den Wirtschaftslehre-Unterricht beschränken. Diese Datengruppen sind: *die Schüler, die Klasse* und *die Schulart.* Die nachstehenden Ausführungen beschränken sich auf die Erfassungsinstrumentarien, denen in der täglichen Unterrichtspraxis Bedeutung zukommt.

1 Erfassung der Schülerdaten und deren Auswirkungen auf den Wirtschaftslehre-Unterricht

1.1 Überblick

„Der Unterricht muß mit der Vorgeprägtheit des an ihm Teilnehmenden rechnen, sowohl Schüler als Lehrer bringen ihre Anlagen mit, ihre Erfahrungen in ihn ein. Wer mit ihnen nicht rechnen kann, wird vielleicht erfahren, daß sie sich auch gegen seinen Willen durchsetzen. Lehrkapazität und Lernkapazität, Geschlecht, Alter, Milieu, die Individuallage jedes der beteiligten Menschen haben in den Unterricht hineingewirkt, in Kontaktaufnahmen, Zielbezug, Verfahrensangepaßtheit, Leitung der Agierenden."[1] Im Grunde können die anthropogenen Bedingungsgrößen als Erfassung der persönlichen Verhaltensaspekte und als Klärung der menschlichen Probleme des Individuums umschrieben werden, während die sozialkulturellen Bedingungsgrößen, wenn von der Erfassung der Daten durch den Lehrer ausgegangen wird, grob in schulische (Klasse als soziales System, Einfluß der Schulform) und in außerschulische Faktoren (Familie, Umwelt, Altersgruppe, Betrieb u.a.) einzuteilen sind. Eine scharfe Trennung beider Bedingungsgrößen kann nicht vorgenommen werden, da ja erst beide Faktorengruppen zusammen ein abgerundetes Bild der jeweiligen Schülerpersönlichkeit geben. Für die *Schülerdiagnose* werden Informationen verschiedener Herkunft verwendet. Testergebnisse sind hierfür die eine Informationsquelle. Eine zweite Methode ist die subjektive Werteermittlung durch den Lehrer, der sich durch Beobachtungen, Gespräche, Checklisten u.a. einen „Eindruck" vom Schüler verschafft. Beide Wege sind für eine allumfassende Schüleruntersuchung unerläßlich. Im Augenblick wird in den beruflichen Schulen überwiegend nur der zweite methodische Weg eingeschlagen, da es schon aus zeitlichen Gründen nicht möglich ist, während der knappen Unterrichtszeit einen aufwendigen Schultest durchzuführen. Hinzu kommt, daß die unterrichtenden Lehrer hierfür in aller Regel nicht ausgebildet sind.

1.2. Nicht-testende (subjektive) Verfahren

1.2.1 Beobachtung und Gespräch

Ein Blick in die gegenwärtige Schulpraxis zeigt, daß Schülerdiagnosen und die daraus abgeleiteten methodischen Schlußfolgerungen für den Unterricht bzw. die individuelle Förderung des Schülers aufgrund allgemeiner Beobachtungen getroffen werden. So merkt es sich der erfahrene Lehrer, wenn der Schüler ein Stoffgebiet nicht gelernt hat bzw. einen Gedankengang nur unsicher nachvollziehen konnte und ruft ihn bei passender Gelegenheit wieder auf. Haben Hausaufgabe, mündliches Aufrufen oder Klassenarbeit etwa gezeigt, daß der Schüler Georg den Dreisatz nicht beherrscht, so kann ihn der Lehrer z.B. beim Rechnen mit ausländischer Währung oder beim Prozentrechnen, wenn Frage- und Behauptungssatz entwickelt sind, zur rechnerischen Lösung heranziehen, oder wenn der Schüler Martin die Rechte des OHG-Gesellschafters nicht angeben konnte, kann er bei der Behandlung des Komplementärs noch einmal angesprochen werden und dgl.

Umgekehrt kann sich der Lehrer spezielles Wissen oder Neigungen einzelner Schüler immer wieder zunutze machen, um den Klassenkameraden aufzuzeigen, wie das anstehende Problem bewältigt werden kann. Will der Lehrer in der Industriebetriebslehre, um ein Beispiel anzuführen, die betriebswirtschaftlichen Probleme aufzeigen, die beim Durchlauf eines Fertigungsauftrages anfallen, dann kann er „den Techniker" der Klasse bitten, die technischen Arbeitsgänge anzuge-

---

1 Heimann, P., Otto, G., Schulz, W.: Unterricht, Analyse und Planung, 6. Aufl., Hannover 1972, S. 36.

80

ben, die etwa bei der Produktion eines Bleistiftes anfallen; oder soll im Schriftverkehr ein Angebot abgegeben werden, kann hierzu anstelle von Lebensmitteln, Schreibmaschinen, Heften u.a. auch einmal ein Sportgerät, z.B. ein Tennisschläger herangezogen werden, um dem „Tennisass" der Klasse Gelegenheit zu geben, Gesichtspunkte anzugeben, die für ein erfolgreiches Angebot von entscheidender Bedeutung sind. Hohe Motivation und verstärkte Anschauung werden dann den Unterricht kennzeichnen. Solche speziellen Fähigkeiten und Fertigkeiten zu entdecken, ist für den Lehrer durch gezielte Beobachtung oder durch das Gespräch mit den Schülern leicht möglich.

Sehr viel schwieriger liegt der Fall, wenn es gilt, die individuellen „Ausgangsdaten" des Schülers (Intelligenz, Interessen, Entwicklungsstand, Persönlichkeitsstruktur u.a.) auf diese Weise zu diagnostizieren. Im Grunde kann sich hier der Lehrer nur auf seine pädagogische Erfahrung und der angenommenen engen Korrelation von Schulleistung und „innerem Profil" stützen, wobei er die Prämisse zugrunde legt, daß das ihm gezeigte Verhalten typisch ist für das sonstige Verhalten dieser Jugendlichen. Ob solcherart erzielte Ergebnisse für eine gesicherte pädagogische Diagnostik ausreichen, muß bezweifelt werden. Einige wenige, stichwortartig angeführte Einwände mögen dies verdeutlichen:

— Die Beobachtungsergebnisse können von subjektiven Annahmen des Lehrers durchdrungen sein, denn zum Teil hängt das, was ein Mensch beobachtet, von dem ab, was er sehen und hören möchte. Es könnte auch sein, daß in die Beobachtungen Gerüchte und Vorurteile Eingang finden, oder daß Hypothesen als Tatsachen übernommen werden.

— Gesetzt den Fall, die Beobachtungen sind richtig, dann bedeutet dies noch keinesfalls, daß hieraus die richtigen Schlüsse gezogen werden. Es könnte sein, daß aus einzelnen Vorgängen voreilige Schlußfolgerungen gezogen werden, daß eine als richtig erkannte Verhaltensursache für alle Verhaltensweisen als Erklärung herangezogen wird, oder daß situationsbedingte Handlungen in unzulässiger Weise verallgemeinert werden.

— Viele Verhaltensweisen, die der Lehrer beobachtet, hängen mit Schulleistungen zusammen und unterliegen so der Leistungsbeurteilung. Von diesen Leistungsergebnissen etwa auf Intelligenz oder Entwicklungsstand zu schließen, ist oft problematisch. Korrelationsuntersuchungen z.B. zwischen Intelligenzleistung und Zensuren haben dies deutlich gemacht.

Reichen solche grobmaschigen Ergebnisse für die tägliche Arbeit des Lehrers aus? Die Antwort auf diese Frage hängt davon ab, welchen Einfluß man den individuellen Ausgangsdaten auf den Unterricht beimißt. Einige wenige Beispiele sollen hierauf eine vorläufige Antwort geben:

— Das Fachlehrerprinzip an den kaufmännischen Schulen hat dazu geführt, daß der Lehrer weder die Leistungsbreite eines Schülers noch dessen Entwicklungsverlauf in einem Längsschnitt beobachten kann. Die Beobachtungsergebnisse sind somit als kurzzeitig und fachspezifisch zu charakterisieren. Gleichwohl neigt der Lehrer dazu, diese Eindrücke zu verallgemeinern und etwa aus Leistungsmängeln bzw. Leistungshöhepunkten auf die allgemeine Lernfähigkeit zu schließen. Welcher Lehrer hat nicht schon erlebt, daß der gleiche Schüler, der bei ihm im Wirtschaftslehre-Unterricht gerade noch ausreichende Ergebnisse erzielt hat, nach einem Lehrerwechsel in diesem Fach plötzlich gute Leistungen erbringt; daß sein Anruf beim betrieblichen Ausbildungsleiter, bei dem er sich einerseits über mangelhafte Schulleistungen in der Berufsschule beklagen und andererseits sein Urteil bestätigt erhalten möchte, daß dieser Schüler nur in geringem Umfang bildsam sei, das überraschende Ergebnis zeitigt, daß der Betrieb mit den beruflichen Leistungen des Schülers hoch zufrieden ist; oder daß eine Rückfrage des Fachlehrers in Wirtschaftslehre über die Leistungen eines Wirtschaftsgymnasiasten bei den Kollegen aus den naturwissenschaftlichen Fächern ergibt, daß dort, im Gegensatz zur Fächergruppe Wirtschaft, für diesen Schüler ausgezeichnete Ergebnisse zu verzeichnen sind. Von beobachteten Lernergebnissen kann daher keinesfalls ungeprüft auf die Fähigkeiten eines Schülers geschlossen werden.

— Aus subjektiven Beobachtungsergebnissen werden heute zum Großteil die weiteren Erfolgschancen des Schülers prognostiziert. Ist ein Schüler der kaufmännischen Berufsfachschule nach Ansicht des Lehrers in den wirtschaftlichen Fächern nur schwach „begabt", wird er auf Anfrage der Eltern wohl von dem Eintritt in das Wirtschaftsgymnasium abraten, eventuell den Besuch eines anderen gymnasialen Zweigs vorschlagen, oder den Eintritt in das Berufsleben zu bedenken geben. Da neben den aktuellen Leistungen vom Lehrer auch die erst in der Zukunft relevant werdenden Variablen in sein Urteil mit einbezogen werden müssen, fehlen ihm notgedrungen wichtige Daten. Für eine gesicherte Prognose können daher Gespräch und Beobachtung allein nicht ausreichen.

— Führt der Lehrer in die Buchführung ein, dann wird er nach einiger Zeit feststellen, daß sich der Kenntnisstand bei den Schülern unterschiedlich entwickelt und er wird sodann nach Ursachen forschen müssen. Seine Beobachtungen ergeben etwa, daß einige Schüler, die sich sehr aktiv am Unterricht beteiligen und die Hausaufgaben pünktlich erledigen, gute Leistungen erbringen, er sieht aber auch, daß ein Schüler trotz passiver Haltung und unzureichenden Hausarbeiten ebenfalls gute Leistungen erbringt, und daß andere Schüler wiederum, die sich ähnlich verhalten, schwache Ergebnisse erzielen bzw. daß ein Schüler, der in den mündlichen Antworten gut zu gefallen weiß, in den schriftlichen Ausarbeitungen versagt. Der Lehrer wird bei dieser Sachlage insgesamt wohl den Schluß ziehen: In der Regel führt gute Mitarbeit zu gesichertem Verständnis, mangelndes Interesse zu unzureichenden Leistungen. Wird er sich aber auch fragen, warum die Schüler in dieser Weise reagieren? Hinterfragt er seine methodisch-didaktische Konzeption? Wenn ja, bleibt zu fragen, ob sein Kenntnisstand, den er aus Schülerbeobachtungen und Schülergesprächen gewonnen hat, dazu ausreicht, hieraus die richtigen Unterrichtskonsequenzen zu ziehen. Kann er etwa folgende Fragebeispiele erschöpfend beantworten: Ist der Unterricht in seiner Abstraktionshöhe dem Begabungsniveau der Klasse angemessen? Ist die Sozialstruktur der Klasse in das methodische Vorgehen einbezogen worden? Wurde im Unterricht, zumindest an einigen Stellen, auf die individuellen Fähigkeiten einzelner Schüler Rücksicht genommen? - Die Effektivität von Methodik und Didaktik läßt sich nur dann eindeutig ermitteln, wenn die

Verhaltensänderungen beim Schüler objektiv erfaßt werden. Der Lehrer muß wissen, warum der Lernprozeß so und nicht anders abgelaufen ist. Hierzu sind Ausgangslage und Endverhalten objektiv zu diagnostizieren, was durch Gespräche und Beobachtungen allein nicht möglich erscheint.

Was leisten Beobachtungen und Gespräche für eine optimale Unterrichtsplanung?

(1) Objektive Informationen (mündliche Leistungen, Klassenarbeiten) werden ergänzt und verstärkt oder lassen sie in einem anderen Lichte erscheinen.

Aus den mündlichen Leistungen und den Klassenarbeiten entnimmt der Lehrer, daß der Schüler Ralf in Buchführung und Kaufmännischem Rechnen gute Leistungen erbringt, während er in Betriebswirtschaftslehre nur einen mäßigen Erfolg zu verzeichnen hat. Der Lehrer vermutet, daß der Schüler über gute intellektuelle Fähigkeiten verfügt, da er offensichtlich in streng sachlogischen Kategorien zu denken vermag. Andererseits hegt der Unterrichtende den Verdacht, daß es diesem Schüler, aus welchem Grund auch immer, im Fach Betriebswirtschaftslehre an Lerneifer ermangelt, denn viele betriebswirtschaftlichen Probleme lassen sich aus Faktenwissen ableiten. Um sicher zu gehen, achtet der Lehrer auf die Art der Fragen, die dieser Schüler stellt; versucht dessen Interesse am Fach zu erkunden; läßt diesen Schüler betriebswirtschaftliche Fälle anhand eines Gesetzestextes lösen, d.h., er gibt die Wissensfakten vor, um zu überprüfen, ob betriebswirtschaftliches Verständnis vorliegt u.a.

Ein zweites Beispiel. Objektive Kontrollen ergeben, daß der Schüler Bernd große Lücken in der Buchführung aufweist und es auch an aktiver Mitarbeit ermangeln läßt. Der erste Eindruck des Lehrers, der die Klasse neu übernommen hat, ist, daß dem Schüler entweder das Verständnis fehlt oder daß er schlicht dieses Fach vernachlässigt. Ein Gespräch könnte hier aber auch ergeben, daß der Schüler in der Klasse zuvor lange Zeit wegen Krankheit gefehlt hat und daher Kenntnislücken aufweist, die ihn daran gehindert haben, die sachlogischen Zusammenhänge zu erkennen, und sich daher kumulativ vergrößert haben. Die hieraus resultierenden Mißerfolge führten schließlich dann dazu, das Fach vollends zu vernachlässigen.[1]

---

1 Ein Gespräch bietet somit dem Lehrer die Möglichkeit, den Schüler besser kennenzulernen und auch andere Bereiche zu erfassen als nur den Schulsektor. Allerdings finden solche Besprechungen häufig nur mit Problemkindern statt, da die Erfassung aller Schüler oft aus zeitlichen Gründen nicht möglich ist. Wie soll ein Lehrer-Schüler-Gespräch ablaufen? In der Literatur haben sich folgende allgemeine Empfehlungen herauskristallisiert:
1. „Die Besprechung sollte einen bestimmten Zweck verfolgen. Der Lehrer sollte sich im klaren sein, was er mit der Besprechung zu erreichen versucht.
2. Es ist wichtig, eine Beziehung mit dem Schüler herzustellen. Diese ergibt sich nicht, wenn der Schüler nur Vorwürfe zu hören bekommt. Doch ist letztlich am wichtigsten, wie etwas gesagt wird und nicht was.
3. Die Besprechung ist so zu führen, daß der Schüler Gelegenheit hat, seine Position zu erklären. Das ist nicht möglich, wenn nur Fragen gestellt werden, die mit ja oder nein zu beantworten sind.
4. Die Besprechung sollte nicht unter dem Eindruck der Finalität enden. Der Schüler sollte die Möglichkeit haben, und dieses Gefühl auch mit nach Hause nehmen, sich wieder an den Lehrer wenden zu können, wenn es notwendig werden sollte.
5. Nachdem der Schüler gegangen ist, sollte eine kurze schriftliche Notiz über die wichtigsten Punkte der Besprechung angefertigt werden."
Dubs, R., Delhees, K., Metzger, Ch.: Leistungsmessung und Schülerbeurteilung, Schriftenreihe für Wirtschaftspädagogik, Bd. 5, Zürich 1974, S. 86.

(2) Im Gegensatz zu objektiven Verfahren, die über das Verhalten nur eine Zeit-
punktaufnahme liefern können, erbringen Beobachtungen und Gespräche
Zeitraumdaten und erlauben so eine Längsschnittdiagnose.

Die Intensität der Kontaktaufnahme zwischen Schüler und Lehrer hängt zum einen davon ab, über welchen Zeitraum hinweg der Lehrer in der Klasse unterrichtet, und zum anderen ist entscheidend, mit welcher Wochenstundenzahl der Lehrer in der Klasse tätig ist. Die Regel sollte sein, daß der Lehrer in einer Klasse
zwei Fächer vertritt und daß sich der Lehrauftrag zumindest auf ein Jahr erstreckt. Nur unter diesen Voraussetzungen führen Beobachtungen und Gespräche, sowohl was den Leistungs- als auch den sozialen Bereich anbelangt, zu eini-
germaßen gesicherten Ergebnissen.

So kann ein Lehrer nach einem halben Jahr Schriftverkehr, in dem neben der Vermittlung von Formalien, noch überwiegend schematisch aufgebaute Briefe (Anfrage, Angebot, Bestellung, Auftragsbestätigung u.a.) geschrieben werden, nur
wenig über das psychologische Einfühlungsvermögen des Schülers, die Sprach-
gewandtheit oder seine Transferleistungsfähigkeit, was den zugrunde liegenden
rechtlich-betriebswirtschaftlichen Sachverhalt anbelangt, aussagen. Gleiches gilt
auch für den Buchführungsunterricht, wo die Leistungsdifferenzierung innerhalb
der Klasse im Grunde erst nach Einführung der Erfolgskonten (insbesondere der
Trennung des Warenkontos in Wareneinkauf und Warenverkauf) beginnt. In beiden Fällen ist ein gesicherter Schluß des Lehrers aus der beobachteten Leistung
auf die Fähigkeitsausstattung der Schüler kaum möglich. Die häufig feststellbare
erhebliche Divergenz zwischen dem ersten Zeugnis in Buchführung und Schriftverkehr und der Schulabschlußnote weist ebenfalls in diese Richtung.

Eine sehr viel größere Bedeutung, auch schon innerhalb eines relativ kurzen
Zeitraumes - etwa einem halben Jahr - kommt den Beobachtungen im sozialen
Bereich zu. Das soziale Ansehen eines Schülers in der Klassengemeinschaft läßt
sich, zumindest was die Extreme anbelangt (Außenseiter, Star, Paarbildung), relativ rasch ermitteln. Hier kann der Lehrer dann über den Einsatz von differenzierenden Unterrichtsmethoden oder Gesprächen schnell und gezielt Einfluß auf
den sozialen Integrationsprozeß der Klasse nehmen und damit die Sozialisa-
tionsentwicklung des einzelnen Schülers entscheidend steuern. Allerdings muß
hier aber auch vor einer zu hohen Einschätzung der eigenen Beobachtungsgabe
gewarnt werden, denn allzu häufig haben dann soziometrische Untersuchungen
Überraschungen erbracht. Jeder Lehrer sollte die Feststellung von H. Roth ernst
nehmen, der dazu ausführt: „Es läßt sich heute im seelischen Bereich mehr zählen, als wir vor Jahrzehnten wissen konnten."[1] Da dies so ist, sollte der Lehrer
hiervon Gebrauch machen und sich mit subjektiven Werten nicht begnügen.

(3) Objektive Verfahren zur Erfassung der „Schülerdaten" sind stark abhängig
von situativen Bedingungen, während Beobachtung und Gespräch das
„natürliche" Verhalten des Schülers erfassen und beurteilen.

Einem Schulleistungs-, Intelligenz- oder Konzentrationstest ist nicht anzusehen,
ob der Schüler indisponiert war oder nicht bzw. ob die situativen Bedingungen

---

1 Roth, H.: Die Bedeutung der empirischen Forschung für die Pädagogik. Pädagogische Forschung
und Pädagogische Praxis, Heidelberg 1958, S. 32.

optimal waren oder nicht. Hinzu kommt, daß es die objektiven Verfahren heute noch nicht erlauben, „alle Leistungsaspekte zu erfassen. Umfangreiche sprachliche Spontanleistungen sind z.b. durch Gruppentests nicht angemessen und ökonomisch zu untersuchen."[1] Für die Erfassung bestimmter Verhaltensweisen und als diagnostisches Hilfsmittel zur Interpretation objektiver Untersuchungen besitzen direkte Beobachtungen daher u.U. größere Gültigkeit.

Kann die Motivation für das betriebliche Rechnungswesen auf ein echtes Interesse am Fach zurückgeführt werden oder resultiert sie lediglich aus dem Streben nach einer guten Note? Fragt der Schüler beispielsweise nach dem Buchungssatz der Abschreibung oder danach, warum die Abschreibung so gebucht wird, d.h., stellt der Schüler Wissens- oder Verständnisfragen? Lernt der Schüler den Aufbau eines BAB auswendig und benützt immer das voll ausgebaute Schema, auch wenn Hilfskostenstellen in der Aufgabe nicht vorkommen, oder paßt er den BAB der gestellten Aufgabe an, d.h., lernt der Schüler den Stoff auswendig oder leitet er ihn aus seinem Strukturwissen ab? Geht es dem Schüler bei seiner gezeigten Mitarbeit um die Sache, oder versucht er über Scheinaktivitäten eine bestimmte Sozialrolle zu spielen, um seine Sozialstellung in der Klasse aufzubauen u.a.? Dadurch, daß der Lehrer ständig darum bemüht ist, über Gespräche mit Schülern oder durch Beobachtung der Klasse solche oder ähnliche Fragen zu beantworten, erhält er einen Überblick über die Verhaltensweisen der einzelnen Schüler und kann so auf deren Kräfte und Fähigkeiten schließen. Auf diese Weise werden objektiv gewonnene Schülerdaten ergänzt, verifiziert oder als Falsifikation verworfen. Allerdings müssen die Beobachtungen und Gespräche bewußt und gezielt vorgenommen werden, denn „die Tatsache, daß ein Mensch längere Zeit Gelegenheit hat, einen anderen zu beobachten, sagt nichts über die Qualität des Beobachtungsergebnisses aus."[2]

1.2.2 Einschätzskala

Bei Beobachtungen und Gesprächen neigt der Urteilende dazu, den Gesamteindruck zu bewerten und auf eine spezielle Analyse des gezeigten Verhaltens zu verzichten. Auf diese Weise werden stoffliche Mängel, die z.B. auf zu geringem Lerneifer beruhen, Interesselosigkeit, die etwa aus der Außenseiterrolle resultieren, die der Schüler im Sozialverband der Klasse einnimmt, oder die Diskrepanz von guter mündlicher Leistung und mittelmäßiger schriftlicher Leistung, die beispielsweise auf eine persönlichkeitsspezifische Bereitschaft zurückzuführen ist, in prüfungsähnlichen Situationen Angst zu empfinden, in einen „Topf" geworfen, womit das Prinzip von Ursache und Wirkung aufgehoben wird. Sollen also Subjektivität und Unzuverlässigkeit von Beobachtung und Gespräch verringert werden, hat der Lehrer die Schüler-Verhaltensweisen unter verschiedenen Verhaltensaspekten zu sehen. Ein Weg hierzu eröffnet die Verwendung von Einschätzskalen.

---

1 Ingenkamp, K.: Die Schülerbeurteilung mit Hilfe psychometrischer Tests, in: Dauenhauer, E. (Hrsg.): Arbeitstechniken der Schule, Rinteln 1976, S. 133.
2 Ingenkamp, K., ebenda, S. 133.

Eine Einschätzskala wird in Form einer Matrix aufgebaut und besteht aus den ausgewählten Verhaltensweisen und einem Bewertungsmaßstab. Dies ermöglicht eine separate Skalierung jedes einzelnen Aspektes. „Die Einschätzung zeigt dann, wo der Schüler Schwächen hat und wo er stark ist, wo er Fortschritte gemacht hat und wo er noch nachholen muß."[1] Auf diese Weise können Einschätzskalen dazu verwendet werden, sowohl die Persönlichkeit des Schülers als auch die Leistungsfähigkeit zu erfassen, wenn auch aus subjektiver Sicht. Eine Reduzierung der Subjektivität kann zum einen über eine eindeutige Formulierung der Bewertungsmaßstäbe erreicht werden, etwa durch spezifische Beschreibungen zu jedem Skalapunkt. Zum anderen wird die Genauigkeit der Ergebnisse noch erhöht, wenn sich der Lehrer bei seinen Beobachtungen bewußt auf eine Verhaltenskomponente konzentriert und eine mehrdimensionale Gesamtbewertung des Schülers vermeidet.

Die Auswahl der Verhaltensaspekte bleibt dem einzelnen Lehrer überlassen und richtet sich an seinen Erfordernissen aus. Die hier angeführte Einschätzskala soll lediglich beispielhaft aufzeigen, wie eine solche Matrix aufgebaut werden kann und erhebt deshalb keinerlei Anspruch auf Vollständigkeit.

Name des Schülers:

Fach: Betriebswirtschaftslehre

Frage:		Bewertung:
Leistungs- fähigkeit:		
1. *Schul-* *leistungen*	– Steht die Mitarbeit in der Regel mit dem Stoff in enger Beziehung? – Zeichnen sich die Ausführungen durch Sachlogik aus? – Werden Zusammenhänge spontan erkannt oder erst nach intensiver Beobachtung im Unterricht? – Werden freiwillige Aufgaben (Vortrag, Erkundungen, Protokolle u.a.) bereitwillig übernommen? – Zeichnen sich die Schülerausführungen durch eine klare Sprache aus oder bestehen Sprach- schwierigkeiten?	
2. *Intelligenz*	– Ist der Schüler in der Lage, betriebswirtschaftliche Fälle gründlich zu analysieren oder ist er mit „Ungefähr- lösungen" zufrieden (Kombinationsfähigkeit)? – Kann der Schüler betriebswirtschaftliche Probleme sachlogisch, realitätsnah und selbständig entscheiden (Urteilsbildung)?	

---

1 Dubs, R., Delhees, K., Metzger, Ch.: Leistungsmessung, S. 78.

Frage:		Bewertung:

	– Werden betriebswirtschaftliche Begriffe nach Kennzeichnung der zugrunde liegenden Kriterien kurz und treffend ausformuliert (Abstraktionsfähigkeit)? – Können reine Wissensfragen auch nach längerer Zeit noch zutreffend beantwortet werden (Merkfähigkeit)? – Ist der Schüler zu anschaulich-ganzheitlichem Denken fähig; entwickelt er bei Fallübungen originäre Gedanken (Vorstellungsfähigkeit)?	
3. *Allgemeine Leistungsfähigkeit*	– Versucht sich der Schüler bei Übungsaufgaben, die in Einzelarbeit zu lösen sind, ohne fremde Hilfe „durchzubeißen" (Willenskraft)? – Meldet sich der Schüler auch dann noch, wenn einige seiner früheren Antworten falsch waren (Ausdauer)? – Löst der Schüler regelmäßig und sorgfältig die Hausaufgaben bzw. arbeitet er im Unterricht kontinuierlich mit (Strebsamkeit, Zuverlässigkeit)? – Argumentiert oder polemisiert der Schüler in Diskussionen bzw. bei Spannungen zwischen Klasse und Lehrer (Sachlichkeit)? – Ist der Schüler in der Lage, sein gesamtes Wissen zur Lösung der betriebswirtschaftlichen Problematik einzusetzen (Konzentrationsfähigkeit)?	
Persönlichkeit:		
1. *Einstellung und Interesse*	– Ist die gezeigte Schüleraktivität eine Scheinaktivität (evtl. aus sozialen Motiven heraus)? – Zeigt der Schüler echtes Interesse am Fach oder nur an einer guten Note? – Ist z.B. der angehende Bankkaufmann über aktuelle Ereignisse und Gesetzesregelungen in seinem Berufszweig informiert? – Versteht der Schüler seinen Beruf als „Job" oder als Berufung? – Ist die Motivation des Schülers bei einer großen Anzahl der betriebswirtschaftlichen Stoffgebiete relativ leicht möglich oder nur bei wenigen Themengebieten?	
2. *Soziales Verhalten*	– Geht der Schüler in kontroversen Situationen auf andere Argumente ein, beachtet er die Person des anderen und seine Situation oder agiert er gewissermaßen am Partner vorbei (soziale Elastizität/ soziale Rigidität)? – Zeigt der Schüler z.B. in der Gruppenarbeit ein geringeres „Wir-Gefühl" (Scheintoleranz als Gleichgültigkeit) oder entwickelt er ein starkes Engagement, indem er die Gruppennormen mitgestaltet (soziale Passivität/soziale Aktivität)? – Handelt der Schüler zum Schaden der Gruppe und wird dabei das eigene Verhalten mit allgemeinen Prinzipien zu rechtfertigen gesucht oder versucht er, unter Ausschaltung der Stellungnahme der Autorität, zum Nutzen der Gruppe zu handeln (Unloyalität im Rahmen der Legalität/Loyalität ohne Rücksicht auf Legalität)? – Ist der Schüler von Durchsetzungsvermögen, Selbstsicherheit und Einsatzbereitschaft geprägt oder handelt er nur unter Rücksichtnahme auf den Widerhall des Verhaltens bei der Gruppe oder der Autorität (soziale Vitalität/soziale Vitalitätsschwäche)?	

Die Einschätzskala ist im nicht-testenden Bereich sicher ein sehr brauchbares Instrument zur Erfassung von „Schülerdaten". Allerdings ist auch sie nicht frei von Mängeln. Nach Dubs u.a., die diese Methode im Hinblick auf die Leistungsbeurteilung untersucht haben, weist die Einschätzskala insbesondere folgende drei Mängel auf, die auch im hier verstandenen Sinne von Bedeutung sind:

(1) „Alle Schüler werden zu hoch oder zu niedrig eingeschätzt (aufgrund einer persönlichen Voreingenommenheit).

(2) Alle Schüler werden im mittleren Bereich einer Skala eingeschätzt.

(3) Der allgemeine Eindruck von einem Schüler überträgt sich auf die gesamte Beurteilung seiner Leistung oder seines Verhaltens (Haloeffekt)."[1]

1.2.3 Fragebogen

Eine weitere Möglichkeit, „Schülerdaten" zu erhalten, eröffnet eine Fragebogenerhebung. Sie wird insbesondere dann eingesetzt, wenn aus zeitlichen Gründen eine mündliche Befragung entfallen muß, oder wenn Daten erfaßt werden sollen, bei denen eine schriftliche Beantwortung „leichter fällt". So gesehen eignet sich der Fragebogen besonders zur Erfassung der sozialkulturellen Bedingungsgrößen des Schülers. Wie schon dargestellt, mißt man der Umwelt großen Einfluß auf den intellektuellen Entwicklungsprozeß des Jugendlichen bei. Es ist daher nur zu gerechtfertigt, diese Daten zu erfassen, um von hieraus zu Verbesserungen in der Schülerbewertung zu gelangen. Insbesondere sollen hier Erklärungen für den Entfaltungsstand der Leistungsdispositionen gefunden werden. Es erscheint daher unerläßlich, daß der Lehrer die Beziehungszusammenhänge von sozialkulturellen Gegebenheiten, intellektueller Leistungsfähigkeit und schulischer Leistung in einer Klasse untersucht, auswertet und in seinen methodisch-didaktischen Vorplanungen berücksichtigt.

Bei einer Fragebogenerhebung zur Erfassung der sozialkulturellen Schülerdaten sollten folgende Kriterien beachtet werden:
- Die Fragen sind einfach und verständlich zu formulieren.
- Bei der Frageformulierung sollte überwiegend die offene Fragestellung gewählt werden, um eine, wenn auch unbeabsichtigte Lenkung und Manipulation der Schülerantworten von vornherein auszuschließen.
- In den Fragenbogen sind Kontrollfragen einzubauen, um Widersprüche aufzudecken.
- Wertungsfragen sollten zugunsten von Sachfragen vermieden werden. Im übrigen sollten nur solche Fragen herangezogen werden, die der Schüler umgehend und ohne Rücksprache mit den Eltern beantworten kann.
- Bei der Beantwortung der Fragen sollte der Schüler nicht unter Zeitdruck stehen.
- Für die Fragebogenerhebung sollte eine reguläre Schulstunde benutzt werden.
- Der Schüler ist über den Zweck der Erhebung zu informieren.
- Bei der Beantwortung der Fragen ist auf strikte Einzelarbeit zu achten, um gegenseitige Beeinflussungen auszuschließen.
- Dem Schüler muß vor Beginn der Fragebogenerhebung zugesichert werden, daß die Daten nur für eine optimale Planung des Unterrichts verwendet und nicht an andere Personen weitergegeben werden.

---

1 Dubs, R., Delhees, K., Metzger, Ch.: Leistungsmessung, S. 81.

Die sozialkulturellen Daten können über eine Vielzahl von Kriterien angegangen werden. Metzger[1] hat seinen empirischen Untersuchungen über die Herkunft der Berufsschüler folgende Milieuvariablen zugrunde gelegt:

1. Wohnortgröße
2. Elternzusammensetzung
3. Berufstätigkeit der Eltern
4. Kinderzahl
5. Wohnverhältnisse
6. Aufenthalt während der Woche bzw. des Wochenendes
7. Elterngespräch
8. Aufbau der Leistungsmotivation durch die Eltern
9. Lesegewohnheiten der Schüler
10. Weiterbildungsinteresse

Der Fragebogen könnte, grob gerastert, folgende Grundfragen beinhalten:

Name: ....

Vorname: ....

Milieuvariablen[2]	Fragen[3]	Schülerantworten[4]		
Struktur der Familie	– Kreuzen Sie bitte an, bei wem Sie wohnen:	während der Woche	(bitte beide Varianten ankreuzen)	über das Wochenende
		....	bei beiden Eltern	....
		....	bei Ihrem Vater	....
		....	bei Ihrer Mutter	....
		....	Pflegeeltern	....
		....	in einem Heim	....
		....	Privatzimmer	....
		....	wo sonst?	....
	– Wieviel Geschwister haben Sie?	....		
	– Wie viele Personen gehören zu Ihrer Familie?	....		
	– Erfordert die Berufsabhängigkeit Ihrers elterlichen Vorstandes dessen häufige Abwesenheit von zuhause?	....		
Statusbestimmung der Familie:	– Welchen Beruf übt Ihr elterlicher Vorstand gegenwärtig aus?	....		
	– Ist der andere Elternteil auch berufstätig?	a) nein, gar nicht		
		b) halbtags oder von Zeit zu Zeit		
		c) ganztags, während des ganzen Jahres:		
	– Wie viele Wohnräume stehen der Familie zur Verfügung?	....		
	– In welchem Raum erledigen Sie Ihre schulischen Aufgaben und Vorbereitungen?	....		
	– Sind Ihre Eltern mit der von Ihnen bisher erreichten Schulbildung einverstanden und zufrieden?	....		
Erziehungsverhalten und Leistungsmotivierung durch die Familie:	– Wie reagieren Ihre Eltern, wenn Sie eine Schulaufgabe nicht lösen können?	....		
	– Wie oft diskutieren Sie mit Ihren Eltern über:	a) Schulprobleme		
		b) Probleme in Ihrem Ausbildungsverhältnis:		
		c) allgemeine tagespolitische Ereignisse:		
		d) persönliche Probleme:		
	– Wo und wann sprechen Sie mit ihnen z.B. über diese Probleme?	....		
	– Erwarten Sie elterliche Sanktionen, wenn Sie die vereinbarten Ausgehzeiten erheblich überschreiten?	....		
	– Wenn ja, welche?			
	– Wie oft werden Sie durch Ihre Eltern zum Lesen (Tageszeitung, Zeitschriften, Bücher) angehalten?	....		
	– Wenn Sie zum Lesen angehalten werden, werden Ihnen dann von Ihren Eltern besondere Themengebiete bzw. Zeitschriften und Bücher empfohlen?	....		
	– Können Sie hierzu einige Beispiele angeben?	....		

1 Metzger, Ch.: Der kaufmännische Berufsschüler. Schriftenreihe für Wirtschaftspädagogik, Bd. 3, Zürich 1972. Die empirische Untersuchung bezieht sich auf die kaufmännische Berufsschule St. Gallen und umfaßt 615 Schüler. Vgl. S. 70 f. bzw. 186 f.

2 Die Angabe der Milieuvariablen dient hier nur der Stoffstrukturierung und entfällt im eigentlichen Fragebogen.

3 Die Fragen sollen kursorisch aufzeigen, welche Daten im einzelnen gefragt werden können. Da dies aber im einzelnen dem Lehrer vorbehalten bleibt, sollen für die jeweiligen Milieuvariablen nur einige wenige Gedanken angeführt werden.

4 Die Beantwortung der Fragen kann durch Vorgabe von Auswahlantworten teilweise auch standardisiert werden.

Die beiden ersten Gruppen der Milieuvariablen beziehen sich auf die sozial-ökonomischen Ausgangsgrößen. Der dritte Fragenkreis will dagegen den Anregungsgehalt erfassen, den der Schüler aus der familiären Umwelt bezieht. Metzger, der diese Milieuvariablen empirisch untersucht hat, kommt, was den Beziehungszusammenhang innerhalb bzw. zwischen den Fragekreisen betrifft, zu folgendem Schluß: „Zusammenfassend können wir festhalten, daß einerseits die Variablen innerhalb der sozial-ökonomischen Rahmenbedingungen und des häuslichen Anregungsmilieus in vielfältiger Weise zusammenhängen, andererseits das Anregungsmilieu in weitaus nicht allen Aspekten von den sozialen Rahmenbedingungen abhängt. . . Das häusliche Anregungsmilieu hängt nur in wenigen Aspekten und geringem Maße von sozial-ökonomischen Rahmenbedingungen ab, wobei der Beruf des elterlichen Vorstandes und die Familiengröße am ehesten das Anregungsmilieu mitzubeeinflussen scheinen."[1] Ob dieses Ergebnis einer breiten empirischen Untersuchung standhält, sei nicht untersucht und ist hier auch nicht von Interesse. Ein solches Befragungsergebnis muß immer klassenbezogen gesehen werden, da es ja über die Unterrichtsgestaltung wiederum auf die jeweilige Klasse zurückwirken soll. Die Individualisierung und nicht die Generalisierung des Ergebnisses steht im Vordergrund.

1.3 Testverfahren (objektive Verfahren)

Tests haben in der Schulpraxis eine doppelte Funktion. Zum einen können sie als objektive Leistungsmessung zur Ermittlung von Zensuren herangezogen werden, zum anderen haben sie eine diagnostische Aufgabe zu erfüllen, „indem sie basale Fertigkeiten und Fähigkeiten zu erfassen suchen, die spezifische Leistungen in verschiedenen Bereichen bedingen. Diese Tests informieren damit primär über Schwerpunkte und Ausfälle des einzelnen Schülers, die eine besondere Förderung notwendig machen."[2] Allein die zweite Funktion ist Gegenstand der hier anstehenden Ausführungen.

Von der *Organisation* her gesehen können insbesondere zwei Testverfahren unterschieden werden:

– *Standardisierte Tests* erlauben über die sogenannte Eichstichprobe einen Vergleich der individuellen Testleistung mit den Ergebnissen vieler Schüler des gleichen Schuljahrganges, gleicher oder verschiedener Schularten u.a., womit einer Verfälschung der Ergebnisse durch einen zufälligen Leistungsdurchschnitt einer bestimmten Untersuchungsgruppe (Klasse, Klassenstufe einer Schule u.a.) vorgebeugt wird.

– Den standardisierten Tests stehen die *informellen Tests* gegenüber, die sich auf eine genau abgegrenzte Stoffthematik beziehen und von einem Lehrer oder einer Gruppe von Lehrern erstellt werden. Da diesen Tests die Versuchsbreite und damit die Eichung fehlt, beziehen sich die ermittelten Normen, an denen die Testergebnisse gemessen werden, in der Regel nur auf eine bestimmte Gruppe oder Jahrgänge einer Schule. Diesem Nachteil steht die Möglichkeit ge-

---

1 Metzger, Ch.: Berufsschüler, S. 94 und S. 99.
2 Gaude, P., Teschner, W. P.: Objektivierte Leistungsmessung in der Schule, 3. Aufl., Frankfurt/Main 1973, S. 23.

genüber, fach- und schulspezifische Lernziele in das Testverfahren aufzunehmen, während standardisierte Tests sehr allgemein gehalten werden müssen, um einen möglichst breiten Einsatz zu ermöglichen.

Da in der Unterrichtspraxis sowohl standardisierte Tests als auch informelle Tests nur in seltenen Fällen eingesetzt werden, wird im folgenden auf den Inhalt, die Durchführung und die Auswertung von Tests nicht eingegangen und auf die hierfür vorliegende spezielle Literatur verwiesen.

1.4 Vorläufige Schlußfolgerungen aus der Berücksichtigung der Schülerdaten

Als *Fazit* aus der Erfassung der Schülerdaten durch den Einsatz diagnostischer Verfahren ist festzuhalten, daß der Lehrer seinen Unterricht stärker als bisher auf individuelle Voraussetzungen abzustellen hat und damit nach größerer Individualisierung des Unterrichts streben muß. Die methodisch-didaktische Maßnahmen des Lehrers sind den internen Bedingungen des einzelnen Schülers anzupassen. „Berücksichtigt werden z.B. intellektuelle Fähigkeiten, kognitive Stile, Entwicklungsbedingungen, spezielle Vorkenntnisse, Motive, Interessen, aber auch die Art, Schnelligkeit und Stabilität der zu beeinflussenden Lernvorgänge. Dies geschieht durch Variation der Lerninhalte, der Zielsetzungen, der Lehrmethoden, der Lernhilfen, des Lernmaterials und der Lernzeit. Immer handelt es sich aber darum, die Lernleistungen einzelner oder aller zu verbessern, indem man die Beziehung zwischen bestimmten Merkmalen und gewissen Formen der Instruktion berücksichtigt."[1] Sicher versucht dies auch heute jeder Lehrer, nur verläßt er sich hierbei zum Großteil auf sein „natürliches" Lehrgeschick und nutzt nicht alle die Methoden, die zur genauen Erfassung der Schülerdaten zur Verfügung stehen, aus.

Die vorgetragenen Gedanken können durch folgendes Modell verdeutlicht werden:

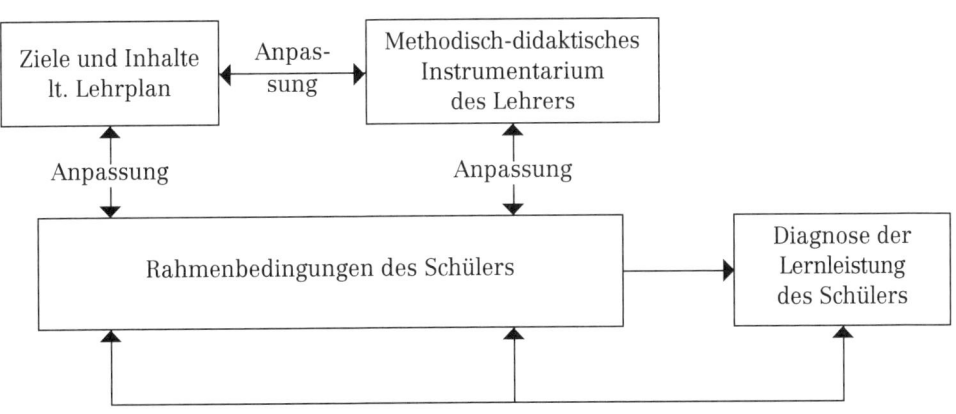

Anpassung der Inhalte/Ziele und der methodisch-didaktischen Maßnahmen an die Rahmenbedingungen des Schülers.

---

1 Weinert, F.: Instruktion als Optimierung von Lernprozessen, Teil I: Lehrmethoden, in: Pädagogische Psychologie, Bd. 2, Funk-Kolleg, Frankfurt/Main 1974, S. 814 f.

Dem Lehrbemühen sind aber auch bei diesem Vorgehen Grenzen gesetzt. Zum einen hat die Individualisierung des Unterrichts dort ihre Grenzen, wo der Bestand der Klasse als Lerngruppe gefährdet erscheint, und zum anderen gilt es festzuhalten, daß es immer Schüler geben wird, bei denen auch optimale Förderungsmaßnahmen versagen, entweder weil diese Schüler nicht wollen oder weil sie nicht können.

2 Erfassung der „Klassendaten" und deren Auswirkungen auf den Wirtschaftslehre-Unterricht

Die Klasse, so wurde im theoretischen Teil dieser Abhandlung ausgeführt, ist das soziale System, in dem sich individuelles und kollektives Lernen in der Schule vollzieht. Sie gibt also einerseits den Rahmen ab, in dem der einzelne Schüler in seinem Lernbemühen optimale Unterstützung erfahren soll, und gleichzeitig ist sie selbst ein wichtiger Bedingungsfaktor des Lernprozesses, von dem eigene unterrichtliche Wirkung ausgeht. Es ist daher entscheidend, wie dieses soziale System, insbesondere in seinen informellen Gruppierungen, aussieht, damit der Lehrer sie in seine unterrichtsplanerische Überlegungen mit einbeziehen kann. Wie empirisch nachgewiesen wurde, gehen nämlich von der Gruppe Effekte stimulierender wie störender Art aus, die die Leistungsfähigkeit und die Lernhaltung nachdrücklich beeinflussen und bestimmen können. Da diese Ausstrahlungen des Gruppenlebens häufig emotionaler Art sind, können sie oft nur schwer erfaßt werden.

Dargestellt werden können die Gruppenbeziehungen durch eine Analyse der Kontakte der Gruppenmitglieder, wobei die hierzu erforderlichen Daten z.B. über ein Soziogramm erfaßt werden. Die Bedeutung des Soziogramms liegt darin, daß soziale Prozesse nicht nur deskriptiv festgehalten werden, sondern daß sie auch quantitativ in Zahlenwerten ausgedrückt und in graphischen Bildern sichtbar gemacht werden können. Aus den verschiedenen Varianten[1] des Soziogramms soll das Wahlverfahren nach J. L. Moreno[2] herausgegriffen und in einem kurzen Überblick dargestellt werden.

---

1 Engelmayer unterscheidet fünf Varianten des Soziogramms:
   1. das soziographische Beschreibungsverfahren nach H. Lochner,
   2. das soziographische Soziogramm nach J.L. Moreno (Netzwerkverfahren),
   3. der soziographische Test nach H.E. Bullis und K. Seelmann,
   4. das charakterologische Soziogramm nach E. Wartegg und
   5. das Milieusoziogramm nach O. Engelmayer.
   Vgl. Engelmayer, O.: Das Soziogramm in der modernen Schule, Reihe: Pädagogische Studienhilfen, hrsg. von E. Vogt, Bd. 6,3. Aufl., München 1964, S. 11 f.
2 Vgl. Moreno, J.L.: Die Grundlagen der Soziometrie, 2. Aufl., Köln 1967.

2.1 Soziometrisches Verfahren nach J. L. Moreno

2.1.1 Datenerhebung

Die Struktur[1] einer sozialen Gruppe ist dynamisch und damit wandelbar. Der Gruppenbegriff ist daher nicht statisch, sondern prozessual zu sehen, wobei es ständig zu Aufbau- und Zerfallsprozessen, Positions- und Strukturänderungen kommen kann. „Was eine Gruppe zusammenhält oder sprengt, das ist die zwischenmenschliche emotionale Ausstrahlung, das frei flottierende Sozialinteresse, das sich in wechselseitiger Wertschätzung, Zuwendung und Abkehr, Sympathie und Antipathie entlädt. Hier kommen teilweise sehr flüchtige, situationsbedingte gefühlsmäßige Reaktionen, teilweise allerdings auch Einstellungen, Haltungen von Dauer, eingewurzelte Ressentiments, kollektive Leitbilder und eindrucksvolle kollektive Erlebnisse zur Auswirkung."[2] Diese Prozesse zu steuern, in Gang zu bringen oder zu kontrollieren, ist über das Instrument der Soziometrie möglich, da durch die Offenlegung der wirklichen Gruppenstruktur zielgerichtet eingegriffen werden kann. Wie häufig hierzu Soziogramme in der Klasse erstellt werden müssen, um beispielsweise eingeleitete Maßnahmen zu überprüfen, hängt von so vielen individuellen Faktoren ab, daß die Entscheidung allein dem Lehrer überlassen bleiben muß.

Das soziometrische Verfahren will in erster Linie feststellen, „welche zwischenmenschlichen Beziehungen unter einer ganz bestimmten Fragestellung von einem Individuum gewünscht wird."[3] Es zielt auf die Wahl eines bzw. mehrerer Partner ab, mit denen man zusammensein und zusammenarbeiten möchte, oder auf die Wahl eines Rollenträgers: z.B. wer soll die Klasse führen, wer soll für Ordnung sorgen? u.a. Die Art des Wahlkriteriums ist abhängig von der gegebenen Situation. Bei jeder Wahl darf nur ein Wahlkriterium zur Entscheidung anstehen. Die Wahl kann sehr unterschiedlich ausfallen, je nachdem, ob etwa ein Partner im Fach Betriebswirtschaftslehre oder im Sportunterricht zu wählen ist. Um echte Ergebnisse zu erzielen, ist es wichtig, daß eine reale Wahlsituation vorliegt. Fiktive Wahlen haben nur bedingten Wert. Reale Wahlsituationen können sein: Änderung der Sitzordnung, Bildung von Arbeitsgruppen, Zusammenarbeit bei einer Projektarbeit der Klasse u.a.

Bei der Durchführung der Wahl ist darauf zu achten, daß sie völlig unbeeinflußt und frei von Hemmungen durchgeführt wird, auch muß sie geheim ablaufen und geheimgehalten werden. Sie wird am besten schriftlich durchgeführt. Mehrfachwahlen sind möglich, wobei die Reihenfolge der Wahlen für die Auswertung wichtig und deshalb zu vermerken ist. Ob Negativwahlen („Mit welchem Ihrer Klassenkameraden wollen Sie nichts zu tun haben?") abgehalten werden sollen, muß der Lehrer von Fall zu Fall entscheiden. Ihr Einsatz ist in der Literatur umstritten, und sicher wird sie immer ein Sorgenpunkt der Untersuchung bleiben.

---

1 Unter Struktur versteht Weiß den gefügehaften Bau, das Innengerüst einer Gruppe. Vgl. Weiß, C.: Pädagogische Soziologie, Bd. 4, Soziologie und Sozialpsychologie der Schulklasse, 7. Aufl., Bad Heilbrunn 1972.
2 Engelmayer, O.: Soziogramm, S. 16.
3 Cappel, W.: Das Kind in der Schulklasse, 8. Aufl., Weinheim 1976, S. 25.

Der folgende Wahltest soll als Beispiel für eine soziometrische Befragung dienen:

Begründung für die Testbefragung:

Name: . . . .

Klasse: . . . .

Beantworten Sie bitte die nachfolgenden Fragen sehr sorgfältig:

1. Im Fach Betriebswirtschaftslehre sind für die Fallstudie: „Ein Lebensmittelgeschäft soll gegründet werden", Arbeitsgruppen zu bilden. Mit welchen drei Mitschülern würden Sie am liebsten zusammenarbeiten? Setzen Sie unter 1. den Namen des Mitschülers, den Sie am meisten bevorzugen, 2. und 3. soll Ihre zweite und dritte Wahl ausdrücken.

1.	2.	3.

2. Welchen Ihrer Mitschüler halten Sie im Fach Wirtschaftslehre für besonders begabt?

. . . .

3. Welchen Mitschüler wählen Sie bei der nächsten Wahl zum Klassensprecher?

. . . .

4. Wenn Ihre Klasse eine Schulkasse einführen würde, wen würden Sie zum Kassierer wählen?

. . . .

5. Neben wem würden Sie in der Schule am liebsten sitzen?

. . . .

6. Wer in der Klasse ist Ihr bester Freund/Freundin?

. . . .

7. Wenn Sie eine Party veranstalten, welche 3 Mitschüler würden Sie hierzu am liebsten einladen? Setzen Sie unter 1. den Namen des Mitschülers, den Sie am meisten bevorzugen, 2. und 3. soll Ihre zweite und dritte Wahl ausdrücken.

1.	2.	3.

8. Sie möchten eine nicht ganz ungefährliche Klettertour in den Bergen unternehmen. Welche drei Mitschüler würden Sie hierzu als Begleitung mitnehmen wollen? Setzen Sie unter 1. den Namen des Mitschülers, den Sie am meisten bevorzugen, 2. und 3. soll Ihre zweite und dritte Wahl ausdrücken.

1.	2.	3.

9. Mit welchem Mitschüler würden Sie sich in der einzusetzenden Arbeitsgruppe unbedingt unbehaglich fühlen? Gibt es niemand, dann lassen Sie bitte die Stelle frei.

. . . .

2.1.2 Verarbeitung und graphische Darstellung soziometrischer Daten

Die Aufarbeitung der Testergebnisse erfolgt zweckmäßigerweise mit Hilfe der nachfolgenden Tabelle, die nach dem Prinzip „Wer wählt wen?" aufgebaut ist (Soziomatrix). Positive Nennungen werden mit einem + , die Negativwahl wird mit einem - versehen. Sofern eine Mehrfachwahl möglich ist, wird wie folgt verfahren: Erfolgt die Wahl an 1. Stelle, werden 3 Punkte, an 2. Stelle 2 Punkte und an 3. Stelle wird 1 Punkt gegeben. Damit ist ersichtlich, wie oft der Schüler an 1., 2. oder 3. Stelle gewählt wurde.

Beispiel für eine Soziomatrix[1]

———→ Gewählte

↓ Wähler

Name	Nr.	1	2	3	4	5	6	7	8	9	10	abgegebene negative Wahlen
Albert	1		3		−	−		2	1			1
Bruno	2			3	−			1	2			1
Christian	3			1	2	−	1					1
Dieter	4	−	2		1	3						1
Emil	5	−	3	1			2					1
Fritz	6		1	2	3							
Gustav	7	−	3	1	1							1
Herbert	8	2	3				−			1		1
Ingo	9	−	3					2		1		1
Karl	10		3				1		2			
erhaltene Wahlen	I. Stelle		4	2	2		1					
	II. Stelle	1		2		1		1	2	2		
	III.Stelle	1			3	2		2	1	1	2	
erhaltene Ablehnungen		1	3				4					

Aus der Soziomatrix ist eine Rangordnung aufzustellen, die den Grad der Beliebtheit ausdrückt. Nach Höhn[2] läßt sich diese Rangordnung sowohl tabellarisch als auch graphisch in einem Säulendiagramm darstellen. Im angenommenen Beispiel ergibt sich folgende Beliebtheits-Rangordnung:[3]

---

1 Aus Gründen der Übersicht wird ein Wahltest mit 2 Wahlkriterien angenommen (damit 4 Wahlen). Da zudem die Schüler nicht wählen müssen, wurde auch bei zwei Schülern die Wahlmöglichkeit nicht voll ausgeschöpft. Ein Wahlkriterium ermöglicht eine Mehrfachwahl (3 Schüler können gewählt werden).

2 Höhn, E., Seidel, G.: Das Soziogramm, die Erfassung von Gruppenstrukturen, 4. Aufl., Göttingen 1976, S. 22 f.

3 Die Rangordnung ist um die Mehrfachwahl bereinigt, d.h. allein die Nennung ist erfaßt.

Rang Nr.	I	II	III	IV	V	VI	VII	VIII	IX	X
Schüler Nr.	4	2	3	8	9	5	7	10	1	6
pos. Stimmen	5	5	4	3	3	3	3	2	1	1
neg. Stimmen		3							1	4

Die Rangordnung gibt im positiven Bereich den Beliebtheitsgrad des Schülers an, während der Negativbereich die Unbeliebtheit zum Ausdruck bringt. Beide Werte zusammen geben den Grad des Beachtetwerdens und damit das soziale Interesse wieder, das insgesamt erreicht wird. Wird ein Schüler kaum gewählt, spricht man von einer unbeachteten Randfigur.

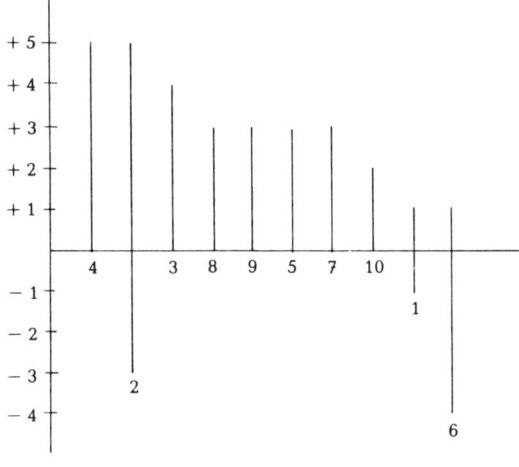

Schon aus den bisherigen drei Übersichten kann der Lehrer Schlüsse zur Klassenstruktur ableiten, die allerdings noch recht grob bleiben:

- Der Schüler Bruno ist die am meisten diskutierte Person der Klasse. Der Schüler Dieter ist am beliebtesten in der Gruppe.
- Beide „Stars" haben jeweils eine Gruppe von Schülern um sich geschart.
- Zwei Schüler stehen deutlich im Abseits, sie werden entweder abgelehnt (Fritz) oder bleiben unbeachtet (Ingo).

Die wesentlichen Ergebnisse werden aber noch deutlicher hervorgehoben, wenn sie graphisch aufgearbeitet sind, denn diese Form der Darstellung vermag die Position des einzelnen Schülers in der Rangordnung seiner Klasse aufzuzeigen. „Die Graphik wird somit zu einem ausgezeichneten Werkzeug der Interpretation. Allerdings besteht zugleich eine Gefahr: in suggestiver Weise können Teilaspekte so stark herausgestellt werden, daß sich ein unangemessenes Gesamtbild des empirischen Befundes ergibt."[1]

Bevor dies am konkreten Beispiel aufgezeigt wird, sollen die soziometrischen Grundformen vorgestellt werden. Nach Engelmayer sind die soziometrischen Verbindungen auf vier Grundformen zurückzuführen: „sie sind *kettenartig* (Fig. 1), wenn es sich um einfachste Formen der Vergesellschaftung (Reihung, Nebeneinander, haufen- und rudelartige Verbindungen) handelt, sie sind *Paar-, Dreiecks- oder Viereckverhältnisse* (Fig. 2), sie sind *sternförmige Konfigurationen,* die sich um eine dominierende Persönlichkeit, einen Star, als Mittelpunkt organisieren (Fig. 3), sie sind schließlich *netzwerkartig* in komplizierten und vielgliedrigen sozialen Organisationsformen (z.B. Mannschaften oder Arbeitsgemeinschaften und

1 Höhn, E., Seidel, G.: Soziogramm, S. 26.

Bünden), wie in Fig. 4, wo zwei dominierende Individuen direkt und indirekt durch andere Individuen mehrfach verbunden sind. Wie man sieht, schälten sich zugleich mit den Verbindungen die ebenso typischen sozialen ‚Rollen' heraus, die die einzelnen Gruppenglieder in der Rolle spielen. Da sind viel umworbene dominierende Individuen (Stars) und ebenso eindeutig abgelehnte (negative Stars). Es gibt Führer und Gegenspieler, Mitläufer, Claqueure, Opponenten, aus der Ferne heimlich Schwärmende, unglückliche Liebhaber, Intriganten u.a."[1]

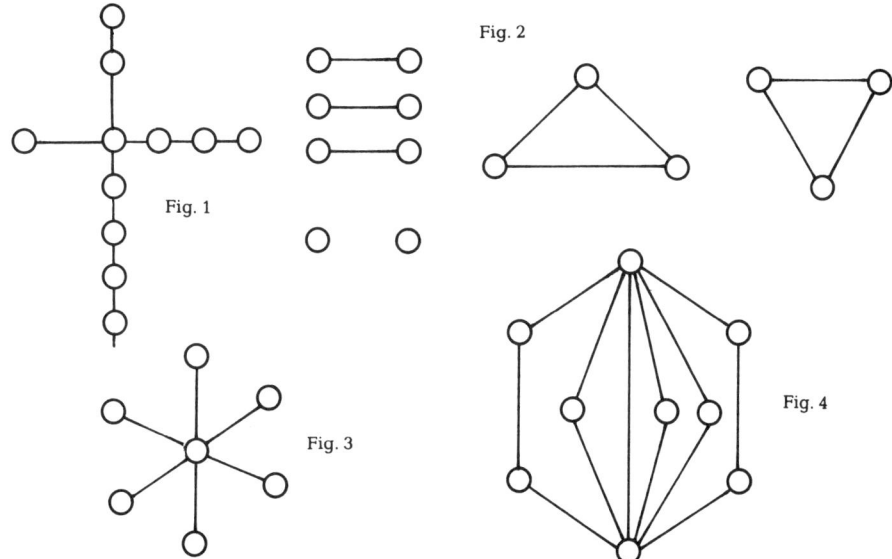

Fig. 2

Fig. 1

Fig. 3

Fig. 4

Für die geometrische Fixierung einer sozialen Struktur sind in der Literatur vier Wege begangen worden: 1. die horizontale Schichtung der Zeichen (Hetzer-Morgenstern[2]), 2. die vertikale Anordnung der Zeichen (Moreno), 3. die Anordnung der Zeichen in konzentrischen Kreisen (Northway[3], Bronfenbrenner[4]) und 4. die freie Anordnung. Für diese Veröffentlichung wird die graphische Darstellung nach Moreno herangezogen.

Bei der Aufstellung des Moreno-Soziogramms sollten folgende Punkte beachtet werden:
– Zuerst werden die Stars und ihre Gruppenmitglieder angeordnet. Die räumliche Verteilung obliegt allein dem Lehrer, da es hierfür weder ein Schema noch eine Norm gibt. „Randfiguren" und „Außenseiter" werden um sie herum gruppiert.
– Eng verbundene Gruppenglieder sollten möglichst nahe beieinander angeordnet werden.

1 Engelmayer, O.: Soziogramm, S. 17 f.
2 Hetzer, H., Morgenstern, G.: Kind und Jugendlicher auf dem Lande, Lindau 1952.
3 Northway, M.L.: A Method for Depicting Social Relationship by Sociometric Testing, Sociometry, Bd. 3, Nr. 2, April 1940.
4 Bronfenbrenner, U.: The Measurement of Sociometric Status, Structure and Development, Sociometry Monographs, New York, Nr. 6, 1945.

– Für die Darstellung werden zweckmäßigerweise folgende Symbole verwendet:

○ Junge ----→ Ablehnung
△ Mädchen ←——→ gegenseitige Wahl
—→ positive Wahl ←--→ gegenseitige Ablehnung

Da dieser Soziogrammaufbau sehr viele Möglichkeiten offen läßt, wird die günstigste Anordnung erst nach mehreren Versuchen erreicht werden. Für die angeführte Beispielgruppe könnte das Soziogramm in folgender Form aufgebaut werden:

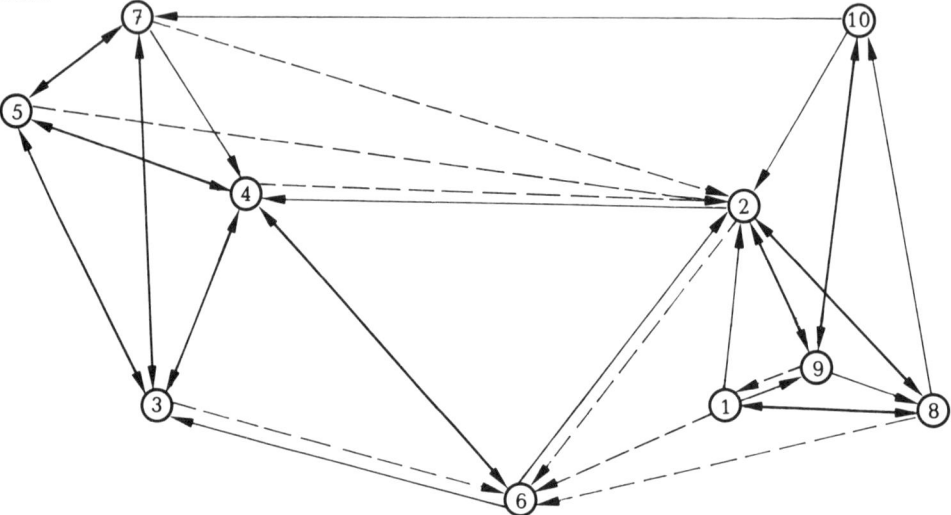

Aufgrund dieses Soziogramms ist der Strukturaufbau der Klasse wie folgt zu interpretieren:

– Die Klasse ist in zwei gleich starke Gruppen gespalten, die jeweils von einem dominierenden Schüler beherrscht werden, und zwar von dem allseits beliebten Dieter bzw. dem insgesamt umstrittenen Bruno.
– Die Gruppe von Dieter ist in sich sehr homogen, was die internen gegenseitigen Wahlen ausdrücken. Außerdem sind sie sich einig in der Ablehnung von Bruno.
– Die Gruppe von Bruno ist etwas instabiler, wobei insbesondere die Beziehungen von Albert, Herbert und Ingo gestört erscheinen. Einig sind sich aber die Gruppenmitglieder in der Unterstützung von Bruno sowie in der Ablehnung von Fritz.
– Zwischen den beiden Gruppen gibt es im Grunde keine Beziehungen. Inwieweit der Versuch von Bruno, mit Dieter Kontakt zu suchen, der von diesem ja abgelehnt wird, taktisch erklärt werden muß, oder ob er ernst gemeint ist, müßte durch eine intensive Beobachtung des Lehrers geklärt werden.
– Ein Junge, nämlich Karl, hat kaum Beachtung gefunden. Allerdings ist seine Isolierung noch nicht bedrohlich, da er bei Herbert und Ingo Zustimmung findet. Mit Ingo verbindet ihn offensichtlich eine lockere Freundschaft (beide nennen sich jeweils an 2. Stelle). Außerdem bemüht sich Karl um einen Kontakt zur Gruppe um Dieter, wenn auch dieser Kontakt noch nicht beantwortet wird.

- In jedem Fall bedenklich ist dagegen die gehäufte Ablehnung, die Fritz trifft. Allerdings verbindet ihn offenbar eine echte Freundschaft mit Dieter, die ihrerseits zu Kontakten mit dessen Gruppenmitgliedern führen kann. Fritz bemüht sich auch um Kontaktaufnahme zur anderen dominierenden Persönlichkeit der Klasse, die jedoch von Bruno nicht erwidert wird. Die Isoliertheitslage von Fritz ist ohne Zweifel ausgeprägt und stempelt ihn so eindeutig zum Sorgenkind des Lehrers.
- Im ganzen gesehen bietet das Soziogramm das Bild einer nicht integrierten Klasse, die mehr von Auseinandersetzungen als von Gemeinschaftsgeist geprägt sein dürfte.

Bei der hier vorgenommenen *Interpretation des Strukturgefüges* der Klasse wurde die *individualdiagnostische Analyse* schon mit aufgenommen. Gerade hier entfaltet das Soziogramm seine eigentliche Fruchtbarkeit. „Hier geht es um die Frage der sozialauffälligen Kinder. Das sind die außenseitigen (isolierten) Kinder, u.U. aber auch manche der Stars und Schlüsselfiguren. Wir sprechen von *Isolierung* im Hinblick auf die Wenigbeachteten, Gleichgültigbehandelten, die Zurückgestoßenen in unerwiderten Wahlen (U-Wahlen), ganz besonders aber die gehäuft Abgelehnten, für die eine Lage, die der Ausstoßung ähnlich ist, entsteht. In jedem Fall haben wir es mit Problemkindern zu tun, die mit größeren oder geringeren Schwierigkeiten aufwarten."[1] Auf nähere Einzelheiten einzugehen ist Aufgabe des Psychologen und überschreitet den hier gesteckten Rahmen.

2.2 Vorläufige Schlußfolgerungen aus der Berücksichtigung der Klassendaten

2.2.1 Gruppenprozesse und Schülerleistung

Der Lehrer hat in seinem Unterricht davon auszugehen, daß seine Schüler in unterschiedlicher Weise mit Fähigkeiten ausgestattet sind, daß er mit verschiedenartigen Interessenlagen zu rechnen hat und daß über die Zielsetzung der Schule bei den Schülern keine einheitliche Meinung angenommen werden kann. Das führt notwendigerweise zu intensiven sozialen Prozessen zwischen Lehrer und Schüler bzw. der Schüler untereinander. Diese sozialen Prozesse erhärten sich in der Klasse zu sozialen Strukturen, die mit Hilfe des Soziogramms aufzuhellen sind und deren Auswirkungen auf das Verhalten und die Lernleistung der Schüler es nun zu untersuchen gilt. In der Literatur sind diese Zusammenhänge bisher stark vernachlässigt worden und haben auch noch kaum Niederschlag im Unterricht gefunden. So klagt Brocher: „Jedes Kind ist mit Beginn der Schule den ihm dort begegnenden Sozialerfahrungen gleichsam auf Gedeih und Verderb ausgeliefert. Um so mehr überrascht es nach Lage der Dinge Lehrer und Kinder nicht, wie dies etwa in angelsächsischen Schulsystemen weitgehend der Fall ist, über die erste Strecke der Schulzeit in einem sozialen Lernprozeß zu finden, sondern

---

1 Engelmayer, O.: Soziogramm, S. 35. Auf die Grenzen des Soziogramms wurde im theoretischen Teil schon hingewiesen. Zusammenfassend sei daher nur noch die Aussage von Jennings zitiert: „Das Soziogramm legt nur die Bedeutung der wechselseitigen Beziehungen dar, aber nicht die Gründe, warum diese Struktur so ist, wie sie ist . . . Es bietet ein interessantes Bild der sozialen Struktur, aber nichts, was unmittelbar, sei es zur Einpassung, sei es zur Umerziehung der Klasse gebraucht werden kann." Zitiert nach Iben, G.: Die Gruppenbeziehungen im Erziehungsprozeß, in: Klafki, W. u.a.: Erziehungswissenschaft, Bd. 1, Funk-Kolleg, Frankfurt/Main 1973, S. 109.

alsbald bei der eifrigen Bewältigung des vorgeschriebenen Stoffplanes zu sehen, während der soziale Lernprozeß den Rang- und Machtkämpfen des Schulhofes oder des Heimweges und der Straße überlassen bleiben."[1] Und dies, obwohl die Schule Möglichkeiten hätte, am Sozialisierungsprozeß mitzuarbeiten, und die Aufgabe auch in der Literatur zu den Pflichten des Lehrers zugeordnet wird.

Wie sehr der Lehrer den sozialen Hintergrund in seine Überlegungen mit einzubeziehen hat, zeigen neuere Untersuchungen, nach denen Leistungsmotivation und Leistungsverhalten von sozialen Prozessen abhängen. „Der soziale Mißerfolg kann die zwingende Ursache für das Leistungsversagen in der Schule sein."[2] Höhn hat festgestellt, daß die Beliebtheit (hoher Rangplatz) in der Klasse eng mit einer guten Schulleistung korreliert, da dies den Leistungswillen des jeweiligen Schülers motiviert. Andererseits führt ein Leistungsabfall zur Herabsetzung der Erwartungsnorm, damit zu einem Absinken der Beliebtheit und letztlich zumindest zu einer Verunsicherung des Schülers. Dies geht sogar so weit, daß Arbeiten von guten Schülern vom Lehrer oberflächlicher korrigiert werden als solche von schwachen Schülern, d.h., im ersteren Fall werden mehr Fehler übersehen. Oder: Schüler beurteilen objektiv richtiges Verhalten beim leistungsschwachen Schüler zu etwa 50% als falsch (Haloeffekt). Die Gruppe erwartet vom leistungsstärkeren Schüler eben - unabhängig von seiner tatsächlichen Leistung - die höchste, vom Leistungsschwächsten die niedrigste Leistung. „Für den Schüler sind somit Gruppenprozesse und die mit ihnen gekoppelten Status- und Rollenzuweisungen eine Existenzfrage, die ihn sehr viel tiefer berührt, als er es bewußt wahrnimmt. Die Selbsteinschätzung und das Selbstbewußtsein eines Menschen sind nämlich weitgehend eine Spiegelung seiner Anerkennung durch die Gruppe. Wie sie ihn sieht, so schätzt er sich selbst ein. Seine Leistung und Haltung werden geradezu von der Erwartung seiner Umwelt diktiert."[3] Leistungsmißerfolge führen zu sozialem Mißerfolg bzw. umgekehrt und potenzieren sich auf diese Weise gegenseitig. Daraus leiten sich dann häufig Faulheit, Disziplinlosigkeit, Trotz, Schulunlust u.a. ab.

Aus diesen Gründen läßt es sich unschwer ableiten, daß dem Lehrer in seinem Unterricht die große Aufgabe zufällt, die Sozialordnung zu beobachten und, wo es nötig ist, zu sanieren. Hinzu kommt, das sollten die Ausführungen über den Erziehungs- und Unterrichtsstil zeigen, daß Gruppenstruktur und Lebensstil der Klasse vom Vorgehen des Lehrers entscheidend geprägt werden.

2.2.2 Entfaltung der sozialen Dynamik in der Schulklasse

Erstes Beispiel:
Der Lehrer hat die Buchungssätze für den Abschluß mit der Klasse erarbeitet und läßt gerade auf den T-Konten buchen, als er zu einem Elterngespräch aus der Klasse gerufen wird. Er gibt der Klasse die Anweisung, den Abschluß in Alleinarbeit weiterzuführen. Für den Fall, daß die Klasse nicht weiterarbeitet bzw. lärmt, wird eine Erweiterung der Hausaufgabe um einen T-Konten-Abschluß angedroht.

---

1 Brocher, T.: Schule ohne Sozialerziehung, in: Neue Sammlung, 7. Jg. 1967, Heft 5, S. 431.
2 Iben, G.: Gruppenbeziehungen, S. 127.
3 Iben, G., ebenda, S. 115.

Ergebnis: Trotz der Strafandrohung entsteht in der Klasse sehr bald ein wirres Durcheinander. Einige wenige Schüler arbeiten jedoch gezielt weiter.

Worauf ist das zurückzuführen? Die Strafandrohung des Lehrers deutet darauf hin, daß er eher einem autokratischen Führungsstil zuneigt. Dieser Unterrichtsstil setzt die Schüler stark unter Druck, was bei ihnen Cliquenbildung, Spannung, überzogene Wettbewerbsstimmung, Anpassung, Opposition u.a. hervorrufen kann. Es kann daher nicht verwundern, daß die Klasse unmittelbar nach dem Verlassen des Lehrers (Gruppenführers) das Arbeiten zum größten Teil einstellt. Die zurückgestaute Motorik und das Mitteilungsbedürfnis brechen durch. Rivalitäts- und Rangkämpfe werden offen ausgetragen. Allerdings werden sich einige Schüler (evtl. Außenseiter), die aus Gründen der Unterwürfigkeit, der Anerkennung oder weil sie diesen Unterrichtsstil als positiv ansehen, anpassen und weiterarbeiten, um der Strafarbeit zu entgehen. Insgesamt verfällt die Klasse aber schnell in einen „vorgesellschaftlichen Zustand."

Anders wenn der Lehrer einen sozial-integrativen Unterrichtsstil pflegt. Dieser Stil will die Schüler zur Mitwirkung am Erziehungsgeschehen anregen, läßt spontane Gruppenbildungen zu, versucht Spannungen abzubauen und ist insgesamt gesehen auf Kooperation, gegenseitigem Vertrauen, offener Kritik und Integration der Klasse abgestellt. Solchermaßen geführte Klassen verfahren bei Abwesenheit des Lehrers nach dem Prinzip der freien Vergesellschaftung. Es ändert sich kaum etwas an der Klassenatmosphäre, die Arbeit wird wie gewohnt weitergeführt. Die Arbeitsintensität sinkt kaum ab. Beobachtungen haben ergeben: Schüler passen sich komplementär dem Führungsstil an, sie entwickeln Verhaltensweisen, die eine Antwort auf den Führungsstil darstellen.[1] „Ein autoritärer Lehrer verhärtet durch seinen Druck bestehende Gruppenstrukturen - denn jede Gruppe reagiert auf äußeren Druck mit verstärkter Solidarität - während ein sozial-integrativer, demokratischer Erzieher eine offene und durchlässige Gruppenstruktur fördert."[2]

Zweites Beispiel:
In der Klasse sitzen drei Wiederholer, die bisher in den Betriebswirtschaftsstunden nur durch unbeteiligtes Gehabe, zur Schau getragener Langeweile und durch solche stofflichen Zwischenrufe auffielen, die die sachlogische Entwicklung der Inhalte und Ziele gestört haben. Das Soziogramm hat ergeben, daß sie noch nicht in den Klassenverband integriert worden sind. Empfindliche Störungen traten dann in einer Stunde mit Gruppenarbeit auf, bei der das Thema Mitbestimmung behandelt werden sollte. Zunächst fanden diese Schüler, die Gruppenarbeit führe zu nichts und man habe diese in der letzten Klasse deshalb auch nicht praktiziert. Während der Gruppenarbeit, die auf Drängen des Lehrers doch stattfand, wurde nur wenig gearbeitet. Es wurden Witze erzählt, Verabredungen getroffen, über das Auto gefachsimpelt u.a. Die Wiederholer regten in der Gruppe auch eine Debatte über die Frage an, warum man Mitbestimmung lernen solle, wenn sie im Unterricht doch nicht praktiziert werde. Einige Schüler schlossen sich der Dreiergruppe an und arbeiteten nur widerwillig mit. Kurz, die wohlvorbereitete Unterrichtsstunde führte nicht zu dem erhofften Erfolg. In den nächsten Stunden wurden Störungen dieser Art ständig versucht. Ein Disziplinkonflikt drohte.

---

1 Vgl. Hebel, F.: Sozialwissenschaften und Schule, in: Der Gymnasialunterricht, Reihe IX, Heft 1, 1966, S. 7 f.
2 Iben, G.: Gruppenbeziehungen, S. 124.

Was ist geschehen? Die in der Diagnose als Außenseiter erkannten Schüler hatten offensichtlich ihre Integrationsversuche aufgegeben und sind in Opposition zur Klasse und zum Lehrer gegangen, wobei sie sich gleichzeitig zu einer festen Gruppe (Clique) zusammengeschlossen haben. Opposition zum Lehrer wohl deshalb, weil er keinen Versuch unternommen hat, ihre soziale Eingliederung zu erleichtern. „Sie glauben, daß sie sich nur auf diese Weise gegenüber den anderen behaupten können. Bei einer solchen Entwicklung heißt es für den Lehrer wachsam sein. Dietz spricht von einer ‚Oppositionsecke‘: um sie her läßt die Schuldisziplin nach, mehren sich die Schwierigkeiten. Von ihnen gehen Parolen aus, auf sie lenken sich die Blicke der Eingeschüchterten, wenn eine Entscheidung in der Klasse zu treffen ist ... Das gefährliche an der Außenseitergruppe ist, daß sie eigene Werthaltungen entwickeln und Gewohnheiten einführen, die sie auf die ganze Klasse übertragen möchten. Oft handelt es sich bei den Außenseitern um Sitzenbleiber. Sie kennen schon alles, sie ‚bilden‘ den ‚Schuljargon‘, machen die Leistung ‚madig‘, terrorisieren die Willigen, diffamieren die Anständigen.“[1] Durch Verstärkung des Drucks auf diese Schüler - der eventuell ohne Soziogramm erfolgt wäre - ist das Problem sicher nicht zu lösen. Allein soziale Eingliederungsversuche werden hier langfristig zum Erfolg führen, wobei oft außerschulische Gelegenheiten dafür einen guten Ausgangspunkt bilden.

Drittes Beispiel:
Alfred ist Auszubildender im Einzelhandel, Fachrichtung Textil. Er erzielt in den Fächern Buchführung und kaufmännisches Rechnen nur mangelhafte Leistungen. In der speziellen Betriebswirtschaftslehre, die von einem Kollegen unterrichtet wird und in der branchengleiche Schüler zusammengezogen sind, können seine Leistungen voll befriedigen.

Zunächst könnte diese Diskrepanz dahingehend erklärt werden, daß die Leistungsschwäche in Rechnen und Buchführung auf geringere intellektuelle Fähigkeiten in den Bereichen „praktisch-rechnerisches Denken“ und „induktives Denken mit Zahlen“ zurückzuführen sei. Ein Gespräch erbrachte folgendes: Alfred konnte zunächst keine Ausbildungsstelle erhalten und nahm somit erst vier Wochen nach Schulbeginn erstmals am Unterricht teil. Er mußte sich aus Platzmangel mit der letzten Bank begnügen und hatte keinen Nebensitzer. In der Buchführung waren schon wichtige Grundbegriffe erklärt. Im Rechnen war der Dreisatz behandelt und es wurde gerade in das Prozentrechnen eingeführt. In der Rückbesinnung konnte sich zudem der Lehrer erinnern, daß es bei falschen Antworten einige Male in der Klasse erhebliches Gelächter gegeben hatte und auch er einmal, mehr im Scherz, erklärte: „Alfred, Sie lernen das nie!”

Das Soziogramm weist ihn als unbeachteten Schüler aus. Anders ist die Situation in der branchengegliederten Gruppe. Hier ist Alfred in den Klassenverband voll integriert. Ein Gespräch mit Alfred ergab ferner, daß er sich in der eigentlichen Klasse nicht wohl fühle und auch keine Lust zum Lernen habe, da er ja dort doch nur ausgelacht werde. Außerdem würden ihm stofflich einige grundlegende Begriffe fehlen, so daß er jetzt auch tatsächlich nur wenig vom Stoff verstehe.

---

1 Cappel, W.: Das Kind in der Schulklasse, S. 53. Vgl. auch Dietz, H.: Die „letzte Bank“, in: Die Schulwarte, Stuttgart 1960, S,. 713 f.

Anders sei es in Betriebswirtschaftslehre gewesen. Hier habe er gleich zu Beginn eine Hauptrolle in einem Rollenspiel übernehmen dürfen und habe dabei viel Beifall und Zustimmung erhalten. Er sehe im übrigen dieses Fach auch als viel interessanter und bedeutsamer für seinen Beruf an.

Pädagogisch gesehen ergibt sich aus den Ausführungen von Alfred, daß der fehlende soziale Erfolg in den Fächern Rechnen und Buchführung die Motivation gebremst hat und daß daraus der Leistungsmißerfolg mit resultiert, während sich andererseits in der Betriebswirtschaftslehre zur sozialen Zustimmung auch der Leistungserfolg eingestellt hat. Die Ursache dieser Leistungsdivergenz liegt somit eindeutig auch im sozialen Bereich. Dabei wäre es - für einen oberflächlichen Betrachter - so einfach gewesen, den Leistungsunterschied auf eine gute bzw. mangelhafte Unterrichtstechnik der Lehrer zurückzuführen. Es ist sicher richtig, methodisch-didaktische Probleme gründlich zu erforschen, „doch es ist gefährlich und naiv anzunehmen, soziale Konflikte in der Schule ließen sich immer wie technische Probleme behandeln. Denn eine solche Betrachtungsweise läßt außer acht, daß die Schule eine sehr komplexe soziale Institution ist, in der Lehrer und Schüler nicht nur wohldefinierte Aufgaben lösen, d.h. unterrichten und unterrichtet werden, sondern in der sie jeden Tag in einem impliziten, ihnen nur selten voll bewußten Prozeß der Verständigung über den Sinnzusammenhang ihres Tuns sind. Fragen nach dem Sinn unseres Tuns lassen sich aber nicht auf technische Fragen zurückführen."[1]

„Sicher bringen die sozialen Probleme für den Lehrer schwierige Aufgaben mit sich. Niemand kann den verschiedenartigsten Bedürfnissen von fünfunddreißig oder mehr Kindern gerecht werden und die Schläge der harten Wirklichkeit abfangen, die von den Kameraden des Kindes ausgehen. Aber man soll es versuchen."[2] Der Lehrer kann aus einem abgelehnten und gehänselten Außenseiter keinen Gruppenführer formen, es sollte ihm jedoch gelingen, den Außenseiter vor ständiger sozialer Entmutigung zu schützen und die Klasse zu Integrationsbestrebungen anzuregen. „Das wird am ehesten im Rahmen eines demokratischen oder sozial-integrativen Führungsstils gelingen. Denn gerade der Umgang mit Gruppen verlangt eine starke Flexibilität des Lehrers. Es läßt sich dabei feststellen, daß Lehrer mit großer Verhaltensbreite Klassen zu hoher Leistung und guter Gruppenmoral führen."[3] Leistung und soziales Verhalten lassen sich nicht trennen. „Wir können also mit gutem Grund die Ansicht übernehmen, daß Gruppenphänomene sowohl den Fortschritt des Lernens als auch die Art des stattfindenden Lernens beeinflussen."[4]

Zum Schluß dieses Kapitels sei dem skeptischen Leser, der an der Umsetzbarkeit der Soziometrie in die Schulpraxis zweifelt, noch das Urteil von Engelmayer zitiert: „Das Soziogramm soll weder ein neues Schlagwort noch eine akademische Übung für gelehrte Spezialisten sein. Nur soweit es sich unmittelbar in sozialpäd-

---

1 Wellendorf, F.: Soziale Konflikte in der Schule, in: Weinert, F. (Hrsg.): Pädagogische Psychologie, Bd. 1, Frankfurt/Main 1974, S. 457.
2 Trow, W., Zander, A., Morse, W., Jenkins, D.: Psychologie des Gruppenverhaltens: Die Klasse als Gruppe, in: Weinert, F. (Hrsg.): Pädagogische Psychologie, 7. Aufl., Köln 1972, S. 292.
3 Iben, G.: Gruppenbeziehungen, S. 125.
4 Trow, W. u.a.: Psychologie, S. 289.

agogische Praxis umsetzen läßt, ist es für die Schule hinreichend ausgewiesen. Deshalb ist es allein in der Hand eines Lehrers sinnvoll, der mit der Forderung nach ‚Gruppenleben' ganz ernst gemacht hat und mit der Bereitschaft und Freude auch die Fähigkeit zu führen und zu helfen verbindet."[1]

3 Einfluß der „Schuldaten" auf den Wirtschaftslehre-Unterricht

3.1 Besonderheiten der einzelnen kaufmännischen Schularten

Es kann hier in keiner Weise darum gehen, den Aufbau des kaufmännischen Schulwesens darzustellen, vielmehr geht es darum, die signifikanten Besonderheiten der jeweiligen Schulform hervorzuheben, die in den Unterricht hineinwirken und die es dort zu berücksichtigen gilt.

Durch einen Beschluß der Ständigen Konferenz der Kultusminister der Länder in der Bundesrepublik Deutschland vom 8. Dezember 1975 wurden die Bezeichnungen zur Gliederung des beruflichen Schulwesens wie folgt festgelegt: Berufsschule, Berufsfachschule, Berufsaufbauschule, Fachoberschule, Fachschule.[2] Von diesen Bezeichnungen wird auch hier ausgegangen. Die Auswirkungen der „Schuldaten" auf den Wirtschaftslehre-Unterricht sollen exemplarisch am Beispiel der Berufsschule, der Berufsfachschule und der Fachoberschule/Berufliches Gymnasium herausgearbeitet werden.

3.1.1 Kaufmännische Berufsschule

Die Berufsschule ist eine Pflichtschule, in der die Schüler im Rahmen ihrer Berufsausbildung oder Berufsausübung - unter Berücksichtigung des gewählten Berufes - unterrichtet und erzogen werden. Sie schließt bei anerkannten Ausbildungsberufen mit der Gehilfenprüfung ab. Das „Duale System"[3] führt dazu, daß die Berufsschule nur einen Teil der beruflichen Ausbildung abdeckt und ihr von Anfang an der Charakter der Selbständigkeit, die Möglichkeit zur autonomen Entscheidung fehlt. Sie muß mit der Ausbildung des Betriebes koordinieren und zusammen mit ihr eine *gemeinsame* Zielsetzung verfolgen. Allerdings wird um die Zielsetzung des Dualen Systems derzeit kontrovers diskutiert. Insbesondere die folgenden drei Gründe sind es, die diese Diskussion entfacht haben.

(1) Derzeit befinden sich ganze Branchen in einem Strukturwandel mit offenem Ausgang, was zu einer tiefen beruflichen Verunsicherung bei den betroffenen Menschen führt.

---

1 Engelmayer, O., Soziogramm, S. 39.
2 Ständige Konferenz der Kultusminister der Bundesrepublik Deutschland: Bezeichnungen zur Gliederung des beruflichen Schulwesens, Beschluß vom 8.12.1975, in: Mitteilungen und Informationen des Sekretariats der KMK, 11/75.
3 Vgl. hierzu die Ausführungen in Abschnitt B, IV, Kapitel 2.2.

(2) Die sprunghaft steigenden Anforderungen der Arbeitswelt an das Wissen und Können der Arbeitnehmer stellt sich dem berufsbildenden System als Frage, ob ihre Inhalte und Ziele in bezug auf neue Techniken, neue Verfahren, neue Wissensbereiche noch zeitgemäß sind.

(3) Die größte Herausforderung für die berufliche Ausbildung leitet sich aber seit Mitte der 70er Jahre aus der hohen Arbeitslosigkeit ab. Huisinga zieht hieraus den Schluß, daß die gegenwärtige Ausbildung nicht genügt. „Über den Umweg der Arbeitslosigkeit mußte gelernt werden, daß das Duale System in seiner ordnungspolitischen Verfaßtheit nicht den arbeitsmarktpolitischen Mobilitäts-, Disponibilitäts- und Flexibilitäts-Bedürfnissen entsprach. So wundert es nicht, wenn die Bundesanstalt für Arbeit nach einem Ausweg suchte, das Berufskonzept aufgab und das Tätigkeitskonzept sowie das Konzept der Schlüsselqualifikationen in die Erörterung einbrachte, ohne damit jedoch den dem Dualen System innewohnenden ordnungspolitischen Erstarrungstendenzen eines ‚modernen Ständesystems' wirkungsvoll entgegen zu wirken."[1] Ohne dem letzten Teil der Aussage voll zustimmen zu wollen, muß wohl als sicher angenommen werden, daß es zum einen einer Neuordnung der Berufe bedarf und daß zum anderen hierbei die Schlüsselqualifikationen[2] eine wesentliche Rolle spielen werden.

Eine weitere Bestätigung der hier vorgetragenen Meinung über die derzeitige Situation des Dualen Systems liefert Pätzold. Er führt aus: „Die überkommene Funktionsteilung der Lernorte Betrieb und Berufsschule entspricht ohnehin nicht den realen pädagogischen Notwendigkeiten. Betrieb und Berufsschule als Lernort haben inzwischen jeweils innere Differenzierungen erfahren. Weitere Lernorte sind hinzugekommen. Die Zuschreibung ‚Praxis' zum Betrieb und der ‚Theorie' zur Berufsschule ist auch als vereinfachendes Denkmodell nicht mehr aufrechtzuerhalten, auch wenn die Auflösung dieser Zuordnung manche Berufsschullehrer und Ausbilder unvorbereitet trifft. Die Wiederentdeckung handlungsorientierten Lernens in der Berufsbildung, die Theorie und Praxis integrierende Vermittlung, die zu besseren Lernresultaten, insbesondere mit Blick auf die veränderten Qualifikationsanforderungen, führen soll, steht gegen additiv vermitteltes, praxiskompetenzverhinderndes Lehrbuchwissen. Solide Fachkenntnisse, fächerübergreifende und personale Kompetenzen werden als Einheit an allen Lernorten zu vermitteln sein."[3] Hieraus könnte in der Zukunft eventuell die Forderung erhoben werden, die bisherige Trennung von Theorie (Schule) und Praxis (Betrieb) zugunsten einer Aufteilung nach Stoffbereichen zu verändern.

In dieser Weise argumentiert auch Franz-Josef Kaiser, wenn er ausführt: „Die sachlich nicht gerechtfertigte Trennung von ‚Theorie' und ‚Praxis,' die sich

---

1 Huisinga, R.: Schlüsselqualifikation und Exemplarik-Genese und Stellenwert, in: Pätzhold, G. (Hrsg.): Handlungsorientierung in der beruflichen Bildung, 4. Aufl., Frankfurt a. M. 1992, S. 81.
2 Zum Thema Schlüsselqualifikationen vgl. Abschnitt B, Kapitel IV. 2.
3 Pätzold, G.: Handlungsorientierung in der beruflichen Bildung – Zur Begründung und Realisierung, in: Pätzold, G. (Hrsg.): Handlungsorientierung in der beruflichen Bildung, 4. Aufl., Frankfurt a. M. 1992, S. 12 f. Zur Konzeption des handlungsorientierten Unterrichts vgl. Ausführungen in Abschnitt E, Kapitel III.

besonders im ‚Dualen System' manifestiert, verlangt eine Neubesinnung über die Bedeutung und den Stellenwert unterschiedlich strukturierter Lernorte für die Entwicklung der Persönlichkeit im Rahmen der wirtschaftlichen Berufe."[1]

Diese kursorischen Ausführungen zur derzeitigen Diskussion um die Berufsschule bzw. das Duale System mögen genügen. Wenden wir uns nunmehr der derzeitigen Situation der Berufsschule zu.

Durch die nachfolgenden Anmerkungen soll versucht werden, die Berufsschule bzw. den Berufsschüler kurz zu charakterisieren:

− Bis vor kurzem wurde organisatorisch so verfahren, daß an einem oder an zwei Tagen in der Woche die Berufsschule besucht wurde und in der verbleibenden Arbeitszeit die betriebliche Ausbildung weiterlief.[2] Der Schüler pendelte so fortwährend zwischen zwei Lernorten. Die hiermit verbundenen Nachteile - kaum Übereinstimmung zwischen schulischer und betrieblicher Ausbildung, hohe Arbeitsbelastung der Schüler, geringer Theoretisierungsgrad der Ausbildungsinhalte - versucht man heute über den Block- und Phasenunterricht zu mildern. „Blockunterricht ist eine Organisation des Berufsschulunterrichts im dualen Ausbildungssystem, bei der die bisherigen einzelnen Schultage zu Schulwochen zusammengefaßt werden ... Im Phasenunterricht sollen der Berufsschulunterricht und die betriebliche Ausbildung aufeinander abgestimmt sein, d.h. Unterricht und Unterweisung ein integrierter Abschnitt einer Ausbildungsphase werden."[3] Die Praxis zeigt, daß durch den Phasenunterricht in der Berufsschule zwar kontinuierlicher unterrichtet werden kann, daß dadurch aber die angestrebte Verzahnung zwischen Betrieb und Schule, beispielsweise durch die Abstimmung von Ausbildungs- und Stoffverteilungsplänen, nicht verbessert wurde. Vielmehr werden in der Berufsschule gegenwärtig Anstrengungen unternommen, Theorie und Praxis im Sinne eines handlungsorientierten Vorgehens zu verbinden, was im Grunde gegenüber der Idee des Dualen Systems, nämlich Theorie in der Schule und Praxis im Betrieb, kontraproduktiv ist.

− Der Schüler der Berufsschule ist dadurch gekennzeichnet, daß er bereits berufstätig ist. Die Berufswahl kann von ihm am Ende der Hauptschulzeit, nach der Mittleren Reife oder nach der Klasse 13 eines Gymnasiums erfolgen, so daß eine Klasse allein schon vom Alter, und damit von der Entwicklungsstufe her, stark heterogen zusammengesetzt sein kann. Naturgemäß divergiert damit auch der Wissensstand sowie entsprechend die angetroffenen Fähigkeiten und Fertigkeiten der Schüler. Daneben gehen von der Berufswelt entscheidende Impulse auf den Schüler aus. Die Arbeitsteilung etwa bringt es mit sich,

---

1 Kaiser, F.-J.: Grundannahmen handlungsorientierten Lernens und die Arbeit im Lernbüro, in: Kaiser-F.-J.: Handlungsorientiertes Lernen in kaufmännischen Berufsschulen. Didaktische Grundlagen und Realisierungsmöglichkeiten für die Arbeit im Lernbüro, Bad Heilbrunn 1987, S. 11.
2 Einen kurzen Abriß über die Geschichte der beruflichen Bildung gibt Förner in seinem Aufsatz: Förner, A.: Schulische Realisation beruflicher Bildung in der Vergangenheit, in: Erziehungswissenschaft und Beruf, 1975, Heft 4, S. 404 f.
3 Heimerer, L.: Der Unterricht im Fachbereich Wirtschaft im Rahmen des Block- und Phasenunterrichts der Berufsschulen, in: Neugebauer, W.: Wirtschaft 1, Reihe Fachdidaktisches Studium in der Lehrerbildung, München 1976, S. 263 f.

daß der Berufstätige nur einen Teil der Gesamtarbeit ausführt. Dadurch ist jeder einzelne auf den anderen angewiesen. Jeder hat seine Arbeit nach bestimmten Richtlinien oder Normen durchzuführen, vor allem hinsichtlich der benötigten Zeit und der Qualität der Arbeit. An den Jugendlichen werden so zumindest tendenziell Anforderungen gestellt wie an einen Erwachsenen, und er hat sich darin zu bewähren. Er agiert in der Welt der Erwachsenen und das auf der untersten Stufe der Betriebshierarchie. Verschärft werden diese Probleme, wenn der Jugendliche nicht die Möglichkeit hat, seinen Berufswunsch durchzusetzen (fehlender Ausbildungsplatz; die Ausbildung wird am Wohnort nicht angeboten; der Elternwunsch war anders u.a.), so daß vom Beruf her kaum eignungs- und neigungsfördernde Anregungen ausgehen. "Beim Berufseintritt wird dem Schüler bald der Unterschied zwischen Schule und Beruf deutlich; man fordert von ihm Ernst bei der Arbeit und Verantwortung und beobachtet ihn mit anderen Augen als bisher. Unbrauchbare und Unwillige werden frühzeitig ausgesondert. Ebenso frühzeitig aber gewinnt der Geeignete im Umgang mit Erwachsenen neuartige Erfahrungen, die seine Reife beschleunigen; die zunehmende praktische Übung erleichtert ihm Tätigkeit und Einordnung. Umgangserfahrung macht selbständig."[1]

— Bei den Schülern, die aus der Hauptschule oder mit dem Abschluß der mittleren Reife in das Berufsleben eintreten, fällt auf, daß sie über eine geringere Anzahl abstrakter Begriffe verfügen[2] als die Absolventen der höheren Schulen. Einerseits fehlt ihnen die Schulung, die dem Gymnasiasten zuteil geworden ist, und andererseits verfügen sie nicht über die notwendige Zeit, dies nachzuholen.

— Bei den Überlegungen während der Arbeit muß der Jugendliche hauptsächlich Kausalzusammenhänge erfassen. Das technisch rationelle Denken steht also im Vordergrund. Das geisteswissenschaftlich verstehende Denken wird dagegen durch die berufliche Arbeit in geringerem Maße gefördert. Durch die fehlende geisteswissenschaftliche Schulung und durch die mehr extrovertierte Einstellung des Berufsschülers kommt es daher nur in Ausnahmefällen zur Ausbildung eines idealistischen Weltbildes. Es herrscht vielmehr eine betont realistische Einstellung vor, die der Berufsschüler ja durch seine Berufsarbeit und durch die Arbeitswelt erfährt.

— Auch in der sozialen Reifung bestehen zwischen dem Berufsschüler und dem Vollzeitschüler Unterschiede. Für den Berufsschüler ist es nicht möglich, den sozialen Kontakt auf Freundschaftsbeziehungen zu reduzieren. Er ist auf seine Arbeitskollegen und Vorgesetzte angewiesen. Hier herrschen die sachlichen Beziehungen vor. Gefühlsmäßige Bindungen an die Menschen im Betrieb kommen zwar zu Gleichaltrigen vor, diese spielen aber nicht die Hauptrolle. Andererseits wird der Beruf vom Jugendlichen dazu benutzt, sich vom „Schülerstatus" zu lösen und den „Erwachsenenstatus" zu erreichen. Der Beruf ist ihm Mittel zum Erwachsenwerden, ein Umstand, den der Berufsschullehrer nicht übersehen sollte. Die Erwerbsfähigkeit bringt dem Berufsschüler auch in finanzieller Hinsicht ein größeres Maß an Selbständigkeit und damit mehr Unabhängigkeit in der Gestaltung seiner Freizeit. Alle diese Faktoren zusammen

---

1 Lochner, H.: Methodik des kaufmännisch-wirtschaftlichen Unterrichts, 2. Aufl., Rinteln 1968, S. 65.
2 Metzger hat diesen Sachverhalt in seinen empirischen Untersuchungen deutlich herausgestellt. Vgl. Metzger, Ch.: Berufsschüler, S. 22 f.

führen letztendlich auch dazu, daß Vollzeitschüler und Berufsschüler eine unterschiedliche Stellung in der Familie einnehmen.

Der Lehrer in der Berufsschule kann sich mit diesen allgemeinen Kriterien bei seiner Unterrichtsgestaltung jedoch nicht zufrieden geben, sondern muß sie durch die Erfassung der „Schülerdaten" in individuelle, klassenbezogene Einflußgrößen umwandeln, um sie dann in seiner Unterrichtsplanung zu berücksichtigen.

3.1.2 Kaufmännische Berufsfachschule

„Berufsfachschulen sind Schulen mit Vollzeitunterricht von mindestens einjähriger Dauer, für deren Besuch keine Berufsausbildung oder berufliche Tätigkeit vorausgesetzt wird."[1] Ihre Entwicklung und Ausgestaltung bezüglich Voraussetzungen, Lehrplänen und Schuldauer ist in den einzelnen Bundesländern uneinheitlich. Von der Funktion her können zwei Grundformen unterschieden werden:

- *Berufsvorbereitende Schulen:* Sie vermitteln die kaufmännischen Fächer in einer Weise, daß sich die Absolventen im kaufmännischen Betrieb zurechtfinden können. Die Schule schließt in der Regel mit der mittleren Reife ab, so daß die Schüler, neben dem Berufseintritt, auch die Möglichkeit haben, in weiterführende Schulen einzutreten.
- *Berufsfachschulen:* Sie vermitteln eine abgeschlossene Berufsausbildung, d.h., durch diese Schulen wird die betriebliche Ausbildung vollständig ersetzt. „Man spricht in diesem Fall auch von einer schulgebundenen Berufsbildung. Die schulgebundene Berufsbildung unterscheidet sich von der betriebsgebundenen Berufsbildung wesentlich dadurch, daß die Schule ein pädagogisches Zweckgebilde darstellt und damit das Primat des Pädagogischen vor dem des Wirtschaftens und der Produktion rangiert ... Neben diesen dreijährigen Berufsfachschulen, die eine Lehre ersetzen, gibt es noch zweijährige Berufsfachschulen für technische Assistenten, die auf dem Realschulabschluß bzw. der Fachschulreife aufbauen und zu Berufen führen, für die es keine Lehre gibt."[2] Es handelt sich hierbei um sog. „Schulberufe", da die Ausbildung nicht im Dualen System erfolgt.

Die Schüler der berufsvorbereitenden Berufsfachschulen kommen zum größten Teil aus den Hauptschulen bzw. wechseln teilweise auch aus weiterführenden Schulen über. Insgesamt gesehen kann so von einem relativ einheitlichen geistigen Niveau ausgegangen werden. Extreme intellektuelle Ranggefälle, hohe Altersunterschiede, starkes Abweichen in der sozialen Reifung u.a. sind selten zu beobachten. Allerdings schlagen die Probleme der Hauptschule (Stichwort: Auslaugung der Hauptschule durch frühzeitiges Überwechseln der guten Schüler in die weiterführenden Schulen) voll auf die Berufsfachschule durch. Die konträren Bewegungen, einerseits Anhebung der Lehrpläne in quantitativer und qualitativer Hinsicht, und andererseits Absinken des Schülerniveaus, führen gegenwärtig zu einem erhöhten Streß sowohl bei den Schülern als auch bei Lehrern und damit zu

---

1 Beschluß der KMK vom 8. 12. 1975.
2 Schanz, H.: Das berufliche Bildungswesen in der Bundesrepublik Deutschland, in: Schanz, H. (Hrsg.): Grundfragen der Berufsbildung, Reihe: Beiträge zur Pädagogik für Schule und Betrieb, Bd. 1, 2. Aufl., Stuttgart 1974, S. 27.

Spannungen im Unterricht. Dieser Unterrichtssituation ist nicht mehr mit methodisch-didaktischen Mitteln allein beizukommen, sie erfordert eindeutig auch schulorganisatorische Maßnahmen.

3.1.3 Fachoberschule/Berufliches Gymnasium

Bei den Fachoberschulen handelt es sich um Bildungseinrichtungen, die, aufbauend auf einem Realschulabschluß oder einem als gleichwertig anerkannten Abschluß, allgemeine, fachtheoretische Kenntnisse und Fähigkeiten vermitteln und zur Fachhochschulreife führen. Den Beruflichen Gymnasien - zu ihnen zählen die Wirtschaftsgymnasien, die technischen Gymnasien und die hauswirtschaftlichen und die agrarwirtschaftlichen Gymnasien - ist teilweise eine doppelte Aufgabe gestellt. Einerseits soll der Absolvent über die Reifeprüfung einen qualifizierten beruflichen Abschluß erwerben und andererseits wird ihm die Studienmöglichkeit im Hochschulbereich eröffnet (doppelprofilierter Bildungsgang). Wie weit diese Zielsetzung durch die Lehrplangestaltung erreicht wird, ist hier nicht näher zu untersuchen.

Die Schüler der Fachoberschule bzw. des Beruflichen Gymnasiums kommen von den allgemeinbildenden Gymnasien, der Realschule und den Berufsfachschulen.

Organisatorisch sind die Beruflichen Gymnasien - je nach Bundesland - unterschiedlich ausgestaltet, wenn es auch festzuhalten gilt, daß der dreijährige Zug stark überwiegt (gymnasiale Oberstufe). Allgemein wird die Klasse 11 der Beruflichen Gymnasien im Klassenverband unterrichtet, wobei als vordringlichste Aufgabe angesehen wird, die Schüler, die sich ja aus verschiedenen Schularten rekrutieren, zu einem in den Leistungen weitgehend ausgeglichenen Klassenverband zu führen. In den Jahrgangsstufen 12 und 13 wird eine Auflösung des Klassenverbandes zugunsten thematischer Lehrgänge und Lektionen vorgenommen, und zwar mit dem Ziel didaktischer Differenzierung und Präzisierung. Ausgestaltung und Gewichtung der verbindlichen Grund- und Leistungskurse sind in den einzelnen Bundesländern verschieden vorgenommen worden.

Von einer Homogenität der Schüler in ihrem Wissensstand kann allenfalls nach Abschluß der Klasse 11 ausgegangen werden. So haben die Berufsfachschüler einen großen Wissensvorsprung in den wirtschaftswissenschaftlichen Fächern aufzuweisen, während ihre Kenntnisse in Mathematik und den Sprachen oft sehr bescheiden sind. Andererseits haben Realschüler und Gymnasiasten einen hohen Wissensvorsprung in Mathematik, den Fremdsprachen und in Deutsch, wobei zwischen den beiden Schülergruppen noch graduelle Unterschiede zugunsten der Gymnasiasten zu konstatieren sind, während sie beide in den wirtschaftswissenschaftlichen Fächern auf dem Stand Null beginnen. - Vom Entwicklungsstand her kann bei den Schülern des Beruflichen Gymnasiums von einer relativen Homogenität ausgegangen werden. Krasse Altersunterschiede sind nur in Ausnahmefällen anzutreffen.

Auch hier muß abschließend festgehalten werden: Diese allgemeinen Kriterien sind für den Lehrer als Hintergrundinformation von hoher Bedeutung. Sie sollen und können aber die individuellen diagnostischen Untersuchungen keinesfalls ersetzen.

3.2 Vorläufige Schlußfolgerungen aus der Berücksichtigung der „Schuldaten"

3.2.1 Unterricht in der Berufsschule

Der Unterricht in der Berufsschule unterscheidet sich von dem in der Berufsfachschule oder Fachoberschule durch seine besonderen Ausgangsdaten. Als erstes gilt es zu berücksichtigen, daß der Berufsschüler berufstätig ist. Diesem Umstand ist zunächst in zweifacher Weise Rechnung zu tragen: Zum einen hat der Lehrer die gesellschaftliche Stellung des Schülers zu berücksichtigen und zum anderen ist der Unterricht berufsbezogen auszurichten.

Was die *gesellschaftliche Stellung* des Schülers anbetrifft, so befindet sich der Schüler in einer zwiespältigen Situation. „Draußen im Betrieb ist er in Kürze zum nicht entbehrlichen Glied der Berufsgemeinschaft geworden, in der Schule ist er ein untergeordneter Lernender."[1] Diese Rollen sollten vom Lehrer in Kongruenz gebracht werden. Zum einen muß er dem gestärkten Selbstempfinden, der Ansicht des Schülers, daß er jetzt die Welt der Kindheit verlassen hat und voll in die Welt der Erwachsenen integriert ist, entsprechen. Der Schüler erwartet mit seinem Eintritt in die Berufsschule einen anderen Lehrer und ist enttäuscht, wenn er dort im Lehrerverhalten seinen bisherigen Volksschul- oder Realschullehrer wiederfindet. Zum anderen hat der Berufsschullehrer den Schüler davon zu überzeugen, daß es vom Stoff her keine Trennung in eine Schulwelt und in eine Berufswelt gibt. Schule und Betrieb sind eins, wenn es gilt, die Berufsausbildung zu fördern. „Lehrertun und Lehrerverhalten müssen darauf abgestimmt werden, beim Schüler die Überzeugung zu erwecken und zu festigen, daß die Berufsschule eine unentbehrliche Hilfestellung zur praktischen Berufslehre einnimmt, daß der Schüler Fragen und Zweifel aus dem Beruf an die Schule herantragen darf und soll. Dazu gehört weiter, daß sich Schule und Lehre stofflich und methodisch verbinden und daß Berufsausbilder und Lehrer ihre Arbeit am Lehrling aufeinander abstimmen. Der Lehrling muß die Schule als notwendige und selbstverständliche Erweiterung des Berufskreises erleben."[2]

Daraus folgt, der Berufsschulunterricht ist berufsbezogen aufzubauen.[3] Dies gilt insbesondere für die fachliche Ausbildung - manifestiert im Fach Wirtschaftslehre - als dem Kern seiner Berufsausbildung. Nach Monsheimer sind die Schüler anzusprechen: „im fachkundlichen Unterricht als werdende Fachleute eines Berufes, der innerhalb der technisierten Arbeitswelt eine notwendige Funktion hat; als Lernende, die bestrebt sein müssen, den Anforderungen zu entsprechen, die in den Berufsbildern festgelegt sind und die ihre Qualifikation in einer möglichst guten Gesellen- und Gehilfenprüfung nachzuweisen haben; im wirtschafts- und rechtskundlichen Unterricht als Mitglieder der Wirtschaftsgesellschaft, als Beteiligte an Produktion und Verbrauch, als Lohn- und Gehaltsempfänger, als Sozial-

---

1 Lochner, H.: Methodik, S. 66.
2 Lochner, H., ebenda, S. 66.
3 Auf die Diskrepanzen, die bezüglich dieser Forderung in der Realität bestehen, sei hier nochmals ausdrücklich hingewiesen.
  Im folgenden wird der Berufsschulunterricht in methodischen Großformen nicht angesprochen. Vgl. hierzu die Ausführungen, in Abschnitt C, Kapitel III, 2.

partner, als Dienstleistende, als Verbandsmitglieder, als Subjekte und Objekte der geltenden Rechtsordnung."[1] Für das methodische Vorgehen des Lehrers bedeutet dies, daß er den Unterrichtsstoff zeitnah, wirklichkeitsorientiert und praxisbezogen erschließen muß. Er muß ihn - wo immer möglich - der Schaffenswelt des Auszubildenden entnehmen (Wirklichkeitsnähe), wobei dieses Prinzip in der Fachstufe I leichter durchsetzbar erscheint als in der Grundstufe, wo der Aufbau des allgemeinen Grundwissens ansteht. „Die Absicht der Wirklichkeitsnähe ist die Erziehung zur Gegenwart, zur Welt der Erwachsenen... Diese Art der Wirklichkeitsnähe der Berufsschule und ihre Anlehnung an den Betriebsablauf ist weder ein Mangel, noch eine Degradierung der Schule, sondern ein didaktischer Vorzug, der geeignet ist, die Enge der Schule zu korrigieren."[2]

Voraussetzung für eine wirklichkeitsnahe Aktualisierung der Unterrichtsinhalte ist, daß der Lehrer aktuelle Daten aus der jeweiligen Branche einsetzt. Als Arbeitsmittel bieten sich hierzu an: Geschäftsberichte, Prospekte, Zeitungsartikel, Bankberichte, statistische Angaben u.a. Steht in einer Bankfachklasse der Pfandbrief, das Investmentzertifikat, die staatliche Sparförderung u.a. zur Behandlung an, so sollte dies anhand entsprechender Bankprospekte erfolgen. In der Verkäuferklasse kann die Preisauszeichnungsverordnung, nach der Waren, die ein Einzelhandelsbetrieb verkauft, ausgezeichnet werden müssen, d.h. mit Angaben über Art und Güte, Menge und Preis zu versehen sind, etwa dadurch behandelt werden, daß die Schüler mitgebrachte Auszeichnungsetiketten in Gruppenarbeit analysieren und die generalisierenden Kriterien herausstellen. Beim Kartell wiederum kann der Begriff aus dem Gesetzestext sicher gut abgeleitet werden. Das Wesen und die Dimensionen solcher Unternehmenszusammenschlüsse werden aber noch deutlicher, wenn in diesem Zusammenhang ein Zeitungsbericht, etwa über ein aktuelles Kartellverbot, die abstrakte Rechtsmaterie aktualisiert und die Rechtsfolgen aufzeigt. Zu einem berufsbezogenen Unterricht gehört weiter, daß komplexe Stoffbereiche fächerübergreifend in einer Unterrichtseinheit vermittelt werden, um dem Schüler ein strukturklares und transparentes Bild zu vermitteln. In einer Großhandelsklasse sollte z.B. die Einreichung eines Kundenwechsels bei der Bank nicht nur auf originalen Bankbelegen veranschaulicht werden, vielmehr sollte der Wechsel auch abgerechnet, der anfallende Bankauszug ausgefüllt, die Buchung vorgenommen und die finanziell und betriebswirtschaftlich möglichen Verwicklungen und Probleme aufgezeigt werden. Daß diesem Vorgehen gegenwärtig noch erhebliche organisatorische Schwierigkeiten entgegenstehen, sei jedoch nicht verkannt.

Der berufsbezogene Unterricht darf jedoch keineswegs als theoriefeindlicher Unterricht mißverstanden werden, der allein dem „Nützlichen" zugewandt ist. Die Berufsbezogenheit gibt lediglich den Rahmen für die theoretische Durchdringung des Lernstoffes ab. Die *Theoriebildung* und damit die *Steigerung des Abstraktionsvermögens* muß gerade heute als Lernziel verstärkt gefordert werden, da die Dynamik des Wirtschaftslebens den Kaufmann ständig zur Hypothesenbildung, zum modellhaften Denken, entscheidungsorientierten Handeln u.a. zwingt. So

---

1 Monsheimer, O.: Bildungsaufgabe und Erziehungsziele der berufsbildenden Schulen, in: Röhrs, H. (Hrsg.): Die Berufsschule in der industriellen Gesellschaft, Frankfurt/Main 1968, S. 312.
2 Lochner, H.: Methodik, S. 216.

muß der Berufsschüler z.B. selbstverständlich in der Lage sein, Gesetzestexte zu analysieren, neue steuer- und buchungsrechtliche Verordnungen in seine Branche umzusetzen oder sich neue Berechnungsgänge anzueignen. Ohne ein gewisses Maß an Abstraktionsfähigkeit ist die im Beruf unerläßliche Anpassung, Flexibilität oder auch das „Denken in Zusammenhängen" (= vernetztes Denken) nicht zu erreichen. Das Erlernen dieser Theoriefähigkeit ist bei Verwendung einer aktuellen, berufsbezogenen Situation sicher sehr viel leichter und effizienter, als wenn hierzu „hergerichtete" Schulmodelle, die häufig von Lebensferne und Irrealität geprägt sind, herangezogen werden. Sollen Struktur, Inhalt, Kennziffern und Aussagefähigkeit einer Handelsbilanz untersucht werden, so kann hierzu eine „präparierte" Bilanz herangezogen werden, die nur wenige Posten, gerade Zahlen, aussagekräftige Werte und eine fragenbezogene Gliederung berücksichtigt. Es können aber auch zwei aufeinanderfolgende, nur geringfügig bereinigte Handelsbilanzen der betreffenden Branche eingesetzt werden, die zwar auf den ersten Blick als schwerer verständlich erscheinen mögen, andererseits aber den großen Vorzug haben, über die aktuelle Berufsbezogenheit, die Motivation erheblich zu steigern und die Möglichkeiten der Interpretation zu verbessern, da der Schüler über ein Anschauungsobjekt verfügt, dessen Situation und Entwicklung er diagnostizieren und die daraus zu ziehenden Konsequenzen er anregen und beurteilen kann.

Die Heterogenität der Berufsschule, die sich insbesondere an kleinen Schulen, wo nur wenig differenziert werden kann, voll auswirkt, verlangt nach *Individualisierung des Unterrichts*. Ohne Berücksichtigung der individuellen Fähigkeiten und Fertigkeiten, der psychischen Dispositionen, der individuellen Eigenart und der alterstypologischen Besonderheiten des Schülers ist ein erfolgreiches Unterrichten und Lernen nicht möglich. Es gilt, die personale Individualität des Lernenden als einen der Fixpunkte des methodischen Prozesses anzusehen und einzubeziehen. Jeder erfahrene Lehrer wird dieser Forderung zustimmen, gleichzeitig aber darauf verweisen, daß ihrer Durchsetzung fast unüberwindliche Schwierigkeiten entgegenstehen. Einige Beispiele sollen daher Anregungen geben, wie dem Grundsatz der Individualisierung entsprochen werden könnte.[1]

Der Lehrer führt im Klassenverband das Wertpapierrechnen ein und strebt jetzt in einer Übungsphase, wo in Alleinarbeit einige Übungsaufgaben zu lösen sind, die Vertiefung der Lerninhalte an. Beim Durchgehen der Reihen fällt ihm auf, daß einige Schüler die Aufgaben nicht lösen können. In diesem Fall könnte der Lehrer die Übungsphase abbrechen, da die Aufgabe noch nicht verstanden worden ist, und den Lösungsablauf nochmals gemeinsam an der Tafel durchführen. Methodisch gesehen ist dies nicht glücklich, da er die Klassenbesten damit langweilt, dem Klassendurchschnitt die eigenständige Transferleistung wegnimmt und nur die leistungsschwachen Schüler fördert. Es wäre wohl besser, wenn er mit diesen Schülern eine Gruppe bilden, ihre Fragen beantworten, wesentliche Aufgabenteile nochmals erklären und sie so zum Verständnis führen würde, während die übrigen Schüler die Lösung weiterhin in Einzelarbeit erstellen.

---

1 Es soll hier keine umfassende Theorie geboten werden, vielmehr sind die Beispiele als Anregungen für die tägliche Unterrichtsarbeit des Berufsschullehrers aufzufassen.

Unterscheiden sich dagegen die Schüler nur nach Leistungsintensität und Lerngeschwindigkeit, so wird es sinnvoll sein, nach diesen Kriterien auch Gruppen zu bilden und ihnen unterschiedliche Aufgaben zuzuteilen. - Erfahrungsgemäß bereitet den Schülern die Trennung des Warenkontos in die Konten Wareneinkauf und Warenverkauf erhebliche Schwierigkeiten. Ist die Aufgliederung im Klassenverband erarbeitet worden, erhalten bessere Schüler die Aufgabe, die neuen Konten, eingebaut in einen T-Konten-Abschluß, in Gruppenarbeit selbständig anzuwenden, während die schwächeren Schüler in ihrer Gruppe nur einen Teilabschluß mit wenigen Konten vornehmen. Auf diese Weise erhalten die schwächeren Schüler anhand eines wiederholenden Grundlagenbeispiels eine Festigung des Lernerfolgs, während die übrigen Schüler schon zu einer Vertiefung der Lerninhalte gelangen. Methodisch sind die Gruppenarbeiten so aufzulösen, daß der Lehrer die Lösungen über den Tageslichtprojektor vorgibt und erläutert, die Fehler der Schüler bespricht und dann verbessern läßt.

Geht die Heterogenität der Berufsschulklasse auf einen unterschiedlichen Wissensstand zurück - z.B Wirtschaftsschüler und Realschüler -. wird es sinnvoll sein, den verschiedenen Gruppen von vornherein unterschiedlich schwierige Aufgaben zuzuteilen. Die methodischen Schwierigkeiten für den Lehrer bestehen hierbei insbesondere in einer sinnvollen Koordination der Aufgaben bei der Auflösung der Gruppenarbeit. Ein Beispiel aus der Betriebswirtschaftslehre soll einen Weg zeigen.

Thema: Die offene Handelsgesellschaft (OHG)
Vorbemerkungen: Es wird vorausgesetzt, daß die Gründung der Unternehmung, der Kaufmann nach HGB, die Firma, das Handelsregister sowie die Einzelunternehmung und die Übersicht über die möglichen Gesellschaftsformen im Unterricht bereits behandelt sind.

(1) Die *Gruppe der Realschüler,* die den Stoff nicht kennt, erhält für ihre Gruppenarbeit ein Arbeitspapier, mit dem sie anhand der Gesetzestexte den Sachverhalt erarbeitet, wobei sich der Lehrer zur informativen Anleitung bereitzuhalten hat. Beispielhaft werden im folgenden zwei Unterrichtssequenzen angeführt:[1]

---

1 Die folgende Darstellung geht auf eine Arbeit von K. Gönner vom Seminar für Schulpädagogik (BS) Stuttgart zurück.

A. Erarbeitung des Sachverhaltes

I. Durch welche rechtlichen Kriterien ist eine offene Handelsgesellschaft (OHG) bestimmt?

Die Brüder Fritz und Emil Brumme, beide gelernte Lebensmitteleinzelhändler, haben eine Erbschaft über 450 000,00 DM gemacht. Sie wollen ein Lebensmittelgeschäft gründen und wählen als Rechtsform für dieses Geschäft die offene Handelsgesellschaft.

Durch welche Kriterien ist eine OHG gekennzeichnet? Lesen Sie § 105 HGB! Sie erkennen:

....

....

....

1. Ganz wichtig ist die Frage der Haftung. Welche Bestimmungen enthält hierzu § 105 HGB?

   ....

2. Es muß ein Handelsgewerbe vorliegen. Erinnern Sie sich an den Kaufmannsbegriff nach § § 1,2,3 und 4 HGB! In welchem Fall liegt z.B. kein Handelsgewerbe vor?

   ....

II. Wie entsteht eine OHG?

1. Welches Rechtsverhältnis wird nach § 109 HGB zwischen den Gesellschaftern abgeschlossen?

   ....

2. Nennen Sie die Erfordernisse nach § 109 HGB!

   ....

3. In welchem Fall finden die Vorschriften der § § 110 bis 122 HGB Anwendung?

   ....

Nehmen wir als Beispiel § 112 HGB. Hiernach darf keiner der Gesellschafter z.B. in einer anderen OHG Gesellschafter sein. Wenn aber die Gesellschafter in ihrem Gesellschaftsvertrag vereinbaren, daß jeder auch noch in einer anderen OHG Gesellschafter sein darf, so gilt der Gesellschaftsvertrag und nicht § 112 HGB. Dies gilt in ähnlicher Weise für alle Vorschriften der § § 110 bis 122 HGB.

4. Welche Pflicht ergibt sich aus § 106 I HGB?

   a) Welche Angaben muß die Anmeldung enthalten? Lesen Sie § 106 II HGB!

      1. ....

      2. ....

      3.

   b) Wie muß die Anmeldung erfolgen? Lesen Sie § 108 I HGB!

      ....

   c) Wann ist die OHG im Verhältnis Dritten gegenüber (nach außen) wirksam? Lesen Sie § 123 I HGB!

      ....

   d) Welche Vorschriften bestehen für die Firma (Handelsname) der OHG? Lesen Sie § 19 HGB! Sie erkennen:

      ....

      ....

      ....

      ....

B. Zur Wiederholung und Vertiefung

Lösen Sie die folgenden Aufgaben! Begründen Sie Ihre Ansicht!
1. Welche Firmenbezeichnungen können die Gebrüder Brumme wählen?

   a) ....

   b) ....

   c) ....

   d) ....

   e) ....

   f) ....

2. Weshalb wäre die Firmierung „Fritz Brumme, Lebensmittelhandel" falsch?
   ....

3. Bei der Anmeldung zum Handelsregister unterschreibt nur Emil Brumme.
   ....

4. Im Gesellschaftsvertrag vereinbaren die Gebrüder Brumme, daß jeder bis zu 10% des Kapitalanteils für private Zwecke aus der Gesellschaftskasse entnehmen darf. Lesen Sie § 122 HGB! Was halten Sie von dieser Vereinbarung?
   ....

   ....

5. Die Brumme OHG wurde am 15. Mai 19.. gegründet, die Eintragung in das Handelsregister erfolgte aber erst am 1. Juli des gleichen Jahres. Der Geschäftsbetrieb wurde auch erst am 1. Juli aufgenommen. Fritz Brumme hat am 20. Mai einen Lieferwagen für das Geschäft gekauft.

   5.1 Ist der Kaufvertrag zwischen Fritz Brumme und dem Fahrzeughändler oder zwischen der OHG und dem Fahrzeughändler zustande gekommen?
   ....

   5.2 Wie wäre es gewesen, wenn der Geschäftsbetrieb der OHG mit dem Gründungstag (15. Mai) begonnen hätte?
   ....

   5.3 Welche Folgen würden sich in beiden Fällen ergeben, wenn der Lieferwagen nicht bezahlt worden wäre? An wen müßte sich der Gläubiger wegen der Haftung wenden?
   ....

6. Angenommen, die Brüder Brumme seien Handwerker und wollten einen kleinen Holzbau-Betrieb eröffnen.
   Warum könnten sie keine OHG als Rechtsform wählen?
   ....

(2) Der *Gruppe der Wirtschaftsschüler,* die den Lernstoff ja beherrscht, wird zur gleichen Zeit ein Fall vorgelegt, den sie ebenfalls mit Hilfe der Gesetzestexte zu lösen hat, d.h., von diesen Schülern wird eine Transferleistung erwartet. Als Beispiel soll ein Fall aus einem Lehraufgaben-Programm herangezogen werden:[1]

---

1 Lehraufgaben-Programm: Europa Verlag, Wuppertal. Es wurde bewußt ein Beispiel aus einem Lehrbuchprogramm genommen, um aufzuzeigen, daß der Lehrer solche Differenzierungen nicht in jedem Fall selbst anzufertigen braucht, sondern auch „zusammenstellen" kann.

Kröner und Löffler vereinbaren die Gründung eines Lebensmittelgroßhandels. Sie wollen beide mitarbeiten. Kröner übernimmt die kaufmännische Verwaltung, Löffler den Verkauf. Jeder ist bereit, unbeschränkt (auch mit seinem Privatvermögen) zu haften.

1. Woran erkennen Sie, daß die zu gründende Gesellschaft keine juristische Person wird?

2. Welche Firmenbezeichnung könnte das neue Unternehmen haben?

3. Kröner und Löffler haben am 15.03. den Gesellschaftsvertrag abgeschlossen und ihren Geschäftsbetrieb aufgenommen. Ins Handelsregister wurde die Firma erst am 12.05. eingetragen. Ist die Firma am 15.03. eine Gesellschaft des bürgerlichen Rechts oder eine OHG? Begründen Sie Ihre Entscheidung

4. Nach Eintragung der OHG ins Handelsregister kauft Kröner mehrere Zentner Zucker, Tiefkühlkost usw. für 500,00 DM. Der Lieferer verlangt Bezahlung. Konnte Kröner für die OHG dieses Geschäft wirksam abschließen?

5. Kröner hat für die OHG einen Kreditvertrag über eine hohe Summe abgeschlossen, ohne Löffler zu fragen. Als Löffler von dem Vertrag erfährt, stellt er fest, daß die Bedingungen außerordentlich ungünstig sind.
   a) Hätte Kröner vor Vertragsabschluß Löffler fragen müssen?
   b) Ist der Kreditvertrag gültig?
   c) Muß Kröner der OHG den Schaden ersetzen, der durch sein Verhalten der Gesellschaft entstanden ist?
   d) Kröner und Löffler vereinbaren, daß bei Geschäften, deren Wert 5 000,00 DM übersteigt, künftig die Zustimmung aller Gesellschafter erforderlich ist. Löffler kauft über 6 000,00 DM Waren, ohne Kröner zu fragen.
   Ist der Kaufvertrag gültig? Muß Löffler einen evtl. entstandenen Schaden ersetzen? Begründen Sie jeweils Ihre Entscheidung!

(3) Die *methodische Auflösung der Unterrichtsstunde* soll nun so erfolgen, daß von der Gruppe der Realschüler jeweils ein Aufgabenteil besprochen wird, der dann anschließend durch den entsprechenden Anwendungsfall - den die Wirtschaftsschüler darzustellen haben - vertieft wird. Grundlage dieses methodischen Vorgehens ist der Gedanke, daß einerseits für die Gruppe der Wirtschaftsschüler der Lernstoff nochmals in grundlegender Weise wiederholt wird, während andererseits die Realschüler sofort die Vertiefung des eben gelernten Stoffgebietes erfahren. Als Hausaufgabe sollten die Realschüler den Fall dann nochmals bearbeiten.

Sind nur einige wenige Schüler mit Lernschwierigkeiten in einer ansonsten homogenen Klasse zu konstatieren, dann ist keinesfalls der gesamte Unterricht hierauf auszurichten. Der Lehrer sollte vielmehr für diese Fälle ein individuelles Programm mit Stützaufgaben zusammenstellen. Die Lösung dieser Aufgaben ist mit den jeweiligen Schülern dann individuell zu besprechen, was durchaus einmal an geeigneter Stelle im Unterricht erfolgen kann. Diese Form der Individualisierung kann selbstverständlich nur bei lernwilligen Schülern eingesetzt werden, die durch Krankheit, Lücken in der Vorbildung u.a. zurückgefallen sind. Der Stützunterricht endet, wenn die Schüler den Anschluß an die Leistungsgruppe bzw. den Klassenverband gefunden haben.

Einen letzten Punkt gilt es im Berufsschulunterricht noch zu berücksichtigen. Der Auszubildende besucht entweder an einem Tag oder blockweise (12 - 13 Wochen, die in 2 bis 4 Blöcke mit jeweils 3 bis 7 Wochen aufgegliedert sind) den Berufsschulunterricht, um seine gesetzliche Schulpflicht zu erfüllen. In beiden Fällen ist der Unterricht dadurch gekennzeichnet, daß er durch die zeitlichen Unterbrechungen keinen kontinuierlichen Verlauf nehmen kann. Das bedeutet, daß die Unterrichtsergebnisse jedes Berufsschultages bzw. jedes Blocks verstärkt abzusichern sind, so daß dem *Grundsatz der Erfolgssicherung* im Berufsschulunterricht eine hohe Bedeutung zukommt. Insbesondere ist darauf zu achten, daß stofflich jeweils eine Einheit vermittelt wird, wobei auf eine saubere Stoffstrukturierung (Tafelbild, Zusammenstellung der Arbeitsmittel, Hefteintrag, Medienauswahl u.a.) Wert zu legen ist.

So ist es sicher nützlich, wenn im kaufmännischen Rechnen neben einem Übungsheft ein „Regelheft" geführt wird, in dem nur einführende Beispielaufgaben eingetragen werden, wenn in der Buchführung ein „Theorieordner" neben dem „Übungsordner" steht, wo grundlegende Buchungen, schematische Abschlüsse u.a. festgehalten werden und wenn in der Betriebswirtschaftslehre ein Heft oder Ordner die behandelten Stoffgebiete lückenlos erfaßt. Diese formalen Elemente ermöglichen es dem Schüler immer wieder, sich das Wesentliche, die Struktur des Stoffes ins Gedächtnis zurückzuführen. Daneben hat der Lehrer aber auch im Unterricht, d.h. in seinem methodischen Vorgehen, diese Zielsetzungen kontinuierlich zu verfolgen. Den Teilzielwiederholungen und übenden Anwendungen, den immanenten und systematischen Wiederholungen, den fallbezogenen Übungen und den verbalen Erfolgskontrollen kommt somit eine verstärkte Bedeutung zu. Es muß das Bestreben des Berufsschullehrers sein, einen Unterrichtstag bzw. einen Unterrichtsblock so abzuschließen, daß er am nächsten Unterrichtstag bzw. Unterrichtsblock ohne allzugroßen Reibungsverlust fortfahren kann, wo er zuletzt geendet hat.

Die angeführten kleinen didaktisch-methodischen Hinweise für die unterrichtliche Alltagsarbeit sind kursorischer Art und stehen unverbunden nebeneinander. Sie hatten nur die Aufgabe, notwendige Vorgehensweisen des Berufsschullehrers zu charakterisieren.

Daneben ist noch auf eine weitere, völlig andere Dimension des Berufsschulunterrichts einzugehen. Die Ausbildung in den Unternehmen wird gegenwärtig immer abstrakter, d.h., viele zentrale kaufmännische Vorgänge in der betrieblichen Ausbildung können nicht mehr gesehen, erlebt, nachvollzogen werden, da sie z.B. von EDV-Programmen übernommen oder aber an Dienstleistungsunternehmen weitergegeben werden. Dies betrifft insbesondere die Buchführung, das Mahnwesen, die Durchführung von Rechenoperationen usw. Außerdem ist in diesem Zusammenhang an die Diskussion um die Zielsetzungen des Dualen Systems zu erinnern, in der ein integrierter Theorie-Praxis-Bezug für den Berufsschulunterricht gefordert wird (vgl. Kapitel 3.1.1, S. 104 f.). Die Folge hiervon ist, daß an die Berufsschule die Forderung gestellt wird, diese Defizite über den Einsatz entsprechender Unterrichtsmethoden (z.B. Fallstudien, Planspiele, Juniorenfirma, EDV-Einsatz usw.) auszugleichen. Dieser Hinweis soll an dieser Stelle genügen, da über die Umsetzung dieser Forderungen im Kapitel C. „Lehr- und Lernorganisation" ausführlich zu sprechen sein wird.

3.2.2 Unterricht in der kaufmännischen Berufsfachschule, der Fachoberschule und im Beruflichen Gymnasium

Gemeinsames Merkmal der drei Schulformen ist, daß sie Vollzeitschulen sind. Da sich hieraus für den Unterricht - wenn auch unterschiedlich gewichtet - viele gleichartige Probleme ergeben, sollen sie hier gemeinsam abgehandelt werden.

Der entscheidende Unterschied zur Berufsschule ist, daß die Schüler dieser kaufmännischen Vollzeitschulen keine Berufserfahrung haben und deshalb den teilweise doch sehr abstrakten Stoffgebieten etwas hilflos gegenüberstehen. „Die Fremdheit des zu bewältigenden Lernstoffes gegenüber den praktischen Kenntnissen und Erfahrungen der Schüler, seine innere Unverbundenheit und seine zeitliche Raffung erzeugen eine Lernsituation, in der eine Entwicklung von Interessen und Neigungen eine kritische Verarbeitung des Stoffes, d.h. seiner Überprüfung an den praktisch-beruflichen Erfahrungen und Kenntnissen nicht nur nicht gefördert, sondern geradezu verhindert wird. Den Schülern bleibt in solchen Situationen nur das ‚Pauken‘ für die Abschlußprüfung übrig."[1] Diese Argumentation ist um so zutreffender, je abstrakter die Lerninhalte werden, d.h. im Beruflichen Gymnasium mit seiner intensiven Behandlung des Gesellschaftsrechts, der Rechnungslegung der Unternehmen, der Kosten-Ertrags-Betrachtungen u.a. tritt dieser Effekt besonders kraß in Erscheinung, und zwar auch dann, wenn das gestiegene Abstraktionsvermögen der Schüler berücksichtigt wird. Methodisch ist hieraus zu folgern, daß der Lehrer im Wirtschaftslehre-Unterricht dieser Schulformen verstärkt um die *Veranschaulichung der Lerninhalte* bemüht sein muß.

Der Begriff *Anschauung* hat im Lauf der Zeit eine kaum noch zu durchschauende Vieldeutigkeit angenommen, so daß er sowohl hinsichtlich des Umfanges als auch hinsichtlich des Inhaltes nur schwer zu bestimmen ist.[2] In der Pädagogik, die danach zu fragen hat, welche Bedeutung der Anschauung im Bildungsgeschehen zukommt und wie sich der Unterricht anschaulich gestalten läßt, sind zwei Grundbegriffe zu unterscheiden:

— *Anschauen* heißt erkennen der Zusammenhänge (= Strukturieren,) wobei sich der Lernende keineswegs passiv verhält, vielmehr setzt die Herausarbeitung von Strukturgerüsten Operieren und Mitgestalten, Aktivität voraus. Anschauung bedeutet deshalb operierendes Strukturieren. Daraus läßt sich ableiten, daß das Medium an sich noch nichts über die Effizienz seiner Verwendung aussagt, sondern das Ausmaß von der Aktivität und Strukturfähigkeit bestimmt wird, die der Schüler durch das Medium gewinnt. Ein Unterricht ist nicht schon deshalb anschaulich, weil Anschauungsmittel eingesetzt werden, sondern er ist es nur insoweit, als die Schüler durch das Medium operieren und strukturieren können.

— Die *Veranschaulichung* ist ein methodisches Instrument in der Hand des Lehrers in seinem Bemühen, die Lerninhalte in schüleradäquate Lernstoffe zu transformieren. „Wie ein Transformator elektrische Spannung in niedere

---

1 Zur Problematik der Anschauung im Unterricht der kaufmännischen Schulen vgl. Wälde, E.: Die Anschauung im Unterricht der kaufmännischen Schulen, 3. Aufl., Darmstadt 1972.
2 Vgl. Dauenhauer, E.: Kategoriale Didaktik, 2. Aufl., Rinteln 1970, S. 280 f.

Spannung umwandelt, so formen die Maßnahmen der Veranschaulichung den Lehrstoff derart um, daß er auf gleiche Höhe gebracht wird mit dem erreichten Abstraktionsgrad und dem erworbenen Vorstellungsgehalt der Schüler. Wer veranschaulichen will, muß den Lehrstoff in die Sprache der Schüler übersetzen; er muß die Fähigkeit eines Dolmetschers besitzen, der sich in der fremden Sprache (der Sprache der Schüler) ebenso auskennt wie in der eigenen."[1]

Da der Medieneinsatz in Abschnitt D. V. dargestellt wird, soll hier nur exemplarisch anhand einiger Beispiele gezeigt werden, wie die Veranschaulichung in den verschiedenen Schulformen gehandhabt werden könnte.

In der zweiten Klasse einer Berufsfachschule steht die Einführung des Betriebsabrechnungsbogens (BAB) an. Ist es damit getan, den Schülern über ein Musterformular den Aufbau des BAB zu erläutern? Versteht er mit diesem Originalbeleg besser, daß der BAB das Kernstück der Kostenrechnung darstellt, weil er, dem Betriebsablauf folgend, Kostenstellen ermittelt und die dort anfallenden Gemeinkosten erfaßt, um sie der Kostenträgerrechnung zuzuführen? Sicher nicht. Anschauung erhält der Schüler jedoch dann, wenn ihm etwa über Film oder Dias ein konkreter Produktionsablauf in einem Industriebetrieb gezeigt wird und er sich damit in dessen Funktionsbereiche hineinversetzen kann. Zeichnet er den gesehenen Betriebsablauf schematisiert nach, wird er die Funktions-, die Schaltstellen des betreffenden Unternehmens und damit die Kostenstellen erkennen, und ihnen die anfallenden Gemeinkosten zuordnen können. Er kann so in selbständiger Weise operierend und strukturierend tätig werden. Der nachfolgende Schritt zur Generalisierung des konkreten Beispiels läßt sich dann relativ einfach vollziehen.

Große Schwierigkeiten bezüglich der Anschauung ergeben sich auch bei einem Thema wie: Vor- und Nachteile der Automation. Als Lernziele dieser Unterrichtsstunde könnte angestrebt werden:

— Der Schüler soll die verschiedenen Arten der Automation auswendig aufzählen, die Einsatzbereiche der Automation an einem Beispiel erläutern sowie mit eigenen Worten das Wesen der Automation beschreiben können.
— Der Schüler soll anhand eines konkreten Beispiels die Auswirkungen der Automation auf die Bereiche Produktion, Arbeit und Gesellschaft selbständig beschreiben können. Er soll insbesondere die im betreffenden Fall direkt feststellbaren Veränderungen (Primärwirkungen) aufzählen können.
— Der Schüler soll an drei Beispielen die Auswirkungen der Automation (Sekundärwirkungen) schildern können.
— Der Schüler soll die vorgelegten Aussagen eines Gewerkschafters und eines Arbeitgebers interpretieren können.

Auch in diesem Fall kann der Lehrer von dem Schüler, der einen Betriebsablauf noch nicht gesehen hat, keine strukturierende Aktivität erwarten. Er muß ihm also den Fall vorführen, und zwar entweder über einen Film, eine Tonbildschau oder konkret durch eine Betriebserkundung. Im anderen Fall bleiben die gesetzten Lernziele ohne kritische Verarbeitung, sie werden in der Schule schlicht „erduldet" und dann, sofern der Schüler fleißig ist, auswendig gelernt.

---

1 Rölke, S.: Methodik der Betriebswirtschaftskunde, 2. Aufl., Bad Homburg v.d.H. 1970, S. 51.

Neben diesen aufwendigen Unterrichtsmedien kann aber auch ein gut angelegtes Tafelbild viel zur Anschauung beitragen. So kann etwa die Abwicklung des Pfandbriefgeschäftes durch eine Hypothekenbank in einer Berufsfachschulklasse wie folgt veranschaulicht werden:

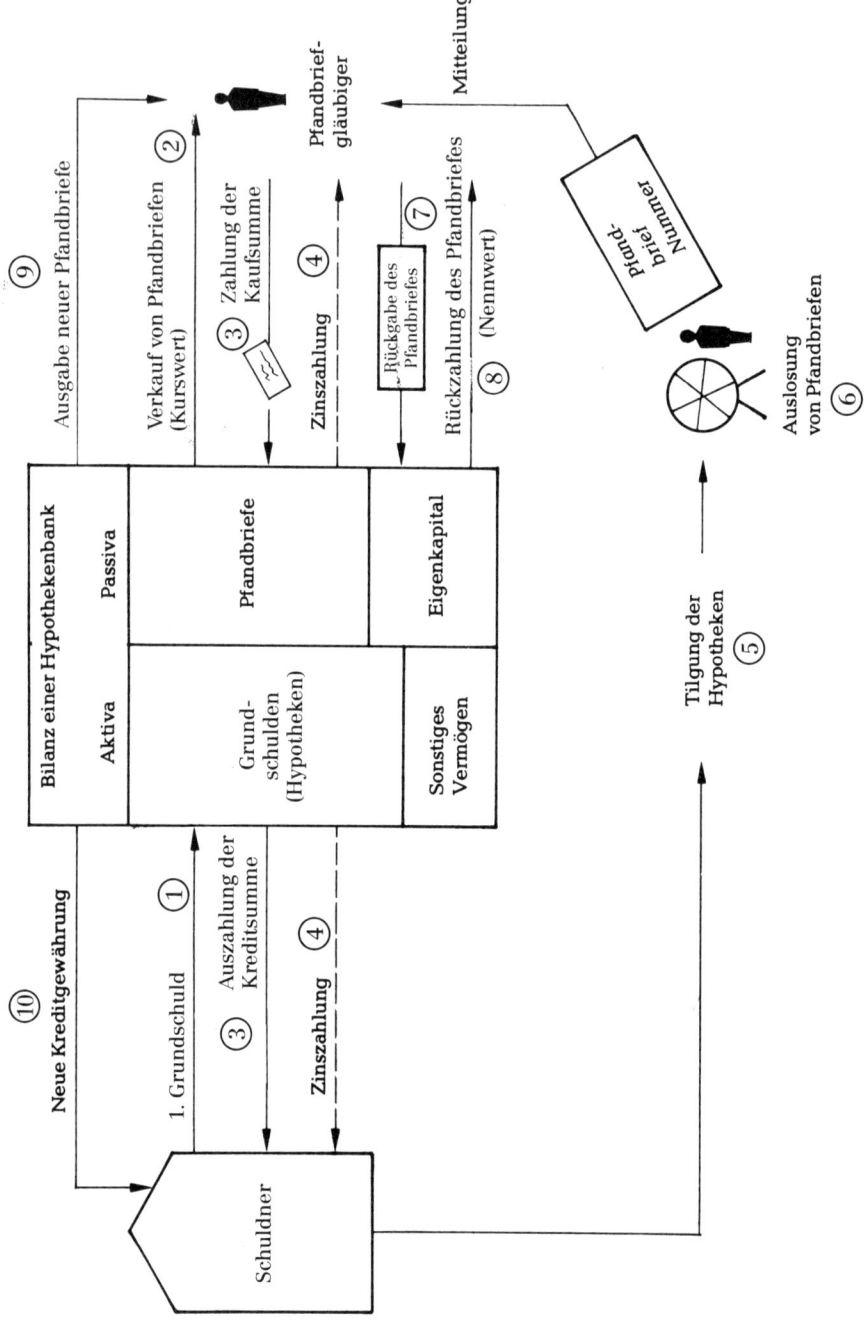

Soll das gleiche Thema in der Klasse 12 einer Fachoberschule bzw. in einem Beruflichen Gymnasium strukturiert werden, so ist von einer höheren Abstraktionsfähigkeit der Schüler auszugehen. Das bedeutet, daß einerseits auf die figürliche Darstellung ganz verzichtet werden kann und andererseits die Darstellung insgesamt zu straffen ist.

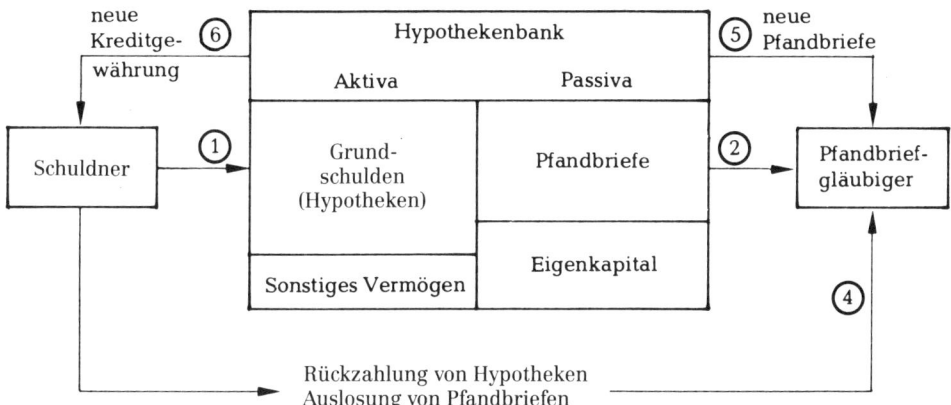

Die Veranschaulichung des Unterrichtsstoffes kann auch einmal „im nachhinein" vorgenommen werden. Der Lehrer hat mit der Klasse die Wertpapiere und ihre Arten besprochen und möchte nun das Wesen dieser Papiere verdeutlichen. Hierzu initiiert er drei Beratungsgespräche bei einer Bank, die in Gruppenarbeit zu erstellen sind und in Form von Rollenspielen „vorgeführt" werden. Die Gruppenmitglieder übernehmen die jeweils anfallenden Rollen. Zu dieser Stunde lädt der Lehrer einen Wertpapiersachbearbeiter einer Bank ein, um den Realitätscharakter des Unterrichts zu erhöhen. Den einzelnen Gruppen werden folgende Aufgaben gestellt:

Gruppe I: Der Stadtkämmerer Josef Huber ist 64 Jahre alt und wird demnächst pensioniert. Er hat ein Sparguthaben von 80 000,00 DM und möchte es höher verzinslich anlegen. Da er nach seiner Pensionierung geringere Bezüge erhält, möchte er gerne immer wieder eine „finanzielle Auffrischung" erhalten, ohne jedoch den Kapitalbestand angreifen zu wollen.

Gruppe II: Der Unternehmer Fritz Schlau hat durch einen Großauftrag einen Gewinn von 80 000,00 DM erzielt. Da er mit diesem Geld nicht gerechnet hatte und er außerdem gerne risikoreich handelt - ohne aber hierbei „unüberschaubare" Gefahren einzugehen -, bittet er den Anlageberater, ihm für diesen Betrag einen entsprechenden Ratschlag zu erteilen.

Gruppe III: Der Oberstudienrat Robert Held verfügt über ein Sparguthaben von 10 000,00 DM. Er wünscht einerseits, daß sich sein Kapital über Kursgewinne möglichst schnell vermehrt, andererseits überlegt er, daß er sein erspartes Vermögen doch relativ hart erarbeitet hat, und er will daher nur ein sehr beschränktes Risiko - was einen eventuellen Kursverlust angeht - eingehen.

Verbunden mit der Verstärkung der Schüleranschauung ist eine *vermehrte Selbsttätigkeit der Schüler*. Dabei wird die Schüleraktivität vom Lehrer nicht nur vorangetrieben, um rein methodische Vorgehensweisen zu schulen, vielmehr soll sich der Schüler dadurch mit den Lerninhalten auseinandersetzen und sie hinterfragen. Allerdings setzt dies beim Schüler ein Lernbedürfnis voraus, d.h., die Schüler müssen über eine starke Motivierung und eine sinnvolle Anschauung zur Aktivität geführt werden. Die Einstellung und Orientierung des Schülers muß langfristig auf die Lerninhalte ausgerichtet werden, so daß er nicht um der Prüfung willen, sondern um der Sache willen lernt. Aufgrund der Fremdartigkeit und der hohen Abstraktionsebene der wirtschaftlichen Lernstoffe ist jedoch gerade dies in den kaufmännischen Vollzeitschulen sehr schwer erreichbar. Hinzu kommt, daß der Mangel an Zeit in einer 2- bzw. 3jährigen Schulform, deren Lerninhalte derzeit durch jeden Fortschritt der Wirtschaft und Technik ganz „natürlich anwächst", eine Steigerung der Schüleraktivität, die immer zeitintensiver als ein lehrerzentrierter Unterricht ist, stark behindert. Zwei Maßnahmen, die zur Förderung der Schüleraktivität in diesen Schulformen beitragen können, sollen hier in exemplarischer Weise angeführt werden.

(1) *Schüleraktivität erfordert Zeit, d.h., der Lehrer muß diese Zeiträume - unverändertes Curriculum unterstellt - schaffen*. Dies kann auf zweifache Weise geschehen:

a) Im Stoffverteilungsplan legt der Lehrer die didaktisch-methodischen Überlegungen über einen längeren Zeitraum hinweg fest. Er kann so bestimmen, welche Lernziele etwa über eine Lehrerdarstellung, eine vorgegebene schriftliche Zusammenfassung, einen straffen Frontalunterricht u.a. methodische Maßnahmen rasch zu erreichen sind, und welche Ziele sinnvollerweise schüleraktiv erarbeitet werden müssen. Der Aufbau eines Stoffverteilungsplans soll an einem Beispiel verdeutlicht werden:

Woche/ Stunde	Stoffinhalt	Didaktische Hinweise	Methodische Hinweise
1./2	**Zinsrechnung:** Berechnung der Jahres- und Monatszinsen.	Einführung über die Prozentrechnung unter Beachtung der Zeit.	Entwicklung an einem Beispiel mit einfachen Zahlen. Fragend-entwickelnd; erklärend-induktiv; Frontalunterricht.
	Tageszinsen	Ziele: – Entwicklung der allgemeinen Zinsformel	
2./2		– Berechnung der Tage nach deutscher Art	Die übrigen Berechnungsarten werden kurz dargeboten.
	Übungsaufgaben	4 Aufgaben aus dem Lehrbuch.	Partnerarbeit
3./2	Kaufmännische Zinsformel	Entwicklung aus der allgemeinen Zinsformel. Berechnung der Zinstage, Zinszahlen, Zinsteiler, bequeme Zinssätze.	Gruppenarbeit – Aufgabe mit 3 Zinsberechnungen werden bei gleichem Zinsfuß vorgegeben. Gruppe soll nach Vereinfachungsmöglichkeiten suchen.
	Übungsaufgaben	3 Aufgaben aus dem Lehrbuch als Transferleistung.	– Nach der Lösungsidee fragend-entwickelnder Unterricht; erklärend-induktiv, als Frontalunterricht.

Die im lehrerzentrierten Unterricht eingesparte Unterrichtszeit wird also zugunsten der schülerzentrierten Phase eingesetzt. Das erfordert, dies ist keine Frage, verstärkte Planung, didaktische Schwerpunktsetzung und methodische Kompromisse.

b) Der Lehrer nimmt Stoffstreichungen vor (Mut zur Lücke) und verzichtet teilweise auf stoffliche Vollständigkeit, denn stoffliche Vollständigkeit und schüleraktiver Unterricht schließen sich gegenseitig - bei den gegebenen Lehrplänen - nahezu aus. Dadurch wird erreicht, daß der Schüler die geforderten Lerninhalte stärker durchdringen und reflektieren kann und so zu vermehrten Erfolgserlebnissen geführt wird („ich kann die Aufgabe selbständig lösen ... ich kann jetzt mehr" ...). Für die Stoffauswahl gilt daher in den kaufmännischen Vollzeitschulen das Prinzip des exemplarischen Wissens und der Wertvordringlichkeit (didaktische Reduktion) in besonderer Weise. Zwei Beispiele:

— In der Unterrichtseinheit „Der Gewinn und seine Verwendung" (Berufliches Gymnasium bzw. Fachoberschule) ist es nicht erforderlich, diese Überlegungen für alle Unternehmensformen durchzuführen. Es ist besser, für die Personengesellschaften etwa das Beispiel der KG heranzuziehen (die Gewinnverwendung der OHG ist hierin im Grunde ja enthalten) und für die Kapitalgesellschaften als Beispiel die AG durchzurechnen und vertiefend zu behandeln, als oberflächlich alle Unternehmensformen abzudecken.

— In der Berufsfachschule sollte es der Lehrer beispielsweise vermeiden, vom Schüler die vielen rechtlichen Einzelheiten, z.B. die verschiedenen Verjährungsfristen, die Rechte und Pflichten von Kommissionär, Lagerhalter, Spediteur u.a., die gesetzlichen und kaufmännischen Bestandteile des Wechsels, die Höhe der Beitragsbemessungsgrenzen in der Sozialversicherung u.a., die jederzeit nachgeschlagen werden können, auswendig lernen zu lassen. Dieses „Einzelheitenwissen" sollte zugunsten vertiefender Strukturfassung - erarbeitet in schüleraktiven Formen - zurückgedrängt werden.

(2) Schüleraktivität erfordert als zweites, daß schüleraktive Vermittlungsinstrumentarien eingesetzt werden.

Ziel ist es, den Schüler dahin zu führen, daß er den Arbeitsweg selbst findet, der zur Lösung des Problemfalles führt. Dies setzt voraus, daß die Stoffproblematik so angelegt wird, daß sie dem Schülerniveau entspricht, daß sie einen stringenten Lösungsweg beinhaltet, daß entsprechende Arbeitsmaterialien bereitgestellt werden, daß der Schüler die Fähigkeit besitzt, allein oder in der Gruppe eigenständig zu arbeiten usw. Nur wenn konsequent immer wieder in dieser Form gelehrt und gelernt wird, kann im Schüler ein System von Lösungsstrategien aufgebaut werden, die es ihm erlauben, gezielt nach Lösungen für das jeweilige Problem zu suchen, die Ergebnisse zu sichern und analysierend auszuwerten. Die aufgebaute Methodenkompetenz der Schüler führt dann in der Folgezeit zu Zeiteinsparungen, da nicht ständig Verfahrenswege neu eingeübt werden müssen.

In den kaufmännischen Vollzeitschulen, die ja berufsvorbereitend sind, ist diese Art des methodischen Vorgehens von äußerster Wichtigkeit. Der angehende Auszubildende braucht diese Eigenschaften zur Bewältigung seines Berufes genau so notwendig wie der Absolvent des Beruflichen Gymnasiums, der seinen Studiengang beginnen will. Insoweit haben Fallstudien, Planspiele, Juniorenfirma, Lernbüro und andere pädagogische Großformen ebenso ihren Platz in den beruflichen Vollzeitschulen wie in der Berufsschule. Da im Kapitel C. „Lehr- und Lernorganisation" diese Problematik nochmals angesprochen wird, mögen diese kursorischen Ausführungen hier genügen.

Wir schließen das Kapitel mit der Feststellung ab: „Lernprozesse am Lernort Schule vollziehen sich auf der Basis einer Analyse sich gegenseitig beeinflussender anthropogener und soziokultureller Voraussetzungen und deren Berücksichtigung im Rahmen der Zielsetzung beruflicher Schulen."[1]

III. Inhalte (Unterrichtsstoff)

1   Bezugs-(Berufs-)wissenschaften und Lehrplanentwicklung

Grundsätzlich könnte man sich für die in diesem Buch anzustellenden Überlegungen auf den Standpunkt stellen, für den Unterricht an den kaufmännischen Schulen ist der staatlich festgesetzte Lehrplan verbindlich vorgeschrieben, folglich beginnt die Ziel- und Inhaltsanalyse mit dem Problem der Stoffstruktur der vorgegebenen Inhalte. Um wirtschaftsdidaktisch nicht zu kurz zu greifen, wird hier nicht so verfahren, vielmehr wird nochmals kurz die Kernproblematik Bezugs-(Berufs-)wissenschaft Wirtschaftslehre und Lehrplanentwicklung skizziert.

Derzeit wird (noch) ein enger Verflechtungsgrad zwischen dem Schulfach und der(n) entsprechenden Fachwissenschaft(en) angenommen, was Inhalte und Ziele betrifft. Hauptfolge dieser Entwicklung ist, daß sich mit zunehmenden Inhalten der Fachwissenschaften auch die Lehrpläne der entsprechenden Fächer ausweiten. Hinzu kommt, daß das verlangte Schulfachwissen häufig eindimensional ausgelegt wird, was Strukturverbindungen zu anderen fachwissenschaftlichen Stoffgebieten dann nicht zuläßt.

Es wurde bereits dargelegt, daß diese Entwicklung dadurch vermieden werden kann, daß eine Bezugs-(Berufs-)wissenschaft Wirtschaft erarbeitet wird, die die wissenschaftliche Grundlage für die Lehrpläne abgibt. Die Bezugs-(Berufs-)wissenschaften haben - vereinfacht ausgedrückt - das wirtschaftswissenschaftlich notwendige Grundwissen auszuwählen und ihren strukturellen Zusammenhang zu anderen Fachwissenschaften herauszuarbeiten. Neue Entwicklungen innerhalb einer Fachwissenschaft werden dann nicht zu den bisherigen Fachinhalten additiv hinzugefügt, sondern in ihrer Wertigkeit, ihrer Komplexität und in ihrer

---

1 Kuhnle, H.: Der Lernort Schule in berufs- und wirtschaftspädagogischer Sicht, in: Schanz, H.: Entwicklung und Stand der Berufs- und Wirtschaftspädagogik, Beiträge zur Berufs- und Wirtschaftspädagogik III, Stuttgart 1976.

Ausstrahlung auf andere Fachwissenschaften in die Bezugs-(Berufs-)wissenschaft integriert. Die Erstellung einer solchen Bezugs-(Berufs-)wissenschaft Wirtschaftslehre befindet sich im vorpädagogischen Raum und ist durch Fachwissenschaftler zu leisten.[1]

Aufgabe der Lehrplankommission ist es nun, die Inhalte der Bezugs-(Berufs-)wissenschaft Wirtschaftslehre im Sinne der allgemeinen didaktischen Zielsetzungen zu werten und zu gewichten, um dann zu entscheiden, ob sie Lehrplanthema werden sollen oder nicht. *Lehrpläne* sind damit als *Produkt didaktischer Reflexion* anzusehen. Fachwissenschaftliche Inhalte sind also keineswegs nur ein „Mittel" - und damit austauschbar - um ein vorformuliertes Ziel zu erreichen. „Die Bestimmung von ‚Themen'[2] des Unterrichts muß sowohl auf der Ebene der Rahmenvorgaben in den Richtlinien / Lehrplänen / Curricula als auch auf der Ebene der Entscheidungen im Unterricht einzelner Schulen unter der Fragestellung erfolgen: Welcher Orientierungen, Erkenntnisse, Fähigkeiten bedarf der Aufwachsende, um angesichts seiner gegenwärtigen und vermutlich zukünftigen geschichtlichen Wirklichkeit Selbstbestimmungs-, Mitbestimmungs- und Solidaritätsfähigkeit entwickeln zu können?"[3]

Eine völlig andere Frage ist, in welcher organisatorischen Form die Inhalte in den Schulen unterrichtet werden sollen. So erhebt sich z.B. die Frage, ob komplexe Inhalte in *einem* Schulfach oder „abgestimmt" in mehreren Schulfächern unterrichtet werden sollen, ob sie von einem Lehrer oder von Lehrerteams vermittelt werden sollen, ob einzelne Schulfächer temporär zusammengefaßt werden sollen, um Projekte durchzuführen u.ä. Greifen wir als kleines Beispiel das Thema z.B. Wechsel heraus. Soll dieses Thema im Rahmen eines Projekts unterrichtet werden oder sollen die rechtlichen und betriebswirtschaftlichen Elemente im Fach Betriebswirtschaftslehre, die volkswirtschaftlichen Elemente im Fach Volkswirtschaftslehre, der buchungstechnische Ablauf im Fach Buchführung und die Abrechnung der Wechsel im Fach Kaufmännisches Rechnen, jeweils „abgestimmt", vermittelt werden. Diese schulorganisatorischen und schulpolitischen Fragen sollen hier nicht weiter verfolgt werden.

---

1 Diese Arbeit leisten heute noch die einzelnen Lehrplankommissionen mit. Da die fachwissenschaftliche Kompetenz der einzelnen Lehrplankommissionen sicherlich unterschiedlich ist, verwundert es nicht, daß die erstellten Lehrpläne unterschiedliche Qualitäten aufweisen.
2 Klafki unterscheidet zwischen den Begriffen Inhalt und Themen. Der Begriff Inhalt (oder Gegenstand) ist im Bereich der Fachwissenschaften angesiedelt (vorpädagogischer Raum). Die Inhalte werden zu Themen, wenn sie, nach erfolgter pädagogischer Überprüfung, im Unterricht eingesetzt werden. Diese begriffliche Trennung wird im folgenden nicht übernommen.
3 Klafki, W.: Bildungstheorie und Didaktik, S. 121.

2 Inhalts-(Stoff-)problematik in der Unterrichtspraxis

2.1 Zur Festlegung der Inhalte

Eine Auflistung der zu unterrichtenden Lerninhalte enthält der Lehrplan. Allerdings werden die Inhalte im Lehrplan in aller Regel sehr weit gefaßt, so daß dem Lehrer somit ein pädagogischer Spielraum bleibt. Es ist damit dem Lehrer überlassen, die einzelnen Inhalte im einzelnen festzulegen. Bevor auf die Praxis der Stoffauswahl eingegangen wird, sollen thesenartig die generellen Beziehungen zwischen der Auswahl der Inhalte und den angesprochenen pädagogischen Zielsetzungen herausgearbeitet werden.

Über die Auswahl der Inhalte muß der Lehrer versuchen,

- im Schüler Orientierungen, Erkenntnisse, Fähigkeiten aufzubauen, damit dieser für Gegenwart und Zukunft Maßstäbe erhält, die es ihm ermöglichen, seine Lebenssituation selbst zu bestimmen, an der Entwicklung der Gesellschaft aktiv mitzuwirken und Fehlentwicklungen der Gesellschaft zu erkennen;
- aktuelle Interessen der Lernenden aus Alltag und Beruf mit den Erfahrungen und Denkweisen der Erwachsenengeneration zu verbinden;
- einen Ausgleich herzustellen zwischen dem Aufbau von Fachwissen bzw. fachmethodischen Vorgehensweisen und der Vermittlung von exemplarisch erarbeiteten Erfahrungen, was die Wissenschaft zur Bewältigung individuell und universell bedeutsamer Lebensprobleme beitragen kann und wo ihre Grenzen liegen;
- herauszuarbeiten, daß Inhaltsfragen häufig Handlungsprobleme darstellen, für die Lösungsmöglichkeiten zu suchen bzw. die Grenzen der Lösungsmöglichkeiten zu bestimmen sind;
- dem Schüler die Einsicht zu vermitteln, daß er kein abstraktes, nicht verwertbares Wissen aufbaut, sondern daß er einzelne Bausteine anhäuft, die es ihm letztlich ermöglichen werden, Methoden zur Lebensbewältigung zu finden;
- im Schüler ein solides fachliches Grundwissen aufzubauen wie Lesen, Schreiben, Rechnen, Buchen, Gesetzestexte interpretieren, geschichtliche Ereignisse kennen und deuten, naturwissenschaftliche und technische Gesetze verstehen usw.

Voraussetzung dafür, daß diese Ziele erreicht werden, ist, daß der Lehrer die zur Vermittlung anstehenden fachlichen Inhalte und deren Strukturzusammenhang genau kennt. Eine Hilfe zur Durchdringung der Fachinhalte liegt in der Erstellung einer Strukturanalyse.

2.2 Strukturanalyse

„Wenn auch im Grunde nicht richtig, so ist es bei allen klassischen Fächern eine Hilfe und gibt sicheren Boden ab, wenn die Planer von dem Gerüst der entsprechenden Wissenschaft ausgehen, um durch Elementarisierung und exemplarisches Vorgehen die Übertragung der Wissenschaft in die Schulstufe zu erreichen versuchen."[1] Zunächst entbehrt dieser Ansatz der methodischen und didaktischen Reflexion und dient allein dazu, die Aufbauprinzipien (Strukturen) des Stoffgebietes offenzulegen.

Diese *vorpädagogische Analyse*[2] zeigt durch Atomisierung komplexer Themenbereiche die Elemente und ihre Verkettung auf. „Wir fragen nach den gegenstandskonstitutiven Kategorien, nach den Aufbaustrukturen des ‚Stoffes‘, nach den inneren Zusammenhängen. Diese Sehweise des Stoffkategorialen steht auf der Ebene der Wissenschaftstheorie: Nicht die Reflexionsebene der Fachwissenschaft selbst ist gewollt, sondern der wissenschaftstheoretische Ansatz gleichsam von der Vogelperspektive herab."[3]

Diese wissenschaftstheoretische Aufbereitung des Stoffes ist von Bedeutung für die Unterrichtsmethodik, insbesondere bei der Auswahl des Unterrichtsverfahrens. Eine Unterteilung bis in die Primfaktoren, im mathematischen Sinne, ist sicher nur in seltenen Einzelfällen erforderlich. Allerdings wird die praktische Arbeit natürlich mit fortschreitender Unterteilung immer stärker erleichtert. „Je tiefer die Unterteilung, um so deutlicher ist der Freiheitsgrad nachgewiesen, den die logische Struktur läßt."[4] Mit diesem Stoff-Struktur Ansatz ist einerseits sichergestellt, daß die Inhalte und ihre strukturellen Verflechtungen wissenschaftlich aufbereitet sind, und andererseits hat der Lehrer das Entscheidungsfeld für sein pädagogisches Vorgehen aufbereitet.

Der Weg, der beim Aufbau eines Strukturgerüstes durchschritten wird, kann aus dem Schema S. 128 entnommen werden.

---

1 Reip, H.: Struktur und Schichtung einer elementaren Wirtschaftslehre als Teil der Arbeitslehre, in: Die Schulwarte, 3/1973, S. 1.
2 „Die Frage nach den Gerüsteinsichten und stofflichen Prinzipien ist frei von jedem Sollensanspruch, das Wissen um das Stoffkategoriale ist noch bildungsneutral. Wir legen Aufbauprinzipien des Stoffes bloß, ohne das Selbst, den jungen Menschen in unser Denken einzubeziehen. Es ist ein Denken außerhalb der Bildungsdialektik, eine Vorstufe didaktischen Denkens, eben ein wissenschaftstheoretisches Denken." Dauenhauer, E.: Kategoriale Didaktik, S. 70.
3 Dauenhauer, E., ebenda S. 70.
4 Reip, H., ebenda, S 3.

Methode:

Strukturanalyse

- zur curricularen Arbeit
- zur langfristigen Planung

- zur kurzfristigen Unterrichtsplanung

Stellung des Themas innerhalb
eines Stoffgebietes (der Wissenschaft)

Darstellung der Unterrichts-
struktur

Makroanalyse

Mikroanalyse

Ergebnis:

Andere
Wissenschafts-
disziplinen

Schichtung

Schichtung

Andere
Wissenschafts-
disziplinen

Strukturgerüst

Primärelemente

Thema

Folgeelement
=
Vorelement

Folgeelement
=
Vorelement

Folgeelement
Vorelement

Folgeelement

Folgeelement
Vorelement

Folgeelement

Vorstrukturen

Folgestrukturen

Überblick über den Aufbau einer Strukturanalyse

(Die Ausführungen lehnen sich an ein unveröffentliches Manuskript von Prof. Hölzl vom Seminar für Schulpädagogik (BS), Stuttgart, an.)

128

Der Lehrer sucht nach Primärelementen des anstehenden Themas, für deren Behandlung kein anderes Thema des Fachgebietes Voraussetzung ist. Die hierauf aufbauenden komplexen Bereiche sind Folgeelemente dieser Themen. Unterrichtsstoffe sind in der Regel in sachlogisch aufeinanderfolgende Folgeelemente eingebettet und setzen somit Wissen voraus. Stoffgebiete, von der sachlogischen Voraussetzung her weniger komplex, die deshalb zeitlich vor einem bestimmten Thema behandelt werden müssen, sind Vorelemente dieses Themas.

Die *vertikale Betrachtung* des Strukturgerüstes beantwortet makroanalytisch gesehen (Vergleich der anstehenden Unterrichtsstunde mit dem vorgegebenen bzw. nachgeordneten Stoffgebiet) die Fragen:

– Aus welchen Grundtatbeständen läßt sich das Thema ursächlich ableiten?

– Inwiefern bestehen ursächliche Zusammenhänge zum Thema im Sinne einer originären Verkettung?

– In welche weiteren Fragenkreise mündet das Thema ein?

Mikroanalytisch gesehen (Aufbau innerhalb der Unterrichtsstunde) wird die Frage beantwortet:

– Inwieweit läßt sich ein kausaler Zusammenhang der Strukturteile der Unterrichtseinheit oder sogar der Strukturbegriffe des Themas feststellen?

Die *horizontale Betrachtung* des Strukturgerüstes zeigt die Querverbindungen zu den Nachbardisziplinen auf, also die Schichtung (Verflechtung) des Themas. Manchmal beinhaltet ein Thema wesentliche Querverbindungen zu anderen Wissenschaftsdisziplinen, deren Offenlegung für die Unterrichtsarbeit von Bedeutung sein kann.

So hat das Thema Sozialversicherung zunächst eine *betriebswirtschaftliche Schicht,* in der Art, Umfang und Bedeutung sozialer Leistungen, die im Unternehmensbereich anfallen, dargestellt werden können. Dazu kommt die *juristische Schicht* und somit die Aufarbeitung des gesetzlichen Instrumentariums (RVO, AFG, AVG u.a.), die *volkswirtschaftlich-soziologische Schicht,* in der die Maßnahmen zur Schaffung sozialer Sicherheit und zur Wahrung des sozialen Standes im Rahmen der Wirtschafts- und Gesellschaftsordnung herausgestellt sowie die Belastung der Volkswirtschaft erfaßt werden, und schließlich die *historische Schicht,* in der die Entwicklung der Sozialversicherung seit der Kaiserlichen Botschaft Bismarcks von 1881 angesprochen wird. Das Erkennen von Schichtungen ist für den Schüler wesentlich, weil dadurch der Stoff von mehreren Gesichtspunkten her beleuchtet wird und so für ihn an Bedeutungstiefe gewinnt. Zudem wird der Schüler langfristig daran gewöhnt, ein anstehendes Problem ganzheitlich zu sehen, um es so einer umfassenden Lösung zuzuführen. Der Schichtungsgedanke fördert somit die Idee des fächerübergreifenden und -verbindenden Unterrichts und führt dadurch beim Schüler zu einer Ausweitung seiner Denk- und Verhaltensweisen.

Die zwei folgenden Beispiele sollen diese Ausführungen zur Strukturanalyse verdeutlichen.

Fach: Betriebswirtschaftslehre
Thema: Erweiterung eines Einzelunternehmens zur KG

Fachwissenschaftliche Strukturbegriffe:

Kaufmann	Handelsregister	Einzelunternehmung	Finanzierung
Firma	Personengesellschaften	Kooperation	Handelsgewerbe
Rechtsgeschäft	Teilhaber	Vertrag	

Primär- und Folgestrukturen:

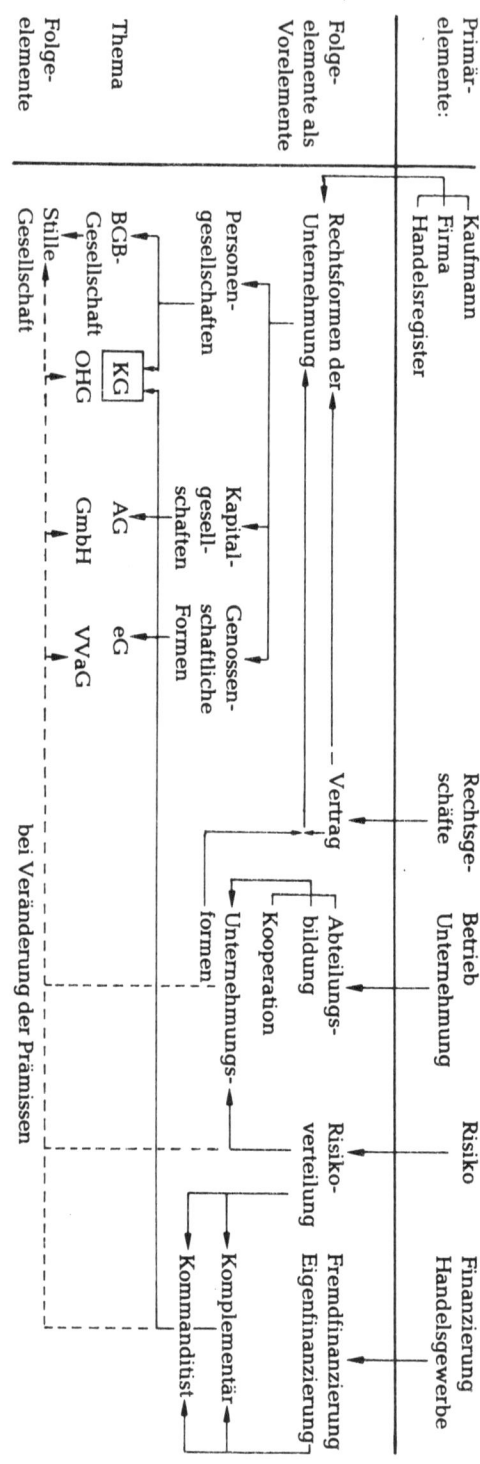

Primär-elemente:

Folge-elemente als Vorelemente

Thema

Folge-elemente

Schichtung

– juristische Schicht: Die gesetzlichen und durch Vertrag konstituierbaren Regelungen nach HGB und BGB.

– betriebswirtschaftliche Schicht: Von der Einzelunternehmung zur KG als Arbeits-, Risiko- und Finanzierungsgemeinschaft.

– volkswirtschaftliche Schicht: Funktion und Bedeutung der KG im Rahmen der gesamtwirtschaftlichen Prozeßabläufe.

– ethische Schicht: Vertrauen als Grundlage der Zusammenarbeit.

130

Fach: Kaufmännisches Rechnen
Thema: Einführung in das Terminrechnen

Fachwissenschaftliche Strukturbegriffe:

Zinsen	Grundrechnungsarten	Scheck
Kapital	Dreisatz	Wechsel
Zinsfuß	Prozentrechnen	Überweisung
Zeit	Zinsrechnen	Kredit

Primär- und Folgeelemente:

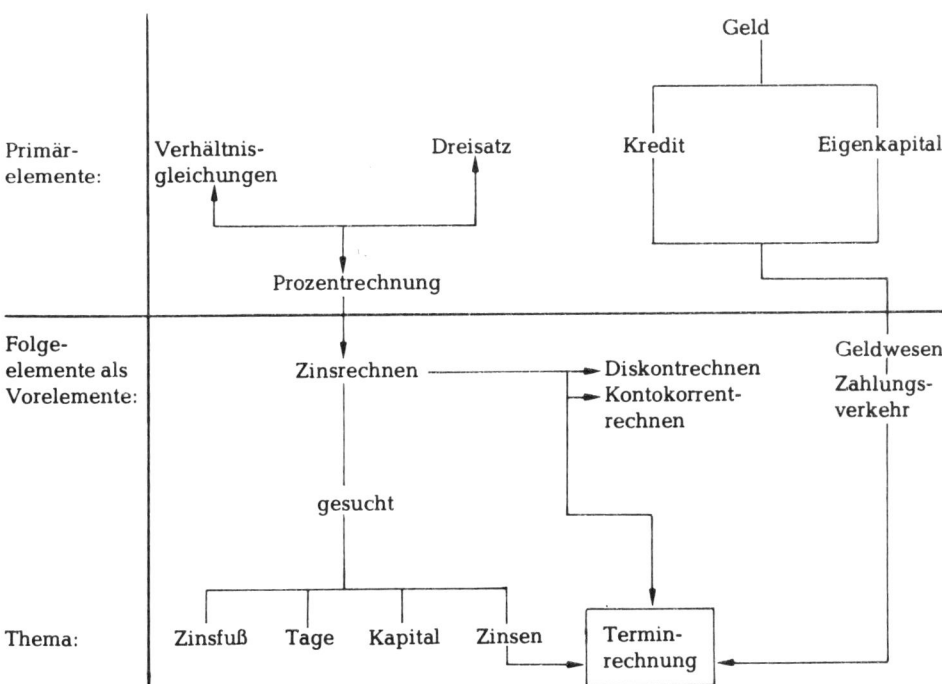

Schichtung:

— mathematische Schicht:	Entwicklung der Formeln zur Berechnung des mittleren Verfalltages auf der Basis des Zinsrechnens als rechnerisches Verfahren.
— betriebswirtschaftliche Schicht:	Terminrechnen als rechnungstechnisches Mittel in der Buchhaltung und im Zahlungsverkehr. Anstelle mehrerer kleinerer Zahlungen bzw. Gutschriften tritt eine Gesamtzahlung bzw. -gutschrift (Geldmittelabfluß bzw. Geldmittelzufluß).
— ethische Schicht:	Niemand soll innerhalb eines gegebenen Vertrages zusätzliche Vorteile erwerben.

2.3 Stoffauswahl

2.3.1 Grundsätzliches zur Stoffauswahl

Mit der Frage der Stoffauswahl vollzieht der Lehrer den Schritt von der Ebene der Fachinhalte in die Ebene der Didaktik (Pädagogik), in dem er die Stoffstrukturen mit dem zuvor ebenfalls schon beschriebenen Subjekt konfrontiert.

Der Stoffauswahl kommt eine immense Bedeutung zu, da es wohl kein Stoffgebiet gibt, das, von der Interdependenz her, als absolut begrenzt angesehen werden könnte. „Der Lehr- und Lernschwierigkeiten erzeugende zu große Umfang eines Lerngegenstandes ist daher grundsätzlich nicht ein gegenstandseigentümliches, sondern ein *didaktisches Problem*. Eine Stoffüberfülle gibt es nicht vom Gegenstand her, sondern nur als Folge des fehlenden oder überdimensionierten didaktischen Zuschnitts. Jeder Gegenstand bedarf in Anbetracht seiner ursprünglichen Unbegrenztheit in jedem Fall der quantitativen und qualitativen Anpassung an die konkret gegebenen Lernmöglichkeiten. Eine Über- oder Unterforderung des Leistungspotentials des Lernenden durch den Umfang oder Schwierigkeitsgrad des Lerngegenstandes ist grundsätzlich eine Frage der unzureichenden Anpassung."[1]

Zur Lösung der Auswahlproblematik können letztlich zwei Grundprinzipien - die Positivauslese und die Negativauslese - herangezogen werden. Die *Negativauslese* führt zu der Fragestellung: Was kann aus der Summe der Inhalte ohne einschneidende Nachteile eliminiert werden? Ansatzpunkt dieses Verfahrens ist der Gedanke der Stoffkürzung. „Das Ergebnis solcher Bemühungen ist allerdings meistens unbefriedigend: Einerseits sind von einem bestimmten Mindestumfang ab, der sich ungefähr festlegen läßt, keine Kürzungen mehr vertretbar, und andererseits führen gegensätzliche Ansichten über mögliche Kürzungen oft zu ergebnislosen Auseinandersetzungen."[2] Die *Positivauslese* dagegen sucht eine Antwort auf die Frage: Welches sind die wichtigsten, unumgänglichen Inhalte des Stoffgebietes? Reinhardt grenzt diese „Schwerpunkte" von den „Randgebieten" ab, zu denen er Stoffgebiete rechnet, die zwar keine Zentralstellung einnehmen, die aber doch auch wichtig sind. Andere Inhalte kommen somit in Fortfall.[3] Diese Überprüfung des Stoffes nach der relativen Bedeutung führt in der Regel leichter zu einem Konsens über den Stoffumfang als die Negativauslese. Es ist letztlich ja nur „eine Frage der logischen Konsequenz, das relativ am wenigsten Wichtige wegzulassen, wenn es sonst nur oberflächlich behandelt werden könnte."[4]

Diese abstrakten Gedankengänge können nicht global in die Praxis umgesetzt werden, sondern bedürfen einer behutsamen Lösungsfindung am konkreten Einzelfall.

---

1 Reinhardt, E.: Unterrichtsökonomie, 2. Aufl., Darmstadt 1974, S. 58.
2 Schneider, G.: Unterrichtslehre für Betriebswirtschaftskunde an Handelsschulen, Darmstadt, o.J., S. 90.
3 Vgl. Reinhardt, E.: Der Unterricht in Betriebswirtschaftslehre und Schriftverkehr, gezeigt am Beispiel der Einzelhandelsklassen, Darmstadt 1961.
4 Schneider, G., ebenda, S. 91.

Hierfür gilt es, dem Lehrer für seine tägliche Unterrichtsarbeit Grundsätze an die Hand zu geben, an denen er seine Überlegungen ausrichten und überprüfen kann.

2.3.2 Prinzipien für die Stoffauswahl

Die Stoffauswahl vollzieht sich auf zwei Ebenen. Zum einen ist der quantitative Stoffumfang (welche Inhalte werden ausgewählt?) festzulegen, zum anderen der Schwierigkeitsgrad (die Lernebene).

Im einzelnen sollte der Lehrer die Stoffauswahl nach folgenden Prinzipien treffen:

– Prinzip des exemplarischen Wissens und der Wertvordringlichkeit;
– Prinzip der Wissenschaftsbezogenheit;
– Prinzip der Passung von Stoffmenge zu Lehr- und Lernkapazität;
– Prinzip der Aktualität und Verwendbarkeit.

2.3.2.1 *Prinzip des exemplarischen Wissens und der Wertvordringlichkeit*

Die Strukturanalyse, so wurde festgestellt, verdeutlicht durch Zerlegung des Stoffes in Primärelemente und durch Aufzeigen der horizontalen Interdependenzen zwischen den Wissenschaftsdisziplinen das innere Gefüge des Stoffgebietes. Die damit gewonnene Transparenz des Stoffgebietes gilt es nun, für den Unterricht zu nutzen.

Allerdings muß hier nochmals darauf verwiesen werden, daß Inhalte nur dann zu „Bildungsinhalten" (Inhalte im Sinne des Leit- und Zielsystems) werden, wenn sie dazu befähigen, die persönliche Situation des Schülers, in der konkret geschichtlich-geistigen Situation, in Gegenwart und Zukunft zu bewältigen. „Aufgrund dieser Argumentation realisiert sich auch die Funktion der Fachwissenschaften hinsichtlich der Auswahl von Inhalten. Die didaktische Fragestellung ist umfassender, als daß sie ausschließlich fachwissenschaftlich beantwortet werden könnte; die Didaktik fragt nicht nur nach der Gegenstandsstruktur der Inhalte, sondern nach deren ‚Bildungsinhalt' in den Zusammenhängen, die Bildung konstituieren."[1]

Das Offenlegen der Strukturen ermöglicht es, Umfang und Schwierigkeitsgrad der Inhalte zu erkennen und dem Lernenden einen optimal zugeschnittenen Lernstoff zur Verfügung zu stellen. Diese Strukturierung ist für die kaufmännischen Fächer, aufgrund der ihnen innewohnenden Dynamik, die zu ständiger Veränderung neigt, von besonderer Bedeutung. Im Gegensatz etwa zu Fächern wie Geographie, Mathematik oder Geschichte besteht bei den wirtschaftlichen Inhalten die Tendenz, daß die Folgestrukturen, seltener die Grundstrukturen, relativ rasch veralten und damit ausgetauscht werden müssen. Durch die Zurückführung auf die grundlegenden Sachverhalte und die Herausstellung der Interdependenzen zu anderen Stoffinhalten und Wissenschaftsdisziplinen werden gleichzeitig Impulse gesetzt für weiterreichendes Wissen und damit eine hohe Erschließungseffektivität erreicht. Das angesprochene Stoffgebiet ist damit umfassender als das effektiv erlernte. Gustav Grüner spricht in diesem Zusammenhang von di-

---

1 Manstetten, R.: Historische Entwicklung, in: Twardy, M. (Hrsg.): Kompendium Fachdidaktik Wirtschaftswissenschaften, Wirtschafts-, Berufs- und Sozialpädagogische Texte, Bd. 3, Teil 1, Düsseldorf 1983, S. 85.

daktischer Reduktion und faßt sie als Kernstück der modernen Didaktik auf.[1] „Lernstoffe mit hoher Erschließungseffektivität sind Reduktionsergebnisse, d.h. sind Stoffe relativ geringer Menge/Schwierigkeit, auf die größere/schwierigere Stoffgebiete derart zurückgeführt werden, daß letztere in ersteren wesentlich enthalten sind."[2] Oder anders gewendet: Der Lehrer soll „abstrakte theoretische Aussagen von Fachwissenschaften auf den Verständnishorizont der Lernenden unter gleichzeitiger Berücksichtigung interdisziplinärer Zusammenhänge in der Weise transformieren können, daß die Komplexität eines den Schüler motivierenden Sachzusammenhanges auf dessen Lernebene hergestellt wird (Komplexe didaktische Reduktion)."[3]

Durch dieses Offenlegen der Strukturen, durch dieses Erkennen des Grundsätzlichen, wird der Schwierigkeitsgrad eines komplexen Stoffgebietes gesenkt und damit den geistigen Strukturen der jungen Menschen angenähert. Er kann den Grundgedanken ohne direkten Bezug zur komplexeren Wirklichkeit nachvollziehen und sich auf dieser gesicherten Basis andere, verwandte Stoffgebiete erschließen. Voraussetzung ist allerdings, daß diese vertikale Reduktion nur soweit vorgenommen wird, daß der Bezug zur betroffenen Realität noch maßgeblich erhalten bleibt. So wäre es wenig sinnvoll, das Kontokorrentrechnen bis auf die Elemente Grundrechnungsarten bzw. Soll und Haben beim Konto zurückzuführen. Eine Reduktion auf die Zinsrechnung bzw. das Bestandskonto ist ausreichend und erkenntniswirksamer. Die didaktisch sinnvolle Reduktion liegt somit in der Regel über der absolut möglichen Zurückführung.

Die horizontale Strukturerfassung ermöglicht es, das Stoffgebiet zu finden, das am besten geeignet ist, „Beispiel zu sein für die Erkenntnis der anderen, die nicht in gleicher Weise gelernt werden, aber durch Analogieschluß vom gelernten Beispiel her beurteilt und gelöst werden können."[4] Diese charakteristischen oder paradigmatischen Beispiele stehen gleichsam stellvertretend für einen Bereich oder eine Gegenstandsgruppe. Das so ausgesuchte Beispiel „muß reich genug sein, um einen Ausschnitt der Wirklichkeit tatsächlich wesensmäßig zu erhellen, es muß freilich auch so geartet sein, daß es sich mit anderen in einem Ordnungsgefüge

---

1 Vgl. Grüner, G.: Die didaktische Reduktion als Kernstück der Didaktik, in: Die Deutsche Schule, 7/8/ 1967, S. 414 f.
„Am Beispiel des Hebelgesetzes entwickelt er zwei Formen der Reduktion, die vertikale und die horizontale Reduktion. Horizontale Reduktion ... ist der Übergang von einer abstrakten (ingenieur-)wissenschaftlichen Aussage zu einer konkreten und somit leichter faßlichen, wobei der Gültigkeitsumfang gleich bleibt. Die Verwendung von Worten anstelle von Symbolen, konkreter Prinzipskizzen, Versuche und Analogien stehen im Dienste dieser Reduktion.
Vertikale didaktische Reduktion ... ist der Übergang von einer (ingenieur-)wissenschaftlichen Aussage zu anderen mit geringerem Gültigkeitsumfang, die leichter faßlich sind. Sie stellen eine Ausschnittsbildung aus der den allgemeinsten Fall betreffenden oberen Aussage oder der Ausgangsaussage dar. Beide Reduktionsvorgänge zusammen ergeben das didaktische Reduktionsfeld." Zitiert aus Hauptmeier, G., Kell, A., Lipsmeier, A.: Zur Auswahlproblematik von Lerninhalten in DtBFsch, 12/1975, S. 908.
Einen ersten, wenn auch nicht systematisch voll ausgebauten, Versuch, diese Problematik darzustellen, hat Peters vorgelegt. Vgl. Peters, H.G.: Das Problem der pädagogischen Vereinfachung, in: Die Erziehung, 1943, S. 37 - 47.
2 Reinhardt, E.: Unterrichtsökonomie, S. 59.
3 Hauptmeier, G., Kell, A.: Lipsmeier, A.: Auswahlproblematik, S. 900.
4 Reinhardt, E., ebenda, S. 60.

zusammenschließt und einordnet."[1] Hierin ist gleichzeitig auch die Grenze der exemplarischen Stoffgestaltung erreicht. Je stärker der unvereinbare Rest beim Beispielvergleich anwächst, um so mehr verliert die exemplarische Stoffauswahl an Wirksamkeit. Steigt der Aufwand für die Erklärung des unvereinbaren Restes über den der Eigenerklärung eines Stoffgebietes an, ist die absolute Grenze erreicht.

Fassen wir zusammen: Klafki nennt das Prinzip des exemplarischen Lehrens und Lernens „das Fundamentale; die Erhellung des Verhältnisses von Allgemeinem und Besonderem, Konkretem und Abstraktem in Strukturen (morphologisch), in Erscheinungsformen und Anmutungen (physiognomisch, phänomänologisch) und in Sinngehalten (symbolisch). Klafki spricht hierbei vom Elementaren im Sinne des Aufschließens und Grundlegenden für anderes wie für das Ganze."[2]

Das Zurückführen der Lerninhalte auf ihre Strukturen an exemplarischen Beispielen erhöht die Anwendungsmöglichkeiten des Gelernten und stärkt somit die Handlungsfähigkeit des Lernenden. Der Lernende erhält die Möglichkeit, Lösungsverfahren für seine individuellen Lebensprobleme selbständig aufzubauen und die Fähigkeit, am Gesellschaftsleben aktiv mitzuwirken. Die Beschränkung auf eine entsprechende kleinere Zahl von Stoffgebieten findet allerdings dann ihre Grenzen, wenn hierunter die Vermittlung des fachlichen Grundwissens leidet. Der Lehrer muß versuchen, einen Ausgleich herzustellen zwischen dem Aufbau von Fachwissen bzw. fachmethodischen Vorgehensweisen und der Vermittlung von exemplarisch erarbeiteten Erfahrungen, was die Wissenschaft zur Bewältigung individuell und universell bedeutsamer Lebensprobleme beitragen kann und wo ihre Grenzen liegen.

2.3.2.2 Prinzip der Wissenschaftsbezogenheit

Unter diesem Prinzip ist keineswegs zu verstehen, die differenziertesten Wissenschaftserkenntnisse in den Unterricht hineinzutragen. Es geht auch nicht vorrangig darum, Schüler auf spätere wissenschaftliche Studien vorzubereiten, vielmehr steht im Vordergrund das Bemühen, den Schülern die Bedeutung der Wissenschaften für die gegenwärtige „Lebenswelt" und für die zukünftigen individuellen und gesellschaftlichen Chancen und Aufgaben aufzuzeigen. Es geht um „vereinfachte Exempla dafür, was Wissenschaften für die Aufklärung von individuell und gesellschaftlich bedeutsamen Lebensproblemen leisten können und wo ggf. ihre Grenzen sind."[3] Zu berücksichtigen sind hierbei sowohl die Sichtweisen von seiten der Schüler als auch die Sichtweisen der erziehenden Generation. Auf diese Weise erlernt der Schüler die Auseinandersetzung mit elementaren Fragen und Problemen.

Das Prinzip der Wissenschaftsbezogenheit kann dann dazu führen, daß die Schüler, häufig in fächerübergreifender Weise, Einsichten in den Ablauf der Wissenschaftsforschung, die Anwendung der wissenschaftlichen Erkenntnisse bzw. Ver-

---

1 Stöcker, K.: Neuzeitliche Unterrichtsgestaltung, 10. Aufl., München 1960, S. 194.
2 Zitiert nach Huisinga, R.: Schlüsselqualifikation und Exemplarik-Genese und Stellenwert, S. 89.
3 Klafki, W.: Bildungstheorie und Didaktik, S. 167.

fahren, die Ergebnisse der Anwendung und die hieraus zu ziehenden Schlüsse und Wertungen erhalten. Ziel muß es sein, daß die Schüler zu einer kritisch-konstruktiven Einstellung gegenüber den Wissenschaften gelangen.

2.3.2.3 Prinzip der Passung von Stoffmenge zur Lehr- und Lernkapazität

Die Stoffülle, die vielfach in unseren Lehrplänen zu verzeichnen ist, beschwört die Gefahr herauf, daß die Lehr- und Lernkapazität von Lehrern und Schülern überschritten wird. Es ist daher immer wieder wichtig, zu betonen, daß der originären Unbegrenztheit des Stoffes die enge Begrenztheit des Lehr- und Lernpotentials gegenübersteht.

Die Stoffauswahl entscheidet darüber, wie die freie Lehr- und Lernkapazität gefüllt wird. Im Sinne der eben dargestellten Prinzipien darf sie keineswegs nur zur Ansammlung von Merkwissen benutzt werden, vielmehr muß genügend Spielraum zur Handhabung der erworbenen Kenntnisse bereitgestellt werden (Handlungswissen). Der auszuwählende Wissensstoff muß daher geringer sein als die freie Lehr- und Lernkapazität.

Bei der Anpassung der Stoffmenge an die Lehr- und Lernkapazität gilt es drei Faktoren zu berücksichtigen:

– *den Schüler:* Leistungsvermögen; Leistungswille;
– *den Lehrer:* Unterrichtsmethodik;
– *die Zeit:* Unterrichtseinheit; Unterrichtsstunde.

Leistungsvermögen und Leistungswille der Schüler, die je nach Klasse starken Schwankungen unterliegen können, zwingen den Lehrer dazu, die Stoffmenge eines Gebietes immer wieder neu abzugrenzen. Eine exakte Funktion für die Abhängigkeit der benötigten Unterrichtzeit vom Leistungsvermögen der Klasse gibt es jedoch nicht, da sich viele der beteiligten Faktoren nicht operationalisieren lassen. „Dem Lehrer bleibt nichts anderes übrig, als sich durch Erfahrung ein ‚Gefühl' dafür zu erwerben, welchen Umfang an Lernaufgaben eine bestimmte Klasse in einer bestimmten Zeit zu bewältigen vermag."[1]

Der Lehrer setzt insofern Normen für die Stoffmenge, da er es letztlich ist, der die Unterrichtsmethodik und den damit verbundenen Zeitaufwand festlegt. So ist es selbstverständlich, daß der darbietende Unterricht mehr Stoff zuläßt als der fragend-entwickelnde Unterricht und die Gruppenarbeit wiederum zeitaufwendiger ist als der Frontalunterricht. Als wirksames Instrument des Lehrers, die quantitative Stoffauswahl, trotz der divergierenden Faktoren, rein organisatorisch in den Griff zu bekommen, hat sich der Stoffverteilungsplan erwiesen. Im Stoffverteilungsplan werden die Stoffgebiete nach Unterrichtseinheiten und Unterrichtsstunden untergliedert und den Rahmenbedingungen der betreffenden Klasse angepaßt. Er ist daher für jede Klasse neu zu erstellen. Der Entwurf bedarf gleichzeitig didaktischer und methodischer Überlegungen, da beide Faktoren Einfluß auf die Unterrichtszeit und damit auf die Stoffauswahl haben. Die anschließende

---

1 Rölke, S.: Methodik, S. 27.

Nachbereitung jeder Unterrichtsstunde bzw. Unterrichtseinheit muß dann aufzeigen, ob die quantitative Auswahl zutreffend war oder ob Mängel zu verzeichnen sind. Der dauernde Vergleich der Istzeit mit der Sollzeit vermittelt letztlich auch dem Lehrer das Gespür für die quantitativ richtige Stoffbemessung.

2.3.2.4 *Prinzip der Aktualität und Verwendbarkeit*

Das Prinzip der Aktualität kann einmal *global* gesehen werden, indem gefordert wird, die Auswahl der Unterrichtseinheiten thematisch zeitnah zu treffen, zum anderen *punktuell,* indem für einzelne Unterrichtsstunden die Berücksichtigung von Themen mit hoher Tagesaktualität verlangt wird und zum dritten *personenbezogen,* indem für den Einsatz des Themas die aktuellen Interessen und Erfahrungen der Lernenden als Maßstab herangezogen werden.

— Die Forderung, überlebte Stoffgebiete auszumerzen, die für unsere Zeit keine Aussagekraft mehr besitzen, gilt generell. Sie ist speziell für den kaufmännischen Unterricht jedoch verstärkt zu erheben, da er die ständige Bindung an die Prozesse und Strukturen der Gesellschaft benötigt. Es darf daher keine schwerwiegenden Diskrepanzen zwischen Stoffauswahl und Aktualität, im weitesten Sinne verstanden, geben. „Unsere Schule steht aber wahrlich nicht im Rufe, daß sie ohne weiteres den Zugang zu solch zeitlich lebensnahen Stoffen findet. Wie aus Gewohnheit schleppen sich längst überlebte Inhalte ungeachtet aller Zeitknappheit und Stoffüberfülle von einem Lehrplan zum anderen. Weil sie einmal Lehrstoff waren, werden sie gegen alle Gesetze der Ökonomie weiter tradiert, wenn auch inzwischen deren Lebensbedeutung für die Kinder von heute längst fragwürdig geworden ist und deshalb andere, wichtigere Inhalte nicht drankommen können."[1] Es kann daher im Schüler sehr wohl die Meinung entstehen, sein Lernaufwand gelte im Augenblick einzig und allein der Schule, da ja im wirklichen Leben andere Stoff- und Problemkreise zur Lösung anstehen. Dieser Meinung gilt es entgegenzutreten. Schule und Lebenswirklichkeit müssen zu einer Einheit verschmelzen.

— Das Prinzip, die Tagesaktualität bei der Stoffauswahl zu berücksichtigen, soll hier nicht nur als Unterrichtsprinzip aufgefaßt werden, wonach die Stoffaufbereitung möglichst aktuell dargeboten werden soll, vielmehr wird damit gleichzeitig die Forderung erhoben, neuen, zusätzlichen Stoff, ergänzend zum Curriculum, auswählen zu können. Dieses Prinzip erscheint berechtigt, wenn man sieht, daß oft zwei oder drei Schuljahre ins Land gehen, bis solche neuen Stoffgebiete offiziell vorgeschrieben werden. Die Stoffinhalte heute zusätzlich in den Unterricht aufzunehmen, scheitert in der Regel an der schon beängstigenden Stoffülle der herrschenden Lehrpläne. Die Verwirklichung dieses Auswahlprinzips setzt daher einen fest eingeplanten freien zeitlichen Verfügungsraum im Lehrplan voraus, den der Lehrer in eigener Verantwortung ausfüllen kann. „Wer Lebensnähe fordert, kann überfüllte Lehrpläne nicht vorschreiben. Sie drängt sich im Schulleben dauernd auf; der Lehrer braucht sie weder zu suchen, noch künstlich zu konstruieren."[2]

---

1 Stöcker, K.: Unterrichtsgestaltung, S. 187.
2 Lochner, H.: Methodik, S. 217.

Es sind oft gerade die „aktuellen Stoffgebiete" die einen hohen „Verwendungsgrad" aufweisen, womit, auch aufgrund der starken Motivationsintensität, die sie in der Regel ausstrahlen, eine starke Erfolgseffektivität erreicht wird. Teilweise können diese Stoffgebiete, insbesondere in der Berufsschule, für die betreffende Branche von so großer Bedeutung sein, daß eine Behandlung zwingend erforderlich wird. Zu denken ist hier an Banken-, Steuer- oder Versicherungsklassen, wenn Gesetzesbestimmungen sich ändern bzw. so ausweiten, daß praktisch ein neues Stoffeld geschaffen wird, das es kurzfristig zu behandeln gilt.

— Der Unterricht muß für den Schüler im weitesten Sinne objektiv verwendbar sein, denn mit zunehmender Konkretisierung der Inhalte auf das persönliche Umfeld des Schülers steigt die Erfolgswirksamkeit des Unterrichts an. So hat z.b. das abstrakte Wissen um das Vertragsrecht allein kaum einen hinreichenden Verwendungswert für einen Bankkaufmann ohne die Befähigung, Kreditverträge, Verträge zur Geldanlage, Kontoeröffnungsverträge u.a. nun bewußter, geschickter und inhaltssicherer abzuschließen.Trotzdem ist davor zu warnen, didaktische Inhalts- und Zielfragen allein durch „Schülerorientierung" lösen zu wollen. Dies führt in die Irre. Der Lehrer hat vielmehr zu versuchen, aktuelle Interessen der Lernenden aus Alltag und Beruf mit den Erfahrungen und Denkweisen der Erwachsenengeneration, die zukünftige individuelle und gesellschaftliche Herausforderungen und Möglichkeiten der heranwachsenden Generation mit zu überdenken hat, zu verbinden.

2.4 Stoffanordnung

2.4.1 Grundsätzliches zur Stoffanordnung

Der bei der Stoffauswahl erstellte Stoffplan steckt den *Umfang* der anzusprechenden Inhalte und Ziele ab. Die hierbei entstandene Reihenfolge der einzelnen Stoffeinheiten entsprang didaktischen Überlegungen und ist nicht das Produkt methodischer Erwägungen. Endgültig läßt sich die *Reihenfolge* erst bestimmen, wenn die Inhalte und Ziele ausgewählt sind. Auch wenn der Lehrer bei der Auswahl der Inhalte und Ziele unbewußt methodische Kriterien heranzieht, bedarf diese Reihenfolge der kritischen Überprüfung, denn Auswahl und Anordnung des Lehrstoffes beinhalten verschiedene theoretische Ansatzpunkte. Während die Stoffauswahl überwiegend didaktisch ausgerichtet ist, vollziehen sich die Überlegungen zur Stoffanordnung im methodischen Feld.

Somit sieht die Unterrichtspraxis so aus, daß die bei der Stoffauswahl unbewußt gebildete Reihenfolge der Abschnitte daraufhin zu überprüfen ist, ob sie methodischer Zweckmäßigkeit entspricht, denn die Anordnung des ausgewählten Stoffes ist für den Unterrichtserfolg von entscheidender Bedeutung. „Es macht oft einen beträchtlichen Unterschied, ob eine Unterrichtseinheit, die sich aus den Unterrichtsabschnitten A, B und C zusammensetzt, in der Anordnung A - B - C oder in der Anordnung B - C - A erarbeitet wird. Wenn ein Mosaikbild aus einzelnen Stückchen zusammengefügt werden soll, ist es vielleicht belanglos, ob das Bild von der Mitte oder vom Rande aus entsteht. Anders aber vollzieht sich ein geistiger Aufbau. So resultiert der Unterrichtserfolg nicht allein aus der betreffenden Stoffauswahl; daneben macht eine zweckmäßige Stoffanordnung ihren Einfluß geltend."[1] Es ist daher eine wesentliche Aufgabe, eine optimale Abfolge der Stoffabschnitte innerhalb einer Unterrichtseinheit (Grobplanung) und dann innerhalb einer Unterrichtsstunde (Feinplanung) festzulegen. Zur Beantwortung der Frage nach der optimalen Stoffanordnung kann, wie bei der Auswahl der Stoffinhalte, die Ausrichtung nach grundsätzlichen Richtlinien eine wesentliche Hilfestellung bedeuten. Die hier angeführten Grundsätze zur Stoffanordnung beziehen sich insbesondere auf die Frage der Stoffabfolge innerhalb einer Unterrichtseinheit. Die Aufeinanderfolge der einzelnen Unterrichtseinheiten soll nicht näher untersucht werden, da diese Problematik weitestgehend der Lehrplanforschung zuzuordnen ist.

Der Ansatz für die Grundsätze der Stoffanordnung muß sowohl im Entscheidungsfeld Inhalte und Ziele, als auch im Bedingungsfeld Schüler gesucht werden. Die komplexen Stoffinhalte in den kaufmännischen Fächern zeichnen sich häufig dadurch aus, und das sind hier die entscheidenden Punkte, daß sie ursächlich den verschiedensten Wissenschaftsdisziplinen angehören und zudem nur in seltenen Fällen wirklich konkret anschaulich vorhanden sind und vorgeführt werden können. Daraus ist zu folgern, daß bei der Stoffanordnung insbesondere das *Prinzip der strukturellen Zusammengehörigkeit* beachtet werden muß. Diese innere Anschaulichkeit des Stoffes, die dem immanenten wissenschaftstheoretischen Aufbau entspringt, gilt es dem Schüler zu vermitteln.

Nicht immer kann der strukturelle Zusammenhang jedoch so vereinfacht werden, daß er von allen Schülern einer Klasse sofort nachvollzogen werden kann. Hier hat der Lehrer Hilfsvorstellungen zu geben. Vom Blickpunkt des Bedingungsfeldes Schüler aus, kann das Prinzip der strukturellen Zusammengehörigkeit daher nicht uneingeschränkt Gültigkeit besitzen. Es ist zu ergänzen durch das *Prinzip der Vermittlung von Hilfsvorstellungen.*[2]

2.4.2 Prinzip der strukturellen Zusammengehörigkeit

Die Stoffanordnung soll als strukturelle Einheit aufgefaßt werden; das bedeutet zum einen, daß die horizontale Betrachtungsweise fächerübergreifend sein muß, um die volle Strukturerhellung zu erreichen, und zum anderen, daß vertikal gesehen, das Vorangegangene inhaltlicher Bestandteil des folgenden ist (immanente Gesetzmäßigkeit). Angenommen, die Diskontrechnung und die Zinsrechnung stehen im Kaufmännischen Rechnen zur Behandlung an. Vertikal gesehen ist die Stoffanordnung eindeutig vorgeschrieben, da die Diskontrechnung ein Anwendungsfall der Zinsrechnung ist. Die Diskontrechnung kann damit schlechterdings nicht vor der Zinsrechnung eingeführt werden. Die Beherrschung der Rechentechnik stellt beim Diskontrechnen jedoch nur abstraktes Wissen dar, wenn die horizontale Komponente nicht angesprochen wird. Anwendungsfälle, Bedeutung oder Häufigkeit der Rechnungsart in der Praxis u.a. können vom Schüler nur dann abgeschätzt werden, wenn er den Wechsel in rechtlicher, finanzieller und betriebswirtschaftlicher Hinsicht kennt, wenn er die buchungstechnische Seite erfaßt hat und wenn er im Schriftverkehr darüber schon einen Musterbrief gelesen hat.

---

1 Rölke, S.: Methodik, S. 37.
2 Rölke hat mit dieser Definition den Sachverhalt sehr treffend umschrieben, so daß sie hier übernommen wird. Allerdings wird seine Maxime vom Leichten zum Schweren um weitere methodische Elementarfunktionen ergänzt, vgl. Rölke, S.: Methodik, S. 39 f.

Sofern der Wechsel in den Schulfächern Betriebswirtschaftslehre, Kaufmännisches Rechnen und Buchführung unterrichtet wird, hat der Lehrer über die Stoffinhalte die Querverbindungen zwischen den Fächern aufzuzeigen. Dieser strukturierende und konzentrierende Unterricht, sofern die angesprochenen Fächer nicht in der Hand eines Lehrers liegen, bedarf einer schulinternen Abstimmung der jeweiligen Stoffverteilungspläne, denn horizontale und vertikale Strukturgliederung müssen eine Einheit bilden.

Wird der Grundsatz in dieser engen Art und Weise ausgelegt, so gilt er vom Stoff her gesehen uneingeschränkt. Allerdings ist jedoch festzuhalten, daß nicht jede stoffliche Wechselbeziehung schon eine strukturelle Zusammengehörigkeit bildet. So wirken beispielsweise die Arbeitsteilung und der Einsatz von Kapital auf die Produktivität der Arbeit. Der Begriffsinhalt Produktivität kann aber auch ohne die Elemente Arbeitsteilung oder Kapital dargestellt werden. Arbeitsteilung und Kapital sind keine sachlogischen Vorstrukturen der Produktivität.[1] Trotzdem könnte es zweckmäßig sein, diese Zusammenhänge aufzuhellen, sofern eine spezielle Zielsetzung dies wünschenswert macht oder die Unterrichtszeit es erlaubt. Dem Lehrer muß diese theoretische Trennung jedoch gegenwärtig sein.

2.4.3 Prinzip der Vermittlung von Hilfsvorstellungen

Ist die Stoffanordnung sachlogisch nicht zu bestimmen, etwa bei der Frage, in welcher Reihenfolge sollen in der Unterrichtseinheit Zahlungsverkehr, Scheck und Wechsel besprochen werden oder überschreitet das Vorgehen nach der strukturellen Zusammengehörigkeit die Aufnahmefähigkeit der Klasse, dann muß der Lehrer Hilfen geben. Hinter diesem Dosieren von Stoffmenge und Schwierigkeitsgrad verbergen sich methodische Elementarfunktionen[2], wie etwa:

– vom Leichten zum Schweren,
– vom Einfachen zum Komplexen,
– vom kleineren zum größeren Lernschritt,
– vom langsamen Vorwärtsschreiten bis zur größeren Eile.

Angestrebt wird mit diesem Prinzip somit nichts anderes als die Entlastung des Schülers. Ihm wird der Weg zum Verständnis des Stoffes über eine methodisch und psychologisch sinnvolle Stoffabfolge geebnet. In dem Bemühen, dem Schüler Hilfen des Begreifens und Behaltens zu geben, können über Anwendbarkeit und Vorrang eines Grundsatzes vor anderen Zweifel aufkommen. Entscheiden kann hier allein der Lehrer, der dabei aus seiner methodischen Erfahrung und seinem Unterrichtsgeschick heraus handelt. Daß dieses Unterrichtsprinzip mühsamer zu verwirklichen ist, da es nicht offen zu Tage tritt, liegt auf der Hand. „Gegen ihn wird vergleichsweise häufiger verstoßen, was nicht verwunderlich ist. Denn eine sachlogische Verflechtung springt jedem ins Auge, der die Sache beherrscht, die er zu lehren hat. Anders dagegen ist es hier. Die Sache allein gibt noch keinen

---

1 Reip, H.: Struktur, S. 4.
2 Vgl. Lochner, H.: Allgemeine Grundlagen eines qualifizierten Unterrichts, in: Erziehungswissenschaft und Beruf, 2/1974, S. 151.

Wink für die Stoffanordnung. Es genügt also nicht mehr, Sachkenner zu sein; darüber hinaus muß der Lehrer bei der Bestimmung über die Reihenfolge des Stoffes psychologische Gegebenheiten beachten."[1]

Ein Beispiel mag das angeführte Prinzip verdeutlichen:

Thema: *Aufgaben und Gliederung der Wirtschaft*

Aufbau nach dem Prinzip der strukturellen Zusammengehörigkeit	Aufbau nach dem Prinzip der Vermittlung von Hilfsvorstellungen
Motivation: Wiederholung der Begriffe Mensch, Bedürfnisse, Güter, wirtschaftliches Prinzip.	Wie entstehen Schuhe?
Lernziel 1: Schüler sollen auswendig hersagen können, was man unter „Wirtschaft" versteht und welche Aufgaben die Wirtschaft hat.	Schüler sollen anhand des konkreten Beispiels den Weg von der Urproduktion bis zum Verbraucher aufzeigen können.
Lernziel 2: Schüler sollen anhand von Beispielen erklären können, daß der Mensch als Produzent und Verbraucher nach dem wirtschaftlichen Prinzip handeln muß.	gleiches Lernziel
Lernziel 3: Schüler sollen die Stufen der Wirtschaft hersagen und anhand eines konkreten Beispiels anwenden können.	Schüler sollen den Begriff Wirtschaft und die Aufgaben der Wirtschaft aus dem entwickelten Beispiel ableiten können.
Erfolgskontrolle und Wiederholung durch abstrakte Wissensfragen.	Erfolgskontrolle durch Erarbeitung eines weiteren konkreten Beispiels (z.B. Brot).

Das Thema, Aufgaben und Gliederung der Wirtschaft, weist vom Stoffinhalt her einen sehr hohen Abstraktionsgrad auf, so daß viele Schüler, wenn nach dem Prinzip der strukturellen Zusammengehörigkeit vorgegangen wird, zumindest an der Grenze ihres Abstraktionsvermögens agieren. Durch das Vorgehen nach dem Prinzip der Vermittlung von Hilfsvorstellungen wird das Thema insbesondere dadurch, daß der Weg vom Einfachen zum Komplexen und vom Leichten zum Schweren führt, für den Schüler durchsichtiger und verwendungsbezogener. Das Aktivitätsstreben der Schüler als ein wesentliches Korrelat zum Lehrerbemühen erfährt eine bedeutsame Verstärkung.

2.5 Erkenntnisleitende Fragestellung

Das Stoffproblem ist mit der inhaltlichen Abgrenzung und Anordnung noch keineswegs erschöpft. Zwar ist sich der Lehrer in diesem Stadium im klaren, *was* er den Schülern an Zielen und Inhalten vermitteln möchte, er hat sich jedoch noch keinerlei Gedanken darüber gemacht, *wie* er den Stoff von den Schülern verlangen soll. Der Lehrer muß sich jetzt die Frage stellen, was muß der Schüler im

---

1 Rölke, S.: Methodik, S. 41.

ler im einzelnen können, um mir zu beweisen, daß er das geforderte Ziel erreicht hat. Insbesondere müssen die Bedingungen präzisiert werden, unter denen er die angestrebte Leistung verlangt. Es gilt somit, die Lernziele bzw. Schlüsselqualifikationen zu postulieren. Zur „thematisch-inhaltlichen Dimension" muß die „Verhaltensdimension" hinzukommen.[1] „Stets steht der Stoff im Dienste der Verwirklichung von Lernzielen, denn der Schüler soll nicht Stoffe um ihrer selbst willen beherrschen, sondern mit Hilfe des Stoffes ein bestimmtes Verhalten erlernen."[2]

Der Lehrer muß dem Stoff die Verhaltensdimension zuordnen, die er beim Schüler erzielen will. Er hat deshalb bestrebt zu sein, die wesentlichsten Erkenntnisse, die aus dem Stoff abzuleiten sind, herauszukristallisieren, um sodann eine Antwort auf die Frage zu finden, welche wünschenswerten Verhaltenskriterien werden durch die geforderten Inhalte und Ziele im Schüler geschaffen bzw. verstärkt. Die erkenntnisleitende Fragestellung ist nicht rein stofforientiert und deshalb im Vorraum der Verhaltenszuordnung angesiedelt. Sie stellt komprimiert und zugespitzt die Zielrichtung des Stoffgebietes heraus. Für das Thema „Zahlungsverzug" etwa lauten die erkenntnisleitenden Fragen wie folgt:

— Ab welchem Zeitpunkt tritt der Zahlungsverzug im rechtlichen Sinne ein?
— Welche Rechte stehen dem Verkäufer im Falle des Zahlungsverzugs zu?
— In welchen Fällen wird der Verkäufer von den einzelnen Rechten Gebrauch machen?
— Unter welchen Voraussetzungen kann der Verkäufer Schadenersatz verlangen?
— Welche Besonderheiten sind beim Zahlungsverzug hinsichtlich der verschiedenen Kaufvertragsarten zu beachten?

Das Stoffproblem mündet so, über die erkenntnisleitende Fragestellung, in die Erstellung der Lernziele bzw. der Schlüsselqualifikationen ein.

IV. Ziele

Vorbemerkung: Hier geht es nicht darum, allgemeine Zielsetzungen des Unterrichts zu formulieren. Dies ist an anderer Stelle schon geschehen. In diesem Abschnitt soll vielmehr versucht werden, darzustellen, wie die vom Lehrer geplanten Zielsetzungen, die sich am Leit- und Zielsystem auszurichten haben, in der Unterrichtspraxis umgesetzt werden können.

1. Zur Theorie der Lernziele

1.1 Wesen der Lernzieltheorie

Sind die stofflichen Inhalte bestimmt und angeordnet, hat der Lehrer zu überlegen, wie diese Inhalte dazu beitragen sollen, die Qualifikation der Schüler zu erhöhen. Er muß somit festlegen, in welcher Art und Weise die Inhalte vom Schüler zu lernen sind. Soll dieser den Wissensstoff z.B. auswendig aufsagen, aus einem Sachverhalt ableiten, auf ein Beispiel anwenden oder damit ein neues Problem-

---

1 Vgl. Flechsig, K. H.: Die Bedeutung von Klassifikations- und Kriteriensystemen für die Auswahl von Curriculumelementen, in: Frey, K.: Kriterien in der Curriculumkonstruktion, Weinheim 1970, S. 33.
2 Castner, H., Castner, T.: Emanzipation im Unterricht, Bad Homburg v. d. H. 1972, S. 59.

feld selbständig erarbeiten können. Kurz gesagt: Die Inhalte müssen um eine Verhaltenskomponente erweitert werden, durch die zum Ausdruck kommt, was der Schüler mit den Inhalten tun können soll.

Dies ist absolut nichts Neues, vielmehr ist es die Grundlage allen Unterrichtens, seit es Unterricht gibt. S.B. Robinsohn und Robert F. Mager kommt allerdings das Verdienst zu, diesen Grundtatbestand allen Unterrichts wieder ins Rampenlicht gerückt zu haben. Robert F. Mager hat insbesondere die Rolle der Lernziele im Unterricht untersucht, während sich S.B. Robinsohn vor allem darum bemüht hat, die Lehrpläne (er spricht von Curriculum[1]) im Sinne der Lernzieltheorie zu reformieren. Durch die Radikalität, mit der diese Theorie im Schulalltag hätte umgesetzt werden sollen, ist die Lernzieltheorie gegenwärtig wieder in den Hintergrund gedrängt worden. Was geblieben ist und bleiben wird ist allerdings die Erkenntnis, daß Inhalten - wo immer möglich, weil abprüfbar - eine Verhaltenskomponente beizufügen ist.

Nach Robert F. Mager ist ein Lernziel dann eindeutig formuliert, wenn folgende drei Voraussetzungen erfüllt sind:

– „Das Lernziel umschreibt ein *Endverhalten,* d.h. was der Lernende nach erfolgtem Unterricht tun können muß.
– Es legt fest, unter welchen *Bedingungen* dieses Verhalten zu äußern ist (auswendig, unter Zuhilfenahme von Gesetzestexten u.a.)
– Es enthält einen *Beurteilungsmaßstab* für das als ausreichend geltende Verhalten."[2]

Zwei Beispiele sollen den Unterschied der Lernzielformulierung zur reinen Stoffinformation verdeutlichen:

Fach: Betriebswirtschaftslehre

Stoffinformation: Behandlung der mangelhaften Lieferung

Mögliche Lernzielformulierungen:

– *Der Schüler kann die Voraussetzungen der mangelhaften Lieferung auswendig aufzählen.*
– *Der Schüler ist in der Lage, aus fünf einfach konstruierten Rechtsfällen unter Zuhilfenahme des Gesetzestextes alle jene herauszufinden, welche eine mangelhafte Lieferung beinhalten.*
– *Der Schüler ist in der Lage, auswendig fünf praktische Beispiele zu konstruieren, denen eine mangelhafte Lieferung zugrunde liegt.*

---

1 Inhaltlich versteht man unter dem Begriff Curriculum „die Darstellung des Unterrichts über einen bestimmten Zeitraum als konsistentes System mit mehreren Bereichen zum Zwecke der Planung, der optimalen Realisierung und Erfolgskontrolle des Unterrichts."
Möller, Ch.: Technik, der Lernplanung, 4. Aufl., Weinheim 1973, S. 27.
Das Curriculum umfaßt demnach:
– „Lernziele (Qualifikationen, die angestrebt werden sollen),
– Inhalte (Gegenstände, die für das Erreichen der Lernziele Bedeutung haben),
– Methoden (Mittel und Wege, um die Lernziele zu erreichen),
– Situationen (Gruppierungen von Inhalten und Methoden),
– Strategien (Planung von Situationen),
– Evaluation (Diagnose der Ausgangslage, mit objektivierten Verfahren)."
Bund-Länder-Kommission für Bildungsplanung: Bildungsgesamtplan, Band I, 2. Aufl., Stuttgart 1974.
Im Rahmen unseres fachdidaktischen Modells ist das Curriculum zu verstehen als das *Produkt didaktischer Reflexion.*
2 Dubs, R.: Die Taxonomie, in: Wirtschaft und Erziehung, 8/1971, S. 169.

Fach: Buchführung
Stoffinformation: Die Trennung des Warenkontos
Mögliche Lernzielformulierungen:

- *Der Schüler kann mit eigenen Worten begründen, warum eine Trennung des gemischten Warenkontos sinnvoll ist. Er kann auswendig hersagen, in welche Konten das gemischte Warenkonto aufgeteilt und mit welchen Preisen auf den beiden Warenkonten gebucht wird.*
- *Der Schüler kann bei gegebenen Geschäftsvorfällen die entsprechenden Buchungssätze bilden und auf dem Wareneinkaufs- bzw. Warenverkaufskonto buchen.*
- *Der Schüler ist in der Lage, auswendig vier Unterscheidungskriterien zwischen dem Wareneinkaufs- und dem Warenverkaufskonto zu nennen.*

Der Fachausdruck für diese Art der Lernzielformulierung lautet *Operationalisierung*. Dieser Prozeß der Operationalisierung ist nach Möller dann zufriedenstellend abgeschlossen, wenn bei verschiedenen Lesern desselben Lernziels klare Übereinstimmung bezüglich des Endverhaltens, das der Leser nach erfolgreichem Lernen zeigen soll, herrscht, und zwar vor allem auch Übereinstimmung hinsichtlich der Überprüfung dieses Endverhaltens. Operationalisierung, dies gilt es zu beachten, ist „kein Verfahren zur Begründung von Lernzielen, sondern nur ein Verfahren, um Lernziele in überprüfbarer Weise im Unterricht anstreben zu können und Erfolg oder Mißerfolg des Unterrichts kontrollierbar zu machen."[1]

Werden die Kriterien herangezogen, die nach Mager eine präzise Lernzielformulierung ausmachen, so sind drei Schritte notwendig:

1. Schritt: Das Endverhalten muß so exakt wie möglich benannt werden, d.h., die Beschreibung hat möglichst viele der vorstellbaren Alternativen auszuschließen. Bei der Beschreibung dessen, was der Lernende tun können muß, um nachzuweisen, daß er sein Ziel erreicht hat, dürfen daher nur eindeutige Verben verwendet werden. Mager hat folgende Beispiele für mehrdeutige und eindeutige Begriffe zusammengestellt:[2]

„Worte, die viele Interpretationen zulassen	Worte, die wenige Interpretationen zulassen
wissen	schreiben
verstehen	auswendig hersagen
wirklich verstehen	identifizieren
zu würdigen wissen	unterscheiden
voll und ganz zu würdigen wissen	lösen
die Bedeutung von etwas erfassen	konstruieren
Gefallen finden	aufzählen
glauben	vergleichen
vertrauen	gegenüberstellen"

---

1 Erziehungswissenschaft 2, Funk-Kolleg, Frankfurt 1970, S. 83.
2 Mager, R. F.: Lernziele und Unterricht, Weinheim 1973, S. 11.

Hinter dieser Forderung nach genauer Bestimmung des Endverhaltens steht die in der Tendenz als richtig anerkannte Prämisse, daß Art und Grad des Verständnisses nur über die Beobachtung der Verhaltensänderungen kontrollierbar sind. Je eindeutiger daher die Lernzielbestimmung gelungen ist, desto schärfer greifen die Sicherungskontrollinstrumente.

2. Schritt: Die Angabe beispielsweise, der Schüler muß die gesetzlichen Bestandteile des Wechsels aufzählen können, kennzeichnet zwar genau das Endverhalten, sagt jedoch nichts darüber aus, ob der Schüler die Gesetzessammlung benützen darf, ob er ein Wechselformular als Gedächtnisstütze heranziehen kann oder ob er sie auswendig herzusagen hat. Neben der Festlegung des Endverhaltens ist es daher notwendig, die Bedingungen anzugeben, unter denen der Schüler seine Leistungen zeigen soll. Hierzu hat sich der Lehrer etwa zu fragen:[1]

– Was wird dem Lernenden an Lehr- und Lernmaterial zur Verfügung gestellt?
– Was wird ihm verweigert?
– Gibt es bestimmte Fertigkeiten, die man ausdrücklich nicht entwickeln möchte?
– Welcher Hilfsmittel darf sich der Schüler bedienen?

Bei der Beantwortung dieser Fragen ist ebenfalls sehr viel Wert zu legen auf eindeutige Aussagen.

3. Schritt: Bisher wurde vom Lehrer festgelegt, was der Schüler seiner Ansicht nach können soll. Die Effektivität der Lernleistung läßt sich jedoch noch wesentlich erhöhen, wenn dem Schüler deutlich gemacht wird, wie gut er die Leistung äußern soll. Dem Lernziel muß demnach ein Beurteilungsmaßstab beigegeben werden, d.h., es hat eine Nennung der unteren Grenze für das noch annehmbare Verhalten zu erfolgen. Diese Beschreibung kann entweder als zeitliche Begrenzung (die Aufgabe ist in 10 Minuten zu lösen) oder in Form eines Prozentsatzes (mindestens 80% der Ausdrücke ergibt die Note befriedigend) erfolgen.

Am Thema *„Einführung in den Wechsel"* sollen diese theoretischen Darlegungen veranschaulicht werden (siehe Matrix S. 146).

Fassen wir die bisherigen Ausführungen zusammen. Lernziele beinhalten sowohl eine *Inhaltskomponente (Werteträger)* als auch eine *Verhaltens-(Ziel-)komponente (Wertung)*. Diese Komponenten sind untrennbar miteinander verknüpft. Dies besagt: Auf einen festgelegten Inhalt wird eine bestimmte Verhaltenskomponente bzw. auf eine festgelegte Verhaltensforderung eine bestimmte Inhaltskomponente bezogen.

Lernziele leiten sich aus dem Lehrplan bzw. Curriculum ab. Sie haben daher letztlich nur die formale Aufgabe, die im Lehrplan bzw. Curriculum festgeschriebenen Inhalte und Ziele so eindeutig zu formulieren, daß eine generelle Überprüfbarkeit gewährleistet ist, wobei dem Lehrer ein wichtiger pädagogischer Spielraum verbleibt.

---

1 Vgl. Magor, R. F.: Lernziele, S. 27.

Fach: Betriebswirtschaftslehre
Thema: Einführung in den Wechsel

Stoffinhalte	Lernziel-Beschreibung		
	Endverhalten	*Bedingungen*	*Beurteilungsmaßstab*
1. Der Wechsel als Zahlungs- und Kreditmittel.	Schüler kann die verschiedenartigen Interessen von Bezogenen und Aussteller gegenüberstellen und die Lösung durch das Zahlungs- und Kreditmittel Wechsel schildern.	Die Ausführungen sind ohne Hilfsmittel, auswendig vorzunehmen. Schüler muß den einfachen Wechselablauf zwischen Aussteller, Bezogenem und Bank in einem Schema aufzeigen können.	Die rein verbale Reproduktion des Wechselablaufes gilt als ausreichende Leistung.
2. Ausfüllen des Wechsels unter Beachtung der gesetzlichen Bestandteile.	Schüler kann ein Wechselformular aufgrund vorgegebener Daten ausfüllen. Schüler kann die gesetzlichen Bestandteile des Wechsels aufzählen und ihre Wichtigkeit und Bedeutung werten.	Schüler erhält ein Wechselformular ausgehändigt. Das Wechselgesetz darf nicht benutzt werden. Ermittlung und Wiedergabe der gesetzlichen Bestandteile durch Vergleich des ausgefüllten Wechsels mit dem Wechselgesetz.	Das Ausfüllen des Formulars muß, unter Berücksichtigung der Wechselstrenge, formgerecht und vollständig vorgenommen werden. Bereits ein Fehler bedeutet nicht ausreichend. Schüler kann die 8 gesetzlichen Bestandteile unter Zuhilfenahme eines Wechselformulars aufzählen. Das Fehlen eines Bestandteils läßt den Wechsel ungültig werden, d.h. das Schülerwissen ist dann nicht ausreichend.
3. Der Wechsel an fremde Order.	Schüler kann die Möglichkeiten der Wechselweitergabe beschreiben und die Auswirkungen auf die Wechselausstellung aufzeigen.	Schüler kann den vorgegebenen Fall selbständig, unter Zuhilfenahme von Gesetz und Wechselformular, lösen. Er ist in der Lage, den neuen Wechselablauf in Form eines verallgemeinernden Schemas aufzuzeigen.	Die verbale Darlegung, wodurch der neue Sachverhalt sich vom bisherigen Fall unterscheidet, und das fehlerfreie Ausfüllen des neuen Wechselformulars stellen die ausreichende Leistung dar.

146

1.2. Problematik der Lernzieloperationalisierung

Die folgenden Ausführungen sollen die am häufigsten vorgetragenen Argumente für und wider die Operationalisierung zusammenfassen.

Schulz glaubt in seinem Vorwort zu Magers Schrift „Lernziele und Unterricht" drei Argumente zu erkennen, die gegen eine strenge Lernziel-Operationalisierung in der Literatur ins Feld geführt werden.[1]

1. Präzisierte Lernziele engen die Lehrfreiheit des Unterrichtenden über Gebühr ein.
2. Streng operationalisierte Lernziele führen zur Manipulation der Schüler und erlauben es dem Lernenden nicht mehr, das Geschehen mitzubestimmen.
3. Präzisierte Lernziele orientieren sich weitestgehend an überprüfbarem Verhalten. Das, was für den Bildungsprozeß bedeutsam ist, so wird argumentiert, entziehe sich aber häufig der Kontrolle. Damit ist zu befürchten, daß, insgesamt gesehen, eine Verflachung der erzieherischen Effektivität eintritt.

Zu 1.: Zum Einwand der *Einengung der Lehrfreiheit* vertreten Popham,[2] Sullivan[3] und auch Bruner[4] übereinstimmend die Meinung, daß trotz vorhergegangener präziser Lernzielformulierung eine Offenheit für notwendige Änderungen besteht, wenn die Unterrichtssituation dies erforderlich machen sollte. Informationen führen zur Lernzielbestimmung durch den Lehrer. Gehen durch den Unterricht dem Unterrichtenden neue Fakten zu, so ist es selbstverständlich legitim, die getroffene Zielbestimmung abzuändern oder zu ergänzen. Ja, es ist geradezu notwendig, die ursprüngliche Zielsetzung vorgenommen zu haben, denn jede Änderung setzt ein genaues Wissen um das bisher angestrebte Ziel voraus. „Gerade wer etwas ändern will, muß genau wissen, was es denn eigentlich zu ändern gibt. Lernziele legen übrigens auch nicht die Wege fest, die man beschreitet, um sie zu erreichen. Sie helfen einem aber um so besser zu erkennen, ob man Fortschritte macht, je genauer sie sind."[5]

Der Entscheidungsspielraum des Lehrers wird somit durch präzisierte Lernziele nicht tangiert. Vielmehr wird gerade durch die strenge Operationalisierung erst die Basis geschaffen, auf der aufbauend es möglich ist, eine im Unterricht auftauchende neue Situation daraufhin zu überprüfen, ob sie zu einer Änderung der zuvor getroffenen Lernzielsetzung führt oder ob das Lernziel beibehalten werden kann.

Zu 2.: Unterricht, so wurde festgestellt, beinhaltet ein planmäßiges Vorgehen mit der Absicht, das Verhalten des Schülers zu verändern. Damit ist der *Vorwurf der Manipulation* im Sinne einer Veränderung nicht gerechtfertigt. Eine andere

---

1 Schulz, W.: Drei Argumente gegen die Formulierung von Lernzielen und ihre Widerlegung, in: Mager, R.F.: Lernziele und Unterricht, S. XI f.
2 Popham, J. W.: Objectives and Instruction, in: Instructional Objectives, AERA Monograph Series on Curriculum Evaluation 3, Chicago 1969.
3 Sullivan, H. J.: Objectives, Evaluation, and Improved Learner Achievement, in: Instructional Objectives AERA Monograph Series on Curriculum Evaluation 3, Chicago 1969.
4 Bruner, J.S.: Über die „Unreife" in unserer Zeit, in: Zeitschrift für Pädagogik, 1972, S. 790 f.
5 Schulz, W.: Drei Argumente, S. XII.

Frage ist, ob die Zielgerichtetheit des Vorgehens die Schüler autoritär in eine bestimmte Richtung lenkt, ohne ihm hierbei eine mitbestimmende Einflußnahme offen zu lassen. Es steht außer Zweifel, daß ein wesentlicher Gewinn der Lernziele darin zu sehen ist, daß sie dem Schüler bekannt sind, und den Unterricht dadurch transparenter gestalten. Damit hat der Schüler von Anfang an die Möglichkeit, das Lernziel zu werten und darauf Einfluß zu nehmen. Operationalisierte Lernziele führen somit nicht zu einem autoritären Unterricht, sondern tragen im Gegenteil zu seiner Demokratisierung bei.[1] Diese Möglichkeit der wechselseitigen Kontrolle von Lehrer und Schüler ist ein wesentlicher Gewinn des lernzielorientierten Unterrichts, den es in der Unterrichtsmethodik zu berücksichtigen gilt.

Zu 3.: Zum dritten Vorwurf, die *Operationalisierung decke nicht die Gesamtmenge aller möglichen Lernziele ab.* Zu diesem Einwand ist festzustellen, daß die Prämisse, alles Lernen müsse überprüfbar und kontrollierbar sein, nicht haltbar ist. Insoweit geht der Vorwurf ins Leere. Es gibt viele Lernbereiche, wo eine genaue Lernzielkontrolle weder möglich noch sinnvoll erscheint. Hierzu zwei Anmerkungen:

— Werden vom Schüler eigene Lösungen, Alternativvorschläge, Verfahrensstrategien, kurz schöpferische Fähigkeiten gefordert, kann die Lernzielangabe nur formale Aussagen treffen, da die konkrete Endleistung von vornherein nicht bekannt ist. „Als Beispiel wird immer jenes der Kreativität angeführt: Denn was sollte man z.B. als Endverhalten formulieren und operationalisieren, wenn man Schüler zu kreativem Ausdrucksverhalten, und zwar auf Grund ihrer jeweils individuellen Bedingungen (Fähigkeiten und Bereitschaften) führen will? Hier verbietet es sich in der Tat, Lernziele in Form von Endverhaltensweisen zu beschreiben, da eine solche Beschreibung dem gewünschten Endverhalten geradezu widerspräche."[2]

— Klafki sieht eine proportionale Funktion zwischen der Komplexität der Qualifikation und der Möglichkeit, Lernziele zu formulieren. Seiner Ansicht nach wird die Aufgabe, Lernziele zu formulieren, um so schwieriger, je komplexer ein Lernziel ist. Er belegt diese Meinung mit drei Beispielen:[3]

Fach Deutsch: „die Fähigkeit, ein eigenes Urteil über ein literarisches Werk aussprechen und begründen zu können."

Fach Politik: „die Fähigkeit, eine politische Konfliktsituation unter dem Gesichtspunkt der beteiligten Gruppen analysieren zu können."

Fach Physik: „die Fähigkeit zu erkennen und zu beweisen, daß physikalische Modelle - etwa der elektrische Strom oder das Atommodell - nicht Abspiegelungen einer vermeintlichen Wirklichkeit an sich sind, sondern gedankliche Konstruktionen."

---

1 Vgl. Boeckmann, K.: Analyse und Definition operationaler Lernziele, in: Zum Problem der Lernziele, Auswahl, Reihe A, Bd. 13, Hannover 1973, S. 16 f.
2 Peterßen, W. H.: Grundlagen und Praxis des lernzielorientierten Unterrichts, Ravensburg 1974, S. 97.
3 Erziehungswissenschaften 2, S. 84.

Ohne Schwierigkeiten können solche Beispiele auch für das kaufmännische Berufsfeld formuliert werden:

Fach Volkswirt- der Schüler kann überzeugend nachweisen, daß er von der
schaftslehre: Richtigkeit der freiheitlichen Wirtschaftsordnung überzeugt ist.

Fach Betriebs- die Fähigkeit, ein eigenes Urteil abzugeben, ob die paritätische
wirtschafts- Mitbestimmung die innere Einstellung der Arbeiter so verän-
lehre: dert, daß die wirtschaftliche Effektivität und der soziale Friede
in den Betrieben entscheidend gesichert werden.

Dubs setzt sich noch mit einem vierten Einwand gegen den lernzielorientierten Unterricht auseinander: „Oft hört man den Vorwurf, *lernzielorientierter Unterricht führe zu einem kognitiv wirkungslosen shaping* (Reiz-Reaktions-Lernen oder schematisches Lernen über Verstärkermechanismen). Die Aufgabe des Lehrers beschränke sich in diesem Fall - so wird argumentiert - darauf, die Schüler nur noch vermittels Verstärkermechanismen von einem Planungsziel zum anderen zu führen. Seine Aufgabe sei ja erfüllt, wenn die Schüler das erwünschte Endverhalten zeigen können. Dadurch entstehe eine bloße Aneinanderreihung von Faktenwissen. Denkfördernde Wirkung könne ein solcher Unterricht nicht haben. Daß diese Gefahr bei *produktorientierten* Lernzielen (Lernziele, die eindeutig auf ein meßbares Endverhalten ausgerichtet sind) tatsächlich besteht, ist nicht von der Hand zu weisen. Deshalb hat man begonnen, *prozeßorientierte* Lernziele zu formulieren. Das sind Lernziele, in denen das Prozeßhafte stärker im Vordergrund steht, d.h., das Lernziel enthält auch Handlungsweisen, mit denen aufgezeigt wird, wie ein Lernender zum erwünschten Ziel gelangen kann. Dies sei an einem Beispiel verdeutlicht:

Produktorientiertes Lernziel: Die Standortfaktoren von Betrieben aufzählen.

Prozeßorientiertes Lernziel: Anhand typischer Betriebsstandorte die Standortfaktoren ableiten.

An sich verfügen die Lernenden nach erfolgtem Unterricht in beiden Fällen über den gleichen Kenntnisstand. Sicher war aber der Unterricht des Lehrenden, der nach dem prozeßorientierten Lernziel arbeitete, anregender und kognitiv anspruchsvoll, während es durchaus möglich ist, daß sich der Lehrende, der nach dem produktorientierten Lernziel unterrichtete, auf ein reines Aufzählen beschränkte. Deshalb werden heute prozeßorientierte Lernziele im allgemeinen bevorzugt. Unseres Erachtens ist der Unterschied nicht so bedeutsam, wenn produktorientierte Lernziele über gute kognitive Lehrstrategien erreicht werden, d.h. die Lehrenden die einzelnen Planungsziele mit ihren Klassen auf einem Weg erarbeiten, der viele Denkanstöße gibt und damit für die Denkschulung förderlich ist. Deshalb gilt: Produktorientierte Planungsziele, die mit guten kognitiven Lehrstrategien erarbeitet werden, sind ebenso brauchbar wie prozeßorientierte Lernziele. Oder mit anderen Worten kann mit kognitiven Lehrstrategien das pädagogisch sinnlose shaping überwunden werden."[1]

---

1 Dubs, R.: Kognitive und affektive Lehrstrategien, in: DtBFsch 8/77, S. 598.

Fassen wir zusammen: Konkret bringt die Lernzielformulierung folgende Vorteile:[1]

1. Der Schüler ist über das Lernziel eindeutig orientiert. Dadurch tritt eine Erhöhung der Transparenz im Unterrichtsgeschehen und eine Steigerung der Lernmotivation auf seiten der Schüler ein.

2. Mit der operationalisierten Lernzielformulierung wird die Lernorganisation effektvoller vorgenommen. Die Auswahl der Lernstrategien wird optimiert.

3. Durch operationalisierte Lernziele ist genau abgegrenzt, was geprüft werden kann, da das Instrumentarium für die Kontrolle von den Lernzielen ausgeht. Dieser Tatbestand ist besonders wichtig, weil die Prüfungsangst und damit verbunden das Prüfungsversagen am größten sind, wenn der Schüler über das, was geprüft wird, nicht orientiert ist.

4. Die Transparenz des Unterrichts stellt eine „beachtenswerte Chance zur mündigen Beteiligung der Schüler am Unterrichtsprozeß dar."[2]

5. Die explizite Lernzielformulierung ermöglicht den Leistungsvergleich zwischen gleichstufigen Klassen, weil sie die Voraussetzung schafft, die Stoffe im Unterricht gleichartig zu behandeln.

1.3 Klassifikation (Taxonomie) von Lernzielen

In der Literatur hat sich eine Vielzahl von Kategorisierungsversuchen herausgebildet. Die wesentlichsten Klassifikationen zeigt das folgende Schema auf Seite 151 auf.

1.3.1 Kategorisierung nach dem Abstraktionsgrad

Nach Möller sagt die explizite Lernzielformulierung noch nichts über die Genauigkeit der Lernzielaussage aus. Der Lehrer ist daher gehalten, das Abstraktions-

---

1 Vgl. Dubs, R.: Taxonomie, S. 170 und Möller, Ch.: Lernplanung, S. 107 f. Seyd sieht als Vorteile einer detaillierten Lernzielbeschreibung folgende 5 Punkte:
   – „Lernziele geben darüber Auskunft, welche Inhalte vom Schüler am Ende eines Kurses in welchem Grad beherrscht werden sollen. Sie verringern die Unsicherheit über die Leistungsanforderungen, indem sich Lehrer und Schüler zu jeder Zeit ein Bild vom Leistungsstand und den noch zu erwerbenden Fähigkeiten und Fertigkeiten machen können.
   – Bereits bei der Planung eines Kurses kann darüber entschieden werden, mit welcher Intensität bestimmte Gebiete behandelt werden. Die Abstimmung der Lerninhalte und ihre Sequenzierung wird erleichtert, Wiederholungen durch gleichartige Themen in verschiedenen Fächern können vermieden werden, Theorie und Praxis insbesondere in der Berufsausbildung können stärker aufeinander bezogen werden.
   – Von vornherein wird festgelegt, von welcher Komplexität die den Schülern am Ende einer Lerneinheit vorgelegten Tests sein müssen, wovon eine größere Entsprechung zwischen Lernplanung und Lernkontrolle zu erwarten ist.
   – Das Unterrichtsgeschehen wird aus der Privatsphäre von Lehrer und Schüler herausgehoben und kann von interessierten Beteiligten (betriebliche Ausbilder, Kammern, Eltern, Lehrerkollegen etc.) diskutiert und kritisiert werden.
   – Lernziele eines Kurses werden durch die Bewährung in der Unterrichtspraxis auf ein realistisches Maß eingeschränkt. Das Ergebnis kann Lehrerkollegen als Vorlage für die eigene Unterrichtsplanung dienen. Laufende Aktualisierung wird durch die Weitergabe und Kommunikation über Lernziele gefördert."
   Seyd, W.: Lernzielbestimmung im Rahmen individueller Unterrichtsplanung, in: DtBFsch, S. 930 f.
2 Vgl. Boeckmann, K.: Analyse, S. 236.

Die Klassifikation von Lernzielen

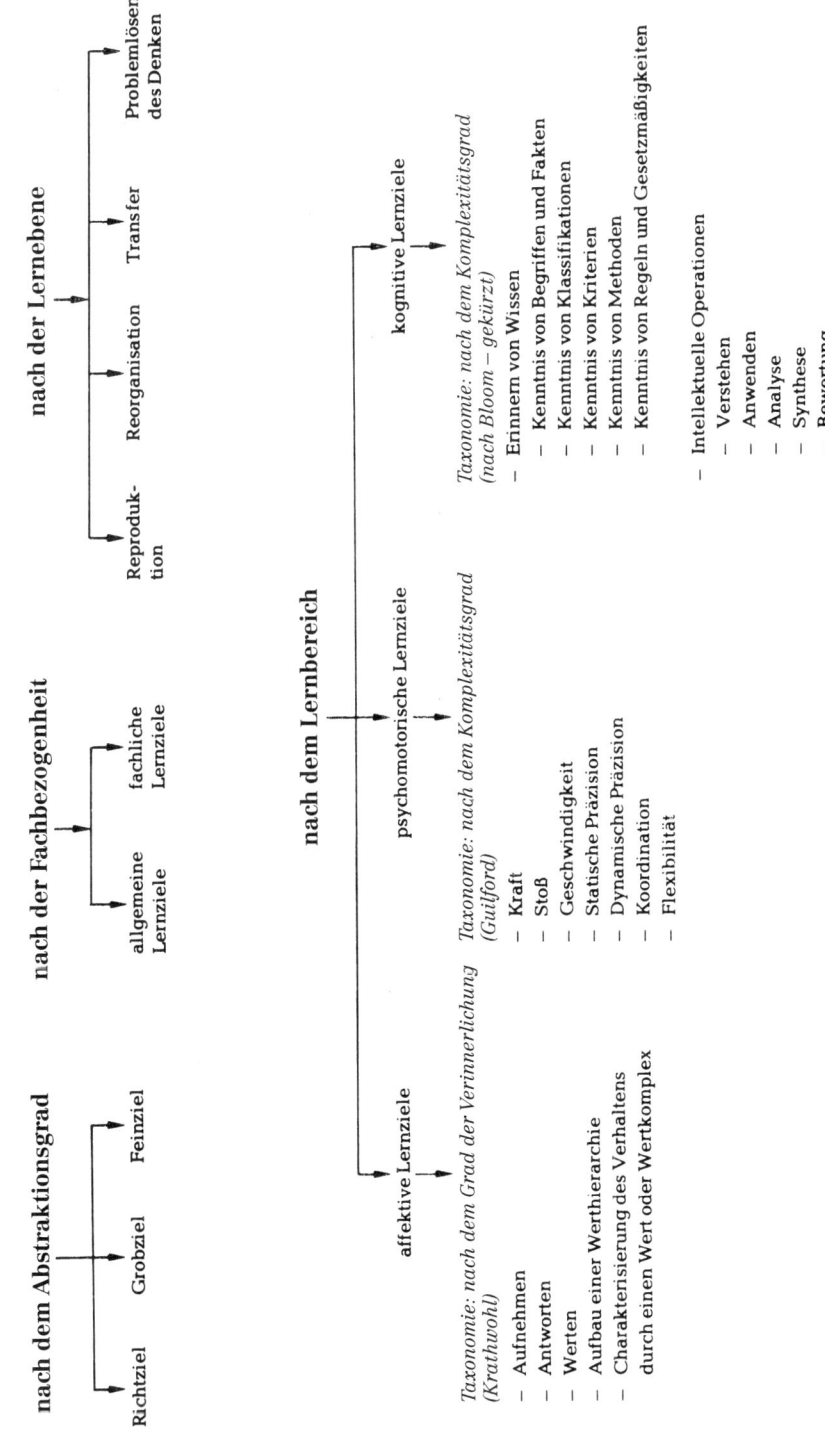

nach dem Abstraktionsgrad

Richtziel   Grobziel   Feinziel

nach der Fachbezogenheit

allgemeine   fachliche
Lernziele   Lernziele

nach der Lernebene

Reproduk-   Reorganisation   Transfer   Problemlösen-
tion   des Denken

nach dem Lernbereich

affektive Lernziele   psychomotorische Lernziele   kognitive Lernziele

Taxonomie: nach dem Grad der Verinnerlichung (Krathwohl)

– Aufnehmen
– Antworten
– Werten
– Aufbau einer Werthierarchie
– Charakterisierung des Verhaltens durch einen Wert oder Wertkomplex

Taxonomie: nach dem Komplexitätsgrad (Guilford)

– Kraft
– Stoß
– Geschwindigkeit
– Statische Präzision
– Dynamische Präzision
– Koordination
– Flexibilität

Taxonomie: nach dem Komplexitätsgrad (nach Bloom – gekürzt)

– Erinnern von Wissen
   – Kenntnis von Begriffen und Fakten
   – Kenntnis von Klassifikationen
   – Kenntnis von Kriterien
   – Kenntnis von Methoden
   – Kenntnis von Regeln und Gesetzmäßigkeiten

– Intellektuelle Operationen
   – Verstehen
   – Anwenden
   – Analyse
   – Synthese
   – Bewertung

niveau eines Lernziels, d.h. „den Grad der Konkretheit, Genauigkeit und Eindeutigkeit, mit dem ein Lernziel beschrieben worden ist", festzulegen.[1] Aus dem Abstraktionskontinuum, das von sehr allgemeinen bis zu sehr präzisen Lernzielformulierungen reicht, können nach Ansicht von Christine Möller drei Lernzielarten herausgehoben werden, wobei die Übergänge fließend sind:

- Lernziele mit sehr hohen Abstraktionsniveaus = Richtziele,
- Lernziele mit mittleren Abstraktionsniveaus = Grobziele,
- Lernziele mit sehr niederen Abstraktionsniveaus = Feinziele.

Das *Feinziel* besitzt den höchsten Grad an Eindeutigkeit und schließt alle Alternativen aus. Feinziele wären etwa: Für jeden der zehn Buchungstexte den richtigen Buchungssatz angeben; ein Scheckformular bei einem vorgegebenen Sachverhalt innerhalb von 5 Minuten fehlerfrei ausfüllen; die Bankabrechnung eines Kontokorrentkontos anhand der gültigen Abrechnungssätze fehlerfrei erstellen. Eine weitergehende Konkretisierung der Feinziele führt zu Testaufgaben und damit nicht mehr zur Lernzielbeschreibung im eigentlichen Sinn. „Solche Testaufgaben stellen die Situation direkt dar, in denen der Lerner nach erfolgreichem Lernabschluß zeigen soll, daß er das Lernziel erreicht hat, und sind nicht - wie die Lernziele - Beschreibungen dieser Überprüfungssituation. Wird eine Testaufgabe vorgegeben, so ist damit am klarsten und eindeutigsten ausgedrückt, was mit einem Lernziel ausgesagt sein soll und wie überprüft wird, ob das Endverhalten erreicht wurde. Es kann demnach der Operationalisierungsprozeß seinen endgültigen Abschluß erst dann finden, wenn für jedes Feinziel eine oder mehrere Testaufgaben konstruiert sind."[2]

Das *Grobziel* weist einen mittleren Grad an Eindeutigkeit auf und läßt eine breite Palette von Alternativen offen. Zur Formulierung werden umfassende unspezifische Begriffe herangezogen. Die Endverhaltensbeschreibung ist nur vage ausgedrückt, ein Beurteilungsmaßstab fehlt völlig. Grobziele wären etwa: Die Hauptmerkmale der freien Marktwirtschaft aufzählen; einen Geschäftsbrief aus dem Bereich des Mahnverfahrens angemessen entwerfen; die Grundprinzipien der steuerlichen Bilanzierungsvorschriften deuten.

Das *Richtziel* besitzt den geringsten Grad an Eindeutigkeit. Es schließt nur ganz wenige Alternativen aus und verwendet zur Formulierung weitestgehend unspezifische Begriffe. Die Richtung des Lernens wird zwar angegeben, nicht aber die Inhalte, an denen dieses Lernen vollzogen werden soll. Die angestrebte Richtungsweisung kann jedoch nur dann ihren Sinn erfüllen, wenn sie offen ist, d.h. wenn sie auf die Angabe von konkreten Verhaltensweisen und Inhalten verzichtet. Richtziele wären etwa: Ein Verständnis für die Probleme der Buchführung haben; befähigt werden, am politischen und wirtschaftlichen Leben teilzunehmen; zu einem wissenden und verantwortungsbewußten Mitarbeiter erziehen.

Verdeutlicht hat Möller die Einteilung der Lernziele nach dem Abstraktionsgrad, der im Grunde nur eine fortschreitende Lernzielpräzisierung darstellt und damit den Operationalisierungsprozeß herausstellt, durch folgendes Schema:[3]

---

1 Möller, Ch.: Lernplanung, S. 72.
2 Möller, ebenda, S. 83 f.
3 Möller, ebenda, S. 83.

152

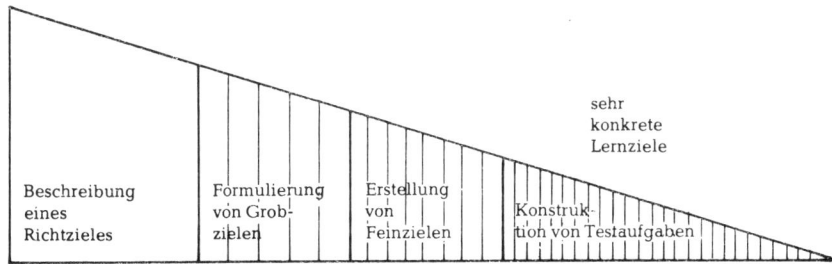

Je nach Abstraktionsebene ist den Lernzielen eine andere Funktion beizumessen. So dienen die Feinziele der täglichen Unterrichtsarbeit, die Grobziele haben Lehrplanbildungsniveau und die Richtziele spiegeln das Leit- und Zielsystem wider, das auch für die Lernzielerstellung bestimmend ist. Für eine formale, übergreifende Kategorisierung der Lernziele erscheint dieser Ansatz zutreffend. Die tägliche Unterrichtspraxis dagegen erfordert eine weitergehende Differenzierung.

1.3.2 Kategorisierung nach der Fachbezogenheit[1]

Allgemeine Lernziele sind Richt- und Grobziele, die sich unmittelbar aus dem Leit- und Zielsystem ableiten. Nach ihnen muß sich der Inhalt der fachlichen Lernziele und die Art ihrer Vermittlung ausrichten. Die allgemeinen Lernziele übernehmen somit eine Entscheidungsfunktion, wenn es gilt, über Auswahl und Vermittlung fachlicher Lernziele zu befinden. Gleichzeitig stellen sie ohne explizite Beschreibung des Endverhaltens und des Beurteilungsmaßstabes allgemeingültige Qualifikationen dar, über die der einzelne fächerübergreifend verfügen sollte. Im einzelnen handelt es sich um pädagogisch erwünschtes Wissen, Können, Fertigkeiten, Einstellungen u.a.

Die Erstellung der *fachlichen Lernziele* bildet das Ende in der Kette der Überlegungen zu dem Entscheidungsfeld Stoff. Sie geben zum einen konkret an, welche Stoffinhalte der Schüler zu erlernen hat (Inhaltskomponente), und zum anderen weisen sie aus, was er mit den Inhalten tun können muß (Verhaltenskomponente). Der Verhaltenskomponente kommt dabei eine entscheidende Bedeutung zu, denn sie legt fest,

— *welcher Lernbereich angesprochen wird:* Beispiel: Der Schüler kann die wichtigsten Leitlinien des Betriebsverfassungsgesetzes auswendig hersagen (= kognitiver Lernbereich); der Schüler soll die Überzeugung gewinnen, daß eine gesetzliche Regelung der Rechte und Pflichten von Arbeitgebern und Arbeitnehmern im Sinne einer Angleichung zu erfolgen hat (= affektiver Lernbereich); der Schüler soll vorgegebene Daten in einen PC ohne Fehler eingeben können (= psychomotorischer Bereich).

---

1 Eine fundierte theoretische Abgrenzung und Wertung der allgemeinen und fachlichen Lernziele in der Berufsbildung hat B. Bonz vorgenommen.
Vgl. Bonz, B.: Lehr- und Lernziele in der Berufsbildung, in: Schanz, H. (Hrsg.): Berufsbildung im Zeichen des Wandels, Beiträge zur Berufs- und Wirtschaftspädagogik II, 2. Aufl., Stuttgart 1975. Bonz, B.: Die Problematik der Berufsbezogenheit von Schulunterricht, in: Schanz, H. (Hrsg.): Grundfragen der Berufsbildung, Beiträge zur Berufs- und Wirtschaftspädagogik I, 2. Aufl., Stuttgart 1975.

– *welcher Schwierigkeitsgrad verlangt wird:* Beispiel: Der Schüler kann die gesetzlichen und kaufmännischen Bestandteile des Wechsels auswendig aufzählen (=Reproduktion); der Schüler kann selbständig einen Fall konstruieren, wo die Wechselzahlung sinnvoll erscheint (=problemlösendes Denken).

– *inwieweit und auf welche Weise der Schüler in den Strukturzusammenhang des Stoffgebietes eingeführt wird:* Beispiel: Wird vom Schüler mehr als nur die reine Reproduktion von Wissen verlangt, erhöht sich das Verständnis, das Einfühlungsvermögen für stoffimmanente Verfahrens- und Vorgehensweisen und gerade dies gewinnt nach den bisher getroffenen Feststellungen immer mehr an Bedeutung, „denn je rascher alte Fakten und Einsichten durch neue überholt werden, um so mehr wird das Erlernen der Arbeits- und Forschungsmethoden eines Faches auch in der Schule an Bedeutung gewinnen, um so mehr müssen sich auch die Lernzielkontrollen auf die Kontrolle der Verfahrensbeherrschung beziehen und methodisches Bewußtsein wecken."[1]

Zwischen den fachlichen und den allgemeinen Lernzielen besteht eine enge Interdependenz, denn der Lehrer muß sich bei der Aufstellung der allgemeinen Lernziele fragen, ob sie durch fachliche Lernziele zum Tragen gebracht werden können. Bei der Postulierung der fachlichen Lernziele wiederum hat er zu überprüfen, ob sie die allgemeinen Lernziele voll zur Geltung bringen. Will der Lehrer beispielsweise die Entscheidungs- und Urteilsfähigkeit seiner Schüler stärken, so hat er die fachlichen Lernziele so zu setzen, daß der Wissensstoff vorwiegend an offenen Fallbeispielen erarbeitet werden muß; will er dagegen die Merkfähigkeit steigern, muß mehr Wert auf reproduktive Lernzielformulierungen gelegt werden. Setzt er sich dagegen das Ziel, die Flexibilität der Schüler zu steigern, muß er die Lernzielformulierung insbesondere unter einem fächerübergreifenden Aspekt vornehmen u.a.

Da die allgemeinen und fachlichen Lernziele einen wesentlichen Platz im Unterricht einnehmen, soll ihre Umsetzung ausführlich dargestellt werden. Dabei wird für jedes Fach eine Auswahl allgemeiner Lernziele einer Gruppe fachlicher Lernziele gegenübergestellt. Die fachlichen Lernziele sind dabei nicht auf ein bestimmtes Stoffgebiet ausgerichtet, sondern generalisierend formuliert, so daß auf operationalisierte Formulierung dieser Lernziele verzichtet werden kann.

Bereich Buchführung

1 Mögliche allgemeine Lernziele

1.1 Förderung von Formalverhaltensweisen, wie saubere Darstellung, Genauigkeit, Systematisierung u.a.

1.2 Im Schüler soll der Sinn für zweckvolle Lösungswege und Lösungsalternativen (intellektuelle Beweglichkeit) gefördert werden.

1.3 Der Schüler soll durch die der Buchführung innewohnende Logik und Systematik, die schlußfolgerndes Denken verlangt, zu einer Steigerung seines Denkvermögens geführt werden.

---

1 Deutscher Bildungsrat, S. 83.

1.4 Die Buchführung erfordert vielerlei Formblätter. Dem Schüler soll durch den Einsatz von Formblättern die Scheu vor Formularen genommen werden, und er soll eine gewisse Gewandtheit beim Ausfüllen von Formularen und Schematas erlangen.

1.5 Förderung der Kooperationsfähigkeit durch den verstärkten Einsatz schülerzentrierter Unterrichtsmethoden im Buchführungsunterricht.

1.6 Durch die Lösung praxisgerechter Aufgaben und der dabei einzuhaltenden Gesetzesvorschriften, Tarifverträge u.a. soll beim Schüler ein Verständnis für die verschiedenartigen wirtschaftlichen Interessen der Betroffenen, also Staat, Arbeitgeber und Arbeitnehmer geweckt werden.

2 Mögliche fachliche Lernziele

2.1 Der Schüler soll die Technik der manuellen und der computergestützten Kontenführung beherrschen.

2.2 Der Schüler sollte in der Lage sein, Sach- und Verfahrenskritik zu betreiben. - Warum wird in der Weise gebucht? Ist es sinnvoll, diesen Lösungsweg einzuschlagen?

2.3 Der Schüler soll befähigt werden, aus Buchungssätzen den betriebswirtschaftlichen und rechtlichen Zusammenhang zu rekonstruieren bzw. aus betriebswirtschaftlichen oder rechtlichen Kenntnissen heraus Buchungssätze zu entwickeln.

2.4 Der Unterricht soll den Schüler in die Lage versetzen, wirtschaftliche Tatbestände buchhalterisch zu erfassen sowie sauber und übersichtlich darzustellen. Der Schüler soll jedoch nicht nur mechanisch nachvollziehen, sondern auch die erforderliche Einsicht gewinnen.

2.5 Der Schüler soll fachspezifische Begriffe wie Inventar, Bilanz, Aktiva, Soll, Haben u.a. erläutern und in den Beziehungszusammenhang einordnen können.

2.6 Der Schüler sollte sich bemühen, Buchungsfragen in zusammenhängenden Sätzen unter Verwendung der fachtypischen Termini (z.B. Lastschrift, belasten, erkennen, kreditieren, Debitor u.a.) zu erklären.

2.7 Der Schüler soll die erforderlichen Rechen- und Darstellungstechniken beherrschen (z.B. sauberes und übersichtliches Zahlenschreiben, Addition relativ umfangreicher Zahlenreihen, Saldiertechnik, u.a.)

2.8 Der Schüler sollte in der Lage sein, mit Hilfe des Kontenrahmens auf Konten zu buchen und einen Abschluß anzufertigen.

Bereich Betriebswirtschaftslehre

1 Mögliche allgemeine Lernziele

1.1 Der Schüler soll dazu angeleitet werden, im wirtschaftlichen und politischen Bereich selbständig zu urteilen und zu handeln.

1.2 Durch das Arbeiten mit Gesetzestexten und durch Begriffserschließungen soll das abstrakt-logische Denken gefördert werden. Durch die Konfrontation mit Situationssachverhalten soll die intellektuelle Beweglichkeit geschult und damit seine Handlungsfähigkeit erhöht werden.

1.3 Praxisnahe Aufgaben sollen die Entscheidungsfähigkeit der Schüler stärken, denn Wirtschaften setzt ein Denken in Alternativen, Chancen und Risiken voraus.

1.4 Durch intensives Arbeiten im Unterricht mit dem Lehrbuch soll der Schüler befähigt werden, ein Fachbuch sinnvoll durcharbeiten bzw. anwenden zu können.

1.5 Die betriebswirtschaftlichen Kenntnisse und Einsichten sollen dem Schüler die zunehmende Vergesellschaftung der Lebensbereiche und die damit zunehmende Abhängigkeit des einzelnen von der Gesellschaft aufzeigen. Er soll begreifen, daß nur ein verstärktes Mitwirken und ein Streben nach Mitverantwortung die Einengung an individueller Freiheit ausgleichen kann.

2 Mögliche fachliche Lernziele

2.1 Der Schüler soll fähig sein, betriebliche und wirtschaftliche Zusammenhänge zu durchschauen und die Zusammenhänge jederzeit präsent zu haben.

2.2 Der Schüler soll über die Funktionen und Abteilungen der Unternehmen, in ihrer Interdependenz und integrativen Verflochtenheit, orientiert sein. Dadurch soll es ihm ermöglicht werden, betriebliche Zusammenhänge auf der Grundlage der auch in anderen Fächern erworbenen Kenntnisse zu sehen.

2.3 Der Schüler soll in die Lage versetzt werden, behandelte Gesetzestexte rasch aufzufinden, zu interpretieren und anzuwenden.

2.4 Durch immer neu variierte, praxisnahe Situationsaufgaben soll der Schüler lernen, Analogieschlüsse zu ziehen, die es ihm erlauben, das in der Schule geübte, unter anderen Voraussetzungen, in der Praxis anzuwenden.

2.5 Der Schüler soll die jeweiligen betriebswirtschaftlichen, rechtlichen und organisatorischen Begriffe eines Stoffgebietes erläutern und in ihrer Verflechtung beurteilen können.

2.6 Der Schüler soll in die Lage versetzt werden, ein betriebswirtschaftliches Problem unter Zuhilfenahme von Fachbüchern und Gesetzestexten selbständig zu lösen.

Bereich Schriftverkehr

1   Mögliche allgemeine Lernziele

1.1 Der Schüler soll zu objektiver Haltung, entschiedenem Handeln und zu Toleranzempfinden geführt werden.

1.2 Häufige Formulierungs- und Stilübungen sollen zur Steigerung des psychologischen Einfühlungsvermögens und der sprachlichen Sensibilität beitragen.

1.3 Die Heranziehung wirklichkeitsnaher Situationen sollen Urteilskraft, Argumentationskraft und Operationsgewandtheit steigern.

1.4 Durch die Tatsache, daß Briefe rechtlich verwendbare Aussagen darstellen, sollen das Verantwortungsbewußtsein und die Fähigkeit zur Selbstverantwortung gestärkt werden.

2   Mögliche fachliche Lernziele

2.1 Der Schüler soll einen vorgelegten Sachverhalt, sachlogisch gliedern und in einen Brief fassen können.

2.2 Der Schüler soll in der Lage sein, allgemeine Kriterien aufzustellen, um diese, bei ähnlichen Briefsituationen, anwenden zu können.

2.3 Der Schüler soll den zugrunde liegenden betriebswirtschaftlich-rechtlichen Sachverhalt abwägen, werten und entscheiden, und ihn sodann in einen Brief transformieren können.

2.4 Der Schüler soll einen Brief form- und fachausdrucksgerecht schreiben können.

2.5 Der Schüler soll ein Gespür für die Verhaltensweise des Briefempfängers bekommen und so zu einem partnerbezogenen Briefstil gelangen.

Bereich Kaufmännisches Rechnen

1   Mögliche allgemeine Lernziele

1.1 Durch die Berechnung praxisgerechter Aufgaben und der damit verbundenen Fallsituationen sollen Entscheidungsfreude und Entscheidungssicherheit herbeigeführt werden.

1.2 Leistungsfreude und Gestaltungsbewußtsein sollen dadurch gesteigert werden, daß der Schüler im Entwerfen transparenter Lösungsschemata eine gewisse Fertigkeit entwickelt.

1.3 Intellektuelle Beweglichkeit und Operationsgewandtheit sollen durch verstärktes Aufzeigen von Verfahrenswegen zur Lösungsfindung und durch Gegenüberstellung von alternativen Lösungswegen geschult werden.

1.4 Entwicklung und Anwendung von Rechenwegen und ihre saubere Darstellung sollen die Konzentrationsfähigkeit, die Leistungsinitiative und die Selbstverantwortung stärken.

1.5 Durch den ständigen Umgang mit Zahlen und Zahlenrelationen soll die Abstraktionsfähigkeit des Schülers erhöht werden.

2 Mögliche fachliche Lernziele

2.1 Der Schüler soll sich wichtige Formeln auswendig einzuprägen. Er soll sie herleiten und anwenden können.

2.2 Der Schüler sollte in der Lage sein, Beziehungen zwischen mehreren Rechenarten herstellen zu können.

2.3 Der Schüler soll den Lösungsgedanken von der Lösungsfindung bis zur Lösungskontrolle aufzeigen und beweisen können, daß er das anstehende Rechenverfahren beherrscht.

2.4 Der Schüler soll theoretisch aufgezeigte Lösungswege auf Beispiele anwenden können.

2.5 Der Schüler soll aus einem Textzusammenhang die relevanten Rechengrößen so herausschälen können, daß sie in geordneter Form zum Einsetzen in Formeln zur Verfügung stehen.

Daß die Koordination von fachlichen und allgemeinen Lernzielen in der Unterrichtspraxis nicht immer gelingt, zeigt die nachfolgende, nicht gerade seltene Begebenheit aus der Unterrichtspraxis:

Allgemeines Lernziel: — Der Schüler soll zur Kooperationsfähigkeit und argumentativem Handeln erzogen werden.

Fachliches Lernziel: — Der Schüler soll durch eine unangesagte Kurzarbeit nachweisen, daß er den behandelten Unterrichtsstoff beherrscht.

Situation:
Die Klasse weigert sich, die Klassenarbeit zu schreiben. Hieraus ergibt sich folgender Dialog:

Schüler: Wir haben am folgenden Tag eine angesagte zweistündige Klassenarbeit in Mathematik, auf die wir uns sehr gewissenhaft vorbereiten wollten, und haben daher den Unterrichtsstoff in Ihrem Fach nicht in der optimalen Weise bearbeitet. Im übrigen haben Sie uns vor einigen Tagen zugesagt, daß Sie auf angesagte Klassenarbeiten in anderen Fächern mit Ihren Arbeiten Rücksicht nehmen werden. Mit einer unangesagten Arbeit mußten wir daher nicht rechnen.

Lehrer: Die Arbeit ist nun einmal von mir ausgearbeitet und vorbereitet worden, und sie wird daher geschrieben. Das Recht, die Arbeit zu schreiben, steht mir zu.

1.3.3 Kategorisierung nach dem Lernbereich

Nach den Lernbereichen, die es systematisch anzusprechen gilt, können Lernziele des kognitiven, des affektiven und des psychomotorischen Bereichs unterschieden werden.

Die *kognitiven Lernziele* beziehen sich auf den Bereich des Erinnerns (Kennen, Reproduzieren) von Wissen und auf die Erweiterung intellektueller Fähigkeiten und Fertigkeiten.[1] Sie beschreiben ein Verhalten, das den Wahrnehmungs-, Gedächtnis- und Denkbereich des Menschen betrifft. Bloom hat für den kognitiven Bereich eine Taxonomie entwickelt, durch die vermehrte Klarheit über Art und Umfang der Denkschulung im Unterricht erzielt wird.[2]

Einige Beispiele für kognitive Lernziele: Der Schüler soll anhand einer gegebenen Gebührentabelle selbständig den Kaufpreis und den Verkaufserlös von Aktien berechnen können; Der Schüler soll anhand des Gesetzestextes und eines Gesellschaftsvertrags Rechte und Pflichten der OHG-Gesellschafter nennen und sie in Zusammenhang bringen können; Der Schüler soll den Unterschied zwischen Warenzeichen und Gütezeichen unter Zuhilfenahme des Gesetzestextes erklären können; Er soll die Warenzeichenarten unter Angabe von Beispielen auswendig nennen können.

Die *affektiven Lernziele* beziehen sich auf die Veränderung von Interessenlagen, auf die Bereitschaft, etwas zu tun oder zu denken, auf Einstellungen und Werte und auf die Entwicklung von Werthaltungen. Sie beschreiben ein Verhalten, das den Bereich der Triebe, Interessen, Einstellungen, Gefühle und Wertungen betrifft. Sie überprüfbar zu formulieren, ist kaum möglich, auch wenn Krathwohl durch die Taxonomie des affektiven Bereiches wertvolle Arbeit geleistet hat.[3]

Einige Beispiele für affektive Lernziele: Der Schüler soll verbal beweisen, daß er von der Überlegenheit der sozialen Marktwirtschaft gegenüber anderen Wirtschaftsordnungen überzeugt ist; der Schüler soll aus einem sozial verpflichtenden Gefühl danach streben, durch wirtschaftliche und politische Aktivität die Armut in der Welt zu bekämpfen; der Schüler soll fähig und bereit sein, sich mit Menschen anderer Altersstufen, Bildungsstufen, Weltanschauungen auszutauschen, um damit Toleranz und Verantwortungsbewußtsein für den Mitmenschen zu steigern.

Kognitive und affektive Lernziele schließen einander nicht aus, sondern bedingen sich gegenseitig. Lernprozesse enthalten nämlich häufig „sowohl kognitive als auch affektive Elemente, wie die folgenden beiden Beispiele zeigen:

– Wenn ein Lehrer mit einer interessanten Problemstellung motivieren will, so erwartet er, daß die Schüler sich mit dieser Problemstellung in Richtung einer Lösung zu beschäftigen beginnen (kognitiver Lernbereich), dabei aber zugleich aufmerksam werden (affektiver Lernbereich). In der konkreten Unterrichtssituation wird sogar in einem solchen Fall oft nur das Kognitive bewußt geplant und das Affektive gewissermaßen als erwünschtes ‚Beiprodukt' betrachtet.

– In einem anderen Fall kann der Lehrer bewußt das Affektive anzusprechen versuchen, indem er beispielsweise ein Bild während einer bestimmten Zeit auf

---

1 Vgl. Metzger, Ch.: Taxonomie im kognitiven Bereich - Anwendung im Wirtschaftsunterricht, in: Decker, F., (Hrsg.): Wirtschaftsdidaktische Konzepte, Ravensburg 1975, S. 58.
2 Vgl. Bloom, B.S.: Taxonomie von Lernzielen im kognitiven Bereich, 2. Aufl., Weinheim 1973.
3 Vgl. Krathwohl, D.R., Bloom, B.S., Masia, B.B.: Taxonomy of educational objectives. The classification of educational goals, Handbook II, Affective domain, New York 1964.

die Schüler einwirken läßt und dazu überhaupt nicht spricht. Sobald sich die Schüler mit dem Bild zu beschäftigen beginnen, indem sie sich fragen, warum ihnen das Bild gefällt bzw. nicht gefällt, so schwingt die kognitive Komponente bereits mit.

In diesem Sinne spielen sich viele Lernprozesse in einem Spannungsfeld zwischen Affektivem und Kognitivem ab, was besonders deutlich wird, wenn man affektive Lernprozesse planen will. Aufgrund dieses Zusammenhanges hat Dubs den affektiven Lernbereich wie folgt gegliedert:

Affektiver Lernbereich

Aufmerksam- werden	Interesse finden und Aufnahmebereitschaft zeigen	Fühlen und Empfinden	Werthaltungen bilden	
			Werthal- tungen er- kennen	über Wert- konflikte entscheiden

Diese Gliederung stellt keine rein affektive Taxonomie dar, weil sie auch kognitive Elemente beinhaltet."[1]

Psychomotorische Lernziele beschreiben psychische Fähigkeiten und Fertigkeiten des Schülers. Sie beziehen sich damit allein auf manipulative und motorische Fertigkeiten. Einige Beispiele für psychomotorische Lernziele: Der Schüler muß in der Lage sein, einen vom Lehrer vorgegebenen Text innerhalb 10 Minuten auf einem PC fehlerfrei zu schreiben; Der Schüler soll zeigen, daß er die vorgegebenen 11 Rechenoperationen innerhalb von 8 Minuten mit Hilfe der Rechenmaschine, ohne manuelle Fehlleistungen, erledigen kann.

Den engen Zusammenhang von kognitivem, affektivem und psychomotorischem Lernbereich zeigt Dubs anhand folgender Lernzielbeispiele auf:

„**Lernzielbeispiele zu den drei Lernbereichen**

kognitiv	affektiv	psychomotorisch
Die Wirksamkeit von Argumenten in Verkaufsgesprächen beurteilen.	Von den eigenen Argumenten überzeugt sein.	Argumente durch passende Gestik und Mimik unterstützen.
Die Funktion der Bedienungselemente und den Aufbau der Tastatur erklären.	Bereit sein, das Maschinenschreiben zu üben.	Mit der Maschine schreiben, ohne auf die Tastatur zu sehen.

Diese Lernzielbeispiele machen deutlich, daß die drei Lernbereiche eng miteinander zusammenhängen. So setzt z.B. das Lernen von Fertigkeiten ein bestimmtes Wissen oder Verständnis, aber auch ein bestimmtes Interesse voraus. Umgekehrt wird oft erst dann eine bleibende Einstellung erworben, wenn eine vertiefte kognitive Auseinandersetzung stattgefunden hat."[2]

---

1 Teilweise wörtlich zitiert bei Dubs, R., Metzger, Ch., Seitz, H.: Modell einer lernzielorientierten Unterrichtsplanung, in: DtBFsch 8/1977, S. 571 f.
2 Dubs, R., Metzger, Ch., Seitz, H., ebenda, S. 570.

Die Literatur hat für jeden Lernbereich Instrumentarien entworfen - z.B. Bloom für den kognitiven Bereich, Krathwohl für den affektiven Bereich und Guilford für den psychomotorischen Bereich -, die hierzu Ordnungskriterien an die Hand geben. Diese Taxonomien sind sehr differenziert, umfangreich und unhandlich. Sie haben sich in der Praxis nicht bewährt, so daß auf die Darstellung dieser Taxonomien hier verzichtet werden kann.

1.3.4 Kategorisierung nach der Lernzielebene

Der Deutsche Bildungsrat gliedert die Lernziele im „Strukturplan für das Bildungswesen" nach dem Schwierigkeitsgrad des Lernziels in vier Lernzielebenen auf: Die *Reproduktion,* die *Reorganisation,* den *Transfer* und das *problemlösende Denken.* Da es sich hierbei um eine, für die tägliche Unterrichtsarbeit, sehr praktikable Untergliederung handelt, soll sie im folgenden kurz dargestellt werden.[1]

- Die *Reproduktion,* als unterste Lernzielebene, verlangt vom Schüler, daß er den Stoff jederzeit aus dem Gedächtnis wiedergeben kann. Über die Komplexität des Stoffgebietes ist hierbei nichts ausgesagt, sie kann von der simpelsten Einzelheit bis hin zur kompliziertesten Theorie reichen. Solche Lernziele sind zulässig. Beispiel: Nennen Sie auswendig alle Rechtsformen für Unternehmen!

- Wird eine selbständige *Reorganisation* des Gelernten verlangt, d.h., muß der Schüler den Stoff verarbeiten bzw. neu anordnen, wird eine höhere Lernzielstufe angestrebt. Werden die Rechtsformen der Unternehmen beispielsweise nicht nach dem Kriterium der Rechtskonstruktion auswendig abgefragt, sondern wird vom Schüler verlangt, er solle angeben, in welchem speziellen Fall die eine, in welchem die andere Rechtsform zu wählen sei, so setzt dies eine selbständige Verwendung der stofflichen Fakten voraus. Diese höhere Leistung, die der Schüler hier erbringt, gilt es auch höher zu bewerten.

- Die nächsthöhere Lernzielebene ist dann erreicht, wenn vom Schüler verlangt wird, die Grundprinzipien des bekannten Stoffgebietes auf ähnliche neue Aufgaben zu übertragen. Angestrebt wird hier als Lernziel ein *Transfer.* Er liegt beispielsweise dann vor, wenn die Berechnung des Prozentwertes anhand von Textaufgaben geübt wird. Wer in dieser Weise lernt, kann über seine Kenntnisse und Fähigkeiten in anderer Weise verfügen als derjenige, der nur in der Lage ist, schemahaft, gleiche Fälle in gleicher Art und Weise zu lösen.

- Die höchste Lernebene wird vom Schüler verlangt, wenn die Lernleistung, „vom Entwicklungsstand des Lernenden aus gesehen, Neuleistungen darstellt. Diese Aufgaben sind eine notwendige, auch in der Schule unerläßliche Herausforderung der Lernenden. In ihnen werden Lernziele angestrebt wie: Zu einem abgehandelten Sachverhalt zusätzliche und neue Fragen zu stellen, neue Aspekte zu seiner Beurteilung zu finden, konstruktive Kritik zu üben, begründete Verbesserungsvorschläge zu machen, Alternativen zu entdecken, Hypothesen zu finden und aufzustellen, selbst ein Experiment zu entwerfen und durchzuführen, Texte nach selbstgewählten Gesichtspunkten zu interpretie-

---

1 Deutscher Bildungsrat: Strukturplan, S. 78 f.

ren."[1] Diese Lernstufe des *problemlösenden Denkens* ist in adäquater Form auf allen Schulebenen möglich und anzustreben.

Beispiele: Der Wirtschaftsgymnasiast erarbeitet die KG anhand des Gesetzestextes, im Unterschied zu der schon behandelten OHG, selbständig; Die Verkäuferin stellt nach der Besprechung von Rabatt und Skonto eigenständig für einen vorgegebenen Rechnungsbeleg die Abrechnung auf. Insbesondere kann sie begründen, warum der Rabatt vor dem Skonto abgezogen wird.

Die Lernzielebene ist zum einem durch die Zielrichtung des Lernvorganges determiniert, zum anderen aber auch von der subjektiven Leistungsfähigkeit des Lernenden. So ist die Übertragung der Dreisatzrechnung auf die verschiedenartigen Textaufgaben objektiv eine Transferleistung. Die Schwierigkeiten, die einzelne Schüler mit dieser Rechenform haben, zeigt jedoch in der Praxis, daß für viele diese Anwendung auf der Stufe der Problemlösung angesiedelt ist. Die Abgrenzung der Lernzielebenen ist somit durch fließende Übergänge charakterisiert. Für die tägliche Unterrichtsarbeit bedeutet dies keineswegs einen entscheidenden Mangel, denn viel wichtiger als die scharfe Trennung der Lernziele nach Lernzielebenen ist der Umstand, daß bei der Vorbereitung des Unterrichts eine Differenzierung der Lernebene überhaupt vorgenommen wird. Lernbereiche, Fachbezogenheit und Lernebene bilden ein System, innerhalb dem die Lernzielbestimmung vorzunehmen ist, um so zu einer Differenzierung der Lernziele im Unterricht zu gelangen.

1.3.5 Zur Problematik der Taxonomie von Lernzielen

Die Taxonomie ist primär ein technologisches Instrument mit formalem Charakter. Die Anwendungsmöglichkeiten erstrecken sich über die Lehrplangestaltung und die Unterrichtsorganisation bis hin zur Lernkontrolle. Trotzdem bringt sie Vorteile für die tägliche Unterrichtsplanung. Einige dieser Vorteile sollen hier kurz vorgestellt werden:

1. *Die Taxonomie gibt Hilfestellung bei der Operationalisierung von Lernzielen.*

   Die Anwendung der Taxonomie verlangt vom Lehrer notwendigerweise die verhaltensorientierte Ausrichtung der Lernziele. Diese Lernziel-Präzisierung umfaßt:

   − Die Trennung der Lernziele nach den drei Fähigkeitsbereichen des Menschen.

   − Die Zuordnung der Lernziele in das jeweilige Klassifikationsschema und damit die Bestimmung des Komplexitäts- bzw. des Internalisierungsniveaus.

   − Die Formulierung des Lernziels mit eindeutigen Verben, um eine präzise Verhaltensaussage zu treffen.

   Die Operationalisierung der Lernziele erfährt durch die Taxonomie eine Klassifikation im Sinne einer Matrix und bereitet so die Lernziele für einen effektiven Unterricht auf.

---

1 Deutscher Bildungsrat: Strukturplan, S. 80.

2. *Die Taxonomie erleichtert die Inventarisierung von Lernzielen.*

Mit der Taxonomie ist das Problem der Stoffauswahl keineswegs zu lösen, da sie ein rein formales Instrument darstellt. Trotzdem kann sie indirekt zur Lernzielfindung beitragen. Etwa wenn das Klassifikationsschema auf seine Vollständigkeit überprüft und so festgestellt wird, welche Verhaltensweisen es eventuell noch zu berücksichtigen gilt. Gleiches trifft zu, wenn der methodische Ablauf der Stunde in der Taxonomie-Matrix zeigt, daß z.B. der Weg vom einfacheren zum komplexeren Verhalten Lücken aufzeigt.

3. *Die Taxonomie verbessert die Unterrichtsplanung und -durchführung.*

- Die Taxonomie-Matrix ist in der Lage, die in der Unterrichtsplanung vorgesehenen Inhalte und Ziele zu veranschaulichen. Der Lehrer kann dadurch ihre Vollständigkeit überprüfen.

- Die Taxonomie legt formal fest, was erforderlich ist, um das Lernziel bzw. die Schlüsselqualifikation zu erreichen. Der Lehrer ist dadurch gezwungen, nach angemessenen Sachverhalten, Aufgaben, Diskussionsthemen u.a. zu sehen, die zur Schulung der angestrebten Fähigkeiten geeignet erscheinen.

- Die Taxonomie-Matrix ermöglicht es, den Lernzielen bzw. Schlüsselqualifikationen die jeweils adäquate Unterrichtsmethode zuzuordnen.

4. *Die Taxonomie verbessert die Evaluation des Unterrichts.*

- Die Taxonomie fördert die Operationalisierung der Lernziele und erhöht für Schüler wie auch für Lehrer die Transparenz der Lernzielkontrolle. Mit der Operationalisierung nähert sich die Lernzielausrichtung der Lernkontrolle.

- Die Lernziele bilden die Grundlage für die Erstellung von Klassenarbeiten und Tests. Sie versachlichen damit die Auseinandersetzung, was, dem Unterrichtsverlauf entsprechend, geprüft wird bzw. geprüft werden darf.

Neben diesen positiven Aspekten der Taxonomie gilt es aber auch, die problematischen bzw. noch nicht gelösten Fragen aufzuzeigen:

1. Die Taxonomie gibt im Grunde keine Antwort auf inhaltliche Fragen. Sie bedarf der Ergänzung durch Überlegungen didaktischer Art.

2. Die Taxonomie gibt kaum Hilfen beim methodischen Aufbau - Abfolge der Lernziele, Unterrichtsverfahren, Medieneinsatz u.a. - einer Unterrichtsstunde.

3. Probleme können bei der Zuordnung der Lernziele in das Taxonomieraster auftreten. Es kann Fälle geben, bei denen die Klassifikationsklasse umstritten ist. „Diese Fälle sollten jedoch nicht überbewertet werden, denn entscheidend ist letztlich, daß intellektuelle Operationen geschult werden, und nicht, ob es sich in Grenzfällen um diese oder jene Art handelt."[1]

---

1 Metzger, Ch.: Taxonomie im kognitiven Bereich, S. 70.

4. Die Taxonomie ist noch zu theoretisch ausgerichtet und zu wenig auf die Praxis abgestimmt. Sie ist etwas unhandlich bzw. zeitaufwendig für die tägliche Unterrichtsarbeit. Allerdings ändert dies nichts an der prinzipiellen Richtigkeit dieser Konzeption.

Wir halten fest: Lernziele beinhalten sowohl eine *Inhaltskomponente* (Werteträger) als auch eine *Verhaltens-(Ziel-)komponente* (Wertung). Diese Komponenten sind untrennbar miteinander verknüpft. Dies besagt: Auf einen festgelegten Inhalt wird eine bestimmte Verhaltenskomponente bzw. auf eine festgelegte Verhaltensforderung eine bestimmte Inhaltskomponente bezogen.

Eine Lernzielorientierung ist immer integraler Bestandteil der zugrunde gelegten allgemeinen und fachlichen Didaktikkonzeption und ist nur aus ihr heraus fruchtbar. Da sich die allgemeine bzw. fachliche Didaktikkonzeption in Inhalten, Zielen und Handlungsweisen der Lehrpläne bzw. Curricula niederschlägt, dienen die Lernziele letztlich nur der formalen Aufgabe, „Curriculumelemente in eine sprachliche Form zu gießen, die semantische Eindeutigkeit und intersubjektive Überprüfbarkeit gewährleistet."[1] Für die Lernzielfestsetzung ist daher unerläßlich, daß das zugrunde liegende Curriculum so vollständig wie möglich ausgestaltet ist, denn nur dann können bei dem Ableitungsverfahren, das die Lernzielerstellung letztlich darstellt, Inhalts- und Verhaltensdefizite vermieden werden. Allerdings schränkt eine solche Forderung wiederum die pädagogische Freiheit des Lehrers ein.

Im Anschluß an die Lernzielfestlegung fällt dem Lehrer die Aufgabe zu, diese Lernziele in Interaktion mit den Schülern umzusetzen. Hierzu bedient er sich der Unterrichtsmethoden (Vgl. hierzu Abschnitt C.). Da der Lehrer die Unterrichtsmethoden gezielt einzusetzen hat, muß er sein methodisches Instrumentarium planen, d.h., er hat sein Lehrkonzept, selbstverständlich ebenfalls im Rahmen der allgemeinen bzw. fachlichen Didaktikkonzeption, festzulegen und zu beschreiben. Er hat sich *Lehrziele* zu setzen, wobei deren semantische Eindeutigkeit und die intersubjektive Überprüfbarkeit ebenfalls gewährleistet sein müssen. „Während jedoch mit der Formulierung eines Lernziels durch aktuelles Endverhalten die *Implementierung* einer Verhaltensdisposition angestrebt wird, *nimmt* die Formulierung eines Lehrziels die beim Lehrenden bereits als vorhanden vorausgesetzten Verhaltensdispositionen *in Anspruch,* über die dieser im Rahmen seiner Ausbildung zu verfügen gelernt haben sollte. Es handelt sich dabei um alle die Dispositionen, die durch das Entscheidungsfeld Methodik bestimmt sind, zum Beispiel im Sinne von Fähigkeit, bestimmte Artikulationsschemata auszuwählen und anzuwenden oder bestimmte Medien einzusetzen. ... Lehr- und Lernziel*orientierung* verdichten sich somit zur Problematik von Lehr- und Lernziel*formulierungen* über konkretes Endverhalten entweder als Ableitung aus gegebenen oder aber als Operationalisierung *angestrebter* Verhaltensdispositionen."[2] Die Trennung in Lehr-

1 Jongebloed, H.-C., Twardy, M.: Lernzielformulierung und -präzisierung, in: Twardy, M. (Hrsg.): Kompendium Fachdidaktik Wirtschaftswissenschaften, Wirtschafts-, Berufs- und Sozialpädagogische Texte, Bd. 3/ Teil II, Düsseldorf 1983, S. 276.
2 Jongebloed, H.-C., Twardy, M.,ebenda, S. 277.

und Lernziele macht deutlich, Lehrziele können vom Lehrer praktisch immer erreicht werden, ob die Schüler aber die gesetzten Lernziele immer bewältigen können, ist fraglich.

Die Trennung in Lehr- und Lernziele war aus Gründen der terminologischen Klarstellung notwendig. Trotzdem gilt natürlich weiterhin, der Lehr- und Lernprozeß stellt eine untrennbare Einheit dar. Insofern sind die festgelegten Dispositionen bei Lehrer und Schüler streng miteinander zu verknüpfen und aufeinander zu beziehen. „Dadurch wird erreicht, daß das als Lehr- und Lernziel konstruierte Curriculumelement nicht nur *didaktisch gefordert,* sondern auch *effizient eingelöst* werden kann."[1]

2 Zur Theorie der Schlüsselqualifikationen

2.1 Wesen der Schlüsselqualifikationen

Die Lernzieltheorie verlangt, daß die Inhalte zielgerichtet unterrichtet werden und daß der Lernerfolg anschließend lernzielorientiert zu überprüfen ist. Lernziele können dabei fachlich eng, aber auch fächerübergreifend komplex, auf vielen Ebenen und in allen Lernbereichen formuliert werden. Die Forderung, durch den Unterricht im Schüler Schlüsselqualifikationen aufzubauen, entspricht prinzipiell insoweit der Lernzieltheorie, als daß hier ebenfalls vom Lehrer verlangt wird, Unterricht zielgerichtet zu gestalten. Hier einige Zielvorstellungen, die mit dem Begriff „Schlüsselqualifikationen" verknüpft sind: Denken in Zusammenhängen, Fähigkeit zur Kooperation, Flexibilität, Lernbereitschaft, Entscheidungsfähigkeit, verantwortungsvolles Handeln; Fähigkeit, Lebensprobleme zu erkennen und zu meistern.

Wir erkennen, Schlüsselqualifikationen sind weiter, komplexer gefaßt und entziehen sich damit weitgehend einer unmittelbaren stringenten Überprüfung. Sie sind vom Wesen her handlungsorientiert und verlangen komplexes methodisches Vorgehen. Allerdings stellen Schlüsselqualifikationen keinen eigenen Lerngegenstand dar, den man vermitteln und anwenden kann, sie werden vielmehr immer nur durch den Erwerb bzw. bei der Anwendung von Fachqualifikationen vermittelt. Die Inhalte sind der Träger (Mittler), aber auch beeinflussendes Element für die Förderung von Schlüsselqualifikationen. Insoweit besteht zwischen dem Lerninhalt und der Art der Schlüsselqualifikation eine enge Verflechtung, und zwar in dem Sinne, daß neben allgemeinen immer auch spezielle, inhaltlich geprägte Schlüsselqualifikationen mit vermittelt werden. So kann beispielsweise eine allgemeine Flexibilität und Mobilität durch mathematische, geschichtliche, geographische, fremdsprachliche Themen gefördert werden; wirtschaftliche und technische Themenstellungen fördern daneben noch die berufliche Flexibilität und Mobilität.

Die folgenden Ausführungen beschränken sich darauf, das Problem der beruflichen Schlüsselqualifikationen zu skizzieren.

---

1 Jongebloed, H.-C., Twardy, M.: Strukturmodell Fachdidaktik, Kompendium Fachdidaktik Wirtschaftswissenschaften, Teil I, S. 183.

2.2 Berufliche Schlüsselqualifikationen

Der Begriff der „Schlüsselqualifikation" wurde 1974 von Dieter Mertens auf dem Gebiet der Arbeitsmarktforschung eingeführt. Mit diesem Begriff umschrieb Mertens seine Forderung, daß die Berufsqualifikation des Arbeitnehmers so angelegt sein sollte, daß dieser auf unvorhersehbare neue Anforderungen so flexibel reagieren kann, daß er sich im Berufsleben behauptet. Seitdem die Unternehmen dazu übergehen, die Projektarbeit in kleinen Teams zu fördern, Hierarchien abzubauen und eigenverantwortliches Arbeiten auf untere Betriebsebenen zu verlagern, Einzelvorgänge wieder zu vernetzen u.ä., fordern auch sie von ihren Mitarbeitern andere Formen der Qualifikation, nämlich „Schlüsselqualifikationen". Es verwundert daher nicht, daß diese Forderung insbesondere von den beruflichen Schulen und den Schulverwaltungen aufgegriffen wurde.

Die Notwendigkeit, im Schüler eine *Fach- und Methodenkompetenz (=Sachkompetenz)* aufzubauen, bleibt auch dann erforderlich, wenn es gilt, Schlüsselqualifikationen zu vermitteln. Das will sagen, die Schüler müssen auch weiterhin noch Prozentrechnen, Zinsrechnen, Briefe schreiben, Buchungssätze bilden, Fremdsprachen oder die Grundprinzipien der EDV lernen. Daneben umfaßt die Sachkompetenz auch so grundlegende Tugenden wie Konzentrationsfähigkeit, Selbstdisziplin, Lernbereitschaft, Rücksichtnahme usw. Die Vermittlung solcher Sekundärtugenden ist mit Grundlage eines sinnvollen und ertragreichen beruflichen Lehrens und Lernens.

Allerdings sollte der Schüler über die Fach- und Methodenkompetenz hinaus noch *zusätzliche Fähigkeiten (= Schlüsselqualifikationen)* erwerben, die ihn dazu befähigen, diese Sachkompetenz den sich ständig verändernden Bedingungen jederzeit anpassen zu können *(= berufliche Handlungskompetenz)*. Sachkompetenz und berufliche Handlungskompetenz münden in die allgemeine didaktische *Kompetenz (Zielsetzung) der Selbstbestimmungs-, Mitbestimmungs- und Solidaritätsfähigkeit.*

Warum war es beispielsweise in der Vergangenheit manchem Mitarbeitern nicht möglich, sich auf das Vordringen des Computers in seinem Arbeitsbereich einzustellen? Wohl deshalb, weil es ihm an Grundverständnis für Technik, Planung, Steuerung oder Überwachung fehlte, weil er zuwenig kreativ, kooperativ, lernwillig, durchsetzungsfähig war oder weil es ihm an analytischem Denken, an der Fähigkeit zum selbständigen Arbeiten oder an Problemlösefähigkeit u.ä. mangelte. Der Schluß hieraus soll wiederholt werden: die Sachkompetenz muß bestehen bleiben, sie muß aber durch weitere Kompetenzen ergänzt werden.

Nach Beck erscheinen als Arbeitsdefinition des Begriffs „Schlüsselqualifikation" folgende, alle wesentlichen Begriffselemente enthaltenden Umschreibungen, geeignet:

„Schlüsselqualifikationen sind relativ lange verwertbare Kenntnisse, Fähigkeiten, Fertigkeiten, Einstellungen und Werthaltungen zum Lösen gesellschaftlicher Probleme.

Als Berufsqualifikationen sind es die funktions- und berufsübergreifende Qualifikationen zur Bewältigung beruflicher Anforderungssituationen.

Diese Fähigkeiten, Einstellungen und Haltungen reichen über die fachlichen Kenntnisse und Fertigkeiten hinaus und überdauern sie. Qualifikationsziel ist die berufliche Flexibilität und Mobilität.

Es sind Selbsthilfequalifikationen, mit deren Einsatz der Arbeitnehmer selbständig die Wandlungen in Arbeit und Beruf bewältigen kann, ohne sogleich auf Fremdhilfe angewiesen zu sein.

Für den schulischen Bereich kommt verstärkt der Aspekt hinzu, daß die Kenntnisse, Fähigkeiten, Fertigkeiten, Einstellungen und Werthaltungen nicht nur auf die Berufsqualifikation abzielen dürfen, sondern auch auf eine **ganzheitliche Entwicklung der Persönlichkeit.**"[1]

Betrachten wir die angesprochenen Begriffe in ihrem Beziehungszusammenhang, so können wir dies in folgendem Schema ausdrücken:

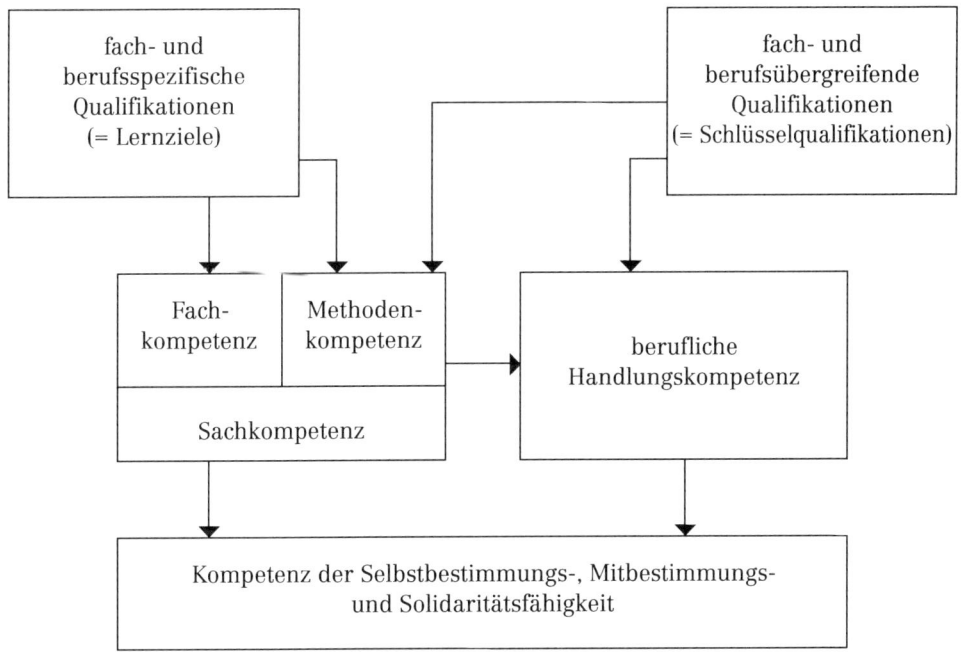

___
1 Beck, H.: Schlüsselqualifikationen, Bildung im Wandel, Darmstadt 1993, S. 17 f.

2.3 Klassifikation (Taxonomie) von Schlüsselqualifikationen

Der Differenzierungsphantasie bei der Gliederung von Schlüsselqualifikationen sind kaum Grenzen gesetzt. So kann - wie bei den Lernzielen - eine Kategorisierung erfolgen:

1. nach den Lernbereichen

– *kognitive Schlüsselqualifikationen:* z.B. der Schüler soll die gegenwärtigen Entlohnungsformen selbständig formulieren und Tendenzen ihrer möglichen Weiterentwicklung abschätzen können.
– *affektive Schlüsselqualifikationen:* z.B. der Schüler sieht Altmaterialsammlungen als einen ökonomisch sinnvollen Vorgang an, um die Abfallproduktion in den Wirtschaftskreislauf zurückzuführen und beschäftigt sich mit Überlegungen zur Müllvermeidung.
– *psychomotorische Schlüsselqualifikationen:* z.B. der Schüler lernt die Anwendungstechnik für einen bestimmten Computer und achtet hierbei auf Präzision, Selbständigkeit und den allgemeinen technischen Ablauf.

2. nach der Fachbezogenheit

– *allgemeine Schlüsselqualifikationen:* z.B. der Schüler soll zum selbständigen Lernen hingeführt werden, um dadurch eine neu auftretende Problemstellung selbständig erarbeiten zu können.

– *fachliche Schlüsselqualifikationen:* z.B. der Schüler soll die rechtlichen Grundlagen eines Arbeitsvertrages mit eigenen Worten wiedergeben können und in der Lage sein, Einstellungsgespräche geschickt führen zu können.

3. nach dem Inhalt

– *materielle Schlüsselqualifikationen:* z.B. der Schüler soll mit der angetroffenen Computeranlage umgehen können und für neue Technologien aufgeschlossen sein.
– *formale Schlüsselqualifikationen:* z.B. der Schüler soll zum anwendungsbezogenen Denken und Handeln hingeführt werden, um bei Umstellungen und Neuerungen angemessen handeln zu können.
– *personale Schlüsselqualifikationen:* z.B. der Schüler soll Büroarbeiten mit hoher Kooperationsbereitschaft im Team bewältigen können.

Diese Klassifikationsbeispiele mögen genügen. Gemeinsam ist allen diesen Kategorisierungsversuchen, daß sie wünschenswerte Kenntnisse, Verhaltensweisen, Fertigkeiten oder Tugenden zusammenfassen, denen im Prinzip niemand ernsthaft widersprechen kann!

2.4 Gedanken zum Schlüsselqualifikationskonzept

Sicher ist, daß die berufliche Erstausbildung, und sei sie noch so gründlich und umfassend, nicht dazu befähigt, daß der Ausgebildete über ein langes Berufsleben hinweg beruflich handlungsfähig bleibt. „Der Lehrabschluß wird immer weniger zum ‚Abschluß'. Er ist bereits heute die Entlassung ins lebenslängliche Lernen.

Wenn die duale Ausbildung, und diese Tendenz ist offensichtlich, immer weniger eine Statuszuweisungsfunktion besitzt und immer stärker nur mehr eine Voraussetzung für Karriereprozesse darstellt, dann gewinnt die berufliche Weiterbildung zu Lasten der beruflichen Ausbildung an Relevanz und Attraktion. Durch eine Berufsausbildung ist man heutzutage nichts mehr – im Gegensatz zu früher –, man kann damit nur etwas werden. Die Berufsausbildung wird tendenziell zur Vorschule der beruflichen Weiterbildung, über die das durch die rasche industrielle Veränderung notwendig werdende qualifikatorische Recycling besser und effektiver als in einer förmlichen Ausbildung organisiert werden kann... Durch die Beschleunigung der Veraltensgeschwindigkeit des Wissens und Könnens wird das in der Ausbildung Angeeignete relativ schnell zur Wegwerfqualifikation."[1] Das berufliche Fachwissen muß daher um fachübergreifende, zeitunabhängige und personenbezogene Kompetenzen (eben Schlüsselqualifikationen) ergänzt werden. Die Ausbildung muß mehr Kompetenz vermitteln als nur Sachkompetenz.

„Das Schlüsselqualifikationskonzept fungiert dabei als ‚Kampfkonzept' gegen eine zu enge, d.h. fach- und berufsbezogene Auslegung schulischer Bildungsgänge und dürfte den Bildungsansatz der neunziger Jahre wesentlich mitprägen. Nicht wenige Leute erwarten von ihm eine eigentliche Revolutionierung der Schule in dem Sinne, daß die (zahlreichen) Schwächen des gegenwärtigen kaufmännischen Unterrichts damit überwunden werden können."[2]

In der Tendenz erhebt das Schlüsselqualifikationskonzept die Forderung, die Schule muß dazu befähigen, den „Schlüssel" zu liefern, daß der Schüler später seine gelernten Qualifikationen immer wieder aktualisieren, ergänzen, anpassen kann. Verkürzt ausgedrückt kann formuliert werden, die Vermittlung des Lernen lernens ist eine Grundfunktion des Schlüsselqualifikationskonzepts.

Dieses Konzept ist damit, ähnlich der Lernzielkonzeption, nichts grundlegend Neues. Diese Forderungen werden seit Humboldt ständig an die Schule gestellt. Neu ist der Versuch, diese Konzeption nun gezielt, sozusagen lernzielorientiert, in den Schulen, z.B. über eine entsprechende Ausgestaltung der Lehrpläne, über zwingend vorgeschriebene methodische Vorgehensweisen (z.B. Fallstudien, Planspiele) und über Lehrer/Ausbildungsmaßnahmen u.ä. umzusetzen.

Eine Forderung aufzustellen, ist eine Sache, sie umzusetzen, eine andere. Wo liegt nun die Umsetzungsproblematik beim Schlüsselqualifikationskonzept? Schlagwortig sollen hier einige Problemfelder aufgezeigt werden:

– die Inhalte der geforderten Schlüsselqualifikationen sind bisher nicht eindeutig geklärt. Was beinhalten z.B. die Schlüsselqualifikationen Fähigkeit und Bereitschaft zur technologischer Akzeptanz; Fähigkeit, bei der Suche nach Lösungen neue Wege zu beschreiten; Fähigkeit und Bereitschaft, mit Menschen anderer Altersstufen, Bildungsstufen, Weltanschauungen umgehen zu können u.ä.?

---

1 Geißler, K. A.: Sind die Schlüsselqualifikationen ein Substanzgewinn für das duale System?, veröffentlichter Vortrag an der Universität Hohenheim vom 9. Dezember 1993, Institut für Berufs- und Wirtschaftspädagogik, Universität Hohenheim, S. 9.
2 Beck, H.: Schlüsselqualifikationen, S. 23. Vgl. auch Dubs, R · Die Neuordnung der Büroberufe aus schweizer Sicht. In: Winklers Flügelstift, 1/1992, S. 43.

– Schlüsselqualifikationen können immer nur an konkreten fachlichen Inhalten und Arbeitstechniken vermittelt werden, die es später dann zu überprüfen gilt. Schlüsselqualifikationen sind damit - zumindest teilweise - zu operationalisieren. Diese Operationalisierung ist bisher weder bei der Formulierung fachlicher Lernziele, geschweige denn bei der Formulierung von Schlüsselqualifikationen gelungen.

– Weiter ist ungeklärt, welche Methoden *im einzelnen* geeignet sind, bestimmte Schlüsselqualifikationen zu vermitteln. In der Tendenz ist natürlich klar, daß schülerzentrierte Unterrichtsmethoden zur Selbständigkeit, Kreativität oder zur Durchsetzungsfähigkeit der Schüler beitragen; es ist auch klar, daß das Lösen von Fallsituationen die Problemlösefähigkeit erhöht u.ä., was jedoch fehlt, sind Untersuchungen über stringente Zuordnungen von bestimmten Schlüsselqualifikationen zu bestimmten Methoden. So ist z.B. die Forderung von Reetz nach einer höheren Qualität beruflicher Handlungsfähigkeit sicher in der Tendenz richtig, allerdings ist damit noch keineswegs für den Lehrer, der z.B. das Thema „die Vertragsarten" zu unterrichten hat, eindeutig geklärt, mit welchem methodisch-didaktischen Instrumentarium er dies erreichen kann.[1]

Zusammenfassend kann festgehalten werden: Weder die *inhaltliche Dimension* (Welche Stoffgebiete sind exemplarisch und zukunftsrelevant?), noch die *methodische Dimension* (Wie muß sich der Schüler mit den ausgewählten Inhalten auseinandersetzen, um entsprechende Schlüsselqualifikationen zu erhalten?), noch die *Dimension der Werthaltungen* (Welche Werte sollen aus der Interdependenz von Inhalt und Methode als Bezugspunkt für Sinnfragen dienen?) sind bisher eindeutig geklärt.[2]

---

1 Vgl. Reetz, L.: Zur Bedeutung der Schlüsselqualifikationen in der Berufsbildung in: Schlüsselqualifikationen, hrsg. von L. Reetz und Th. Reitmann, Hamburg 1990, S. 16. f.

2 Geißler geht sogar soweit, das Schlüsselqualifikationskonzept in Bausch und Bogen abzulehnen. Er führt aus: „Das Wort ‚Schlüsselqualifikation‘ lebt von der Vorstellung eines von der beschleunigten Bewegung unabhängigen, quasi absoluten Ortes. Dies aber um den Preis der Entleerung, d.h. der Ortlosigkeit. So aber werden die Schlüsselqualifikationen zu Ungefährqualifikationen, die den Prozeß beschleunigter Veraltung und Erneuerung von Ad-hoc-Qualifikationen fördern... Die Uneindeutigkeit des Begriffes macht alle zu Komplizen von Mißverständnissen. Und genau das, und nur das, macht ihre Gemeinsamkeit aus, daß sie diesbezüglich Komplizen sind, mehr nicht. Das propagandistische Geheimnis dieses ‚semantischen Universal-Sacks‘ (Enzensberger) ‚Schlüsselqualifikationen‘ besteht eben darin, konkreten Programmfestlegungen auszuweichen und breite, nicht faßbare Positionen zu markieren, die unterschiedliche reale Interessen in diese benannte Leere aufnehmen bzw. in ihr untergehen lassen. Die sprachliche Floskel ersetzt die Substanz.‟
Geißler, J. A.: Schlüsselqualifikationen, S. 14.

V. Motivation

Ein Blick auf den Stand des Lehr- und Lernprozesses zeigt, daß der Lehrer nun im Besitz aller Stoffinformationen ist und , hierauf gründend, seine Lernziele und Schlüsselqualifikationen festgelegt hat. Es gilt nun zu überlegen, wie der Schüler für sie interessiert, motiviert werden kann. Im Schüler gilt es eine positive Einstellung aufzubauen, ihn aufgeschlossen zu machen für die Inhalte und Ziele. Motivation ist ein entscheidendes Strukturmoment auf dem Weg zum Lernerfolg.

1 Motivforschung und Lernprozeß

Die Grundfrage dieses Kapitels muß lauten: Was treibt den Menschen zum Lernen, Denken oder Handeln? Die Theorie zur Motivlehre ist in dieser Frage gespalten und von hierher muß offen bleiben, ob der Mensch von angeborenen Trieben gedrängt wird oder ob Reize und Motive den Prozeß auslösen. Damit sind auch schon die beiden wichtigsten Forschungsgebiete der Motivlehre genannt. Es geht einmal darum, die Aktivitätsquelle zu ergründen, und zum anderen wird danach geforscht, was dieser Energiequelle das Ziel, die Richtung weist. Die Lerntheorien lassen erkennen, daß durch den Lernprozeß die Zielrichtung selbst eines angeborenen Triebes auf ein anderes Objekt umorientiert werden kann.[1] Unter der Annahme, und hierzu drängen die Motivationstheorien geradezu, daß es neben angeborenen Trieben auch angelernte, zielgerichtete Interessen, Bedürfnisse, Antriebe gibt, wird deutlich, welch wesentliche Bedeutung die Erkenntnisse der Motivforschung für den Lernprozeß darstellen.

1.1 Begriffsbestimmung

Nach Heckhausen bezeichnen Motive „Unterschiede zwischen überdauernden individuellen Besonderheiten, die sich in einer bestimmten Grundsituation im Laufe der Entwicklungszeit (Ontogenese) herausgebildet haben."[2] Das bedeutet, daß nicht jeder Situation ein eigenes Motiv gegenübersteht, sondern daß es sich um generalisierte Grunddispositionen handelt, um „wiederkehrende Anliegen". Diese Wertungsdispositionen (Motive) haben sich in solchen immer wiederkehrenden Grundsituationen durch Erfahrungen herausgebildet und sind somit erlernt. Sie sind als Prozeß anzusehen und daher veränderbar, denn im Laufe der Entwicklung steht der Mensch einer sich laufend verändernden Umwelt gegenüber, was auf die Motive zurückwirkt. Der Motivbegriff soll somit den Menschen nicht isoliert erklären, sondern die Mensch-Umwelt-Interaktion aufzeigen. Im einzelnen ist der Motivbegriff durch folgende Merkmale charakterisiert:[3]

---

1 Eine Zusammenfassung der Lerntheorien gibt H. Roth in seiner Pädagogischen Anthropologie. Vgl. Roth, H.: Pädagogische Anthropologie, Bd. 2, S. 115 - 148.
2 Heckhausen, H.: Motive und ihre Entstehung, in: Funk-Kolleg, Pädagogische Psychologie, Bd. 1, Frankfurt 1974, S. 133 - 168, S. 143.
3 Heckhausen, H., ebenda, S. 147.

- Motive sind erlernt.
- Motive bestehen aus hochgeneralisierten Zielvorstellungen und Handlungserwartungen.
- Motive führen nur über Anregungen aus entsprechenden Situationsbedingungen zum Handeln.
- Motive verfestigen sich im Laufe der Entwicklung zu relativ überdauernden Systemen, die dann das individuelle Verhalten steuern.
- Jeder Grundsituation steht ein entsprechendes Motivsystem gegenüber. Wichtige bestimmende Grundsituationen sind nach Heckhausen Macht; Aggression; Hilfe; Leistung.
- Jedes Motiv beinhaltet konträre Tendenzen, z.B. Aggression - Aggressionshemmung; Streben nach Macht - Angst vor Machtverlust.

Von den „erlernten Motiven" sind abzugrenzen die angeborenen „zweckfreien Motivationen". Es handelt sich hier um spontane Tätigkeiten, ohne bestimmtes Ziel, um ihrer selbst willen. Das Lernen ist hier insofern von Bedeutung, um Variationen des Gewohnten bzw. Erwarteten herbeizuführen. Als ebenfalls verhaltenswirksam müssen noch die „leiblichen Bedürfnisse" wie Hunger, Durst, Sexualität u.a. von den Motiven abgegrenzt werden. Sie stehen zu den erlernten Motiven in einer engen Korrelation.

Motivation bezeichnet nach Heckhausen „alle aktuellen Faktoren und Prozesse, die unter gegebenen situativen Anregungsbedingungen zu Handlungen führen und diese bis zu ihrem Abschluß in Gang halten."[1] Motivation ist somit ein situationsabhängiges, kurzfristiges Geschehen. Es kommt bei der Motivation zu einer Interdependenz von Situation und Motiv. Die Motivfaktoren sind somit nur ein Bestandteil des Motivationsgeschehens. Der Zusammenhang der Begriffe kann schematisch wie folgt dargestellt werden:

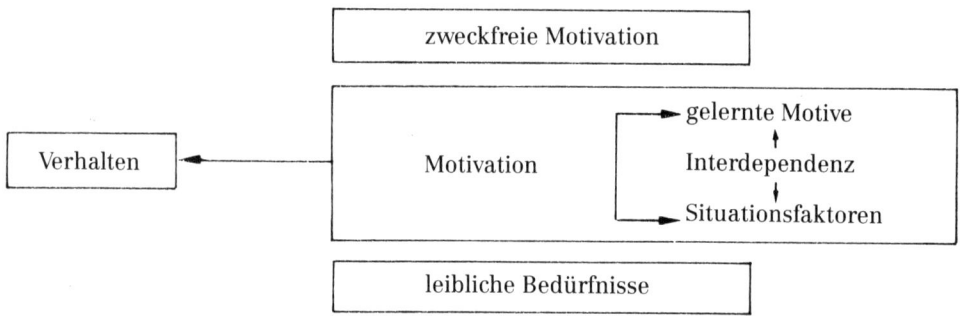

---

1 Heckhausen, H.: Motive und ihre Entstehung, S. 143.

Schiefele anerkennt als Motive nur „jene Einheit von Verhaltensinitien, in denen der Mensch eine Handlung aktiviert, begründet und bestimmt."[1] Motive müssen dabei dem Individuum bewußt und mit Einsicht und Verantwortung verknüpft sein. Schon generalisierten, verfestigten Werthaltungen (zum Teil angeboren, erworben oder geworden) spricht Schiefele die Zielgerichtetheit ab und trennt sie damit als „Einstellungen" von den Motiven. Unter Motivation versteht Schiefele den Verhaltensanstoß, der den Prozeß steuert und insgesamt bestimmt, der sowohl Einstellungen als auch Motive beinhaltet. Schematisiert ergeben die Begriffe folgende Übersicht:[2]

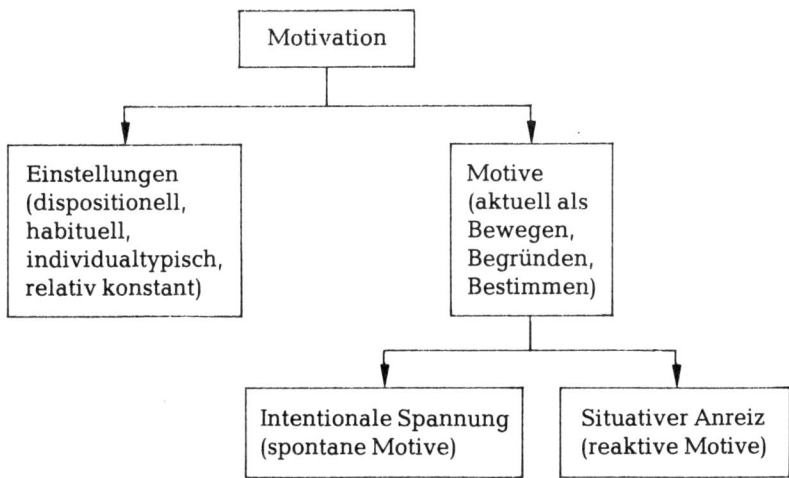

Correll, der sich auf Skinner stützt, versteht unter Motivation „einen Zustand des Angetriebenseins, in welchem sich Motive manifestieren, die auf die Reduktion einer Bedürfnisspannung abzielen ... Die Motivation eines Organismus ist dabei das Ergebnis einer Verstärkung und der nachfolgenden Vorenthaltung des Verstärkers."[3] Hierzu ein Beispiel: Eine Klasse, die durch viele Erfahrungen erlebt hat, wie schön Fußballspielen ist, hat nach den großen Ferien erstmals wieder Turnen. In der Halle liegt ein Fußball. Die Klasse wird sehr stark zum Fußballspielen motiviert sein und den Lehrer bitten, spielen zu dürfen. Wurde dagegen über längere Zeit hinweg in jeder Turnstunde Fußball gespielt, wird die Motivation der Klasse laufend abnehmen.

1.2 Prozeßmodell der Motivation nach Heckhausen[4]

Vereinfacht dargestellt ergibt sich folgender Motivationsablauf. Der Schüler wird in eine Situation hineingestellt (z.B. Hausaufgabe wird gestellt), die Einfluß

1 Schiefele, H.: Motivation im Unterricht, 5. Aufl., München 1972, S. 65.
2 Schiefele, H., ebenda, S. 66.
3 Skinner, B. F., Correll, W.: Denken und Lernen, Braunschweig 1971, S. 85 f.
4 Heckhausen, H.: Motive und ihre Entstehung, S. 151 f.

nimmt auf dessen Motivsystem (z.B. Leistungsmotiv; Aussicht auf Erfolg). In einem kognitiven Zwischenprozeß wird der Schüler die auf ihn einwirkenden positiven (Zufriedenheit mit sich selbst; gute Note; Eindruck bei Mitschülern) und negativen Anreize (Freizeit eingeschränkt; Sport; Nichtstun) abwägen, wobei er schon eine Reihe konkreter und allgemeiner Folgen des Handlungsausganges vorwegnimmt und in seine Überlegungen mit einbezieht. Diese Überlegungen münden in eine Entscheidung ein. Die Entscheidung wird dabei auch sehr stark davon beeinflußt, mit welchem Wahrscheinlichkeitsgrad die vermuteten Folgen eintreten (Anreizwert x Eintretungswahrscheinlichkeit = Motivierungsstärke). Kommt der Schüler zu der Einsicht, dem Motiv zu folgen und die Handlung auszuführen, so wird er nach abgeschlossener Ausführung das erzielte Ergebnis in einer Selbstbewertung (z.B. Note befriedigend) mit dem Gütestandard (angestrebte Note: gut) vergleichen, was zu einer positiven oder negativen Selbstbekräftigung führt (der Schüler ist mit sich zufrieden bzw. unzufrieden; dabei berücksichtigt der Schüler naturgemäß, ob er das Ergebnis zu verantworten hat, z.B. zu geringe Anstrengung, oder ob es von äußeren Umständen beeinflußt wurde, die er nicht zu vertreten hat, z.B. Pech, Müdigkeit u.a. Diesen Vorgang nennt man Kausalattribuierung). Hieraus leiten sich dann weitere Folgerungen für den Schüler ab (er strengt sich mehr an; er verläßt die Schule).

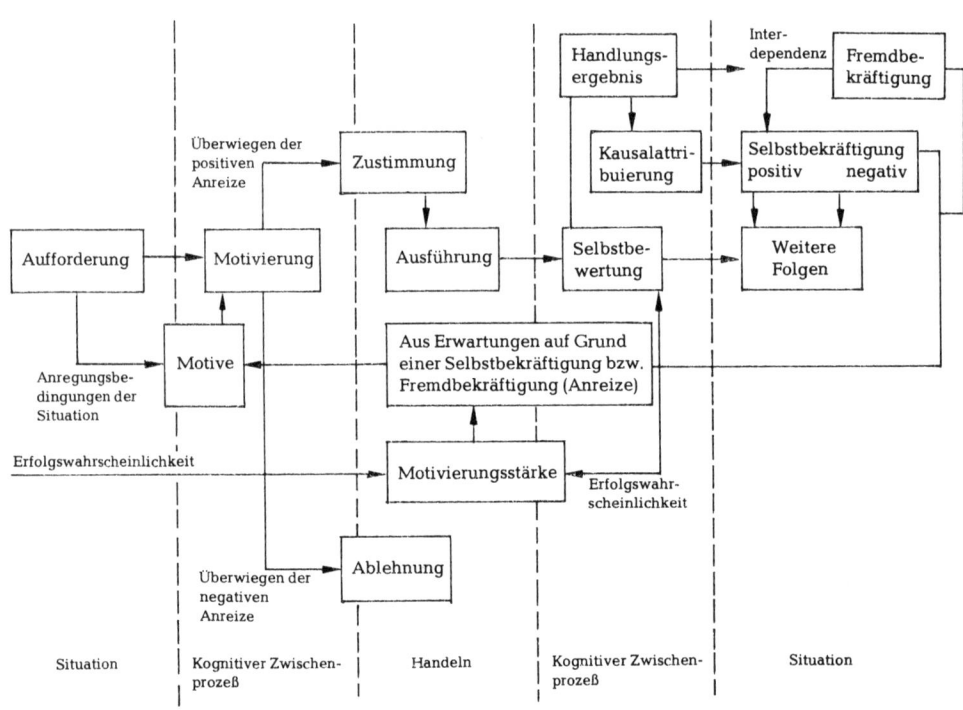

Prozeßmodell der Motivation nach Heckhausen

Eine exakte Beschreibung des Motivationsablaufes erscheint m.E. kaum möglich, da die kognitiven Zwischenphasen, die Überlegungen, die zur Entscheidung führen, letztlich nicht zu erfassen sind. Für den Lehrer sind allein die Kenntnisse des Zusammenspiels der fünf Abschnitte im Motivierungsprozeß schon von großer Wichtigkeit.

1.3   Antriebs- und Motivationssteuerung

Aus der Bedeutung der Motivation für den Lernprozeß, und dieser Aspekt ist hier von Wichtigkeit, läßt sich unschwer ableiten, daß Entstehung und Aufbau von Motivationen und Interessen durch Erziehung beeinflußt werden müssen, und zwar schon vom Kleinkindalter an. „Entwicklungspsychologen wie Heckhausen, Psychologen wie McClelland und Pädagogen wie Bloom sind heute davon überzeugt, daß die Entstehung der Motivationen, zumal der Leistungsmotivation, erstens überwiegend vom Elternhaus und der Sozialschicht abhängig ist, zu der die Eltern gehören oder sich rechnen, und daß zweitens die Motivation für Aktivität, Leistung und Selbständigkeit - früh angeregt - von relativ überdauernder Bedeutung und Stabilität ist. Wird sie nicht früh angeregt, so ist sie später nur schwierig aufzubauen."[1] Bleibt die Frage, welche Antriebe, Bedürfnisse und Interessen konkret vom Erziehungsprozeß erfaßt werden sollen und wie die Erziehungsmaßnahmen beschaffen sein sollen. Als wesentliche Motivation für den Lernprozeß sollen hier angeführt werden: Aggression, kognitive Motivation, Leistungsmotivation und soziale Motivation.[2]

1.3.1 Aggression

Unter Aggressionen sind Antriebe mit destruktiver Tendenz zu verstehen. Sachen oder Personen soll dabei bewußt Schaden oder Schmerz zugefügt werden. Zur Erklärung dieses Verhaltens gibt es im Grunde zwei konträre Theorien. Freud geht von einem Destruktionstrieb als einem Urtrieb des menschlichen Lebens aus, den es zu humanisieren gilt. J. Dollard[3] u.a. entwickelten hingegen die sogenannte Frustrations-Aggressions-Hypothese, die besagt, daß alles, was die innersten Wünsche eines Menschen durchkreuzt, aggressive Gegenmaßnahmen auslöst. Ursache aller Aggressionen sind somit Frustrationen. Das erzieherische Problem liegt nun darin, diese Frustrationen soweit als möglich zu vermeiden bzw. in erwünschte Bahnen zu lenken (im Rahmen der Selbstbehauptung, des Durchsetzungsvermögens u.a.)

Lernpsychologisch scheint es erwiesen, daß aggressives Verhalten über Verstärkung (Erfolg; Belohnung) erlernt wird. Die Schlußfolgerung hieraus muß somit darin bestehen, Aggressivität weder durch Erfolg zu verstärken, noch durch Strafe zu verdrängen, da in diesem Fall der Impuls zurückbleibt, vielmehr muß sie durch Aufklärung in konstruktive Aggressivität umzuwandeln versucht werden. Der Weg, Frustrationen zu vermeiden, erscheint in der Leistungsgesellschaft utopisch. „Es geht bei der Aggressionserziehung letztlich um die Internalisierung

---

1   Roth, H.: Pädagogische Anthropologie Bd. 2, S. 297.
2   Vgl. Roth, H.: Pädagogische Anthropologie Bd. 2, S. 303 f.
3   Dollard, J. et. al.: Frustration and Aggression, New Haven (Conn.) 1939.

von sozialen Geboten und Regeln zur Selbstkontrolle in Rücksicht auf das Wohl des anderen. Sie gelingt am besten, wenn Trieb- und Wunschbefriedigungen so im Überfluß erfahren werden, daß eine Frustrationstoleranz aus Einsicht zustande kommt."[1]

1.3.2 Kognitive Motivation

Hierunter ist das Bemühen zu verstehen, dem kognitiven Lernbereich laufend neue Energien zuzuführen, um im Menschen Interesse an wissenschaftlichen Ergebnissen zu wecken und ihn anzureizen, kognitive Probleme selbst anzupacken. Für die Lehrer wird dies um so leichter möglich, je früher die intrinsische Aktivität des Kleinkindes von den Eltern zur Lösung, dem Entwicklungsstand angemessener, kognitiver Probleme herangezogen wird (z.B. Spiele mit mehreren Lösungsmöglichkeiten). Heckhausen sieht vor allem dann eine Motivierung zu entdeckenden Handlungen gegeben, wenn es sich um Probleme handelt, bei denen sich die Chance für Erfolg und Mißerfolg etwa die Waage halten, wobei er allerdings konzediert, daß vor allem in jüngeren Jahren der Erfolg überwiegen sollte (dosierte Diskrepanzerlebnisse). Notwendige Voraussetzung für kognitives Verhalten ist die soziale und emotionale Honorierung der erbrachten Leistung. Geschieht dieses Hinführen zu problemlösendem und kreativem Verhalten in angenehmer Atmosphäre und unter Verstärkung des Selbstvertrauens in die eigenen Fähigkeiten, so führt dies zu einer Verstärkung der kognitiven Motivierung und letztlich zu einer unabhängigen Intelligenz.

1.3.3 Leistungsmotivation

Nach Heckhausen müssen vier Bedingungen erfüllt sein, um ein Handlungsresultat als Leistung anerkennen zu können:[2]

1. Die betreffende Tätigkeit muß zu einem Erfolg oder Mißerfolg führen können.
2. Die Tätigkeiten müssen nach ihrem Schwierigkeitsgrad unterschieden werden können.
3. Es muß für den Ausführenden ein verbindlicher Gütemaßstab vorliegen.
4. Der Handelnde muß einen Tätigkeitseffekt auf sich selbst als Urheber zurückführen.

Als Leistungsmotiv ist damit das Bestreben zu bezeichnen, „die persönliche Tüchtigkeit in allen jenen Tätigkeiten zu steigern oder möglichst hoch zu halten, in denen man einen Gütemaßstab für verbindlich hält und deren Ausführung deshalb gelingen oder mißlingen kann."[3]

Leistung, verstanden als menschliche Kreativität, als Hinführung zu autonomen und selbstbestimmenden Verhalten, ist ohne Zweifel zu fördern. Untersuchungen haben ergeben, daß der Ursprung der Leistungsmotivation in der Erziehung zur Selbständigkeit liegt. Entscheidend wird somit die Stärkung der Eigeninitiative, die vor allem dadurch gewonnen wird, daß erfolgreiches Verhalten hoch hono-

---

1 Roth, H.: Pädagogische Anthropologie Bd. 2, S. 308.
2 Heckhausen, H.: Motive und ihre Entstehung, S. 158 f.
3 Heckhausen, H.: Leistungsmotivationen, in: Thomae, H. (Hrsg.): Handbuch der Psychologie, Bd. 2, Motivation, Göttingen 1965, S. 604. Vgl. auch Aebli, H.: Grundformen des Lehrens, 7. Aufl., Stuttgart 1971, S. 174 f.

riert wird und Mißerfolge neutralisiert werden bzw. in einen neuen Versuch umorientiert werden. Untersuchungen von Kagan und Moss haben ergeben, daß eine frühe Ausprägung des Leistungsmotives einen positiven Einfluß auf die Intelligenzentwicklung hat.

Correll sieht in der „Verstärkung" die Möglichkeit, den Leistungsgedanken im Kind herbeizuführen. Nach seiner Theorie wäre es falsch, durch „trial and error" darauf zu warten, bis die entsprechende Leistung vom Kind erbracht wird. Die Verstärkung verschafft vielmehr die Möglichkeit, kleinste Elemente einer später sehr komplexen Verhaltensform zu verstärken, um das Individuum somit Schritt für Schritt zu dieser Leistung hinzuführen. Ein fauler Schüler kann damit fleißiger „gemacht" werden. Dieses Prinzip der Verstärkung kleinster Elemente sieht Correll im programmierten Lernen bzw. der Lernmaschine verwirklicht. Correll räumt allerdings ein: „Der Optimismus der Verhaltenspsychologie gegenüber, die durch konsequente Anwendung der Befunde um die Verstärkungsforschung das Verhalten ‚fast nach Belieben' formen zu können glaubt, mag für die praktischen pädagogischen Verhältnisse der Gegenwart etwas übertrieben erscheinen; andererseits aber ist sicher, daß dem Lehrer durch diese verhaltenspsychologischen Erkenntnisse ein neuer Wirkungsgrad gegeben werden kann."[1]

1.3.4 Soziale Motivation

Leistungsmotivation und Sozialerziehung weisen eine konträre Zielrichtung auf und sind somit ausgewogen zu vermitteln. Die soziale Motivation umfaßt zwei Komponenten. Einmal das soziale Verständnis, d.h. Hilfsbereitschaft mit sozial Schwachen zu empfinden und zum anderen die Fähigkeit, sich in die Sozialordnung einfügen zu können. Dieses soziale Verhalten ist weniger durch Anlagen bestimmt, als durch einen sozialen Lernprozeß erworben. Nach Roth hat soziales Lernen zwei Erziehungsvorgänge als Grundlage. Zum einen erlernt das Kind das soziale Verständnis über emotionale Bindungen an geliebte Personen (= sozial-emotionale Grunderlebnisse), zum anderen muß das Kind früh in die Gesetzmäßigkciten und Mechanismen der Sozialgruppe eingeführt werden (= soziale Kompetenz).[2]

Die Motivationserziehung hat gezeigt, daß die Motivbildung für das Verhalten aus der Wechselbeziehung mit motivierenden Anreizen gewonnen wird. An den Objekten, die Einfluß auf das Verhalten haben, sollen Wertmaßstäbe für die spätere Behandlung dieser Objekte gewonnen werden. Die Aufgabe des Erziehers besteht somit darin, die Antriebe des Kindes auf solche Objekte, Aufgaben und Situationen zu lenken. „Es geht, allgemein formuliert, in der Erziehung der Antriebe, Bedürfnisse und Wünsche darum, ständig die Bedürfnisse des Kindes mit Werten zu besetzen, die diese Bedürfnisse optimal erfüllen, und Werte, die wir für wünschenswert und bedeutsam halten, in Bedürfnisse des Kindes zu verwandeln."[3]

---

1 Skinner, B. F., Correll, W.: Denken und Lernen, S. 98.
2 Roth, H.: Pädagogische Anthropologie Bd. 2, S. 316 f.
3 Roth, H., ebenda, S. 319.

2 Motivation und Unterricht

Durch den Unterricht soll das Verhalten der Schüler verändert werden. Der Lehrer muß also versuchen, Einfluß zu nehmen auf Erwartungen, Selbstbewertung, Situation, Aufgabenstellung und Unterrichtsbedingungen, zumindest aber auf einen dieser Faktoren. Dieser Einfluß sollte so gestaltet sein, daß die damit erreichte Verhaltensänderung den Lernzielen entspricht. Daher ist für jede Einflußnahme auf die Faktoren Voraussetzung, daß die Ziele, die im Unterricht anzustreben sind, vorher genau festgelegt werden. Die Einflußnahme auf die Motive ist direkt nicht möglich, da diese sich ja auf Grund einer Vielzahl von Erfahrungen gebildet haben und zu einem „relativ überdauernden System" geworden sind. Eine Einflußnahme ist daher einmal über die Vorwegnahme des Handlungsergebnisses möglich, die als weitere Erfahrung in das Motivsystem eingeht, oder aber über die Einflußnahme auf die Gegenwartssituation. Das eine setzt Verfestigungen voraus, das andere bildet sie.

2.1 Erwartungen als Einflußgrößen

Erwartungen als Einflußquelle der Schülermotivierung können durch intensive Einflußnahme des Lehrers auf den Schüler *(Fremdbekräftigung)* oder durch behutsames Hinführen zur Eigeninitiative des Schülers *(Selbstbekräftigung)* erschlossen werden.

2.1.1 Fremdbekräftigung

Der Zielantrieb kann durch Schaffen von Zwangs-, Druck- und Barrieresituationen erfolgen. Von außen werden ausweglose Barrierenlagen geschaffen, so daß eine Bewegung nur auf das Ziel hin erfolgen kann. Durch Einsatz physischer Gewaltmittel und sozialer Druckmittel (Gruppendruck; Steigerung der Empfindlichkeit gegenüber sozialem Beifall bei Erfolg) oder durch Schaffung von Konfliktlagen (Tadel- und Lobsituationen) werden Antriebe in die Lernsituation hineingebracht, die den Reifenden zum Ziel hin zwängen.

In diesem Rahmen soll nur auf das altbekannte und in der Praxis vielgeübte Motivierungsmittel Lob und Tadel eingegangen werden, da die übrigen Fremdbekräftigungen pädagogisch keine Rolle mehr spielen bzw. spielen sollten. Wesentliches zur Aufhellung dieser Problematik hat vor allem Heckhausen geleistet.[1] Er hat aufgezeigt, daß Lob und Tadel auf verschiedene Schüler keineswegs gleichartige Auswirkungen haben. Die Gleichung Lob bewirkt positiven Anreiz, Tadel führt zu Vermeidungstendenzen geht nicht immer auf. Im Rahmen der Motivationslehre sind folgende Zusammenhänge von Bedeutung:

— Werden Lob oder Tadel bei der Besprechung des Handlungsergebnisses (z.B. Klassenarbeit) ausgesprochen, so kann die Wirkung erst wieder bei der nächsten Leistungserstellung zur Anwendung kommen. Hier spielt sie dann in

---

1 Heckhausen, H.: Bessere Lernmotivation und neue Lernziele, in: Funk-Kolleg, Pädagogische Psychologie, Bd. 1, Frankfurt 1974, S. 579 f.

Form von Erwartungen weiterer Folgen eine wesentliche Rolle. Es wäre also richtig, diese Fremdbekräftigung möglichst vor dem Verhalten einzusetzen und von der Rückmeldung des Handlungsprozesses zu trennen.

– Folgerungen aus diesem Prozeß müssen dahingehend gezogen werden, die Bewertung von Handlungsergebnissen möglichst schnell dem Schüler zu übermitteln. Bei einer Reihe von Schülern genügt dies, um in ihnen eine Selbstbekräftigung auszulösen. Wird mit der Bekanntgabe des Ergebnisses Lob oder Tadel verbunden, können leistungsfremde Motive angesprochen werden (z.B. Achtung durch die Klasse wird gestärkt; Abneigung gegen den Lehrer wird abgebaut) und somit als Verstärker zukünftiger Erwartungen wirken (Fremdverstärkung).

– Wird die Bewertung durch Lob und Tadel am Klassendurchschnitt (z.B. bei der Rückgabe einer Arbeit) gemessen, so führt dies dazu, da es in einer Klasse gute und schwächere Schüler gibt, daß fast immer die gleichen Schüler gelobt bzw. getadelt werden. Während die schwächeren Schüler dadurch in ihrem Leistungsverhalten empfindlich gestört werden (in der Regel werden die Schüler zur Lustlosigkeit „erzogen"), führt es bei der konträren Gruppe zur Abstumpfung und motiviert dann nur noch wenig. Es ist daher wohl richtiger, Lob oder Tadel auf den individuellen Leistungsstandard des betreffenden Schülers zu beziehen. Der Schüler erlangt damit einen realistischen Gütestandard und wird somit zur Selbstbekräftigung angeleitet.

– Skinner stellt in seinen Untersuchungen fest, daß negative Verstärker eine schwächere Ausstrahlung haben als positive. So sehr es aber darauf ankommt, positive Verstärker einzusetzen, so sehr warnt er aber auch vor einem zu kräftigen Gebrauch, denn die motivierende Wirkung nimmt zu, wenn sie relativ lange vorenthalten werden, sofern das ursprüngliche Motiv durch häufige Verstärkung stark ausgeprägt ist, bzw. ab, wenn sie zu häufig eingesetzt werden, da unmittelbar nach der Verstärkung eine Reaktionsmüdigkeit eintritt („Lorbeereffekt"). Das Lob soll also, dies ist als Ergebnis festzuhalten, in intensiven Intervallen eingesetzt werden.[1]

2.1.2 Selbstbekräftigung

Das Problem jeder Fremdbekräftigung besteht darin, den Schüler letztlich zur Selbststeuerung hinzuführen, da von der Selbstbekräftigung die höhere Lernleistung ausgeht. Über die Einflußnahme auf den Selbstbewertungsprozeß erscheint es möglich, den Schüler zur Selbstbekräftigung hinzuführen. Er kann jedoch nur mittelbar beeinflußt werden, da die Gedanken ja - gottlob - frei sind. „Aber der Lehrer kann Realisierungsmöglichkeiten schaffen für Erlebnisse der Eigeninitiative, der persönlichen Verursachung von Zielsetzungen und Handlungen, kurz, der Selbstverantwortlichkeit. Alles dies sind Anreize der unmittelbaren, der inneren Handlungsfolge, nämlich der Selbstbewertung, die das Herzstück einer intrinsischen Motivierung ausmachen ... Das vorweggenommene Erlebnis eigener Wirksamkeit, das Gefühl persönlicher Verursa-

---

1 Skinner, B. F., Correll, W.: Denken und Lernen, S. 88 f.

chung ist ein entscheidender Motivator."[1] Der Lehrer erreicht dies vor allem durch eine geschickte Aufgabenstellung, die es dem Schüler ermöglicht, in eigener Entscheidung aus mehreren möglichen Lösungswegen, die zudem einen unterschiedlichen Schwierigkeitsgrad aufweisen, seinen Weg zu finden. In vielen Versuchen hat der amerikanische Motivationspsychologe Richard De Charms nachgewiesen, daß unter freien Arbeitsbedingungen bessere und vor allem andauernde Lernerfolge erzielt werden.[2]

2.2 Ausgangssituation als Einflußgröße

Statt Erwartungen als Anreiz heranzuziehen, kann auch die Gestaltung der Aufgabensituation als Motivationsquelle dienen. Dies geschieht dadurch, daß dem Schüler die Realisierung einer Handlung durch optimale Anpassung des Schwierigkeitsgrades an seine Leistungsfähigkeit ermöglicht wird. Heckhausen spricht in diesem Zusammenhang vom „Prinzip der Passung". Lernbedingungen an diesem Prinzip auszurichten, wird somit zu einer der wichtigsten pädagogischen Aufgaben. In heterogenen Klassen ist dies naturgemäß sehr schwierig, so daß in diesem Zusammenhang die Forderungen nach fächerbezogenen Leistungsgruppen zu stellen sind. In verschiedenen Reformen unseres Schulwesens haben sich diese Überlegungen schon niedergeschlagen (Gesamtschulversuch; Oberstufenreform; Reform des Berufsschulwesens). Bei der methodischen Umsetzung der Aufgabengestaltung möchte Schiefele fünf Prinzipien beachtet wissen:[3]

1. Der Unterrichtsgegenstand soll durchschaubar sein; d.h., die Stoffauswahl ist so zu treffen, daß der Schüler den Zusammenhang vom Vorhergehenden und das dem Unterrichtsgegenstand zugrunde liegende Prinzip erkennen kann.

2. Der Unterrichtsgegenstand soll möglichst realitätsnah dem Schüler vorgestellt werden (Original; Abbildung in Film, Bild und Ton bzw. Beispiel).

3. Dem Schüler soll der Unterrichtsgegenstand als Prozeß dargestellt werden. (Nicht das „Gefundene, Gewordene oder Geschaffene" soll gezeigt werden, sondern die Entwicklung.)

4. Die Beziehungen des Unterrichtsgegenstandes zum Menschen sollen aufgezeigt werden.

5. Der Unterrichtsgegenstand soll exemplarisch sein. (Er soll Möglichkeiten der Erweiterung, Übertragung und Vertiefung beinhalten.)

Neben der Aufgabenstellung ist für die Motivation in diesem Zusammenhang auch von entscheidender Bedeutung, daß positive Korrelationen zwischen Schüler und Unterrichtsgegenstand hergestellt werden (Annäherungstendenzen) und aversive ausgeschaltet bzw. gehemmt werden (Vermeidungstendenzen). Vor allem Robert F. Mager hat auf diesen Umstand in seinen Untersuchungen hingewiesen, auf die hier, um den Überblick zu vervollständigen, einzugehen ist.

---

1 Heckhausen, H.: Bessere Lernmotivation, S. 587.
2 Charms De, R.: Ein schulisches Trainingsprogramm zum Erleben eigener Verursachung, in: Edelstein, W., Hopf, D. (Hrsg.): Bedingungen des Bildungsprozesses, Stuttgart 1973, S. 60 - 78.
3 Schiefele, H.: Motivation, S. 138 f.

Nach Mager ist das Endziel jeglichen Unterrichts die Absicht, „die Schüler aus dem Unterricht mit einer Einstellung zu dem, was wir unterrichten, zu entlassen, die mindestens ebenso günstig ist, wie die Einstellung, die die Schüler zum behandelten Gegenstand hatten, als sie den Unterricht begannen."[1] Anders ausgedrückt, das Verhältnis der Annäherungsreaktionen zum Unterrichtsgegenstand darf durch den Unterricht zumindest nicht absinken. Annäherungstendenzen umfassen dabei alle Reaktionen, die ein Hinführen zum Zielobjekt anzeigen. Mitarbeit im Unterricht, Teilnahme an freiwilligen Arbeitsgemeinschaften, Fragen zum Unterrichtsgegenstand u.a. deuten auf solche Annäherungstendenzen hin. Umgekehrt wird ein Verhalten, das vom Ziel wegführt, als Vermeidungsreaktion bezeichnet. Ist der Schüler unaufmerksam, erledigt er keine Hausaufgaben, ist er häufig vom Unterricht abwesend u.a., kann wohl auf eine Vermeidungsreaktion geschlossen werden.

Der Lehrer muß also versuchen, alle aversiven Bedingungen zu beseitigen und möglichst viele positive Bedingungen zu schaffen. Als solche Bedingungen sind festzuhalten:

aversiv	positiv
Schmerz	Körperliches Wohlbefinden
Furcht und Angst	Vertrauen
Frustration	Erfolgserlebnis
Erniedrigung und Verwirrung	Stärkung der Selbstachtung
Langeweile	Raum für eigene Betätigung

Viele dieser Bedingungen werden durch den Lehrer und dessen Verhalten maßgeblich gebildet. Es liegt also an ihm, durch Verbesserung der Bedingungen die Motivation und damit den Lernerfolg zu steigern.

Verhalten wird jedoch neben Bedingungen und den Folgen der Annäherung auch durch *Imitation (Nachahmung)* bestimmt. Bandura, der hierzu eine Reihe von Experimenten durchgeführt hat, stellt zum Imitationslernen folgendes fest:[2]

1. „Schüler lernen mehr durch Nachahmung, wenn das Vorbild (beim Schüler) Prestige hat.

2. Der Schüler wird mehr von dem, was er gelernt hat, selbst anwenden, wenn er gesehen hat, daß das Vorbild für seine Handlung eher bestärkt (belohnt) als bestraft wurde.

3. Wenn ein Schüler sieht, daß ein Vorbild bestraft wird, wird er dazu neigen, das bestrafte Verhalten nicht zu imitieren.

4. Wenn ein Schüler ein Vorbild Dinge tun sieht, die es nicht tun soll (Übertretungen), und es tritt für das Vorbild keine aversive Folge ein, wächst die Wahrscheinlichkeit, daß der Schüler jene unerwünschten Dinge auch tun wird."

---

1 Mager, R.F.: Motivation und Lernerfolg, 5. Aufl., Weinheim 1972, S. 10.
2 Zitiert nach Mager, R.F., ebenda, S. 81.

Daraus folgt, daß eine Verstärkung der Annäherungstendenzen bei den Schülern nur dann eintritt, wenn der Lehrer sich selbst entsprechend verhält. Die Kontrolle für den Lehrer, ob der Lernerfolg gesteigert wurde oder nicht, ergibt sich aus der Messung der Annäherungs- bzw. Vermeidungsreaktionen. Als Mittel hierzu schlägt Mager eine Fragebogenaktion oder die Beobachtung verschiedener gegenstandsbezogener Verhaltensweisen vor.[1]

2.3 Einführungs- und Verlaufsmotivation

Die bisherigen Ausführungen haben gezeigt, daß im Unterricht eine immerwährende Motivation erforderlich ist, um eine dauerhafte Korrelation von Schülererwartungen und Lernerfolg zu erzielen. Das bedeutet, daß neben die *Einführungsmotivation* eine *Verlaufsmotivation* treten muß, die sich an den gesetzten Lernzielen auszurichten hat. Während sich letztere häufig aus Abwandlungen des Einführungsbeispiels, aus Schülerantworten heraus, durch geschicktes Ausnutzen von Unterrichtssituationen, geplanten Impulsen u.a. ergibt, fällt vielen Lehrern die Einführungsmotivation schwer. Die *Anforderungen,* die *an diese Grundmotivierung,* wie sie auch bezeichnet wird, zu stellen sind, sollen deshalb in thesenartiger Form angeführt werden:

- Das Einführungsbeispiel muß direkt zum Thema führen, d.h., die angeführte Problematik darf möglichst wenig andere Probleme, die ablenken können, enthalten. Strittige Randfragen, über die eine Diskussion entstehen kann, sollten vermieden werden.
- Der Fall sollte einfach, kurz und für den Schüler überschaubar sein. Er muß zumindest im Laufe der Stunde zu einer Lösung führen.
- Das Einführungsbeispiel sollte die Lösung noch nicht enthalten, da sonst die Spannung entfällt.
- Der Fall sollte so gestaltet werden, daß der Schüler Zugang zum Stoffproblem finden kann, da dies ansonsten zu einer Frustration führt. Die Motivation sollte dem kognitiven Wissensstand der Schüler so angepaßt sein, daß er, ohne ungewöhnliche Anstrengungen vornehmen zu müssen, den Lösungserfolg erreichen kann.
- Die angeführte Situation muß möglich und dem Interessen- oder Berufsbereich der Schüler entnommen sein. Sie sollte den jeweiligen Ortsverhältnissen (lokaler Bezug) angepaßt werden, und damit realitätsnah sein.
- Der Fall sollte in eine soziale Situation eingebettet sein, die dem Schüler angepaßt ist und ihn zu einer Lösungssuche drängt.

Am Beispiel des Themas der Lieferungsverzug sollen die theoretischen Ausführungen zur Einführungs- und Verlaufsmotivation verdeutlicht werden. Während die Einführungsmotivation gesondert vorangestellt ist, sind die Verlaufsmotivationen in Form von Impulsen, Fragen, Abänderungen des Einführungsbeispiels u.a. dem jeweiligen Lernziel zugeordnet.

Fach: Betriebswirtschaftslehre

Thema: Der Lieferungsverzug

Klasse: Bankfachklasse

---

1 Mager, R.F., Motivation, S. 87 f.

Einführungsmotivation

Die Kreissparkasse Ravensburg benötigt zur Rationalisierung ihrer Hauptbuchhaltung einen weiteren Großrechner. Sie bestellt heute, am 15. Dezember, das Gerät bei der Firma IBM in Stuttgart zum Preis von 50 000,00 DM. Vertragsbedingungen: Erfüllungsort Stuttgart, Lieferzeit ca. 4 Monate. Die Kapazität des Großrechners erlaubt es, Auftragsarbeiten für Unternehmen aus dem Kundenkreis zu übernehmen. Entsprechende Verträge sind mit den Firmen auf 01. 05. des folgenden Jahres abgeschlossen worden. In einem Zusatz wird die Bank zur Übernahme der Aufträge erst nach Installierung der Anlage verpflichtet.

Lehrerverhalten (geplant)	Schülerverhalten geplant
Einstieg und Zielangabe Erteilung der Aufgabenstellung laut Aufgabenblatt. Welches Rechtsgeschäft ist zwischen der Kreissparkasse Ravensburg und der Firma IBM zustande gekommen? In welchem Monat ist die Lieferung fällig? Der Termin ist nicht genau auf den Tag bestimmt. Was muß die Firma IBM tun, um ihrerseits den Kaufvertrag zu erfüllen?	Ein Kaufvertrag Ende April Sie muß den Großrechner bei der Kreissparkasse Ende April ohne Mängel abliefern.

Es muß also am rechten Ort, zur rechten Zeit, in der rechten Art und Weise geliefert werden. In der heutigen Stunde werden wir sehen, welche Rechte die Kreissparkasse Ravensburg hat, wenn sich die Lieferung verzögert, d.h. wenn nicht rechtzeitig geliefert wird. In der Rechtswissenschaft spricht man von Lieferungsverzug.

Aufgliederung der Unterrichtsstunde in Lernziele

1. Lernziel: Die Schüler sollen die Voraussetzungen des Lieferungsverzuges auswendig hersagen können. Sie sollen darüber hinaus aus einem gegebenen Fall ableiten können, wann ein Lieferungsverzug vorliegt.

Zunächst soll geprüft werden, wann eine Verzögerung im rechtlichen Sinn gegeben ist; also zunächst Prüfung der Voraussetzungen.

Gehen wir davon aus, daß der abgeschlossene Kaufvertrag gültig ist. Wann könnte frühestens ein Verzug, eine Verzögerung der Lieferung eintreten?

Verlaufsmotivation 1 *Die Kreissparkasse Ravensburg schreibt am 10.04. einen Brief an IBM, in dem sie sich gegen die Verzögerung verwahrt. Bis zum 05. 05. ist weder das Gerät, noch eine Mitteilung der Firma IBM bei der Kreissparkasse eingetroffen. Diese benötigt den Großrechner jedoch dringend, um die Rationalisierungsmaßnahmen durchführen zu können. Welche Maßnahmen wird die Direktion der Kreissparkasse ergreifen?*	Nach Fälligkeit der Leistung.

Lehrerverhalten (geplant)	Schülerverhalten geplant
Um den Verzug herbeizuführen, ist die Kreissparkasse sogar zur Absendung einer Mahnung verpflichtet. Damit haben wir die dritte Voraussetzung.	Sie wird eine Mahnung absenden.
Hier lernen wir gleich eine Ausnahme: Ist die Fälligkeit der Lieferung auf den Tag genau festgelegt, d.h. kalendermäßig bestimmt, dann kommt der Lieferer mit Eintritt der Fälligkeit ohne Mahnung in Verzug. Können Sie mir einige Beispiele angeben für einen genau vereinbarten Liefertermin?	Am 25. April; in 4 Wochen; im Laufe des Juli...
Noch eine vierte Voraussetzung muß für den Lieferungsverzug gegeben sein.	

Verlaufsmotivation 2
Sie gehen morgens rechtzeitig von zu Hause weg, um pünktlich die Schule zu erreichen. Auf dem Weg werden Sie Zeuge eines Verkehrsunfalles. Sie rufen die Polizei und müssen als Zeuge Ihre Aussage zum Unfall machen. Sie sind daher erst um 9 Uhr in der Schule. Hier weist man Sie energisch darauf hin, daß der Unterricht um 7.30 Uhr beginnt. Warum sind diese Vorwürfe nicht berechtigt?

Der Schüler war an der Verspätung nicht schuldig.

Dasselbe gilt für den Lieferungsverzug. Er tritt nur ein, wenn zu den drei schon bekannten Voraussetzungen noch ein Verschulden des Lieferers hinzukommt. In unserem Fall liefert die Firma IBM schuldhaft nicht zum Termin. Nennen Sie einige Schuldgründe!

Man hat die Bestellung vergessen; das Gerät wurde anderweitig verkauft.

Lernzielwiederholung:
Unter welchen Voraussetzungen liegt ein Lieferungsverzug im rechtlichen Sinne vor?

2. Lernziel: Die Schüler sollen die Rechte des Käufers beim Lieferungsverzug auswendig hersagen können. Sie sollen begründet entscheiden können, welches Recht der Käufer im speziellen Fall verlangen kann und soll.
Feinziel 1: Recht des Käufers auf Erfüllung.
Wir nehmen an, die Firma IBM befindet sich in Lieferungsverzug. Nach dem BGB stehen der Kreissparkasse Ravensburg jetzt mehrere Rechte zu. Welches Recht sie geltend macht, das kommt auf die einzelne Situation an.

Verlaufsmotivation 3
Nehmen wir an, es handelt sich bei dem bestellten Großrechner um eine Spezialmaschine, die nur in Stuttgart gebaut wird. Die Kreissparkasse benötigt diese Maschine unbedingt. Zudem enthält die neue Preisliste schon eine Preissteigerung von 10%. Welches Recht wird die Kreissparkasse verlangen?

Erfüllung des Kaufvertrags.

Feinziel 2: Recht des Käufers auf Erfüllung und Schadenersatz

Lehrerverhalten (geplant)	Schülerverhalten geplant
Verlaufsmotivation 4 *Da der Großrechner nicht rechtzeitig eintrifft, kann die Bank die geplanten Auftragsarbeiten für ihre Kunden nicht übernehmen. Es entsteht dadurch ein Gewinnausfall von täglich 1400,00 DM. Worauf wird die Kreissparkasse Ravensburg jetzt bestehen?*	Sie wird auf Erfüllung und Schadenersatz bestehen.
Feinziel 3: Recht des Käufers auf Rücktritt vom Kaufvertrag	
Verlaufsmotivation 5 *Während des Liefertermins kommt von der Firma Siemens ein neuartiger, stark verbesserter und sehr preiswerter Großrechner auf den Markt. Er wäre für die Kreissparkasse vorteilhafter. Aber noch immer besteht auch im Lieferungsverzug der einmal geschlossene Kaufvertrag weiter. Welches Recht wird die Direktion jetzt zweckmäßigerweise anstreben?*	Sie wird versuchen, vom Kaufvertrag loszukommen.
Das ist nach dem BGB möglich, aber nur unter der zusätzlichen Voraussetzung, daß eine angemessene Nachfrist gesetzt wird. Zugleich muß erklärt werden, daß nach Ablauf dieser Frist die Leistung nicht mehr angenommen wird. Dieses Loslösen vom Kaufvertrag nennt man auch Rücktritt vom Kaufvertrag.	
Welche Rechtsfolgen hat dies in unserem Fall? Welchen Nutzen hat davon die Kreissparkasse?	Der Kaufvertrag wird aufgelöst. Die Kreissparkasse kann das preiswerte, neue Gerät kaufen.
Feinziel 4: Recht des Käufers auf Schadenersatz wegen Nichterfüllung.	
Verlaufsmotivation 6 *Verändern wir den Fall ein weiteres Mal. Die Lieferung des Großrechners erfolgt auch nach Ablauf der Nachfrist nicht. Die Kreissparkasse muß daher das Gerät bei einem anderen Hersteller bestellen. Mehrpreis nach der 12%igen Preiserhöhung: 6 000,00 DM.* *Wie können wir diesen Ersatzkauf nennen?*	Die Kreissparkasse wird nun die Leistung ablehnen und auf Schadenersatz bestehen. Deckungskauf.
Bei der Erfüllung wie beim Rücktritt, so haben Sie gesehen, ist die Möglichkeit, Schadenersatz zu fordern, gegeben. Worin besteht der erlittene Schaden im jeweiligen Fall?	Einmal im entgangenen Gewinn, zum anderen in einem Aufpreis.
3. Lernziel: Die Schüler sollen in der Lage sein, unter Benutzung von Beispielen die beiden Arten von Schadensberechnungen zu erklären.	
Gibt es dem Wesen nach einen Unterschied zwischen diesen beiden Schadensfällen? Bei einem Schaden, der genau errechnet werden kann, spricht man von einem konkreten Schaden. Im anderen Fall spricht das Gesetz von abstraktem Schaden.	Der entgangene Gewinn ist in der Regel schwer berechenbar, während dies bei einem höheren Kaufpreis klar feststellbar ist.
Tragen Sie im Arbeitsblatt die Definition für abstrakten und konkreten Schaden ein!	

Lehrerverhalten (geplant)	Schülerverhalten geplant
Wie könnten die Schwierigkeiten, die bei der Berechnung des abstrakten Schadens auftreten, vermieden werden? Eine im voraus vereinbarte Entschädigung für den Fall des Lieferungsverzugs nennt man Konventionalstrafe.	Der Kunde verlangt vom Lieferer eine im voraus festgelegte Summe als Entschädigung.
Erfolgskontrolle und Erfolgssicherung	
Die Wiederholung wird an Hand eines Testblattes vorgenommen. Anschließend erfolgt die Besprechung.	Der Schüler füllt das Testblatt aus.
4. Lernziel: Die Schüler sollen an einem Beispiel erklären können, welche Problematik hinter der Pflicht zur Nachfristsetzung steckt. – Warum muß für den Fall des Rücktritts vom Kaufvertrag eine Nachfrist gesetzt werden? – Wem nützt die Nachfrist? – Überlegen Sie noch einmal: welches könnten die Gründe sein, die zum Lieferungsverzug führen können?- – Der Lieferungsverzug kann also auf geringfügiges Verschulden zurückzuführen sein. Warum also die Nachfrist? Das würde letztlich zu einer Rechtsunsicherheit führen, da wichtige Verträge schon wegen eines kleinen Fehlers aufgelöst werden könnten. Im Gesetz steht, es ist eine angemessene Nachfrist zu setzen. – Welchen Zeitraum könnte man darunter verstehen?	Um Verträge nicht zu leicht auflösen zu können. Dem Lieferer Liefertermin vergessen u.a. Der Lieferer muß noch die Möglichkeit haben, die Ware zu liefern, ohne sie erst anzufertigen.

Verlaufsmotivation 7
Die Firma IBM stellt beim Eintreffen der Mahnung fest, daß die Herstellung des Großrechners versäumt wurde.
Die Produktion nimmt einen Monat in Anspruch.
Aus dieser Betrachtung heraus erscheint uns im Augenblick die Nachfrist als unerläßlich. In der nächsten Stunde werden Sie sehen, daß dem nicht so ist.

2.4 Motivationssteigerung als Lernziel für den Lehrer

Motivation, dies sollte aufgezeigt werden, beeinflußt den Lernerfolg. Der Motivierung muß folglich durch den Lehrer ein entsprechendes Gewicht beigemessen werden. Der Lehrer sollte sich die Motivierung der Schüler als Lernziel setzen; d.h., er sollte Annäherungsreaktionen fördern, Vermeidungsreaktionen verhindern. Dabei zählt allein das, was für den Schüler positiv oder aversiv erscheint. „Und dies ist wohl ein Grund dafür, daß wir auf dem Gebiet der menschlichen Beziehungen nicht mehr Erfolg haben. Wir versuchen andere zu beeinflussen, indem wir Folgen hervorrufen, die für uns, aber nicht für den anderen positiv sind."[1]

---

1 Mager, R.F.: Motivation, S. 61.

6 Lehr- und Lernorganisation

I. Stellung der Unterrichtsmethoden im Unterrichtsprozeß

Der Unterricht, verstanden als wechselseitiges Aufeinanderzugehen von Lehrer und Schüler und der Schüler untereinander, stellt einen Interaktionsprozeß dar, „in dem Lernende sich mit Unterstützung von Lehrenden zunehmend selbständiger Erkenntnisse und Erkenntnismethoden, Wahrnehmungs-, Gestaltungs-, Urteils-, Wertungs- und Handlungsmöglichkeiten zur reflexiven und aktiven Auseinandersetzung mit ihrer historisch-gesellschaftlichen Wirklichkeit aneignen sollen; das schließt ein, daß sie in diesem Prozeß auch die Fähigkeit zu weiterem Lernen gewinnen. Aber auch die Lehrenden können und sollen in so verstandenen Prozessen durch die Interaktionen mit den Lernenden immer wieder eigene Lernprozesse vollziehen.“[1] Der Unterrichtsprozeß ist hierbei von folgenden Charakteristika geprägt:

— *Unterricht vermittelt Inhalte und Ziele.*

Wir gehen weiterhin davon aus, daß sich die Unterrichtsinhalte und die zu ihrer Umsetzung notwendigen pädagogischen Maßnahmen an den getroffenen didaktischen Zielbestimmungen auszurichten haben (ohne daß es sich hierbei um ein technisches Zweck-Mittel-Paradigma handelt). Berücksichtigt man aber das soeben formulierte Verständnis von Unterricht als ein Interaktionsprozeß, so ist festzuhalten, daß den Schülern eine didaktische Mitbestimmung zukommen muß, denn aus der unterrichtlichen Interaktion erwachsen selbstverständlich neue Inhalte, Vorgehensweisen, Urteils- und Wertungsmöglichkeiten. Allerdings kann die Schülermitbestimmung und -mitwirkung nur insoweit Berücksichtigung finden, als dadurch nicht der Kern der didaktischen Zielentscheidungen des Lehrers verändert wird. Sie bleibt der dominierende Orientierungsmaßstab des Unterrichts, auch des „schülerorientierten,“ „offenen“ Unterrichts.

— *Unterricht ist ein sozialer Prozeß.*

Unterricht ist geprägt von Kontakten, Dialogen, Monologen, Konflikten, Kompromissen, Streitigkeiten, Diskussionen, Vorurteilen, Einstellungen, Handlungsweisen usw., die teilweise nur aus der Biographie der am Unterricht beteiligten Schüler und Lehrer zu verstehen sind. Sie führen zu sozialer Handlungskompetenz. Soll diese durch den Unterricht zielgerichtet werden, ist es notwendig, sie zu planen. Dies geschieht zum einen durch das Erlernen sozialer Elemente über den gezielten Einsatz unterschiedlicher Sozialformen *(=soziale Erfahrungen)* und zum anderen über die inhaltliche Thematisierung sozialer Themen *(=reflexives soziales Lernen).*

— *Unterricht bedeutet exemplarisches, entdeckendes, verstehendes Lernen.*

Unterricht hat die didaktische Zielbestimmung, Selbstbestimmungs-, Mitbestimmungs- und Solidaritätsfähigkeit im Schüler zu entwickeln. Dies erfordert, daß neben dem Einüben, Trainieren und Reproduzieren von Kenntnissen und Fertig-

---

1 Klafki, W.: Bildungstheorie und Didaktik, S. 125.

keiten die Schüler Inhalte und Ziele selbständig entdecken, erfahren, werten, verstehen. Wie an anderer Stelle schon ausgeführt, erfordert dies exemplarische Themenstellungen in Form von Projekten, Fallstudien, Planspielen usw., die schüleraktiv zu bewältigen sind. Der Anstoß zum eigenständigen Lehren und Lernen muß dabei nicht unbedingt von den Inhalten ausgehen, vielmehr können auch die Methoden, d.h. die Organisations- und Vermittlungsformen des Unterrichts, gezielt dazu eingesetzt werden, die angestrebten didaktischen Zielsetzungen zu realisieren.

— *Unterricht ist durch den Einsatz von Methoden geprägt, die ziel- und inhaltsorientierte Lernprozesse induzieren, am „laufen halten“, ausweiten.*

Unterrichtsmethoden, so definiert Klafki, dessen Definition hier übernommen wird, müssen als „Inbegriff der Organisations- und Vollzugsformen zielorientierten unterrichtlichen Lehrens und Lernens verstanden werden. Diese komplexe Formel weist darauf hin, daß Unterrichtsmethoden nicht hinreichend als Instrumentarien des unterrichtenden Lehrers verstanden werden können, sondern nur, wenn sie als Formen betrachtet werden, in denen einerseits unterrichtliche *Lehr*prozesse, andererseits *Lern*prozesse wechselseitig aufeinander bezogen werden. Methoden bezeichnen also *Beziehungen,* nämlich Beziehungen zwischen den Akten der Unterrichtsorganisation und der Lehre (die keineswegs nur auf seiten des Lehrers angesiedelt werden müssen) und den erstrebten oder zu ermöglichenden Lernprozesses auf seiten der Schüler.“[1]

Auswahlkriterium für die Unterrichtsmethoden ist also nicht nur die Frage, ob sie der Struktur der zu behandelnden Inhalte entsprechen bzw. ob sie dem angestrebten Interaktionsprozeß adäquat sind (z.B. Einsatz von Gruppenunterricht, um die Kooperation zu fördern), vielmehr gilt es auch zu prüfen, ob die Unterrichtsmethoden geeignet sind, im Schüler Lernprozesse zu induzieren, am „laufen zu halten“ oder auszuweiten. Dies erfordert, daß die unterschiedlichen Lernvoraussetzungen (d.h. die Rahmenbedingungen) der Schüler bei der Auswahl der Unterrichtsmethoden mit zu berücksichtigen sind. Individuelle Lernprozesse verlaufen nur dann optimal, wenn die Ziele und Inhalte über adäquate Unterrichtsmethoden an die individuellen Lernvoraussetzungen angepaßt sind.[2] Ein wichtiges Instrumentarium, diese Symbiose zu erreichen, dürfte die innere Differenzierung des Unterrichts sein. Voraussetzung hierfür ist, daß den Lehrern von der Didaktik (Fachdidaktik) ein breitgefächertes Methodeninstrumentarium zur Verfügung gestellt wird.

---

1 Klafki, W.: Bildungstheorie und Didaktik, S. 262.
2 „Von da aus wird zugleich erkennbar, warum Methodenforschung der Zusammenarbeit sowohl mit einer *Lernpsychologie* bedarf, die ihrerseits im didaktischen Sinne ziel- und themenorientiert sein muß, als auch mit einer an sozialerzieherischen Fragestellungen orientierten *Sozialpsychologie* und mit einer *Sozialisationstheorie und -forschung,* die entweder von pädagogischen Fragestellungen ausgeht oder darauf beziehbar ist.“ Klafki, W., ebenda, S. 132.

II. Überblick über die Unterrichtsmethoden

In der Literatur gibt es eine Vielzahl von Versuchen, die Unterrichtsmethoden zu systematisieren und zu klassifizieren. Einteilungskriterien bei dem hier vorgenommenen Systematisierungsversuch sind:[1]

- die Aktivität von Lehrer und Schüler (= *Aktionsformen),*
- die Interdependenzen zwischen den im Unterricht agierenden Personen (= *Sozialformen),*
- die wissenschaftsmethodische Stoffstruktur (= *Unterrichtsverfahren),*
- die unterrichtstechnologischen Hilfsmittel (= *Medien).*

Daneben wird auch danach unterschieden, ob *methodische Grundelemente* oder „*methodische Großformen"*[2] („*Großgliederung des Unterrichts,"*[3] „*Schulpartituren"*[4]) vorliegen. Bei den methodischen Großformen handelt es sich nach Hilbert Meyer, „um historisch gewachsene, institutionell und auch im Alltagsbewußtsein von Lehrern, Schülern und Eltern mehr oder weniger fest verankerte typische Lehr/Lernwege mit unterschiedlichen Zielsetzungen und erkennbaren methodischen Gestaltungselementen."[5] Zerlegt man diese methodischen Großformen in ihre methodischen Grundelemente, so können wir sie auf Aktions- und Sozialformen, auf Medien und Unterrichtsverfahren zurückführen.

Einen Überblick über die Aufgliederung der Unterrichtsmethoden, aufgrund der angeführten Kriterien, finden Sie auf den Seiten 190 und 191.

III. Einzeldarstellung der wesentlichen Unterrichtsmethoden

1 Grundelemente

Vorbemerkungen: Es wurde schon detailliert aufgezeigt, daß die einzelnen Elemente des didaktischen Feldes - und hierzu zählen die Unterrichtsmethoden - in enger Interdependenz zueinanderstehen. Es ist also schwierig, einzelne Unterrichtsmethoden herauszugreifen und sie isoliert zu betrachten. Überschneidungen bleiben hier nicht aus.

Im übrigen wäre es konsequent, die einzelnen Unterrichtsmethoden auch mit dem Begriff Methode zu belegen, z.B. Aktionsmethode, Sozialmethode usw. Da sich in der Literatur jedoch andere Begriffe herausgebildet haben, sollen diese hier übernommen werden.

---

1 Vgl. Stöcker, K.: Unterrichtsgestaltung; Huber, F.: Allgemeine Unterrichtslehre, 11. Aufl., Bad Heilbrunn 1972; Geißler, E.: Allgemeine Didaktik, 2. Aufl., Stuttgart 1984.
2 Meyer, H: UnterrichtsMethoden, I: Theorieband, Frankfurt a.M. 1987, S. 143 f.
3 Klafki, W: Allgemeine Probleme der Unterrichtsmethodik, in: Klafki, W. u.a.: Funk-Kolleg, Erziehungswissenschaft, Bd. 2, Frankfurt a. M. 1970, S. 137.
4 Hiller, G.: Ebenen der Unterrichtsvorbereitung, in: Adl-Amini, B., Künzli, R. (Hrsg.): Didaktische Modelle und Unterrichtsplanung, München 1980, S. 122 f.
5 Meyer, H., ebenda, S. 143.

I. Grundelemente

1. Nach der Aktionsform

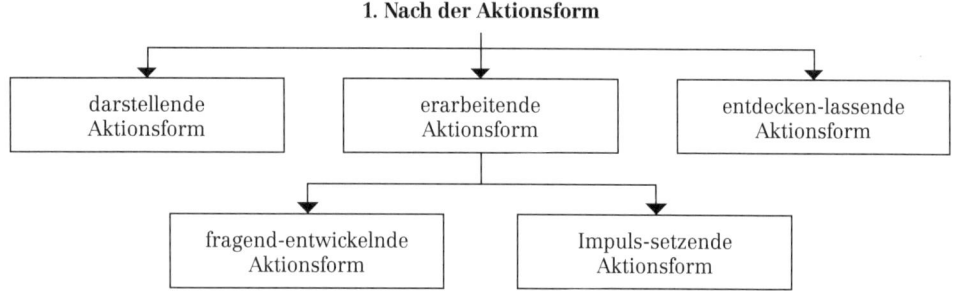

2. Nach der Sozialform

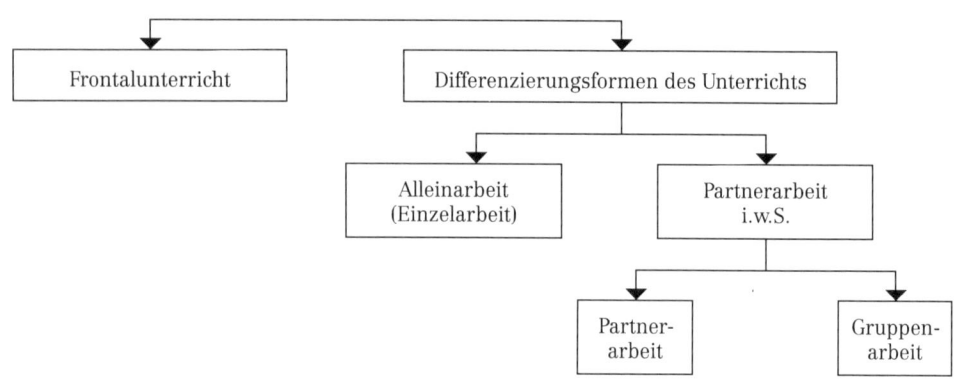

3. Nach dem Unterrichtsverfahren

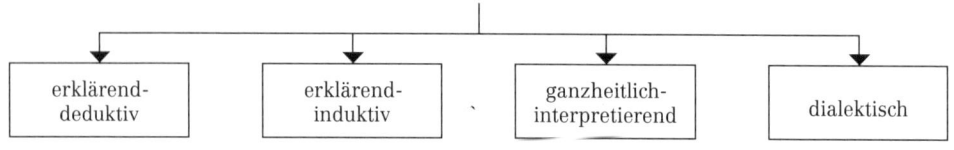

4. Nach den Unterrichtsmitteln[1] (Medien)

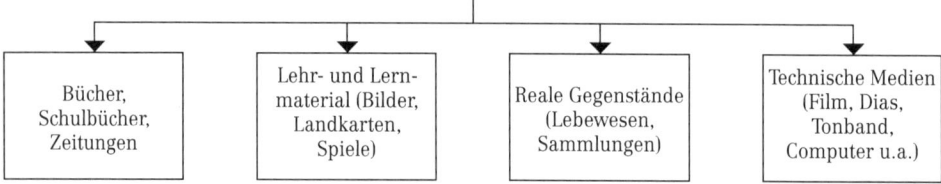

---

1 Einteilung nach Döring. Vgl. Döring, W. K.: Lehr- und Lernmittelforschung, Weinheim 1971.

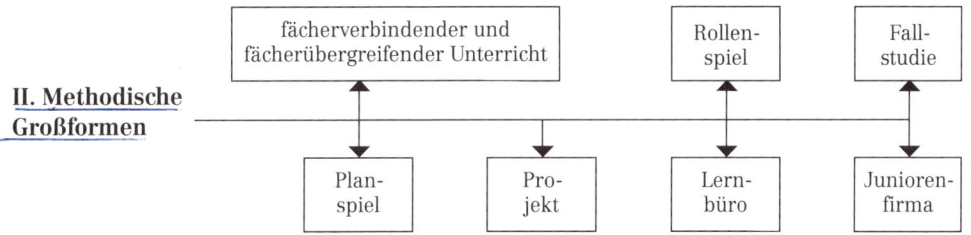

II. Methodische Großformen

| fächerverbindender und fächerübergreifender Unterricht | Rollen-spiel | Fall-studie |

| Plan-spiel | Pro-jekt | Lern-büro | Junioren-firma |

1.1 Aktionsformen

1.1.1 Darstellende Aktionsform

1.1.1.1 Wesen und Verfahrensablauf

Bei der darstellenden Aktionsform werden dem Schüler die neuen Inhalte vom Lehrer selbst in zusammenhängender Weise vorgetragen, vorgeführt, demonstriert oder vorgezeigt. Zentrales Merkmal der Darbietung ist die Aktivität des Lehrers und die aufnehmende, rezeptive Haltung des Schülers. Der Lehrer *leitet* den Lernprozeß *verbal,* indem er erklärt, Texte diktiert, Ereignisse schildert oder *handelnd,* wenn er Experimente aufbaut, schreibt, zeichnet, Filme vorführt. Er ist es auch, der durch Impulse, Fragen, Aufgabenstellungen oder Arbeitsanweisungen die Lernorganisation vornimmt und den Unterricht konzeptionell wie atmosphärisch determiniert. Der Lehrer wird so zum eigentlichen Kristallisationspunkt des unterrichtlichen Lernprozesses. Er ist der Garant dafür, daß die Inhalte und Themen adäquat ausgewählt, vollständig und vor allem richtig sind. Ausgerichtet ist diese Außensteuerung des Lernprozesses insbesondere auf die kognitiven und affektiven Bereiche des Lernens.

Der Schüler nimmt demgegenüber eine aufnehmende (rezeptive) bzw. verarbeitende (reaktive) Haltung ein. Er hört zu, schreibt einen Text von der Tafel ab, vollzieht einen Gedanken nach, schaut zu oder analysiert einen vorgegebenen Sachverhalt. Der Schüler ist somit grundsätzlich in der Position des „Nach," während sich der Lehrer stets in der Position des „Vor" befindet.[1] Die Stoffgebiete werden inhaltlich so gelernt, wie sie dargeboten werden und auch die Methoden und Verfahrenswege, die der Lehrer zur Erkenntnisgewinnung anwendet, werden im wesentlichen übernommen. Die reproduktive Schülertätigkeit übernimmt und wiederholt, ohne daß wesentlich Neues hinzugefügt wird. Interaktionen der Schüler untereinander widersprechen dem Grundgedanken dieser Aktionsform und auch die verbalen Schüler-Lehrer-Kontakte beschränken sich im wesentlichen auf Rückfragen, Vertiefungsfragen oder Wiederholungen.

---

1 Vogel, A.: Unterrichtsformen I, 2. Aufl., Ravensburg 1975, S. 32.

1.1.1.2 Pädagogischer Gehalt

Die dominierende Rolle des Lehrers in dieser Aktionsform ruft keineswegs eine Schüler-Passivität hervor, wie die Kritik an dieser Aktionsform immer wieder hervorhebt, vielmehr führt sie zu einem aktiven Nachvollzug und einem kritischen Überdenken des Gelernten. Voraussetzung hierfür ist allerdings, daß der Lehrer den Schülern Gelegenheit gibt, sich in Übungen, Diskussionsbeiträgen, kritischen Fragen u.a. intensiv mit dem Stoff auseinanderzusetzen. Von einer unvertretbaren Abhängigkeit oder einer unreflektierten Gängelung der Schüler durch den Lehrer kann - so gesehen - nicht gesprochen werden. Im einzelnen sprechen folgende Argumente für die darstellende Aktionsform:

— Die Inhalte und die Ziele können vom Lehrer systematisch vorgetragen und entwickelt werden, so daß im Schüler eine klar strukturierte und verfestigte kognitive Struktur aufgebaut werden kann. Der Lehrer ist so in der Lage, die Verknüpfung der neuen Inhalte und Ziele mit dem vorhandenen Wissensbestand gezielt vorzunehmen und durch eine wohlüberlegte Lernzielabfolge eine Differenzierung und Erweiterung der kognitiven Wissensstruktur zu erreichen. Der Schüler erfährt das Neue klar und übersichtlich gegliedert, da er die Inhalte und Ziele aus einem Munde hört. Eine andere Frage ist, ob der Aufbau einer Wissensstruktur das alleinige Endziel des Unterrichts sein kann und ob dadurch die intellektuelle Beweglichkeit beim Schüler erreicht wird, die erforderlich ist, anfallende Probleme selbständig zu lösen.

— Die Vortragsform schult den Lernenden in der Form der Belehrung, die ihm außerhalb der Schule fast ausschließlich entgegentritt. Er ist dabei gezwungen, den Darlegungen anderer konzentriert zuzuhören, um den Gedanken oder die angesprochene Handlung nachvollziehen zu können. Wie jedermann weiß, genügt hier eine rein passive Haltung nicht, vielmehr ist höchste innere Aktivität erforderlich.

— Für den Lehrer bedeutet diese Aktionsform die zeitsparendste Methode, um die „Stofffülle" zu bewältigen. Untersuchungen von Rölke haben ergeben, daß der Lehrer im Vergleich zu den anderen Aktionsformen mit dem Vortrag etwa die doppelte Menge an Lehrstoff durcharbeiten kann, oft sogar noch mehr.[1] Naturgemäß greift der Lehranfänger gerne zu dieser Aktionsform, da ihm zum einen das Risiko geringer erscheint als bei der Erarbeitung und er zum anderen, sicher zu Unrecht, der Ansicht ist, diese Methode sei leichter zu handhaben.

 Wider die darstellende Aktionsform können folgende Gesichtspunkte angeführt werden:
— Der Schüler steht in einer permanenten Lehrer-Abhängigkeit, wodurch die Lernzielebene des selbsttätigen problemlösenden Denkens nicht ausreichend geübt wird. Das Entwickeln von verallgemeinerten Problemlösungsstrategien wird nur wenig gefördert. Die Beherrschung der Stoffproblematik ist von der Gegenwart des Lehrers abhängig; oder anders ausgedrückt, der Schüler wird nur zur rezeptiven und reaktiven Aktivität erzogen und nicht zur selbsttätigen,

---

1 Rölke, S.: Methodik S. 166 f.

schöpferischen Aktivität. Da ihr aber mit großer Wahrscheinlichkeit ein erheblich prägender Wert zukommt, ist der darstellenden Aktionsform ein pädagogisch bedeutsamer Gehalt entzogen.

- Die darstellende Vorgehensweise erfaßt nicht alle menschlichen Lernbereiche in gleichem Maße, denn primär werden akustische Akte gefordert, während der visuelle und der psychomotorische Aspekt vernachlässigt wird.

- Die darstellende Aktionsform verlangt vom Schüler ein hohes Maß an Konzentrationsfähigkeit und beinhaltet daher auch einen hohen Ermüdungsgrad. Verstärkt wird dieser Effekt einerseits durch die große Stoffmenge und -verdichtung, die diese Aktionsform erlaubt und andererseits durch die begrenzte Aufnahmefähigkeit und Konzentrationsfähigkeit der Schüler je Unterrichtsstunde. Die darstellende Aktionsform verlangt daher vom Schüler eine äußerst disziplinierte Haltung.

Er erhebt sich damit die Frage: Ist die darstellende Aktionsform eine überholte Unterrichtsmethode?[1]

Zur Zeit der „Belehrungsschule", als der Aspekt „Lehren" im Vordergrund stand, war die Darbietung die adäquate unterrichtliche Form. Diese innere Beziehung war es auch wohl, die diese Aktionsform in den letzten Jahrzehnten so starker Kritik ausgesetzt hat, daß ihre Ablösung in unseren Schulen gefordert wurde. Bedeutet nun die rezeptive Haltung des Schülers passives Aufnehmen des Lernstoffes? Sicher nicht, denn wirkliches Hören und bewußtes Aufnehmen ist nur bei hoher innerer Aktivität möglich. Man wird sich wohl dem Urteil von Stöcker anschließen müssen, der über den Stellenwert der darstellenden Aktionsform ausführt: „Sie steht zwar nicht mehr im Mittelpunkt einer neuzeitlichen Unterrichtsgestaltung, sie hat aber in eingeschränkten Bereichen auch heute noch ihre volle Gültigkeit."[2] Es steht daher nicht die Frage an, *ob* diese Aktionsform einzusetzen ist, vielmehr muß untersucht werden, wo und in welchen Fällen die Darstellung Platz greifen kann.

1.1.1.3 *Anwendung*

Zwei Anhaltspunkte sollen angeführt werden, die die Verwendung der darstellenden Aktionsform angezeigt erscheinen lassen.

Erster Ansatzpunkt: Der Schüler weiß von dem zu lernenden Unterrichtsstoff nichts oder nichts Wesentliches.

Die anstehenden Lerninhalte sind ihm fremd. In diesem Fall ist es sicher sinnvoller, den Stoff darzubieten, als die Schüler herumraten zu lassen. Allerdings muß der Lehrer im Anschluß daran Gelegenheit geben, Fragen zu stellen, kritisch Stellung zu beziehen oder Wertungen vorzunehmen.

---

1 Einen Überblick über das Problem der Unterrichtsmethodik in der Geschichte der Pädagogik gibt G. Geißler. Vgl. Geißler, G.: Das Problem der Unterrichtsmethode, 7. Aufl., Weinheim 1967.
2 Stöcker, K.: Unterrichtsgestaltung, S. 207.

Der *betriebswirtschaftliche Stoffbereich* ist reich an Beispielen, die sich aus dieser Überlegung heraus, insbesondere vom Ansatz her, für die darstellende Aktionsform eignen. Dies gilt vor allem für die juristisch fundierten Gebiete, da hier eine begründete Stellungnahme der Schüler oft erst nach dem Faktenwissen erfolgen kann.

So können die gesetzlichen Bestimmungen nach § 266 HGB und § 275 HGB über die Gliederung der Bilanz und die Gliederung der Gewinn- und Verlustrechnung bei Kapitalgesellschaften kaum erarbeitet werden. Allerdings kann der Schüler später sehr wohl mit der Frage konfrontiert werden, die er selbständig auch zu lösen vermag, warum der Gesetzgeber bei der Kapitalgesellschaft und nur dort, für den Aufbau der Gewinn- und Verlustrechnung die Staffelform zwingend vorgeschrieben hat.

Methodisch gleiches gilt für das Thema Bewertung. Der Schüler weiß, daß Gewinne durch Vermehrung und Verluste durch Verminderung des Vermögens entstehen. Es ist ihm auch klar, daß damit dem Wertansatz für die einzelnen Vermögensteile eine unmittelbare Bedeutung für das ausgewiesene Ergebnis zukommt, da jede Unterbewertung den buchmäßigen Gewinn vermindert und jede Überbewertung ihn erhöht. Er weiß aber in der Regel nichts Wesentliches über die einzelnen Wertarten, wie Anschaffungswert, Teilwert, gemeiner Wert, Ertragswert, Einheitswert u.a. Gleiches gilt für die Bewertungsvorschriften nach dem Handelsrecht bzw. dem Steuerrecht. Viele dieser Fakten muß der Lehrer darstellen. Erst dann erscheint es sinnvoll, den Schüler selbsttätig arbeiten zu lassen, indem er beispielsweise Wesen und Bedeutung dieser Regelungen untersucht.

Im *Schriftverkehr* steht vor allem in den ersten Unterrichtsstunden die darstellende Unterrichtsform im Mittelpunkt des unterrichtlichen Geschehens. Der Grund liegt in der Formstrenge des Geschäftsbriefes (DIN 5008) und in der abstrakten Sachstruktur. Im ersten Fall ist der Lehrer gezwungen, durch Vorgabe eines Beispiels und durch Briefdiktat dem Schüler die Formvorschriften anzugeben, damit nichts Falsches eingeübt wird. Für den zweiten Fall soll das psychologische Moment im Schriftverkehr herausgegriffen werden. Eine wesentliche Wirkung geht vom Sprachton des Briefes aus, d.h., ob er von Höflichkeit, Bestimmtheit, Zurückhaltung oder Strenge geprägt sein soll. Dieses Hineindenken in die Situation des Briefempfängers bereitet dem Schüler anfangs sehr große Schwierigkeiten, und er ist auf Beispiele durch den Lehrer angewiesen. Selbstverständlich muß der Lehrer auch hier bestrebt sein, von Mal zu Mal mehr Aktivitäten abzutreten und dem Schüler zuzuordnen.

Auch im *Buchführungsunterricht* ist die darstellende Aktionsform einsetzbar. So könnte etwa der Abschluß eines T-Kontos, die Buchungstechnik, der technische Ablauf eines T-Konten-Abschlusses, der Aufbau einer Betriebsübersicht, die Saldiertechnik oder die Organisation der computergestützten Buchführung (Finanzbuchführung, Fibu) nur mit Mühe und auf Umwegen erarbeitet werden. Der Lehrer muß diese Fakten zuerst erklären und vorzeigen, ehe er zu schülerzentrierten Unterrichtsmethoden übergehen kann.

Im *Kaufmännnischen Rechnen* bietet sich die darstellende Aktionsform vor allem bei der Einführung komplexer Rechengebiete an, bei Aufgabengruppen, die eine besondere Darstellungsform erfordern oder wenn die Aufgabenfolge durch gesetzliche Bestimmungen weitestgehend determiniert ist. Ein komplexes Thema ist etwa die Exportkalkulation, wo Seefracht, imaginärer Gewinn, Seeversicherung, Bankspesen, Hafengebühren u.a. unter Beachtung der internationalen Handelsbedingungen (Incoterms) zu berechnen sind. Ein Entwickeln wäre hier zeitraubend und teilweise wohl auch irreführend. Gleiches gilt für die Berechnung des Ausgleichs- und Prolongationswechsels oder für die Ermittlung des Bezugsrechtes bei Dividendenvorteil bzw. -nachteil. Das sind Stoffgebiete, die dem Schüler erfahrungsgemäß viel Schwierigkeiten bereiten. Die Kalkulation des Industriebetriebs, die Plankosten- oder Deckungsbeitragsrechnung oder auch der BAB erfordern eine Darstellungsform, bei der der Lehrer die grundlegenden Fakten darstellen sollte, um dem Schüler den Rechengang von vornherein klar und übersichtlich zu erschließen.

Vom Aufbau her ebenfalls vordeterminiert sind viele Abrechnungsvorgänge im Banken- und Versicherungsbereich. Höhe und Berechnungsgrundlage von Zinsen, Provisionen, Auslagen und Courtagen sind häufig in Verordnungen und Allgemeinen Geschäftsbedingungen verankert. Ohne die jeweilige Bestimmung zu kennen, hat der Schüler keine Möglichkeit, den Lösungsweg zu finden. Hier ist es sinnvoll, die Bestimmungen vorzugeben und im Anschluß daran vom Schüler eine Begründung und Wertung der Zusammenhänge zu verlangen.

Bietet sich für einen Unterrichtsstoff die darstellende Aktionsform an, so muß hieraus keineswegs die Schlußfolgerung gezogen werden, sie müsse von Anfang an und für die gesamte Erarbeitungsdauer durchgehalten werden. Wenn etwa im Unterricht das Problem der Verjährung zur Behandlung ansteht, so ist es sicher sinnvoll, zunächst in schülerzentrierter Form, Wesen und Definition der Verjährung herauszuarbeiten. Es ist sicher auch richtig, zu erörtern, daß nicht alle Verjährungsfristen gleich lang sein können. Die Verjährungsfristen sowie die Möglichkeit ihrer Unterbrechung oder Hemmung, die im Gesetz genau geregelt sind, sollten dagegen vom Lehrer dargeboten werden. Ähnliches gilt für das Thema Handlungsbevollmächtigter oder Prokurist. Die Frage, welche Stellung diese Mitarbeiter im Betrieb haben, kann entwickelt werden, die einzelnen Bestimmungen über die im Gesetz vorgesehenen Möglichkeiten der Bevollmächtigung sollten jedoch vom Lehrer dargeboten werden, da sie der Schüler im einzelnen nicht kennen kann.

Abschließend hierzu noch ein Beispiel aus dem Kaufmännischen Rechnen. Vom Zinsrechnen her und aus der Behandlung des Wechsels im Betriebswirtschaftslehreunterricht ist der Schüler in der Lage, einen Wechsel bei gegebenem Diskontsatz abzurechnen. Soll er dagegen einen bundesbankfähigen Wechsel diskontieren bzw. rediskontieren, so muß er die erforderlichen Gesetzesbestimmungen kennen. Die besonderen Bedingungen der Bundesbank für die Rediskontierung sind für den Schüler nachträglich zwar erklärbar, keinesfalls können sie aber erarbeitet werden. Der Schüler könnte sie bestenfalls erraten.

Der zweite Ansatzpunkt für die Verwendung der darstellenden Aktionsform liegt dann vor, wenn der Unterrichtsstoff aufgrund der vorhandenen Erfahrungsgrundlage zwar erarbeitet werden könnte, der Lehrer aber hierauf bewußt verzichtet, um im Schüler einen verstärkten Eindruck zu erzielen.

Unpassenden Antworten, vom Thema wegführende Fragen, vorzeitigen Einwürfen, die die Erlebnistiefe stören könnten, will der Lehrer schon von vornherein durch die Darbietung begegnen.[1] Das kognitive Wissen soll durch Betonung des affektiven Bereiches eine Verstärkung erfahren. Der Lehrer wird dieses methodische Mittel insbesondere dann einsetzen, wenn er das Themengebiet für besonders wichtig erachtet.

Ein zentrales Problem unserer Volkswirtschaft ist das Auseinanderstreben der Geld- und Gütermenge und damit die Gefahr von Inflation und Deflation. Da beide Prozesse verheerende wirtschaftliche, soziale und politische Folgen nach sich ziehen, sollten sie im Unterricht sehr genau angesprochen werden. Um die Bedeutung dieser Themen herauszustellen und um über den rein gesetzmäßigen Mechanismus hinauszukommen, wäre es sicher sinnvoll, daß der Lehrer in zusammenhängender Weise Verlauf und Auswirkung der Inflation bzw. der Deflation schildert. Dabei dürfte sich der Vortrag keinesfalls in der Darstellung globaler Folgen erschöpfen, vielmehr müßte auf die unmittelbaren Belastungen, die den einzelnen treffen, eingegangen werden.

Ohne nun diesen Lehrervortrag in ausgearbeiteter Form zu bieten - dies ist nicht angebracht, da die Umsetzung der Schriftform in das „lebendige" Wort von subjektiven Faktoren wie der Person des Lehrers, der Klasse und der vorgegebenen Situation abhängen - soll als Beispiel die große deutsche Inflation von 1914 - 1923 angeführt werden. Die Darstellung könnte nach folgenden Gesichtspunkten aufgebaut sein:[2]

I. Phase der Inflation

Ausgangslage
- Das Deutsche Reich nimmt den zweiten Platz im Welthandel ein.
- Das System der Goldwährung sichert eine gesunde Geldordnung.
- Die umlaufenden Banknoten sind an den Geldbestand gebunden.
- Verpflichtung der Reichsbank zur Einlösung von Banknoten in Geld.

Situation während des Krieges
- Übernahme und fortwährende Prolongation von Schatzanweisungen durch die Reichsbank.
- Auflegen von Kriegsanleihen.
- Ausschaltung vom internationalen Handel. Folge: Passive Zahlungsbilanz, da die Einfuhr von Lebensmitteln und kriegswichtigen Rohstoffen beibehalten werden mußte.
- Devisenbewirtschaftung.
- Erhöhung der umlaufenden Banknotenmenge, Verminderung des Gütervolumens.

---

1 Vgl. Stöcker, K.: Unterrichtsgestaltung, S. 208.
2 Vgl. hierzu: Kleiner Wirtschaftsspiegel, Nr. 10/64, Sparkassen-Verlag Stuttgart.
   Störig, H.: Wirtschaft als Entscheidungsfeld, 6. Auflage, Frankfurt/Main 1971, S. 87 f. Gaettens, R.: Inflation, das Drama der Geldentwertung vom Altertum bis zur Gegenwart, München 1955.

Kriegsende
- Ende 1918 ist der Außenwert der Mark auf knapp die Hälfte seines ursprünglichen Kurses zurückgegangen.
- Die Währung war inflatorisch sicher stark geschwächt, aber keineswegs hoffnungslos.

Zahlen
- Umlaufende Banknoten   Sept.   1914   4,5 Mrd. Mark
                                    Sept.   1916   7,4 Mrd. Mark
                                    Nov.   1918   22,0 Mrd. Mark
- 9 Kriegsanleihen im Wert von rund 100 Mrd. Mark.
- Zahlungsbilanz von 1914 - 1918   15 Mrd. Goldmark passiv.

II. Phase der Inflation

Situation von 1918 - 1923
- Veralterung der Produktionsstätten.
- Auslandsguthaben und wichtige Wirtschaftsgebiete sind verloren.
- 2,4 Millionen arbeitsfähige Männer tot; 4,2 Millionen kriegsverletzt.
- Politische Machtkämpfe.
- Reparationszahlungen.
- Fehlbetrag des Reichshaushaltes ist nur noch über die Notenpresse zu decken.

Zahlen

- Steuereinnahmen	1923 noch 1% der Reichsausgaben.		
- Banknotenumlauf	Jan.	1919	23 647
	Jan.	1923	1 984 496
	Aug.	1923	663 200 050
	Sept.	1923	28 228 815 494
	Dez.	1923	496 507 424 771 974
- Dollar-Kurs:	Jan.	1919	7,95
	Jan.	1922	186,75
	Juni	1923	74 750
	Okt.	1923	2 975 000 000
	10. Nov. 1923		630 000 000 000
	20. Nov. 1923		4 200 000 000 000 (4,2 Bill. Mark)

- Preise: 1 Bill. Papiermark 3 Eier oder 1 Brot oder 200 g Rindfleisch.
                  Lebensmittelpreise steigen pro Tag um das Vielfache.
- 133 Druckereien drucken Tag und Nacht Papierscheine; Auszahlung von Löhnen und Gehältern in Waschkörben.
- Währungsschnitt: 1 Billion Papiermark = 1 Rentenmark.

Fazit
- Ausländer können zu Schleuderpreisen Deutschland ‚auskaufen.'
- Flucht in die Sachwerte.

- Vermögensverschiebungen größten Ausmaßes. Grundsatz Mark = Mark galt weiter. Die mittelständische Schicht wird faktisch enteignet, da sie gewohnt war, festverzinslich zu sparen. Löhne, Gehälter, Renten können mit der Geldentwertung nicht Schritt halten. Der betroffene Personenkreis wird stark geschädigt. Ungeschoren bleiben die Besitzer von Sachwerten.
- Rückfall in die Tauschwirtschaft. Keine Spar-, keine Kreditgeschäfte.
- Vollbeschäftigung, da jede Arbeit gewinnbringend ist. Fehlleitung der Produktion.
- Vertrauen in die staatliche und gesellschaftliche Ordnung wird untergraben.

Als weitere Themen, die sich aus Gründen des verstärkten Eindrucks für den Lehrervortrag anbieten, können aufgeführt werden: Das Betriebsverfassungsgesetz, und zwar insbesondere die Frage nach den Auswirkungen der Mitbestimmung; der Gedanke der Vertragstreue; Begründung und Bedeutung der Steuererhebung; das Problem der dynamischen Rente; Anwendungsmöglichkeiten der EDV; das REFA-System und seine Auswirkungen im Betrieb; Gefahren der Werbung u.a.

1.1.1.4 *Anforderungen an Lehrer und Schüler*

(1) Der *Lehrer* hat vom Stoffinhalt her die Fakten fachwissenschaftlich logisch-systematisch aufzubauen. Ist dieser Ansatz zu abstrakt und von der individuellen Persönlichkeitsstruktur der Schüler her nicht zu vertreten, so ist bei der Stoffanordnung nach dem Grundsatz der Vermittlung von Hilfsvorstellungen (vom Leichten zum Schweren; vom Einfachen zum Komplexen; vom kleineren zum größeren Lernschritt u.a.) zu verfahren. Es gilt dabei zu beachten, daß der Brückenschlag von dem bekannten zu dem zu lernenden Stoffgebiet gelingt.

(2) Die Argumentationsbreite, die für die Darlegungen gewählt wird, muß so beschaffen sein, daß sie für den Schüler verständlich bleibt. Eine zu starke Differenzierung der vorgebrachten Begründungen birgt die Gefahr in sich, daß der „rote Faden" zugeschüttet wird.

(3) Die Darbietung ist nur dann von großer Wirkung, wenn sie den Schüler „anspricht". Dazu ist es notwendig, daß der Lehrer Kriterien zur Hand hat, an denen er sich ausrichten kann. Diese „Lehrtechniken" sind in den letzten Jahren zugunsten großer didaktischer Überlegungen etwas in den Hintergrund gedrängt worden. Daher einige Anmerkungen zur Frage: Nach welchen Kriterien soll sich die Lehrerdarbietung ausrichten?[1]

- Die Lehrerdarbietung soll anschaulich und den Rahmenbedingungen der Klasse angepaßt sein. Verallgemeinerungen sollten zugunsten eines lokalen Bezugspunktes gemieden werden. Die Situation ist zu personifizieren. Die Überlegungen der handelnden Personen sollten deutlich werden. Hierzu ein Beispiel: Ein Einzelunternehmen wird durch Aufnahme eines neuen Gesellschafters in eine OHG umgewandelt. Besser wäre: Der Einzelunternehmer Gerhard Müller, Bachstraße 3, Ravensburg, möchte sein Lebensmittelgeschäft zu einem Supermarkt ausbauen und weitet seine Kapitalbasis durch Aufnahme seines Freundes Josef Meier als Gesellschafter aus. Er wandelt sein Einzelunternehmen in eine OHG um.

---

1 Stöcker, K.: Unterrichtsgestaltung, S. 212.

- Der Lehrervortrag soll sich durch Lebendigkeit und Natürlichkeit auszeichnen. Kurze Sätze, plastische Redewendungen, Modulation von Sprechrhythmus und Tonstärke, Variation in Gestik und Mimenspiel, gezielte Pausen, Veränderung im Sprechtempo. Unterstützung der Ausführungen durch Medien u.a.
- Alle diese „Kleinigkeiten", die zu einer guten Darbietung beitragen, sind letztlich aber wirkungslos, wenn der Lehrer vom Inhalt seiner Ausführungen nicht überzeugt ist. „Jeder unehrliche Gebrauch der sprachlichen, mimischen, stimmlichen oder gebärdenhaften Ausdrucksmittel führt zum hohlen Pathos und neigt zur bloßen Schauspielerei."[1]
- Der Spannungsbogen, auch einer äußerst ansprechenden Darbietung, ist zeitlich begrenzt. Sicher ist die Vortragsdauer von Inhalt und Schülergegebenheit abhängig, aber als Grundregel kann wohl angenommen werden, daß die Grenze von 15 Minuten nur in seltenen Fällen überschritten werden sollte.

(4) Wie keine andere Aktionsform ist die Darbietung auf Methodenwechsel angewiesen. Erfolgssicherung und Erfolgskontrolle, die sich an die Lehrerdarbietung anzuschließen haben, müssen der Schüleraktivität verstärkt Raum geben. Gleiches gilt sodann für die weitere Stofferschließung, denn ein erneuter Lehrervortrag würde die Schüler überfordern.

Vom *Schüler* erfordert die darstellende Aktionsform eine hohe innere Aktivität, die sich im mitvollziehenden Zuhören oder Zusehen dokumentiert. An der begrenzten Konzentrationsfähigkeit der Schüler hat der Lehrer dann auch schlußendlich Einsatz und Dauer der Darbietung auszurichten. Eine weitere Grenze für die darstellende Aktionsform liegt in der Tatsache begründet, daß die Darbietung nur dann sinnvoll ist, wenn der Schüler den Stoffinhalt mit seinem bisherigen Wissen assoziieren und damit in seine gegebene kognitive Struktur einfügen kann. Es ist daher sehr bedeutsam, daß der Lehrer die Rahmenbedingungen seiner Klasse genau kennt und danach sein Handeln ausrichtet.

1.1.2 Erarbeitende Aktionsform

1.1.2.1 Wesen und Verfahrensablauf

Beim erarbeitenden Unterricht wird das zur Behandlung anstehende Stoffgebiet gemeinsam von Schülern und Lehrer aufgearbeitet. Leitung und Lenkung dieser auf Interaktion ausgelegten Aktionsform liegen generell beim Lehrer. Er bestimmt durch Fragestellung und Impulsgebung den einzuschlagenden Weg, die Größe der Lernschritte und das angestrebte Lernziel. Die erarbeitende Aktionsform ist lehrerzentriert und damit bleibt für den Schüler das Abhängigkeitsverhältnis zum Lehrer, das Gefühl des „Geführtwerdens", bestehen. Dieser Eindruck wird noch verdichtet, wenn die Lernschritte sehr klein gehalten werden. Hier kann der Schüler, sofern die Fragen präzise gestellt sind, konsequenterweise nur den Gedankengang fortsetzen. Ein „Ausbrechen" aus dieser Frage-Antwort-Kette ist dem Schüler nicht möglich, so daß der Lehrer im Grunde ohne Bruch zum vorbestimmten Ziel gelangen kann. Das Lehrerwissen wird so auf den Schüler über-

---

1 Einzelheiten zur Methode des Erzählens, des Referierens oder des Vorzeigens, vgl. Aebli, H.: Grundformen des Lehrens, S. 29 f.
Aschersleben, K.: Einführung in die Unterrichtsmethodik, Stuttgart 1974, S. 81 f.

tragen, der dieses übernommene Wissen im Grunde bei der Erfolgssicherung oder Erfolgskontrolle nur eindimensional rückmelden kann. Werden vom Lehrer Impulse angewandt, so sind auch mehrdimensionale Rückantworten möglich, da Impulse aufgrund des größeren Denkspielraumes, den sie den Schülern einräumen, häufig mehrere Antworten zulassen. Interaktionen der Schüler untereinander sind vom Wesen dieser Aktionsform her nur bedingt erwünscht, so daß eine echte Kommunikation zwischen allen Beteiligten nicht entstehen kann.

Der Aufbau dieser Aktionsform verläuft in deutlich erkennbaren kurzen Phasen.[1]

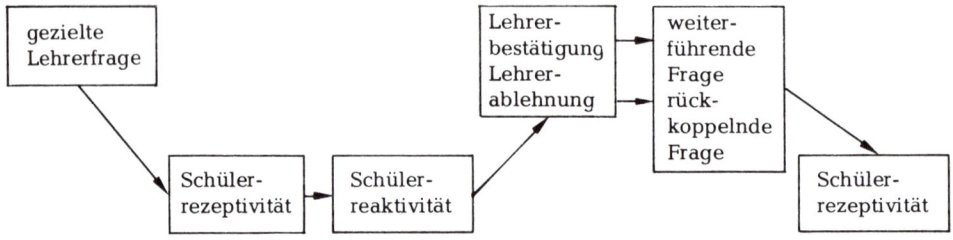

Schematisierter Verlauf des erarbeitenden Unterrichts

Die Schüleraktivität wird so von außen, vom Lehrer her gesteuert und initiiert und muß dann vom Schüler in eine eigene, von innen angetriebene Aktivität umgepolt werden. Zur Ausgestaltung dieser Aktionsform stehen dem Lehrer die verschiedenen Impulsarten zur Verfügung.

1.1.2.2 Impuls

Wesen und Begriff

Der Lehrer stellt dem Schüler im Unterricht Aufgaben und erwartet von ihm, daß er sich bemüht, diese zu lösen. Didaktisch ist der Lernprozeß am fruchtbarsten, wenn der Schüler aus sich heraus tätig wird. Voraussetzung hierfür ist, daß er die Fremdbestimmung in sachbezogene Eigenaktivität umpolt. Dieser Prozeß entwickelt sich in seltenen Fällen unmittelbar aus eigenem Antrieb des Schülers, in der Regel aber muß er an die ihm aufgezwungene Aufgabe herangeführt werden. Hier setzt die Funktion der Impulse ein.

Impuls, aus dem Lateinischen übersetzt, bedeutet Antrieb, Anstoß. Die Funktion des Impulses besteht denn auch darin, dem Schüler von außen einen Anstoß zum Handeln zu geben, mit dem Ziel, Selbständigkeit und Eigeninitiative zu wecken. Gleichzeitig muß der Impuls die zunächst ungerichtete Aufmerksamkeit zielbezogen orientieren und steuern. Antrieb und Steuerung bilden also die Grundfunktionen des Impulses. Impulse dienen daher „der Realisierung von Aufgaben, indem sie helfen, die kindliche Aktivität in Gang zu setzen, anzutreiben und zu steuern. Sie wollen dabei ein pädagogisch fruchtbares Verhältnis zwischen dem Schüler und dem Eigengehalt der Aufgabe schaffen, d.h. dieses Verhältnis verinnerlichen, so daß der Anstoß von außen als Unterstützung der Eigenbewegung

---

1 Vogel, A.: Unterrichtsformen, S. 34.

bzw. der eigenen Orientierung im Aufgabenfeld aufgefaßt werden kann."[1] Der Impulsbegriff wird hier so weit gefaßt, daß auch die Lehrerfrage darunter subsumiert werden kann. Dies erscheint auch gerechtfertigt, denn jede Frage, die den Schüler dazu bringt, sich der Sache zuzuwenden, trägt Impulscharakter. Die hier angewandte Definition des Impulses läßt es nicht mehr zu, die Begriffe Denkanstoß und Impuls synonym zu gebrauchen. Der Denkanstoß richtet sich in seiner Zielsetzung allein auf den Denkprozeß des Menschen aus und ist daher nur eine Form des Impulses, denn im Nachdenken allein erschöpft sich der Unterricht keineswegs.

Impulsarten

(1) Nach ihrer *Medialität* können *verbale* und *nichtverbale Impulse* unterschieden werden. Zu den *verbalen Impulsen* zählen alle gezielten Lehrermaßnahmen, die sich des Mediums Sprache bedienen, wie Fragen,[2] Aufforderungen, Behauptungen, Befehle, Zweifel u.a.

Beispiele:
Steht das so im HGB? Vergleichen Sie die Rechte des Einzelunternehmers mit denen des OHG-Gesellschafters! Ich behaupte, der Käufer kann bei arglistiger Täuschung durch den Verkäufer Schadensersatz wegen Nichterfüllung verlangen! Vergleichen Sie diese Aussage mit den gesetzlichen Bestimmungen! Glauben Sie, daß der Gläubiger mit diesem Vergleichsvorschlag einverstanden sein wird?

Nichtverbale Impulse können durch entsprechende Gestik, Mimik oder Gebärde des Lehrers, die Bejahung, Zweifel, Ablehnung, das Fortfahren u.a. signalisieren, zustande kommen, oder aber durch das Medium selbst.

Beispiele:
Der Schüler soll die gesetzlichen Bestandteile des Schecks auswendig aufzählen. Da ihm dies nicht vollständig gelingt, zeigt der Lehrer auf einer Folie einen unausgefüllten Scheck. Der Schüler soll, nachdem die Zinsrechnungen mit dem gleichen Zinsfuß durchgerechnet sind, die kaufmännische Zinsformel als Vereinfachung des Zinsrechnens selbständig entwickeln. Da ihm dies nicht gelingt, schreibt der Lehrer den Zinsfuß und die Zahl 360 rot nach. Der Schüler soll den Verlauf der Deflation darlegen. Da ihm dies nicht gelingt, gibt der Lehrer an der Tafel zwei Schaubilder vor. Im ersten Fall ist die Säule der Gütermenge gleich hoch wie die der Geldmenge, im zweiten Fall ist die Säule der Gütermenge höher als die der Geldmenge.

---

1 Salzmann, Ch.: Impuls, Denkanstoß, Lehrerfrage, Reihe: Neue päd. Bemühungen, Band 41, Essen 1969, S. 24.
  Auf den Impuls wird in folgenden Veröffentlichungen sehr ausführlich eingegangen: Köck, P.: Moderne Unterrichtsführung durch Impuls und Appell, Donauwörth 1971. Dauenhauer, E.: Kategoriale Didaktik, S. 328 f. Lochner, H.: Methodik, S. 173 f.
2 Damit wird der Begriff Impuls als Oberbegriff und gleichzeitig auch als Unterbegriff verwendet. Dies ist von der theoretischen Trennschärfe her unbefriedigend. Andererseits, den Begriff Impuls weiter zu untergliedern, bringt keine höheren Orientierungshilfen für die didaktische Planung und liefert auch keine besseren Ergebnisse, was die empirische Analyse anbelangt. Jeder Lehrer weiß, was mit den angesprochenen Impulsarten gemeint ist und das mag genügen.
  Da der Fragetechnik im Unterricht eine wesentliche Rolle zukommt, soll sie in einem besonderen Kapitel dargestellt werden. Hieraus den Schluß abzuleiten, dies fördere den Methoden-Monismus, erscheint abwegig. Vgl. Manstetten, R.: Aktions- und Sozialformen, in: Twardy, M. (Hrsg.): Kompendium Fachdidaktik Wirtschaftswissenschaften, Wirtschafts-, Berufs- und Sozialpädagogische Texte, Band 3 / Teil III, S. 552.

(2) Nach der *Wirkungsweise* können *direkte* und *indirekte* Impulse unterschieden werden. Ein *direkter Impuls* liegt vor, wenn der Lehrer die Lösung des Problems unmittelbar durch anweisende, befehlende oder auffordernde Impulse zur Sache selbst vorantreibt. Dies wird häufig dann nötig sein, wenn dem Schüler grundlegende Kenntnisse zu einem Stoffgebiet fehlen oder wenn sich die Lösungsfindung als so schwierig erweist, daß ein schrittweises, leitendes Vorgehen durch den Lehrer als unumgänglich erscheint.

Beispiele:
Ein größeres Unternehmen der Stadt geht in Konkurs. Der Lehrer will erklären, daß u.U. noch weitere Betriebe in finanziellen Druck geraten könnten. Zu diesem Zweck möchte er die Berechnung der Konkursquote demonstrieren. Hier wird teilweise, sofern nicht ausschließlich zum Lehrervortrag gegriffen wird, der Schüler über zunächst uneinsichtiges Befolgen von Aufforderungen und Anordnungen zum Lerninhalt geführt werden müssen.

Ähnliches gilt für die Terminrechnung. Dem Schüler ist anfangs kaum einsichtig zu erklären, ohne schon den gesamten Lösungsablauf vorwegzunehmen, daß zur Berechnung des mittleren Verfalltages zunächst der größtmöglichste Zinsverlust bzw. Zinsgewinn errechnet werden muß, den es dann durch Hinausschieben des Zahlungstermines zu beseitigen gilt.

Beim *indirekten Impuls* gibt der Lehrer lediglich einen Anstoß zur Situation, in die das Problem eingebettet ist, nicht aber zur Sache selbst. Das kann beispielsweise durch das Mitbringen eines Anschauungsmaterials geschehen, durch ein Rätsel, ein Fallbeispiel, eine Zeichnung, eine Behauptung u.a. „Der indirekte Impuls in seiner (idealtypischen) reinen Form bringt also den Anspruchs- oder Problemgehalt der Sache beim Schüler direkt zur Geltung und stellt zwischen Schüler und Sache einen unmittelbaren Kontakt her. Es zeigt sich also, daß der indirekte Impuls besonders geeignet ist, die Aufgaben, das Auf-Gegebene, im Bewußtsein der Schüler zu betonen und zu ‚verinnerlichen‘, was der direkte Impuls nicht in dem gleichen Maße zu leisten vermag.“[1]

Beispiele:
Es soll ein Initialimpuls für das Thema „Mängelrüge" gegeben werden. Der Lehrer erzählt zu Beginn der Stunde, daß er beim Versandhaus „Schickgleich" eine Schreibmaschine zum Preis von 950,00 DM bestellt habe. Heute habe der Postbote das Paket gebracht. Er übergibt dem Schüler das Paket zum Öffnen und bittet ihn, auf der Maschine einige Zeilen zu tippen. Dabei wird festgestellt, daß sich einige Tasten nicht bewegen lassen. Damit werden Impulse initiiert, wie: Welche Fehlerart liegt vor? Muß dieser Fehler hingenommen werden? Welche Rechte stehen dem Käufer zu? u.a.

Eingeführt werden soll in das Thema „Kraftfahrt-Versicherung." Hier könnte der Lehrer mit der Schilderung eines Verkehrsunfalles beginnen, wobei ein Personen-, ein Sach- und ein Vermögensschaden angefallen ist. Über die Klärung der

---

1 Salzmann, Ch.: Impuls, S. 38.

Schuldfrage, die Feststellung des Leistungspflichtigen, die Frage der Pflichtversicherung u.a. wird sodann zum substantiellen Sachproblem übergeleitet.

(3) Über die Impulse hat es der Lehrer auch in der Hand, den *Aktionsraum* der Schüler zu vergrößern bzw. einzuengen. Wird dem Schüler ein breiter Handlungsspielraum belassen, seine Aktivität also nicht von außen „eingleisig" festgelegt, so handelt es sich um einen *offenen Impuls*. Die Antriebs- und Steuerungsfunktion ist auch bei diesem Impuls zielgerichtet, ohne dem Schüler jedoch den Weg fixiert vorzuschreiben. Diese Impulse sind insbesondere dann angebracht, wenn die Unterrichtsplanung die schülerzentrierte Erarbeitung der Unterrichtslernziele vorsieht.

Wird der Unterricht dagegen lehrerzentriert ausgerichtet, so muß mit *engen Impulsen* gearbeitet werden, da sie dem Schüler weitestgehend die Möglichkeit nehmen, aus dem vorgesehenen Weg auszubrechen. Mit der Einengung des Aktionsraumes der Schüler geht in der Regel auch eine Verkürzung der Lernschritte einher, was die Zentrierung des Unterrichts auf die Person des Lehrers noch verstärkt. Häufig kommt es auch zu einer Kombination der beiden Impulsarten, denn der offene Impuls führt zu einem großen Lernschritt, den dann nicht alle Schüler nachvollziehen können, so daß der Lehrer gezwungen wird, durch engere Impulse den Gedankengang zu verkürzen.

Beispiele:

Generell besteht zwischen der Gruppenarbeit und den offenen Impulsen eine starke Affinität. Sollen beispielsweise die Lohnformen in Gruppenarbeit behandelt werden, so kann der Lehrer als offenen Impuls einen provozierenden Text vorlesen, der im Schüler eine breite Palette von Fragen aufwirft, die er dann selbst zu formulieren und zu beantworten hat. Max von der Grün hat in seinem Buch „Irrlicht und Feuer" zur Lohnproblematik folgendes ausgeführt:

Wir verkaufen unser Menschsein für Wohlstand

Und deshalb, Kameraden, weil wir materielle Sicherheit wollen, stecken wir alles ein. Wir würden uns sogar verprügeln lassen, wenn uns am Monatsletzten eine bestimmte Summe garantiert würde, die uns dann ein Leben in Wohlstand sichert.

Wir schreien uns an, zum Gaudium anderer, die mit unserer Arbeitskraft und Gesundheit Dividende scheffeln. Wir müssen Geld verdienen, und je mehr wir verdienen, desto mehr geben wir aus und desto kleiner wird in uns der Mensch, desto verkrüppelter der Charakter, desto größer aber der Hund und das Hündische in uns. Wir verkaufen unser Menschsein für Wohlstand und Sicherheit in diesem Wohlstand. Unsere Väter und Großväter waren Staatsfeinde, weil sie für die Menschwerdung des Arbeiters kämpften! Was sind wir heute? Wir verkaufen unser Menschsein heute für Geld.

Zitiert nach Decker, F.: Spektrum der Wirtschaft, Frankfurt/Main 1970, S. 89.

Durch diesen Text wird das Thema über die weite gesellschaftlich-politische Komponente eingeführt. Hierzu jedoch Stellung zu beziehen, ist dem Schüler erst möglich, nachdem er sich einen Überblick über die Fakten verschafft hat. So werden über diesen Text auch Probleme angesprochen, wie: Welche Lohnformen gibt es? Wie wird der Lohn berechnet? Gibt es einen gerechten Lohn? Welche Vor- und Nachteile haben die einzelnen Lohnformen für Arbeitgeber und Arbeitnehmer? u.a.

Eine enge Impulskette soll am Thema „Die Geschäftsfähigkeit" demonstriert werden:

L: Stellen Sie sich bitte einmal vor, Sie wollen eine Party feiern. Sie bereiten etwas zum Essen vor und stellen Getränke kalt. Was brauchen Sie denn noch für Ihre Party?

Sch: Musik, Schallplatten u.a.

L: Sie haben vor einigen Tagen im Radio den neuesten Hit gehört, der auch in Ihrem Freundeskreis sehr beliebt ist. Sie besitzen diese Platte noch nicht.

Sch: Ich werde mir diese Schallplatte im Musikgeschäft kaufen.

L: Sie betreten den Laden. Der Händler legt Ihnen die Platte vor. Sie bezahlen und nehmen die Platte mit. Der Jurist hat für diesen Vorgang eine Bezeichnung.

Sch: Es ist ein Kaufvertrag zustande gekommen.

L: Nehmen wir einmal an, der 5jährige Fritz findet auf dem Heimweg vom Kindergarten einen Zehnmarkschein. Er geht damit ins Musikgeschäft und will die Märchenplatte „Rumpelstilzchen" erstehen.

Sch: Ein Kaufvertrag wird mangels Geschäftsfähigkeit nicht zustande kommen.

Nach Manstetten[1], der die Wirkung der Impulsgebung auf das Schülerverhalten in einem Unterrichtsexperiment untersucht hat, richten sich enge Impulse an das konvergierende Denken. „Sie verlangen eine ‚richtige' oder ‚angemessene' Antwort und erschöpfen sich vielfach in einer sogenannten Ein-Wort-Antwort. Dagegen fordern weite Impulse divergierendes Denken. Die Schüler werden zu einer Vielzahl von Antworten und dadurch zum selbständigen, problemlösenden und schöpferischen Denken angeregt. Lerntaxonomisch liegen die durch weite Impulsgebung verlangten komplexeren Denkleistungen auf höherer Lernzielebene." In einer Untersuchung, die an sechs Parallel-Fachklassen der Fachrichtung Maschinenbau-, Fertigungstechnik einer Technikerfachschule vorgenommen wurde, untersuchte Manstetten die Auswirkungen der weiten Lehrerimpulse näher und suchte dabei nach einer Antwort auf die Fragen, ob sie

a) „mehr Zeit für die Behandlung eines bestimmten Unterrichtsthemas fordern,
b) mehr Aktivität des Schülers ermöglichen und
c) zu besseren Lernergebnissen führen."

---

1 Die folgenden Ausführungen beziehen sich, teilweise wörtlich zitiert, auf einen Aufsatz von R. Manstetten in der DtBFsch. Manstetten, R.: Die Impulsgebung des Lehrers und ihre Auswirkungen auf das Schülerverhalten - ein Unterrichtsexperiment, in: DtBFsch 7/1977, S. 523 f. Vgl. auch: Watzlawick, P., Beavin, J. H., Jackson, D. D.: Menschliche Kommunikation.

Das Experiment erbrachte kurz zusammengefaßt folgende Ergebnisse:

Zu a: Bei Anwendung der weiten Impulse wird für das gleiche Unterrichtsthema fast doppelt soviel Zeit benötigt.

Zu b: Der Anteil der Schüleräußerungen ist bei Anwendung weiter Impulse fast doppelt so hoch wie beim Einsatz enger Impulse, wobei der Anteil der Lehreräußerungen entsprechend zurückgeht; d.h., die Aktivitätsproportion wird durch die Verwirklichung weiter Unterrichtsimpulse zugunsten der Schüleraktivität verändert.

Zu c: Die eingesetzten Impulskategorien stehen in keinem Zusammenhang mit den von den Schülern erzielten Schulnoten, obwohl zu vermuten gewesen wäre, daß der Unterricht mit weiten Impulsen bessere Lernleistungen ergeben würde. Trotzdem sollte im Unterricht, wo immer zeitlich vertretbar, die weite Impulsgebung eingesetzt werden, da „weite Lehrerfragen die Aktivitätsproportionen im Unterricht zugunsten der Schüleraktivitäten verlagern, zum Abbau asymmetrischer Kommunikationsstrukturen (Watzlawick/Beavin/Jackson) und verbaler Dominanz des Lehrers (Tausch u.a.) führen und von daher erst die Voraussetzung schaffen für die Erreichung komplexerer Lernziele wie Transfermöglichkeit, Kreativität, problemlösendes und selbständiges Denken."[1]

Oehlert, der die Wirkungsweise von engen und offenen (weiten) Impulsen ebenfalls empirisch untersucht hat, kommt zu einem etwas divergierenden Ergebnis. Nach seinen Feststellungen provozieren offene Impulse zwar längere verbale Schülerbeiträge als enge Impulse, aber der Einsatz von engen Impulsen erhöht die Zahl der Wortmeldungen erheblich. „Bei offener Impulsmethode beteiligen sich weniger Schüler mit häufigeren und längeren Beiträgen. Alle drei einbezogenen Schülermerkmale, das Leistungs-, das Interessen- und das Beteiligungsniveau (Häufigkeit der Beteiligung des einzelnen Schülers) zeigen eine sehr deutliche Wechselwirkung mit dem Offenheitsgrad der Impulsmethoden in bezug auf die Zahl der Wortmeldungen. Danach erhöhen die engeren Impulsmethoden die Zahl der Wortmeldungen bei den Leistungsschwächeren, den weniger Interessierten und vor allem den Beteiligungsschwächeren enorm."[2] Oehlert zieht hieraus folgenden Schluß: „Ziel sollte auf jeden Fall... eine aktive Beantwortung weiter Impulse sein, da weite Impulsmethoden wahrscheinlich der Sprachförderung und Emanzipation sowie dem selbständigen Denken und der Kreativität mehr Raum geben. Grundsätzlich angewendet verfehlen sie aber mit Sicherheit ihr Ziel, da sie bei zwei Dritteln der Schüler kaum bzw. überhaupt nicht zur Reaktion (Wortmeldung und Beteiligung) anregen. Prinzipiell eingesetzt scheinen sie geradezu einen elitären Unterricht zu fördern; die Beteiligungsverhältnisse blieben während der gesamten Experimentalphase konstant!"[3]

---

1 Oehlert, P.: Untersuchungsergebnisse zur Frage der Aktivierung von Schülern durch Unterrichtsimpulse, in: Unterrichtswissenschaft, 3/1980, S. 285.
2 Ochlert, P., ebenda, S. 287.
3 Oehlert, P., ebenda, S. 287.

(4) Impulse gehen nicht nur vom Lehrer *(Lehrerimpulse)* aus, sie können auch vom Schüler kommen. *Schülerimpulse,*[1] die in der Regel als Schülerfragen auftreten, sind, sofern es sich nicht um offensichtliche Scheinfragen handelt, methodisch sehr wertvoll, denn sie entspringen einer Interessenhaltung, die vom Lehrer unterrichtlich genutzt werden sollte. Daneben zeigen sie dem Lehrer auf, wo und inwieweit beim Schüler noch stoffliche Lücken bestehen, die es zu schließen gilt. Unter dem Motivationsgesichtspunkt ist zu sagen, daß vom Schülerimpuls hohe Ausstrahlung ausgeht, da er ja auf einem echten Informationsbedürfnis gründet. Erfahrungsgemäß treffen dabei viele Schülerfragen Problemkreise, die nicht nur für den betreffenden Schüler, sondern für die ganze Klasse von Interesse sind. Allerdings ist für den Lehrer der Schülerimpuls nicht unproblematisch. Er muß sich zum einen davor hüten, jede oberflächliche Schüleräußerung zum Gegenstand einer ausführlichen Darstellung zu machen, denn dadurch wird der Schüler von einer gründlichen Überdenkung der Problematik abgehalten. (Der Lehrer wird mir das ja jederzeit nochmals erklären!) Zum anderen hat der Unterrichtende abzuwägen, ob der Schülerimpuls in die bestehenden Lernziele integriert werden kann, bzw. ob es aus Gründen der Sachlogik, der Unterrichtszeit u.a. zu rechtfertigen ist, dieser eventuell neuen Lernzielsetzung zu folgen. Die Gliederung der wesentlichsten Impulse ergibt somit folgende Übersicht:

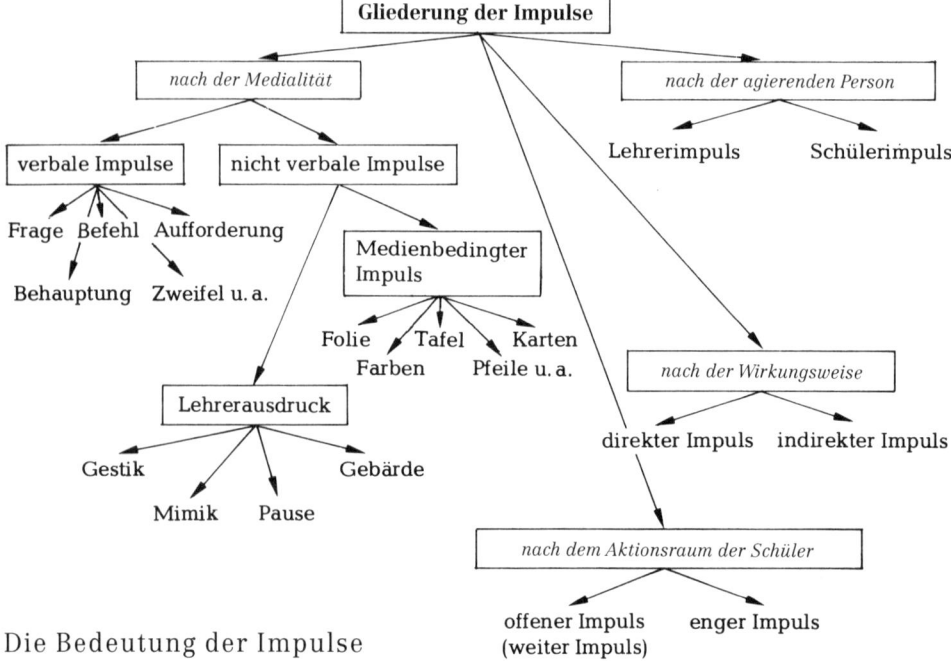

Die Bedeutung der Impulse

– Der Impuls eröffnet dem Schüler in der Regel einen weiten Freiheitsraum und zwingt ihn so zu stärkerer Aktivität. Gegenüber der Frage ist das Maß der eigenen Denkleistung größer, „denn die Sache und ihre Gesetzlichkeit treten in

1 Zu dem Problem, Schüler als Träger didaktischer Intentionen, vgl. Schrob A. O., Louis, B.: Unterrichtsanalyse, S. 95 f.

den Vordergrund, stehen zur Beobachtung und zur Lösung an, nicht aber die Beantwortung einer sprachlich schon halb formulierten Frage."[1] Da Wirtschaften ständig Wissen und Entscheidungssicherheit verlangt, kommt der impulsorientierte Unterricht den Zielen des Wirtschaftslehreunterrichts sehr stark entgegen. Die Stärkung der Eigenaktivität des Schülers wird jedoch nur dann erreicht, wenn der Umfang der Impulse (offener bzw. enger Impuls) der Leistungsfähigkeit des einzelnen Schülers bzw. der Klasse angepaßt ist.

– Der Impuls stellt prinzipiell höhere Anforderungen an die Schülerantworten als es etwa die Frage erfordert. Das gilt nicht nur für die Denkleistung, sondern auch für die sprachliche Formulierung. Der Schüler ist gezwungen, seine Erkenntnisse in seinen eigenen Worten auszudrücken, wobei er nicht mehr, wie etwa bei der Beantwortung einer Frage, an Lehreraussagen partizipieren kann.

– Impulse, sofern sie nicht in Frageform eingekleidet sind, führen eher zu einer echten Gesprächssituation, als dies die beste Frage-Antwort-Kette vermag. Sprachimpulse wie „Ich könnte mir die Lösung des Falles wie folgt vorstellen; und dann? Ich denke, wir haben den gesetzlichen Erfüllungsort vertraglich abgeändert? Die Wandelung ist im Falle der mangelhaften Lieferung eine Möglichkeit u.a." führen einen Gedankengang als natürliches Gespräch weiter, während in einem fragebetonten Unterricht eine im Grunde unnatürliche Abfragesituation herrscht, die das Zusammenwirken von Lehrer und Schüler auf Distanz hält.

Ein sich entwickelndes Gespräch kann nur in begrenztem Umfang geplant werden. Für den Unterricht bedeutet dies, daß zu geplanten auch spontane Impulse kommen müssen. Angezeigt ist die Planung der Impulse für die Schlüsselstellen des Unterrichts. „Solche Schlüsselstellen im Aufgabenhorizont erweisen sich - auf den Unterrichtsprozeß bezogen - in der Regel als wichtige Gelenkstellen im Geschehensablauf."[2] Sie sollten, um einen straffen, zielgerichteten Unterricht zu erreichen, geplant werden. Wird die Impulsplanung aber zu weit vorausgetrieben, ergibt sich die Gefahr, daß Schüleraktivitäten um der Planung willen übergangen oder gesteuert werden, die die Offenheit und die Beweglichkeit des Unterrichts einschränken, womit der Lehrer wieder bei einer Gängelung der Schüler angelangt wäre. Auch der impulsorientierte Unterricht kann somit Gefahr laufen, in einen reinen Schematismus abzusinken.

1.1.2.3 Frage

Die Stellung der Lehrerfrage im Unterricht

Seit Gaudig[3] den „Fragekult" angegriffen hat, ist diese Form des unterrichtlichen Agierens, die zuvor in der Unterrichtsmethodik eine große Rolle gespielt hat, umstritten. Ohne nun alle Argumente pro und contra Lehrerfrage auszuführen,[4] soll der hier vertretene Standort skizziert werden.

---

1 Stöcker, K.: Unterrichtsgestaltung, S. 227.
2 Salzmann, Ch.: Impuls, S. 25.
3 Gaudig, H.: Didaktische Präludien, Leipzig 1909.
4 Vgl. hierzu Aebli, H.: Grundformen des Lehrens, S. 139 f. Bloch, K. H.: Der Streit um die Lehrerfrage im Unterricht in der Pädagogik der Neuzeit, Wuppertal 1969. Giel, K.: Über die Frage, mit besonderer Berücksichtigung der Lehrerfrage im Unterricht, in: Studien zur Anthropologie des Lernens, Reihe: Neue pädagogische Bemühungen, Heft 36.

In der Berufsschule steht das Thema „Wechsel" zur Behandlung an, wobei die Benutzung des Wechselgesetzes vorgesehen ist. Im Verlauf dieser Unterrichtsstunde könnte der Lehrer folgende Fragen stellen: Welche an einem Wechselgeschäft beteiligten Personen sind aus dem Wechsel verpflichtet? Wo muß der Wechsel vorgelegt werden? Warum kann die Prolongation eines Wechsels erforderlich werden? Diesen Fragen ist gemeinsam, daß der Schüler die Lösung nicht wissen kann, während der Lehrer sie kennt, jedoch so tut, als wisse er die Fakten auch nicht. Hieraus wurde und wird immer wieder die Feststellung abgeleitet, die Fragesituation sei etwas Unnatürliches. Aebli wendet sich gegen diese Argumentation: „Der Lehrer, der eine Frage stellt, täuscht nicht vor, etwas nicht zu wissen, was er ganz genau weiß, und er fordert den Schüler nicht auf, über etwas Auskunft zu geben, das ihm unbekannt ist. Er fordert ihn ganz einfach auf, einen vorliegenden Gegenstand unter einem ganz bestimmten Gesichtspunkt zu betrachten. Die Frage ‚Wie viele' schlägt dem Schüler vor, den Gegenstand unter dem Gesichtspunkt der Anzahl zu betrachten, die Frage ‚Wo' läßt ihn den Gegenstand auf seine Lage untersuchen, die Frage ‚Warum' schlägt die kausale Betrachtungsweise einer Erscheinung vor usw."[1] Da der Schüler die Gesichtspunkte, die Betrachtungsweisen der neuen Gegebenheit nicht kennt, ist er auch nicht in der Lage, solche Fragen zu stellen. Die Fragen tragen somit wesentlich dazu bei, den Schüler zu selbständigem Erkenntnisgewinn anzuleiten, da sie den Weg hierzu weisen. Nach Aebli hat sich damit die didaktische Frage „als eines der wichtigsten Mittel der Leitung der geistigen Arbeit des Schülers erwiesen."[2] Diese Feststellung erscheint jedoch als etwas zu optimistisch.

Betrachtet man die Frage unter dem Aspekt *Denkspielraum des Schülers,* so läßt sich aufgrund früherer Feststellungen sagen, daß die Frage-Antwort-Kette mit dem direkten Rückbezug zum Lehrer, im Vergleich zu offenen, indirekten oder nichtverbalen Impulsen, dem Schüler einen geringeren Freiheitsraum einräumt. Diesem Mangel kann dadurch entgegengetreten werden, daß auf direkte, kurzphasige und auf abfragbares Wissen zielende Fragen vermieden werden.

Auf die *Rollenzuteilung* von Schüler und Lehrer hat dies eine unmittelbare Auswirkung. Je kurzphasiger und enger die Frage-Antwort-Sequenz ist, um so stärker gerät der Schüler in Abhängigkeit zum Lehrer und um so geringer sind seine Möglichkeiten für Eigeninitiativen. „Umgekehrt eröffnen sparsam gesetzte, aber offene und mehr indirekt wirkende Impulse für den Schüler eine Fülle von Denkmöglichkeiten und Ansätzen zur Kreativität, vor allem dann, wenn diese Impulse den Schüler zu ‚intellektuellen Risiken' herausfordern."[3]

Unter dem Aspekt der *Spracherziehung* eröffnet die Frage in der Regel geringere Förderungsmöglichkeiten als andere Impulsarten. Der Grund ist zum einen in der häufig geringeren Denkleistung zu sehen, die für ihre Beantwortung erforderlich ist, und zum anderen in der sprachlichen Hilfestellung, die von der Lehrerfrage ausgeht, denn der Schüler kann unter Benutzung von vorgegebenen Sprachteilen die Antwort leichter formulieren. Der Umgang mit der Sprache ist

---

1 Aebli, H.: Grundformen des Lehrens, S. 141.
2 Aebli, H., ebenda, S. 142.
3 Ritz-Fröhlich, G.: Verbale Interaktionsstrategien im Unterricht, 3. Auflage, Ravensburg 1974, S. 35.

für den Schüler aber von lebenswichtiger Bedeutung, denn zwischen sprachlicher Variabilität und Emanzipation des einzelnen besteht eine enge Korrelation. Bernstein[1] hat nachgewiesen, daß bei gleicher Intelligenz Schüler aus gehobenen Schichten gegenüber solchen aus niederen Schichten im Vorteil sind, da sie diesen in ihren sprachlichen Möglichkeiten überlegen sind. Sprachförderung ist daher eine wesentliche Zielsetzung im Unterricht, die jedoch nur dann verwirklicht werden kann, wenn dem Schüler Möglichkeiten zum aktiven Handeln und zur Selbständigkeit gegeben werden. Enge, direkte und kurzphasige Lehrerfragen sind somit negative Vorzeichen für Sprachförderung und Emanzipation. „Um dem Schüler im Unterricht Lernhilfen für einen sach-, situations- und partnerangemessenen, und das heißt zugleich emanzipativen Sprachgebrauch zu gewähren, wird der Lehrer einmal auf repressive und strikt lenkende Interaktionsstrategien weitgehend verzichten, zum anderen aber für die Schüler ‚kommunikative Handlungsfelder‘ schaffen müssen, in denen diese zu einem mehr und mehr selbstbestimmenden und selbstverantworteten Sprachhandeln gelangen.“[2]

Für die Unterrichtspraxis ergibt sich damit die Konsequenz, viel Sorgfalt auf die inhaltliche und sprachliche Ausgestaltung der Frage zu verwenden, denn die inhaltliche wie auch die sprachliche Dimension der Frage stellen ein wesentliches Element auf dem Wege dar, den Schüler zu kreativem Handeln zu führen. Der Stellenwert der Frage im Unterricht ist daher weitestgehend von der Lösung dieser Problematik abhängig. „Wenn die Frage von Lehrern angewandt wird, bei denen sie Ausdruck oder gar Mittel ihrer persönlichen Dominanz ist, kann sie nur unter großen Vorbehalten bejaht werden. Im Rahmen eines Unterrichts dagegen, der durch einen sachorientierten und die Schüler in ihrer Selbständigkeit fördernden Umgangsstil gekennzeichnet ist, vermag auch die Frage die in ihr liegenden Möglichkeiten zu entfalten, oder anders gesagt, brauchen die in der Frage an sich erkennbaren negativen Tendenzen nicht zur Auswirkung zu kommen. Ein solcher Unterricht wird ja ohnehin schon darauf bedacht sein, durch Impulse mannigfacher Art, also auch durch indirekt wirkende, das Interesse der Schüler auf die Sache zu lenken und eine sowohl aktuelle als auch habituelle Fragehaltung zu wecken.“[3]

Diese grundsätzlichen, methodischen Ausführungen zur Stellung der Frage im Unterricht gelten generell für alle Schularten und weisen speziell für den Wirtschaftslehrerunterricht keine nennenswerten Besonderheiten auf.

Die inhaltliche und sprachliche Ausgestaltung der Frage

Die *inhaltliche Ausgestaltung* der Frage, d.h. die Dimensionierung der geforderten Denkleistung, so wurde festgestellt, ist ein entscheidendes Kriterium für die Bestimmung ihrer didaktischen Bedeutung. Optimal ist die Dimensionierung dann gelungen, wenn der geistige Abstand zwischen dem Inhalt der Frage und dem Inhalt der Antwort so weit gesetzt ist, daß der leistungswillige Schüler ihn ohne zu große Anstrengung überwinden kann. Die inhaltliche Ausgestaltung der

---

1 Bernstein, B.: Sozio-kulturelle Determinanten des Lernens. Mit besonderer Berücksichtigung der Rolle der Sprache, in: Soziologie der Schule, Sonderheft 4/1959, 9. Auflage, S. 197.
2 Ritz-Fröhlich, G.: Interaktionsstrategien, S. 43.
3 Salzmann, Ch.: Impuls, S. 46.

Frage hängt somit wesentlich von der Leistungsfähigkeit des Schülers ab. Es können daher keine allgemeingültigen Kriterien angeboten werden, wie dieses Optimum zu erreichen ist. Dagegen kann über eine Negativauslese versucht werden, die Frageformen auszusondern, die der optimalen Dimensionierung zuwider laufen.[1]

Einer jener abzulehnenden Frageformen sind die sog. *Klapperfragen.* Sie sind dann gegeben, wenn die Fragen ihrem Inhalt nach so beschaffen sind, daß sie jeweils nur eine winzige Strecke des Gedankenweges zur Lösung umgreifen, so daß kaum ein Denkspielraum verbleibt.

Beispiele:
Eine Brauerei verdoppelt die Produktion. Statt 1 000 hl werden jetzt 2 000 hl Bier gebraut. Erhöhen sich auch die Kosten?
Wie sich die kurzphasige Erarbeitung durch Klapperfragen auf die Erarbeitung eines Lernziels auswirkt, soll am Thema „Einführung in die Zinsrechnung" dargestellt werden. Die Begriffsdefinitionen Zinsfuß, Zeit, Zinsen und Kapital sind in einem ersten Lernziel schon behandelt worden. Im zweiten Lernziel soll folgende Aufgabe gelöst werden:

Ein Kapital von 3 200,00 DM wird auf 3 Jahre zu einem Zinsfuß von 6% ausgeliehen. Wieviel DM betragen die anfallenden Zinsen?

L: Auf welchen Zeitraum bezieht sich der Zinssatz?
Sch: Auf ein Jahr.
L: Für welchen DM-Betrag könnten Sie die anfallenden Zinsen unverzüglich angeben? *ergibt keine eindeutige L.Sf.*
Sch: Für einen Betrag von 100,00 DM.
L: Wie würde hier der Lösungssatz lauten?
Sch: Ein Kapital von 100,00 DM bringt in einem Jahr 6,00 DM Zinsen.
L: Für welchen Betrag wollen wir die Zinsen errechnen?
Sch: Für 3 200,00 DM.
L: Für welchen Zeitraum sollen die Zinsen lt. Aufgabe berechnet werden?
Sch: Auf drei Jahre.
L: Mit welcher Rechenmethode können Sie diese Aufgabe lösen?
Sch: Mit einem Dreisatz.
L: Aus welchen zwei Ansätzen besteht der Dreisatz?
Sch: Aus dem Behauptungssatz und dem Fragesatz.
L: Wie lautet der Behauptungssatz?
Sch: Ein Kapital von 100,00 DM bringt in einem Jahr 6,00 DM Zinsen.
L: Wie lautet der Fragesatz?
Sch: Ein Kapital von 3 200,00 DM bringt in 3 Jahren x DM?
L: Diktieren Sie bitte den Bruchstrich!

Die Verlaufsskizze mag genügen, denn die Enge des Denkspielraums und der Grad der Gängelung sind deutlich zu spüren. Die Existenz der methodisch wertlosen Klapperfrage hat, dies als abschließende Bemerkung, viel dazu beigetragen, die fragend-entwickelnde Aktionsform zu diskreditieren.

---

1 Vgl. hierzu die Ausführungen von Rölke. Rölke, S.: Methodik, S. 186 f.; Kaiser A.: Fragetechnik. Richtig fragen - mehr erfahren, Stuttgart 1977.

Ein weiterer Mangel im Inhalt der Lehrerfrage bilden in der Regel die Fragen nach bestimmten einzelnen *Wörtern*. Methodisch sind diese Fragen dann sinnlos, wenn der Schüler das Wort durch Nachdenken allein nicht ermitteln kann und somit auch kein Denkprozeß stattfindet. Hierunter fallen Begriffe wie Prokurist, Komplementär, Kaduzierungsverfahren, Konossement, Indossament u.a. Allerdings gibt es auch Fälle, wo das Aufspüren eines Wortes dem Schüler eine geistige Bereicherung bringt. Etwa wenn die Schüler bei der Besprechung der Rechtsformen der Unternehmen für OHG, KG, BGB-Gesellschaft bzw. AG, GmbH, KGaA die Oberbegriffe Personengesellschaften bzw. Kapitalgesellschaften suchen sollen. Des weiteren können Begriffe wie Warenschuldner - Geldschuldner; Barzahlung - halbbare Zahlung - bargeldlose Zahlung; Besitz-, Verkehr-, Verbrauchsteuern; Individual- und Sozialversicherung u.a. zur Vertiefung der geistigen Einsicht beitragen. Trotzdem erscheint das Erfragen bestimmter Wörter nur in Ausnahmefällen gerechtfertigt.

Auch *Begriffsfragen* zu einem neuen Stoffgebiet besitzen in der Regel nur einen geringen methodischen Wert. Fragen wie: Was bedeutet Produktivität für das Wirtschaftswachstum? Was verstehen wir unter dem Begriff Effekten? Was versteht man unter einem Indossament? u.a., stellen „überhaupt keinen Anstoß dar, der die Gedanken der Schüler auf die genannten Merkmale hinführt. Diese Frage könnte nur jemand beantworten, der schon weiß, was ein Indossament ist. Die Schüler sollen das aber erst lernen. Folglich müssen die Begriffsmerkmale zunächst Gegenstand methodischer Behandlung werden. Eine Begriffsfrage vermag aber hierfür keine Funktion zu übernehmen."[1] Nach Erklärung der Begriffskriterien kann es dagegen sehr wohl sinnvoll sein, Begriffsfragen zu stellen. Sie dienen dann der stofflichen Zusammenfassung und der Schulung des Ausdrucks, haben aber keine Erarbeitungsfunktion.

Bei *Entscheidungsfragen* werden dem Schüler Alternativen angeboten, so daß er sich für die eine oder die andere Lösung aussprechen kann. Da der Wahrscheinlichkeitsgrad, die richtige Antwort zu erraten, mit 50% sehr hoch liegt, verleitet diese Frageform dazu, den mühsameren Denkweg zu umgehen. Beantwortet der Schüler die Frage außerdem nur mit einem „Ja" oder „Nein," können die Mitschüler den Lösungsweg weder nachvollziehen noch überprüfen, ob ihr Gedankengang, der sie eventuell zum gleichen Ergebnis geführt hat, richtig war. Die Entscheidungsfrage ist allerdings dann gerechtfertigt, wenn sie eine Antwort zuläßt, in der die Schüler ihre Lösung sinnvoll begründen können. So kann etwa die Frage: Ist der Akkordlohn oder der Zeitlohn günstiger? relativ mühelos in eine Begründungsphase übergeleitet werden.

Ist es also erlaubt, in bestimmten Unterrichtssituationen zur Entscheidungsfrage zu greifen, so ist es methodisch aber völlig abzulehnen, wenn der Lehrer hierbei etwa durch Mimik oder Tonfall versuchen sollte, den Schüler auch noch zu beeinflussen. Durch solche *Suggestivfragen* werden die Schüler von der eigenen Urteilsfindung abgehalten und zum Nachplappern der Lehrermeinung verleitet.

Ebenfalls abzulehnen sind *ziellose Fragen,*[2] d.h. Fragen, die für den Schüler unklar sind, da er ihren Zweck nicht versteht. Beim Schüler rufen sie das Gefühl hervor: „Worauf will der Lehrer hinaus?"; „Was will er hören?". Hierzu ein Beispiel:

---

1 Rölke, S.: Methodik, S. 193.
2 Die Ausführungen sind, teilweise wörtlich zitiert, einem Aufsatz von Backhaus/Wagner entnommen. Vgl. Backhaus, J., Wagner, R.: Frage- und Antworttechniken als Dimension des Lehrerverhaltens, in: Wirtschaft und Erziehung 2/78, S. 40 f.

Frage: Was ist ein Kaufmann?

Mögliche Schülerantworten:
1. Kaufmann ist, wer in das Handelsregister eingetragen ist.
2. Kaufmann ist, wer ein Grundhandelsgewerbe betreibt.
3. Wer Kaufmann ist, das steht im HGB.
4. Kaufmann wird man durch die Eintragung ins Handelsregister.
5. Kaufmann ist, wer ein Handwerk oder ein sonstiges gewerbliches Unternehmen betreibt, das einen kaufmännischen Geschäftsbetrieb erfordert.

Da der Lehrer den „Mußkaufmann" ansprechen wollte, erkennt er nur die Antwort 2 als richtig an. Sind deshalb die übrigen Antworten falsch? Wohl kaum. Konsequenz hieraus: Um Unklarheiten und Mißverständnisse bei der Fragestellung zu vermeiden, muß sich der Lehrer zunächst Klarheit darüber verschaffen, welche Antwort (Antworten) er mit der Frage anstrebt. Der Fragende muß also die Frage-Antwort-Sequenz gedanklich umkehren.

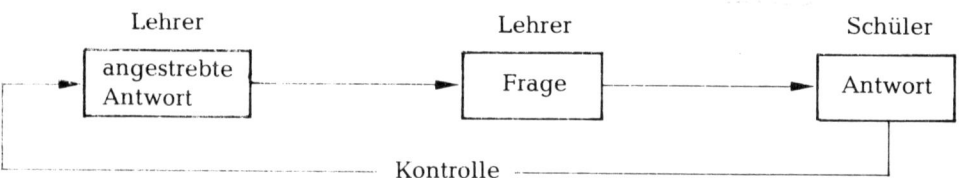

Die Frageart und die Frageform leiten sich aus der beabsichtigten Antwort ab. Gleichzeitig ist die „angestrebte Antwort" auch ein wichtiges Kriterium für die Kontrolle der Schülerantwort.

Neben den Mängeln im Inhalt sind auch Mängel in der *sprachlichen Formulierung* zu vermeiden. Positiv formuliert können an die sprachlich richtige Lehrerfrage folgende Anforderungen gestellt werden:[1]

(1) Die Frage soll den *Oberbegriff* der gewünschten *Antwort* enthalten, da das Fragewort allein den Inhalt häufig so offen gestaltet, daß mehrere Antworten möglich sind.

Beispiele:

Wie entsteht eine Grundschuld?	richtig	Welche Form ist für die Entstehung einer Grundschuld erforderlich?
Was ist das Angebot?		Welche rechtliche Bedeutung kommt dem Angebot zu?
Warum stellt man Wechsel aus?		Welche Vorteile bringt die Ausstellung eines Wechsels mit sich?
Welche Steuerarten lassen sich unterscheiden?		Welche Gruppen von Steuerarten sind zu unterscheiden, wenn wir an mögliche Hoheitsträger denken?

---

1 Die Ausführungen lehnen sich an ein unveröffentlichtes Manuskript des „Seminars für Schulpädagogik Stuttgart (BS)" an.

(2) Das *Fragewort* soll **an den** *Satzanfang* **gestellt** werden.

Beispiele:

Beim Lieferungsverzug stehen dem Käufer welche Rechte zu?	richtig	Welche Rechte stehen dem Käufer beim Lieferungsverzug zur Verfügung?
Den Bruttoverkaufspreis haben Sie wie ermittelt?		Durch welchen Rechengang haben Sie den Bruttoverkaufspreis ermittelt?
Ein Regreß ist was?		Was versteht man unter dem Begriff Regreß?

(3) Bei der Formulierung der Frage ist zu beachten, daß das *treffende Fragewort* Anwendung findet. Dies soll an zwei Beispielen verdeutlicht werden. Das Fragewort „welche" ist essentiell auf den Umfang eines Begriffes ausgerichtet, die Formulierung „Was für ein" dagegen bezieht sich auf den Inhalt eines Terminus.

Beispiele:

Was für gesetzliche Bestandteile muß der Wechsel aufweisen?	richtig	Welche gesetzlichen Bestandteile muß der Wechsel aufweisen?
Was für Unterschiede bestehen hinsichtlich der Haftung der OHG und der KG?		Welche Unterschiede bestehen hinsichtlich der Haftung der OHG und der KG?
Welche Länder haben eine positive Zahlungsbilanz vorzuweisen?		Was für eine Art von Länder haben eine positive Zahlungsbilanz vorzuweisen?

(4) Der Lehrer sollte sich bemühen, die **Fragen kurz und prägnant** zu **formulieren** und dabei *Doppelfragen* **vermeiden**. Eine Fragehäufung sollte auf diese Weise verhindert werden.

Beispiele:

Welche gesetzlichen und kaufmännischen Bestandteile weist ein Wechsel auf? Wie unterscheiden sie sich und was für eine Bedeutung kommt ihnen jeweils zu?	richtig	Welche Bestandteile schreibt das Gesetz für einen Wechsel vor? Nennen Sie die kaufmännischen Bestandteile des Wechsels! Worin unterscheidet sich ihre Zielsetzung? Was für eine Bedeutung kommt ihnen zu?
Woran erkennt man die indirekte Abschreibung und wie lautet der Buchungssatz?		Unterscheiden Sie die indirekte von der direkten Abschreibung! Buchen Sie die indirekte Abschreibung!

(5) *Ergänzungsfragen,* die nur eine Vervollständigung des Sinnzusammenhanges darstellen und daher im Regelfall nur eine kleine Denkleistung erfordern, sollten möglichst vermieden werden.

Beispiele:

Die Sicherungsübereignung ist eine ...	richtig	Zu welcher Kreditart zählt die Sicherungsübereignung?
Die Aktie ist ein ...		Zu welcher Wertpapierart zählt die Aktie?
Dann macht man ...		Nächster Schritt?

Neben diesen besonders hervorgehobenen Einzelfällen gilt für die sprachliche Formulierung generell die Forderung nach Schülergemäßheit. Daran sollte insbesondere die Verwendung von Fremdwörtern gemessen werden.

1.1.2.4 Pädagogischer Gehalt

Erarbeitung, so wurde festgestellt, erfordert die aktive Mitarbeit von Lehrer und Schüler. Das Unterrichtsziel basiert so auf gemeinsamen, wenn auch unterschiedlich ins Gewicht fallenden Beitragsleistungen. Das Maß der Arbeitsverteilung richtet sich zunächst grundsätzlich an den Inhalten und Zielen und am angetroffenen Wissensniveau aus. Innerhalb dieser Gegebenheit richtet sich die Arbeitsgewichtung dann wiederum sehr stark danach aus, ob die Frage (fragend-entwickelnde Aktionsform) oder der Impuls (impuls-setzende Aktionsform) vorherrschen. Dieser Tatbestand und die Art und Weise, wie jene Unterrichtsmittel eingesetzt werden, haben Einfluß auf die Höhe des Denkspielraumes des Schülers, seine Aktivitätsmöglichkeiten, seine Sprachförderung, seine Rollenzuteilung, sein sozial-integratives Verständnis u. a. Der Tendenz nach ist die fragend-entwickelnde wie auch die impuls-setzende Aktionsform jedoch gleichartig. Die unterschiedliche Schwerpunktsetzung ist dabei keineswegs so signifikant, daß eine getrennte Schwerpunktsetzung beider Erarbeitungsvarianten gerechtfertigt wäre. Auch die Unterrichtspraxis, die in jeder Erarbeitungsstunde Frage und Impuls in bunter Reihenfolge abwechselt, verbietet im Grunde eine Trennung dieser Erarbeitungsformen.

Im einzelnen sprechen folgende *Argumente für die erarbeitende Aktionsform:*

- Das methodische Vorgehen des Lehrers ist eingebettet in das Unterrichtsgespräch.[1] Gespräch bedeutet Kontaktaufnahme, die wiederum Gesprächsbereitschaft voraussetzt, denn Sprechen allein bedeutet keineswegs schon ein Gespräch führen. Ist der Schüler über eine gute Motivation für das Unterrichtsgespräch aufgeschlossen, so hat der Lehrer die Möglichkeit, über differenzierende Fragen, vertiefende Übungen, packende Beispiele, Hinwendungen zur Erfahrungswelt des Schülers, über das Aufzeigen von Lösungsperspektiven oder Problemlösungsstrategien den Unterrichtsstoff in methodisch wohldurchdachten Schritten aufzuarbeiten. Der Lehrer kann jederzeit Schülerfragen provozieren, auf Schülereinwürfe durch Variation von Beispielen, durch Nachschieben von Argumenten u. a. eingehen und den Lehrstoff sowohl in der Breite als auch in der Tiefe dem Schüler anpassen. Über Denkimpulse kann der Lehrer, gezielt und individuell ausgerichtet, Aktivitäten im Schüler auslösen und ihn so zum problemlösenden Denken hinführen. Gegenüber der darstellenden Aktionsform bedeutet dies eine Belebung der Unterrichtsarbeit unter individualisierenden Vorzeichen.

- Ein weiterer erzieherischer Schwerpunkt der erarbeitenden Aktionsform liegt, neben den Einwirkungen auf den Lernprozeß, im sozialen Bereich. Der Lehrer hat durch das Unterrichtsgespräch die Möglichkeit, Einfluß auf das soziale Ver-

---

1 Bei dem Begriff Unterrichtsgespräch muß man sich im klaren sein, daß hier dem Lehrer letztlich immer eine Dominanz zukommt, so daß der so benutzte Begriff von der Sinnbedeutung des „echten Gespräches" notgedrungen abweichen muß. Eine Unterscheidung in Lehr- und Unterrichtsgespräch, wie dies in der Literatur häufig vorgenommen wird, kann daher nicht festgestellt werden. Selbstverständlich ist aber auch in der Schule ein „echtes Gespräch" zwischen Lehrer und Schüler möglich. Allerdings kann es sich hierbei nicht um einen Lernstoff handeln, sondern um allgemein menschliche und schulische Probleme (Berufswahl, Ausgestaltung von Schulfesten, persönliche Problemsituation u. a.).

halten zu nehmen und so sozial-integrativ zu wirken. Neben dem rein verbalen Vorgehen hat der Lehrer außerdem die Möglichkeit, trotz verfahrenstypischer Lehrerdominanz, Interaktionen zwischen den Schülern zu ermöglichen, um die eigentliche Problemlösungsphase noch intensiver zu gestalten. Die gemeinsame Anstrengung, die der Erarbeitung immanent ist, hat eine gemeinschaftsfördernde Kraft, die es zu verstärken gilt. Allerdings ist die erarbeitende Aktionsform nur ein Element, um das Sozialverhalten des Schülers zu beeinflussen.

– Gezielte Impulse können nicht zur zum Denken anregen, sie haben, wie schon festgestellt, auch einen sprachfördernden Effekt. Der erarbeitende Unterricht bietet dem Lehrer über das Unterrichtsgespräch eine wichtige Möglichkeit, die Sprachentwicklung bei den einzelnen Schülern zu unterstützen. Es sollte im erarbeitenden Unterricht zur Selbstverständlichkeit werden, daß der Text des Tafelanschriebs bzw. der Hefteintragung vom Schüler formuliert werden. Gleiches gilt für die Formulierung von Merksätzen, Begriffsdefinitionen, Formeln usw. Um aber dem Schüler die Befangenheit beim Reden bzw. Formulieren von Texten zu nehmen bzw. ihn zum Sprechen zu bringen, ist es unerläßlich, daß ihm der Lehrer Hilfestellung gewährt (evtl. den Satzbeginn vorgibt, einzelne Wörter oder Begriffe jederzeit ohne Aufhebens angibt oder einen komplex aufgebauten Schülersatz zu Ende führt). Der Lehrer hat alles abzuwenden, was den Schüler in eine extreme Situation bringen könnte (z. B. der Schüler wirkt lächerlich, verrennt sich in völlig falsche Inhalte usw.). Behutsamkeit ist hier gefordert und nicht Strenge. Nur wenn der Schüler sicher sein kann, daß er jederzeit vom Lehrer „aufgefangen", gestützt und geschützt wird, kann er „zum Sprechen gebracht" werden und damit die so wichtige Sprachkompetenz erlangen. Rasche Erfolge kann der Lehrer hierbei nicht erwarten, vielmehr ist viel Geduld und Einfühlungsvermögen erforderlich. Ob und inwieweit die Schüler ihre Sprachkompetenz steigern können, hängt in hohem Maße vom methodischen Geschick des jeweiligen Lehrers ab.

Das Unterrichtsgespräch ist *ein* Schlüssel, um dem Schüler näher zu kommen, sein Empfinden, seine Gefühle, Nöte und Interessen kennenzulernen. Die hieraus gezogenen Kenntnisse sollten sodann fruchtbringend in den Dienst des Unterrichts gestellt werden. Das Ergebnis der erarbeitenden Unterrichtsform ist so gesehen mehr als nur die Summe der verschiedenen Einzelbeitragsleistungen.

Die *Grenzen der erarbeitenden Aktionsform* zeigen die Gefahren auf, die von dieser Unterrichtsmethode ausgehen können.

– Eine erste Gefahr besteht in der Neigung des Lehrers, das Leistungsvermögen der erarbeitenden Aktionsform überzubewerten, indem er das an einer konkreten Situation erworbene Wissen des Schülers als so gefestigt ansieht, daß diesem die Übertragung auf einen neuen Gegenstand gelingen müsse. Genau diese Transferleistung vermag der durchschnittliche Schüler, trotz einer voll erfaßten Einführungslektion, ohne Übungsphase kaum zu erbringen. Der Grund ist im Wesen der Erarbeitung zu suchen. Auch wenn der Schüler die Stoffproblematik unter Führung des Lehrers gut gemeistert hat, so darf doch die Leistung des Lehrers, der dem Lernenden den Weg gezeigt, schwierige Stellen durch methodische Maßnahmen überwunden und Lernbarrieren verkleinert hat, nicht zu gering eingeschätzt werden. Den Lernprozeß selbständig zu durchschreiten, erfordert nämlich, daß dem Schüler das jeweilige generalisierende Moment, losgelöst von der vorgegebenen Situation, bewußt geworden ist. Während der Erarbeitung ist der Schüler jedoch in der Regel so sehr, was Inhalt, Tatbestand und Verfahrensablauf betrifft, auf die vorgegebene Situation fixiert, daß er kaum in der Lage ist, sein Wissen auf neue Gegenstände und Situationen zu übertragen. „Wir würden vom Schüler auch eine allzu hohe logische und introspektive Leistung fordern, wollten wir von ihm verlangen, daß er sich laufend der Tätigkeit bewußt werde, durch die er den Gegenstand erfaßt."[1] Während dieser Gefahr in Buchführung, Rechnen und Schriftverkehr nur wenig Bedeutung zukommt, da in diesen Fächern jeder Einführungslektion eine Übungsphase nachfolgt, muß mit ihr in den Fächern Betriebswirtschaftslehre und Volkswirtschaftslehre verstärkt gerechnet werden. In der Tat wird in der Praxis durch das, häufig auch zeitlich bedingte, Fehlen von Anwendungsbeispielen im Schüler oft nur ein rein situationsgebundenes Reproduktionswissen aufgebaut.

– Eine zweite Gefahr ergibt sich aus dem organisatorischen Ablauf der Erarbeitung. Hat der Lehrer die Schüler über einen Impuls oder eine Frage zur Mitarbeit angeregt, so wird er im Regelfall die aufrufen, die sich melden. Ist die Antwort richtig, wird der Lehrer zum nächsten Gedanken übergehen. Dieses Ausrichten des Unterrichtsablaufes an „Denkspitzen" kann zu einer Überforderung der Klasse verleiten und den Druck auf den Leistungsschwachen verstärken. Dem individuellen Denkablauf, der Berücksichtigung der jeweiligen Erfahrungswelt und dem sprachlichen Ausdrucksvermögen des einzelnen Schülers kann der Lehrer wohl in der pädagogischen Theorie, nicht aber in der Unterrichtspraxis entsprechen. Klassenstärke, Stofffülle, Zeitdruck u. a. verhindern dies.

– Der Lehrer steht drittens in der Gefahr, seine Methodenkonzeption so auszurichten, daß der Schüler aus dem vorgeplanten Unterrichtsablauf nicht ausbrechen kann. Kommen trotzdem Fragen und Schülerbeiträge auf, die die Konzeption stören, besteht bei vielen Lehrern die latente Bereitschaft, diese zurückzuweisen oder in den geplanten Unterrichtsverlauf zu integrieren. Der so angestrebte „reibungslose" Unterrichtsverlauf führt zu einer Gängelung der Schüler und zu einer Reduktion seines Leistungsbeitrages an der gesamten Lernzielerarbeitung.

– Zu einem weiteren Einwand. In der Frage-Antwort-Kette ist der Lehrer gezwungen, damit alle Schüler am Unterricht partizipieren können, anfallende Schülerantworten auf die ganze Klasse abzuheben und über eine neue Frage generalisierend auszurichten. Damit ist jedoch nicht der einzelne Schüler unmittelbarer Bezugspunkt und Dialogpartner, sondern die Klasse insgesamt, was eine sozial distanzierende Wirkung erzeugt.

– Hinzukommt, daß durch das Ausrichten des Unterrichtsprozesses auf die Klasse der individuelle Denk- und Lernverlauf zurückgedrängt wird. Gibt ein Schüler auf eine Lehrerfrage die richtige Antwort, fährt der Lehrer in der Regel

---

1 Aebli, H.: Grundformen, S. 152.

im Stoff fort. Dabei ist es denkbar, daß manche Schüler, die zu einem falschen Ergebnis gekommen sind, sofern sie sich nicht melden, nicht erfahren, warum ihr Ergebnis falsch ist, oder der Schüler bleibt in der Überzeugung, seine Überlegungen seien richtig, da seine Resultate mit den bekanntgegebenen übereinstimmen, obwohl sein Lösungsweg Mängel aufweist, die sich aber im Endergebnis aus diesem oder jenem Grund nicht niedergeschlagen haben. Eine Individualisierung und Differenzierung des Unterrichts hängt somit wesentlich von der Eigeninitiative der Schüler ab, die ständig darauf bedacht sein müssen, sich durch Rückfragen zu vergewissern, daß ihre Lernergebnisse richtig sind. Da aber durch die lehrerbezogene Ausrichtung der erarbeitenden Aktionsform die Schüler eher zur Zurückhaltung als zum eigeninitiativen Handeln erzogen werden, ist es in der Praxis sehr schwer, diesem Mangel entgegenzuwirken.

1.1.2.5 Anwendung

Die Erarbeitung ist die in der Schule gebräuchlichste Aktionsform, sicher aber auch die am meisten mißbrauchte. Es ist dabei weniger der Umstand zu beklagen, daß der Anlaß für die Aktionsform falsch gewählt wurde, vielmehr ist eine falsche methodische Handhabung zu beobachten. Insbesondere die auf „kleingehackten Denkfortschritten" ausgerichteten „mechanischen Fragereihen"[1] und die Anpassung des Unterrichtsgeschehens an die Unterrichtsplanung sind auch heute noch in unseren Schulen weit verbreitet. Da dieser Tatbestand im einzelnen schon ausführlich angesprochen wurde, können die hier erforderlichen Ausführungen auf einige allgemeine Angaben beschränkt bleiben.

Generell, dies sei als Tenor vorangestellt, hat die Erarbeitung dort ihren Platz, wo der Lernstoff für die selbständige Erarbeitung zu schwierig oder zu zeitraubend ist, jedoch noch nicht die Abstraktionshöhe erreicht hat, die einen Lehrervortrag angezeigt erscheinen läßt. Im Grunde können zwei Hauptgruppen von Themengebieten unterschieden werden, die sich für den Einsatz der erarbeitenden Aktionsform anbieten.

– Die Erarbeitung erscheint dort geboten, „wo in einem eng begrenzten Gebiet an Hand der stofflichen Gesetzlichkeiten mit logischer Folgerichtigkeit Ergebnisse erarbeitet und entwickelt werden, wo also der Unterricht in einer stark stoffgebundenen Wegfindung schmale Durchblicke und Entwicklungen zuläßt."[2] Die Formulierung „engbegrenztes Gebiet" verdeutlicht, daß die Erarbeitung sich nicht auf ganze Themengebiete erstrecken soll, sondern immer nur auf einzelne Themenabschnitte, und daß vom Stoff, wie auch von der Auflockerung des Unterrichts her gesehen, eine Variation der Aktionsformen angebracht ist. So könnte beispielsweise die OHG, unter Einsatz der Gesetzestexte, in der erarbeitenden Aktionsform unterrichtet werden. Die anschließende Behandlung der KG, die prinzipiell unter Verwendung der gleichen Lösungsstrategie unterrichtet werden könnte, sollte dann aber, je nach Bildungsstand der Klasse, mehr oder weniger schülerzentriert erfolgen. Der organisatorische Ablauf des Börsengeschehens, die Scheckeinreichung bei der Bank, die Buchung von Lohn und Gehalt, der Aufbau eines Geschäftsbriefes, die Stellung des Kom-

---

1 Rösner, M.: Unterrichtstechnik, Hannover 1951, S. 195
2 Stöcker, K.: Unterrichtsgestaltung, S. 232.

missionärs, die Rationalisierung des Arbeitsverfahrens, die Standortproblematik, die Störungen des Kaufvertrags u. a., alle diese Themen eignen sich unter diesem Gesichtspunkt für die erarbeitende Aktionsform und sind so auch als Lehrskizzen in der Literatur immer wieder dargestellt worden, so daß sich eine ausführliche Darstellung erübrigt.[1]

– Eine Erarbeitung erscheint zum zweiten auch dort angebracht, wo es um Wertungsfragen geht. Wertungsfragen im ethisch-sittlichen Bereich oder in Fragen des ästhetischen und sozialen Verhaltens haben gemeinsam, daß sie einen hohen Grad an Subjektivität aufweisen. Hier kann der Lehrer zwar seine größeren Kenntnisse und sein reiferes Urteilsvermögen einsetzen und ist insoweit den Schülern weit überlegen, aber er ist nicht im Besitz der vollendeten Lösung. Hier erscheint es sinnvoll, sofern beim Schüler die entsprechenden Grundkenntnisse vorhanden sind, in ein Unterrichtsgespräch einzutreten, wobei die Gesprächsleitung in der Hand des Lehrers verbleibt, nicht aber die Weg- oder Richtungsbestimmung. Als Beispiele für solche Themengebiete können angeführt werden die Lösung der Mitbestimmungsfrage, das Problem der optimalen Wirtschafts- und Gesellschaftsordnung, die Frage, welche Instrumente der Wirtschaftspolitik in einer gegebenen wirtschaftlichen Situation das beste Ergebnis bewirken, die Frage nach dem gerechten Lohn u. a. Im Grunde beinhaltet fast jede wirtschaftliche Entscheidung objektive und subjektive Momente, die eine absolut richtige Lösung im vornhinein nicht zulassen. Welches Produkt soll auf dem Markt neu eingeführt werden? Soll eine Investition getätigt werden oder nicht? Welche Investitionssumme ist optimal? Welche Werbemittel sollen eingesetzt werden? u. a. Fragenkomplexe solcher Art, sofern sie in einem Fallbeispiel im Unterricht auftreten, können und sollen Gegenstand eines Unterrichtsgesprächs werden.

1.1.3 Entdecken-lassende Aktionsform

1.1.3.1 Wesen und Verfahrensablauf

Das entdeckende Lernen kann vom Lehrer in der Schule nicht so weit gefaßt werden, daß der Schüler selbst auf das Problem stößt und es durch systematische Operationen eigenständig löst, vielmehr wird dem Schüler die Problemstellung vorgegeben und vom Lehrer insoweit unterstützende Lernhilfe angeboten, daß der Problemlösungsprozeß bei allen Lernenden gelingt. Im einzelnen ist der Entdeckungsprozeß durch folgende Kriterien gekennzeichnet: Analyse der Ausgangsproblematik, Entwicklung von Lösungswegen durch Reorganisation bzw. Transfer der vorhandenen Kenntnisse, Anwendungsversuch und gegebenenfalls Entwicklung von Alternativen. Der neue Zusammenhang wird so, mit Unterstützung des Lehrers, aus vorhandenen Kenntnissen entwickelt und in die kognitive Struktur integriert. Es ist daher eine wesentliche Voraussetzung für das Gelingen

---

1 Vgl. hierzu entsprechende Veröffentlichungen in: Erziehungswissenschaft und Beruf, Vierteljahresschrift für Unterrichtspraxis und Lehrerbildung, Merkur Verlag Rinteln; Wirtschaft und Erziehung, Zeitschrift des Bundesverbandes der Lehrer an Wirtschaftsschulen e. V., Heckners Verlag Wolfenbüttel; Winklers Flügelstift, Winklers Verlag Darmstadt; Wirtschaft und Gesellschaft im Unterricht, Gehlen Verlag, Bad Homburg v. d. H..

der entdeckenden Aktionsform, daß die Schwierigkeitsgrade der Aufgabe den vorhandenen kognitiven Strukturen der Schüler angepaßt sind. Sind die Problemstellungen zu hoch angesetzt, werden die Schüler früher oder später resignieren, eventuell unter Frustrationserscheinungen. Gleiches gilt für die Lernhilfen des Lehrers. Er kann nur insoweit zugunsten der Schüleraktivität zurücktreten, als dieser in der Lage ist, Eigeninitiativen zu entwickeln. Das zeitliche und konzeptionelle Eintreten des Schülers in die Aktivitätszone kann daher immer nur für bestimmte Lernsequenzen gelten. Diese lassen sich zwar in der Unterrichtsvorbereitung planen, unterliegen aber je nach Stand des Arbeitsergebnisses im Unterricht einer immerwährenden Korrektur.

Im einzelnen läuft der Unterricht nach der entdecken-lassenden Aktionsform - schematisiert dargestellt - in fünf Phasen ab:

— In der ersten Phase wird die Problemstellung vom Lehrer in den Unterricht eingebracht. Dies kann in der erarbeitenden oder in der darstellenden Aktionsform geschehen. Ziel dieser Phase ist es, die anstehende Problematik herauszuarbeiten und die Schüler zu Lösungsanstrengungen zu motivieren. Dieser Unterrichtsabschnitt ist lehrerzentriert.

— Die zweite Phase ist durch das Bemühen des Lehrers charakterisiert, den Schüler zu eigenständigen Lösungsbemühungen zu führen. Er baut seine Zentralstellung zugunsten einer verstärkten Schüleraktivität ab. Dies geschieht durch Induzierung von möglichen Arbeitstechniken, durch Bereitstellung von notwendigen Arbeitsmitteln oder Medien, durch Angabe konkreter Arbeitsanweisungen, durch Bildung von Arbeitsgruppen, durch Stimulation sprachlicher Kommunikation u. a. Der Lehrer ist bemüht, sich für die Phase der Lösungsfindung überflüssig zu machen, wodurch ein nahtloser Übergang von der lehrerzentrierten Unterrichtsphase zu schülerzentriertem Bemühen geschaffen werden soll. Es muß das Bemühen des Lehrers sein, möglichst schon in dieser Phase dafür zu sorgen, daß der Schüler die zur Lösung notwendigen Arbeitstechniken selbst entdeckt und anfordert.

In der dritten Phase kommt es zu einer Eigensteuerung des Lernprozesses durch die Schüler. Die Phase ist gekennzeichnet „durch eine höchstmögliche Aktivierung kognitiver, affektiver und instrumentaler/pragmatischer Bereiche des Lernens auf Schülerseite, wobei die Akte der Selbstfindung von Lösungen, der Selbsterprobung und -überprüfung bis hin zur Selbstverantwortung von Ergebnissen und Entscheidungen durch die Lernenden eine zentrale Qualität ausmachen.“[1] Bevorzugte Sozialformen dieser Phase sind die Gruppen-, Partner- oder Alleinarbeit. Die zeitliche Dauer dieser schülerzentrierten, eventuell schülerkooperierenden Phase hängt von der anstehenden Problematik ab. Der Lehrer hält sich in diesem Zeitraum zurück und greift nur dann ein, wenn der positive Arbeitsablauf in irgendeiner Weise ins Stocken gerät.

— Nach der Fertigstellung der Arbeitsergebnisse erfolgt in einer vierten Phase deren Sichtung und Überprüfung. Auch hier kommt der Schüleraktivität eine wesentliche Bedeutung zu, denn der Schüler muß seine Ergebnisse vortragen

---

1 Vogel, A.: Unterrichtsformen, S. 43.

und gegenüber den Mitschülern begründen und vertreten. Korrekturen oder Vertiefungen sollten vom Klassenverband möglichst selbsttätig vollzogen werden. Dem Lehrer fällt hier eine Koordinierungsaufgabe und eine Kontrollfunktion zu. Dieses kooperierende Verfahren zwischen Schüler - Schüler bzw. Lehrer - Schülern kann neue Aspekte erbringen, die weitere Phasen der Schüleraktivität erfordern, so daß Phase drei und Phase vier sich einige Male wiederholen können.

– Steht die Lösung fest, so fällt nun dem Lehrer die Aufgabe der Erfolgssicherung und Erfolgskontrolle zu. Diese abschließende Unterrichtsphase ist lehrerzentriert, denn er gibt die Anweisungen für die Ergebnissicherung (Testblatt, Vertiefungsfragen, Anwendungsbeispiele u. a.) und beurteilt in der Erfolgskontrolle die Schülerleistungen in alleiniger Verantwortung.

Die Übersicht auf Seite 221 soll den angeführten Unterrichtsverlauf veranschaulichen.

1.1.3.2 Pädagogischer Gehalt

Die entdecken-lassende Aktionsform ist anspruchsvoll. Sie verlangt vom Lehrer eine sorgfältige Unterrichtsplanung. Zum einen muß er die Problemstellung dem Schülerniveau genau anpassen, um Unterforderungen oder Frustrationen der Schüler zu vermeiden, und zum anderen muß er die schülerzentrierten Arbeitsmittel (Arbeitsblatt, Gesetzestext, Medien, wie Zeitungsausschnitte, Dias, Schemata u. a.) so auswählen, daß die Schüleraktivität reibungslos ablaufen kann. Vom Schüler verlangt diese Aktionsform „die Fähigkeit, selbständig zu arbeiten, Arbeits- und Lerntechniken zu beherrschen, sprachliche und soziale Interaktions- und Kommunikationsformen anzubahnen, aufzubauen und zunehmend stärker und gekonnter zu verwirklichen; Bereitschaft, Ergebnisse und Lösungen zu vertreten und zu verantworten."[1]

Sind diese Voraussetzungen geschaffen, dann besitzt die entdecken-lassende Aktionsform *Vorteile* sowohl für den gerade stattfindenden Lernprozeß als auch für künftige Lernprozesse:

– Das entdeckende Lernen ist schwerpunktmäßig auf die Aneignung von Lernstrategien und Verfahrensweisen ausgerichtet. Wenn beispielsweise der Schüler die Stellung des Auszubildenden im Betrieb über das Heranziehen des Berufsbildungsgesetzes, der Handwerksordnung, des Jugendarbeitsschutzgesetzes sowie über betriebliche Ausbildungsprogramme, Befragungen beim Arbeitsamt, bei den Gewerkschaften, den Kammern oder den berufsbildenden Schulen erkundet und feststellt, eignet er sich nicht nur Wissen an, sondern insbesondere Vorgehensweisen, die es ihm erleichtern, ähnliche Aufgaben (etwa Erkundung der Stellung des kaufmännischen Angestellten, des Arbeiters, des Prokuristen u. a.) zu lösen.

---

1 Vogel, A.: Unterrichtsformen, S. 42.

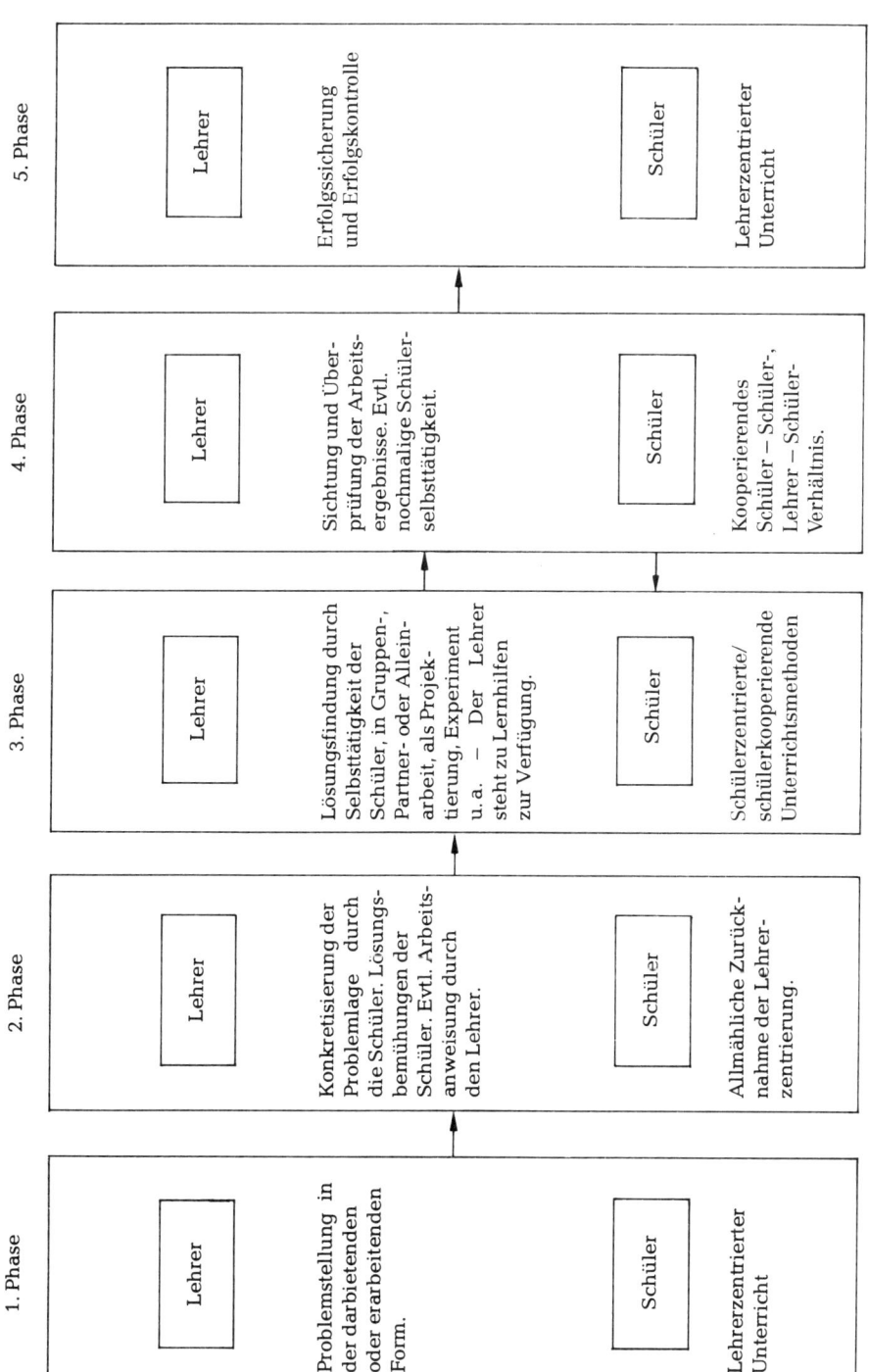

Ablauf der entdecken-lassenden Aktionsform

	1. Phase	2. Phase	3. Phase	4. Phase	5. Phase
Lehrer	Problemstellung in der darbietenden oder erarbeitenden Form.	Konkretisierung der Problemlage durch die Schüler. Lösungsbemühungen der Schüler. Evtl. Arbeitsanweisung durch den Lehrer.	Lösungsfindung durch Selbsttätigkeit der Schüler, in Gruppen-, Partner- oder Alleinarbeit, als Projektierung, Experiment u.a. – Der Lehrer steht zu Lernhilfen zur Verfügung.	Sichtung und Überprüfung der Arbeitsergebnisse. Evtl. nochmalige Schülerselbsttätigkeit.	Erfolgssicherung und Erfolgskontrolle
Schüler	Lehrerzentrierter Unterricht	Allmähliche Zurücknahme der Lehrerzentrierung.	Schülerzentrierte/schülerkooperierende Unterrichtsmethoden	Kooperierendes Schüler – Schüler-, Lehrer – Schüler-Verhältnis.	Lehrerzentrierter Unterricht

221

– Das Wissen des Schülers ist aus einem Problemlösungsprozeß heraus entstanden, den der Schüler in Eigenleistung bewältigt hat. Der Transfer dieses Wissens auf neue Fallsituationen wird auf diese Weise entscheidend erleichtert. Außerdem dürfte das erarbeitete Wissen, da es nicht abstrakt dargestellt, sondern mit einer konkreten Situation verknüpft ist, mit einem hohen Grad an Beständigkeit in die vorhandene kognitive Struktur integriert worden sein.

– Durch das erfolgreiche eigenständige Lösen von Problemsituationen wird das Selbstbewußtsein des Schülers gestärkt und die Abhängigkeit von Bestätigungen durch den Lehrer gemindert. Zudem wird im Schüler das Interesse für die Lösung weiterer Fallsituationen geweckt bzw. verstärkt. Die so aufgebaute intrinsische Motivation wirkt sich für die weiteren im Unterricht anstehenden Lernprozesse positiv aus.

– Durch den Einsatz kooperierender Sozialformen in der Phase der Schüleraktivität wird die soziale Kommunikation der Schüler untereinander gefördert und so das sozial-integrative Verhalten der Schüler verbessert. Über die gegenseitige Kontaktaufnahme und die damit verbundene sprachliche Kommunikation werden aber auch die sprachlichen Qualifikationen der Schüler ausgebaut, deren Bedeutung hoch zu veranschlagen sind.

Diesen positiven Argumenten stehen auch kritische Stimmen gegenüber, die sich aber weniger gegen die entdeckende Aktionsform an sich wenden, sondern nur dessen verabsolutierten Anspruch, die richtige Aktionsform zu sein, ablehnen. Im einzelnen werden folgende *Einwände* konstatiert:

– Das entdeckende Lernen ist nur dann ein sinnvolles Lernen, wenn es aus vorangegangenem Faktenwissen und nicht aus einem Zufall resultiert. Der Ableitungs-, Systematisierungs- oder Anwendungsversuch muß fundiert sein.

  Beispiel: Nach der Berechnung des Bruttoverdienstes über die Formeln des Stückgeldakkords und des Stückzeitakkords „entdeckt" der Schüler, daß in beiden Fällen das gleiche Ergebnis zutage tritt. Warum der Lohn trotzdem nach beiden Fällen in sinnvoller Weise, je nach Unternehmung, gerechnet werden kann, ist für den Schüler aber erst dann einsichtig, wenn er die Auswirkungen einer Tarifänderung auf die Berechnungsweise kennt.

– Der Zeitaufwand zur Durchdringung des gleichen fachlichen Lernziels ist gegenüber den anderen Aktionsformen sehr hoch. Es kann daher im Unterricht weniger Stoff durchgenommen werden, bzw. bei gleichem Stoffumfang müssen Abstriche an der Differenzierung und Vertiefung hingenommen werden. Dies kann jedoch verkraftet werden, da die Qualität des Erlernten die Quantität ersetzt. Die entdecken-lassende Aktionsform fördert die Transferfähigkeit des Schülerwissens, durch Vermittlung von Problemlösungsstrategien in einer so gezielten Weise, daß sie für die Lebensbewältigung des Schülers von wesentlicher Bedeutung ist. Demgegenüber bleibt aber der Mangel bestehen, daß diese Aktionsform in unserer gegenwärtigen Schulverfassung aufgrund des hohen Zeitaufwands zwangsläufig zu einem Weniger an Stoff führt.

– Die Voraussetzungen für das entdeckende Lernen - hohe kognitive Flexibilität, Lernbereitschaft, Kreativität, soziale Integrationsfähigkeit, sprachliches Ausdrucksvermögen u. a. - sind bei vielen Lernenden nicht ausgeprägt genug vorhanden bzw. vermittelbar. Die Lernsituation kann daher von vielen Schülern nicht ausreichend genug bewältigt werden. Der Aufhellung der Rahmenbedingungen, dieser Hinweis muß hier gegeben werden, kommt somit beim entdeckenden Lernen eine wesentliche Bedeutung zu.

1.1.3.3 Anwendung

Aus dem pädagogischen Gehalt dieser Aktionsform läßt sich unschwer ableiten, daß ihr in jedem Unterricht eine wesentliche Bedeutung zukommt. Für den Wirtschaftslehreunterricht bietet sich diese Aktionsform geradezu an, fördert sie doch über die Generalisierung der Problemlösungsstrategien die Erleichterung des Wissenstransfers und die Anhebung der sozialen und sprachlichen Qualifikationen, die Voraussetzungen zur Selbstbestimmungs-, Mitbestimmungs- und Entscheidungsfähigkeit. Allerdings - und hier stößt man an die Grenze dieser Aktionsform - ist im wirtschaftlichen Bereich jede Fallsituation anders geartet und setzt neben der Kenntnis über Verfahrensweisen auch intensives Faktenwissen voraus. Da für die Ausweitung des kognitiven Wissensbestandes der darstellenden bzw. der erarbeitenden Aktionsform schon aus zeitlichen Gründen der Vorrang eingeräumt werden muß, gilt es, das entdeckende Lernen gezielt dort einzusetzen, wo dem Verfahrensweg, also der Frage nach dem „Wie", eine besondere Bedeutung beizumessen ist.

— Dies ist erstens dort angebracht, wo das Faktenwissen, bezogen auf den Verfahrensweg, nur geringfügig ins Gewicht fällt. Etwa beim Prozentrechnen oder dem Diskontrechnen, die beide nur eine besondere Form des Dreisatzes bzw. der Zinsrechnung darstellen. Dies gilt auch für die Abschlußbuchungen im Buchführungsunterricht. Werden die Abschlußbuchungen für die Bestandskonten, die Erfolgskonten, das Konto „Waren" und „Privat" zuvor besprochen, so kann sogar die erste Abschlußaufgabe überwiegend in der entdecken-lassenden Aktionsform gelöst werden. Im Rechnungswesen kann die Abhängigkeit der Kosten vom Beschäftigungsgrad, bei Vorgabe von Zahlenbeispielen, vom Schüler selbständig entdeckt werden. Dies betrifft sowohl den Kurvenverlauf der Gesamtkostenkurve als auch den der Stückkostenkurve bzw. deren Interpretationen.

Beispiel

Stückzahl	Fixkosten insgesamt	Fixkosten je Stück
100	12 000,00 DM	120,00 DM
200	12 000,00 DM	60,00 DM
300	12 000,00 DM	40,00 DM
400	12 000,00 DM	30,00 DM

Die Gesetzmäßigkeit, daß aus fixen Gesamtkosten sprunghaft sinkende Stückkosten werden, ist aus dem Zahlenbeispiel ableitbar.

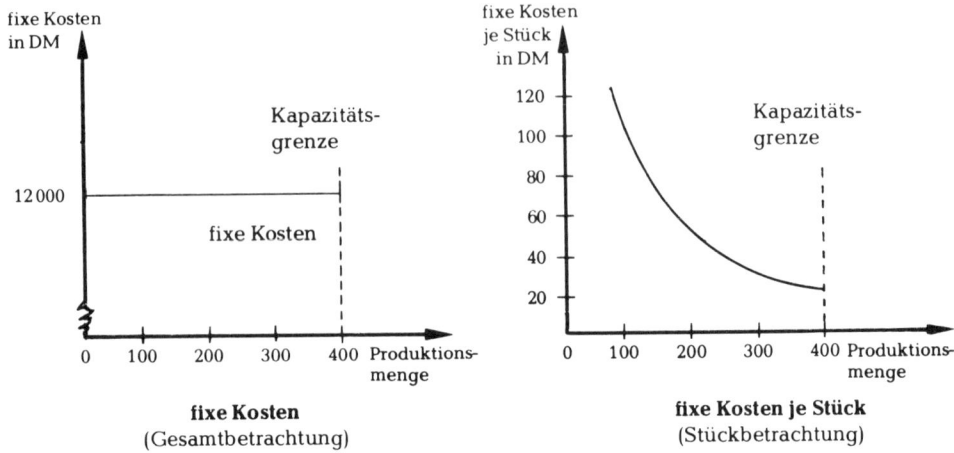

fixe Kosten
(Gesamtbetrachtung)

fixe Kosten je Stück
(Stückbetrachtung)

— Zum zweiten erweist sich die entdecken-lassende Aktionsform dann als geeignete Maßnahme, wenn der Schüler durch Lösung eines Anwendungsbeispiels zeigen soll, daß er die erarbeiteten oder dargebotenen Fakten sinnvoll gelernt hat.

Wird beispielsweise jeweils nach der Besprechung eines betriebswirtschaftlichen Sachverhaltes in der Schriftverkehrsstunde ein Brief zu dieser Thematik geschrieben, so lassen sich viele Briefe im Schriftverkehr in der entdecken-lassenden Aktionsform schreiben; gleiches gilt im Fach Betriebswirtschaftslehre für die Entwicklung der GmbH & Co. KG (aus der GmbH und der KG), der KGaA (aus der AG und GmbH), des Konkurses (aus dem Vergleich) oder generell für die Lösung von betriebswirtschaftlichen Fällen nach der Behandlung des Unterrichtsstoffs. Auch im Kaufmännischen Rechnen können viele Themengebiete entdecken-lassend entwickelt werden, z. B. die kaufmännische Zinsformel (aus der allgemeinen Zinsformel), der Verkauf von Wertpapieren (aus dem Kauf von Wertpapieren), die Diskontierung mehrerer Wechsel (aus der Diskontierung eines Wechsels). Gleiches gilt für den Buchführungsunterricht, z. B. Buchung von Kundenskonti (aus der Buchung von Liefererskonti), Buchung der Nachlässe beim Warenverkauf (aus der Buchung der Nachlässe im Wareneinkauf), Buchung der transitorischen Abgrenzung (aus den Buchungen der zeitlichen Abgrenzung auf den Konten Sonstige Forderungen, Sonstige Verbindlichkeiten) usw.

— Zum dritten ist die entdecken-lassende Aktionsform dann angebracht, wenn sich die Fakten verhältnismäßig leicht ermitteln lassen, etwa aus Gesetzestexten, dem Lehrbuch, Prospekten, Wandkarten u. a. Als Beispiel soll hier die Unterrichtseinheit „Die mangelhafte Lieferung" herangezogen werden. (Vgl. Verlaufsplanung S. 225 und Arbeitsblatt S. 226).

Verlaufsplanung der Unterrichtseinheit „Die mangelhafte Lieferung"

Ziele und Inhalte des Unterrichts	Methodisch-didaktisches Vorgehen
Motivation: Die Tochter eines Schreibwarenhändlers kauft eine Reiseschreibmaschine aufgrund des Angebots eines Großhändlers in einer Bürofachzeitung. Eines Samstagmorgens klingelt der Paketzusteller und übergibt Eva ein Paket. Der Lehrer ruft einen Schüler auf und fordert ihn auf, sich anstelle von Fräulein Eva zu setzen, und übergibt ihm das Paket. Der Schüler packt die Schreibmaschine aus. Der Tippversuch ergibt: Taste klemmt.	Af: fragend-entwickelnd = 1. Phase Uv: erklärend-induktiv Sf: Frontalunterricht Me: Schreibmaschine
1. Lernziel: *Die Schüler sollen die Voraussetzungen der mangelhaften Lieferung auswendig hersagen können. Sie sollen darüber hinaus anhand von Beispielen angeben können, um welche Art des Mangels es sich handelt.* Feinziel 1: Qualitätsmangel als fehlender oder geminderter Gebrauchs- oder Tauschwert. Feinziel 2: Mangel als Fehlen einer zugesicherten Eigenschaft.	Af: impuls-setzend = 2. Phase (Lehrerzentrierung wird mehr und mehr abgebaut) Me: Evtl. Vorzeigen weiterer mangelhafter Gegenstände durch den Lehrer
2. Lernziel: *Die Schüler sollen die Arten von Rechtsmitteln bei mangelhafter Lieferung auswendig hersagen können. Sie sollen anhand von Beispielen aufzeigen können, in welchen Fällen die einzelnen Rechte in Anspruch genommen werden können. Dabei sollen sie drei Voraussetzungen für die Wahrung ihrer Gewährleistungsrechte anhand des Gesetzestextes erarbeiten und begründen können.*	Af: entdecken-lassend = 3. Phase Uv: erklärend-induktiv Sf: Gruppenarbeit Me: Arbeitsblatt
Lehrer läßt Arbeitsblatt austeilen und gibt die Zielangabe für die Gruppenbildung. (Arbeiten mit Gesetzestexten). Auswertung der Gruppenergebnisse. Einbringung der gewährleistungsrechtlichen Fachbegriffe durch den Lehrer.	Af: fragend-entwickelnd/ = 4. Phase entdecken-lassend Uv: erklärend-induktiv Sf: Frontalunterricht/Partnerarbeit Me: Gesetzesblatt
Erfolgssicherung: *Die Mängelarten, die Gewährleistungsrechte und die Voraussetzungen für die Wahrung der Gewährleistungsrechte werden unter Zuhilfenahme des eingeführten Schulbuchs wiederholt.*	Af: fragend-entwickelnd = 5. Phase Me: Schulbuch Sf: Frontalunterricht Uv: erklärend-deduktiv Af = Aktionsform Sf = Sozialform Uv = Unterrichtsform Me = Medien

225

Arbeitsblatt

Im elterlichen Geschäft des Frl. Eva kommt eine Sendung der Firma Bürobedarf KG an. Eva wird beauftragt, die Sendung zu überprüfen. Beim Vergleichen der Lieferung mit dem Auftrag (siehe 1. Spalte) trifft sie die in der 2. Spalte beschriebenen Feststellungen.

Zusätzlich erfährt sie noch von einer Reklamation, welche ebenfalls einen Artikel der Bürobedarf KG betrifft.

Aufgrund der vorliegenden Überprüfungsergebnisse soll Eva
1. die Art des Mangels bestimmen (Eintrag in 3. Spalte),
2. Vorschläge für Forderungen an die Bürobedarf KG aufstellen und begründen
   (Eintrag in Spalte 4).

Helfen Sie ihr!

bestellt lt. Auftrag	geliefert/Ergebnis der Überprüfung	Art des Mangels	Vorschlag/ Begründung
10 000 Bogen Briefpapier weiß	10 000 Bogen Briefpapier leicht vergilbt, als „Schmierpapier" mit 50% Preisnachlaß wäre es gut verkaufbar.		
100 Glückwunsch-karten „Zum freudigen Ereignis	100 Trauerkarten „Aufrichtige Anteilnahme" Da am Lager noch große Mengen „Aufrichtige Anteilnahme" liegen, sind jene der neuen Sendung auf absehbare Zeit nicht verkäuflich.		
Der Kunde B. Wolf beschwert sich über den Tod seiner reinrassigen Angorakatze (Wert 200,00 DM). Er hatte ihren zerbrochenen Freßnapf mit einem „garantiert ungiftigen" „Elefantenkleber" der Fa. Bürobedarf KG geleimt, worauf die Katze nach einmaligem Lecken einging.			
Der Großhändler Martin Billig bietet zum einmaligen Sonderpreis von 5,00 DM je Stück Qualitätslippenstifte an. Regulärer Großhandelspreis 6,00 DM je Stück. Die Überprüfung der Sendung ergibt, daß statt der Lippenstifte Seife geliefert wurde.			

1.2 Sozialformen

Vorbemerkungen: Die Sozialformen wurden in der früheren schulpädagogischen Literatur in Begriffe wie Unterrichtsformen, Unterrichtsverfahren, Unterrichtstechniken u. a. subsumiert und terminologisch nur selten gesondert herausgestellt. In der neueren Literatur ist eine terminologische Absicherung des Begriffs insbesondere von Schulz (*„Sozialformen des Unterrichts variieren das Verhältnis zwischen dem Lernen von etwas und dem Lernen mit anderen"*), Klafki (*„Es geht unter diesem Terminus um die Form, in der die am Unterricht beteiligten Personen aufeinander bezogen sind"*) und Aschersleben (*„Sozialformen des Unter-*

richts sind jene Unterrichtsmethoden, die durch die Beziehungen der Schüler zueinander und zum Lehrer begründet werden") vorgenommen worden.[1] Nach der hier zugrunde gelegten Bedeutung wollen die Sozialformen die Interdependenzen zwischen den im Unterricht agierenden Personen, also Lehrer - Schüler, Schüler - Schüler und Schüler - Klasse, erfassen, strukturieren, zur Nutzung aufbereiten und erreichen, daß sie methodisch bewußt eingesetzt werden. Die Differenzierung der Terminologie soll dazu beitragen, die einzelnen Elemente des Unterrichts punktuell zu untersuchen und sie in ihren Auswirkungen, Einsatzmöglichkeiten und Bedeutungen zu erfassen (wobei Überschneidungen nicht zu vermeiden sind), um sie dann gezielt als methodisches Instrumentarium anwenden zu können.

Methodisch gesehen haben die Sozialformen Einfluß auf die Lerneffektivität im Unterricht, denn über die Unterrichtsatmosphäre, dem sozialen Verhalten des einzelnen bzw. der Gruppe, dem Rollenverständnis, der Statuszuweisung u. a. kommt es zu einer Einflußnahme auf den Lernprozeß. Daneben gibt es auch Korrelationen zwischen der Wahl der Sozialform und der Stoffproblematik (Stoffauswahl; Abgrenzung der Stoffmenge; Art der Lernziele; Frage der Stoffanordnung u. a.). Diese didaktische Komponente der Sozialformen muß in einem sehr frühen Stadium der Unterrichtsplanung herangezogen und berücksichtigt werden.

Im folgenden soll nun untersucht werden, welche Charakteristika die einzelnen Sozialformen auszeichnen und welche Stellung sie jeweils im Wirtschaftslehre-Unterricht einnehmen.

1.2.1 Frontalunterricht

1.2.1.1 Wesen und pädagogische Bedeutung

In dieser Sozialform kommt dem Lehrer die Zentralstellung zu, denn von ihm gehen die Mehrzahl der Kontakte aus, und er stellt auch die Auffangstation für die Schülerreaktionen dar. Es liegt daher im Willen des Lehrers, dem einzelnen Schüler die Gelegenheit zur Aktivität und Kommunikation zu geben. Kommunikationen zwischen den Schülern sind deshalb der Tendenz nach nicht erwünscht, da sie dem geplanten Unterrichtsablauf zuwiderlaufen können. Planung und Ausgestaltung des Unterrichts, d. h. die Bestimmung des Arbeitstempos, die stoffliche Ausweitung, die Vertiefung, die Stoffanordnung, die Aktivitätsintensität u. a. gehen allein vom Lehrer aus. Alle Schüler sind so hinsichtlich der pädagogischen Intention auf den Lehrer zentriert und agieren daher im Unterricht überwiegend als isolierte Lernindividuen. Von der sozialen Komponente her können deshalb nur wenige befruchtende Elemente in den Unterrichtsprozeß eingehen. Der Frontalunterricht kommt mit seiner organisatorischen Form zwei Aktionsformen besonders entgegen: dem darstellenden und dem erarbeitenden Unterricht.

---

1 Heimann, P., Otto, G., Schulz, W.: Unterricht, S. 32.
   Klafki, K., u. a.: Erziehungswissenschaft 2, S. 143.
   Aschersleben, K.: Unterrichtsmethodik, S. 124.

In der modernen Literatur werden dem Frontalunterricht erhebliche Mängel angelastet, teilweise wird sogar die Forderung erhoben, diese Sozialform im Unterricht völlig zu meiden.[1] Im einzelnen werden folgende *Nachteile* angeführt:

— Die Lehrerzentrierung im Frontalunterricht schränkt die Möglichkeiten der Schüler ein, ihre Eigeninitiativen zu üben, und sie trägt somit der Forderung nach Selbständigkeit, Kreativität, Entscheidungsmündigkeit u. a. nur wenig Rechnung. Dem Schüler wird lediglich ein rezeptives, reaktives Lernverhalten zugestanden. Die Möglichkeiten zu origineller, individueller Problemlösung sind sehr gering. Die Folgen sind: „Ein geringes Ausmaß originellen, selbständigen, kritischen, sachzentrierten Denkens, Rigidität hinsichtlich vorgefaßter oder überkommener Urteile (Vorurteile) bei geringer Fähigkeit zu eigener Meinungsbildung, geringere Offenheit für neue Erfahrungen, Vergessen des in einem ungünstigen sozialen Klima gelernten, relativ unpersönlichen Lernstoffes u. a. m."[2]

— Der Frontalunterricht führt zu einer hohen Sprachdominanz des Lehrers. Tausch hat bei Unterrichtsanalysen festgestellt, daß der Lehrer einen Sprachanteil von etwa 60 - 80 % für sich beansprucht und nur 20 - 40 % beim Schüler verbleiben.[3] Bei einer Klassenstärke von durchschnittlich 30 Schülern ist damit der einzelne nur mit rund 1 % an der sprachlichen Kommunikation im Unterrichtsgeschehen beteiligt. Die einzelnen Schülerbeiträge haben damit „eine unangemessen große Bedeutung, da man nicht oft drankommt. Umgekehrt ist die Zahl der Schüler groß, die eine Antwort wissen, aber nicht an die Reihe kommen. Angst vor dem Drankommen und der unbefriedigte Wunsch nach Erfolg führen zu Frustrationen."[4]

— Der Frontalunterricht drängt tendenziell auf die Isolierung des Schülers von der Gruppe und ist somit für die Erziehung zum sozialen Verhalten nur bedingt geeignet. Die Vernachlässigung der sozialerzieherischen Komponente führt dazu, daß Kooperationsbereitschaft, Eingliederungsfähigkeit, Koordinationsfähigkeit, Rollenverständnis u. a. in der Schule nicht im erforderlichen Umfang vermittelt werden können. Für das spätere soziale Verhalten sieht Bönsch die folgenden Auswirkungen: „Das Ausmaß sozialer Erfahrung ist nur gering, Teamarbeit kann nicht gelernt werden. Es entsteht ein großes Abhängigkeitsbedürfnis; mit einer Atmosphäre großer individueller Freiheit bei gleichzeitiger Ordnung und Leistung kommt man nicht zurecht. Das Ausmaß an intoleranten und sogenannten autokratischen Verhaltensmerkmalen gegenüber Unterlegenen, Andersdenkenden oder Minoritäten ist groß. Bei einzelnen treten extreme Opposition, Kritiksucht und Aggressionen u. a. m. auf."[5]

---

1 Arvidson, S.: Demokratisierung des Schulsystems, in: Meyer, E., Gruppenpädagogik zwischen Moskau und New York, Heidelberg 1972, S. 68 f.
2 Bönsch, M.: Alternativen zu einem lehrerzentrierten Unterricht, in: Neue Unterrichtspraxis, 3/1974, S. 161.
3 Vgl. Tausch, A., Tausch, R.: Erziehungspsychologie.
4 Bönsch, M., ebenda, S. 161.
5 Bönsch, M., ebenda, S. 161.

– Die Hilfestellung für den Lernprozeß, die aus der sozialen Komponente erwächst, fällt weitestgehend aus. „Das soziale Milieu solcher gleichsam ‚atomisierter‘ Klassen ist pädagogisch verhältnismäßig arm und bürdet dem Lehrer die ganze Last auf, denn er ist der einzige legale Beziehungspunkt. Aus dem Partner wird leicht der Widerpart, weil die Schüler ihre Abhängigkeit vom Lehrer zu unmittelbar spüren.“[1]

– Der Frontalunterricht geht sowohl bei der Festsetzung der Lerninhalte als auch in der Unterrichtsplanung notgedrungen von der Prämisse einer leistungshomogenen Klasse aus. Die Erfahrung zeigt jedoch, daß die Leistungsfähigkeit der einzelnen Schüler einer Klasse, allein schon aus der Vorbildung begründet, häufig sehr stark divergiert. Die Folge ist, daß der Lehrer zwar ein Leistungsniveau für die Inhalte auswählt, das die Mehrzahl der Schüler erfaßt, damit aber eben nicht alle ansprechen kann. Der Frontalunterricht berücksichtigt folglich die Individualität des Schülers nur unzureichend. Es tritt ein Nivellierungseffekt ein. „Der Durchschnittsstandard wird zur Determinanten, zum Schaden sowohl der aufgewecktesten als auch der schwächsten Schüler.“[2]

– Die Zentrierung des Unterrichtsgeschehens auf den Lehrer führt dazu, daß der Schüler im Lernprozeß auf eine rezeptive Haltung zurückgedrängt wird. „Dieser Vorwurf ist insoweit gerechtfertigt, als im reinen Frontalunterricht nur ein Schüler - zum Beispiel beim Beantworten von Lehrerfragen - aktiv tätig zu einem bestimmten Zeitpunkt im Unterricht ist, während alle anderen Schüler nur zuhören, also rezeptiv lernen können. Dem Lehrer ist keine Möglichkeit gegeben, zu jedem Lernschritt für alle Schüler Lernkontrollen vorzunehmen.“[3]

– Hieraus ergibt sich noch ein weiterer wesentlicher Gesichtspunkt, den der Lehrer zu berücksichtigen hat. Dadurch daß der Lehrer die „Schaltstelle“ für die Kontaktaufnahme darstellt, steht er ständig in der Gefahr, die Schüler aufzurufen, die sich melden. Damit kann bei richtigen Antworten der falsche Eindruck entstehen, als ob alle Schüler die Lerninhalte verstanden hätten. Der Lehrer kann so zu einer falschen Selbsteinschätzung seiner unterrichtlichen Bemühungen gelangen. Es ist daher wichtig, daß der Lehrer einen wesentlichen Schwerpunkt seiner Arbeit auf die Erfolgssicherung und die Erfolgskontrolle ausrichtet. „So gesehen verlangt gerade der Frontalunterricht eher als andere Sozialformen des Unterrichts die Effektivitätskontrolle.“[4]

---

1 Jannasch, H., Joppich, G.: Unterrichtspraxis, 5. Auflage, Hannover 1964, S. 36.
2 Arvidson, S.: Demokratisierung, S. 69.
3 Aschersleben, K.: Unterrichtsmethodik, S. 132.
4 Aschersleben, K., ebenda, S. 138.

1.2.1.2 Anwendung

Trotz der erheblichen Mängel, die die Didaktik dem Frontalunterricht attestiert, ist er in der Unterrichtspraxis die am häufigsten anzutreffende Sozialform.[1] *Für den Einsatz des Frontalunterrichts* werden in der Literatur und von den unterrichtenden Lehrern *nachfolgende Argumente* am häufigsten vorgetragen.

(1) Der Lehrer kann die theoretisch begründeten Mängel in der Praxis durch einen geschickten Unterricht entscheidend verkleinern.

– Sicher, die *Lehrerzentrierung* engt die Eigeninitiative der Schüler ein; werden aber die Lernschritte in ihrer Dimensionierung etwa bei der erarbeitenden Aktionsform relativ weit gefaßt und so dem Schüler ein großer Freiheitsraum eingeräumt, dann wird dieser Nachteil doch zu einem großen Teil entschärft. Steht beispielsweise das Thema „Wirksamkeit der Rechtsgeschäfte" zur Behandlung an, so kann der Lehrer die nichtigen Rechtsgeschäfte, wie Scheingeschäft, Scherzgeschäft, Geschäfte geschäftsunfähiger Personen u. a., aufzählen, vom Schüler jeweils ein Beispiel erfragen und dann die gesetzlichen Bestimmungen anführen. Er kann aber auch die betreffenden Gesetzestexte in einem Arbeitsblatt zusammenfassen und unter seiner Hilfegewährung vom Schüler Interpretationen und Anwendungsbeispiele verlangen, um so die Selbsttätigkeit anzuregen. Oder sollen die Rechte und Pflichten eines Genossen behandelt werden, so könnten diese sicher über Impulse, Fragen und Beispiele u. a. „erarbeitet" werden, aber das so gewonnene Faktenwissen ist nicht auf echter Erarbeitung aufgebaut, sondern aus schon vorhandenem Schülerwissen und der Lehrerdarstellung zusammengestellt worden. Raum zu Schülerselbstbetätigung wäre jedoch dann geschaffen worden, wenn dem Schüler das Faktenwissen deduktiv als Überblick vorgegeben wird und diese Fakten dann im Rahmen eines Frontalunterrichts in erarbeitender Weise hinterfragt werden. Etwa: Warum wird jemand Mitglied in einer Genossenschaft? Welches Risiko ist mit der Mitgliedschaft verbunden? Warum hat jeder Genosse nur eine Stimme? u. a. Auch hier löst sich der Lehrer von einer engen Schülergängelung und verschafft so den Schülern den dringend erforderlichen Denkspielraum. Kommen dann noch durch eine geschickte „Regietätigkeit" des Lehrers viele Schüler zu Wort, etwa dadurch, daß die Lehrerfragen breit gestreut werden, daß Schülerfragen an die Klasse zurückgegeben und nicht vom Lehrer direkt beantwortet werden, daß Schüleraussagen von Mitschülern begründet und damit Lernzielkontrollen eingebaut werden u. a., dann werden die Schüler schrittweise aus ihrer rein rezeptiven Haltung herausgeholt und auch im Frontalunterricht zu einer aktiven Mitarbeit am Lernprozeß angeregt. Eine

---

1 Nickel/Dumke ermitteln 88% für Lehrervortrag und Klassengespräch. Vgl. Nickel, H., Dumke, D.: Unterrichtsformen und Unterrichtsstile auf der Oberstufe des Gymnasiums in retrospektiver Sicht von Studienanfängern, in: Die Deutsche Schule, 62, 1970, S. 459.
Bönsch stellt bei der Analyse von 900 Unterrichtsentwürfen, die in Mentorenschulen einer Pädagogischen Hochschule erarbeitet wurden, fest, daß 72 % der zur Verfügung stehenden Unterrichtszeit für Frontalunterricht vorgesehen war. Vgl. hierzu Bönsch, M.: Alternativen, S. 160.
Bönsch und Nickel/Dumke zitiert bei Nuhn, H. E.: Darstellung von Formen der Unterrichtsorganisation und Versuch einer pädagogischen Wertung, Frankfurt a. M. 1979, S. 220.

weitere Möglichkeit, die Schüler zu mehr Aktivität zu führen, ergibt sich aus der Ankündigung der anstehenden Unterrichtsaufgaben. Der Schüler kann sich damit vorher über die Lerninhalte informieren und vorbereiten. Neben einer erhöhten Transparenz der Lernsituation wird so den häufig problematischen Hausaufgaben eine sinnvolle Funktion zugeordnet.

— Der Vorwurf, der Frontalunterricht *nivelliere das Leistungsvermögen* einer Klasse, ergibt sich aus dem organisatorischen Ablauf des Lernprozesses. Ihm muß ungeteilt zugestimmt werden, wenn der Lehrer allein das Durchschnittsniveau als Maxime seines Handelns ansieht und Schülerimpulse sowohl niederer als auch höherer Lernebene abwendet. Dieser theoretische Extremfall dürfte in der Unterrichtspraxis kaum anzutreffen sein, vielmehr ist es im Regelfall so, daß jeder Schüler, im Rahmen des zeitlich möglichen, eine begründete Antwort auf seinen Impuls erhält, gleichgültig auf welcher Ebene dieser auch angesiedelt sein mag. Auch hier gilt es zu konstatieren, daß durch eine einfühlende Unterrichtsgestaltung viel von dem theoretisch wohl begründeten Vorwurf vermieden werden kann und in praxi tatsächlich auch vermieden wird.

— Schröter stellt die *sozialen Beziehungen* beim Frontalunterricht wie folgt dar: „Der Unterricht gleicht einem latenten Kriegszustand. Lehrer und Schüler sind trotz mancher tönender Worte Gegner. Der Lehrer ist der vom Staat sanktionierte Sieger in diesem ‚Krieg‘, und der Kampf spielt sich nach Partisanenart ab. Ist dem Lehrer aber der ‚Sieg‘ von der Klasse entwunden, spielen ihm die Schüler grausam mit. Oberstes Gebot in der extrem frontal unterrichteten Klasse heißt: Stets den Lehrer ansehen und ihm lauschen! Das zweite Gebot heiß: Jedes personale Verhältnis zu einem Sitznachbarn oder einem anderen Kameraden ist, soweit es sich um Zusammenarbeit und Gedankentausch handelt, dem Unterrichtserfolg abträglich.“[1] Wer sehenden Auges die tägliche Unterrichtsarbeit in unseren kaufmännischen Schulen verfolgt, wird sich diesem Urteil nicht anschließen können. Weder die soziale Konfrontation zwischen Lehrer und Schüler noch die Blockierung der sozialen Beziehungen zwischen Schüler und Schüler ist im praktizierten Frontalunterricht die Regel. Es ist vielmehr so, daß der Lehrer versucht - freilich innerhalb einer Toleranzgrenze, die je nach Klasse verschieden hoch dimensioniert sein wird - soziale Kontakte zwischen den Schülern zuzulassen. Eine strenge Abgrenzung zur Partnerarbeit i. w. S. kann deshalb nur in der Theorie, nicht aber in der Unterrichtspraxis gezogen werden. Dieses sozialintegrative Verhalten des Lehrers, das es weiter auszubauen gilt, hat die Persönlichkeit des Schülers vorurteilsfrei zu akzeptieren und insbesondere darauf hinzuwirken, dem Schwachen zu helfen. Gegenseitige Anerkennung, Unterstützung, Ermunterung und Zusammenarbeit müssen die Unterrichtsatmosphäre bestimmen. Schülerinitiativen gilt es zu fördern, dauernde Befehle, das Vorschreiben des Denkspielraumes und immerwährende Kontrolle, die nur der Reglementierung des Unterrichts dienen und damit die Schüleraktivität zurückdrängen, sind abzubauen.

---

1 Schröter, G.: Einführung in die Schulpraxis, 3. Auflage, Oberursel 1970, S. 91 f.

(2) Der Frontalunterricht bietet sich für Lerninhalte an, „in denen ein rezeptives Lernen möglich ist und bei dem ein Vorwissen von gleichem Niveau für die Schüler angenommen werden kann."[1]

– Rezeptives Lernen ist dort angebracht, wo die Lerninhalte vom Schüler nur sehr schwer erarbeitet werden können, weil die Lernschritte zu weit sind bzw. das Basiswissen fehlt. Dies gilt insbesondere für Einführungen in neue Stoffgebiete oder für Unterrichtsstunden, wo Grundwissen bzw. Grundfertigkeiten vermittelt werden, auf denen später aufgebaut werden muß. Insoweit hängt der Einsatz des Frontalunterrichts vom Charakter des Stoffgebietes bzw. vom Wissensstand der Schüler ab.[2]Als Beispiel soll zunächst das Fach Buchführung herangezogen werden. Das Fach ist insgesamt gesehen durch ein strenges sachlogisches Aufbaugefüge charakterisiert, d. h., viele Folgestrukturen können nur dann verständlich gemacht werden, wenn die Primärelemente fest in der kognitiven Wissensstruktur des Schülers verankert sind. Konkret ausgeführt: Die Handhabung der Bestands- und Erfolgskonten setzt die Kenntnis der Funktionen „Soll" und „Haben" voraus; Buchungssätze können erst nach dem Verständnis der Kontenarten durchgenommen werden; der Abschluß setzt Einsichten über die Kontoarten und die Buchungssätze voraus u. a. Das Fach umfaßt so gesehen viele Basisstunden. Die meisten dieser Lerneinheiten werden in der Unterrichtspraxis als Frontalunterricht gehalten und dies ist zum großen Teil wohl berechtigt, denn insbesondere in den Anfangsstunden handelt es sich um Stoffgebiete, die der Schüler nicht wissen kann und wo eine schülerzentrierte Stofferarbeitung einen unerhörten Aufwand an Zeit und vorbereitenden Maßnahmen des Lehrers erfordern würde. Problemkreise wie: Der Aufbau der Bestandskonten; Abschluß eines T-Kontos; Vermittlung der Saldiertechnik; Kontenanruf; Trennung des Warenkontos; Einführung der indirekten Abschreibung u. a. können im Frontalunterricht sinnvoll erarbeitet werden. Sicher, der Frontalunterricht ist bei diesen Unterrichtsthemen nicht die ausschließliche Sozialform - so wird nach dem ersten T-Kontenabschluß die Übungsphase, wenn weitere Konten abzuschließen sind, in Partner- oder Alleinarbeit durchgeführt und für den „zweiten" Handels- oder Industrieabschluß wird sicher Gruppenarbeit herangezogen u. a. - beim „ersten Stoffkontakt" aber wird der Frontalunterricht wohl die vorherrschende Sozialform sein und bleiben.

---

1 Aschersleben, K.: Unterrichtsmethodik, S. 134.
2 Wenn nun der Lehrer aus diesen Überlegungen heraus zu der Ansicht gelangt, den Schüler zum angestrebten Lerninhalt hinzuführen, dann muß er als Organisator des Lernprozesses um ein variables methodisches Instrumentarium bemüht sein. Bönsch sieht hierzu vier Ansätze:
 – Intensivierung des Medieneinsatzes.
 – Durch Heranziehung konkreter Situationen, Experimente, Aktionen, Projekte u. a. soll der Schüler zum problemorientierten Lernen geführt werden.
 – Durch das bewußte Herausstellen von Verhaltensweisen, Forschungsmethoden, Wissenschaftstheorien soll der Schüler zu forschendem Lernen gebracht werden.
 – Besondere didaktische Qualitäten, wie das Überraschende, das Neue, das Befremdliche, das Rätselhafte, das Widerspruchsvolle, müssen immer wieder genutzt werden, um unter motivationalem Aspekt Lernen positiv zu inszenieren.

Ähnliches gilt für Einführungsstunden im Kaufmännischen Rechnen. Der Aufbau der Staffelform in der Kontokorrentrechnung; das Kalkulationsschema im Industriebetrieb bzw. im Groß- und Einzelhandel; die logische Abwicklung der Äquivalenzziffernkalkulation; die Einführung in den Dreisatz als Grundlage für das Währungs- oder Prozentrechnen u. a. mehr muß der Lehrer entwickeln, erarbeiten oder vortragen. Die Sozialform des Frontalunterrichts bietet sich hierbei in der Unterrichtspraxis einfach an.

Ist der Schüler im Entwerfen von Geschäftsbriefen im Schriftverkehr noch nicht geübt, wird es sinnvoll sein, daß der Lehrer Form, Gliederung oder Stil des Briefes mit der Klasse zuerst bespricht, um dann vom Frontalunterricht zur Einzel- oder Gruppenarbeit überzugehen, wenn das Briefkonzept entworfen ist. Nach Fertigstellung des Konzepts werden in der Regel einige Schüler ihren Briefentwurf vorlesen und einer Vorkorrektur durch den Lehrer bzw. die Klasse unterziehen müssen. Auch hier ist der Frontalunterricht die geeignete Sozialform. Die gleiche Unterrichtseinheit kann in der sozialen Ausgestaltung aber dann anders aufgebaut werden, wenn die Klasse im Entwerfen der Briefe geübt ist, denn bis auf die Besprechung der Briefkonzepte können jetzt die „Vorarbeiten" in Einzel-, Partner- oder Gruppenarbeit durchgeführt werden.[1]

Das Stoffgebiet und die Rahmenbedingungen der Klasse sind auch im Betriebswirtschaftslehre-Unterricht die entscheidenden Größen für die Wahl der Sozialform. Die Berechnung der jeweiligen Steuerart, der Umfang und die Ausgestaltung der einzelnen Versicherungen, die Bewertung der Gegenstände nach dem Handels- und Steuerrecht, die Themen Arbeitsbewertung, Rechnungslegung der AG, Abgrenzung Konzern - Kartell u. a. stellen so hohe Anforderungen an das Abstraktionsvermögen und Faktenwissen der Schüler, daß der Lehrer zur Zentralfigur des Unterrichts werden muß. Ein weiterer Fall: Will der Lehrer erreichen, daß die Schüler möglichst viele Themengebiete selbständig, unter Zuhilfenahme des Gesetzestextes, erarbeiten sollen, dann muß er den Schülern das Arbeiten mit den Gesetzestexten zuerst zeigen, demonstrieren.[2] Er wird dies mit den Schülern gemeinsam, also im Frontalunterricht vornehmen müssen.

— Rezeptives Lernen ist auch noch in einem zweiten Fall angebracht. Die Ausgangssituation ist hier so, daß die Lerninhalte beim Schüler schon so bekannt sind, daß mit wenigen Fragen das Stoffgebiet strukturiert werden kann, so daß durch die Konzentrierung des Unterrichtsgeschehens auf den Lehrer ein hohes Arbeitstempo erreicht werden kann. Hierzu zwei Beispiele:

Wird der Zahlungsverkehr der Banken besprochen, so kann das Strukturwissen über Zahlschein, Scheck und Überweisung aufgrund des vorhandenen, aber ungeordneten Wissensbestandes relativ rasch herausgearbeitet werden. Gleiches gilt für die damit verknüpften Grundbegriffe Barzahlung, halbbare Zahlung und bargeldlose Zahlung.

---

1 Zu der methodischen Ausgestaltung des Unterrichts im Schriftverkehr vgl. Speth, H., Hubrich, A., Neumeier, M.: Der Unterricht in den kaufmännischen Fächern, Rinteln 1980, S. 68 f.
2 Zum Arbeiten mit Gesetzestexten vgl. auch Grimm, W.: Der Gesetzestext im Unterricht, Methodik und Unterrichtsbeispiele, Bad Homburg v.d.H 1987.

Den Einfluß der Rahmenbedingungen auf die Unterrichtsmethodik zeigt das zweite Beispiel auf. In einer Klasse der Berufsfachschule erfordert die Aufstellung des Grundrasters zur Berechnung der Einkommensteuer eine Vielzahl von Fallbeispielen (Erfragung der Einkunftsarten), fächerübergreifender Impulse (Hinweis auf die Gewinnermittlung in der Buchführung durch das Konto G + V, um die Begriffe Betriebsausgaben, Einkünfte, Werbungskosten u. a. zu verdeutlichen) und darbietender Fakten (Erklärung der Begriffe Sonderausgaben, außergewöhnliche Belastungen, Steuerprogression u. a.). Anders in einer Steuerfachklasse, in der die Auszubildenden im Ausbildungsbetrieb mit diesen Problemen konfrontiert sind. Hier beginnen die Schwierigkeiten für den Lehrer erst bei der Behandlung von Einzelproblemen, Bewertungsfragen u. a., während die Herausstellung der Grundstruktur durch wenige Impulse erfolgen kann. Was hier unter Grundstruktur verstanden wird, verdeutlicht das nachfolgende Schema:

Das zu versteuernde Einkommen wird wie folgt ermittelt:

1. Einkünfte aus Land- und Forstwirtschaft 2. Einkünfte aus Gewerbebetrieb 3. Einkünfte aus selbständiger Arbeit	Einkunftsermittlung durch Betriebsvermögensvergleich bzw. Überschußrechnung
4. Einkünfte aus nichtselbständiger Arbeit 5. Einkünfte aus Kapitalvermögen 6. Einkünfte aus Vermietung und Verpachtung 7. Sonstige Einkünfte	Einkunftsermittlung durch den Abzug der Werbungskosten von den Bruttoeinnahmen
Gesamtbetrag der Einkünfte – Sonderausgaben – außergewöhnliche Belastungen	
Einkommen – Freibeträge	
Zu versteuerndes Einkommen	= Grundlage für die Berechnung der Einkommensteuerschuld (Steuersatz von 19% bis 53%)

(3) Der Frontalunterricht vermindert die Möglichkeiten des Schülers, sich dem Unterrichtsgeschehen zu entziehen.

Vorausgesetzt, der Frontalunterricht wird methodisch und didaktisch so aufgebaut, daß die angeführten Mängel abgemildert sind, hat der Lehrer aus seiner Zentralstellung heraus die Möglichkeit, jederzeit einen Schüler gezielt anzusprechen und ihn in den Unterrichtsablauf zu integrieren. Zeigt ein Schüler durch Sprechen mit dem Nachbarn, gelangweiltes Gehabe u. a. an, daß er den geforderten Gedankengang nicht mitvollziehen möchte, kann der Lehrer durch eine zielgerichtete Motivation neues Interesse bei diesem Schüler wecken. Leitet ein Schüler durch seinen Beitrag gedanklich auf ein anderes, nicht anstehendes Themengebiet über, hat der Lehrer die Möglichkeit, sofort einzugreifen, um über einen steuernden Impuls zum ursprünglichen sachlogischen Denkablauf zurückzukehren. Neben einer Straffung des Unterrichtsablaufes wird hier erreicht, daß der Schüler sich auf die Lösung *eines* Problems konzentrieren lernt und nicht ständig durch neue Gedanken seiner Mitschüler, die das Thema eventuell nur am Rande tangieren, neue Probleme einfüh-

234

ren oder gar vom Thema wegführen, vom sachlogischen Ablauf abgelenkt wird. Dies tritt im Betriebswirtschaftslehre-Unterricht bevorzugt bei Fallbeispielen auf. Möchte der Lehrer beispielsweise verdeutlichen, daß ein OHG-Gesellschafter auch mit seinem Privatvermögen haftet und ein Ausschluß im Konkursfall nicht möglich ist, so wird dieser Fall aller Erfahrung nach vom Schüler dazu benutzt, durch „Wenn-Fragen" vom Grundproblem wegzukommen (Wenn der Kaufmann sein Privatvermögen seiner Frau vermacht? Wenn er sein Privatvermögen seinen Kindern schenkt? Wenn er mit seinem Privatvermögen ins Ausland flieht? u. a.). Im Frontalunterricht hat hier der Lehrer die Möglichkeit, gezielt und schnell aufkommende Fragen klarzustellen und zum eigentlichen Problem hinzuführen.

Darin steckt aber auch eine Gefahr. Überdreht der Lehrer diese ihm zustehenden Möglichkeiten der Unterrichtslenkung, so wird es zu Spannungen im Unterricht kommen. Will der Lehrer nämlich sein Unterrichtskonzept gegen die allgemeine Interessenlage der Klasse erzwingen, so wird als Reaktion entweder allgemeiner Protest oder tiefes Schweigen eintreten. In beiden Fällen wird damit der Lehrer zum methodisch unbegründeten Lehrervortrag gezwungen. Insbesondere diese Vorgänge haben im Laufe der Zeit mit zu dem negativen Stellenwert beigetragen, den der Lehrervortrag bzw. die darstellende Aktionsform und in Verbindung damit der Frontalunterricht in der pädagogischen Literatur innehat.

(4) Der Frontalunterricht erleichtert die Unterrichtstätigkeit des Lehrers.

Da diese Vorteile des Frontalunterrichts für den Lehrer leicht einsichtig sind, können sie rasch abgehandelt werden:

- Der Frontalunterricht eröffnet dem Lehrer die Möglichkeit, viele Schüler gleichzeitig anzusprechen. Die Schülerinformation kann rasch erfolgen und ist für alle gleich. Der Frontalunterricht ist somit eine ökonomische Form des Unterrichtens. Vielfältige organisatorische Maßnahmen, wie sie die schülerzentrierten Unterrichtsmethoden erfordern, entfallen.

- Der Lehrer besitzt eine große Übersicht. Sie erlaubt einen straffen Unterrichtsstil mit der Folge, daß Stoffmenge und Unterrichtszeit in etwa in Einklang gebracht werden können.

- Die Zentrierung des Unterrichts auf den Lehrer vermindert die Disziplinprobleme. Insbesondere gilt dies für den jungen Lehrer, denn die Autorität des Lehrers kann rasch und gezielt eingesetzt werden.

- Da der Lehrer die Kontaktsignale setzt, ist es ihm leicht möglich, seine Unterrichtsplanung auch durchzusetzen, so daß der Frontalunterricht, methodisch gesehen, eine einfache Sozialform darstellt.

Diese Ausführungen zum Frontalunterricht stehen in vielfältiger Weise im Gegensatz zu der Wertung des Frontalunterrichts in der pädagogischen Literatur. Sie sind jedoch als das Ergebnis einer praxisorientierten Unterrichtslehre zu verstehen. Es ist nicht einzusehen, warum die Theorie Maximen aufstellt, die zu einer fast unüberbrückbaren Diskrepanz zwischen schulpädagogischer Literatur und Schulpraxis führen, weil der Lehrer ihnen nur in Ausnahmefällen voll Rechnung tragen kann.

Der Frontalunterricht, dies als abschließende Wertung, hat zweifellos, wenn er bewußt eingesetzt wird, Vorzüge, die seinen Einsatz im Unterricht rechtfertigen. Andererseits muß sich der Lehrer der Hauptgefahren dieser Sozialform - Einschränkung der Eigeninitiative des Schülers; soziale Isolierungstendenzen; Nivellierung der Schülerleistungen; Gängelung der Klasse - immer bewußt bleiben. Es geht also nicht darum, den Frontalunterricht abzuschaffen, vielmehr muß die Breite und Häufigkeit seiner Verwendung überdacht werden. „Das Wissen um individuelle Entwicklungsabläufe und Lernprozesse, das politische Recht des einzelnen auf individuelle Ausbildung, die Forderung nach sozialem Lernen, sozialer Integration und Selbständigkeit, aber auch methodische Gesichtspunkte wie z. B. ‚Lernen durch Tun' lassen den Klassenunterricht (Frontalunterricht, d. V.) zumindest in der bisherigen Breite seiner Verwendung fragwürdig erscheinen. Klassenunterricht kann nicht länger die ausschließliche Organisationsform schulischer Arbeit sein. Es gilt, Möglichkeiten innerer Differenzierung aufzuzeigen, damit Klassenunterricht da, wo es pädagogisch geboten und zweckmäßig erscheint, durch Modelle innerer Differenzierung ersetzt bzw. ergänzt werden kann."[1] Insoweit ist der Frontalunterricht eben nur eine von mehreren Sozialformen, die dem Lehrer für die methodische Gestaltung des Unterrichts zur Verfügung stehen und die es gezielt und pädagogisch begründet einzusetzen gilt. Der Lehrer muß auf Veränderung und Variation der Unterrichtsorganisation bedacht sein, um dadurch alle Lernbereiche der Schüler anzusprechen.

Daß ein gut angelegter Frontalunterricht jedoch wertvolle Dienste zu leisten vermag, zeigt der folgende Unterrichtsentwurf.[2]

---

1 Nuhn, H. E.: Formen der Unterrichtsorganisation, S. 75.
2 Der Unterrichtsentwurf wurde am Seminar für Schulpädagogik Weingarten von Studienreferendarin E. Friedlein erarbeitet.

Thema: Der Zahlungsverzug - Voraussetzungen und Rechte

Klasse: 1. Klasse Berufsfachschule

Verlaufsplanung

Allgemeine Lernziele / Schlüsselqualifikationen

Die Schüler sollen
- *durch praxisbezogene Fallbeispiele Interesse am theoretischen Wissen finden;*
- *erfahren, daß eingegangene Verpflichtungen in der Rechts- und Geschäftspraxis ordnungsgemäß zu erfüllen sind; dadurch soll die Aufgeschlossenheit für Recht und Gesetz geweckt und das Rechtsempfinden und Verantwortungsbewußtsein gestärkt werden;*
- *selbständig betriebswirtschaftliche Entscheidungssachverhalte analysieren und beurteilen können; dadurch soll das Entscheidungs- und Beurteilungsvermögen gefestigt werden;*
- *lernen, Gesetzestexte auf vorgegebene Fallsituationen anzuwenden und zur Lösungsfindung heranzuziehen; dadurch soll die intellektuelle Beweglichkeit gefördert werden.*

Unterrichtsablauf

Lehrerverhalten (geplant)	Schülerverhalten (erwartet)	Methodisch-didaktische Hinweise	Zeit
Motivation: Rechnungsduplikat mit Mahnung und Nachfristsetzung.		Me: Folie 1 Af: fragend-entwickelnd Sf: Frontalunterricht Uv: erklärend-induktiv	
Lernziel 1: *Die Schüler sollen aus dem Beispiel die Voraussetzungen für den Zahlungsverzug herleiten können.*			15'
Erschließungsfragen: Stellen Sie sich vor, Sie sind Auszubildender bei der Fa. Feine in Rinteln. Der Sachbearbeiter in Ihrer Abteilung gibt Ihnen das Rechnungsduplikat zum Versenden. Können Sie den zugrunde liegenden Sachverhalt erklären?	Kunde hat Rechnung noch nicht bezahlt und wird gemahnt.		
1. Feinziel: *Kaufvertrag als Voraussetzung.* Warum wurde die Rechnung geschrieben?	Weil das Auto geliefert wurde.		
Welches Rechtsgeschäft liegt zugrunde?	Kaufvertrag		
2. Feinziel: *Nichterfüllung der Zahlungspflicht als Voraussetzung.*			
Beschreiben Sie den weiteren Ablauf des Sachverhaltes nach Abschluß des Kaufvertrags!	Lieferung, Nichtzahlung.		

Lehrerverhalten (geplant)	Schülerverhalten (erwartet)	Methodisch-didaktische Hinweise	Zeit
Welche Pflicht wurde somit verletzt? Man nennt dies „Zahlungsverzug!"	Zahlungspflicht.	Me: Tafel	
Kaufvertrag und Nichteinhaltung der Zahlungspflicht halten wir fest als Voraussetzungen für den Zahlungsverzug.			
Wer hat die Zahlungspflicht nicht erfüllt? Wer ist Schuldner? Wer ist Gläubiger?	Schüler nennen die Namen.		
Welche Leistung hat der Schuldner zu erbringen? (= Geldschuldner)	Geld.		
3. Feinziel: *Eintritt des Zahlungsverzuges bei kalendermäßig nicht genau bestimmter Fälligkeit.*			
Wann hätte der Schuldner seine Pflicht erfüllen müssen?	– sofort nach Erhalt der Rechnung.		
An welchem Tag?	– nicht genau feststellbar.	Me: Tafel	
Der Fälligkeitstermin ist also kalendermäßig nicht genau bestimmt!			
Vom Lieferungsverzug her wissen Sie sicher, unter welchen Voraussetzungen der Schuldner in diesem Fall in Verzug kommt.	– nach Mahnung und Nachfristsetzung.	Me: Tafel	
Zu welchem Zeitpunkt tritt der Verzug in unserem Fall ein?	– Schüler nennen Ende der Nachfrist.	Me: Folie 1	
4. Feinziel: *Verschulden des Käufers ist als Voraussetzung nicht erforderlich.*			
Schuldner macht Einwände: Er sei nicht in Verzug, da er die Zahlung nicht habe vornehmen können (unverschuldeter Unfall).			
Hat er recht? Lesen Sie § 279 BGB vor!	– Schüler äußern Vermutungen.		
Beantworten Sie jetzt die Frage (gegebenenfalls Klärung des Begriffs Gattungsschuld)!	– Schuldner hat recht bzw. nicht recht.	Me: Tafel	
Lernziel 2: *Die Schüler sollen aus dem Beispiel zwei Rechte des Gläubigers herleiten können.*			8'
Nachdem geklärt ist, daß der Schuldner tatsächlich in Verzug ist, können wir das Beispiel weiter untersuchen.			

238

Lehrerverhalten (geplant)	Schülerverhalten (erwartet)	Methodisch-didaktische Hinweise	Zeit
Der Schuldner zahlt zu dem angegebenen Termin nicht. Welche Maßnahmen sind zu ergreifen?	– wieder mahnen.		
Welches Ziel wollen Sie mit der Mahnung erreichen?	– Zahlung durch den Schuldner.		
Das wäre ein Recht, das der Verkäufer verlangen kann.		Me: Tafel	
Der Gläubiger hat in der Zwischenzeit einen Kredit aufnehmen müssen! Läßt der Gesetzgeber das zu?	– Ersatz der Kosten verlangen. – überprüfen, ob Ersatzanspruch rechtmäßig ist.	Me: Tafel Me: Arbeitsblatt mit Gesetzestexten, Tafel	
Schauen Sie nach in den §§ 286, 288 BGB! Weitere Möglichkeit bei zweiseitigem Handelskauf: § 352 HGB. Für den Kredit müssen 15% Zinsen gezahlt werden.	– Verkäufer verlangt 15% Zinsen.	Af: kurzer Lehrervortrag (darstellend) Af: fragend-entwickelnd	
Kann er das? Woraus schließen Sie das?	– Hinweis: § 288 BGB.		
Von welchem Zeitpunkt an kann er Zinsen verlangen?	– ab dem Zeitpunkt des Verzuges (nicht ab dem Tag der ersten Mahnung!).		
Der Kunde sieht ein, daß er zahlen muß, der Fall ist somit erledigt.			
Lernziel 3: *Die Schüler sollen den Eintritt des Zahlungsverzugs bei kalendermäßig bestimmter Fälligkeit nennen können.*			3'
Der Sachbearbeiter legt Ihnen heute diese Rechnung zur Bearbeitung vor!	– Schüler erklären den Sachverhalt: Zahlungsverzug.	Me: Folie	
Welche Schritte unternehmen Sie?	– nennen Maßnahmen.		
Zu welchem Zeitpunkt tritt der Verzug bei kalendermäßig genau bestimmter Fälligkeit ein? (Transfer zum Lieferungsverzug)	– mit Eintritt der Fälligkeit, ohne Mahnung.	Me: Tafel	
Lernziel 4: *Die Schüler sollen Ablehnung der Leistung und Rücktritt vom Vertrag bzw. Forderung von Schadenersatz wegen Nichterfüllung als weitere Rechte des Verkäufers nennen und erklären können.*			8'

239

Lehrerverhalten (geplant)	Schülerverhalten (erwartet)	Methodisch-didaktische Hinweise	Zeit
Welche Maßnahmen würden Sie ergreifen, wenn Sie erfahren, daß der Schuldner arbeitslos ist und nicht über Ersparnisse verfügt?	− nennen Maßnahmen, u.a. Rücktritt vom Vertrag.		
Versuchen Sie, aus § 326 BGB die Maßnahmen zu entnehmen, die für den Rücktritt vom Vertrag zutreffend sind!	− nennen Maßnahmen.	Sf: Einzelarbeit Me: Arbeitsblatt mit Gesetzestexten Uv: erklärend-deduktiv Me: Tafel	
Dasselbe gilt für das Recht auf Ablehnung der Zahlung und Schadenersatz wegen Nichterfüllung.		Sf: Frontalunterricht Me: Tafel	
In unserem Fall gilt aber eine Ausnahme: § 361 BGB!	− Schüler lesen § 361 BGB. − beim Fixgeschäft entfällt die Nachfristsetzung.	Sf: Einzelarbeit Me: Tafel Sf: Frontalunterricht	
Lernziel 5: *Die Schüler sollen die Geltendmachung eines bestimmten Rechtes (betriebswirtschaftlich) begründen können.*			5'
Welches der angesprochenen Rechte wird der Verkäufer geltend machen?	− Schüler begründen Inanspruchnahme eines Rechtes: abhängig vom Kunden; ist noch Zahlung zu erwarten? Ist es ein wichtiger Kunde? usw.		
Abkürzungen: Af = Aktionsform Sf = Sozialform Me = Medium Uv = Unterrichtsverfahren			45'

240

Tafelanschrieb

Thema: **Der Zahlungsverzug**

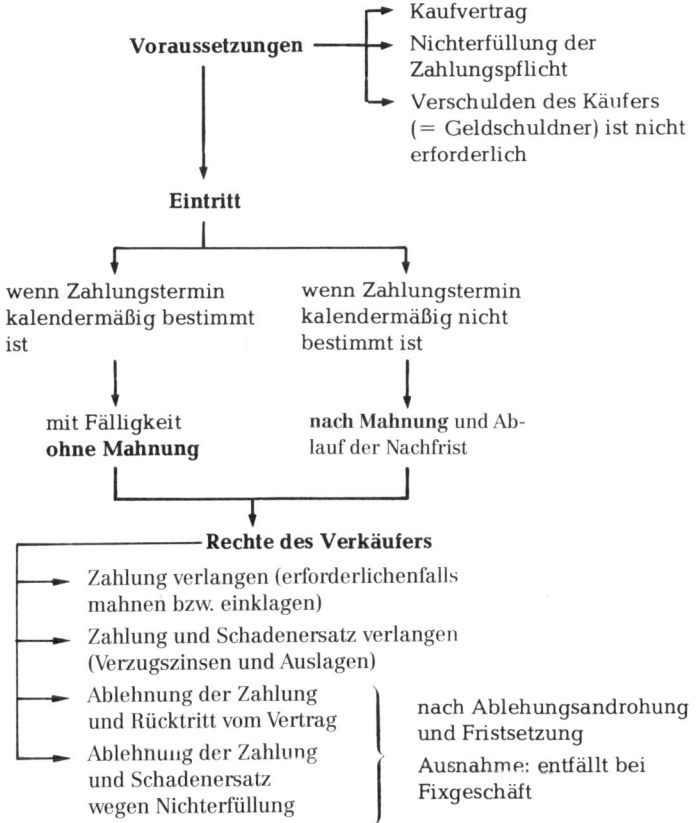

Voraussetzungen ⟶ Kaufvertrag

Nichterfüllung der
Zahlungspflicht

Verschulden des Käufers
(= Geldschuldner) ist nicht
erforderlich

Eintritt

wenn Zahlungstermin
kalendermäßig bestimmt
ist

wenn Zahlungstermin
kalendermäßig nicht
bestimmt ist

mit Fälligkeit
ohne Mahnung

nach Mahnung und Ablauf der Nachfrist

Rechte des Verkäufers

Zahlung verlangen (erforderlichenfalls
mahnen bzw. einklagen)

Zahlung und Schadenersatz verlangen
(Verzugszinsen und Auslagen)

Ablehnung der Zahlung
und Rücktritt vom Vertrag

Ablehnung der Zahlung
und Schadenersatz
wegen Nichterfüllung

nach Ablehungsandrohung
und Fristsetzung

Ausnahme: entfällt bei
Fixgeschäft

Autohaus Feine · Rinteln

Fa.
Otto Holzer
Schreinerei
Industrieweg 60

Haupthändler
31737 Rinteln
Friedrich-Ebert-Straße 16 – 18

30419 Hannover

Rechnungsduplikat
Rechnung Nr. AR 80/150

Ihre Bestellung vom 15. 09...   Order Nr. 80/400   Unser Zeichen Mi – F   Tag 15. 10...
Wir lieferten Ihnen am 14. 10...

	DM	Pf
1 Ford Transit Preis ab Werk	55 000,	00
+ 15 % USt.	8 250,	00
	63 250,	00

Sehr geehrter Kunde,

sicher haben Sie die Bezahlung
dieser Rechnung vergessen. Über-
weisen Sie den fälligen Betrag
bitte bis zum 01. 11...

Zahlung sofort nach Erhalt
der Rechnung

Erfüllungsort und Gerichtsstand ist Rinteln. Das Fahrzeug bleibt bis zur restlosen Bezahlung unser Eigentum.
Bankkonten: Sparkasse Rinteln, BLZ 254 511 35, Konto 22 11 88 · Volksbank Rinteln, BLZ 254 91 071, Konto 30 95 80 03 ·
Deutsche Bank Rinteln, BLZ 254 71 073, Konto 097 13 90 · Postbank Stuttgart, BLZ 600 100 70, Konto 9245-704

Autohaus Feine · Rinteln

Herrn Friedrich Müller Elberskamp 200	Haupthändler 31735 Rinteln Friedrich-Ebert-Straße 16 – 18
59071 Hameln	

Rechnung Nr. AR 80/345

Ihre Bestellung vom 07. 08...   Order Nr. 80/200   Unser Zeichen Mi – F   Tag 04. 10...
Wir lieferten Ihnen am 03. 10...

		DM	Pf
1 Ford Escort	Preis ab Werk	36 000,	00
	+ 15 % USt.	5 400,	00
		41 400,	00

Zahlungsbedingungen
bis 03. 11... netto

Erfüllungsort und Gerichtsstand ist Rinteln. Das Fahrzeug bleibt bis zur restlosen Bezahlung unser Eigentum.
Bankkonten: Sparkasse Rinteln, BLZ 254 511 35, Konto 22 11 88 · Volksbank Rinteln, BLZ 254 910 71, Konto 30 95 80 03 ·
Deutsche Bank Rinteln, BLZ 254 710 73, Konto 097 13 90 · Postbank Stuttgart, BLZ 600 100 70, Konto 9245-704

BGB § 279 (Unvermögen bei Gattungsschuld)

Ist der geschuldete Gegenstand nur der Gattung nach bestimmt, so hat der Schuldner, solange die Leistung aus der Gattung möglich ist, sein Unvermögen zur Leistung auch dann zu vertreten, wenn ihm ein Verschulden nicht zur Last fällt.

BGB § 286 (Verzugsschaden)

^{1}Der Schuldner hat dem Gläubiger den durch den Verzug entstandenen Schaden zu ersetzen.

BGB § 288 (Verzugszinsen)

(1) ^{1}Eine Geldschuld ist während des Verzugs mit vier von Hundert für das Jahr zu verzinsen. ^{2}Kann der Gläubiger aus einem anderen Rechtsgrunde höhere Zinsen verlangen, so sind diese fortzuentrichten.
(2) Die Geltendmachung eines weiteren Schadens ist nicht ausgeschlossen.

HGB § 352 (Gesetzlicher Zinssatz)

(1) ^{1}Die Höhe der gesetzlichen Zinsen, mit Einschluß der Verzugszinsen, ist bei beiderseitigen Handelsgeschäften fünf vom Hundert für das Jahr. ^{2}Das gleiche gilt, wenn für eine Schuld aus einem solchen Handelsgeschäft Zinsen ohne Bestimmung des Zinsfußes versprochen sind.

BGB § 326 (Verzug, Fristsetzung und Ablehnungsandrohung)

(1) ^{1}Ist bei einem gegenseitigen Vertrage der eine Teil mit der ihm obliegenden Leistung im Verzuge, so kann ihm der andere Teil zur Bewirkung der Leistung eine angemessene Frist mit der Erklärung bestimmen, daß er die Annahme der Leistung nach Ablauf der Frist ablehne. ^{2}Nach Ablauf der Frist ist er berechtigt, Schadensersatz wegen Nichterfüllung zu verlangen oder von dem Vertrage zurückzutreten, wenn nicht die Leistung rechtzeitig erfolgt ist; der Anspruch auf Erfüllung ist ausgeschlossen.

BGB § 361 (Rücktritt bei Fixgeschäft)

Ist in einem gegenseitigen Vertrage vereinbart, daß die Leistung des einen Teils genau zu einer festbestimmten Zeit oder innerhalb einer festbestimmten Frist bewirkt werden soll, so ist im Zweifel anzunehmen, daß der andere Teil zum Rücktritte berechtigt sein soll, wenn die Leistung nicht zu der bestimmten Zeit oder innerhalb der bestimmten Frist erfolgt.

BGB § 287 (Erweiterte Haftung)

Der Schuldner hat während des Verzuges jede Fahrlässigkeit zu vertreten. Er ist auch für die während des Verzugs durch Zufall eintretende Unmöglichkeit der Leistung verantwortlich, es sei denn, daß der Schaden auch bei rechtzeitiger Leistung eingetreten sein würde.

Folie 3:

Ⓥ⊗ **Volksbank Rinteln eG**   15.02.19.. *Haus Schmidt*

Datum   Unterschrift für nachstehenden Auftrag

Empfänger

Autohaus Feine, Rinteln

Konto-Nr. des Empfängers   Bankleitzahl

30 95 80 03   254 910 71

bei (Kreditinstitut) Voba Rinteln

Betrag: DM, Pf

1 000,00

Verwendungszweck - z.B. Kunden-Referenznummer - (nur für Empfänger)

Rechnung 05.02.19..

Auftraggeber

Hans Schmidt, Rinteln,Haselweg 15

Konto-Nr. des Auftraggebers

18 69 00

1.2.2 Differenzierungsformen des Unterrichts

Das Gegenstück zum Frontalunterricht, der vom geschlossenen Klassenverband ausgeht, ist gegeben, wenn die Klasse in wechselnde Abteilungen aufgelöst wird, die dann ihrerseits die eigentlichen Träger des unterrichtlichen Lernprozesses bilden. Wird den einzelnen Schülern jeweils individuell eine Arbeit zugeordnet, so liegt *Alleinarbeit (Einzelarbeit)* vor. Die konträre Position bezieht die *Partnerarbeit i. w. S.* Hier wird die Lernleistung von mehreren Schülern gemeinsam erbracht.

1.2.2.1 Alleinarbeit (Einzelarbeit)

Alleinarbeit ist kein Selbstunterricht, sondern unterliegt vielmehr der umfassenden Planung und Leitung des Lehrers. Da die Schüler die Arbeit jedoch weitestgehend für sich allein vornehmen, kann man auch von einer indirekten oder mittelbaren Sozialform sprechen. Sind die angewiesenen Arbeiten vom Schüler ausgeführt, erfolgt eine gemeinsame Zusammenfassung und Auswertung der Ergebnisse im Klassenverband. Die Literatur hat sich mit dieser Thematik intensiv beschäftigt, „jedoch war nicht so sehr die Methodik der Einzelarbeit Ausgang der Überlegungen als vielmehr die methodisch richtige Verwendung von sogenannten Arbeitsmitteln."[1] Dies ist auch verständlich, da in der Schule Arbeitsmittel (Medien i. w. S.) und Alleinarbeit untrennbar miteinander verbunden sind.[2]

Im Grunde ist die *Alleinarbeit* auf jeder Unterrichtsstufe möglich. Sie kann beispielsweise *vorarbeitend* sein, etwa wenn der Lehrer das Thema der nächsten Stunde im vorhinein ankündigt, um den Schülern Erkundungs-, Beobachtungs - oder Forschungsaufträge zu übertragen. So kann der Lehrer die Schüler beauftragen, bei einer Bank, einer Bausparkasse und einer Versicherungsgesellschaft Prospekte einzuholen, um die Thematik des prämien- und steuerbegünstigten Sparens bzw. der Kraftfahrtversicherung vorzubereiten. In der Verkäuferklasse kann vom Schüler eine Zusammenstellung der Lagereinrichtung des Ausbildungsbetriebes verlangt werden, um für das Thema „Einrichtung und Organisation des Lagers" Anschauungsmaterial zu erhalten.

Daneben kann die Alleinarbeit auch zur *Verarbeitung* des bereits behandelten Stoffgebietes herangezogen werden, um die besprochene Problematik anzuwenden, zu üben und zu vertiefen. Etwa wenn im Kaufmännischen Rechnen nach der Einführung in den BAB die Schüler die Gemeinkostenzuschlagssätze für die jeweiligen Kostenstellen selbständig in einer Übungsphase berechnen. Oder wenn die Schüler dazu angehalten werden, nach der allgemeinen Behandlung des Wechsels ein Formular aufgrund eines vorgegebenen Falles auszufüllen.

Auf einer höheren Lernzielebene ist die *weiterführende* Alleinarbeit angesiedelt, „handelt es sich doch hier nicht nur um Anwendung, Auswertung schon gefundener Erkenntnisse oder erworbener Fertigkeiten, sondern hie und da auch schon um Findung neuer Einsichten, um Gewinnung neuer Fertigkeiten."[3] So kann der Lehrer, wenn er die Begriffe Konzern und Kartell erarbeitet hat, die Schüler beauftragen, schriftlich in 10 Minuten Gründe zu sammeln, die den Gesetzgeber wohl veranlaßt haben, diese Zusammenschlüsse einer gesetzlichen Kontrolle zu unterwerfen bzw. zu verbieten. Oder, der Lehrer gibt für die Verjährung von Forderungen die Gesetzesbestimmungen an und läßt die Schüler den Begriff Verjährung, die Verjährungsfristen und den Beginn der Verjährung in Alleinarbeit ermitteln.

Mit der hier vertretenen Auffassung von Alleinarbeit muß man sich von der Ansicht lösen, diese Sozialform diene allein der Reproduktion, Vertiefung, Übung u. a. und der Schüler befinde sich somit grundsätzlich in der Position des „Nach". „Lernen heißt in diesem Sinne jetzt nicht mehr nach der eigentlichen Behandlung ,nachlernen', sondern heißt jetzt ,einlernen', also selbständig Kenntnisse und Fertigkeiten erwerben. Hier liegt das didaktische (= methodische in der Definition des Verfassers) Novum. Wir trauen dem Schüler in bestimmten Situationen und Formen unter bestimmter Führung selbständigen Bildungserwerb zu."[4] Wird diese Sozialform, die die konsequenteste Form der Individualisierung darstellt, als Kombinationselement mit anderen Formen gesehen und eingesetzt, so stellt sie eine äußerst effektive Unterrichtsmethode dar.

---

1 Aschersleben, K.: Unterrichtsmethodik, S. 194.
2 Da diese Thematik in Abschnitt C., Kapitel 1.4 erörtert wird, kann hier von einer Besprechung der Problematik Abstand genommen werden.
3 Stöcker, K.: Unterrichtsgestaltung, S. 248.
4 Stöcker, K., ebenda, S. 250.

1.2.2.2 Partnerarbeit i. w. S.

1.2.2.2.1 Partnerarbeit

„Den natürlichen Vorgang, daß zwei Schüler miteinander reden, gemeinsam eine Lösung suchen, daß einer dem anderen etwas Unverstandenes erklärt, ihn auf einen Fehler aufmerksam macht oder ihn daran hindert, weitere Fehler zu begehen, bezeichnet man, sobald sich das gemeinsame Tun planvoll und für eine gewisse Zeit im Unterricht vollzieht, als schulische Partnerarbeit.“[1] Bei der Partnerarbeit arbeiten also jeweils zwei Schüler für kurze Zeit unter genauer Arbeitsanweisung durch den Lehrer zusammen. „Dabei muß man unterscheiden zwischen gleichberechtigter Partnerarbeit (je geringer der Niveauunterschied, desto mehr haben beide Schüler davon) und Partnerarbeit als Helfersystem. Beim Helfersystem sind die Leistungen der Partner ungleich, und der bessere Schüler fungiert gewissermaßen als Hilfslehrer, um den schwächeren zu fördern.“[2] In der Literatur wird diese Sozialform zum einen als wichtige Vorform des Gruppenunterrichts angesehen: „Die Partnerarbeit erweist sich als ausgezeichnete Hilfe für *den* Lehrer, der einen im autoritären Geist groß gewordenen Schülerblock langsam auflockern will, ohne viel von der mitgebrachten Ordnung zu zerstören.“[3] Zum anderen wird die Partnerarbeit als eigenständige Unterrichtsmethode herausgestellt.

Die Partnerarbeit wurde insbesondere von Simon, Coppes[4]und Schell[5] empirisch untersucht. Schell, die die Ergebnisse von Simon und Coppes in ihre Betrachtungen mit einbezieht, kommt aufgrund der ermittelten statistischen Daten zu folgenden Resultaten:

— „Alternanz von individueller und kooperativer Arbeitsform wirkt sich im Vergleich zu ausschließlicher Einzelarbeit positiv auf den Lernerfolg aus.

— Der Grad der Sozialität muß als einflußreicher Faktor bei Lernleistungen, welche die Fähigkeit zum Transfer voraussetzen, berücksichtigt werden.

— Der Art der Leistungsgruppierung (homogen oder heterogen) kann kein leistungsbestimmender Effekt zugeordnet werden.

— Werden die Aufgaben in solche mit durchschnittlich hohem und durchschnittlich niedrigem Schwierigkeitsgrad differenziert, zeigt sich, daß Schüler mit kooperativer Lernerfahrung den individuell Lernenden bei schwierigen Aufgaben überlegen sind, während bei einfachen Aufgaben keine Unterschiede auftreten.“[6]

Die Partnerarbeit kann sowohl auf der Stufe der Motivation als auch zur Erfolgskontrolle, Stofffindung, Stoffwiederholung u. a. herangezogen werden, d. h., im Grunde kann sie in jeder Phase des Unterrichtsablaufes eingesetzt werden. Sie ist

---

1 Nuhn, H. E.: Formen der Unterrichtsorganisation, S. 91.
2 Nuhn, H. E., ebenda, S. 91.
3 Simon, A.: Partnerschaft im Unterricht, Essen o. J., S. 35.
4 Coppes, K. H.: Partnerschaft im Unterrichtsgeschehen der Grund- und Hauptschulen, Weinheim 1969.
5 Schell, Ch.: Partnerarbeit im Unterricht, München 1972.
6 Schell, Ch., ebenda, S. 89.

nicht raumaufwendig und nur in geringem Maße zeitaufwendig. Diese Flexibilität macht die Partnerarbeit für jeden Unterricht besonders wertvoll. Das gilt für den Wirtschaftslehre-Unterricht im besonderen.

In der Betriebswirtschaftslehre gibt es, wie gezeigt, Themengebiete, die sich gut im Frontalunterricht darstellen lassen. Dabei fallen immer wieder interessante Detailfragen an, die es zu vertiefen gilt. Hier kann der Lehrer die Schüleraktivität stärken, indem er die Schüler, unter Angabe der zur Verfügung stehenden Zeit, das Problem in Partnerarbeit aufbereiten bzw. lösen läßt. Bei der Besprechung der Einkommensteuer fragen die Schüler beispielsweise nach dem Sinn der Steuerprogression. Impuls des Lehrers: Formulieren Sie in fünf Minuten einige Gedanken hierzu! In der Buchführung wird in die Gehaltsbuchungen eingeführt, und der Lehrer gibt als Arbeitsmittel eine Gehaltsabrechnung vor. Nach Klärung der Angaben ist die gemeinsame Erarbeitung des Buchungssatzes eine Möglichkeit des Vorgehens. Als Alternative kann aber auch Partnerarbeit im Sinne eines Lösungsversuches eingesetzt werden. Zieht der Lehrer die Erarbeitung vor, so ist die Partnerarbeit als Lernzielwiederholung verwendbar, indem jeweils zwei Schüler einen weiteren Geschäftsvorfall, eventuell erweitert um die Buchung der Miete für eine Werkswohnung, lösen. Ähnliches gilt für das Kaufmännische Rechnen. Ist der Lösungsweg einer schwierigen Textaufgabe im Zins- oder Prozentrechnen besprochen, der Rechengang aber zu begrenzt, als daß sich eine Gruppenarbeit „lohnen" würde, kann die Partnerarbeit herangezogen werden.

Die Partnerarbeit ist so gesehen eine Sozialform, die sich geradezu anbietet, den Rahmen eines gemeinsamen Klassenunterrichtes aufzulockern und die Schüleraktivität, unter Verstärkung der sozialen Komponente, zu fördern. Die Partnerarbeit ist, so eingesetzt, eine sehr empfehlenswerte Unterrichtsmethode. „Dies gilt aus der Sicht des Lehrers ebenso wie aus der Sicht des Schülers. Für den Lehrer ist sie eine Unterrichtsmethode, die ihn sozialpsychologisch und methodisch nicht überfordert, und aus der Sicht des Schülers ist sie ebenfalls sozial-psychologisch konfliktärmer, erlaubt ihm größere Aktivität und wird auch vom älteren Schüler noch als altersgemäße Methode akzeptiert. Als Vorform des Gruppenunterrichts kann sie helfen, diese anspruchsvolle Unterrichtsmethode einzuüben."[1] Im einzelnen sieht Nuhn in der Partnerarbeit folgende Vorzüge:[2]

„1. Die Aktivität der Schüler wird durch Partnerarbeit in hohem Maße geweckt und gefördert. In der Gruppe läßt sich untertauchen, vor dem Partner aber kann man sich nicht verstecken. Während der Partnerarbeit arbeiten tatsächlich alle Schüler mit.

2. Großer sozialpädagogischer Wert kommt der Partnerarbeit zu, denn die Schüler werden bewußt oder unbewußt zu partnerschaftlichem Verhalten gezwungen und dadurch erzogen.

3. Partnerarbeit läßt Raum zu selbständigem Tun.

---

1 Aschersleben, K.: Unterrichtsmethodik, S. 180.
2 Nuhn, H. E.: Formen der Unterrichtsorganisation, S. 94. Vgl. auch: Simon, A.: Partnerschaft; Hirzel, M.: Partnerschaft im programmierten Unterricht, eine Möglichkeit zur Differenzierung, Stuttgart 1969; Schell, Ch.: Partnerarbeit; Schröter, G.: Neue Untersuchungen zur Partnerarbeit mit Lehrprogrammen, in: Neue Unterrichtspraxis, I/1969.

4. Jedes Paar bestimmt seinen Arbeitsrhythmus und sein Arbeitstempo selbst. Das trägt in hohem Maße zur Individualisierung des Unterrichts bei.

5. Partnerarbeit hilft, den eindimensionalen Kommunikationsstil herkömmlichen Unterrichts zu überwinden. Hier sprechen zwei Schüler untereinander, und auch der Lehrer, der sich der Partnergruppe zuwendet, ist in anderer Weise Gesprächspartner als im frontalen Unterricht.

6. Partnerarbeit läßt höhere Leistungsergebnisse erwarten als Klassen- oder Einzelarbeit. Simon konstatiert bei der Partnerarbeit um 43 % mehr richtige Lösungen als bei der Klassenarbeit (Frontalunterricht d. V.).... Schließlich weist Christa Schell den positiven Effekt des Wechsels zwischen Partner- und Einzelarbeit auf die Lern-, Behaltens- und Transferleistungen von Schülern nach.

7. Partnerarbeit nützt allen Schülern. Der Schwächere bekommt Hilfe und hat die Möglichkeit, einen Lernzuwachs zu erreichen, der Stärkere steigert seine Fähigkeiten durch Erläutern, Erklären, Vormachen.

8. Methodenwechsel durch Partnerarbeit unterstützt den Unterricht und lockert ihn auf.

9. Für Partnerarbeit sind nur geringe organisatorisch-technische Veränderungen nötig.

10. Partnerarbeit ist die von mehr als der Hälfte der Schüler gewünschte Sozialform. In Hirzels Untersuchung wählten 51 % der Schüler Partnerarbeit, bei Schröter tendierten 56,7 % der befragten Berufsschüler zur Partnerarbeit. Steigerung der Motivation und der Arbeitsfreude sind zu erwarten, wenn sich Schüler in der von ihnen als angenehm empfundenen Sozialform betätigen können."

1.2.2.2.2 Gruppenarbeit

Verhältnis von Theorie und Praxis

Ginge es nach der pädagogischen Literatur, dann hätte der Gruppenunterricht in unseren Schulen schon seit langem einen triumphalen Siegeszug angetreten. Er blieb aus, und so ist bei dieser Sozialform eine erschreckend hohe Diskrepanz zwischen Theorie und Unterrichtspraxis zu konstatieren. Stöcker sieht hierfür drei Gründe als maßgebend an:[1]

– Die Gruppenarbeit stellt methodisch gesehen eine schwierige Sozialform dar. Da zum Gelingen viele innere und äußere Voraussetzungen erfüllt sein müssen, ist die Gruppenarbeit langfristig anzulegen und bringt kurzfristig keine Unterrichtserfolge. Dieser Wille zur Bildungsarbeit auf längere Sicht scheint heute jedoch vielerorts zu fehlen.

---

1 Stöcker, K.: Unterrichtsgestaltung, S. 254 f.

– Dem Gruppenunterricht haftet die Vorstellung von Spitzenleistungen an, die von besonders engagierten Lehrern in exzellenten Klassen zu erzielen sind. Für den gewöhnlichen Schulalltag komme daher die Gruppenarbeit kaum in Betracht. Hinzu komme, daß durch die Ausweitung der Lerninhalte die Abwendung von den traditionellen, zeitsparenden Unterrichtsmethoden und die Hinwendung zu zeitintensiven Methoden geradezu unverantwortlich sei.

– Der dritte Grund resultiert aus der Unsicherheit über die Zielsetzung der Gruppenarbeit. Handelt es sich um eine neue pädagogische Grundhaltung oder lediglich um eine neue Unterrichtsmethode? Diese Unklarheit entsteht dadurch, daß in vielen Veröffentlichungen, die den Gruppenunterricht dem Frontalunterricht gegenüberstellen, in einem Fall den Schwerpunkt auf die unterrichtliche, im anderen Fall auf die sozialerzieherische Seite gelegt wird.

Wesen und Zielsetzung

Gruppenarbeit[1] wird hier als eine Sozialform verstanden, bei der abgegrenzte Lernaufgaben von Schülergruppen in weitestgehend gemeinsamer autonomer Arbeit gelöst und dann der Klassengemeinschaft zur vertiefenden fruchtbaren Verwendung überlassen werden. Die eigentliche unterrichtliche Bildung geht hierbei von der Gruppe aus. Die Gruppenarbeit zeichnet sich insbesondere dadurch aus, daß die gewonnenen Arbeits- und Übungsergebnisse der einzelnen Gruppen dem Klassenverband zur gemeinsamen Weiterarbeit dienen und nicht isolierte Ergebnisse bleiben. „Eine Differenzierung *ohne* spätere Arbeitsvereinigung, *ohne* Vermittlung der Ergebnisse an die Klasse oder allenfalls zur stillen Kenntnisnahme des Lehrers allein ist zwar theoretisch denkbar, einer solchen Arbeitsform würde jedoch die Sinnerfüllung fehlen. Sie würde nicht nur dem psychologischen Grundgerüst widersprechen, daß die von den Schülern erarbeiteten Inhalte auch dargestellt und mitgeteilt werden wollen, sie würde damit auch auf die wesentlichen Antriebe und Motive, die die Kinder gerade zur intensiven Arbeit veranlassen, verzichten. Denn nur in Gedanken an die kommende Diskussion über das Ergebnis des Erarbeiteten entfaltet die Gruppe ihre besten Kräfte."[2]

Der kooperative Arbeitsstil - Kooperation innerhalb der Gruppe, sodann der Gruppen untereinander - ermöglicht es, daß der Schüler *Sozialerfahrungen* gewinnt. Er lernt Rücksichtnahme, Eingliederung, Hilfsbereitschaft, Rollenverständnis, aber auch Durchsetzungsvermögen, kritische Fragehaltung und Autoritätsstreben. Der Schüler praktiziert im Gruppenunterricht diese sozialen Verhaltenskomponenten, die er im Frontalunterricht weitestgehend nur theoretisch vom Lehrer vermittelt erhält. Die Gruppe wird so zu einem „sozialen Verband, in dem auf irgendeine Weise Kontakt und Zusammenarbeit und damit Raum und Zeit zum Handeln und zur Entwicklung eigener Gedanken möglich ist. Noch etwas genauer eingegrenzt wäre die Gruppe im Unterricht ein sozialer Verband, in der auf der Basis einer für eine bestimmte Zeit (die zur Auseinandersetzung mit

---

1 Zur Theorie des Gruppenbegriffes vgl. Hofstätter, P. R.: Gruppendynamik, Hamburg 1957.
  Bradford, L. P., Gibb, J. R., Benne, K. D.: Gruppen-Training, Stuttgart 1972. Fischer, H.: Gruppenstruktur und Gruppenleistung, Bern 1962.
2 Stöcker, K.: Unterrichtsgestaltung, S. 256.

einem Problemfeld notwendig ist) vorhandenen inneren Verbundenheit das Verhalten des einzelnen gesteuert wird, sowohl von einem gemeinsamen Ziel als auch vom Verhalten der übrigen Gruppenglieder."[1] Voraussetzung hierfür ist, daß der Lehrer dem Schüler den notwendigen Freiheitsraum für das sozial integrative Verhalten einräumt.

Neben der sozialen Komponente muß im Gruppenunterricht auch das *methodisch-inhaltliche* Moment gesehen werden. *Methodisch* wird der Zweck verfolgt, die Rolle des Lehrers zurückzunehmen und den Schüler direkt mit den Unterrichtsinhalten zu konfrontieren. Der Lehrer beschränkt sich darauf, die Ausgangslage vorzugeben, die der Schüler dann unter Freisetzung seiner Kenntnisse und unter Entwicklung von Lösungsstrategien eigenständig zu bewältigen hat. Die hierfür erforderliche intellektuelle Flexibilität richtet sich nach dem Differenzierungsgrad der Ausgangssituation. Läßt sie mehrere Lösungen zu? Beinhaltet sie straffe Verfahrensvorschriften? Ist der vorgegebene Fall fächerübergreifend? u. a. Über die *inhaltliche* Komponente greift der Lehrer somit in das Verhalten der Gruppen ein und bestimmt letztlich auch die soziale Variabilität. Bei der inhaltlichen Vorbereitung der Gruppenarbeit steht aber der Lehrer im Spannungsfeld Organisation - Improvisation. „Ein Nur-Arrangement hätte Unterordnung unter einem einzigen Willen zur Folge, eine Nur-Improvisation schrankenlosen Individualismus, der Regeln, Vorschriften und Gesetze mißachtet. ... Es ist pädagogisch Unsinn, nur zu arrangieren, ohne zu improvisieren, aus der Ordnung das Wagnis zu entfernen; es ist im didaktischen Feld unmöglich, zu improvisieren, ohne arrangiert zu haben."[2]

Für die Unterrichtsvorbereitung des Lehrers bedeutet dies, daß er den Stundenverlauf nach Variabilitätsmöglichkeiten durchdenkt, um sicher zu sein, daß auf den Wegen, die der Schüler einschlagen kann, schwerpunktmäßig alle angestrebten Ziele vom Schüler auch erreicht werden. Zum anderen muß der Lehrer auch mögliche Fragen und Impulse als Vermittlungshilfen und Verlaufsmotivationen parat haben, um in die Gruppenarbeit jederzeit helfend eingreifen zu können. Die Unterrichtsvorbereitung erfordert somit einen hohen Elastizitätsgrad.

Von der hier beschriebenen Wesensauffassung des Gruppenunterrichts ausgehend erscheint der Streit über die Zielsetzung des Gruppenunterrichts - Unterrichtsmethode zur Vermittlung von stofflichen Qualifikationen oder Sozialerziehung - müßig. Warum soll einer Wirkungskomponente das Primat zugestanden werden? Der Lehrer muß sich sowohl vor einer Überbetonung des Nur-Methodischen als auch vor der Schaffung einer Gruppendominanz zu Lasten der individuellen Arbeitsleistungen hüten. Der Gruppenunterricht ist vielmehr als eine Sozialform anzusehen, in der sich Sozial- und Sachlernen optimal verbinden lassen.[3]

Pädagogischer Inhalt

In der Literatur ist der Gruppenunterricht insbesondere in Verbindung mit den methodischen Großformen derzeit die wohl mit am günstigsten bewertete grundlegende Sozialform. Dabei werden immer wieder folgende drei Vorteile angeführt:

---

1 Meyer, E.: Gruppenunterricht, Grundlegung und Beispiel, 6. Auflage, Oberursel 1972, S. 15.
2 Meyer, E., ebenda, S. 16.
3 Vgl. Salzmann, Ch.: Gruppenunterricht, in: Lexikon der Pädagogik, Bd. 2, Freiburg 1970, S. 176.

– Der Gruppenunterricht führt zu einer Leistungsüberlegenheit, und zwar im Hinblick auf den Wissensumfang, die Nachhaltigkeit des Wissens und die Aneignung manueller und geistiger Arbeits- und Lösungstechniken. Die Fähigkeit der kritischen Überprüfung von Unterrichtsinhalten und Gegebenheiten wird gestärkt. Außerdem handelt es sich um einen entscheidenden Beitrag „zur Erhöhung der Interaktionschancen des einzelnen und somit um die Förderung sprachlich gehemmter Kinder."[1] Der Grund für die Leistungsüberlegenheit dieser Sozialform ist darin zu sehen, daß das Lernen in der Gruppe dem Lernen im Klassenverband bzw. der Alleinarbeit überlegen ist.

– Der Gruppenunterricht fördert in hohem Maße die sozialen Verhaltensweisen und erzieht zur Zusammenarbeit und Partnerschaft.

– Der Gruppenunterricht ist in persönlichkeitsformender Hinsicht allen anderen Sozialformen überlegen. Er beeinflußt sowohl die Leistungspersönlichkeit (Anhebung der sachlichen Interessierbarkeit, des eigenständigen Denkens und Handelns, der intrinsischen Lernaktivität, der Leistungsbereitschaft, der Konzentrationsfähigkeit u. a.) als auch die Sozialpersönlichkeit (Förderung der Kontaktfähigkeit, der sozialen Eingliederungsfähigkeit, des Willens zur Mitarbeit, des Führungsverhaltens u. a.).

Dietrich[2] hat diese Grundtheoreme empirisch überprüft, um eine gesicherte Aussage über die Effektivität des Gruppenunterrichts zu erhalten. Insbesondere ging er hierbei der Frage nach, ob Frontal- oder Gruppenunterricht effektiver ist. Er kommt, kurz zusammengefaßt, zu folgenden Ergebnissen:

– Zur *Frage der Leistungsüberlegenheit:* Der Gruppenunterricht ist, was die objektiv feststellbaren Leistungen anbelangt, überlegen, insbesondere was die Reproduktion von Wissensbeständen betrifft. Gleiches gilt für die Nachhaltigkeit des Wissens. Eindeutig ist die Prävalenz auch in der Beherrschung geistiger Arbeitsstrategien.

– Zur *Frage des Sozialverhaltens:* Anhand des soziometrischen Verfahrens hat Dietrich nachgewiesen, daß der Gruppenunterricht zu einer wesentlichen Stärkung der sozialen Qualifikationen führt. Kooperation, Kohärenz und disziplinäres Verhalten dieser Schüler sind weitaus ausgeprägter als dies im Frontalunterricht möglich erscheint. Die Kontaktstrukturen der Schüler sind nach dem Gruppenunterricht intensiver als in den frontal unterrichteten Kontrollgruppen.

– Zur *Frage der Persönlichkeitsformung:* Alle Komponenten der Leistungspersönlichkeit und der Sozialpersönlichkeit steigen durch den Gruppenunterricht signifikant an, während sie in den Kontrollgruppen weitestgehend konstant bleiben.

---

1 Meyer, E.: Das Modell der Gruppendidaktik, in: Forsberg, B., Meyer, E. (Hrsg.): Einführung in die Praxis der schulischen Gruppenarbeit, Heidelberg 1973, S. 79.
2 Dietrich, G.: Bildungswirkungen des Gruppenunterrichts, 3. Auflage, München 1974.

Die tatsächliche Bedeutung des Gruppenunterrichts läßt sich jedoch erst dann abschätzen, wenn seine Leistungen an denen des Frontalunterrichts graduell gemessen werden. Hierzu führt Dietrich aus: „Ich konnte nicht feststellen, daß das
Wissen und die Fertigkeiten der Schüler ‚in ungeahntem Ausmaße' (Zilk[1]) steigen, auch nicht, daß sich die Leistungs- und Sozialpersönlichkeit aller Schüler in
Richtung des höheren Niveaus verändert, und ebensowenig, daß der Gruppenunterricht die Existenzangst des Menschen beheben kann (Fuhrich[2]) oder ein Geschlecht herauszubilden in der Lage ist, das mit allen Menschenübeln fertig wird
(Weyrich[3]) - wie überhaupt die Ergebnisse dieser Arbeit eine Absage an alle Su-
perlative und Spekulationen darstellen, die man in oftmals so unbekümmerter
Weise zum Nachteil der Sache dort Platz greifen ließ, wo man den Mangel an gesichertem Wissen zu kompensieren hatte. Mit dieser Feststellung soll aber die
Überlegenheit der gruppenunterrichtlich geführten Klasse auch nicht bagatelli-
siert werden. Es ist, daran ist nicht zu zweifeln, eine solide, in den meisten Bereichen statistisch signifikante Überlegenheit."[4]

Für die Schule ist hieraus der Schluß zu ziehen, daß der Gruppenunterricht verstärkt praktiziert werden muß, da er ein hervorragendes Mittel zur Anhebung
des Bildungsniveaus ist. Allerdings setzt dies gründliche Vorbereitung und be-
dachtsame, zielgerichtete Verwendung voraus. Es wäre falsch, nun anstelle von
nur Frontalunterricht nur Gruppenarbeit zu betreiben. „Hier ist mit Nachdruck
an die notwendige Ausgewogenheit im Bereich der Unterrichtsformen (= Unterrichtsmethoden in der Definition des Verfassers) und der Sozialformen der Schul-
arbeit zu erinnern und daran, daß Stoff, Lebensalter und das psychologische Gesetz der Sättigung - nach 60 Minuten Arbeit in der kleinen Lerngruppe machen
sich oftmals bereits Sättigungserscheinungen bemerkbar - jeder gruppenunter-
richtlichen Monomanie deutlich sichtbare Schranken setzten. Erforderlich ist
vielmehr ein bedachtsamer Einsatz des Gruppenunterrichts."[5]

Voraussetzungen und Formen

Das Wesen des Gruppenunterrichts wäre verkannt, wollte man in ihm ein Mittel
zur primären Steigerung des Leistungsvermögens bzw. des Sozialverhaltens der
Klasse sehen. Vielmehr setzt die Gruppenarbeit, abgesehen von den Lerninhalten, die nur fachdidaktisch erörtert werden können, eine breite Palette bedingen-
der Faktoren voraus.

Eine zentrale Bedeutung kommt dabei dem *Führungsstil* des Lehrers zu, denn
der Lehrer steuert, motiviert und aktiviert das unterrichtliche Geschehen auch im

1 Zilk, H.: Gruppenarbeit in der Volksschule, in: Hillebrandt, F.: Gruppenunterricht - Gruppenarbeit,
  Wien 1956, S. 85.
2 Fuhrich, H., Gick, G.: Der Gruppenunterricht, Theorie und Praxis, 2. Auflage, Ansbach 1954.
3 Weyrich, J.: Organisation der Gruppenarbeit, in: Hillebrandt, F.: Gruppenunterricht - Gruppenarbeit, Wien 1956.
4 Dietrich, G.: Bildungswirkungen, S. 186.
5 Dietrich, G., ebenda, S. 188.

Gruppenunterricht. Die Gruppe ist nicht aus sich heraus schon erziehungsfähig. Es ist vielmehr der Lehrer, der aus seinen erzieherischen Intentionen heraus die Gruppe zur optimalen Formungswirkung zu führen hat. Dabei gilt es zu bedenken, daß die Schüler soziale Verhaltensweisen entwickeln, die dem Führungsstil des Lehrers adäquat sind und eine Antwort auf seine Vorgehensweise darstellen.[1] Der Gruppenunterricht erfordert nach übereinstimmender Ansicht der Literatur den demokratischen, sozial-integrativen Führungsstil. Er besagt, daß „dem Partner, etwa dem Kind, häufig und überwiegend Erfahrung der Respektierung der Persönlichkeit, des Verständnisses und der Akzeptierung seines Erlebens, Denkens und Fühlens zuteil werden, ferner Erfahrungen der Geduld, des Vertrauens, der Freundlichkeit und Gerechtigkeit. Die Schulsituation speziell ist gekennzeichnet durch eine Atmosphäre gemeinsamer Arbeit, gegenseitiger Respektierung, Sympathie und Hilfsbereitschaft."[2] Der Lehrer hat durch seine Hinweise die Gruppenmitglieder, unter Beachtung des für die Selbstentscheidung und Selbstverantwortung notwendigen Freiheitsraumes, an ihr Verantwortungsbewußtsein, ihre Selbstdisziplin und die Bedeutung ihres Teilbeitrages zu erinnern und entläßt sie so nie aus seinem erzieherischen Bereich.

Diesem erzieherischen Führungsstil müssen die Lernhilfen, die der Lehrer im Laufe der Gruppenarbeit gibt, entsprechen. Dietrich unterscheidet Motivations-, Orientierungs-, Verfestigungs- und Koordinierungshilfen. „Zu den Motivationshilfen werden vor allem die Aufladung der Aufgaben mit Problemgehalt, die Anregung zur Anspruchsniveaubildung und die Initiierung sozialer Lernmotive gerechnet; unter Orientierungshilfen zählen Veranschaulichungshilfen, Hilfen zur selbständigen Problemlösung und Anleitungen zur selbständigen sprachlichen Gestaltung; die Verfestigungshilfen umfassen Übungsprozesse einerseits der kopierenden Wiederholung und andererseits der Wiederholung unter neuen bzw. zusammenfassenden Gesichtspunkten; zu den Koordinierungshilfen werden endlich alle Maßnahmen gerechnet, welche der Konzentrationsförderung, der Schulung der Arbeitshaltung und der Förderung der Umgangsdisziplin dienen."[3]

Eine zweite Gruppe von Bedingungsfaktoren des Gruppenunterrichts umfaßt die *Klasse selbst,* verstanden als *pädagogische Gruppe.* Es ist entscheidend für das Gelingen des Gruppenunterrichts, daß schon ein Fundus an Leistungs- und Sozialintegration in der Klasse vorhanden ist.[4] Gruppenunterricht ist erst sinnvoll, wenn sich die Klasse, zumindest im Ansatz, schon als Gruppe versteht, denn die spezifischen Faktoren der Gruppe, aus denen die Formungswirkungen entspringen, machen erst die Bildungswirkung der Gruppenarbeit aus. Neben einem Gruppenverständnis ist es jedoch für das Gelingen der Gruppenarbeit auch wichtig, daß die Schüler bestimmte Qualifikationen besitzen. So ist es unerläßlich, daß die Schüler Arbeitstechniken beherrschen wie etwa schriftliche Arbeitsanweisungen zu verstehen und auf sie zu reagieren; Lexika, Gesetzestexte, Nachschlagewerke u. a. zu handhaben und einzusetzen; Texte zu interpretieren; in kleinen Gruppen leise zu sprechen, ohne die Mitschüler zu stören; Sachverhalte auf ihre Strukturen zurückzuführen; Referate vorzutragen, andere Meinungen

---

1 Vgl. Walz, U.: Soziale Reifung in der Schule, Hannover 1960, S. 247 f.
2 Tausch, A., Tausch, R.: Erziehungspsychologie, S. 85.
3 Dietrich, G.: Bildungswirkungen, S. 162.
4 Für den Lehrer ist es daher von wesentlicher Bedeutung, die Struktur der Klasse zu kennen.

gelten zu lassen; in einer Diskussion eigene Gedanken darzustellen usw. Gruppenunterricht ist so gesehen keine primäre, sondern eine sekundäre Unterrichtsmethode zur Steigerung des Leistungs- und Sozialniveaus der Klasse, nicht zu deren Schaffung.

Die dritte Gruppe von Bedingungsfaktoren umfaßt die *kleine Lerngruppe,* ihren Aufbau, die Bedingungen unter denen die Gruppenbildung erfolgt ist, ihr Interaktionsgefüge, die Art ihrer Zusammenarbeit, das Rollenverständnis der Gruppenmitglieder u. a. Die Effektivität des Lernprozesses in der Lerngruppe hängt ab von der Einstellung und Bereitwilligkeit der Schüler zum Gruppenunterricht, dem Führungsstil des Gruppenführers, dem Koopcrationswillen u. a., alles Bedingungsfaktoren, die von der Gruppenstruktur ausgehen, die ihrerseits wiederum von der Gruppeneigenschaft des Klassenverbandes bestimmt wird. „Die Größe der Lerngruppe bestimmt Thelen nach dem ‚Prinzip der kleinsten Gruppengröße‘ und definiert: Die Gruppengröße soll die der kleinsten Gruppe sein, in der man gerade noch alle die ‚Leistungsfertigkeiten‘ und ‚sozialen Geschicklichkeiten‘ repräsentiert hat und ausnutzen kann, die für die betreffende Aktivität notwendig sind. Im Rahmen der Schulklasse sind das 3 bis 5, in der Regel 4, selten 6 Schüler, wie die Literatur mehrfach bestätigt. Größere Gruppen erfordern eine gewisse autoritäre Leitung; und mit steigender Teilnehmerzahl geht der gesamte Gesprächsumfang zurück, während kleine Gruppen dem einzelnen mehr Zeit geben, seine privaten Gedanken und Meinungen auszusprechen, ihn aber auch härter zur Mitarbeit verpflichten.“[1]

Das Arbeiten und Zusammenleben in der kleinen Lerngruppe muß der Lehrer schulen und immerwährend fördern. Es ist ein langer Prozeß, der nur langsam vorwärtsschreitet und letztlich organisch wachsen muß. Wer kurzfristig Erfolge sucht, wird bei dieser Sozialform eine Enttäuschung erfahren.

Im Gruppenunterricht werden *zwei Formen* unterschieden: der themengleiche (arbeitsgleiche) und der thementeilige (arbeitsteilige) Gruppenunterricht.

(1) Der *thementeilige Gruppenunterricht* gliedert einen komplexen Unterrichtsinhalt nach dem Prinzip der Arbeitsteilung auf und weist den einzelnen Gruppen verschiedene Teilaufgaben zu. „Ziel des arbeitsteiligen (= thementeilig in der Definition des Verfassers) Gruppenunterrichts ist - über die Bewährung kooperativer Verhaltensweisen hinaus - durch Aufgliederung eines komplexen Themas dieses nach dem Prinzip der Arbeitsteilung möglichst ökonomisch zu erarbeiten und dabei die Bedeutung der aspekthaften Aufschließung eines Gegenstandsbereiches erfahren zu lassen.“[2] Die erzieherische Bedeutung dieser Sozialform ist sehr hoch einzustufen, denn die „Beitragsleistung für die Gemeinschaft, mit der realen Chance einer Bewährung oder Nichtbewährung, ist voll gegeben.“[3] Unterrichtsmethodisch gesehen ist der thementeilige Gruppenunterricht schwierig, da der Unterrichtsverlauf die Notwendigkeit der Kooperation herausstellen muß. Es muß deutlich werden, daß die Lösung nur aufgrund *aller* Beiträge geschaffen werden konnte. Nur so kann einerseits die Notwendigkeit dieser Sozialform

---

1 Nuhn, H. E.: Formen der Unterrichtsorganisation, S. 87.
2 Salzmann, Ch.: Gruppenunterricht, S. 177.
3 Stöcker, K.: Unterrichtsgestaltung, S. 264.

dokumentiert und andererseits die Aufmerksamkeit einer Gruppe auf die Ergebnisse der übrigen Gruppen herbeigeführt werden. Im einzelnen ist die *Durchführung des thementeiligen Gruppenunterrichts* durch *folgende Arbeitsstufen* determiniert:

1. Phase: Der Schüler muß mit der Problematik des Grundthemas, aus dem dann die Teilfragen abzuleiten sind, vertraut gemacht werden. Die Zerlegung in Detailfragen sollte in der Regel vom Schüler vorgenommen werden, um für die Gruppenarbeit eine möglichst hohe Motivation zu erhalten. Allerdings werden dieser Forderung bei den komplexen Themen des Wirtschaftslehre-Unterrichts, die von seiten des Lehrers entsprechende Arbeitsmittel bedingen, Grenzen gesetzt. Einer Grobabgrenzung und Katalogisierung der Teilthemen durch die Schüler dürften jedoch keine unüberwindlichen Schwierigkeiten im Wege stehen. Die gewonnenen Themengebiete und Aufgaben werden fixiert, die Lernziele der einzelnen Gruppen formuliert, anschließend die Gruppen gebildet und diesen sodann die jeweiligen Arbeitsmittel zugeordnet.

2. Phase: In dieser Phase setzt die eigentliche Gruppenarbeit ein. Die Gruppe ist gehalten, einen Arbeitsplan aufzustellen und eine Arbeitsteilung vorzunehmen. Während der Gruppenarbeit verhält sich der Lehrer keineswegs passiv, sondern er wird mit Motivations-, Orientierungs-, Verfestigungs- und Koordinierungshilfen in die Arbeit der einzelnen Gruppen eingreifen und, wenn erforderlich, sie zielgerichtet voranzutreiben suchen. Der Lehrer darf die Gruppen aus seinen unterrichtlichen Intentionen nicht entlassen.

3. Phase: In der dritten Phase kommt es zur Auflösung der Gruppenarbeit und damit zur Arbeitsvereinigung im Klassenverband. Dieser Teil des Unterrichts wird überwiegend von den Schülern selbst bestritten, da sie ja die Ergebnisse ihrer Gruppenarbeit in diese Phase einbringen. Dies sollte nun nicht so erfolgen, daß die einzelnen Gruppen jeweils ihren Gruppenbericht in abgeschlossener Form vorlegen und die übrigen Gruppen mehr oder weniger interessiert zuhören. Die Erfahrung zeigt, daß dies mit größter Wahrscheinlichkeit dazu führt, daß die Mitschüler dadurch auf Dauer nicht zu motivieren sind und letztlich ein Dialog Lehrer - Einzelgruppe entsteht. Dem kann entgegengewirkt werden, wenn die Auflösung der Gruppenarbeit so gestaltet wird, daß über eine entsprechende Aufgabenstellung Teile der jeweiligen Gruppenbeiträge in wechselnder Reihenfolge abgerufen werden müssen, um zur Lösung der Aufgabe zu gelangen. Jeweils ein Teilergebnis der Gruppenarbeit muß ein Teilergebnis einer anderen Gruppenarbeit bedingen, um die Lösung weiterzutreiben, d. h., die Gruppenleistungen sind eng untereinander zu verzahnen. Nur so ist es möglich, den Gedanken der Kooperation und der Gesamtschau, unter der Mitarbeit aller Schüler, zu erreichen. Dem Lehrer fällt hierbei die Aufgabe zu, den Stoff, etwa über ein Tafelbild, ein Arbeitsblatt oder den Tageslichtprojektor zu strukturieren und damit für alle Schüler zu erschließen.

Daß der thementeilige Gruppenunterricht hohe Anforderungen an Lehrer und Schüler stellt, steht außer Zweifel. Andererseits, und dies gilt es ebenso festzuhalten, „ist nicht zu bestreiten, daß diese Form des Gruppenunterrichts die Voll- und Endform darstellt."[1]

Im *themengleichen Gruppenunterricht* werden von allen Gruppen dieselben Lerninhalte bearbeitet. Ein Vorzug dieser Form der Gruppenarbeit ist, daß aufgrund der gleichen Ausgangssituation - gleiche Arbeitsbedingungen, gleiches Arbeitsmaterial - über das Gruppenkonkurrenz-Denken, neben der stofflichen Motivation, eine zusätzliche Antriebskraft gegeben ist. Dadurch kann die Qualität der Gruppenleistung angehoben werden. Gleichzeitig ist es möglich, durch gegenseitige Ergänzungs- und Vertiefungsfragen die Arbeitsleistung der Klasse insgesamt zu steigern. Es besteht in der Auflösungsphase der Gruppenarbeit die Möglichkeit, zu einem intensiven Gespräch von Gruppe zu Gruppe und von Schüler zu Schüler zu gelangen. Der Lehrer hat sich hier zurückzuhalten, um nur dann einzugreifen, wenn dem Gespräch die Zielgerichtetheit fehlt, wenn sachliche Fehler auftreten, wenn falsche Wertungen sich einschleichen u. a. Durch diese Zurückhaltung des Lehrers kommt es zu einem engen Kontakt zwischen Schüler und Lerninhalt bzw. Arbeitsmitteln, der zu einem höheren Maß an Eigenständigkeit und Aktivität führt. Der Schüler hat die Möglichkeit, Arbeitstechniken, Lösungsstrategien und Formen der Kooperation zu entwickeln, die er im Anschluß an die Gruppenarbeit, durch den Vergleich von Gruppe zu Gruppe, auf ihre Effektivität hin überprüfen kann.

---

1 Stöcker, K.: Unterrichtsgestaltung, S. 264.
  Zur Frage der organisatorischen Abwicklung der Gruppenbildung gibt Svajcer 8 Punkte an, die der Lehrer zu beachten hat, damit dem einzelnen Anschluß zu jener Gruppe, die ihm optimale Entwicklungs- und Anpassungsmöglichkeiten sichert, gelingt.
  1. Kindern, die sich gegenseitig wählen, sollen ihre Wünsche nach Möglichkeit erfüllt werden, indem man sie in eine Gruppe setzt.
  2. Einem jeden Kinde soll wenigsten ein geäußerter Wunsch für Partnerschaft erfüllt werden (das ist besonders bei Gruppenbildung aufgrund des soziometrischen Tests zu beachten).
  3. Von einzelnen abgelehnte Kinder sollen nicht in Gruppen eingeführt werden, in denen sich Kinder, von denen sie abgelehnt wurden, befinden.
  4. Nichtgewählte und ignorierte Kinder sollen in solche Gruppen eingegliedert werden, die ihnen den geringsten Widerstand leisten werden.
  5. Es soll in eine Gruppe nie mehr als ein unbeliebtes oder abgelehntes Kind (Problemkind) eingeführt werden.
  6. Ebenso soll in der Regel in jeder Gruppe nur eine führende Persönlichkeit Platz finden; wenn sich in einer Gruppe mehrere solche Kinder zusammenfinden, führt dies zu Polarisierung (Gegensätzlichkeit), die unter Umständen positiv wirken kann, öfter aber die Spaltung der Gruppe zur Folge hat.
  7. Es sollen die Zentralpersönlichkeiten öfters die Gruppe wechseln, damit die Gefahr ihrer Aufdringung den anderen Kindern und einer „Unterjochung" der weniger expansiven Kinder nach Möglichkeit vermieden werde.
  8. In Gruppen, die eine Tendenz zur Abschließung gegen andere Kinder äußern, sollen ein oder zwei Schüler, die dem „geschlossenen Kreise" nicht angehören, eingeführt werden.
  Svajcer, V.: Strategie der Gruppenbildung, in: Forsberg, B., Meyer, E.: Einführung in die Praxis der schulischen Gruppenarbeit, S. 44.
  Zur Gruppenbildung vgl. auch: Schroeder, G., Schroeder, H.: Gruppenunterricht: Beitrag zu demokratischem Verhalten, Reihe: Didaktische Modelle, Band 4, Berlin 1975.

Die Arbeitsstufen unterscheiden sich in der Anordnung nicht vom thementeiligen Gruppenunterricht:

1. Phase: Herausarbeitung des Gruppenthemas aus der Problematik des Gesamtthemas durch die Schüler.

2. Phase: Aufarbeitung des Themengebietes durch die einzelnen Gruppen unter Hilfestellung des Lehrers.

3. Phase: Die Arbeitsvereinigung in der Klasse, die zu einem intensiven Gespräch der Klassengemeinschaft führt, erfolgt organisatorisch so, daß eine Gruppe ihren Bericht zur Diskussion stellt. Die betreffende Gruppe wird zunächst ihre gesamten Ergebnisse vorlegen, die dann durch die übrigen Gruppen nach unterschiedlichen Kriterien - sachliche Richtigkeit, Vertiefung des Problemfeldes, Lösungsstrategien u. a. - zu analysieren sind. Eine wechselnde Reihenfolge der Gruppenberichte oder ein vollständiges Vortragen aller Gruppenberichte führt beim themengleichen Gruppenunterricht zu keiner Steigerung der Lerneffizienz. Allerdings hat der Lehrer darauf zu achten, daß keine zu starke Rivalität zwischen den Gruppen aufkommt, da dies zu Gruppenegoismus führt und für die Klassengemeinschaft erhebliche Spannungen mit sich bringen würde. „Der Gruppenegoismus ist eine im Leben der Kinder gefährliche und naheliegende Neigung. Wird aber diese Gefahr rechtzeitig erkannt, läßt sich ihr auch begegnen. Auf keinen Fall darf diesen Tendenzen durch den Lehrer aus übertriebenem Ansporn des Gruppenwetteifers heraus irgendwelcher Vorschub geleistet werden. Wir glauben, daß es möglich ist, innerhalb des Klassenverbandes eine Fairneß der Zusammenarbeit zu erreichen und gerade die nachfolgende Gesprächssituation als schönes Feld einer echten Gemeinschaftsbetätigung zu betrachten."[1]

Anwendung im Wirtschaftslehre-Unterricht

Grundsätzlich ist diesem Abschnitt voranzustellen: Die Gruppenarbeit ist eine Sozialform mit soviel pädagogischem Gehalt, daß man sie im Wirtschaftslehre-Unterricht nicht nur nicht missen möchte, sondern ihr vielmehr eine wichtige Rolle zuordnen muß. Losgelöst von der Stärkung der sozialen und persönlichkeitsformenden Qualifikationen, die keine fachdidaktischen Momente darstellen, gilt es hier zu untersuchen: Inwieweit bietet sich das Situationsfeld Wirtschaftslehre für den Gruppenunterricht an und wo erfordert es Besonderheiten in der Gestaltung der Gruppenarbeit?

Das Wirtschaften verlangt vom einzelnen neben dem Wissen auch die Fähigkeit, Probleme zu lösen und Entscheidungen zu treffen. Die Betriebswirtschaftslehre als wissenschaftliche Disziplin hat hieraus die Konsequenz gezogen und den Gedanken der Entscheidungsorientierung in den Vordergrund gestellt. Gleichzeitig

---

1 Stöcker, K.: Unterrichtsgestaltung, S. 260.

wurden Verhandlungs-, Problemlösungsprozesse und Machtprobleme und damit soziologische, ethische, psychologische Fragen u. a. in die Betriebswirtschaftslehre subsumiert. - Daß dieser Gedanke noch nicht voll in den Lehrplänen und Curricula ihren Niederschlag gefunden hat, ist im Augenblick eher ein Zeitproblem als eine sachliche Entscheidung. - Auf lange Sicht gesehen bedeutet diese Stoffentwicklung für den Unterricht: weg von der reinen Kenntnisvermittlung und hin zum situations-, fall-, entscheidungs- und problemorientierten Unterricht unter Hereinnahme fächerübergreifender Elemente und wissenschaftstheoretisch fundiertem Vorgehen.[1] Dieser neuen Sicht der Betriebswirtschaftslehre entspricht die Gruppenarbeit in hohem Maße, da das prozessuale Element der Gruppe dem nun sehr verstärkt hervortretenden dynamischen Element des Stoffes entgegenkommt.

Trotz dieser Entwicklungstendenzen gibt es noch genügend Bereiche in der Betriebswirtschaftslehre, in denen die Wissenselemente überwiegen, die dann die Grundlage für komplexe Entscheidungssituationen bilden. Diese Lerninhalte entziehen sich, zumindest tendenziell, der Gruppenarbeit. Es wäre daher falsch, den Gruppenunterricht als *die* Unterrichtsmethode des betriebswirtschaftlichen Unterrichts anzusehen. Der Einsatz dieser Sozialform ist somit neben den Variablen Lehrer, Klasse und Lerngruppe, die hier nicht zur Disposition stehen, entscheidend abhängig vom Wesen der anstehenden Lerninhalte.

In der folgenden Übersicht sind einige Themengebiete aufgezählt, die für den Gruppenunterricht besonders geeignet erscheinen. Gleichzeitig wird eine Auswahl der hierfür erforderlichen Arbeitsmittel angegeben. Die angeführten Themengebiete sollen lediglich Anregungen und Hinweise geben und erheben keinerlei Anspruch auf Vollständigkeit.[2]

I. Die Aktiengesellschaft

1. Gründung, Kapital, Firma, Bedeutung.	– Auszüge aus dem AktG;
	– Berichte aus Wirtschaftszeitungen;
	– Briefbogen einer AG;
	– AG-HR-Eintragung (aus den „Amtlichen Bekanntmachungen" einer Zeitung);
	– Auszug aus der Satzung einer AG;
	– Bericht über die Umwandlung eines Familienunternehmens in eine AG.
2. Aufgaben zur Rechnungslegung und Gewinnverteilung. *	– Auszüge aus dem HGB;
	– Schaubilder über Gliederung der Bilanz und der GuV-Rechnung;
	– Zahlenbeispiel zur Aufstellung einer verkürzten GuV-Rechnung;

---

1 Vgl. hierzu auch die Ausführungen zu den methodischen Großformen und zum handlungsorientierten Unterricht.
2 Vgl. Plasberg, J.: Gruppenunterrichtsversuche in Betriebswirtschaftslehre, in: Wirtschaft und Erziehung, 2/1967, S. 77 f.

- Dividendenbekanntmachung (Auszug aus einer Wirtschaftszeitung);
- Geschäftsbericht einer AG;
- Gesellschaftsbericht (Kommentar) aus einer Wirtschaftszeitung.

* Die Erläuterungen zu den gesetzlichen Bestimmungen der §§ 266 und 275 HGB sollten in der darstellenden Aktionsform im Rahmen des Frontalunterrichts gegeben werden.

II. Standortwahl

Inhalt und Bedeutung des Standortproblems; Grundlagen der Standortplanung; Inhalt und Bedeutung des Standortproblems; Grundlagen der Standortplanung; Die Standortfaktoren; Vorgehensweisen und Verfahren zur Standortbestimmung.

- Vorgabe eines praktischen Falles;
- Ermittlung der Wettbewerbssituation;
- Beurteilung des Standortes (Schülererkundung);
- Stadtpläne, Lagepläne, Bebauungspläne;
- Kaufkraftkarten, hrsg. von der Gesellschaft für Konsum-, Markt- und Absatzforschung e. V. Nürnberg;
- Zahlenangaben aus der Praxis über Rentabilität; Abschreibung u. a.

III. Arbeiten zur Vorbereitung des Wareneinkaufs

Ermittlung des Einkaufsbedarfs:

- Absatzstatistiken und Marktberichte in Wirtschafts- und Fachzeitschriften, politische und lokale Nachrichten von Einfluß auf den Absatz, Lagerkartei, Bestellkartei, Aufgaben zur rechnerischen Ermittlung des Einkaufsbedarfs.

Bezugsquellenermittlung:

- Angebote, Prospekte, Kataloge, Anzeigen, Ausstellungs- und Messeberichte, Telefonbücher (Branchenteil), Branchenadreßbücher.

Bezugsquellenerfassung:

- Bezugsquellenkartei (Lieferer- und Warenkartei). Aufgabe: Ergänzung der Bezugsquellenkartei nach Arbeitsunterlagen.

IV. Mitbestimmung

Grundgedanke der Mitbestimmung; Institutionen; Bereiche der Mitbestimmung; Gesetzliche Mitbestimmungsregelungen.

- Gesetzestexte wie BetrVG, AktG, MitbestG;
- Zeitungsberichte;
- Schaubilder über Mitbestimmungsmodelle;
- Grundsatzprogramme der politischen Parteien;
- Auszüge aus Stellungnahmen der Gewerkschaften und Arbeitgeberverbände.

Die Auswahl der betriebswirtschaftlichen Themengebiete zeigt, daß es überwiegend die komplexen Themengebiete sind, die sich für die Gruppenarbeit anbieten. Es sind Probleme, die dem Schüler nur einsichtig werden, wenn er sie von verschiedenen Aspekten her betrachtet bzw. viele Argumente zu einem gleichartigen Thema sammelt, die erst zusammengenommen ein vollständiges Bild der Problemlage vermitteln. Bei dieser Ausgangssituation sind deshalb für den Betriebswirtschaftslehre-Unterricht beide Formen des Gruppenunterrichts von Bedeutung. Dabei wird es nur in seltenen Fällen möglich sein, das ganze Themenangebot in Form des Gruppenunterrichts zu behandeln, vielmehr dürfte die Erarbeitung bestimmter, einzelner Lerninhalte durch Gruppenarbeit im Vordergrund stehen.

Ein Beispiel aus dem Themengebiet „Mitbestimmung" mag diesen Sachverhalt verdeutlichen. Folgendes Lernziel soll über einen thementeiligen Gruppenunterricht erreicht werden:

Die Schüler sollen anhand des BetrVG, eines Zeitungsausschnittes und des Montanmitbestimmungsgesetzes die verschiedenen Mitbestimmungsregelungen über den Aufsichtsrat einer AG selbständig herausarbeiten.[1]

1. Phase: Der Grundgedanke der Mitbestimmung, die Institutionen und die Bereiche der Mitbestimmung, der Mitwirkung und des Informationsrechtes sind behandelt. Die in der Gruppenarbeit zu erarbeitenden Teilfragen sind mit den Schülern abgegrenzt worden.

2. Phase: Es werden drei Gruppen gebildet. Der Gruppenarbeit werden folgende Arbeitsblätter zugrunde gelegt.

Gruppe I: *Aufgaben:*

1. Ermitteln Sie den Geltungsbereich dieser Regelung!
2. Ermitteln Sie die Zahl der Aufsichtsratsmitglieder und die Zusammensetzung des AR hinsichtlich Anteilseignervertretern und Arbeitnehmervertretern!
3. Wie ist die Zusammensetzung der Arbeitnehmervertreter geregelt?
4. Welche Auswirkungen ergeben sich auf die Geschäftsleitung?
5. Wie wirkt sich die Regelung auf den Entscheidungsprozeß aus? (Wer setzt sich durch?)

---

1 Das Beispiel wurde im Rahmen der Lehrerausbildung am Seminar für Schulpädagogik Weingarten von den Referendaren H. Heine und J. Schöndorfer erarbeitet.

(1) Anhang zu § 129 des BetrVG: Betriebsverfassungsgesetz 1952

BETEILIGUNGEN DER ARBEITNEHMER IM AUFSICHTSRAT

§ 76 Vertretungen der Arbeitnehmer im Aufsichtsrat.

(1) Der Aufsichtsrat einer Aktiengesellschaft oder einer Kommanditgesellschaft auf Aktien muß zu einem Drittel aus Vertretern der Arbeitnehmer bestehen.

(2) [1]Die Vertreter der Arbeitnehmer werden in allgemeiner, geheimer, gleicher und unmittelbarer Wahl von allen nach § 6 wahlberechtigten Arbeitnehmern der Betriebe des Unternehmens für die Zeit gewählt, die im Gesetz oder in der Satzung für die von der Hauptversammlung zu wählenden Aufsichtsratsmitglieder bestimmt ist. [2]Ist ein Vertreter der Arbeitnehmer zu wählen, so muß dieser in einem Betrieb des Unternehmens als Arbeitnehmer beschäftigt sein. [3]Sind zwei oder mehr Vertreter der Arbeitnehmer zu wählen, so müssen sich unter diesen mindestens zwei Arbeitnehmer aus den Betrieben des Unternehmens, darunter ein Arbeiter und ein Angestellter, befinden; § 10 Abs. 3 gilt entsprechend. [4]Sind in den Betrieben des Unternehmens mehr als die Hälfte der Arbeitnehmer Frauen, so soll mindestens eine von ihnen Arbeitnehmervertreter im Aufsichtsrat sein.

(6) [1]Auf Aktiengesellschaften, die Familiengesellschaften sind und weniger als fünfhundert Arbeitnehmer beschäftigen, finden die Vorschriften über die Beteiligung der Arbeitnehmer im Aufsichtsrat keine Anwendung. [2]Als Familiengesellschaften gelten solche Aktiengesellschaften, deren Aktionär eine einzelne natürliche Person ist oder deren Aktionäre untereinander im Sinne von § 15 Abs. 1 Nr. 2 bis 8 der Abgabenordnung verwandt oder verschwägert sind. [3]Dies gilt entsprechend für Kommanditgesellschaften auf Aktien.

§ 77 Bildung von Aufsichtsräten bei der GmbH und bei Erwerbs- und Wirtschaftsgenossenschaften.

(1) [1]Bei Gesellschaften mit beschränkter Haftung und bergrechtlichen Gewerkschaften mit eigener Rechtspersönlichkeit mit mehr als fünfhundert Arbeitnehmern ist ein Aufsichtsrat zu bilden.

(3) [1]Auf Erwerbs- und Wirtschaftsgenossenschaften mit mehr als fünfhundert Arbeitnehmern findet § 76 dieses Gesetzes Anwendung; § 96 Abs. 2 und die §§ 97 bis 99 des Aktiengesetzes sind entsprechend anzuwenden. [2]Das Statut kann nur eine durch drei teilbare Zahl von Aufsichtsratsmitgliedern festsetzen.

(2) Aktiengesetz (Auszug)

§ 95 Zahl der Aufsichtsratsmitglieder.

[1]Der Aufsichtsrat besteht aus drei Mitgliedern. [2]Die Satzung kann eine bestimmte höhere Zahl festsetzen. [3]Die Zahl muß durch drei teilbar sein. [4]Die Höchstzahl der Aufsichtsratsmitglieder beträgt bei Gesellschaften mit einem Grundkapital

bis zu	3 000 000 Deutsche Mark	neun
von mehr als	3 000 000 Deutsche Mark	fünfzehn,
von mehr als	20 000 000 Deutsche Mark	einundzwanzig.

§ 96 Zusammensetzung des Aufsichtsrats.

(1) Der Aufsichtsrat setzt sich zusammen bei Gesellschaften, für die § 76 Abs. 1 des Betriebsverfassungsgesetzes 1952 gilt, aus Aufsichtsratsmitgliedern der Aktionäre und der Arbeitnehmer.

Gruppe II: *Aufgaben:*

1. *Ermitteln Sie den Geltungsbereich dieser Regelung!*
2. *Ermitteln Sie die Zahl der Aufsichtsratsmitglieder und die Zusammensetzung des AR hinsichtlich Anteilseignervertretern und Arbeitnehmervertretern!*
3. *Wie ist die Zusammensetzung der Arbeitnehmervertreter geregelt?*
4. *Welche Auswirkungen ergeben sich auf die Geschäftsleitung?*
5. *Wie wirkt sich die Regelung auf den Entscheidungsprozeß aus? (Wer setzt sich durch?)*

**Gesetz über die Mitbestimmung der Arbeitnehmer
in den Aufsichtsräten und Vorständen
der Unternehmen des Bergbaus und der Eisen
und Stahl erzeugenden Industrie**

(Montan-Mitbestimmungsgesetz)[1)]

Vom 21. Mai 1951 mit Änderungen bis zum 31. August 1990

§ 1. [Arbeitnehmermitbestimmung]. [1]Die Arbeitnehmer haben ein Mitbestimmungsrecht in den Aufsichtsräten und in den zur gesetzlichen Vertretung berufenen Organen nach Maßgabe dieses Gesetzes in

   a) den Unternehmen, deren überwiegender Betriebszweck in der Förderung von Steinkohle, Braunkohle oder Eisenerz oder in der Aufbereitung, Verkokung, Verschwelung oder Brikettierung dieser Grundstoffe liegt und deren Betrieb unter der Aufsicht der Bergbehörden steht,
   b) den Unternehmen der Eisen und Stahl erzeugenden Industrie ...

§ 2. [Vorrang des Montan-Mitbestimmungsgesetzes] Auf die in § 1 bezeichneten Unternehmen finden die Vorschriften des Aktiengesetzes, des Gesetzes betreffend die Gesellschaften mit beschränkter Haftung, der Berggesetze und des Betriebsverfassungsrechts insoweit keine Anwendung, als sie den Vorschriften dieses Gesetzes widersprechen.

§ 3. [Aufsichtsrat bei GmbH oder bergrechtl. Gewerkschaft]

(1) Betreibt eine Gesellschaft mit beschränkter Haftung oder eine bergrechtliche Gewerkschaft mit eigener Rechtspersönlichkeit ein Unternehmen im Sinne des § 1, so ist nach Maßgabe dieses Gesetzes ein Aufsichtsrat zu bilden.

(2) Auf den Aufsichtsrat, seine Rechte und Pflichten finden die Vorschriften des Aktienrechts sinngemäß Anwendung.

§ 4. [Zusammensetzung. Rechte und Pflichten der Mitglieder]

(1) [1]Der Aufsichtsrat besteht aus elf Mitgliedern. [2]Er setzt sich zusammen aus

   a) vier Vertretern der Anteilseigner und einem weiteren Mitglied,
   b) vier Vertretern der Arbeitnehmer und einem weiteren Mitglied,
   c) einem weiteren Mitglied.

(2) Die in Abs. 1 bezeichneten weiteren Mitglieder dürfen nicht

   a) Repräsentant einer Gewerkschaft oder einer Vereinigung der Arbeitgeber oder einer Spitzenorganisation dieser Verbände sein oder zu diesen in einem ständigen Dienst- oder Geschäftsbesorgungsverhältnis stehen,
   b) im Laufe des letzten Jahres vor der Wahl eine unter Buchstabe a bezeichnete Stellung innegehabt haben,
   c) in den Unternehmen als Arbeitnehmer oder Arbeitgeber tätig sein,
   d) an dem Unternehmen wirtschaftlich wesentlich interessiert sein.

(3) [1]Alle Aufsichtsratsmitglieder haben die gleichen Rechte und Pflichten. [2]Sie sind an Aufträge und Weisungen nicht gebunden.

§ 6. [Wahl der Vertreter der Arbeitnehmer] (1) [1]Unter den in § 4 Abs. 1 Buchstabe b bezeichneten Mitgliedern des Aufsichtsrats müssen sich ein Arbeiter und ein Angestellter befinden, die in einem Betriebe des Unternehmens beschäftigt sind.

§ 12 [Bestellung durch Aufsichtsrat] Die Bestellung der Mitglieder des zur gesetzlichen Vertretung berufenen Organs und der Widerruf ihrer Bestellung erfolgen nach Maßgabe des § 76 Abs. 3 und des § 84 des Aktiengesetzes durch den Aufsichtsrat.

§ 13 [Arbeitsdirektor] (1) Als gleichberechtigtes Mitglied des zur gesetzlichen Vertretung berufenen Organs wird ein Arbeitsdirektor bestellt. Der Arbeitsdirektor kann nicht gegen die Stimmen der Mehrheit der nach § 6 gewählten Aufsichtsratsmitglieder bestellt werden. Das gleiche gilt für den Widerruf der Bestellung.
(2) Der Arbeitsdirektor hat wie die übrigen Mitglieder des zur gesetzlichen Vertretung berufenen Organs seine Aufgaben im engsten Einvernehmen mit dem Gesamtorgan auszuüben.

Gruppe III: *Aufgaben:*
1. *Ermitteln Sie den Geltungsbereich dieser Regelung!*
2. *Ermitteln Sie die Zahl der Aufsichtsratsmitglieder und die Zusammensetzung des AR hinsichtlich Anteilseignervertretern und Arbeitnehmervertretern!*
3. *Wie ist die Zusammensetzung der Arbeitnehmervertreter geregelt?*
4. *Welche Auswirkungen ergeben sich auf die Geschäftsleitung?*
5. *Wie wirkt sich die Regelung auf den Entscheidungsprozeß aus? (Wer setzt sich durch?)*

Gesetz über die Mitbestimmung der Arbeitnehmer
(Mitbestimmungsgesetz - MitbestG)
Vom 4. Mai 1976 mit Änderungen bis zum 31. August 1990

§ 1. Erfaßte Unternehmen.

(1) In Unternehmen, die
1. in der Rechtsform einer Aktiengesellschaft, einer Kommanditgesellschaft auf Aktien, einer Gesellschaft mit beschränkter Haftung, einer bergrechtlichen Gewerkschaft mit eigener Rechtspersönlichkeit oder einer Erwerbs- und Wirtschaftsgenossenschaft betrieben werden und
2. in der Regel mehr als 2 000 Arbeitnehmer beschäftigen, haben die Arbeitnehmer ein Mitbestimmungsrecht nach Maßgabe dieses Gesetzes.

§ 6. Grundsatz. (1) Bei den in § 1 Abs. 1 bezeichneten Unternehmen ist ein Aufsichtsrat zu bilden, soweit sich dies nicht schon aus anderen gesetzlichen Vorschriften ergibt.

§ 7. Zusammensetzung des Aufsichtsrates

(1) Der Aufsichtsrat eines Unternehmens
1. mit in der Regel nicht mehr als 10 000 Arbeitnehmern setzt sich zusammen aus je sechs Aufsichtsratsmitgliedern der Anteilseigner und der Arbeitnehmer;

2. mit in der Regel mehr als 10 000, jedoch nicht mehr als 20 000 Arbeitnehmern setzt sich zusammen aus je acht Aufsichtsratsmitgliedern der Anteilseigner und der Arbeitnehmer;
3. mit in der Regel mehr als 20 000 Arbeitnehmern setzt sich zusammen aus je zehn Aufsichtsratsmitgliedern der Anteilseigner und der Arbeitnehmer.

Bei den in Satz 1 Nr. 1 bezeichneten Unternehmen kann die Satzung (der Gesellschaftsvertrag, das Statut) bestimmen, daß Satz 1 Nr. 2 oder 3 anzuwenden ist. Bei den in Satz 1 Nr. 2 bezeichneten Unternehmen kann die Satzung (der Gesellschaftsvertrag, das Statut) bestimmen, daß Satz 1 Nr. 3 anzuwenden ist.

(2) Unter den Aufsichtsratsmitgliedern der Arbeitnehmer müssen sich befinden
1. in einem Aufsichtsrat, dem sechs Aufsichtsratsmitglieder der Arbeitnehmer angehören, vier Arbeitnehmer des Unternehmens und zwei Vertreter von Gewerkschaften;
2. in einem Aufsichtsrat, dem acht Aufsichtsratsmitglieder der Arbeitnehmer angehören , sechs Arbeitnehmer des Unternehmens und zwei Vertreter von Gewerkschaften;
3. in einem Aufsichtsrat, dem zehn Aufsichtsratsmitglieder der Arbeitnehmer angehören, sieben Arbeitnehmer des Unternehmens und drei Vertreter von Gewerkschaften.

(3) Die in Absatz 2 bezeichneten Arbeitnehmer des Unternehmens müssen das 18. Lebensjahr vollendet haben, ein Jahr dem Unternehmen angehören und die weiteren Wählbarkeitsvoraussetzungen des § 8 des Betriebsverfassungsgesetzes erfüllen.

(4) Die in Absatz 2 bezeichneten Gewerkschaften müssen in dem Unternehmen selbst oder in einem anderen Unternehmen vertreten sein, dessen Arbeitnehmer nach diesem Gesetz an der Wahl von Aufsichtsratsmitgliedern des Unternehmens teilnehmen.

§ 15. Wahl der unternehmensangehörigen Aufsichtsratsmitglieder der Arbeitnehmer.
(2) Unter den nach Absatz 1 zu wählenden Mitgliedern des Aufsichtsrats müssen sich Arbeiter und Angestellte entsprechend ihrem zahlenmäßigen Verhältnis im Unternehmen befinden. Unter den Aufsichtsratsmitgliedern der Angestellten müssen sich in § 3 Abs. 3 Nr. 1 bezeichnete Angestellte und leitende Angestellte entsprechend ihrem zahlenmäßigen Verhältnis befinden. Dem Aufsichtsrat müssen mindestens ein Arbeiter, ein in § 3 Abs. 3 Nr. 1 bezeichneter Angestellter und ein leitender Angestellter angehören.

3. Phase: Die Auflösung der Gruppenarbeit erfolgt so, daß die Gruppen nacheinander jeweils die Ergebnisse zur Aufgabe a), dann zur Aufgabe b) usw. in den Unterricht einbringen und nach jeder Aufgabengruppe die signifikanten Unterschiede und deren Auswirkungen festhalten. Die Strukturierung der so gewonnenen Lerninhalte könnte dann folgendes Tafelbild ergeben:

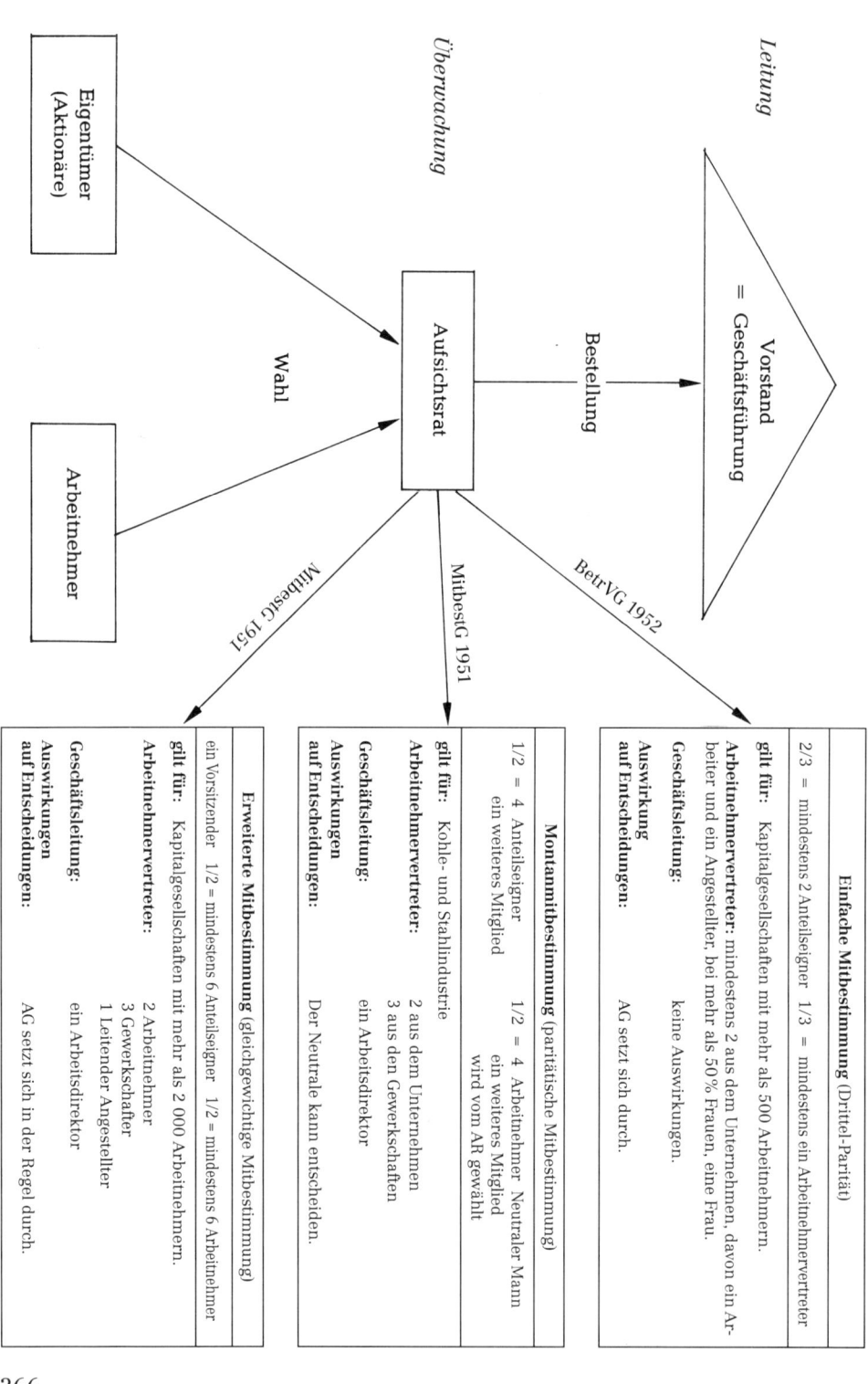

266

Im *Kaufmännischen Rechnen* und in der Buchführung kommt dem Gruppenunterricht keine so fundamentale Bedeutung zu wie in der Betriebswirtschaftslehre. Die Fälle, wo im Rechnen so umfangreiche Aufgaben anfallen, daß sich Gruppenarbeit lohnt, sind relativ selten. Als Beispiele könnten hier angeführt werden: eine umfangreiche Kontokorrentrechnung mit wechselndem Zinsfuß bzw. mit nachfälligen Posten; die Exportkalkulation, eine abgeschlossene Kalkulation für mehrere Produkte im Industriebetrieb unter Heranziehung des BAB; die Devisenarbitrage oder die Berechnung der Effektivverzinsung von Wertpapieren. Die Gruppenarbeit bietet sich in aller Regel erst *nach* der Einführungsstunde, also in der Übungsphase, an. Entscheidet sich der Lehrer für den Gruppenunterricht, so kann es sich in der Regel nur um themengleiche Gruppenarbeit handeln, da der sachlogische Aufbau und die innere Verkettung der einzelnen Rechenschritte so eng ist, daß für eine thementeilige Aufteilung nur wenig Raum bleibt. Im übrigen ist das Rechnen die Domäne der Partnerarbeit, die im Grunde in jeder Unterrichtsstunde kurzfristig eingesetzt werden kann, wenn es gilt, Übungsaufgaben zu lösen.[1]

Gleiches gilt für das *Fach Buchführung.* Auch hier lohnt sich eine umfangreiche Gruppenarbeit vor allem im Bereich der Abschlußaufgaben, etwa wenn eine schwierige Betriebsübersicht oder ein T-Konten-Abschluß zur Behandlung anstehen. Da die Buchführung ein streng sachlogisches Aufbaugefüge kennzeichnet, ist hier ein thementeiliger Gruppenunterricht ebenfalls kaum möglich. Zudem sind Abschlüsse durch divergierende Zahlen und Buchungssätze so ungleich, daß ein späterer Vergleich wenig fruchtbar ist. Ähnlich wie im Kaufmännischen Rechnen steht auch in der Buchführung die themengleiche Partnerarbeit im Vordergrund.

Die Gestaltung des Unterrichts im *Schriftverkehr* richtet sich einerseits nach der Zielsetzung der Stunden und andererseits nach dem Wissensstand der Klasse. Die Artikulation fällt bei einer übenden Wiederholungsstunde anders aus als bei einer Stilkundestunde, bei einer Einführungslektion wiederum anders als in einer auf Eigenständigkeit der Schüler bedachten Vertiefungsstunde.[2]

So vielgestaltige Gliederungen auch möglich sind, im Grunde geht der Unterricht im Schriftverkehr auf drei Grundschemata zurück:

Methode I: Der Brief wird in der erarbeitenden Aktionsform so aufbereitet, daß ihn der Schüler in Einzelarbeit erstellen kann. Nach Fertigstellung des Briefentwurfs lesen einige Schüler ihre Formulierungen vor, die dann von den Klassenkameraden bzw. dem Lehrer vorkorrigiert werden. Gleichzeitig muß der Lehrer Zeit und Gelegenheit geben, daß die Mitschüler ihren eigenen Brief auf ähnliche Fehler hin überprüfen können. Danach erfolgt die Reinschrift, die Korrektur des Lehrers und die Verbesserung durch den Schüler. Diese Methode stellt einen gemeinsamen Arbeitsunterricht dar, bei dem die individuelle Gestaltung trotzdem erhalten bleibt. Dieses Vorgehen erscheint in der Anfangsphase des Schriftverkehrs angebracht.

---

1 Vgl. auch Berg vom, V.: Gruppenarbeit im kaufmännischen Rechnen - ein Beispiel zum vermehrten (verminderten) Grundwert in der Prozentrechnung, in: Erziehungswissenschaft und Beruf, 1/1976, S. 68 f.
2 Vgl. Dauenhauer, E.: Der Anfangsunterricht der Wirtschaftsschulen, 2. Auflage, Rinteln 1970, S. 162.

Methode II: Hier wird die Erarbeitungsphase nur dazu benutzt, die Grundproblematik zu erhellen und eine eventuell erforderliche Fallentscheidung zu treffen, die verbindlich oder alternativ sein kann. Danach werden Gliederung und Briefentwurf in Gruppenarbeit vorgenommen. Wird nur ein Geschäftsfall vorgegeben, so erfolgt die Erarbeitung als themengleicher Gruppenunterricht. Steht dagegen ein Sachverhalt an, der eine Briefkette auslöst - Anfrage, Angebot, Bestellung, Auftragsbestätigung - so wird die Gruppenarbeit zweckmäßigerweise thementeilig vorgenommen. In beiden Fällen steht am Ende der Gruppenarbeit eine gemeinsame Verbesserung, die zu einem Musterbrief führt. Da diese Vorgehensweise Vorkenntnisse in der Aufstellung und Handhabung von Geschäftsbriefen verlangt, ist sie in einem fortgeschrittenen Stadium des Schriftverkehrsunterrichts angebracht.

Methode III: Bei dieser Vorgehensweise werden Musterbriefe vorgegeben, die dann nach angegebenen Kriterien von den Schülern in Einzel- oder Gruppenarbeit umgeformt bzw. nachgeformt werden.

— Der (Die) Schüler wandelt (wandeln) den Musterbrief - unter Beibehaltung des Sachverhaltes - sprachlich-stilistisch, im Ausdruck oder in der konzeptionellen Anordnung ab.

— Dem (Den) Schüler(n) werden veränderte Ausgangsdaten an die Hand gegeben, so daß er (sie) die Gliederungsstruktur neu überdenken muß (müssen). Selbstverständlich ist in diesem Fall auch ein neuer Brief zu konzipieren.

Beide Aufgaben können in Gruppen- oder in Einzelarbeit gelöst werden. Zielsetzung dieser Methode ist es, dem Schüler Gelegenheit zu gezielten Übungen zu geben.

In der Schriftverkehrsstunde ist der Lehrer in der Situation, den in den wirtschaftlichen Fächern benutzten Fällen, Gedanken und Beispielen eine konkrete Form zu geben und sie auszuformulieren. Das breite Spektrum von Gedanken, das sich dahinter verbirgt, gilt es also in die Briefe einzubringen und festzuhalten. „Wie ein Aufsatz über die Kenntnis objektiver oder erlebter Zusammenhänge berichten soll, so zeugt der Geschäftsbrief vom Verständnis für Handlungen und Situationen. Im Schriftverkehr laufen die in den betrieblichen und wirtschaftlichen Fächern verstreuten Kenntnisse und Gedanken noch einmal zusammen und finden Ordnung und Abschluß. Die häufigen Fehlleistungen im Schriftverkehr beweisen, daß die situationsbedingten Zusammenhänge auch vom reiferen Schüler nicht erkannt worden sind."[1] Verknüpft man diese Charakterisierung des Faches mit den bisherigen Kenntnissen über den Gruppenunterricht, so wird klar, daß der Gruppenarbeit im Schriftverkehrsunterricht eine wesentliche Bedeutung zukommt.

---

1 Lochner, H.: Methodik, S. 43.

Grenzen des Gruppenunterrichts

Der Gruppenunterricht, dies wurde schon an einigen Stellen angemerkt, darf nicht als *die* Methode des Unterrichts überhaupt angesehen werden, vielmehr muß man auch die Grenzen dieser Unterrichtsmethode sehen, um so seinen richtigen methodischen Standort bestimmen zu können. Der Gruppenunterricht ist *eine Sozialform* neben anderen, die bezogen auf die jeweilige Unterrichtssituation, gleichrangig sind.

Grenzen setzen zum einen die *Struktur der Lerninhalte*. Unterrichtsinhalte, die einen hohen Abstraktionsgrad besitzen oder nur auf einem sehr komplizierten Lösungsweg erschlossen werden können, sind für den Gruppenunterricht nicht geeignet. Gleiches gilt für Unterrichtsinhalte, „die nur in individueller Eigenart erworben werden können (Aufsatz, bildhaftes Gestalten, auch einzelne Wertarten) oder solche, denen bestimmte Gefühls- und Erlebnisgehalte zugrunde liegen (lyrische Gedichte, spannende Erzählungen, aber auch religiöse Stoffe). Sie eignen sich nicht für den Gruppenunterricht."[1]

Schwierigkeiten können dem Gruppenunterricht auch aus der *pädagogischen Gruppe,* der *Klasse*, erwachsen. Es ist möglich, daß die Sozialintegration der Klasse in so geringem Maße vorhanden ist, daß effektive Lerngruppen nicht gebildet werden können.

Hinzu kommt, daß der Gruppenunterricht eine *zeit- und raumaufwendige Unterrichtsmethode* ist. Der Gruppenunterricht ist langfristig angelegt, d. h., die einzelnen Gruppen müssen sich erst „einspielen", indem sie Angst durch Vertrauen, Rivalität durch Zusammenarbeit, Aggressivität durch soziales Verhalten ersetzen u. a. Gruppenarbeit ist aber auch Aktivität und damit mit einem höheren Geräuschpegel verbunden, d. h., störungsfreies Arbeiten der einzelnen Gruppen erfordert ein entsprechendes Raumprogramm, das in den herkömmlichen Schulen nicht immer anzutreffen ist.

1.3   Unterrichtsverfahren

1.3.1 Unterrichtsverfahren als Reflexion der Wissenschaftsmethoden

In der Literatur wird dem Lehrer sehr stark an die Hand gegangen, wenn es gilt, ihm die pädagogische Bedeutung der einzelnen Aktionsformen, der Sozialformen oder der Medien darzulegen. Völlig verändert ist die Sachlage, wenn der Lehrer nach einem Wegweiser sucht, wie er den Schülern den Unterrichtsstoff erschließen soll. Soll er den Schüler das Problem aus einem Text heraus interpretieren lassen, soll er viele Einzelbeispiele anführen, um dem Schüler Gelegenheit zu geben, die allgemeine Regel zu entdecken oder soll er etwa die Regel vorgeben, die der Schüler dann durch Einzelfälle zum Leben zu erwecken hätte?

---

1 Stöcker, K.: Unterrichtsgestaltung, S. 270.

Hier den jeweils richtigen Weg zu weisen, ist Aufgabe der Unterrichtsverfahren. Sie sollen nachfolgend für das Situationsfeld Wirtschaft entwickelt werden.

Der in der Schule gelehrte Stoff ist den verschiedenartigsten Wissenschaftsdisziplinen entnommen. In den einzelnen Wissenschaftsdisziplinen haben sich spezielle Methoden des Vorgehens herausgebildet, um Wissen über einen Objektbereich zu gewinnen.[1] Diese Zugangsweisen oder Wege zeichnen sich dadurch aus, daß sie dem jeweiligen Stoffgebiet, dessen Wissenschaftsziel oder der darin enthaltenen Wertproblematik angepaßt sind und dadurch eine optimale Forschungsarbeit erst ermöglichen bzw. erleichtern. Solche stoffimmanenten Vorgehensweisen erleichtern jedoch nicht nur die Forschungsarbeit, sondern generell das Arbeiten in dieser Wissenschaftsdisziplin, und zwar auf jeder Stufe. Durch Transformation dieser Methoden auf die schulische Ebene erscheint es daher sehr wohl denkbar, auch die Arbeit der Schüler mit einem Stoffgebiet zu erleichtern. Die *These,* die hier aufgestellt und im folgenden zu belegen sein wird, lautet:

Zwischen den Vorgehensweisen der Wissenschaften und den Unterrichtsverfahren besteht eine enge Korrelation. Die Transformation der Wissenschaftsmethoden auf die Ebene des Unterrichts kann wichtige Hilfen im Rahmen des Lehr- und Lernprozesses geben.

Die Unterrichtsverfahren sind dabei überwiegend stoffbezogen ausgerichtet und unterstützen den Lehrer bei der Fragestellung: Welches Verfahren soll für die Stoffabfolge gewählt werden? Eine solche Fragestellung darf nicht mit dem Problem der Stoffanordnung verwechselt werden. Bei der Frage der Stoffanordnung entscheidet der Lehrer etwa darüber, ob das Außen- oder das Innenverhältnis des OHG-Gesellschafters zuerst behandelt werden soll, während die Unterrichtsverfahren zu überlegen geben, ob zur Erarbeitung des Außen- oder Innenverhältnisses der OHG-Gesellschafter der Gesetzestext vorgegeben und die Schüler nach Beispielen befragt werden (Deduktion) sollen oder ob der Schüler aus Beispielen, die der Lehrer vorgibt, die Bestimmungen des Gesetzes erarbeiten soll (Induk-

---

1 Diese Vorgehensweisen in der Wissenschaft werden von einem Teil der Literatur mit dem Begriff Wissenschaftstheorien gleichgesetzt. Gegenwärtig können drei begriffliche Auffassungen von Wissenschaftstheorien konstatiert werden:
1. „Wissenschaftstheorie als *Theorie der Wissenschaft* sieht sich verbunden mit der philosophischen Fragestellung und umfaßt einen philosophisch begründeten Wissenschaftsbegriff.
2. Die Wissenschaft, verstanden als *Wissenschaftslogik,* mißt die Ergebnisse und Verfahren der Wissenschaften an logischen Gesetzen und ihrer Stringenz, wobei nicht nur die klassische Logik, sondern auch die mathematische Logik oder Logistik einbezogen wird. Das Zentralproblem bildet dabei die Diskussion um die *Deduktion* und um die *Induktion,* letztere als Versuch, eine induktive Logik zu begründen, während die Deduktion methodologisch die logische Schlußlehre immer schon bestimmte und damit keine besonderen Probleme mit sich bringt.
3. Im Mittelpunkt dieser wissenschaftstheoretischen Fragestellung steht die *Methodologie,* wie sie in Anlehnung an die Methodendiskussion um die Hermeneutik als Methode des Verstehens die Geisteswissenschaften und um das Erklären als Methode die Naturwissenschaften seit dem Anfang unseres Jahrhunderts bis in die Gegenwart bestimmte. Verstehen und Kausalerklärung sollten die Andersartigkeit der Wissenschaften markieren. Doch darüber hinaus hat das Methodenproblem in der Wissenschaftstheorie durch die Ausbildung empirischer Forschungsmethoden einen weiteren Diskussionsbereich mit einbezogen.Die einzelnen Positionen grenzen sich also derart voneinander ab, welche Probleme sie als der Wissenschaft zugehörig betrachten und welche Problemkreise als außer- oder vorwissenschaftlich angesehen werden."
Tschamler, H.: Wissenschaftstheorie. Eine Einführung für Pädagogen, Bad Heilbrunn 1978, S. 17.

tion). Daß bei der Bestimmung des Unterichtsverfahrens die Rahmenbedingungen auch berücksichtigt werden müssen, steht außer Frage. Zudem korrespondieren die Unterrichtsverfahren mit allen anderen Unterrichtsmethoden. So hat der Lehrer beispielsweise beim Thema Zoll, das er in der erarbeitenden Aktionsform abhandeln möchte, darüber zu entscheiden, ob er die Definition des Begriffes Zoll vorgeben soll, um dann die verschiedenen Zollarten abzuleiten (hier geht er fraglos deduktiv vor) oder ob er aus den verschiedenen Zollarten über Fragen und Impulse den Begriff herauszukristallisieren versuchen soll (Induktion). Aktionsformen und Unterrichtsverfahren, dies soll das Beispiel aufzeigen, bedingen sich zwar gegenseitig in gewissen Grenzen, sind jedoch vom Ansatz her von unterschiedlichen methodischen Überlegungen geprägt.

Die Unterrichtsverfahren korrelieren, so die These, mit den Vorgehensweisen in der Wissenschaft. Zur Belegung dieses Zusammenhanges ist es erforderlich, sich zum einen über den Wissenschaftsbegriff und zum anderen über das allgemeine Ziel der betreffenden Wissenschaftsdisziplinen Klarheit zu verschaffen.

1.3.2 Wissenschaftsbegriff

Der Wissenschaftsbegriff kann unter drei verschiedenartigen Teilbereichen gesehen werden:

– *dem Objektbereich*

Nach Tschamler ist dieser Bereich von der Subjekt-Objekt-Beziehung geprägt. Hierbei geht es um die zentrale Frage, soll das erkennende Subjekt in den Forschungsprozeß mit eingehen oder nicht. „Subjektivismus bedeutet dabei unkontrollierbare Beliebigkeit, Objektivismus nachprüfbares Wissen über den Objektbereich, der zwar das Subjekt zur Erhebung seiner Inhalte benötigt, doch darüber hinaus seine Selbständigkeit im Sinne einer objektiven Nachprüfbarkeit bekommt... Wissenschaftstheoretische Ansätze müssen daraufhin befragt werden, welchen Stellenwert sie dieser Relation beimessen.“[1]

– *die Methoden der Wissenschaft*

d.h. die Wege und Verfahren, die einzuschlagen sind, um Wissen über den ausgewählten Objektbereich zu gewinnen. Als solche Wege sollen in einem folgenden Kapitel die Induktion, die Deduktion, die Phänomenologie, die Hermeneutik und die Dialektik dargestellt werden.

– *die Wissenschaft als System*

Der Systembegriff kann als eine allumfassende Systematik im Sinne Kants gesehen werden (Subsumierung der mannigfaltigen Erkenntnisse unter eine Idee!), aber auch als ein System im Sinne eines Ordnungszusammenhanges verstanden werden, in dem Probleme entstehen, eingeordnet und gelöst werden können.

Der so *formal skizzierte Wissenschaftsbegriff* wird von den verschiedenartigen Wissenschaftstheorien inhaltlich unterschiedlich ausgefüllt. Ohne hier auf Einzel-

---

1 Tschamler, H.: Wissenschaftstheorie, S. 181 f.

heiten einzugehen, kann festgehalten werden, daß sich heute noch zwei Wissenschaftsbegriffe einander unversöhnt gegenüberstehen:

— Die *positivistische Richtung* vertritt die Auffassung, daß nur das Gegenstand der Wissenschaft sei, was empirisch exakt beobachtbar ist. Dadurch stehen viele Probleme außerhalb der Wissenschaft, die in der Lebenspraxis allein zu bewältigen sind. Die Vertreter dieser Richtung bedienen sich zur Erforschung der Wissenschaft *analytischer Vorgehensweisen,* d.h., sie lösen einen Untersuchungsgegenstand in einzelne Elemente auf und betrachten die Interdependenzen dieser Bestandteile untereinander. Die wichtigsten Instrumentarien der analytischen Wissenschaftsauffassung sind *Induktion* und *Deduktion.* In diesem Sinn „analytisch" ist die Arbeitsweise des Mathematikers, des Naturwissenschaftlers, des Sprach-„analytikers", teilweise auch des Sozial- und Wirtschaftswissenschaftlers. Ziel des Analytikers ist es, allgemeine Sätze, Axiome, aufzustellen, wobei der Versuch unternommen wird, die Wertungsproblematik von der Wissenschaft fernzuhalten. Er stellt demnach der Praxis nur die für das Handeln erforderlichen Mittel zur Verfügung, diskutiert die Zielentscheidung jedoch nicht.

— Der *nichtanalytische* oder *„lebenswissenschaftliche Wissenschaftsbegriff"* anerkennt dagegen alles, was es auf der Welt gibt, als Gegenstand der Wissenschaft an, d.h., neben dem „objektiv" Erforschbaren sieht er die menschliche Subjektivität mit als Grundlage jeder wissenschaftlichen Betätigung an. Das Leben ist hier Voraussetzung und Gegenstand der Wissenschaft. Die nichtanalytische Vorgehensweise ist dadurch charakterisiert, daß sie den Untersuchungsgegenstand als Ganzheit auffaßt und interpretiert. Es ist dies die *Arbeitsweise des Phänomenologen, des Hermeneutikers oder des Dialektikers.* Zielsetzung der nichtanalytischen Wissenschaftsauffassung ist, die einzelne, einmalige, individuelle Problemstellung zu erforschen, ohne dabei jedoch darauf zu verzichten, aus dem Individuellen verallgemeinernde Schlüsse zu ziehen.

Seiffert beschreibt die Zielsetzung der beiden Wissenschaftsauffassungen in der Weise, „daß die analytische Auffassung gleichzeitig auflösend und verallgemeinernd, die nichtanalytische gleichzeitig ganzheitlich und individualisierend vorgeht. Diese scheinbare Paradoxie erklärt sich folgendermaßen: Das Individuelle wird als Individuelles erst in der ganzheitlichen Betrachtung sichtbar, weil es durch verschiedene Anordnung an sich gleicher Elemente entsteht - während umgekehrt Allsätze erst dadurch möglich werden, daß komplexe Ganzheiten in ihre Elemente aufgelöst und über diese Elemente dann Aussagen gemacht werden."[1] In der Verfolgung dieser Ziele bezieht der Nichtanalytiker die Wertungsproblematik ausdrücklich in seine Überlegungen mit ein. Während der Analytiker die Entscheidung über das Ziel A oder B nicht trifft, sondern dem Nichtwissenschaftler überläßt, sieht es der Nichtanalytiker gerade als seine Aufgabe an, festzustellen, welchem Ziel A oder B die Priorität einzuräumen ist. In diesem Sinne nichtanalytisch arbeiten insbesondere die *Geisteswissenschaften,* um einen Begriff von Dilthey zu gebrauchen.

Für die folgenden Überlegungen wird der nichtanalytische Wissenschaftsbegriff zugrunde gelegt.

---

1 Seiffert, H.: Einführung in die Wissenschaftstheorie, Bd. 1, 7. Aufl., München 1974, S. 6.

1.3.3 Wissenschaftliche Vorgehensweisen

1.3.3.1 Instrumentarium der analytischen Wissenschaft

Die extremen Vertreter der analytischen Methode setzen zwei Prämissen:
1. Alle Aussagen müssen sichtbar und eindeutig kausal beweisbar sein (Positivismus).
2. Alle Aussagen müssen prozessual auflösbar sein (Operationalismus). Als Methoden für ihre wissenschaftliche Arbeit anerkennen die Analytiker *Deduktion* und *Induktion*.

1.3.3.1.1 Deduktion

In vielen Fällen ist der Erkenntnisgegenstand nicht direkt einsichtig, so daß er auf dem Umweg (indirekt) über eine andere Aussage erschlossen werden muß. Dieses mittelbare Erkennen geschieht durch Schließen von einem Satz auf einen anderen oder durch Ableitung des zweiten Satzes aus dem ersten.[1] Die Richtigkeit einer Tatsache muß also entweder unmittelbar evident sein oder mittelbar erschlossen werden. Das letztere setzt voraus, daß die erste Aussage als richtig anerkannt wird (*Axiom*[2]).

Das axiomatische System. Im axiomatischen System werden zwei Grundformen des Schließens unterschieden:[3]

– Ausgangspunkt ist ein einfacher Satz, von dem aus komplizierte Aussagen abgeleitet werden. Dies ist der logische Weg in der Entwicklung unseres Wissens, denn bevor Kompliziertes erfaßt werden kann, muß das Einfache eingesehen werden. Die Ableitung geht somit von der einfachen Aussage zum komplizierten und spezialisierten Einzelfall. Diese Art des Vorgehens wird als *Deduktion* bezeichnet (deducere = wegführen). Sie stellt eine unfehlbare Schlußregel dar. Grundlage dieser Methode ist die Logik.

– Umgekehrt kann auch vom komplizierten Satz ausgegangen werden, um diesen dann auf einfachere Sätze zurückzuführen. Dadurch wird gezeigt, daß diese komplizierte Aussage aus einfacheren, elementaren Sätzen abgeleitet wurde. Dieses Zurückschreiten (regredi) im Denkprozeß in Form eines Beweises wird als *Regression* oder *regressive Deduktion* benannt.[4] Obwohl ein solcher Beweis eigentlich überflüssig ist, da man nichts nachträglich beweisen kann, „als was man bereits aus der richtigen Anwendung der zugrunde liegenden Sätze gewonnen hat,"[5] spielt er in der Praxis eine wesentliche Rolle, da viele neue Gedanken intuitiv gewonnen werden, die sodann zu beweisen sind.[6]

---

1 Vgl. Bochénski, I. M.: Die zeitgenössischen Denkmethoden, München 1954, S. 73.
2 Unter dem Begriff Axiom versteht man eine Aussage, die aufgrund einer Absprache derjenigen, die sie verwenden, nicht angezweifelt werden soll und damit auch nicht widerlegbar ist.
3 Aristoteles hat diesen methodologischen Grundgedanken des Schließens systematisch entwickelt, und zwar überwiegend im Rahmen des axiomatischen Systems. Lange Zeit blieb diese Methode das Privileg der Mathematiker.
4 Es handelt sich hierbei, im Gegensatz zur Induktion, um ein absolut sicheres Ableitungsverfahren, da nur auf solchen Verfahrenswegen zurückgegangen wird, auf denen zuvor vorwärtsgegangen wurde.
5 Seiffert, H.: Wissenschaftstheorie 1, S. 110.
6 „Bei jedem Schritt wird angegeben, aus welchen Axiomen und mit Hilfe welcher Regeln man vor geht, und zwar Schritt für Schritt." - Bochénski, I. M., ebenda, S. 79.

Beiden Methoden ist gemeinsam, daß die Wahrheit der Prämisse (Axiom) schon bekannt ist, während die der Folgerungen erst gesucht werden muß. Verschieden ist der Ausgangspunkt des Denkansatzes. Im ersten Fall wird von dem schon feststehenden Axiom ausgegangen, während bei der zweiten Methode von dem noch zu beweisenden Schluß aus agiert wird.

Schematisch kann dieser Sachverhalt wie folgt dargestellt werden:

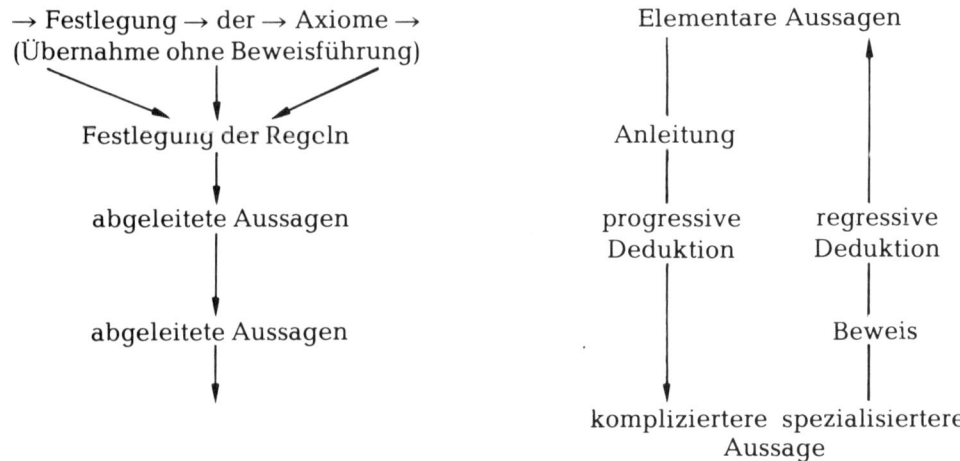

Grundformen des axiomatischen Systems

Dieses axiomatische System überzeugt auf den ersten Blick, da die Ableitung durchschaubar und damit verständlich wird. Sie wird als „richtig" angenommen. Bei näherer Betrachtung gilt die Einsichtigkeit sicher für die Ableitungen, nicht aber für das Axiom, denn zu ihm führen keine Schritte hin, es ist nicht hinterfragbar. Es muß entweder von sich aus evident sein oder muß als unverstanden hingenommen werden. Beide Wege wurden in der Geschichte der Axiomatik beschritten. Die heute vorherrschende Meinung definiert das Axiom rein formalistisch als die Grundlage eines axiomatischen Systems, als solches kann es selbst evident sein, muß es aber nicht.[1] Die Ableitung beinhaltet somit nicht mehr eine allgemeine Beweisführung, sondern sie bedeutet, aufgrund des formalistischen Aufbaus, nur noch eine Beweisführung im Rahmen des gegebenen Systems.

Das konstruktive System. Das Bestreben der Menschen ist seit jeher darauf ausgerichtet gewesen, den letzten Ausgangspunkt des Denkens zu finden, „das heißt, das Denken so aufzubauen, daß es von einem ‚Nullpunkt' aus durch konsequente Anwendung von Denkregeln zu den kompliziertesten Aussagen gelangen

---

1 Vgl. Seiffert, H.: Wissenschaftstheorie 1, S. 116.
   Dieser Zustand ist allerdings nicht befriedigend, da Erkenntnis und Wissenschaft mit dem Verstehen korreliert, und alles, was die Wissenschaft hervorbringt, irgendwann einmal verstanden worden sein muß. Eine Wissenschaft ohne Verstehen ist nicht möglich. „Selbst auf Gebieten oder in Zusammenhängen, in denen das Verstehen als Prinzip ausgeschlossen wird, muß der unbefangene Betrachter zunächst verstehen, warum er hier eigentlich nicht verstehen soll, also noch das Nichtverstehen auf ein Verstehen gründen." - Seiffert, H., ebenda, S. 120.

kann."[1] Diesen Anfang der Wissenschaft immer verständlich zu machen, kann der Axiomatizismus nicht leisten. Der Konstruktivismus versucht diesen Mangel zu beseitigen; sein Ziel ist es, die Grundlagen deduktiver Systeme evident zu machen. Da nach P. Lorenzen der Mensch nur das verstehen kann, was er selbst herstellt,[2] muß er logischerweise die Axiome selbst konstruieren. Die „Evidenz" wird, anders als in der Axiomatik, „nicht als geheimnisvolle ‚Anschauung' oder ‚Intuition', sondern durch das konstruktive Herstellen von Gegenständen begründet."[3] Damit kommt man ohne Axiome aus. Lernpsychologisch gesehen bedeutet dies: dynamische Wissenschaft anstatt statischer, nicht Intuition, sondern Konstruktion.

Ein Ausgangspunkt ist aber auch bei dieser Methode gegeben, und zwar in der Umgangssprache, die nicht hinterfragt werden kann, obwohl sie ja konstruiert werden müßte. Dies führt logischerweise dazu, daß bei dieser Definition das Anfangsproblem im Irrationalen liegt. Da diese Umgangssprache jedoch herangezogen wird, um eine Wissenschaftssprache aufzubauen, ist für diese, aus ihrer Perspektive, tatsächlich der Nullpunkt (in Form der Umgangssprache) gegeben.[4]

1.3.3.1.2 Induktion

Bei der reduktiven Methode schließt man von einer konditionalen Aussage, die entweder empirisch gefunden oder hypothetisch aufgestellt wurde, auf den zugrunde liegenden, elementaren Vordersatz. Stellt der zur Erklärung gesuchte Vordersatz eine Verallgemeinerung des zu erklärenden Satzes dar, spricht man von *Induktion.*[5] Der fundamentale Unterschied zur regressiven Deduktion besteht darin, daß der Wahrheitsgehalt des Vordersatzes nicht bekannt ist.

Ausgangspunkt ist die Einzelanalyse, von der aus, in einem ersten Schritt (= *Erklärung*[6]), auf den als noch nicht richtig anerkannten Vordersatz geschlossen wird. Dieser Vordersatz wird sodann im zweiten Schritt nach dem Prinzip des axiomatischen Systems mittels weiterer Ableitungen entweder bestätigt (*Verifikation*) oder als falsch verworfen (*Falsifikation*).[7] Die Induktion ist somit ein in der Regel nicht logisch aufgebautes System, das auf empirisch gewonnenen Einzelfällen gründet.

---

1 Seiffert, H.: Wissenschaftstheorie 1, S. 105.
2 Vgl. Lorenzen, P.: Methodisches Denken, Frankfurt a.M. 1968, S. 43.
3 Seiffert, H., ebenda, S. 122 f.
4 Nach Seiffert hat damit „die Philosophie die bisher wohl einleuchtendste Lösung des Anfangsproblems gefunden." - Seiffert, H., ebenda, S. 125.
5 Die Induktion ist somit ein Unterfall der Reduktion. Die Induktion ist für den Unterricht aber der wesentlichste Anwendungsfall, so daß in den nachfolgenden Ausführungen nur von ihr die Rede sein wird.
6 Eine Erklärung besteht immer darin, daß eine Aussage von einer anderen abgeleitet wird, d.h., es wird ein axiomatisches System gebildet.
7 „Die nach der induktiven Methode betriebene Forschung muß also den ‚logischen' Ablauf der Ereignisse zunächst sozusagen umkehren." - Seiffert, H., ebenda, S. 143.

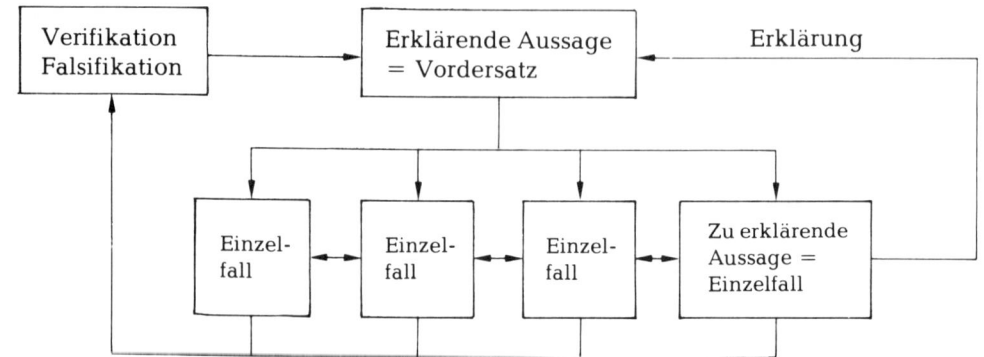

Schematische Darstellung der Induktion

Die Induktion spielt vor allem in den Erfahrungswissenschaften eine entscheidende Rolle, da in diesen Wissenschaften nur induktive Schlüsse möglich sind. „Denn wir haben es hier mit einzelnen Erfahrungsfällen zu tun, die wir zwar als solche mehr oder weniger genau registrieren, beobachten, messen können, aber diese Fälle machen niemals die Gesamtzahl aller möglichen gleichartigen Fälle aus, so daß wir streng genommen über die nicht registrierten Fälle nichts aussagen können."[1]

Im einzelnen wird bei der induktiven Methode wie folgt vorgegangen:

Ausgangspunkt der Induktion ist die *Beobachtung* von Tatsachen in der Erfahrungswelt, die in *Protokollaussagen* aufgezeichnet werden. Danach wird nach einer Erklärung der erfahrenen Fakten gesucht. Dies geschieht vorläufig durch das Aufstellen von *Hypothesen,* d.h. Vermutungen, Annahmen. Die Hypothese drückt somit eine Vermutung über die Vorgänge aus, die hinter dem Beobachteten stehen. Ist die Hypothese durch weitere Operationen gefestigt, so wird aus ihr ein *Gesetz.* Allerdings kann nur dann von einem Gesetz gesprochen werden, wenn die bestätigte Hypothese eine allgemeine Aussage darstellt, die über einen individuellen Sachverhalt hinausreicht. Bringen mehrere Gesetze eine weitere Verallgemeinerung, so wird die Zusammenfassung zu einem „Obergesetz" als *Theorie* bezeichnet.[2]

Die Induktion ist folglich ein axiomatisches System, das auf dem Kopf steht.[3] Induktion ist somit „erstens ein Schlußverfahren, also eine Denkmethode, vermittels welcher Aussagen aufgestellt werden; zweitens ein Verfahren, das wesentlich

---

1 Seiffert, H.: Wissenschaftstheorie 1, S. 135.

2 Wird jedoch nur ein für den speziellen Einzelfall zutreffender individueller Satz aufgestellt, der nur diese Konstellation beschreibt, so spricht man nach K. R. Popper von Randbedingungen. Sie wollen nichts erklären, sondern individuelle Gegebenheiten beschreiben. Sie sind „selber Endpunkt und Endzweck der Forschung," denn nur in konkreten Situationen (individuellen Randbedingungen) können sich Gesetze darstellen. - Zitiert nach Seiffert, H., ebenda, S. 154.

3 „Die rein deduktiv konstruierten Wissenschaften (Mathematik und formale Logik) gehen von Anfang an deduktiv vor, die Erfahrungswissenschaften gewinnen deduktive Systeme erst im nachhinein; d. h. wenn sie den Vorgang induktiv erarbeitet haben (von unten her empirisch), entdecken sie die logische Struktur." - Dauenhauer, E.: Wissenschaftstheorie, Wirtschaftspädagogik, Arbeitslehre, Bad Homburg v. d. H. 1973, S. 56.

erweiternd ist, d. h., man geht dabei nicht nur von der Summe der Einzelnen zum Allgemeinen, sondern von einigen Einzelnen, die nicht alle zur gleichen Klasse gehören, zum Allgemeinen."[1]

Die bisherigen Darlegungen haben schon erkennen lassen, daß der Induktionsschluß streng genommen immer nur für realisierte Gegebenheiten Gültigkeit hat, ansonsten aber unsicher ist. Bei induktiv-empirisch gewonnenen Aussagen muß angenommen werden, daß sie nicht immer und überall Geltung besitzen. „Allsätze" wie Seiffert allgemeingültige Sätze (Gesetze) nennt (z. B. alle Enten können schwimmen), „können nie endgültig als richtig bestätigt oder, wie man auch sagt, verifiziert werden, da wir nicht alle gegenwärtigen und vergangenen sowie überhaupt keinen zukünftigen Fall, der unter einen solchen Allsatz subsumiert werden müßte, überprüfen können."[2] Voraussagen sind bei induktiv gewonnenen Gesetzen somit nur unter der „Ceteris-paribus"-Klausel möglich. Prinzipiell sind also Voraussagen unsicher, trotzdem aber sinnvoll, da sie ja in der Regel praxisorientiert und nicht wissenschaftsbezogen sind. Bei der Induktion können folglich nur „Teils-teils-Sätze" gebildet werden, die immer mehrere Möglichkeiten offen lassen und nur Wahrscheinlichkeiten ausdrücken. Diese sind im übrigen nicht widerlegbar, sondern nur empirisch-statistisch korrigierbar.

1.3.3.2   Instrumentarium der nichtanalytischen Wissenschaft

Die nichtanalytische Wissenschaft faßt den zu erforschenden Gegenstand als Ganzheit auf und interpretiert ihn. Diese Methodologie umfaßt die *Hermeneutik,* die *Phänomenologie* und die *Dialektik.* Ihre Vertreter suchen „den Sinne einer Aussage jeweils am Ganzen zu prüfen, nicht nur an der einlinigen Kausalität zwischen Elementen."[3]

1.3.3.2.1 Hermeneutik

Grob formuliert versucht diese Forschungsmethode durch Erfragen, Deuten oder Auslegen den Sinn eines Problems zu erfassen. Dabei wird über eine systematische Einkreisung und Aussonderung von Unwesentlichem konzentrisch das Kernproblem herauskristallisiert. Zur Feinbestimmung dieser Methode ist von den Zentralbegriffen *„Verstehen" (Interpretation)* und *„hermeneutischer Zirkel"* auszugehen.

Grundbegriffe. Der „hermeneutische Zirkel" besagt, daß bei der wissenschaftlichen Erforschung eines Gegenstandes immer von vorwissenschaftlichen Kenntnissen ausgegangen werden muß. Die Hermeneutik besagt damit, daß nur über Gegenstände gesprochen werden kann, die man praktisch schon kennt, d. h., „was ich wissen will, muß ich schon wissen."[4] Ansatzpunkt der wissenschaftlichen Arbeit ist somit das „Vorverständnis", d. h., der Suchende ist bestrebt, sein mehr oder weniger bruchstückhaft vorhandenes Wissen zu ergänzen und das Fehlende zu vervollständigen. Hermeneutik kann daher als die Lehre von dem,

---

1 Bochénski, I. M.: Denkmethoden, S. 118.
2 Seiffert, H.: Wissenschaftstheorie 1, S. 170.
3 Dauenhauer, E.: Wissenschaftstheorie, S. 14.
4 Seiffert, H., ebenda, S. 127. Gleichzeitig wird damit auch behauptet, daß es einen absolut logischen Anfang in der Wissenschaft nicht geben kann.

was wir „immer schon vorfinden," bezeichnet werden.[1] Sie ist somit eine „historische" Methode, die, im Gegensatz zur Phänomenologie, das bisher Wißbare bzw. Einsichtige zur eigenen Deutung heranzieht. Nach Ansicht der Hermeneutik macht erst die souveräne Verfügung über die bereits vorhandenen Lösungsansätze frei für das eigene Urteil. Um die Einsatzmöglichkeiten dieser Methode abschätzen zu können, ist es erforderlich, den Begriff *„Geschichte"* zu definieren.

Gegenstand der Geschichte sind nach Seiffert „alle Hervorbringungen des Menschen."[2] Mit dieser Begriffsbestimmung werden alle Bereiche der Wissenschaft, unabhängig von ihrem Erklärungsgegenstand, erfaßt, da sie in jedem Fall eine Hervorbringung des Menschen darstellt. Geschichte ist also die aus einer Vielzahl von Zeugnissen (Urkunden, Akten, Berichten, Memoiren u. a.) erfaßbare Vergangenheit. Der Historismus erschöpft sich jedoch nicht in den Kenntnissen um die Vergangenheit, vielmehr kann nur dort von einem historischen Bewußtsein gesprochen werden, wo das Tag für Tag tatsächlich Erlebte vom Menschen auch geschichtlich verstanden wird.[3] Hinzu kommt, daß zwar Tatsachenermittlung schon das Ergebnis kritischer Forschung ist, trotzdem aber noch einer kritischen Interpretation bedarf. „Tatsachen sind zwar keine hinreichende, aber eine notwendige Bedingung geschichtlichen Forschens. Das heißt: nur mit Tatsachen geht es nicht - ohne Tatsachen aber genau so wenig."[4] Tatsachenerhebung und Interpretationen müssen dabei nahtlos ineinandergreifen, da jede Quellenerfassung ihren Ursprung in einem schon vorhandenen Interpretationszusammenhang hat.

Was bedeutet hier der Begriff *Interpretation?* Durch die Tatsachenermittlung stellen wir fest, was ist. Durch die Interpretation sollen wir „verstehen," warum das so ist. Diese Interpretation erfordert sehr viel Anstrengung, denn fremde Zusammenhänge werden uns erst nach gründlicher Einarbeitung vertraut.[5] Der Suchende muß zielstrebig fragen und in Frage stellen, denn nur dadurch können weitere Tatsachenzusammenhänge aufgespürt werden. Das Fragen steht dabei in enger Korrelation zu den historischen und methodischen Voraussetzungen und zu dem Wissen um die praktischen Verhältnisse. „Das Verstehen als das Ergebnis des Fragens und Infragestellens ist zum methodischen Grundverfahren der Geisteswissenschaft geworden."[6] Dabei werden Gegenpositionen, konträre Auffassungen bewußt in die Darstellung aufgenommen, nicht in der „dienenden" Absicht, die eigene Ansicht zu untermauern, sondern in der bestärkenden Meinung,

---

1 Seiffert, H.: Einführung in die Wissenschaftstheorie, Bd. 2, 5. Aufl., München 1973, S. 43.
2 Seiffert, H., ebenda, S. 55.
3 „Unter ‚Geschichtsbewußtsein' oder ‚historischem Bewußtsein' verstehen wir demgemäß das Erfahren und Verstehen einer Mehrheit in ihrem Charakter verschiedener Lebenssituationen." - Seiffert, H., ebenda, S. 47.
   Diese Lebenssituationen stellen historische Einheiten dar, die einerseits grundverschieden sind und nur aus sich selbst heraus zu verstehen sind sowie andererseits gegeneinander gestellt völlig gleich sind in ihrer Wertigkeit (vollkommener, verkommener u. a.).
4 Seiffert, H., ebenda, S. 80.
5 Die Hermeneutik verlangt vom Forschenden ein Sich-Einarbeiten bzw. Sich-Hineinfinden in den Strukturzusammenhang. Prinzipiell ist der Mensch aufgrund seiner Lernfähigkeit in der Lage, sich in die verschiedensten Gegenstände einzuarbeiten. Nach Seiffert gibt es „keine menschlichen Äußerungen, die nicht grundsätzlich jedes menschliche Individuum - angemessenes Sicheinleben vorausgesetzt - mit der Zeit so durchschauen und beherrschen lernt wie die Lebenswelt, in der er selbst aufgewachsen ist." - Seiffert, H., ebenda, S. 122.
6 Röhrs, H.: Forschungsmethoden in der Erziehungswissenschaft, 2. Aufl., Stuttgart 1971, S. 47.

diese Argumente in ihrem realen Eigenwert voll zur Geltung bringen. „Aus diesem Blickpunkt betrachtet, sind die Gründe für das Nichtverstehen in erster Linie im eigenen Verstehen zu suchen. Erst in diesem Stadium schlüssiger Entfaltung erhält auch die Kritik als das sorgfältige Auseinanderlegen und -falten der Positionen ihre Berechtigung. Nur auf diese Weise bleibt sie ein Bestandteil des hermeneutischen Verfahrens."[1] Durch diese Art der Interpretation, des Verstehens, werden die Triebkräfte herauskristallisiert, die die Grundlage der geistig-geschichtlichen Welt ausmachen.[2]

Das hermeneutische Verfahren diente ursprünglich in erster Linie der Interpretation von Texten, wobei fälschlicherweise immer wieder behauptet wurde, daß das Wesen des Verstehens dann darin liege, den Autor besser zu verstehen, als er sich selber verstand. Dieses Neu-Verstehen darf jedoch keineswegs als „Besser-Verstehen" aufgefaßt werden, sondern muß vielmehr als ein Verständnis aus einer neuen Geisteshaltung heraus aufgefaßt werden.[3] Schleiermacher, Dilthey und auch Gadamer sind es dann gewesen, die der Hermeneutik die heutige Aufgabe zuerkannten, nämlich „Grunderscheinungen des geistigen Lebens durch allseitige Auslegung ihrer wesentlichen Strukturen zu deuten." Sie haben dieses Verfahren damit zu einem „ universalen methodischen Prinzip für die Geisteswissenschaften entwickelt."[4] Das Verstehen muß dabei trotz persönlicher Anteilnahme und sachlichen Engagements distanziert objektiv sein. „Liebe und Haß als die elementaren Mächte im menschlichen Leben müssen im Verstehensakt geistig diszipliniert werden, so daß sie sich völlig in den Dienst ganzseitiger, d. h. gerechter Aufhellung stellen."[5] Ob diese Methode durch falsch verstandene Subjektivität suspekt wird oder durch die persönliche Teilhabe an Aussagekraft gewinnt, hängt letztlich davon ab, inwieweit es dem Forschenden gelingt, die gewonnenen Einsichten in kritischer Distanz in den fundierten Verständnishorizont einzugliedern. Eine völlige Loslösung subjektiver Momente ist jedoch nicht möglich und auch nicht erforderlich, denn gerade dieses Eingebettet-Sein in einen Lebenskreis läßt den Weiterforschenden Rückschlüsse auf den geistigen Ausgangspunkt des Betroffenen zu und ermöglicht ihm das Korrektiv bzw. die

---

1 Röhrs, H.: Forschungsmethoden, S. 47.

2 Im Gegensatz hierzu ist das Verstehen in der Deduktion systemorientiert, d. h., ein Zusammenhang gilt dann als verstanden, wenn die Summe der Einzelschritte, die ihn bilden, vom Suchenden erfaßt sind. Interpretieren bedeutet daher, daß etwas hinzukommt, daß man sich nicht darauf beschränkt, das, was offen „zutage liegt." Vielmehr werden durch die Interpretationen Verbindungen, Zusammenhänge, Strukturen aufgedeckt. Hierin liegt die Stärke, aber auch die Schwäche dieser Methode. „Die historische Interpretation ist zwar einerseits ein Erzeugnis, der eine geschichtliche Äußerung verstehenden Person - andererseits aber stets an diese Äußerungen als Kontrollinstanz für die Auslegung gebunden." - Seiffert, H.: Wissenschaftstheorie 2, S. 133.

3 „Damit ist weder die mögliche Objektivität noch die Evidenz des Verstehens in Frage gestellt, sondern lediglich die Historizität dieses Aktes aufgewiesen, die angesichts der Vielzahl der Deutungsmöglichkeiten das Sprechen von der Unergründlichkeit jedes menschlichen Wertes (Bollnow) erlaubt." - Röhrs, H., ebenda, S. 49.

4 Röhrs, H., ebenda, S. 48.

5 Röhrs, H., ebenda, S. 51.

Bestätigung und trägt somit zur Objektivität dieser Methode bei.[1] Verstehen ist in diesem Sinn etwas Subjektives und Objektives zugleich.

Risiken der hermeneutischen Methode. Dieses zweifellos latent vorhandene generelle Gefahrenmoment, das mit dieser Methode verbunden ist, muß wegen seiner Grundsätzlichkeit, die letztlich die gesamte Methode in Frage stellen kann, noch aufgeschlüsselt werden. Eine Analyse ergibt folgendes:[2]

— Die verstehende Deutung steht oft in der Gefahr, zwischen dem Ergebnis der wissenschaftlichen Forschung und dem gewünschten bzw. gewollten Tatbestand nicht sauber zu trennen. Die Folge davon ist, daß in der vermeintlich objektiven Aussage unbeabsichtigt subjektive Vorstellungen enthalten sind, womit die Allgemeinverbindlichkeit dieser Methode sehr in Frage gestellt würde.

— Da sich die Hermeneutik vor allem auf historische Quellen bezieht, ist die Gefahr gegeben, durch Vernachlässigung der realitätsnahen Kontrolle, im individuellen Lebenshorizont, in seinen eigenen geistesgeschichtlichen Erfahrungen hängenzubleiben. Im Grunde sind demnach drei Bereiche für das wirkliche Verstehen heranzuziehen: Texte, Erfahrungen und die Realität der Praxis.

— Als dritter Gefahrenpunkt ist die mangelnde Objektivierbarkeit der Hermeneutik anzuführen. Auch die Selbstkontrolle „unter dem Anspruch des besseren, tieferen und unvoreingenommeneren Verstehenwollens ist als ergänzender Akt des Verstehens ein konstitutiver Teil der Grundeinstellung und Blickweise dieses Menschen,"[3] d. h., in jedem Fall bleibt in der Aussage ein Persönlichkeitsrest. Allerdings steckt gerade hierin das Wesen des Verstehens und dessen Objektivierbarkeit.

Hypothese und Gesetz in der Hermeneutik. In der analytischen Methode dienen die aufgrund von Beobachtungen gewonnenen Hypothesen der Ermittlung von Gesetzen und Theorien. Können diese Begriffe der Induktionsmethode in die Hermeneutik übertragen werden?

Hypothesen können in sinnvoller Weise nur dann aufgestellt werden, wenn die Wahrheit bisher noch von niemandem gefunden wurde. In den historischen Wissenschaften ist dieser Umstand selten anzutreffen, da die Unkenntnis in der Regel lediglich darauf zurückzuführen ist, daß das vorhandene Material noch nicht durchforstet wurde bzw. daß subjektives Nichtwissen vorliegt. Das vage „Vorverständnis" in der Methodologie der Hermeneutik ist somit mit dem Begriff des „hermeneutischen Zirkels" erfaßt und nicht durch das Wechselspiel von „Beobachtungen" und „Hypothesen" gekennzeichnet. Hypothesen können in der Hermeneutik allenfalls dort aufgestellt werden, wo die Forschung an die Grenze des bisherigen Wissens gestoßen ist.

---

1 „Dieses bedeutsam allseitig prüfende und argumentierende Verfahren bildet in den Geisteswissenschaften das Äquivalent zur naturwissenschaftlichen Methode des Experimentierens." - Röhrs, H.: Forschungsmethoden, S. 51.
2 Röhrs, H., ebenda, S. 52 f.
3 Röhrs, H., ebenda, S. 55.

Gesetze werden in der analytischen Methode zur Ableitung der möglichen Einzelfälle benützt. Übertragen auf die Geschichte würde dies bedeuten, daß die Erklärung eines geschichtlichen Einzelfalles nicht mehr Gegenstand der Forschung wäre. Der Einzelfall würde dann nur noch ein relativ unwichtiges Mosaiksteinchen bei der Aufstellung von Gesetzen sein. Das Endziel der analysierenden Geschichtsforschung würde sich somit von der quellenkritischen Sicherung des Einzelfalls auf die Bestätigung bzw. Widerlegung von Gesetzen verlagern. Die hermeneutische Methode sieht die Geschichtsforschung aber anders. „ Wenn wir es mit der Hermeneutik wirklich ernst nehmen, müssen wir zu der Einsicht gelangen: Im Bereich des Geschichtlichen kann es keine Gesetze geben. Die Geschichte ist offenbar gerade der Bereich des Unwiederholbaren und des Unvorhersehbaren."[1]

Sicher lassen sich Gleichartigkeiten in der Geschichte nicht bestreiten und so ist R. Wittram zuzustimmen: „Der Gesetzesbegriff ist in der Geschichtswissenschaft eine Hilfsvorstellung, die manchen großräumigen und zeitlichen Ablauf recht gut veranschaulichen kann. Freilich kann er gerade das nicht, wofür er meist in Anspruch genommen wird: er ist keine Formel für die historische Notwendigkeit schlechthin: Gesetzlichkeit und Notwendigkeit sind im Bereich der Geschichte nicht synonym."[2]

Anwendung der Hermeneutik. Ist die Anwendung, dieser Schluß könnte aus den eben getroffenen Ausführungen gezogen werden, somit auf die historischen Wissenschaften beschränkt?

Die Hermeneutik ist dazu angehalten, die objektiven Erfahrungsquellen zu suchen und weitere Informationsquellen mit einzubeziehen.[3] Nach Röhrs ist „das Verstehen daher nicht nur eine Methode neben anderen, sondern zugleich eine Verfahrensweise, die integrierend in allen anderen angelegt sein muß, wenn über das Registrieren von Fakten auch Zusammenhänge erkannt und Folgerungen gezogen werden sollen."[4] Gerade auf dem Gebiet der Erziehungswissenschaft, wo der ganze Mensch gesehen werden muß, ist die Hermeneutik ein „natürlich ergänzender Bestandteil jeder Methode."[5] Empirik bedeutet hier lediglich Deskription und bleibt im Vorraum der Wissenschaft. Dem Verstehen kommt somit eine zentrale Bedeutung in jeder wissenschaftlichen Tätigkeit zu, denn durch die Herausstellung der Bedingungsstrukturen schafft sie einerseits die Voraussetzungen

---

1 Seiffert, H.: Wissenschaftstheorie 2, S. 143.
2 Wittram, R.: Anspruch und Fragwürdigkeit der Geschichte. Sechs Vorlesungen zur Methodik der Geschichtswissenschaft und zur Ortsbestimmung der Historie, Göttingen 1969, S. 83.
3 Der Historiker sieht die insbesondere von Stegmüller geforderte empirische Überprüfung der Ergebnisse in der hermeneutisch angelegten Forschung in der Möglichkeit der Quellenkritik gegeben und hält sich insofern für einen Empiriker. Für den Analytiker ist dagegen die empirische Überprüfung erst dann abgeschlossen, wenn sich die Gesetze anhand der Einzelfälle bestätigt haben.
Vgl. Stegmüller, W.: Einheit und Problematik der wissenschaftlichen Welterkenntnis, München 1967, S. 9 f. (Münchener Universitätsreden. Neue Folge 41).
4 Röhrs, H.: Forschungsmethoden, S. 57.
5 Röhrs, H., ebenda, S. 57.
Da die Erziehungswissenschaft durch naturwissenschaftliches Modelldenken nur zum Teil erfaßt werden kann, bietet sich diese Methode an. „Hermeneutik könnte man daher das Verfahren der Behutsamkeit und der Feinfühligkeit nennen, das bei Textauslegungen, in Diskussionen und bei der Lösung theoretischer und praktischer Erziehungsaufgaben angewandt wird." - Dauenhauer, E.: Wissenschaftstheorie, S. 25.

für die Forschungsarbeit, während sie andererseits durch die Interpretation die Ausweitung der Forschungsaussagen ermöglicht. „Das Verstehen, dessen inspirierende Mitte das Besser-Verstehen-Wollen ist, hält daher das scheinbar endgültig angelegte geschichtlich-gesellschaftliche Feld durch die kontinuierlich gestellte Wahrheitsfrage in Fluß. Aus dem Aspekt des Verstehens erweist sich die Geschichte als Dialog mit dem Geschehensverlauf, dessen letztes reales Glied die Gegenwart ist, und keineswegs als letztgültig fixierbare Antwort über das Gewesene."[1]

1.3.3.2.2 Phänomenologie

Begriff und Zielsetzung. Mittelpunkt dieses Erkenntnisverfahrens ist das auf einer Intuition sich gründende geistige Schauen des Gegenstandes. Um hierzu zu gelangen, ist eine dreifache Reduktion (Ausschaltung) erforderlich:[2]

– Gegenüber dem Phänomen muß, unter Abstraktion des Subjektiven, eine objektivistische, dem Gegenstand zugewandte Haltung eingenommen werden. Diese Forderung nach objektiver Betrachtungsweise schaltet aber keineswegs, -dies ist zu betonen, um Mißverständnissen vorzubeugen -, die individuelle, persönliche Lebenserfahrung in dem Bereich, über den gesprochen wird, aus. Ausgeschaltet werden müssen vielmehr nur die Anregungen, die vom Betrachter selbst stammen, wie Gefühle, Wünsche, Vorurteile u. a.

– Der Betrachter muß sich unter Ausschaltung von Theorien, Hypothesen, bereits vorhandenem Wissen u. a. allein dem „Gegebenen" zuwenden.

– Das „Gegebene" wird in dem situativen raumzeitlichen Bereich betrachtet. Die Phänomenologie ist somit eine an sich unhistorische Methode, d. h., die gefundenen Aussagen gelten immer nur innerhalb eines bestimmten, raum-zeitlich begrenzten, „historischen" Horizontes.[3]

An dem so herauskristallisierten *„gegebenen Gegenstand (Phänomen)"* wird sodann nochmals eine zweifache Reduktion durchgeführt: „erstens läßt man die Existenz der Sache außer Betracht und richtet die Betrachtung ausschließlich auf die Wahrheit, auf das, was der Gegenstand ist, zweitens wird von dieser Wahrheit alles Unwesentliche ausgeschaltet und nur das Wesen selbst der Sache analysiert."[4] Dadurch sollen über die Freilegung der Strukturen der Gegenstände gesicherte und evidente Erkenntnisse gewonnen werden. Dieses Vorgehen scheint erforderlich, da der Mensch dazu neigt, in das „Gegebene" fremde Elemente hineinzusehen (z. B. durch subjektive, emotionale Einstellungen, Vorstellungen u. a.).[5] Die

---

1 Röhrs, H.: Forschungsmethoden, S. 59.
2 Bochénski, I. M.: Denkmethoden, S. 231 f.
3 Vgl. Seiffert, H.: Wissenschaftstheorien 2, S. 38.
4 Bochénski, I. M., ebenda, S. 23 f.
  Ausschalten bedeutet Abstrahierung von diesem Bereich, ohne die dort angetroffenen Elemente zu leugnen, d.h., in einem eventuell anderen Betrachtungsaspekt kann es sehr wohl möglich sein, diese außer Betracht gebliebenen Aspekte heranzuziehen. Diese eidetische Ausschaltung gilt somit nur jeweils für das gerade ablaufende Verfahren.
5 Neben dem Ausschalten der Einstellungen im weitesten Sinn darf der Forscher auch nicht nach den Folgen fragen, sondern muß einfach nach dem suchen, wie es ist.

Phänomenologie ist somit eine idealtypische Direktive,[1] die uns über ein unvoreingenommenes Schauen das Phänomen aufhellt. Sie geht dabei vom absoluten Anfang aus und begründet hieraus die Schlußfolgerung, was die Ausschaltung mittelbarer Erkenntnisverfahren (d. h. des schon bekannten Wissensstandes) bedeutet. Diese Reduktion ermöglicht es, uns für die Aufnahme von Einstellungsänderungen empfänglich zu machen.

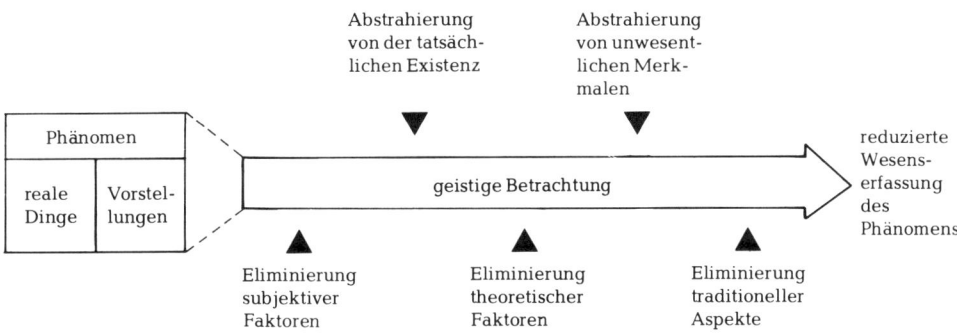

Schematische Darstellung der phänomenologischen Methode:[2]

Was sind Phänomene? Husserl[3] und seine Schüler bezeichnen den Untersuchungsgegenstand als Phänomen. Dabei spielt es für den Phänomenologen keine Rolle, ob das „Gegebene" Wirklichkeit ist oder „nur Schein," der der Wirklichkeit gegenübergestellt wird; ja für eine phänomenologische Untersuchung ist es letztlich gleichgültig, ob der Gegenstand überhaupt existiert.[4] „Der Sinn des Wortes ‚Phänomen' ist also hier, um mit Heidegger zu sprechen, das Sich-an-sich-selbst-zeigende, das was sich selbst, und zwar so wie es ist, zeigt, was klar vor uns liegt."[5]

1 Idealtypisch deshalb, weil ein solch unvoreingenommenes Denken eine solche Trennung von Denken, Vergleichen und Schauen aufgrund der menschlichen Konstitution nur sehr schwer zu verwirklichen ist. „Als eine erste Sicherstellung der Ist-Struktur des Gegenständlichen gewährt die phänomenologische Methode aber einen gangbaren Weg, der durch die Kenntnis der Erscheinungsformen ein tieferes Verständnis des Gegenständlichen nach sich zieht." - Röhrs, H.: Forschungsmethoden, S. 77.
2 Federmann, R.: Allgemeine Betriebswirtschaftslehre. Grundlagen in visueller Form, Wiesbaden 1976, S. 41.
3 Husserl, E.: Ideen einer Phänomenologie und phänomenologischen Philosophie, in: Husserliana, 2. Buch, Den Haag 1952.
4 Hier klafft ein Gegensatz zur empirischen Methode. Während die Tatsachen bei der Phänomenologie keine Rolle spielen, stellen sie für die Empirik den Ausgangspunkt dar. Allerdings muß auch für die Phänomenologie der Gegenstand irgendwann einmal gegeben gewesen sein (Gegebenes muß letztlich existent sein), woraus aber keineswegs zu folgern ist, daß diese Existenz des Gegenstandes betrachtet werden muß.
5 Bochénski, I. M.: Denkmethoden, S. 31. Bezogen auf die Erziehungswirklichkeit will Röhrs nur natürliche Einheiten verstanden wissen, wie erzieherische Situationen, Impulsgebungen und Wirkungszusammenhänge. „Nur ein organisches Gliedganzes kann phänomenologisch geklärt werden, was wiederum eine Vergegenwärtigung der weiteren Bezüge und Zusammenhänge einschließt." Röhrs, H., ebenda, S. 94.

Ziel der Phänomenologie ist es, unter Anwendung des beschriebenen Weges, das Wesen des zu untersuchenden Phänomens herauszukristallisieren.

Phänomenologie und Induktion. Die phänomenologische Methode weist einen stark deskriptiven Charakter auf[1] und betont die Notwendigkeit der Beschreibung vor der Erklärung. Zuerst ist der Sachverhalt unvoreingenommen zu untersuchen und erst dann können die Warum-Fragen gestellt werden. Nach C. A. Perquin bereitet diese Beschreibung das Erfassen der Wahrheit vor und ist eines seiner Hilfsmittel.[2] Die Beschreibung birgt allerdings die Gefahr in sich, das Problem auf Veranschaulichung, Versachlichung oder Ursprünglichkeit zu reduzieren und die Wesenserfassung zu vernachlässigen. Der Essentialismus muß deshalb von der Phänomenologie scharf getrennt werden.[3]

Ebenso besteht zwischen der Phänomenologie und der Induktion nur ein scheinbarer Zusammenhang. Bei grober Betrachtung phänomenologischer Aussagen entsteht der Eindruck einer, von der Induktion her gesehen, unverantwortlichen Verallgemeinerung. Die Feinuntersuchung macht jedoch deutlich, daß phänomenologische Aussagen der induktiven Bestätigung nicht bedürfen. Beispielsweise bedarf die Beschreibung des Begriffes „Wirtschaftsethik" keiner Befragung, um über Teils-Teils-Sätze die Richtigkeit der Aussagen nachzuweisen. Als Kontrollinstanz genügt ein sachkundiger Leser, der aufgrund seiner Lebenserfahrung die Schlüssigkeit nach hermeneutischer Überprüfung feststellt. Die Phänomenologie kann nicht an quantifizierenden Methoden gemessen werden.

Die erklärende phänomenologische Aussage ist je nach Stoffgebiet unabhängig von der Anzahl der zugrunde liegenden Beispiele. Nach Seiffert ist vor allem die Rechtswissenschaft für das „Prinzip des Erklärens durch nur ein einziges Beispiel" geeignet.[4] So kann der rechtliche Unterschied von Besitz und Eigentum relativ einfach an einem entliehenen Buch verdeutlicht werden. Es ist hier unsinnig, empirisch vorzugehen und über unzählige Befragungen den allgemeinen Schluß aufzustellen, entliehene Bücher bleiben Eigentum des Entleihers. Dieser kurze Sachverhalt mag verdeutlichen, daß es Wissensgebiete gibt, wo nicht mit strenger Induktion vorgegangen werden muß, „und hierzu gehören - unter anderem - alle Sachverhalte, auf die sich die phänomenologische Methode anwenden läßt."[5]

Daneben gibt es aber auch Stoffgebiete, wo Phänomenologie und Induktion sich ergänzen. In diesen Fällen bildet die induktive Methode die Informationsgrund-

---

1 Aloys Fischer, der den Einsatz der phänomenologischen Methode in der Pädagogik untersucht hat, spricht hier von „deskriptiver Pädagogik."
2 Perquin, C. A.: Pädagogik, zur Besinnung auf das Phänomen der Erziehung, Düsseldorf 1961, S. 15.
3 Nach Röhrs geht der Essentialismus davon aus, „daß das Wesen einer Sache in ihren notwendigen Merkmalen und daher in ihrem Begriff zu finden ist, so daß Wesensbestimmungen letzten Endes nichts anderes sein können als Begriffsbestimmungen: Definitionen. Die Wesensaussagen, die der Essentialismus in den Vordergrund stellt, pflegen daher - als Definitionen oder Folgerungen aus Definitionen - analytischen Charakter zu haben, woraus sich ihr Anspruch auf Notwendigkeit und auf apriorische Geltung ergibt... Derartige Wesensaussagen informieren nicht über die Realität und können daher auch keine Erklärungskraft haben." - Röhrs, H.: Forschungsmethoden, S. 95.
4 Seiffert, H.: Wissenschaftstheorie 2, S. 35.
5 Seiffert, H., ebenda, S. 35.

lage für phänomenologische Aussagen. Dies ist dann erforderlich, wenn einerseits die Stoffermittlung nur induktiv möglich ist, andererseits die Interpretation des Stoffes so differenziert sein muß, daß dies eine individuelle Disposition voraussetzt. Diese Interpretation auf individuellem Niveau stellt die eigentliche Stärke der phänomenologischen Methode dar.

Nach H. Röhrs läßt dieser Umstand die phänomenologische Methode auch für die Erziehungswissenschaften als besonders geeignet erscheinen, ja macht geradezu ihr eigentliches Bewährungsfeld aus. „Die empirischen Untersuchungen, Tatsachenerhebungen oder wie der Name auch lauten möge, könnten im echten Sinne eine Fundamentalpädagogik schaffen, die dann immer noch abschließend die phänomenologische Auslegung ihres Tatsachenbestandes ebenso fordert, wie einleitend eine erziehungsphilosphische Klärung dessen vorangegangen sein muß, was als Tatsache anzusprechen ist. Der gesamte Prozeß ist indessen nicht als Abfolge im zeitlichen Sinne zu verstehen, sondern als Kreislauf wechselseitiger methodologischer Aufhellung und Abstützung."[1]

1.3.3.2.3 Dialektik

Begriff und Zielsetzung. Dialektik, übersetzt aus dem griechischen dialégesthai, heißt „sich unterreden" und eben mit der Rede, der Sprache, hat diese Wissenschaftsmethode auch zu tun. Gegenstand der Dialektik ist die Aussage und nicht das Objekt der Aussage; d. h., „die Dialektik bezieht sich nicht auf etwas ‚Reales,' sondern immer nur auf bestimmte Aussagen, die als solche in einem Dialog diskutiert werden."[2] Ziel des Dialoges ist, im integrierenden Gegeneinander der Aussagen die zugrunde liegende Wahrheit aufzudecken.[3] „Das Rechnen mit den gegebenen Gegensätzen und Antinomien, die es in das Denken aufzunehmen und nicht auszuklammern gilt, ist ein Wesenszug des Dialogs."[4] Die Dialektik vollzieht sich demnach immer in den drei Schritten: Thesis, Antithesis und Synthesis.[5] Dieser denkerische Ansatz versucht „das Können mit dem Wissen und Erkennen zu verbinden."[6] So gesehen ist dieser Denkansatz sowohl für die Lösung von Alltagsfragen als auch für tiefgründige philosophische Fragen ein geläufiger Weg.

Die dialektische Methode zehrt von dem Gedanken, die Gegensätze, die beide Wahrheiten erheben, aufzulösen, und hält damit den Vorgang immer in Bewegung. Es ist aber im Wesen der Dialektik verankert, daß die absolute Übereinstimmung nie ganz gelingt und das Verfahren somit zu einem unendlich endli-

---

1 Röhrs, H.: Forschungsmethoden, S. 97.
2 Seiffert, H.: Wissenschaftstheorie 2, S. 201
3 „Die Negation einer positiven Aussage hat notwendig eine Differenzierung im Hinblick auf den Wahrheitsgehalt zur Folge. Urteil und Aussage enthalten einen verallgemeinernden Kern, der durch Infragestellung in eingegrenzter Form begründeter und klarer zum Vorschein kommt." Röhrs, H., ebenda, S. 62.
4 Röhrs, H., ebenda, S. 61.
5 „Hinter der dialektischen Triade steht der Grundgedanke der Hegelschen Philosophie einer Identität von Wirklichkeit und Vernunft. Was wirklich ist, muß gegensätzlich sein, und was gegensätzlich ist, läßt sich durch Dialektik aufhellen." - Röhrs, H., ebenda, S. 72.
6 Röhrs, H., ebenda, S. 60.

chen Prozeß werden läßt.[1] Die Synthese stellt den Ausgleich der eingebrachten Positionen auf einer höheren Ebene dar und beinhaltet somit einen schöpferischen Akt. Auf diesem Ausgangspunkt bildet sich eine neue Thesis, die wiederum eine Antithesis anstößt. Auf diese Weise berücksichtigt die dialektische Denkform die der Lebenswirklichkeit immanente Gegenseitigkeit und Gegensätzlichkeit. Sie hebt diese zwar temporär auf - löst sie jedoch nicht endgültig. Auf diesen bipolaren Grundzug der Synthese weist Klafki und insbesondere Litt hin, der die Synthese eine Einheit nennt, die der dialektischen Zusammengehörigkeit „entspringt, die die Widersprüche nicht ausschließt, sondern zum Kennzeichen hat."[2]

Kritik der Dialektik.[3]

— Die dialektische Denkform ist durch ein starkes Bewegungsmoment gekennzeichnet, das durchaus zu einer Dialektik um ihrer selbst willen führen kann, d. h., die Argumentationen verlieren im Laufe der Zeit den Realitätsbezug zum zu lösenden Fragefall und erfahren ein formalistisches Eigenleben. Dieser Tendenz zur Verallgemeinerung, die dem Wesen der Dialektik immanent ist, muß durch verstärkten Bezug zur Realität begegnet werden, nur dann kann das dialektische Verfahren „eine wirklichkeitsenthüllende und wahrheitsfindende Funktion entfalten."[4]

Grundlage hierfür ist eine genaue Erfassung der realen Probleme, denn von der Formulierung der Thesis und Antithesis hängt es ab, ob das dialektische Verfahren zu den echten Problemen vordringt.

— In den Geisteswissenschaften wird viel mit Theorien gearbeitet, die empirisch nur sehr schwer überprüfbar sind. Die Dialektik verstärkt in diesen Fällen die Gefahr der Entfremdung von der Wirklichkeit und kann zu einem isolierten Modelldenken führen, das letztlich jeden Realitätsbezug verliert. Popper und Albert haben diese Gefahr des „Modell-Platonismus" insbesondere für das Fach Sozialwissenschaften gesehen.[5]

— Die Dialektik wird dann zu einer methodischen Leerfigur, wenn die absolute Wahrheit in der These schon vorliegt und die Antithese künstlich aufgestellt werden muß, nur um die dialektische Methode in Gang zu setzen. „Die Wahrheit muß also keineswegs immer in der neuen Einheit Synthese liegen, son-

---

1 Die absolute Übereinstimmung kann logischerweise erst im Unendlichen liegen, da jeweils ein Teil der Negation in der Lösung (Synthese) enthalten bleibt.
2 Litt, Th.: Die Philosophie der Gegenwart und ihr Einfluß auf das Bildungsideal, Berlin/Leipzig 1925, S. 4. Im gleichen Werk kennzeichnet Litt die Synthese auch als eine „Einheit in der Entzweiung, Entzweiung in der Einheit" (S. 59).
Vgl. auch Klafki, W.: Dialektisches Denken in der Pädagogik, in: Geist und Erziehung. Kleine Bonner Festgabe für Theodor Litt, Hrsg. von J. Derbolav und F. Nicolin, Bonn 1955, S. 64.
3 Die Kritik erhebt keinen Anspruch auf Vollständigkeit. Sie wird nur in dem für diesen Rahmen erforderlichen Maße aufgegriffen.
4 Röhrs, H.: Forschungsmethoden, S. 63.
5 Röhrs sieht diese Gefahr bei einer Dominanz der Dialektik auch für die Erziehungswissenschaften als gegeben an. „Angesichts dieser Entwicklung besteht in den Sozialwissenschaften allgemein und in der Erziehungswissenschaft speziell die Gefahr einer dauernden Verhärtung in den gegensätzlichen Positionen, des methodologischen Essentialismus auf der einen Seite und einer Empirie auf der anderen Seite." - Röhrs, H., ebenda, S. 75.

dern in der These oder Antithese, wenn man beide als Hypothesen auffaßt, die empirisch zu überprüfen sind."[1] Für den Naturwissenschaftler ist die dialektische Methode daher häufig wenig brauchbar, da sie, über den Widerspruch, logisch einen zu weiten Spielraum läßt. Der Naturwissenschaftler kennt weitestgehend nur empirisch nachprüfbare Aussagen, die dadurch entweder bestätigt oder widerlegt werden können.

— In den Mittelpunkt seiner Kritik der Dialektik stellt Dauenhauer die Mythologisierung dieser Denkmethode. Seiner Ansicht nach kann nicht geleugnet werden, daß die Dialektik ihren Ursprung in einer mystischen Korrelation von Gott und Welt hat. Der Dreischritt umfaßt zunächst den reinen Geist, der in einem zweiten Schritt durch einen Fall in Materie umgewandelt wurde und den es nun gilt, wieder in die ursprüngliche Reinheit zurückzuverwandeln (dritter Schritt). Für diesen Dreiklang sieht Dauenhauer keinerlei stichhaltigen Belege. Dauenhauer zieht hieraus den Schluß, daß die Dialektik als Wissenschaftsmethode ungeeignet ist. Dagegen erscheint ihm das dialektische Denkmuster als „ein großartiges Instrument zur Menschenführung, weil die es tragenden Meta-Gebilden nicht durchschaut werden. Mit ihm kann man allen Menschen ein schlechtes Gewissen anerziehen und sie zur Unterwerfung anhalten."[2] Dialektik ist somit nur eine Möglichkeit, Normen für soziales Verhalten aufzustellen. Dauenhauer gesteht der Dialektik lediglich einen „heuristisch brauchbaren Kern" zu, sofern der Wissenschaftler mit genügend Skepsis zu Werke geht.

1.3.3.3 Analytische oder nichtanalytische Wissenschaftsmethoden?

Der „lebenswissenschaftliche" Wissenschaftsbegriff stellt der Methode die Aufgabe, zum einen empirisch die Tatsachen aufzuzeigen und zum anderen - geisteswissenschaftlich orientiert - Wirkungszusammenhänge, Strukturen und Aussagen zu deuten. Hieraus die Folgerung zu ziehen, für den empirischen Teil sei die analytische Methode und für die geisteswissenschaftliche Komponente die nichtanalytische Methode einzusetzen, ist zu oberflächlich und verdeckt wichtige Hintergrundfragen.

Als erstes erhebt sich hier die Frage, wie weit kann die ganzheitliche Betrachtungsweise gefaßt werden und wo müssen wir analytisch vorgehen. Diese Frage soll durch ein Beispiel verdeutlicht werden. Ganzheitlich gesehen, d. h. dialektisch, hermeneutisch oder phänomenologisch interpretiert, werden aus dem Satz: „Die Studenten sollen arbeiten" Gedanken herausgelesen wie: die Studenten demonstrieren nur und arbeiten nicht, Studenten stören Vorlesungen, Studenten sind Parasiten, die sich von Staat und Familie aushalten lassen, Studenten sind die Elite der Nation u. a. mehr. Ganz anders der Analytiker, der von der ganzheitlich-atmosphärischen Vorstellung abstrahiert und feststellt, daß der Student zur erfolgreichen Prüfung den anstehenden Lehrstoff wissen und daher arbeiten muß. Das Beispiel verdeutlicht, daß beide Denkansätze sicher berechtigt und notwendig sind, es zeigt aber auch, daß zwischen beiden Betrachtungsweisen ein fundamentaler Unterschied besteht, der in vielen Fällen eine gegenseitige Ergänzung geradezu herausfordert.

---

1 Dauenhauer, E.: Wissenschaftstheorie, S. 29
2 Dauenhauer, E., ebenda, S. 30.

Ein zweiter Gesichtspunkt ergibt sich aus der Diskussion um die Ziele der Wissenschaft. Die analytische Wissenschaft will alles in Gesetze und Theorien fassen, d. h. sogenannte „Allsätze" aufstellen. Die nichtanalytische Wissenschaftsforschung richtet sich demgegenüber zunächst auf die Interpretation des Individuellen aus und will erst danach verallgemeinernde Schlüsse ziehen. Die Analytiker wollen also gleichzeitig aufgliedern und verallgemeinern, während der Nichtanalytiker gleichzeitig ganzheitlich und individualisierend vorgeht. Auch hier wird deutlich, daß sich die Methodengruppen nicht ausschließen müssen, sondern sich ergänzen und befruchten können.

Ein dritter Problemkreis ergibt sich aus der Frage, ob Wertungen in der Wissenschaft einen Platz haben oder nicht. Der Analytiker verneint diese Frage und möchte Wertungen, seien sie moralischer, sozialer oder politischer Natur, dem außerwissenschaftlichen Raum zugeordnet wissen. Der Wissenschaftler hätte damit nur das „Rüstzeug" zu stellen, während dem Nichtwissenschaftler die Entscheidungsgewalt zufallen würde. Ist es aber nicht gerade Aufgabe der Wissenschaft, solche Fragen zum Gegenstand wissenschaftlicher Forschung zu machen, die dem Menschen bei der Lebensbewältigung helfen? Die hermeneutische, die phänomenologische und dialektische Methode bejahen diese Frage und beziehen ausdrücklich die Lebenspraxis in die Wissenschaft mit ein. Danach ist es Aufgabe der Wissenschaft, Entscheidungshilfen zu geben und klipp und klar zu sagen, Ziel x ist besser als Ziel y. Sicher wird der nichtanalytischen Auffassung in dieser Hinsicht zuzustimmen sein, womit die Frage der Methodenmonologie wiederum zu verneinen ist.

Der Siegeslauf der analytischen Methoden in den letzten Jahrzehnten ist durch eine Renaissance der abstrakten Sichtweisen zurückgedrängt worden. Seiffert sieht hierfür drei Gründe: „Die Phänomenologie zeigt, daß man in den Sozialwissenschaften mit der Analyse schematisierter, ‚operationalisierbarer' Sachverhalte nicht viel weiterkommt, weil sie das eigentlich Interessante, die Feinheiten ‚subjektiven Vermeinens' nämlich aus der Soziologie und den anderen Sozialwissenschaften heraustheoretisiert; die Sprachkritik in Gestalt der ‚logischen Propädeutik' weist nach, daß die wissenschaftliche Begriffsbildung im Alltagsleben, ja, noch mehr: im alltäglichen Handeln des Menschen verankert ist und daher nicht nur logisch, sondern auch hermeneutisch begründet werden muß; und last not least hat die revolutionäre studentische Bewegung ihre Zeitgenossen drastisch darüber belehrt, daß das von Hegel und Marx begründete dialektische Denken nicht bloß Angelegenheit esoterischer wissenschaftlicher Sekten ist, sondern unüberhörbar Ansprüche an die kritische Selbstreflexion jedweden wissenschaftlichen Denkens überhaupt stellt."[1]

Nachdem deutlich geworden ist, daß sich die analytischen und die abstrakten Methoden gegenseitig bedingen, muß nun in einer Feinabstimmung Näheres über den Einsatz der verschiedenen Verfahrensweisen ausgesagt werden.

---

1 Seiffert, H.: Wissenschaftstheorie 1, S. 1 f.

1.3.4 Wissenschaftsmethode gleich Unterrichtsverfahren?[1]

Bei der Unterrichtsvorbereitung wird der Lehrer bezüglich des Unterrichtsstoffs auch Gedanken darüber anstellen müssen, wie er dem Schüler den Stoff erschließt; d. h., er legt die Strategie seines Vorgehens fest. Der Begriff Strategie wird hier in einem sehr engen Sinn, nämlich als Festlegung der verfahrenstechnischen Gedankenabfolge in einer Unterrichtsstunde verstanden. Durch die Verfahrensfestlegung wird somit der Weg der Erkenntnisgewinnung determiniert, den der Schüler durchschreiten muß, um zum vorgegebenen Erkenntnisziel zu gelangen. Die Bestimmung der Unterrichtsverfahren ergibt sich aus folgenden Überlegungen:

Inhalte und Ziele entstammen dem, durch die Wissenschaft geschaffenen Wissenschaftsstoff. Nun haben die bisherigen Darlegungen gezeigt, daß insbesondere zwischen Stoffgebiet, Wertproblematik, Wissenschaftsziel und den Methoden eine Korrelation besteht, und zwar in dem Sinn, daß eine jeweilige Wissenschaftssituation durch einen bestimmten Methodeneinsatz besonders effektiv und adäquat zu erfassen ist, ja, daß es manchmal geradezu erforderlich ist, eine bestimmte Methodengruppe zu verwenden, um alle Aspekte überhaupt einfangen zu können. Die Schüler sind in vielen Fällen in einer „gespielten" Forschersituation, in dem sie Schritt für Schritt den logischen Weg nachvollziehen, der zum Forschungsobjekt hinführt. Es liegt daher auf der Hand, daß die am ehesten stoff-, problem- und zielimmanente Wissenschaftsmethode auch im Unterricht herangezogen werden sollte, um den stofflichen Ablauf nachzuvollziehen. Aus der Korrelation der wissenschaftlichen Stoffsituation mit der schulischen Stoffproblematik ist, trotz aller bestehender und nicht zu leugnender Unterschiede, zu folgern, daß die Unterrichtsverfahren aus den Wissenschaftsmethoden abzuleiten sind.

Ein zweiter Gesichtspunkt: An anderer Stelle wurde dargelegt, daß es Ziel des Wirtschaftslehre-Unterrichts sein muß, eine lebenslange, berufliche Handlungskompetenz zu vermitteln. Auf die inhaltliche Komponente bezogen besagt dies, daß sie so aufgearbeitet werden muß, daß die Übertragungsfähigkeit auf andere, strukturähnliche Aufgaben bzw. Veränderungen gewährleistet ist. „Wenn der Schüler so lernt und so gelehrt wird, kann er nicht nur, was er eben lernte, sondern auch alles, was mit dem Gelernten strukturelle Züge gemeinsam hat. Auch Begriffe, Regeln und Prinzipien kann man ‚mechanisch' lernen; wenn sie dagegen mit Einsicht gelernt worden sind, erweist sich das an ihrer Transferwirkung."[2] Transferleistungen und Flexibilität im Denken gelingen insbesondere dann, wenn der Problemgehalt vom Schüler selbständig erarbeitet wird. Die Wahl des Lehrverfahrens ist damit entscheidend für die Ausbildung von einsichtigen und problemlösenden Denkleistungsformen beim Schüler.

Strukturerfassung und aktives Erarbeiten setzen voraus, daß mit dem adäquaten, stoffimmanenten Verfahren gearbeitet wird, denn nur so kann dem Schüler der

---

1 Das Unterrichtsverfahren, dies wurde zu Beginn der Ausführungen verdeutlicht, stellt eine Gruppe der Unterrichtsmethoden dar. Es ist daher begrifflich gerechtfertigt, zu untersuchen, ob die Wissenschaftsmethoden gleichzeitig auch Unterrichtsmethoden darstellen. Um jeder Verwechslung aus dem Wege zu gehen, wird in der Folgezeit aber nur noch mit dem Begriff Unterrichtsverfahren gearbeitet.
2 Roth, H.: Einleitung und Überblick, zu: Gutachten und Studien der Bildungskommission 4, Begabung und Lernen, 8. Aufl., Stuttgart 1972, S. 37.

Schritt vom dargebotenen Stofflernen zu selbständigen, erarbeitenden Denk- und Lernleistungen gelingen. „Will man schöpferische Menschen formen, dann liegt es auf der Hand, daß eine Erziehung, die auf aktiver Einarbeitung des Wissens beruht, einer solchen überlegen ist, die sich darauf beschränkt, den zu Erziehenden dahin zu bringen, mit einem vorfabrizierten Willen zu wollen und auf Grund von schlichtweg akzeptierten Wahrheiten zu wissen."[1] Die auf den Wissenschaftsmethoden basierenden Unterrichtsverfahren, die über die Vorgehensweise bei der Stoffvermittlung den optimalen Verfahrensweg „mitlernen" lassen, führen dazu, daß der Schüler neben Wissen auch Verhaltensqualifikationen vermittelt erhält. Diese Überlegungen verdeutlichen, daß die Wurzeln der Unterrichtsverfahren in den Wissenschaftsmethoden basieren müssen und hieraus auch essentiell geschöpft werden können.

Daneben muß die Schule über Denkschulung und Denkförderung zum Aufbau des konkreten wie auch des formalen Denkoperationen-Systems beitragen.[2] Sie hat folglich dem Schüler die notwendige „Technik" zu vermitteln. Dies kann nur dadurch gelingen, daß der Schüler im Unterricht die verschiedenen Denksysteme, die im Laufe einer langen Geschichte der Wissenschaften entwickelt wurden, in ihrer Eigenheit und in ihrer optimalen Leistungsfähigkeit und Adäquatheit erfährt und in ihnen geschult wird. Das bedeutet, daß die wissenschaftlichen Instrumentarien, als Unterrichtsverfahren transformiert, in den Unterricht einfließen müssen. Erkenntnis, sagt Piaget, bedeutet nicht im entferntesten „sich eine figurative Kopie der Realität zu schaffen, vielmehr beruht sie stets auf operativen Vorgängen, die durch Aktionen oder Gedanken das Reale transformieren, um den Mechanismus dieser Transformationen zu erfassen und so die Ereignisse und Objekte in Operationssysteme ... einzugliedern."[3]

Unterrichtsverfahren in diesem Sinne sind also zu definieren als auf den Wissenschaftsmethoden basierende stoff-, ziel- und wertorientierte Strategien zur Aufbereitung zielgerichteter Gedankenabfolgen innerhalb einer vorgegebenen unterrichtlichen Situation.

Eines gilt es nochmals herauszustellen: Wissenschaftsmethoden sind weitestgehend Forschungsmethoden. Aufgabe der Schule ist es aber nicht, zu forschen, sondern in der Gesamtheit des Erziehungs- und Bildungsprozesses schon erforschten Stoff weiterzugeben; d. h., die wissenschaftlichen Vorgehensweisen können nur in modifizierter Form in der Schule als Unterrichtsverfahren eingesetzt werden, wobei ihre Grundsubstanz allerdings erhalten bleibt.

1.3.5 Der Einsatz der analytischen bzw. nichtanalytischen Methoden - eine Frage der wissenschaftlichen Situation und der angetroffenen Rahmenbedingungen

Es gilt nun der Frage nachzugehen, welche Kriterien herangezogen werden müssen, um zu bestimmen, ob die analytische oder die nichtanalytische Methode der

1 Rauh, H.: Entwicklung des Denkens, in: Pädagogische Psychologie 1, Frankfurt/M. 1974, S. 247.
2 Vgl. Piaget, J.: Psychologie der Intelligenz, Stuttgart 1969.
3 Piaget, J.: Theorien und Methoden der modernen Erziehung, München 1972, S. 80.

jeweiligen Unterrichtssituation adäquat ist.[1] Aus den bisherigen Ausführungen ist zu ersehen, daß es insbesondere vier Kriterien sind, die hier eine Rolle spielen: das Stoffgebiet, das Wissenschaftsziel, die Wertproblematik und die angetroffenen Rahmenbedingungen.

1.3.5.1 Stoffgebiet

Zwei Beispiele sollen das Signifikante von analytischer und nicht analytischer Vorgehensweise nochmals herausstellen:

- Erklärt werden soll der Begriff Freiheit. Der Phänomenologe würde sich über den Weg der Reduktion langsam an das Phänomen Freiheit herantasten, um letztlich in der Beobachtungssprache das Wesen dieses Begriffes zu beschreiben. Der Analytiker würde hingegen zum Mittel der Befragung greifen, um etwa Gesetze zu formulieren wie: „der Mensch ist frei, wenn er in einer Demokratie lebt"; „zur Freiheit gehört wirtschaftliche Unabhängigkeit" u. a. Abgesehen davon, daß er aus dem positivistischen Gedanken heraus die subjektive, innere Freiheit nicht erfassen könnte, kann er den Kern dessen erfassen, was wir Freiheit nennen? Sicher nicht, der falsche Methodeneinsatz hindert ihn daran.

- Ein Forscher erhält den Auftrag, ein Gutachten aufzustellen, welches Transportmittel der Mensch in den nächsten zwanzig Jahren bevorzugt verwenden werde. In diesem Fall helfen ganzheitliche Betrachtungen über das Wesen der Beförderungsmittel Flugzeug, Bahn oder Pkw nicht entscheidend weiter. Hier muß der Weg über Befragung und Protokollaussagen gegangen werden.

Trotzdem, in beiden Fällen schließt die Bevorzugung der nichtanalytischen bzw. der analytischen Methode die andere jeweils nicht aus. So ist es sicher nützlich, durch Befragungen den Freiheitsbegriff der Menschen zu hören oder das Atmosphärische, Subjektive der einzelnen Verkehrsmittel in das Ergebnis der Befragung mit einzubauen. Durch die Kombination beider Methoden wird es aber erst möglich, eventuelle Fehlleistungen des einen Verfahrens durch die Vorzüge des anderen auszugleichen.

Eine Zusammenfassung der bisher genannten Stoffaspekte, die für die Wahl der dominierenden Methode entscheidend sind, läßt sich im folgenden Fragenkatalog ausdrücken:

1. *Ist das Stoffgebiet den Geisteswissenschaften oder den Erfahrungswissenschaften entnommen?*
2. *Hat das Stoffgebiet rein objektiven Charakter oder spielen subjektive Momente mit eine Rolle?*
3. *Entstammt der Stoff dem „lebenswissenschaftlichen" oder dem positivistischen Bereich?*

Ein weiterer Aspekt ergibt sich aus der Gegebenheit, daß die analytischen bzw. nichtanalytischen Wissenschaftsmethoden ein unterschiedliches Verhältnis zur

---

1 Die herausgearbeiteten Kriterien erheben keinen Anspruch auf Vollständigkeit, da sie vorwiegend unter dem Aspekt des Schuleinsatzes gesehen und geprüft werden.

Realität haben. In Anlehnung an Dauenhauer kann dieser Sachverhalt folgendermaßen dargestellt werden:[1]

Wissenschaftsmethoden	*Theorie-Praxis-Verhältnis*
Nichtanalytische Instrumentarien (Hermeneutik; Phänomenologie; Dialektik)	Im allgemeinen nur platonisches Verhältnis zur Praxis. Nur selten methodisch strenge Empirie.
Analytische Instrumentarien (Induktion; Deduktion)	Strenge Wechselwirkung zwischen Hypothese und Experiment

Der Theoriebegriff wird hier verstanden als Gegensatz zur Empirie, als Loslösung von der Realität. Theorie in diesem Sinn ermöglicht der Wissenschaft ein weites Feld der spekulativen Freiheit und ist weitestgehend losgelöst von der sofortigen Verifikation durch die Realität. Insofern eilen solche hypothetischen Theorien der Empirie voraus. Dieses Vorgehen liegt für den Analytiker sicher nur am Rande seines Aufgabenfeldes, während der Hermeneutiker und der Phänomenologe hier ein für sie zentrales Arbeitsfeld vorfinden. Der Analytiker hält sich streng an die Empirie und bildet nur in strenger verifizierender Rückkoppelung mit ihr seine Gesetze und Theorien. Allerdings kann auch der Analytiker nicht voraussetzungslos beginnen, sondern wird zunächst seine Begriffsbestimmungen vorweg festsetzen müssen (hermeneutisches Vorverständnis). Bei der Methodenwahl ist somit des weiteren zu beachten:

4. Welches Theorie-Praxis-Verhältnis weist das Stoffgebiet auf?

Wenn sich nach den eben entwickelten Kriterien etwa die nichtanalytische Wissenschaftsmethode als dominierender Teil erweisen sollte, so ist damit noch nicht entschieden, ob hermeneutisches, phänomenologisches oder dialektisches Vorgehen am Platze ist. Auch hier kann nur ein Kriterienkatalog Klarheit verschaffen:

– Die Dialektik ist in ihrer Dreigliederung auf Konfrontation und Gegenseitigkeit ausgerichtet. Ist der Stoff durch natürliche Spannungen, wie z.B. Generationsprobleme, soziale Konflikte, Sympathie und Antipathie, Neigung und Eignung u. a., gekennzeichnet, so ist dies das bevorzugte Feld der Dialektik.

Daneben ist die Dialektik hervorragend geeignet, prinzipielle Probleme, wie beispielsweise Ziel- und Inhaltsfragen, zu bearbeiten, denn sie „ist der lebendige Dialog, dessen Ziel in der Aufdeckung der Wahrheit durch das ausgleichende Gegeneinander der Meinungen liegt."[2]

– Wird von den prinzipiellen zu gegenstandsnäheren Fragestellungen übergegangen, so gewinnen Hermeneutik und Phänomenologie an Bedeutung, da sie in der Gegenüberstellung der Meinungen und Standpunkte exemplarischer vorgehen können. Trotzdem trennt diese beiden Richtungen wesentliches:

---

1 Dauenhauer, E.: Wissenschaftstheorie, S. 97.
2 Röhrs, H.: Forschungsmethoden, S. 60.

Das hermeneutische Verstehen ist geprägt von den bisher geschaffenen Vorleistungen und der Individualität des Interpretierenden. „Das Verstehen setzt geradezu das (freilich objektivierte) Hineinnehmen der eigenen entfalteten Sichtweise in den Verstehensakt voraus. Im recht ausgelegten Sinne erfordert das Verstehen den subjektiven Denker, der seine Geschichte nicht auslöscht, sondern als objektiviertes Erfahrungswissen hineinnimmt in den Verstehensakt."[1] Anders der Phänomenologe, der durch Reduktion die Fakten erfassen will, um sie originär in ihrem Wesen und in ihrem Beziehungszusammenhang herausstellen zu können.

Bezogen auf den Methodeneinsatz bedeutet dies, daß die Entscheidung weniger vom Stoff als von der Fragestellung her getroffen werden muß; d. h., ist der Stoff von bisherigen Meinungen, Theorien, Ideologien her so überwuchert, daß nur eine Loslösung die Hinführung zum Wesenskern erlaubt, so muß die Phänomenologie Platz greifen; ist die Fragestellung aber so anzusetzen, daß nur aus dem bisher Geschaffenen heraus in Verbindung mit der Individualität des Suchenden eine Lösung gefunden werden kann, so ist die hermeneutische Methode anzuwenden.

Bleibt noch zu klären: Soll, sofern die analytischen Methoden dominant sind, induktiv oder deduktiv vorgegangen werden? Hierzu zwei Beispiele:

— Das Bundesverfassungsgericht wird angerufen, ein Gesetz auf seine Verfassungsgemäßheit zu überprüfen. Die Richter werden rein deduktiv vorgehen und den Fall aus der Verfassung (Axiom) her ableiten und lösen (regressive Deduktion).

— Es soll die Frage gelöst werden, welche Gruppe der Arbeitnehmer besonders gefährdet ist, von der Arbeitslosigkeit betroffen zu werden, um hier Abhilfe zu schaffen. Dies ist kein deduktiv ableitbares Problem, sondern hier muß der induktive Weg beschritten werden.

Die Methodenwahl Induktion oder Deduktion ist also weitestgehend durch die Art des Problemfalles bestimmt und außerdem davon abhängig, ob sich der anstehende Sachverhalt in ein schon bestehendes axiomatisches System einordnen läßt oder ob dieses erst geschaffen werden muß.

1.3.5.2 Wissenschaftsziel

Außer vom Stoff können auch vom angestrebten Erkenntnisziel her Auswirkungen auf die Methodenwahl ausgehen. Das Erkenntnisziel kann zum einen in der Erforschung von Gesetzmäßigkeiten liegen und zum anderen in dem Verstehen des konkreten Einzelfalles. Anders formuliert, es handelt sich um das Verhältnis des Allgemeinen zum Besonderen.

Wird darauf abgestellt, „Allsätze" aufzustellen, so bedeutet dies, daß die Darstellung des Einzelfalles zurücktritt und nur noch zur Verifikation herangezogen wird, während im anderen Fall die Gesetzesfindung nur sekundären Charakter hat. Die bisherigen Ausführungen haben gezeigt, daß erstere Zielrichtung insbesondere von den Naturwissenschaften angestrebt wird, während die Geisteswis-

---

1 Röhrs, H.: Forschungsmethoden, S. 77.

senschaften zwar auch allgemein verbindliche Sätze aufstellen, insgesamt gesehen aber den Einzelfall in das Zentrum ihrer Untersuchungen stellen. Worin bestehen nun die Auswirkungen auf die Methodenwahl? Hierzu zwei Beispiele:

– Der angehende Lehrer lernt im Rahmen seiner Ausbildung die Motivationstheorien, um später im Unterricht aber festzustellen, daß ein schematisches, „gesetzmäßiges" Anwenden nicht möglich ist, da der Jugendliche nicht immer so reagiert, wie er der Theorie nach agieren müßte.

– Der Lehrer möchte im Physikunterricht zeigen, daß sich feste Körper beim Erwärmen ausdehnen und beim Abkühlen zusammenziehen. Er spannt einen Draht zwischen zwei Befestigungen so straff, daß er fast eine Gerade bildet. Dann erwärmt er den Draht, wodurch dieser mehr und mehr durchhängt. Richtig ausgeführt gelingt dieser Versuch immer.

Die Beispiele zeigen, daß zwischen naturwissenschaftlichen und geisteswissenschaftlichen Gesetzen ein Unterschied besteht. In der Naturwissenschaft herrscht eine zwingende, immer gültige Verbindung zwischen Gesetz und Fall. Die Kenntnis des Gesetzes reicht aus, um einen Anwendungsfall zur Lösung zu bringen. Anders liegt der Fall in den Geisteswissenschaften. Allgemeinaussagen reichen hier aufgrund der komplizierten Ausgangslage (z. B. Subjekt Mensch) in der Regel nicht aus, um den Fall zu klären. Der zwingende Ableitungsweg versagt hier häufig an der Vielschichtigkeit des Problems.

Für die Methodenwahl bedeutet dies: Während im naturwissenschaftlichen Bereich oft die einstufige, analytische Methode ausreicht, ist in den Geisteswissenschaften „ein mehrmethodisches Erfragen, z. T. jenseits des Allgemeinen (Phänomenologie)" erforderlich.[1] Zur analytischen Methode, die auch hier bis zu einem gewissen Grade möglich ist, müssen andere Methoden hinzutreten. Die Besonderheiten des speziellen Einzelfalles zwingen dazu.

1.3.5.3 Wertproblem

Die Frage, ob die Wissenschaft neben der Deskription und Information auch Stellungnahmen abgeben, Entscheidungen fällen oder Normen setzen darf, wurde in den bisherigen Ausführungen positiv beantwortet. Die Frage kann hier also nur lauten: Hat die Wertproblematik Einfluß auf die Methodenwahl?

Das Problem kann mit dem jetzt gewonnenen Erkenntnisstand rasch einer Lösung zugeführt werden. Das positivistische Wissenschaftsideal will der Wissenschaft allein den deskriptiven Charakter beimessen, während die „lebenswissenschaftliche" Wissenschaftsauffassung, und hier insbesondere die Vertreter der Dialektik, der Wissenschaft auch das Werturteil zugesteht. Von der Methodenwahl her gesehen reduziert sich die Wertproblematik somit auf die Frage des Stoffgebietes, und diese wurde dahingehend beantwortet, daß Positivismus und analytische Methode bzw. „lebenswissenschaftliche" Wissenschaft und nichtanalytische Wissenschaftsmethoden eng korrelieren, ohne allerdings die jeweils andere Methode auszuschließen.

---

1 Dauenhauer, E.: Wissenschaftstheorie, S. 62.

1.3.5.4 Rahmenbedingungen

Um den Einfluß der Rahmenbedingungen auf die Unterrichtsverfahren genau abschätzen zu können, müssen die einzelnen Verfahren zuerst charakterisiert werden. Nur soviel soll hier schon ausgesagt werden: Bei der Entscheidung etwa, ob das induktive oder das deduktive Verfahren gewählt werden soll, muß neben stofflichen Überlegungen auch das Abstraktionsvermögen der Schüler berücksichtigt werden; der Einsatz des dialektischen Verfahrens wiederum hängt zu einem guten Teil davon ab, welche sprachlichen Qualifikationen die Schüler mitbringen, und die Wahl des ganzheitlich-interpretierenden Verfahrens muß in Zusammenhang mit dem vorgefundenen Erfahrungsfundus der Schüler getroffen werden usw. Als vorläufiges Fazit ist festzuhalten: Für die Methodenwahl sind Stoff- und Schülerdaten zu berücksichtigen.

1.3.6 Unterrichtsverfahren des Situationsfeldes Wirtschaft

Vorbemerkungen: Alle wissenschaftlichen Stoffgebiete schlagen sich in irgendeiner Weise in dem breiten Fächerkanon der verschiedenen Schularten nieder, wodurch prinzipiell gesehen alle Wissenschaftsmethoden zu Unterrichtsverfahren werden könnten. Da jedoch nicht alle Wissenschaftsmethoden für jedes Wissenschaftsgebiet gleich geeignet sind, müssen die Unterrichtsverfahren dem jeweiligen Situationsfeld angepaßt werden. Dadurch wird es erforderlich, Stoffgebiet, Wissenschaftsziel und Wertproblematik des betreffenden Wissenschaftsgebietes zu analysieren und die Rahmenbedingungen der Klasse aufzuhellen. Erst im Anschluß hieran können die speziellen Unterrichtsverfahren für das betreffende Situationsfeld entwickelt werden.

1.3.6.1 Situationsfeld Wirtschaft

Die Wirtschaftswissenschaften sind von der *Stoffstruktur* her ein sehr komplexes Wissenschaftsgebiet, das mit vielen Nachbardisziplinen eng verflochten ist. Die Feststellung von Seiffert, die Wirtschaftswissenschaften seien den systematischen Wissenschaften zuzuordnen, führt hier nicht allzuweit. Einige Beispiele mögen das breit gefächerte Spektrum dieser Wissenschaftsdisziplin verdeutlichen:

— Will die Bundesbank über konjunkturpolitische Maßnahmen entscheiden, so braucht sie zunächst volkswirtschaftliche Daten, die ihr durch statistische Erhebungen zufließen. Insofern ist die Wirtschaftslehre eine Erfahrungswissenschaft.
   Keynes hat in seiner „Allgemeinen Theorie", „die Doktrin des wirtschaftspolitischen Laissez-faire, die These, daß ein bei freiem Spiel der wirtschaftlichen Kräfte frei ausgependeltes Lohn-, Preis- und Zinsniveau Vollbeschäftigung und volle Ausnutzung der gegebenen Hilfsquellen gewährleiste,"[1] attackiert und auf das psychologische Moment in den Wirtschaftsgesetzen hingewiesen. Insoweit weisen die Wirtschaftswissenschaften geisteswissenschaftliche Züge auf. Nicht alle wirtschaftlichen Gesetze sind folglich naturwissenschaftlich objektiv und führen deshalb auch keineswegs bei gleichen Voraussetzungen immer zum gleichen Ergebnis. Das subjektive Element, das „Fingerspitzengefühl",

---

1 Zimmermann, L. J.: Geschichte der theoretischen Volkswirtschaftslehre, 2. Aufl., Köln 1954, S. 220.

die persönliche Lagebeurteilung, ist ein wesentlicher Aspekt des wirtschaftenden Menschen. Daraus folgt, daß die Wirtschaftswissenschaften nicht im positivistischen Bereich verhaftet bleiben dürfen, sondern vom „lebenswissenschaftlichen" Wissenschaftsbegriff auszugehen und daher auch die *Wertproblematik* mit einzuschließen haben.

Ein weiteres Spektrum der Wirtschaftswissenschaften stellt die Buchführung und die Kostenrechnung dar. Diese Gebiete sind rein sachlogisch aufgebaut und daher den analytischen Wissenschaften zuzuordnen.

– Als Wissenschaft, die schöpferisch tätig sein und die Veränderungen erreichen will, müßte man von den wirtschaftswissenschaftlichen Theoretikern eine strenge Bindung an die Praxis erwarten. Ein Blick in die Fachliteratur zeigt aber die Tendenz zur praxisfremden Modellbildung. Man versucht, die Wirtschaft als autonomes Ganzes anzusehen, was nur unter einer Vielzahl von praxisfremden Voraussetzungen möglich ist; so implizieren statische Modelle hauptsächlich folgende Voraussetzungen:[1]

– das Gleichgewichts-(Maximierungs-)streben,
– die Quantifizierung aller wirtschaftlichen Vorgänge,
– die Gleichzeitigkeit aller Daten,
– die vollständige Marktübersicht,
– die reine Konkurrenz.

Daneben kennt der Wirtschaftswissenschaftler aber auch praxisgerechte Theorien, so daß der Theorie-Praxis-Bezug bei den Wirtschaftswissenschaften sehr zwiespältig erscheint und beiden Gruppen der Wissenschaftstheorien ein weites Feld eröffnet.

– Was die *Zielproblematik* der Wirtschaftswissenschaften anbelangt, so kann auch hier keine eindeutige Antwort gegeben werden, denn Erkenntnisziel ist sowohl die Erforschung von Gesetzmäßigkeiten als auch die Lösung des Einzelfalles. So werden hochkomplizierte Kreislaufmodelle des volkswirtschaftlichen Prozesses entwickelt und gleichzeitig unter Würdigung aller Umstände Ratschläge erteilt, wie der Sparer Müller am günstigsten 5 000,00 DM anlegt.

Die Wirtschaft, dies haben diese kursorischen Anmerkungen verdeutlichen wollen, ist ein Zweckzusammenhang, an dem die verschiedensten Disziplinen, wie z.B. Politik, Technik, Ethik, Soziologie, Geschichte, Mathematik, Psychologie u. a., mit unterschiedlicher Stärke partizipieren. Die „objektiven" Gesetze, aufbauend auf dem wirtschaftlichen Prinzip, werden durch psychologische Motivationen ergänzt, „bei der neben dem Bewußten auch das Unbewußte, neben dem Rationalen auch das Irrationale, neben der freien Selbstbestimmung auch die Macht eine Rolle spielt."[2]

Für den Unterrichtsgegenstand Wirtschaft bedeutet dies, daß sowohl vom Stoffgebiet als auch von der Ziel- und Wertproblematik her Denk- und Lernprozesse induziert werden, die einmal eine analytische, ein andermal eine ganzheitliche und wieder ein andermal eine dialektische Betrachtungsweise fordern. Ob das von der Stoffseite determinierte Unterrichtsverfahren letztlich aber für den Unter-

---

1 Vgl. Böhler, E.: Nationalökonomie, 4. Aufl., Zürich 1960, S. 268.
2 Böhler, E., ebenda, S. 269.

richt herangezogen wird, ist damit noch nicht entschieden, da die angetroffenen individuellen anthropogenen und sozialkulturellen Rahmenbedingungen ebenfalls noch in den Entscheidungsprozeß eingebracht werden müssen. Der Lehrer muß gleichsam als Organist fungieren und im Unterrichtskonzert - je nach Situation - in der Lage sein, die verschiedenen Register zu ziehen, um die jeweils optimale Wirkung zu erzielen. Auf der Grundlage der herangezogenen Wissenschaftsmethoden und unter Würdigung der spezifischen Besonderheiten des Fachbereiches Wirtschaftslehre lassen sich folgende vier Unterrichtsverfahren unterscheiden:

1. das erklärend-deduktive Verfahren,

2. das erklärend-induktive Verfahren,

3. das ganzheitlich-interpretierende Verfahren,

4. das dialektische Verfahren.

1.3.6.2 Erklärend-deduktives Unterrichtsverfahren

1.3.6.2.1 Wesen und Verfahrensablauf

Die Deduktion ist ein Erkenntnisverfahren, das aus einer axiomatischen Regel oder Gesetzmäßigkeit regelkonforme Beispiele abzuleiten sucht. Der spezifizierende Schluß ist dabei durch zunehmende Determination bzw. abnehmende Abstraktion gekennzeichnet. Das bedeutet, daß die allgemeine Regel so weit auf die Abstraktionsfähigkeit des Schülers heruntertransformiert werden muß, bis sie für ihn durchsichtig erscheint.

Der Verfahrensweg im Situationsfeld Wirtschaft weist jedoch gegenüber diesem allgemein formulierten Deduktionsablauf, der so für die Naturwissenschaften wohl Gültigkeit haben dürfte, eine wichtige Modifizierung auf. Der Grund hierfür ist in dem Wesen der in der Wirtschaft geltenden allgemeinen Regeln und Gesetze zu suchen. Im wirtschaftlichen Bereich haben Gesetze wie $a + b = c$ Seltenheitswert, vielmehr können von der Wirtschaftstheorie Gesetze und Theorien häufig nur durch das Voranstellen einer Vielzahl von Prämissen formuliert werden. Auch die durch den Staat für den wirtschaftlichen Verkehr erlassenen Gesetze und Rechtsverordnungen sind oft erst nach sorgfältiger Interpretation oder nur in Kenntnis der Vorgeschichte, die zu dieser oder jener Gesetzesverordnung geführt haben, verständlich. All dies liegt an der Dynamik der Wirtschaft, die nicht nur, wie festgestellt, nach rationalen Überlegungen abläuft.

Verfahrenstechnisch gesehen bedeutet dies, daß die Regel nicht einfach wie in der Mathematik vorgegeben werden kann, um sich sodann unmittelbar den Beispielen zuzuwenden. Erforderlich ist vielmehr nach Explikation und Analyse der zugrunde liegenden Prämissen ein hermeneutisches Verstehen der Ausgangsregel. Der Schüler muß durch Variation der Fragestellung, Deutungen oder Auslegungen zum Wesenskern des Problems vordringen. Anknüpfend an sein vorhandenes „Vorverständnis" dringt der Schüler über die Aussonderung des Unwesentlichen zum Verständnis der Zusammenhänge vor. Voraussetzung, um über eine reine Analyse der Tatsachen hinauszukommen und zu einem Verständnis zu gelangen, ist allerdings, daß der Schüler sich intensiv in den Strukturzusammenhang einarbeitet. Neben dem bisher schon greifbaren Wissensstoff soll auch die eigene Meinung des Schülers in die Überlegungen mit aufgenommen werden, da dieser ja erst dadurch zu einem Selbstverständnis gelangt. Natürlich hat der Lehrer hier korrigierend und helfend einzugreifen, um ein zu starkes Abgleiten von der Objektivität in die Subjektivität zu vermeiden. Wir halten fest: Erst wenn durch das hermeneutische Verstehen im Schüler eine gesicherte Ausgangsbasis geschaffen ist, kann an die Verifizierung und Interpretierung der allgemeinen Regel durch Beispiele herangegangen werden.

Ein Beispiel soll diese theoretischen Darlegungen verdeutlichen.

Thema: *Die Aufgaben des Betriebsrates.*

Nach § 2 des Betriebsverfassungsgesetzes arbeiten Arbeitgeber und Betriebsrat unter Beachtung der geltenden Tarifverträge vertrauensvoll und im Zusammenwirken mit den im Betrieb vertretenen Gewerkschaften und Arbeitgebervereinigungen zum Wohl der Arbeitnehmer und des Betriebes zusammen. Wenn aus dieser allgemeinen Formulierung der Umfang des Mitbestimmungs-, Mitwirkungs- und Informationsrechts dargestellt und an Beispielen belegt werden soll, dann ist der Schüler hierzu nur in der Lage, wenn er Begriffe wie Zusammenwirken, Wohl des Betriebes oder Vertrauen zu interpretieren versucht. Durch Quellenaufbereitung, Gruppendiskussion oder Lehrer-Schüler-Gespräch müssen beispielsweise folgende Fragen geklärt werden:

- Umfaßt der Begriff „Zusammenwirken" ein gleichberechtigtes Mitbestimmen?

- Warum sollen externe Gruppen (Gewerkschaften, Arbeitgebervereinigungen) in das Betriebsgeschehen mit einwirken?

- Ist das Wohl des Betriebs und das der Arbeitnehmer identisch?

- Können dem Betriebsrat bei Differenzen mit dem Arbeitgeber Nachteile entstehen?

Bevor diese und ähnliche Fragen nicht geklärt sind, ist der Schüler überfordert, wenn er etwa verstehen soll, warum dem Betriebsrat bei der Einstellung nichtleitender Angestellter die echte Mitbestimmung, bei der Berufung des leitenden Angestellten aber nur ein Informationsrecht zusteht. Ähnliches gilt wohl für die Frage: Warum ist das Mitwirkungsrecht des Betriebsrates im sozialen Bereich stärker ausgebaut als in wirtschaftlichen Angelegenheiten, obwohl das letztere schlußendlich die größeren Auswirkungen auf den Betriebsangehörigen hat?

1.3.6.2.2 *Pädagogischer Inhalt*

Grundvoraussetzung für den Einsatz des erklärend-deduktiven Unterrichtsverfahrens ist die sorgfältige und durchdachte Festlegung der axiomatischen Aussagen. Sie sind am Stoffinhalt und an dem Aufnahmevermögen des Schülers auszurichten. Sind die Axiome vorgegeben (z. B. durch Gesetz), so ist darauf zu achten, daß durch die sprachliche Formulierung keine zusätzlichen Lernbarrieren errichtet werden. Hauptteil dieser Verfahrensform ist der Einzelfall. Bei den abgeleiteten Einzelfällen ist daher genau zu prüfen, ob sie axiomskonform sind bzw. ob sie der Abstraktionsfähigkeit der Schüler entsprechen.

Werden diese Grundvoraussetzungen eingehalten, so können als wesentlichste *Vorteile* dieses Unterrichtsverfahrens gelten:

- Auf dem deduktiven Weg steigt der Suchende eine Stufe hinab, um die höhere Abstraktionsstufe verstehen zu können. Hierbei wird der Schüler zu sauberem, schlußfolgerndem Denken angeleitet, da ein Ausbrechen aus dem logisch vorgezeichneten Weg nicht möglich ist; denn wird ein Beispiel auf die Zugehörigkeit zu einer als richtig anerkannten Regel überprüft, so kann es nur zwei Möglichkeiten geben, entweder das Beispiel paßt oder aber es paßt nicht. Diese Schulung des logischen Denkvermögens macht die Deduktion zu einer äußerst wertvollen Methode.

- Vorausgesetzt, der Schüler wird behutsam mit dem Deduktionsverfahren konfrontiert und darin geübt, dann trägt dieses sehr dazu bei, das Abstraktionsvermögen der Jugendlichen auszubilden. Das deduktive Verfahren hat allerdings dann versagt, wenn der Schüler die Regel nicht in das Beispiel, den Fall, transferieren kann bzw. wenn der Schüler bei gegebenem Beispiel nicht erkennt, ob es richtig oder falsch ist. Hier gilt es, die Diskrepanz zwischen Wissensstand der Klasse und Abstraktionshöhe der Ausgangsregel zu beseitigen.

- Die jüngeren, noch nicht routinierten Lehrer greifen intuitiv zur Deduktion, da sie einen „sicheren" methodischen Ablauf verspricht, denn sind die Prämissen richtig gesetzt, ergeben sich die beabsichtigten Schlußfolgerungen, sofern die Lernstufe angemessen ist, automatisch. Dieser „Vorteil" kann jedoch kein Kriterium sein, wenn es gilt, den Stoff methodisch aufzubereiten.

Die Deduktion, dies ist schon angeklungen, hat jedoch nicht nur Vorteile, sondern birgt auch nicht zu übersehende *Gefahren* in sich.

- Als „Achillesferse" der Deduktion erweist sich der vergleichsweise geringe Anschauungsgehalt. Bei der Induktion lernt „der Schüler zuerst daß $1 + 2 = 3$ ist, daß $4 + 5 = 9$ ist usw.; auf der soliden Grundlage solcher Tatbestände (Fälle) kann er sodann eine Stufe höher klettern und die allgemeine Regel $a + b = c$ erfassen. Während also die induktive Methode dem ‚natürlichen' Lernprozeß entspricht, in dem sie den Lernenden die Stufenleiter der Abstraktion hinaufsteigen läßt, dreht die deduktive Methode den Spieß um. Sie konfrontiert den Schüler mit der Regel und überläßt es seiner Denkkraft und seinem Einfallsreichtum, den Weg abwärts zum sicheren Boden konkreter Gegebenheiten zu finden."[1] Die Deduktion ist somit fehl am Platz, wenn Alter, Vorbildung und Leistungsvermögen der Schüler einen schlußfolgernden, abstrahierenden Lernprozeß nicht zulassen. Durch den Einsatz des deduktiven Verfahrens läuft der Lehrer ständig Gefahr, die Schüler zu überfordern und damit Frustrationen zu erzeugen.

- Das deduktive Verfahren stellt das „Ergebnis" an den Anfang des Unterrichts. Dadurch kann beim Schüler der Eindruck entstehen, daß ein weiterer Denkprozeß nicht mehr erforderlich ist. Hinzu kommt, daß auch die Reizintensität beim Schüler herabgesetzt wird. Der Anreiz, eine allgemeine Regel zu entdek-

---

1 Rölke, S.: Methodik, S. 128.
  Rölke spricht nicht von Unterrichtsverfahren, sondern von Unterrichtsmethode.

ken, entfällt ja bei der Deduktion, da das Ergebnis schon vorliegt, wodurch die Spannung nicht mehr gegeben ist. Das bedeutet, daß bei der Anwendung des deduktiven Verfahrens ein besonderes Gewicht auf die Einführungs- und Verlaufsmotivation gelegt werden muß.

- Ein weiterer Einwand. Das deduktive Verfahren, das nach den strengen Regeln der Logik abläuft, wendet sich primär nur an den kognitiven Bereich, den Intellekt und vernachlässigt insbesondere den affektiven Bereich. Hinzu kommt, daß die Deduktion zum Dogmatismus verleitet, da die allgemeine Regel normalerweise ohne Begründung vorgegeben wird. Diesem Mangel kann letztlich nur durch einen wohlüberlegten Einsatz dieses Verfahrens begegnet werden.

1.3.6.2.3 Anwendung

Die Ausführungen über das Situationsfeld Wirtschaft haben verdeutlicht, daß die Dynamik, die in diesem Wissenschaftsgebiet steckt, so viele Möglichkeiten eröffnen kann, daß es unmöglich erscheint, auch nur annähernd alle die Fälle anzudeuten, die sich dem jeweiligen Verfahren erschließen. So erheben auch die im folgenden angeführten Beispiele für den Einsatz des erklärend-deduktiven Unterrichtsverfahrens keinen Anspruch auf Vollständigkeit. Sie sollen jedoch dazu beitragen, dem Lehrer das Gefühl zu vermitteln, daß er spürt, wann die Anwendung der Deduktion angebracht ist.

(1) Prinzipiell ist das erklärend-deduktive Unterrichtsverfahren anzuwenden, wenn die Ableitung der allgemeinen Regel aus Beispielen nicht oder nur schwer möglich ist. Dies ist vor allem dann der Fall, wenn ihre Evidenz nicht unmittelbar einsichtig ist.

Wenn beispielsweise die Verjährungsfristen vermittelt werden sollen, so kann der Schüler nicht durch Beispiele erarbeiten, daß die regelmäßige Verjährungsfrist 30 Jahre beträgt, und zwar vom Tage der Entstehung des Anspruches an gerechnet (§§ 195, 198 BGB), daß Ansprüche des täglichen Lebens in 2 Jahren und Ansprüche zwischen Gewerbetreibenden innerhalb von 4 Jahren verjähren, und zwar gerechnet vom Schluß des Jahres, in dem sie fällig geworden sind (§§ 196, 197 BGB). Hier bietet es sich einfach an, deduktiv vorzugehen und die gesetzlichen Regelungen vorzugeben oder direkt mit dem Gesetzestext zu arbeiten. Es erscheint außerdem sinnvoll, im Anschluß daran zu erarbeiten, warum der Gesetzgeber gerade eine solche Regelung getroffen hat. Diese Interpretation ist sicherlich eine wertvolle, ja unerläßliche Maßnahme, um im Schüler ein Verständnis für gesetzliche Regelungen zu vermitteln. Damit wird vermieden, daß der Schüler sinnlos und unreflektiert Wissensstoff auswendig lernt.

Ähnliches gilt für den Begriff des Kaufmanns. Sicher verknüpft der Schüler mit diesem Begriff eine Vorstellung, bis zur Definition des HGB ist dann allerdings noch ein weiter Weg. Auch hier ist die Regelung, daß ein Kreditinstitut ein Mußkaufmann, ein Bauunternehmer ein Sollkaufmann, ein als Nebengewerbe betriebenes Sägewerk ein Kannkaufmann oder ein Unternehmen, das in der Rechtsform der AG betrieben wird, ein Formkaufmann im rechtlichen Sinne ist, der Erarbeitung durch Beispiele entzogen. Das Voranstellen der gesetzlichen Regelung, das sodann mit Beispielen zu verdeutlichen ist, erscheint als der richtigere Weg.

Ein weiteres Beispiel ist die Behandlung der Rechte des Prokuristen. Es ist nur schwer erfragbar, welche Geschäfte im einzelnen ohne besondere Vollmacht möglich sind, für welche eine Sondervollmacht notwendig ist und für welche die Vertretungsvollmacht gesetzlich verboten ist. Hier erscheint es sinnvoller, die gesetzlichen Bestimmungen des § 49 HGB schematisiert vorzugeben, um anschließend danach zu fragen, welche Gründe den Gesetzgeber wohl veranlaßt haben könnten, die Regelung in dieser Weise vorzunehmen.

Übersicht über die Rechte des Prokuristen:

Unternehmer	*Prokura*
Steuererklärungen unterschreiben Bilanz unterschreiben HR-Eintragungen anmelden Konkurs anmelden Geschäft verkaufen Prokura erteilen Gesellschafter aufnehmen	▨
Grundstücke belasten Grundstücke verkaufen	■
Grundstücke kaufen Prozesse führen Darlehen aufnehmen Wechsel unterschreiben Zahlungsgeschäfte erledigen Verkaufen Mitarbeiter entlassen Mitarbeiter einstellen Einkaufen	

Mögliche vertiefende Fragestellungen:
– Warum dürfen Grundstücke vom Prokuristen gekauft, aber nicht verkauft werden?
– Aus welchem Grund darf der Prokurist keine Prokura erteilen, wohl aber eine allgemeine Handlungsvollmacht?
– Warum darf der Prokurist die Bilanz aufstellen, aber nicht unterschreiben? usw.

▨ Geschäfte, für die Vertretungsvollmacht gesetzlich verboten ist.

■ Geschäfte, für die eine Sondervollmacht notwendig ist.

☐ Geschäfte, die ohne besondere Vollmacht möglich sind.

Ein Beispiel aus der Buchführung: Einführung des Kontenrahmens. Hier erscheint es wenig hilfreich, die Kontenklassen durch induktives Vorgehen „erfragen" zu wollen. Diese Vorgehensweise würde aller Wahrscheinlichkeit nach in einem Abfragen schon vorhandenen Schülerwissens bzw. in der Lehrerdarbietung enden. Es erscheint angemessener, den Kontenrahmen vorzugeben und im Anschluß daran Verständnisfrage zu stellen, z. B.: Warum ist es überhaupt sinnvoll, einen Kontenrahmen aufzustellen? Welche Gemeinsamkeiten weisen die Klassen 0 und 1 auf? Worin unterscheidet sich die Klasse 2 von der Klasse 4 bzw. 5? usw.

Ein Beispiel aus dem Kaufmännischen Rechnen soll den Abschluß bilden. Wenn im Zinsrechnen die Zinsformel erarbeitet wurde und nun die Berechnung von Kapital, Zinsfuß und Zeit anstehen, kann der Lehrer sehr wohl die Ansicht vertreten, diese Aufgabenarten durch Ableitungen aus der allgemeinen Zinsformel einzuführen, also erklärend-deduktiv. Da die allgemeine Zinsformel wohl in erklärend-induktiver Form über den zusammengesetzten Dreisatz aufgestellt wurde, wäre diese Vorgehensweise auch ein Beitrag zum Grundsatz des Methodenwechsels.

Die Strukturgliederung am Ende einer solchen Vorgehensweise könnte folgendermaßen aufgebaut sein:

Berechnung der Zeit

Beispiel mit Lösung

Aufgabe:

Ein Kapital von 6 400,00 DM, das zu $4^{1}/_{2}\%$ ausgeliehen war, brachte 83,20 DM Zinsen. Wieviel Tage war das Kapital ausgeliehen?

Lösung:

① Gegeben sind z = 83,20 DM; k = 6 400,00 DM; p = 4,5%.　　Gesucht ist t.

② Wir formen die Zinsformel so um, daß t allein auf einer Seite steht.
Mit 100 · 360 multiplizieren:

$$\frac{k \cdot p \cdot t}{100 \cdot 360} = z$$

$$k \cdot p \cdot t = z \cdot 100 \cdot 360$$

$$\boxed{t = \frac{z \cdot 100 \cdot 360}{k \cdot p}}$$

Durch k · p dividieren:

③ Gegebene Werte in die Gleichung einsetzen und t ausrechnen:

$$t = \frac{83{,}20 \cdot 100 \cdot 360}{6\,400 \cdot 4{,}5} = 104 \text{ Tage}$$

④ Ergebnis:　　104 Tage

(2) Zur Senkung der anfänglichen Abstraktionshöhe, die zweifelsfrei mit dem erklärend-deduktiven Unterrichtsverfahren verbunden ist, kann es ratsam erscheinen, mit einem induktiven Einstieg zu beginnen, um dann, nach der Beseitigung der ersten Schwierigkeiten, in einem zweiten Unterrichtsabschnitt die Regel vorzugeben. Im Anschluß daran sind die Beispiele in die Regel einzupassen.

Wird beispielsweise die Lohnsteuer besprochen, so ist die Einführung in dieses Thema induktiv über eine Gehaltsabrechnung sehr wohl möglich. Auch die Einkunftsarten können auf diese Weise erarbeitet werden. Dagegen bietet es sich an, die Begriffe Werbungskosten, Sonderausgaben und außergewöhnliche Belastungen deduktiv vorzugeben, um sie dann an Hand von Beispielen zu verdeutlichen.

Gleiches gilt für das Thema Rechtsfähigkeit und Geschäftsfähigkeit. Während den Schülern die Begriffe über Beispiele erschlossen werden können, müssen die Altersstufen der Geschäftsfähigkeit deduktiv vermittelt werden.

Das Thema Wertpapiere kann in der Buchführung etwa in der Weise angegangen werden, daß der Lehrer durch Vorgabe eines Kauf- bzw. Verkaufsauftrages die Grundbuchungen: Wertpapier an Bank bzw. Bank an Wertpapiere erarbeitet. Die Buchung von Kursgewinnen bzw. -verlusten kann in gleicher Weise durch eine Veränderung bzw. Fortführung des Einführungsbeispiels abgeleitet werden. Die Bewertung der Wertpapiere beim Abschluß sollte dagegen erklärend-deduktiv angegangen werden, indem der Lehrer die Bestimmungen über die Bewertung des Umlaufvermögens in der Handelsbilanz (§§ 253, 279 ff. HGB) vorgibt. Aus der Kenntnis des Niederstwertprinzips heraus ist der Schüler erfahrungsgemäß dann in der Lage, den Buchungssatz durch logisches, schlußfolgerndes Denken selbständig zu entwickeln.

(3) Das erklärend-deduktive Unterrichtsverfahren ist auch anwendbar, wenn zwei verwandte Stoffgebiete miteinander in der Form verknüpft werden sollen, daß ein Stoffgebiet aus dem anderen zu entwickeln ist; etwa in der Form, daß eine besprochene schematische Übersicht zur deduktiven Übertragungsleistung auf das neue Stoffgebiet herangezogen wird.

Dem Schüler ist bekannt, daß gleichartige Geldinstitute sich zu Gironetzen zusammengeschlossen haben, die wiederum über die Bundesbank miteinander verbunden sind.

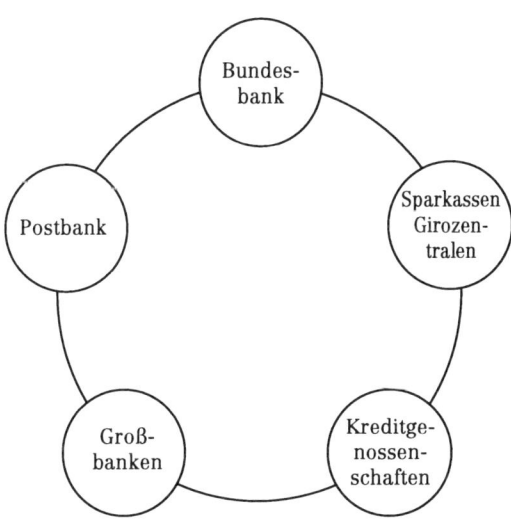

Wird dieses Schema vorgegeben, so kann hieraus deduktiv ohne allzugroße Schwierigkeiten die buchhalterische Abwicklung des Überweisungsverkehrs bzw. das Scheckeinzugsverfahren abgeleitet werden.

Diese Vorgehensweise kann auch im Kaufmännischen Rechnen angebracht sein:

Thema: Anwendung der Terminrechnung bei Kommissionsgeschäften.

1. Schritt: Vorgabe der ausgewählten Aufgabe

Aufgabe: Fritz Mager, der mit der Firma Josef Bauhofer, Maschinenfabrik, 88212 Ravensburg einen Kommissionsvertrag abgeschlossen hat, vermittelt für seinen Auftraggeber (Kommittent) folgende Geschäfte:

16.08.	3 400,00 DM	Barzahlung unter Abzug von 3 % Skonto
09.09.	1 700,00 DM	Ziel 2 Monate
17.10.	800,00 DM	Ziel 30 Tage
20.11.	4 000,00 DM	Barzahlung mit 2 % Skonto

Auszug aus dem Kommissionsvertrag: Verkaufsprovision 10 %; Delkredereprovision 2 %; Auslagenersatz pauschal 1 % des Nettoverkaufspreises

erklärend-induktives Verfahren

2. Schritt: Zur Förderung des Schülerverständnisses für die Aufgabe gibt der Lehrer folgenden Text vor:

§ 383 HGB: Kommissionär ist, wer es gewerbsmäßig übernimmt, Waren oder Wertpapiere für Rechnung eines anderen (des Kommittenten) in eigenem Namen zu kaufen oder zu verkaufen.

erklärend-deduktives Verfahren

3. Schritt: Lösung der Aufgabe

Rechnungsbetrag	Zahlungseingang	fällig am	Tage	#
3 400,00 DM	3 298,00 DM	16.08.	–	–
1 700,00 DM	1 700,00 DM	09.11.	83	1 411
800,00 DM	800,00 DM	17.11.	91	728
4 000,00 DM	3 920,00 DM	20.11.	94	3 685
9 900,00 DM	9 718,00 DM			5 824

$$\frac{5\,824}{97,18} = 59,9 = \underline{\underline{60 \text{ Tage}}}$$

Für die Lösung:

Mittlerer Verfalltag: 16.08. + 60 Tage = 16.10.

Gesamtsumme, fällig am 16.10.	9 718,00 DM
– Provision 10 % aus 9 900,00 DM	990,00 DM
– Delkredereprovision 2 % aus 2 500,00 DM	50,00 DM
– Auslagenersatz 1 % aus 9 718,00 DM	97,18 DM
Überweisung des Kommissionärs:	8 580,82 DM

erklärend-induktives Verfahren

Diese Beispiele sollten aufzeigen, daß das erklärend-deduktive Verfahren, trotz nicht zu übersehender Mängel, im Wirtschaftslehre-Unterricht seinen Platz hat. „Es besteht kein Anlaß, es zu meiden oder zu diskreditieren, wohl allerdings ein Anlaß, es mit einem Etikett zu versehen: ‚Vorsicht bei Gebrauch'. Wer seine Mängel nicht kennt und sie nicht bei der Unterrichtsplanung berücksichtigt, wird mit ihm wenig Freude haben und weniger Erfolg erzielen."[1]

---

1 Rölke, S.: Methodik, S. 130.

1.3.6.3 Erklärend-induktives Unterrichtsverfahren

1.3.6.3.1 Wesen und Verfahrensablauf

Beim erklärend-induktiven Verfahren wird von einem konkreten Beispiel oder Fall ausgegangen, um schlußfolgernd das Allgemeine, die Gesetzmäßigkeit oder die Regel zu finden. Der Wahrheitsgehalt des gesuchten, erklärenden Vordersatzes ist dabei dem Lehrer, nicht aber dem Schüler bekannt, so daß für diesen, insbesondere wenn von ihm auch noch die Verifikation verlangt wird, eine echte Induktion gegeben ist. Die Induktion stellt somit eine Umkehrung der Deduktion dar, da sie sich im prozessualen Ablauf von der Vereinfachung, dem Konkreten loslöst und dadurch zunehmende Abstraktionshöhe gewinnt.

Ausgangspunkt des erklärend-induktiven Verfahrens ist der vom Lehrer vorgegebene Situationsfall, den es zunächst zu verstehen gilt. Eine Aufgliederung der Fakten kann nicht genügen, denn über das Registrieren von Fakten hinaus muß der Schüler auch die Zusammenhänge sehen, in die das Beispiel eingebettet ist, um die Folgerungen, d. h. das Aufstellen einer Hypothese und in der Folge hiervon die Formulierung eines Gesetzes, ableiten zu können. Insbesondere die Hermeneutik hat hier Platz zu greifen, denn hermeneutische Interpretation und analytische Aufgliederung müssen in integrierender Weise die gesicherte Basis schaffen, die es dem Schüler erlaubt, zum klärenden Vordersatz zu gelangen. Das Resultat ist sodann zu fixieren. Anschließend muß das Erlernte über weitere Beispiele, die nicht alle nach dem gleichen Schema aufgebaut sein dürfen, gefestigt, erweitert und vertieft werden. Dabei muß dem Schüler deutlich gemacht werden, daß dieses so gefundene Gesetz nur unter der „Ceteris-paribus"-Klausel Gültigkeit besitzt und jederzeit empirisch-statistisch korrigierbar werden kann.

Da aus der Anfangssituation die Erkenntnisableitung erfolgt, ist klar, daß der Ausgestaltung dieses Ausgangsbeispieles eine Schlüsselrolle beim erklärend-induktiven Verfahren zukommt. Mit der Formulierung des Ausgangsbeispiels nimmt der Lehrer den Schluß praktisch schon vorweg, d. h., er muß sich über das gewünschte Ergebnis zuvor genau im klaren sein, um das Ausgangsbeispiel ergebnisorientiert konstruieren zu können. Dabei darf die Regel verbaliter nicht in den Fall eingebaut sein. (Meist enthält das Ausgangsbeispiel aber nicht nur Ansätze zum Ergebnis, sondern bereits bestimmte Ergebnisteile, wodurch deduktive Elemente in die Induktion einfließen.) In reiner Form ist dies dann gelungen, wenn vom Ausgangsbeispiel bis zum Gesetz (Axiom) eine geschlossene Gedankenkette vorliegt. Dies ist nur in seltenen Fällen möglich; meist ist es so, daß zur Erkenntnisableitung eine Umstrukturierung des Ausgangsbeispiels erforderlich wird.

Je mehr Umformulierungen notwendig werden, desto größer wird andererseits aber die erforderliche Gedankenarbeit des Schülers und damit die Verwechslungsgefahr. Wird das erklärend-induktive Verfahren auf diese Art und Weise überdreht, führt es sich schließlich und endlich von selbst ad absurdum.

Am Beispiel der „mangelhaften Lieferung" sollen die angeführten Gedanken verdeutlicht werden:

Die Stunde wird in *drei Lernzielabschnitte* unterteilt:

- Der Schüler soll auftretende Mängel selbständig herausfinden und in die verschiedenen Mängelarten gliedern können.

- Der Schüler soll die dem Käufer bei Sachmängel zustehenden Rechte auswendig hersagen und sie sinnvoll einsetzen können.

- Der Schüler soll die Pflichten des Käufers bei der Lieferung mangelhafter Ware durch den Verkäufer unter Zuhilfenahme des Gesetzestextes aufzählen und auf einen Fall anwenden können.

Als Ausgangsbeispiel wird folgender Fall herangezogen:

Richard Meier, Drogist, Blumenstr. 31, 88214 Ravensburg, erhält heute die vor 10 Tagen bei Singer & Ziesel, Isarstr. 9, 81925 München bestellte Ware. Beim Auspacken stellt der Lagerverwalter der Firma Meier folgendes fest:

1. Drei der 50 Badetaschen sind angeschmutzt. Mit einem Preisnachlaß von 25 % sind die Badetaschen aber verkäuflich.
2. Laut Bestellung sollten 20 Lippenstifte geliefert werden. Statt dessen sind 20 Lidschattenstifte geliefert worden.
3. Die bestellten garantiert farbechten, buntgestreiften Handtücher können laut Begleitschreiben von der Firma Singer & Ziesel nicht mehr beschafft werden. Eine spätere Lieferung ist eventuell möglich, allerdings zu einem stark erhöhten Preis. Als Ersatz werden nicht farbechte Handtücher geliefert, die die Firma Meier jedoch nicht verwenden kann. - Der Firma Meier liegt von einem anderen Lieferanten hierzu ein sehr günstiges Angebot vor.
4. Anstatt der bestellten 200 Seifen sind nur 180 in der Sendung enthalten. Im Rahmen eines Sonderangebotes war der Preis für diese Seifen sehr günstig.
5. Von den 100 Flaschen Orangensaft I. Qualität, die bestellt waren, sind 60 Flaschen II. Qualität und nur 40 Flaschen I. Qualität geliefert worden.
6. Bei den gelieferten 20 Tapetenrollen, die der Firma Meier ausdrücklich als abwaschbar angepriesen wurden, zeigen sich nach einem Versuch graue Flecken. Der Kunde Fritz, der die Tapeten für heute bestellt hatte, kauft daraufhin eine abwaschbare Tapete im Konkurrenzgeschäft. Entgangener Gewinn: 150,00 DM.

Um zunächst einen Überblick über die festgestellten Mängel zu erhalten, wird vom Schüler der von der Firma Richard Meier verwendete Vordruck ausgefüllt. Verfahrenstechnisch gesehen handelt es sich hier um eine reine Aufgliederung des Falles in Fakten. Durch das Herausarbeiten von gemeinsamen bzw. trennenden Merkmalen werden die aufgezählten Mängel nach Qualitäts-, Quantitäts- und Gattungsmängel geordnet. Außerdem wird unter dem Gesichtspunkt der Feststellbarkeit in offene und versteckte Mängel unterteilt.

Einstieg hierzu:

Vier Wochen nach Eingang der Sendung von Singer & Ziesel bringt ein Kunde eine Dose ungezuckerter Kirschen zurück. Der Inhalt war angefault und somit ungenießbar.

Daraus ergibt sich folgendes Schema:

Qualitätsmängel	Quantitätsmängel	Gattungsmängel
Beschaffenheit: Beispiel Badetaschen Güte: Beispiel Orangensaft Fehlen einer zugesicherten Eigenschaft: Beispiel: Handtücher	Menge: Beispiel: Seife	Art: Beispiel: Lippenstift /Lidschattenstift
Mängel können auftreten als: offene und versteckte Mängel.		

Zur induktiven Erarbeitung des 2. Lernzieles reicht die reine Aufgliederung des Falles nicht mehr aus. Hinzu kommen muß nun das Sich-Hineindenken des Schülers in die Situation des Drogisten Meier. Er muß jetzt versuchen, dessen Lage zu verstehen und zu interpretieren, um die richtigen Folgerungen ziehen zu können. Dies kann dadurch geschehen, daß der Schüler dazu angeleitet wird, Erschließungsfragen zu formulieren; etwa in der Form: *Ist es richtig, die ganze Sendung abzulehnen und zurückzusenden oder soll differenziert vorgegangen werden? Soll die Falschlieferung verkauft werden oder bietet sich jetzt eine günstige Gelegenheit, vom Kaufvertrag zurückzutreten, da die Preise inzwischen gefallen sind? Ist das Angebot so günstig, daß der Kaufvertrag möglichst nicht gelöst werden sollte? Ist ein Schaden entstanden, auf dessen Ersatz ein Anspruch besteht?*

- Aus einem solchen Verständnis heraus erscheint es für den Schüler möglich, begründete Vorschläge für die Forderungen an die Firma Singer & Ziesel zu unterbreiten. Dies um so mehr, als die folgerichtige Reaktion des Käufers aus dem Beispiel schlüssig vorausbestimmt werden kann. Eine Nachprüfung der gesetzlichen Bestimmungen durch das Arbeiten mit dem Gesetzestext führt sodann zum nachfolgenden Ergebnis:

Gewährleistungsansprüche		
Rechte	*Beispiele*	*Allgemeine Begründung*
1. Minderung	Badetasche	Wird verlangt, wenn die Ware zu einem Preisnachlaß noch verkauft werden kann.
2. Ersatzlieferung	Lippenstift Seife Orangensaft	Nur möglich bei umtauschbaren Waren. Wird verlangt, wenn die Ware günstig eingekauft wurde.
3. Wandelung	Handtuch	Wird verlangt, wenn eine Ersatzlieferung nicht abgesetzt werden kann bzw. wenn nachträglich günstigere Einkaufsmöglichkeiten entdeckt werden.
4. Schadenersatz	Tapeten	Nur möglich bei Fehlen einer zugesicherten Eigenschaft bzw. bei arglistiger Täuschung.

Hierauf aufbauend kann nun der Vordruck der Firma Richard Meier vollständig ausgefüllt werden. Der Lehrer muß dabei noch herausstellen, daß das Wahlrecht des Käufers durch die Allgemeinen Geschäftsbedingungen eingeschränkt werden kann.

Richard Meier Ravensburg

Drogerie · Parfümerie · Seifenhaus · Fotodienst
Geschenkartikel · Schonkost

Ihre Lieferung vom:
Ihre Rechnung vom:
Meine Bestellung vom:

Beim Auspacken Ihrer Sendung stellte ich folgende Mängel fest:		*Ich bitte um:*
1. Es fehlen:	20 Stück Seife	Ersatzlieferung
2. Es sind beschädigt bzw. unbrauchbar:	3 Badetaschen	25% Preisnachlaß (Minderung)
3. Es wurden falsch geliefert:	20 Lidschattenstifte statt 20 Lippenstifte	Ersatzlieferung (oder Gutschrift)
4. Es wurde eine falsche Qualität geliefert:	60 Flaschen Orangensaft II. Qualität, statt I. 20 Handtücher, nicht farbecht	Ersatzlieferung (oder Gutschrift) Wandelung
5. Sonstige Beanstandungen:	20 Tapetenrollen sind trotz Zusicherung nicht abwaschbar	Schadenersatz wegen Nichterfüllung

Bestätigung der Richtigkeit der gemachten Angaben:
Lager: (Zeichen)
Einkauf: (Zeichen)

Mit freundlichen Grüßen
Richard Meier

Lernziel drei verschließt sich dagegen weitestgehend dem erklärend-induktiven Unterrichtsverfahren, da hier gesetzliche Bestimmungen besprochen werden müssen, die von sich aus nur bedingt evident sind (Meldefristen, Kostentragung, Aufbewahrungspflicht u. a.) Hier sollte das erklärend-deduktive Unterrichtsverfahren eingesetzt und die Pflichten des Käufers mit Hilfe des Gesetzestextes erarbeitet und auf den Fall bezogen werden. Durch das Lösen von Rechtsfällen zur mangelhaften Lieferung soll der Schüler dann, als Vertiefung der Stunde, zu einem Verständnis der gelernten Rechtsfakten geführt werden, wobei vor allem auf die Stärkung des Rechtsempfindens der Schüler hinzuwirken ist.

308

1.3.6.3.2 Pädagogischer Inhalt

Das erklärend-induktive Unterrichtsverfahren weist folgende *Vorzüge* auf:

— Dem Schüler wird durch die Vorgabe des Ausgangsbeispieles gleich zu Beginn der Stunde ein hoher Anschauungsgehalt geboten und somit eine breite Motivationsbasis geschaffen, denn neben dem kognitiven kann auch der affektive Bereich angesprochen werden. Dieser Vorteil wiegt um so gewichtiger, je jünger die Schüler sind. Hinzu kommt, daß der Weg vom Einzelfall zum Allgemeinen dem Lernprozeß der Schüler entgegenkommt, da die „Einsprungshöhe" in den Parcours, um die Reitersprache zu benutzen, relativ niedrig ist und eine Steigerung erst im Laufe des Umganges vorgenommen wird, wenn Pferd und Reiter sich den Hindernissen angepaßt haben.

— Die einzelnen Induktionsschritte, dies ist ein weiterer Vorzug, bieten dem Schüler, leichter als die Deduktion es vermag, immer wieder die Chance, zu eigenständigen Erfolgserlebnissen zu gelangen. Der Lehrer hat dann die Möglichkeit, diese pädagogisch wertvollen Momente beim Schüler umzumünzen in eine Verstärkung der Verlaufsmotivation, um ihn so immer näher an den Stoff heranzuführen. Aktivität und Arbeitsfreude werden verstärkt und erweitert.

Aber auch dem erklärend-induktiven Verfahren haften *Mängel* an.

— So tragen die Beispiele immer einen methodischen Zuschnitt; häufig in der folgenden Reihenfolge: Anschaulichkeit, Perfektion, Lebensnähe. Da die Lernsituation des Lebens oft aber anders aussieht, ist es daher fraglich, ob der Schüler später in der Lage ist, selbständig Erkenntnisse zu gewinnen. Der Schüler ist dann erstaunt, wenn in der beruflichen Praxis viele weitere Variationen und Imponderabilien auftauchen. Ein schwerwiegender Mangel im Hinblick auf das Schlüsselqualifikationskonzept.

— Die aufgearbeiteten Induktionsbeispiele tragen häufig wenig dazu bei, eine kritische Schülereinstellung zu den Inhalten zu fördern, denn gerade durch die „mundgerechte", einfach erscheinende Lösung werden wichtige Komponenten des Situationsbildes nicht beachtete. Der Fall ist sachlich und methodisch so vorgekaut, daß sich der Schüler allzugern in dieser „heilen Welt" des wohlüberlegten Falles treiben läßt.

— Aus Zeitgründen werden in der Schule häufig nur wenige Beispiele zur induktiven Gewinnung der allgemeinen Regel herangezogen. Die Untersuchung von wenigen Fällen reicht aber oft nicht aus, das Gesetz oder die Theorie beweissicher abzuleiten. Um hier die Schüler an wissenschaftstheoretisch richtiges Arbeiten zu gewöhnen, muß exemplarisch die Anzahl der Fälle drastisch erhöht werden und auch in der übrigen Stofferarbeitung auf das Problem des Induktionsschlusses hingewiesen werden. Ansonsten verleitet das erklärend-induktive Verfahren, wenn der Schüler diesen Weg allein geht, zu Fehlschlüssen und Halbwahrheiten.

Rölke kommt bei der Gegenüberstellung der Vorzüge und Mängel der Induktion zu folgendem Schluß: „Unbestreitbar besitzt die induktive Methode nennenswerte Vorzüge. Das darf aber nicht hindern, auch ihre Nachteile zu sehen, um sie dadurch auszugleichen, daß der Lehrer öfter als allgemein üblich die induktive Methode durch eine andere ersetzt. Die induktive Methode ist gut, aber sie wird oft überbewertet und als die Methode schlechthin angesehen."[1] Wenn auch der Darstellung des induktiven Verfahrens durch Rölke nicht immer gefolgt werden kann, so ist diesem Urteil doch zuzustimmen, insbesondere muß der letzte Satz unterstrichen werden, denn es kann nicht *das* Verfahren geben, vielmehr muß der Lehrer offen bleiben für eine Variabilität der Unterrichtsverfahren.

1.3.6.3.3 Anwendung

Für die Anwendung des erklärend-induktiven Unterrichtsverfahrens ist weniger der Stoff oder das Fach das entscheidende Kriterium, vielmehr ist vor allem die Tatsache maßgebend, ob das Situationsbild eine Gesetzmäßigkeit beinhaltet, die der Schüler herausdestillieren und schlüssig ableiten kann. Trotzdem können Kriterien benannt werden, die den Einsatz des erklärend-induktiven Verfahrens als besonders ratsam erscheinen lassen:

– Vom Stoffgebiet des Situationsfeldes Wirtschaft her gesehen, das ja zu den Erfahrungswissenschaften zu rechnen ist, spielt die Induktion eine entscheidende Rolle. Hier können die Einzelfälle erfaßt und aus ihnen, mit Hilfe des Induktionsschlusses, die allgemeine Regel, das Gesetz oder die Theorie ermittelt werden. Pädagogisch besonders wertvoll ist es, wenn der Schüler durch Erkundung, statistische Erhebungen u.a. die Fakten selbst zusammenstellt. Dabei muß die Fragestellung so beschaffen sein, daß dem Schüler ein „Denkspielraum" bleibt. Für die Vermittlung eines reinen Merkstoffes ist das erklärend-induktive Verfahren nicht geeignet. Der Stoff muß vom Ausgangspunkt bis zum Erreichen der Gesetzmäßigkeit einen geschlossenen Gedankengang erlauben.

– Vom Schüler her nimmt die Dominanz dieses Verfahren immer mehr zu, je jünger die zu unterrichtenden Schüler sind, da sie dem mangelnden Abstraktionsvermögen dieser Altersstufe entgegenkommt. Je älter die Schüler sind, um so mehr Gewicht muß auf die Schulung des kritischen Denkens gelegt werden, etwa durch Vorgabe der Regeln, durch das Suchenlassen von Beispielen, durch Ermittlung von Ausweichmöglichkeiten, durch Textinterpretationen u. a., was mit Hilfe des erklärend-induktiven Unterrichtsverfahrens nicht immer erreicht werden kann.

Weitere Beispiele für die Anwendung dieses Verfahrens erübrigen sich, da sie gang und gäbe sind und kaum nennenswert Neues bieten können.

---

1 Rölke, S.: Methodik, S, 113.

1.3.6.4 Ganzheitlich-interpretierendes Unterrichtsverfahren

1.3.6.4.1 Wesen und Verfahrensablauf

Dieses Unterrichtsverfahren, basierend auf der Phänomenologie, gelangt in dem Augenblick zur Anwendung, wo von prinzipiellen Fragestellungen zu konkreten Einzelfällen (Randbedingungen) übergegangen wird, da es in der Lage ist, beim Aufkommen unterschiedlicher Meinungen und Standpunkte exemplarisch vorzugehen. Ziel des Unterrichtsverfahrens ist es, eine Situation durch ganzheitliche, auf individuellen Dispositionen beruhende Interpretationen aufzuhellen. Die Aussage stützt sich somit auf die persönliche Lebenserfahrung, ohne dabei subjektives Anliegen mit einfließen zu lassen; daß letzteres nicht immer gelingen kann, steht auf einem anderen Blatt.

Im einzelnen regt der Lehrer, nachdem die Situation schriftlich vorgegeben oder mündlich vorgetragen wurde, den Schüler dazu an, den Fall mit eigenen Worten, so wie er den Sachverhalt sieht und kennt, zu beschreiben. Dabei muß der Lehrer einerseits versuchen, durch gezielte Fragen immer näher zu dem eigentlichen Kerngedanken vorzudringen und andererseits alle die Gedanken in Frage stellen, die der Schüler offensichtlich aus angelerntem Wissen oder als übernommene Meinung äußert. Dies kann etwa dadurch geschehen, daß der Lehrer sagt, diese Meinung vertritt überwiegend die Industrie, diese Theorie vertreten die Gewerkschaft u. a., ich hätte aber gerne Ihre Interpretation der Situation gewußt! Durch diese Reduktionen, die der Schüler, ohne ständige Übung, nur unvollständig vornehmen kann, dringt er Schritt für Schritt zur Sache selbst vor. An diese unvoreingenommene Beschreibung des Sachverhaltes schließen sich dann die Warum-Fragen an, die letztlich die eigentliche Erklärung bringen bzw. den Wahrheitsgehalt aufdecken sollen.

Zwei Fragen läßt diese Darstellung des Verfahrensablaufes noch offen:

– Wer überprüft die Richtigkeit der getroffenen Aussage? Dazu Seiffert: „Die Instanz für die intersubjektive Überprüfung phänomenologischer Aussagen ist daher nicht ein empiristisches Verfahren, das nach den Regeln der induktiven Methode Erhebungen anstellt und statistisch auswertet, sondern einfach die Zustimmung des selber erfahrenen und sachkundigen Lesers in einem ‚Ja, so ist es auch'-Eindruck."[1] Als Kontrollinstanz können in der Schule, je nach Sachverhalt, der Lehrer oder die Mitschüler fungieren.

– Wird bei diesem Unterrichtsverfahren nicht in zu grober Weise verallgemeinert? Vom erklärend-induktiven Verfahren her gesehen mag dieser Eindruck entstehen, ohne indes zutreffend zu sein. Es gibt einfach Stoffgebiete, die sich dem empirischen Verfahren entziehen. Wenn beispielsweise eine Schülerin den Traumberuf eines Mannequins beschreibt, so braucht sie zum Beweis, daß ihre Ansicht richtig ist, keine Befragung, die eventuell bestätigen würde, daß 90 % der jungen Mädchen diese Vorstellung auch haben. Trotzdem schließen sich Empirik und das ganzheitlich-interpretierende Verfahren nicht aus, denn häufig ist die empirische Erforschung als Informationsgrundlage unentbehrlich.

---

1 Seiffert, H.: Wissenschaftstheorie 2, S. 33.

Zur Verdeutlichung dieser theoretischen Ausführungen sollen zwei Beispiele beitragen:

Thema: Die Bedeutung der Werbung

Der Lehrer gibt das Thema an und beauftragt einen Schüler, seine Gedanken zur wirtschaftlichen Bedeutung der Werbung zu formulieren. Der Schüler beginnt eventuell mit der Feststellung, daß uns die Werbung heute auf Schritt und Tritt begegnet und somit täglich, ohne unseren Willen, in unser Leben eingreift, allein aufgrund des Profitstrebens der Unternehmer. Die Werbung versuche dabei mit suggestiven Mitteln den Menschen zu Handlungen zu verführen, zu denen er sich sonst nicht entscheiden würde.

Korrekturfragen des Lehrers:

- Ist die Werbung ausschließlich für den Unternehmer bedeutsam?
- Ist aus dem Mißbrauch der Werbung abzuleiten, daß sie insgesamt verboten werden sollte?

Die Betrachtungsweise der Schüler wird damit auf die Tatsache gelenkt, daß auch der einzelne Bürger einen Vorteil aus der Werbung zieht, indem er dadurch auf Produkte hingewiesen wird, die ihm das Leben eventuell angenehmer gestalten, und daß folglich aus einem übertriebenen Werbeeinsatz noch nicht abgeleitet werden kann, die Werbung überhaupt zu verbieten.

Lehrerimpuls:

- Die Werbung dient somit sowohl den Unternehmern als auch den Konsumenten!

Dieser Impuls soll den Schüler zu der Fragestellung führen, daß eigentlich auch das Gemeinwohl durch die Werbung tangiert wird, denn über die Werbung werden ja auch die Verkaufszahlen erhöht, eventuell technische Neuerungen induziert, Arbeitsplätze gesichert, das Wirtschaftswachstum gefördert (wenn auch vielleicht in einer falschen Zielrichtung) u. a. mehr, womit über die höheren Staatseinnahmen verbesserte Infrastrukturen aufgebaut werden können.

Der Schüler kann hier einwenden, daß ein Großteil der Werbung vom Menschen nicht mehr aufgenommen werden könne und daher verpuffe. Man sei deshalb besser beraten, auf die Werbung zu verzichten und man solle an ihrer Stelle die Preise senken.

Hier soll der Dialog abgebrochen werden. Die Ausführungen zeigen, daß über die Ausschaltung von Unwesentlichem, durch das Beiseiteschieben von gebildeten Meinungen, Theorien und anderem, mit Hilfe des ganzheitlich-interpretierenden Verfahrens zum Wesenskern eines Problems vorgestoßen werden kann, um so frei zu werden für die Aufnahme von Einstellungsänderungen.

Thema: Die Lohnentwicklung und Einkommensverteilung

Im Rahmen dieses Themas möchte der Lehrer folgendes Lernziel erarbeiten:

Der Schüler soll eine begründete Meinung über das Problem der Lohnentwicklung und der Einkommensverteilung in der Bundesrepublik Deutschland artikulieren können.

In einem *ersten* Schritt wird der Lehrer die Erfahrungen der Schüler einholen und ihr „Wissen" abfragen. Hierbei sollte das Spannungsfeld Lohnentwicklung - Verlauf der Gewinn- und Vermögenseinkommen akzentuiert herausgestellt werden. Die Schülerbeiträge sollten dabei die beiden möglichen Extremstandpunkte: Die Gewinn- und Vermögenseinkommen steigen zu Lasten der Lohneinkommen überproportional an bzw. umgekehrt, die Lohneinkommen wachsen stärker als die Gewinn- und Vermögenseinkommen, deutlich herausarbeiten. Als Gesprächsgrundlage kann der Lehrer, sofern er dies aufgrund der Rahmenbedingungen für erforderlich hält, einen Text vorgeben, z. B. einen Ausschnitt aus dem Aufsatz von Henry Ford: Löhne.

Es ist kompletter Unsinn, wenn Kapital und Arbeit sich als getrennte Parteien betrachten - sie sind Gesellschafter. Arbeiten sie gegeneinander, ziehen sie an zwei verschiedenen Strängen - so schädigt das lediglich die Organisation, an der sie doch beide als Gesellschafter beteiligt sind und der sie ihren Unterhalt verdanken.

Es müßte der Ehrgeiz eines jeden Arbeitgebers sein, höhere Löhne zu zahlen als seine sämtlichen Konkurrenten, und das Streben des Arbeitnehmers, diesen Ehrgeiz praktisch zu ermöglichen. Natürlich sind in jedem Betriebe Arbeiter zu finden, die der Meinung sind, daß jede Mehrleistung lediglich zum Vorteil des Unternehmers beiträgt. Schade, daß ein solcher Glaube überhaupt möglich ist. Aber er besteht tatsächlich und vielleicht sogar nicht ohne Berechtigung. Wenn der Unternehmer seine Leute dazu antreibt, ihr Bestes zu tun, und die Leute entdecken nach einer Weile, daß der Lohn ausbleibt, so werden sie ganz natürlich in ihren Schlendrian zurückfallen. Finden sie aber die Früchte ihrer Arbeit in der Lohntüte wieder - sehen sie dort den Beweis, daß Mehrleistung zugleich Mehrlohn bedeutet -, dann lernen sie auch begreifen, daß sie zum Geschäft gehören, daß der Erfolg des Geschäfts von ihnen und ihr Fortkommen vom Geschäft abhängen.

„Was soll der Arbeitgeber zahlen - wieviel der Arbeitnehmer bekommen?" Das sind alles sekundäre Fragen. Die Kernfrage lautet: „Wieviel vermag das Geschäft zu zahlen?" Eines ist klar: kein Geschäft kann höhere Ausgaben als Einnahmen vertragen. Wird der Brunnen rascher ausgepumpt, als das Wasser wieder zufließt, so wird er bald ausgetrocknet sein. Und ist der Brunnen versiegt, so müssen die, die aus ihm schöpfen, dursten. Wenn sie aber glauben, sie könnten den einen Brunnen ausschöpfen, um dann aus dem nächsten zu trinken, so ist es nur eine Frage der Zeit, bis alle Brunnen versiegt sind. Die Forderung nach einer gerechteren Lohnausteilung ist zur Zeit allgemein, aber man darf nicht vergessen, daß auch Löhne ihre Grenzen haben. Es lassen sich bei einem Geschäft, das nur 100 000 Dollar einbringt, nicht 150 000 Dollar ausschütten. Das Unternehmen schreibt die Lohngrenzen vor. Aber braucht das Unternehmen selbst begrenzt zu sein? Es zieht sich selber Grenzen, indem es falschen Grundsätzen folgt!

(Entnommen aus: Decker, F.: Wirklichkeiten. Lese- und Arbeitsbuch, Schöningh Verlag)

In einem *zweiten* Schritt werden dem Schüler Informationen vorgegeben, aus denen er den tatsächlichen Verlauf der Einkommensverteilung herausinterpretieren kann, z. B.:

Volkseinkommen
Verteilung

Jahr	Volkseinkommen insgesamt	unselbständiger Arbeit	Bruttoeinkommen aus Unternehmertätigkeit und Vermögen				nachrichtl. Arbeits- einkommen⁴)
			Zusammen	Zins- und Miet- einkünfte¹)	Kalkula- torischer Unterneh- merlohn²)	Einkommen aus Unternehmer- tätigkeit³)	
			in Mrd. DM				
West							
1950⁵)	78,51	45,71	32,80	0,7	26,50	5,60	72,21
1960	240,11	144,39	95,72	7,0	54,55	34,17	198,94
1970	530,40	360,64	169,76	24,9	93,49	51,37	454,13
1975	800,57	593,60	206,97	47,2	128,15	31,62	721,75
1980	1.139,58	863,87	275,71	66,6	155,23	53,88	1.019,10
1985	1.406,77	1.026,41	380,36	102,4	182,94	95,02	1.209,35
1986	1.497,55	1.079,49	418,06	106,3	191,27	120,49	1.270,76
1987	1.550,00	1.124,70	425,30	108,6	195,95	120,75	1.320,65
1988	1.635,54	1.169,38	466,16	115,5	201,60	149,00	1.370,98
1989	1.738,10	1.221,89	516,21	134,5	208,09	173,62	1.429,98
1990	1.885,30	1.317,73	567,57	150,5	218,99	198,08	1.536,72
1991⁶)	2.008,75	1.422,07	586,68	164,4	233,28	189,00	1.655,35
1992⁶)	2.099,66	1.506,12	593,54	175,0	246,77	171,77	1.752,89
			Veränderung gegenüber dem Vorjahr in %				
West							
1961/70	8,2	9,6	5,9	13,5	5,6	4,2	8,6
1971/80	7,9	9,1	5,0	10,3	5,2	0,5	8,4
1981/90	5,1	4,3	7,3	8,6	3,3	13,5	4,1
1980	5,1	8,7	-4,7	13,8	6,6	-36,9	8,4
1981	3,5	4,9	-0,7	13,4	4,8	-33,9	4,9
1982	2,9	3,1	2,3	13,6	2,5	-22,5	3,0
1983	5,3	2,1	15,8	-1,0	2,9	146,6	2,2
1984	5,4	3,7	10,5	11,0	3,4	28,0	3,6
1985	4,4	3,9	6,0	8,7	3,1	9,1	3,7
1986	6,5	5,2	9,9	3,8	4,6	26,8	5,1
1987	3,5	4,2	1,7	2,2	2,4	0,2	3,9
1988	5,5	4,0	9,6	6,4	2,9	23,4	3,8
1989	6,3	4,5	10,7	16,5	3,2	16,5	4,3
1990	8,5	7,8	9,9	11,9	5,2	14,1	7,5
1991⁶)	6,5	7,9	3,4	9,2	6,5	-4,6	7,7
1992⁶)	4,5	5,9	1,2	6,4	5,8	.	5,9

¹) Der privaten Haushalte: gekürzt um die Zinsen auf Konsumentenschulden. ²) Der Selbständigen und Mithelfenden; errechnet aus der Zahl der Selbständigen x 1,5faches Durchschnittseinkommen der Arbeitnehmer und der Zahl der Mithelfenden x durchschnittliches Einkommen der Arbeitnehmer. ³) „Gewinne im engeren Sinne". ⁴) Summe aus Bruttoeinkommen aus unselbständiger Arbeit und kalkulatorischem Unternehmerlohn. ⁵) Ohne Saarland und Berlin (West). ⁶) Vorläufige Ergebnisse.
Quelle: Statistisches Bundesamt; eigene Berechnungen.

Volkseinkommen
Anteile

Jahr	Lohn- quote¹)	Berei- nigte Lohn- quote²)	Bruttoeinkommen aus Unternehmertätigkeit u. Vermögen				nach- richtlich: Arbeits- einkommen
			Zusammen	Zins- und Miet- einkünfte	Kalkula- torischer Unterneh- merlohn	Einkommen aus Unternehmer- tätigkeit	
			in %				
West							
1950	58,2	71,0	41,8	0,9	33,8	7,1	92,0
1960	60,1	65,0	39,9	2,9	22,7	14,2	82,9
1970	68,0	68,0	32,0	4,7	17,6	9,7	85,6
1975	74,1	71,9	25,9	5,9	16,0	3,9	90,2
1976	72,9	70,2	27,1	5,8	15,0	6,3	87,9
1977	73,7	70,5	26,3	5,7	14,5	6,1	88,2
1978	72,9	69,5	27,1	5,5	13,9	7,7	86,9
1979	73,3	69,4	26,7	5,4	13,4	7,9	86,7
1980	75,8	71,6	24,2	5,8	13,6	4,7	89,4
1981	76,8	72,4	23,2	6,4	13,8	3,0	90,6
1982	76,9	72,5	23,1	7,1	13,7	2,3	90,7
1983	74,6	70,4	25,4	6,6	13,4	5,3	88,0
1984	73,4	69,2	26,6	7,0	13,2	6,5	86,5
1985	73,0	68,7	27,0	7,3	13,0	6,8	86,0
1986	72,1	67,8	27,9	7,1	12,8	8,0	84,9
1987	72,6	68,1	27,4	7,0	12,6	7,8	85,2
1988	71,5	67,0	28,5	7,1	12,3	9,1	83,8
1989	70,3	65,8	29,7	7,7	12,0	10,0	82,3
1990	69,9	65,2	30,1	8,0	11,6	10,5	81,5
1991³)	70,8	66,0	29,2	8,2	11,6	9,4	82,4
1992³)	71,7	66,8	28,3	8,3	11,8	8,2	83,5

¹) Anteil des Bruttoeinkommens aus unselbständiger Arbeit am Volkseinkommen. ²) Die Lohnquote, die sich ergeben würde, wenn das zahlenmäßige Verhältnis zwischen selbständig und unselbständig Erwerbstätigen so geblieben wäre wie 1970. Tatsächlich hat die Zahl der Selbständigen abgenommen. ³) Vorläufige Ergebnisse.
Quelle: Statistisches Bundesamt

Erwerbstätige nach Stellung im Beruf und Nettoeinkommen 1991¹)

von ... bis unter ... DM	Insgesamt		Selb- ständige		Be- amte		Ange- stellte²)		Ar- beiter²)	
	West	Ost	West	Ost	West	Ost	West	Ost	West	Ost
	in %									
unter 600	7,0	10,6	5,2	4,6	7,0	5,0	27,7	27,7	31,7	34,4
600–1000	7,2	28,0	4,2	3,4	2,1	0,6	39,3	42,0	29,2	53,2
1000–1400	7,3	37,6	0,6	0,3	3,1	0,5	49,9	50,9	38,4	45,7
1400–1800	10,9	13,5	4,2	4,4	4,1	1,1	44,7	58,6	46,2	35,9
1800–2200	15,1	4,9	4,2	8,9	5,4	.	39,3	62,0	50,9	28,3
2200–3000	23,2	3,0	5,3	13,2	8,5	.	39,3	59,8	46,8	25,2
3000–4000	11,2	0,7	10,2	18,2	16,8	.	51,4	61,8	21,5	18,2
4000 und mehr	10,1	0,3	23,2	40,0	18,9	.	53,7	45,0	4,1	.

¹) Mikrozensus April 1991; alte Bundesländer; ohne Selbständige in der Land- und Forstwirtschaft, Fischerei und mithelfende Familienangehörige aller Wirtschaftsbereiche sowie ohne Erwerbstätige, die keine Angaben gemacht haben; Selbsteinstufung der Befragten. Einschließlich Teilzeitbeschäftigte. ²) Ohne Auszubildende.
Quelle: Statistisches Bundesamt

(Quelle: Zahlen zur wirtschaftlichen Entwicklung der Bundesrepublik Deutschland, Ausgabe 1993, hrsg. vom Institut der Deutschen Wirtschaft.)

Der *dritte Schritt* führt dann zum Problemfeld: Die Beziehungen von Arbeit und Kapital. Genauer gesagt: In welchem Verhältnis sollten sich die Einkommen aus unselbständiger Arbeit bzw. aus Unternehmertätigkeit entwickeln? Als Impuls könnte der Lehrer einen weiteren Abschnitt aus dem Aufsatz von Henry Ford vorgeben.

Wenn die Arbeiter statt der Redensart „Der Unternehmer müßte soundsoviel zahlen", lieber erklären wollten: „Das Unternehmen müßte auf diese oder jene Weise so geleitet und gefördert werden, daß es soundsoviel abwirft", würden sie weiter kommen. Denn nur das Unternehmen selbst vermag die Löhne auszuzahlen. Jedenfalls ist der Unternehmer dazu außerstande, wenn nicht das Unternehmen dafür bürgt. Weigert sich der Unternehmer jedoch, höhere Löhne zu zahlen, obgleich das Unternehmen dazu in der Lage wäre, was ist dann zu tun? Gewöhnlich ernährt ein Unternehmen zu viele Menschen, als daß man leichtfertig mit ihm umspringen dürfte. Es ist direkt verbrecherisch, ein Unternehmen zu gefährden, dem eine größere Anzahl Menschen ihre Dienste leihen und das sie als die Quelle ihrer Tätigkeit und ihrer Existenz betrachten. Dadurch, daß man das Unternehmen durch Streik oder Aussperrung totmacht, ist keine Abhilfe geschaffen. Der Arbeitgeber wird niemals dadurch etwas gewinnen, daß er seine Angestellten vor sich Revue passieren läßt und sich dabei die Frage stellt: „Wie weit vermag ich ihre Löhne zu drücken?" Genausowenig hilft es dem Arbeitnehmer, wenn er den Unternehmer mit der Faust bedroht und fragt: „Wieviel kann ich aus ihm herauspressen?" Letzten Endes müssen sich beide Teile an das Unternehmen halten und sich die Frage stellen: „Wie kann man der betreffenden Industrie zu einem nutzbringenden und gesicherten Dasein verhelfen, so daß sie uns allen eine sichere und behagliche Existenz bietet?"

Was verstehen wir den überhaupt unter hohen Löhnen?

Wir verstehen darunter höhere Löhne, als vor zehn Monaten oder vor zehn Jahren gezahlt wurden, keineswegs aber einen höheren Lohn, als er von Rechts wegen gezahlt werden müßte. Die hohen Löhne von heute können in zehn Jahren niedrig sein.

Hier soll der Verlauf der Lernzielerarbeitung abgebrochen werden. Das ganzheitlich-interpretierende Unterrichtsverfahren, dies sollte das Beispiel aufzeigen, deckt den Wahrheitsgehalt eines Sachverhaltes dadurch auf, daß durch gezielte Fragen bzw. Informationsvorgaben subjektive Faktoren, theoretische Faktoren, traditionelle Vorstellungen u. ä. eliminiert werden und es so zu einer reduzierten Wesenserfassung des Phänomens kommt.

1.3.6.4.2 *Pädagogischer Inhalt*

Voraussetzung für den Einsatz dieses Unterrichtsverfahrens ist, daß die angesprochenen Probleme aus der Lebenswelt des Schülers stammen und er somit einen Erfahrungsfundus mitbringt. Ohne dieses, wenn auch diffuse, Wissen können ja die individuellen Dispositionen nicht eingebracht werden, womit ein wesentliches Element verlorenginge. Neben der stofflichen Überprüfung entscheiden somit auch die sozialkulturellen Bedingungsfaktoren der Schüler über den Einsatz des ganzheitlich-interpretierenden Unterrichtsverfahrens.

Bei Einhaltung dieser Grundvoraussetzungen kann als *Positivum* folgendes vermerkt werden:

– Die eigentliche Stärke dieses Unterrichtsverfahrens „liegt in dem ‚individuellen Niveau' (das auf Weite der Erfahrung oder Intelligenz oder beiden zugleich beruhen kann) der sie Anwendenden."[1] Durch den Verzicht auf dieses Verfahren würde der Schüler um die Möglichkeit ärmer gemacht, über die Interpretation seiner bisherigen Lebenserfahrung zur schrittweisen Aufhellung „des Lebens" zu gelangen. Das ganzheitlich-interpretierende Unterrichtsverfahren scheint ein gangbarer Weg zu sein, um von der Standardisierung zur Individualisierung zu gelangen.

– Durch den stark deskriptiven Charakter dieses Verfahrens wird die sprachliche Sensibilität, die Argumentationsschärfe und die Toleranz gegenüber anderen Betrachtungsweisen gefördert. Ein wesentliches Positivum, da dieser Schulung, insbesondere aus fächerübergreifender Sicht, eine besondere Bedeutung zukommt.

– Diesem Unterrichtsverfahren fällt im Situationsfeld Wirtschaft auch vom Stoffcharakter her eine Schlüsselrolle zu, da viele Entscheidungen im Wirtschaftsleben von der Informationsgrundlage aus gesehen zwar empirisch-analytischen Charakter haben, letztlich aber auf die Interpretation dieser Fakten angewiesen sind. Dem Schüler diese Verfahrensweise schon in der Schule zu vermitteln, ist daher zwingend notwendig.

Gefahr droht dem ganzheitlich-interpretierenden Unterrichtsverfahren

– von seinem stark deskriptiven Charakter, denn er verleitet dazu, in der Veranschaulichung, Versachlichung oder Originalität stecken zu bleiben und die Wesenserfassung zu vernachlässigen. Der Lehrer muß daher bei der Unterrichtsvorbereitung pedantisch genau auf die Formulierung und Realisierung der gesetzten Lernziele achten.

– Da die Schüler beim ganzheitlich-interpretierenden Unterrichtsverfahren durch Reduktion zum Wesen eines Phänomens vordringen, werden von ihnen immer wieder neue Gedanken, die teilweise auch etwas abseits des eigentlichen Themas liegen können, geäußert. Durch den Dialog mit den Klassenkameraden bzw. dem Lehrer muß daher immer wieder der Bezug zum Thema hergestellt bzw. der Gedankengang vorangetrieben werden, ohne den Eindruck zu erwecken, diese Schüleraktivität sei unerwünscht. Dies erfordert eine konzentrierte, straffe Unterrichtsführung vom Lehrer und eine saubere Gedankenführung beim Schüler über einen längeren Zeitraum hinweg. Beides sind Barrieren, die es erst zu überwinden gilt.

– Zu beachten gilt es auch, daß dieses Unterrichtsverfahren dem sprachgewandten und schnell agierenden Schüler entgegenkommt. Der Lehrer muß deshalb ein besonderes Augenmerk auf die etwas schwerfälliger reagierenden Schüler werfen und sie immer wieder ermuntern und anregen. Der Erfolg dürfte kaum ausbleiben, da auch der schwächere Schüler in der Regel mitsprechen kann, weil er ja in etwa denselben Erfahrungsbereich hat.

---

1 Seiffert, H.: Wissenschaftstheorie 2, S. 37.

1.3.6.4.3 Anwendung

Das ganzheitlich-interpretierende Unterrichtsverfahren, dies wurde inzwischen deutlich, wird insbesondere bei der Wesenserfassung des konkreten Einzelfalles effektiv. Dadurch könnte angenommen werden, daß hier ein enger Zusammenhang zum erklärend-induktiven Unterrichtsverfahren besteht und beide Verfahren somit synonym zu verwenden sind. Aus mehreren Gründen ist diese Feststellung nicht zutreffend.

− Das erklärend-induktive Verfahren zielt in strenger Wechselwirkung von Hypothese und Experiment auf die Aufstellung erklärender Vordersätze ab. Das ganzheitlich-interpretierende Verfahren arbeitet dagegen überwiegend Stoffgebiete auf, die auch einen spekulativen Freiheitsraum lassen und eine weitestgehende Loslösung von einer sofortigen Verifikation durch die Realität erlauben. Stoffgebiete wie: Fragen zur Berufswahl; die Frage nach der Wahl des bevorzugten Wirtschaftssystems; die Weiterentwicklung der Sozialversicherung; Mitbestimmung - eine Forderung unserer Zeit; lohnt sich das Sparen u. a., dies alles sind Themengebiete, wo überwiegend argumentiert und weniger empirisch untersucht und experimentiert werden kann.

− Ein weiteres zentrales Arbeitsfeld des ganzheitlich-interpretierenden Unterrichtsverfahrens ist in der Interpretation von Begriffen gegeben. Die Darstellung, warum ein Mädchen Verkäuferin in einer Boutique werden will und nicht in einem Lebensmittelwarengeschäft oder einem Schuhgeschäft, läßt sich durch analytische Methoden nur unzureichend erklären. Das gleiche gilt für das erschöpfende Ausleuchten von Begriffen wie: wirtschaftliche Freiheit; wirtschaftliche und soziale Bedeutung des Eigentums; Sinn der Vermögensbildung in Arbeitnehmerhand u. a. mehr.

− Das ganzheitlich-interpretierende Unterrichtsverfahren sollte des weiteren dort eingesetzt werden, wo der Wesenskern des zu behandelnden Themas durch eine Fülle von Meinungen, Halbwahrheiten, politischen Interessen, Anschlußtheorien u. a. zugeschüttet ist. Das Verhältnis Wirtschaftsentwicklung, Wirtschaftswachstum versus Umweltschutz könnte gegenwärtig als Beispiel angeführt werden, ebenso die Behandlung des Themas „Ursachen der Arbeitslosigkeit und Maßnahmen zu deren Beseitigung."

− Das ganzheitlich-interpretierende Unterrichtsverfahren unterscheidet sich vom erklärend-induktiven Unterrichtsverfahren auch dadurch, daß ihm häufig ein Beispiel zur Erklärung genügt. Seiffert beweist dies schlüssig am Fall der Gefährdungshaftung, der im Wirtschaftsleben ja eine besondere Bedeutung zukommt.

„Ein bisher immer friedlicher Hund fällt plötzlich einen Passanten an. Der Hundehalter lehnt die Haftung für den entstandenen Schaden mit der Begründung ab, der Hund sei stets gutartig gewesen; er, der Hundehalter, habe daher mit dieser plötzlichen Verhaltensänderung nicht rechnen können. Der Hundehalter muß trotzdem haften. Denn es kommt nicht darauf an, ob dieser Hund bisher immer gutmütig war. Und zwar deshalb nicht, weil das Halten eines Hundes potentiell immer eine Gefahr für Personen darstellt - unabhängig vom zufälligen Verhalten eines bestimmten Hundes. Daher muß der Hundehalter auch dann haften, wenn ihm keinerlei unmittelbares Verschulden anzulasten ist (wie es etwa vorläge, wenn er einen bekannt bissigen Hund ohne Maulkorb herumlaufen läßt). Diese Haftung allein aus der Verantwortung für eine möglicherweise gefährliche Sache, auch ohne akutes Verschulden im Einzelfall, nennen wir Gefährdungshaftung.

Es ist offensichtlich, daß der Rechtswissenschaft Studierende allein durch dieses Beispiel mit dem Hund versteht, was ,Gefährdungshaftung' ist, ohne daß ihm der entsprechende Sachverhalt noch einige Male, etwa am Kraftfahrzeughalter, am Fabrikleiter, am Eisenbahnbetrieb und so fort erläutert werden müßte."[1]

Das ganzheitlich-interpretierende Unterrichtsverfahren, das haben diese wenigen Beispiele zu zeigen versucht, ist eine Verfahrensart, die dem Wesen des wirtschaftswissenschaftlichen Situationsfeldes sehr entgegenkommt und daher auch vielseitig einsetzbar ist. Allerdings ist die knappbemessene Unterrichtszeit ein Hindernis für dieses zeitintensive Unterrichtsverfahren. Der Schüler wird nur selten das vom Lehrer eingeplante zeitsparende Vorgehen finden, sondern häufig sprunghaft argumentieren. Dies muß geduldet werden, weil ansonsten der vorgesehene Ablauf zu einer Zwangsjacke ausartet; der Schüler würde resignieren.

1.3.6.5 Dialektisches Unterrichtsverfahren

1.3.6.5.1 Wesen und Verfahrensablauf

Das dialektische Unterrichtsverfahren vollzieht sich in drei Schritten: zunächst stellt der Lehrer bzw. ein Schüler eine Aussage zur Diskussion und fordert die Schüler bzw. Lehrer und Mitschüler auf, eine „beziehungsvolle" Gegenaussage[2] zu formulieren, um durch einen Dialog die zugrunde liegende Wahrheit aufzudekken. Beiden Gruppen muß dabei der Wille immanent sein, die Gegensätze zu überbrücken. Eine reine Konfrontation mit dem Vorsatz, seine Position möglichst nicht aufzugeben, komme was da wolle, darf es nicht geben, weil erst die Synthese den eigentlich schöpferischen Akt ausmacht.

Da das dialektische Unterrichtsverfahren hohe Anforderungen an das Wissen und die Erkennungsgabe der Schüler stellt, erscheint es sinnvoll, wenn die Antinomien vom Lehrer bzw. dem Klassenverband insgesamt vertreten werden. Soll der Dialog allein von den Schülern geführt werden, so empfiehlt es sich, die Gruppenarbeit heranzuziehen.

Ein Beispiel soll den möglichen Unterrichtsablauf bei Anwendung dieses Unterrichtsverfahrens demonstrieren:

---

1 Seifert, H.: Wissenschaftstheorie 2, S. 35
2 Thesis (Aussage, Lehrsatz) und Antithesis (Gegenaussage) dürfen nicht mit dem rein sprachlichen Begriff der Gegenäußerung (hell und dunkel oder Tag und Nacht) gleichgesetzt werden. Thesis und Antithesis stehen vielmehr in einer gegenseitigen Beziehung, die letztlich in eine Übereinkunft (Synthese) mündet. Die Synthese ist somit kein realer Vorgang (z. B. aus Bienenwachs und Docht wird eine Kerze gefertigt), sondern ein Aufgehen der Aussage in einer sprachlichen, zeitlich begrenzten Übereinstimmung.

Themenstellung

Bei der Suche nach Faktoren für die Berufswahl wird die Frage untersucht, inwieweit man mit der „richtigen" Berufsentscheidung einer späteren Arbeitslosigkeit vorbeugen könne. Es kommt zu einer Grundsatzüberlegung der Arbeitslosenproblematik.

These: Eine erste Gruppe von Schülern stellt die These auf, prinzipiell sei der Arbeitslosigkeit nur durch Aufgabe der sozialen Marktwirtschaft und Einführung der Planwirtschaft beizukommen.

Antithese: Eine zweite Gruppe stellt die Antithese auf, daß es kurzfristig das Arbeitsproblem in der sozialen Marktwirtschaft immer wieder geben könne, daß das Problem aber, langfristig gesehen, sehr wohl beherrschbar sei.

Der Austausch der Argumente könnte etwa folgendermaßen ablaufen:

Gruppe I: In der Planwirtschaft gibt es keine Arbeitslosigkeit.

Gruppe II: Das ist zwar bedingt richtig, aber nur deshalb, weil die freie Berufswahl nicht gegeben ist.

Gruppe I: Die freie Berufswahl ist zwar begrüßenswert, letztlich aber ineffektiv, wenn zwar die freie Ausbildung, nicht aber die Ausübung des Berufes gewährleistet ist und schließlich doch eine andere Arbeit angenommen werden muß.

Gruppe II: Die Arbeitslosigkeit kann in der sozialen Marktwirtschaft dadurch in einem begrenzten Rahmen gesteuert werden, daß demjenigen, der vor der Berufsentscheidung steht, eine lückenlose und offene Informationsgrundlage über die Berufsaussichten gegeben wird. Hinzu kommt, daß die Berufsausbildung auf eine lebenslange berufliche Handlungskompetenz anzulegen ist.

Gruppe I: Auch in diesem Fall kann die Arbeitslosigkeit weitestgehend nicht behoben werden, da die Wirtschaft von den Unternehmerprofiten gesteuert wird und sie letztlich darüber entscheiden, ob Arbeitslosigkeit herrscht oder nicht. Zum anderen wird es immer so bleiben, daß der Leistungsschwächere, auch bei der besten Berufsausbildung, in der Leistungsgesellschaft in der Regel unterliegen wird.

Gruppe II: Dies trifft so nicht zu, da Staat und Bundesbank die Möglichkeit haben, massiv Einfluß zu nehmen auf die Konjunktur, um so die konjunkturellen Wellenbewegungen abzuflachen. Daneben sind staatliche Maßnahmen zu ergreifen, um das Problem der Arbeitslosigkeit zu verringern.

Synthese: Die Argumentenkette, die sich hier noch anschließen läßt, könnte letztlich vielleicht zu der Synthese führen, daß zur Überwindung des Arbeitslosenproblems insgesamt eine starke Stellung des Staates, ein exzellentes Berufsausbildungswesen und das verantwortungsbewußte Handeln der Tarifparteien erforderlich ist.

1.3.6.5.2 Pädagogischer Inhalt

Der Einsatz des dialektischen Unterrichtsverfahrens in der Schule setzt voraus, daß die Schüler das Stoffgebiet, das sie in diese Weise dezidiert erforschen wollen, schon relativ gut beherrschen. Das dialektische Unterrichtsverfahren ist häufig zu schwierig, um dialektisch gewonnene Forschungsergebnisse, soweit sie Gegenstand des Lehrplans sind, in vollem Umfang nachzuvollziehen. Es ist aber sehr wohl in der Lage, Grundwissen zu vertiefen und in Richtung Spezialwissen zu kanalisieren oder durch Vergleiche zu erweitern. Wie kaum ein anderes Unterrichtsverfahren ist die Dialektik dazu geeignet, im integrierenden Widerstreit der Meinungen Alltagsfragen, aber auch schwierige, spezielle Inhaltsfragen zu lösen. Sie kann dabei aus einer ihr immanenten Dynamik schöpfen, die den Gedankenablauf immer in Bewegung hält und damit dem Aktivitätsdrang der Schüler entgegenkommt.

Allerdings ist hierin auch eine Gefahr zu sehen, denn ohne Grundwissen beim Schüler entsteht eine Aktivität um ihrer selbst willen. Hinzu kommt, daß mit der Abnahme des Wissensfundus das Gefahrenmoment ansteigt, daß der Realitätsbezug zum Ausgangsproblem verlorengeht und die Argumentationen ein formalistisches Eigenleben erhalten. Diese Tendenz zur Realitätsferne ist ja der Dialektik von Hause aus schon mitgegeben, da sie überwiegend in solchen Stoffgebieten einsetzbar ist, die sich einer empirischen Überprüfung weitestgehend entziehen („Modell-Platonismus"). Stoffgebiete, die der Lehrer dem dialektischen Unterrichtsverfahren vorbehalten hat, müssen daher außerordentlich sorgfältig vorbereitet werden.

1.3.6.5.3 Anwendung

Das dialektische Unterrichtsverfahren, dies ist aus den bisherigen Überlegungen zu schließen, kann in der Schule oft nur sporadisch eingesetzt werden, obwohl es sich vom Stoff her gesehen relativ häufig anbieten würde. Der Grund für diese begrenzte Einsatzmöglichkeit ist einzig und allein darin zu suchen, daß das dialektische Verfahren ein fortgeschrittenes Reifestadium des Schülers voraussetzt. Dies gilt um so mehr, je weniger spezialisiert das Thema ist.

Besonders ratsam erscheint der Einsatz des dialektischen Unterrichtsverfahrens, wenn das Stoffgebiet von einem natürlichen Spannungsverhältnis geprägt ist. Etwa wenn soziale Konflikte (Rechtfertigung des Streiks bzw. der Aussperrung als Mittel des Arbeitskampfes; Konflikte zwischen den Unternehmerinteressen und den Interessen der Arbeitnehmer; betriebliche Rationalisierung und Humanisierung der Arbeitsbedingungen) besprochen werden, wenn Fragen des Umweltschutzes (z. B. Grüner Punkt, Recycling, Müllverbrennung u.a.) oder wenn politische Fragen anstehen, die mit wirtschaftlichen Auswirkungen verbunden sind (Steuerreform; Veränderungen der Wirtschaftsordnung; Verschärfung der staatlichen Aufsicht über die Wirtschaft u. a.). Diese umfassenden und schwierigen Fragen grundsätzlich zu diskutieren, setzen einen hohen Reifegrad der Schüler voraus. Methodisch gesehen können solche komplexe Inhaltsfragen am besten dadurch bewältigt werden, daß sie in einen konkreten Fall hineingepackt werden, um so dem Schüler die Formulierung von These und Antithese zu erleichtern.

Kaum Anwendung kann das dialektische Unterrichtsverfahren dort finden, wo die Aussagen empirisch unverzüglich nachgeprüft werden können. Hier nehmen These und Antithese den Charakter von Hypothesen an, die dann durch analytische Nachprüfung bestätigt oder widerlegt werden können.

Ein wesentliches Erfordernis für den Einsatz dieses Unterrichtsverfahrens ist abschließend noch anzumerken. Die dialektische Wissenschaftsmethode ist heute der Gefahr ausgesetzt, durch Mythologisierung und Ideologisierung von einer Denkmethode zu einem „Instrument der Menschenführung" zu werden, wie Dauenhauer sich ausdrückt. Dem muß in der Schule entschieden entgegengewirkt werden. Das dialektische Unterrichtsverfahren ist vom Lehrer als das anzusehen und einzusetzen, was es ist, nämlich als Verfahrensart zur Erschließung von Stoffgebieten.

Bis zu diesem Punkt wurde so vorgegangen, daß die Unterrichtsverfahren einzeln beschrieben und anschließend anhand von Beispielen konkretisiert und verdeutlicht wurden. Um den Gesamtzusammenhang der Unterrichtsverfahren untereinander aufzuzeigen bzw. die Stellung der Unterrichtsverfahren zu den übrigen methodisch-didaktischen Maßnahmen herauszustellen, soll jetzt noch eine Unterrichtseinheit angeführt werden.[1]

Thema: **Das Eigentum**

Klasse: **Berufsfachschule/Kfm. Berufsschule**

Zeit (Min.)	Lehrerverhalten (geplant)	Schülerverhalten (erwartet)	Methodisch-didaktische Hinweise
2	**Motivation:** Lehrer leiht sich ein Buch von einem Schüler aus. Wem gehört das Buch?	Sch. erkennen durch geeignete Impulse das Problem, daß umgangssprachlich häufig nicht genau zwischen Eigentum und Besitz unterschieden wird und damit auch das Thema der Stunde „Das Eigentum".	Uv: erklärend-induktiv Sf: Frontalunterricht Ak: fragend-entwikkelnd Me: Schüler schreiben Tafelanschrieb in ihrem Heft mit.
9	**Lernziel 1:** *Die Schüler sollen die Begriffe „Besitz" und „Eigentum" unterscheiden und mit eigenen Worten erklären können. Sie sollen diese Begriffe an Fallbeispielen richtig anwenden können.*		Me: Arbeitsblatt 1 (Gesetzestexte)

---

1 Der Unterrichtsentwurf, von dem nur die Verlaufsplanung vorgestellt werden soll, wurde von Heinz Batzer im Rahmen der Referendarausbildung im Fachseminar Betriebswirtschaftslehre mit Rechnungswesen am Seminar für Schulpädagogik Weingarten erstellt.

Zeit (Min.)	Lehrerverhalten (geplant)	Schülerverhalten (erwartet)	Methodisch-didaktische Hinweise
	Zur Klärung des Begriffes „Besitz" lesen Sie bitte § 854 BGB!	Sch. liest vor.	Uv: erklärend-deduktiv Ak: entdecken-lassend
	Wann ist jemand rechtlich gesehen Besitzer einer Sache?	– wenn er die tatsächliche Gewalt über die Sache hat.	
	Warum darf ich das Buch nicht weiterverschenken?	– weil es jemand anderem gehört!	
	Lesen Sie hierzu § 903 BGB!	Sch. liest vor.	
	Wodurch ist das Eigentum gekennzeichnet?	Der Eigentümer darf mit der Sache nach Belieben verfahren.	
	Das Gesetz verleiht dem Eigentümer damit bestimmte Rechte - rechtliche Gewalt!		Ak: darstellend
	Erfolgssicherung		
	L. zeigt ein Buch aus seiner Tasche!		Uv: erklärend-induktiv Ak: erarbeitend
	Bin ich Besitzer dieses Buches?	Ja, da L. tatsächliche Gewalt hat.	
	Bin ich auch Eigentümer?	Einige Sch. werden diese Frage bejahen und erkennen durch Impulse des L.,	
	Impuls: L. zeigt Titelseite des Buches und läßt Sch. Stempel vorlesen: „Dieses Buch ist Eigentum des Landkreises Biberach."	daß diese Frage nicht ohne weiteres beantwortet werden kann.	
	Als weitere Erfolgssicherung lösen die Schüler in Einzelarbeit Fall 1 auf Arbeitsblatt 2.	Eigentum: unsichtbar.	Sf: Einzelarbeit Ak: entdecken-lassend Me: Arbeitsblatt 2
5	**Lernziel 2:** *Die Schüler sollen die unterschiedliche Übertragung von Besitz und Eigentum bei beweglichen und unbeweglichen Sachen mit den gesetzlichen Begriffen auswendig hersagen können. Sie sollen diese Kenntnisse auf Fälle aus der Praxis übertragen können.* *Feinziel 1: Übertragung von beweglichen Sachen*		

Zeit (Min.)	Lehrerverhalten (geplant)	Schülerverhalten (erwartet)	Methodisch-didaktische Hinweise
	Wie bin ich vorher in den Besitz des Buches gekommen?	– durch Übergabe.	
	Auf welche Weise könnte ich Eigentümer werden?		Sf: Frontalunterricht
	Lesen Sie bitte § 929 BGB!	Sch. liest vor und erkennt, daß das Eigentum an beweglichen Sachen durch Einigung und Übergabe übertragen wird.	Uv: erklärend-deduktiv Ak: fragend-entwikkelnd Me: Tafelanschrieb Gesetzestext
	Erfolgssicherung Fall: Fritz kauft ein Fahrrad; er bezahlt den Kaufpreis (500,00 DM) sofort in bar. Der Händler muß noch die Lampen montieren usw. und verspricht, daß er das Fahrrad am nächsten Tag ausliefern wird.		Uv: erklärend-induktiv
	Wer ist Eigentümer des Fahrrads?		
5	*Feinziel 2: Übertragung von unbeweglichen Sachen*		
	Jetzt wissen wir, daß zur Eigentumsübertragung von beweglichen Sachen die Einigung und Übergabe erforderlich ist. Ich möchte mir ein Grundstück kaufen, wie mach ich das mit der Übergabe?	Sch. erkennen, daß Grundstück eine unbewegliche Sache ist und daß bei unbeweglichen Sachen eine Übergabe nicht erfolgen kann.	
	Lesen Sie bitte §§ 873 u. 925 BGB!		Uv: erklärend-deduktiv Ak: entdecken-lassend Me: Tafelanschrieb
	Wodurch wird also die Übergabe ersetzt? •	Eintragung ins Grundbuch.	
	Wie heißt die besondere Form der Einigung bei unbeweglichen Sachen?	Auflassung = Einigung vor dem Notar bei gleichzeitiger Anwesenheit der Vertragsparteien.	
	Warum hat der Gesetzgeber die Eigentumsübertragung bei unbeweglichen Sachen „erschwert"?	Sch. erkennen, daß Grundstücke besondere Wertobjekte sind - leichtfertige Kaufabschlüsse sollen vermieden werden.	
	Impuls: Herr Müller kommt in leicht angetrunkenem Zustand auf die Idee, endlich einmal eine Spielbank zu besuchen. Geld hat er keines, aber ihm fällt ein, daß er ja noch ein Grundstück hat, das seit		Uv: erklärend-induktiv

Zeit (Min.)	Lehrerverhalten (geplant)	Schülerverhalten (erwartet)	Methodisch-didaktische Hinweise
	Generationen im Eigentum der Familie ist. Dieses will er gleich zu Geld machen! Was ändert sich, wenn ein Grundstück nicht gekauft, sondern nur gepachtet werden soll?	Sch. erkennen, daß durch Pacht nur der Besitzer wechselt. = Überlassung.	Ak: fragend-entwickelnd evtl. darstellend.
3	**Erfolgssicherung** Lesen und lösen Sie Fall 2 auf Arbeitsblatt 2!		Sf: Einzelarbeit Ak: entdecken-lassend Me: Arbeitsblatt 2
	Lernziel 3: *Die Schüler sollen mit eigenen Worten beschreiben können, unter welchen Voraussetzungen ein gutgläubiger Eigentumserwerb an beweglichen Sachen möglich ist und unter welchen Voraussetzungen nicht. Die Schüler sollen die unterschiedlichen Rechtsfolgen an selbstgewählten Fällen erläutern können.*		Sf: Partnerarbeit Ak: entdecken-lassend Uv: erklärend-deduktiv Me: Arbeitsblatt 2, Tafelanschrieb, Gesetzestext.
8	Lesen Sie bitte Fall 3a) auf Arbeitsblatt 2 und lösen Sie ihn zusammen mit Ihrem Nebensitzer! Benützen Sie dazu § 932 BGB!	Sch. lösen den Fall in Partnerarbeit.	
	Zu welchem Ergebnis sind Sie gekommen?	Sch. kommen zu der Erkenntnis, daß in diesem Fall keine Herausgabe verlangt werden kann, da gutgläubiger Eigentumserwerb eingetreten ist.	
	Erläutern Sie den Rechtsbegriff „im guten Glauben!"	Sch. erkennen aus § 932 Abs. 2 BGB, daß „guter Glaube" vorliegt, wenn Erwerber nicht weiß, daß der Veräußerer nicht Eigentümer ist, oder wenn das Nichtwissen nicht grob fahrlässig bedingt ist.	
	Unter welchen Umständen wäre ein Nichtwissen grob fahrlässig?		
	Impuls: Autokauf (ohne Papiere).		Ak: fragend-entwickelnd
6	Lesen Sie nun bitte Fall 3b) vor!	Sch. liest vor.	Sf: Frontalunterricht

Zeit (Min.)	Lehrerverhalten (geplant)	Schülerverhalten (erwartet)	Methodisch-didaktische Hinweise
	Hat Georg das Eigentum an dem Buch erworben?	Sch. sind nach bisherigem Wissen der Ansicht, daß Georg gutgläubig Eigentum erworben hat.	
4	Dann bekäme also ein Bestohlener „sein Eigentum" fast nie zurück?		
	Lesen Sie bitte § 935 BGB!	Sch. liest vor.	
	Ist Georg Eigentümer des Buches geworden?	Nein, da gutgläubiger Eigentumserwerb bei gestohlenen Sachen nicht möglich ist. Sch. kommen zu der Erkenntnis, daß Fritz nicht Eigentümer wäre, wenn er	Sf: Einzelarbeit Ak: entdecken-lassend Uv: erklärend-deduktiv Me: Gesetzestext
	Überlegen Sie sich die Lösung zu Fall 4 auf Arbeitsblatt 2!	1. gewußt hätte, daß Beate nicht Eigentümerin ist; 2. grob fahrlässig gehandelt hätte (wenn z. B. im Buch der Name von Ilse gestanden hätte).	
$\frac{3}{45}$	**Erfolgssicherung** *Die Schüler sollen als Hausaufgabe die Zielsetzungen, die in den beiden Texten auf der Rückseite von Arbeitsblatt 2 zum Ausdruck kommen, einander gegenüberstellen.*		Uv: ganzheitlich-interpretierend Me: Texte Ak: entdecken-lassend
	Die Ergebnisse werden in der nächsten Unterrichtsstunde in einer Diskussion eine Wertung erfahren.		Uv: dialektisch
	(Es ist auch möglich, das Thema in einer Doppelstunde zu behandeln. Die Erfolgssicherung umfaßt dann 45 Minuten.)		

325

Tafelbild

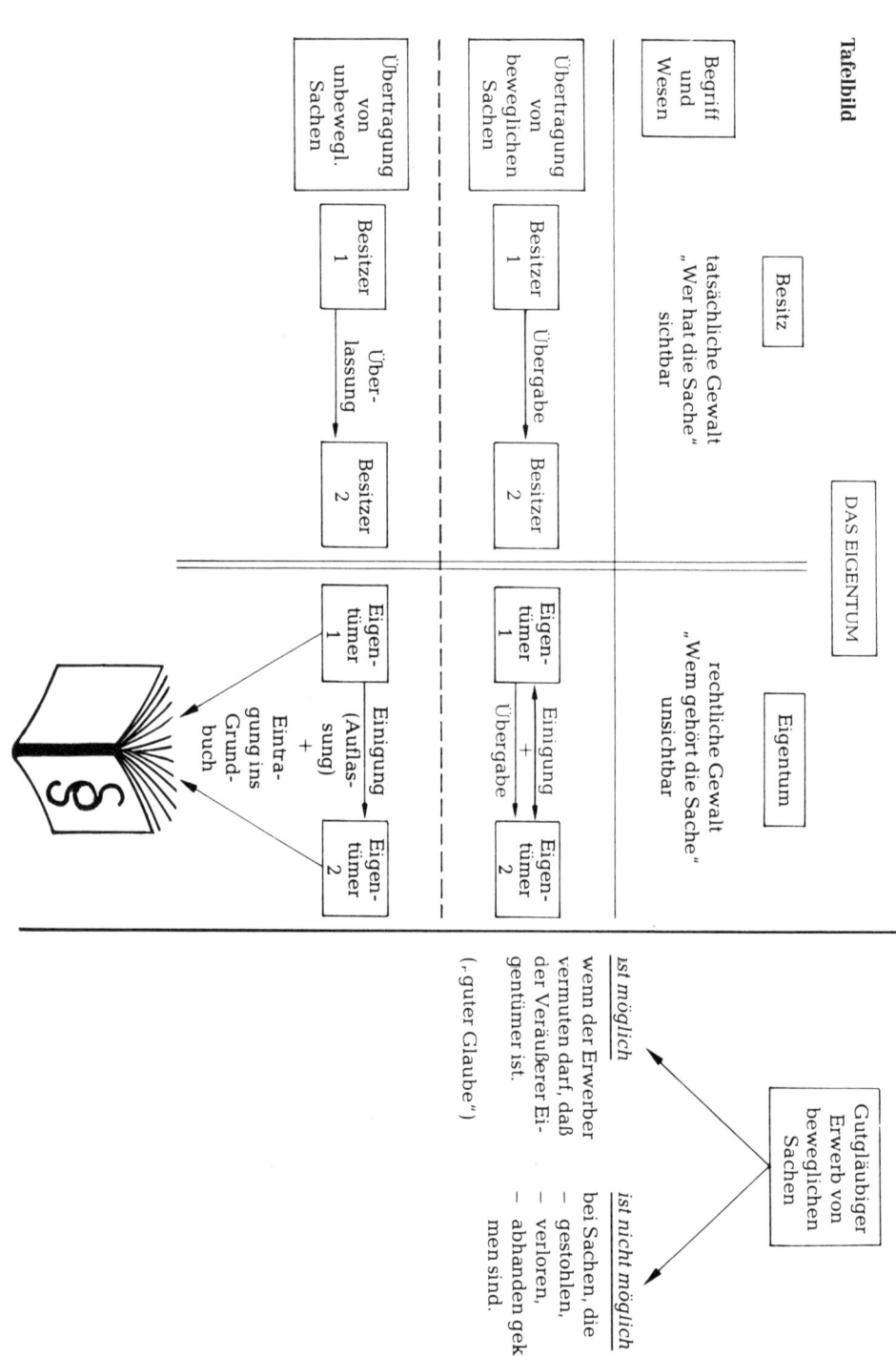

DAS EIGENTUM

	Besitz	Eigentum
	tatsächliche Gewalt „Wer hat die Sache" sichtbar	rechtliche Gewalt „Wem gehört die Sache" unsichtbar

Begriff und Wesen

Übertragung von beweglichen Sachen

Besitzer 1 → Übergabe → Besitzer 2

Eigen-tümer 1 → Einigung + Übergabe → Eigen-tümer 2

Übertragung von unbewegl. Sachen

Besitzer 1 → Über-lassung → Besitzer 2

Eigen-tümer 1 → Einigung (Auflas-sung) + Eintra-gung ins Grund-buch → Eigen-tümer 2

Gutgläubiger Erwerb von beweglichen Sachen

ist möglich
wenn der Erwerber vermuten darf, daß der Veräußerer Ei-gentümer ist.

(„guter Glaube")

ist nicht möglich
bei Sachen, die
— gestohlen,
— verloren,
— abhanden gekom-men sind.

326

1. Bürgerliches Gesetzbuch

vom 18. August 1896 mit Änderungen bis zum 27. April 1994

Drittes Buch. Sachenrecht

BESITZ

§ 854 [Erwerb des Besitzes.] (1) Der Besitz einer Sache wird durch die Erlangung der tatsächlichen Gewalt über die Sache erworben.

(2) Die Einigung des bisherigen Besitzers und des Erwerbers genügt zum Erwerbe, wenn der Erwerber in der Lage ist, die Gewalt über die Sache auszuüben.

EIGENTUM

I. Inhalt des Eigentums

§ 903 [Befugnisse des Eigentümers.] (1) [1]Der Eigentümer einer Sache kann, soweit nicht das Gesetz oder Rechte Dritter entgegenstehen, *mit der Sache nach Belieben verfahren* und andere von jeder Einwirkung ausschließen.

III. Erwerb und Verlust des Eigentums an beweglichen Sachen

1. Übertragung

§ 929 [Einigung und Übergabe.] (1) [1]Zur Übertragung des Eigentums an einer beweglichen Sache ist erforderlich, daß der Eigentümer die Sache dem Erwerber *übergibt* und *beide darüber einig* sind, daß das Eigentum übergehen soll. [2]Ist der Erwerber im Besitze der Sache, so genügt die Einigung über den Übergang des Eigentums.

§ 930 [Besitzkonstitut.] Ist der Eigentümer im Besitze der Sache, so kann die Übergabe dadurch ersetzt werden, daß zwischen ihm und dem Erwerber ein Rechtsverhältnis vereinbart wird, vermöge dessen der Erwerber den mittelbaren Besitz erlangt.

§ 931 [Abtretung des Herausgabeanspruchs.] Ist ein Dritter im Besitze der Sache, so kann die Übergabe dadurch ersetzt werden, daß der Eigentümer dem Erwerber den Anspruch auf Herausgabe der Sache abtritt.

RECHTE AN GRUNDSTÜCKEN

I. Allgemeine Vorschriften

§ 873 [Erwerb durch Einigung und Eintragung.] [1]Zur Übertragung des Eigentums an einem *Grundstücke,* zur Belastung eines Grundstücks mit einem Rechte sowie zur Übertragung oder Belastung eines solchen Rechtes ist die *Einigung* des Berechtigten und des anderen Teiles über den Eintritt der Rechtsänderung und die *Eintragung der Rechtsänderung in das Grundbuch* erforderlich, soweit nicht das Gesetz ein anderes vorschreibt.

II. Erwerb und Verlust des Eigentums an Grundstücken

§ 925 [Auflassung.] (1) [1]Die zur Übertragung des Eigentums an einem Grundstück nach § 873 erforderliche *Einigung* des Veräußerers und des Erwerbers *(Auflassung)* muß bei gleichzeitiger Anwesenheit beider Teile vor einer zuständigen Stelle erklärt werden. [2]Zur Entgegennahme der Auflassung ist, unbeschadet der Zuständigkeit weiterer Stellen, jeder Notar zuständig. [3]Eine Auflassung kann auch in einem gerichtlichen Vergleich erklärt werden.

§ *932 [Gutgläubiger Erwerb vom Nichtberechtigten.]* (1) [1]Durch eine nach § 929 erfolgte Veräußerung wird der Erwerber auch dann Eigentümer, wenn die *Sache nicht dem Veräußerer gehört,* es sei denn, daß er zu der Zeit, zu der er nach diesen Vorschriften das Eigentum erwerben würde, *nicht in gutem Glauben ist.* [2]In dem Falle des § 929 Satz 2 gilt dies jedoch nur dann, wenn der Erwerber den Besitz von dem Veräußerer erlangt hatte.

(2) Der Erwerber ist *nicht in gutem Glauben,* wenn ihm *bekannt* oder infolge *grober Fahrlässigkeit unbekannt* ist, daß die Sache nicht dem Veräußerer gehört.

§ *935 [Kein gutgläubiger Erwerb von abhanden gekommenen Sachen.]* (1) [1]Der *Erwerb des Eigentums* auf Grund der §§ 932 bis 934 *tritt nicht ein,* wenn die Sache dem Eigentümer *gestohlen* worden, *verlorengegangen* oder *sonst abhanden gekommen* war. [2]Das gleiche gilt, falls der Eigentümer nur mittelbarer Besitzer war, dann, wenn die Sache dem Besitzer abhanden gekommen war.

(2) Diese Vorschriften finden keine Anwendung auf Geld oder Inhaberpapiere sowie auf Sachen, die im Wege öffentlicher Versteigerung veräußert werden.

Arbeitsblatt 2

1. Ein einem hiesigen Verein haben sich zahlreiche Personen zusammengeschlossen, denen Eigentumswohnungen oder Einfamilienhäuser gehören.

   Der Verein nennt sich: „Verein der Haus- und Grundbesitzer."

   Ist diese Bezeichnung zutreffend?

   Wie könnte sich der Verein Ihrer Meinung nach nennen?

   . . . .

2. Herr Müller ist seit Jahren auf der Suche nach einem schönen Bauplatz in einer ruhigen Hanglage. Endlich meint er, das passende Grundstück gefunden zu haben. Er wird mit dem Grundstückseigentümer Brand auch sehr schnell einig; er kauft das Grundstück zu einem Preis von 260 000,00 DM. Da er rechtlich etwas Erfahrung hat, geht er zusammen mit dem Verkäufer zu einem Notar und schließt dort den Grundstückskaufvertrag ab.
   (= . . . .)

   Er plant schon sein neues Haus, als er erfährt, daß Brand „sein" Grundstück an Herrn Maier verkauft hat, der ihm 280 000,00 DM geboten hat. Wer ist Eigentümer des Grundstückes?

   Überlegen Sie sich die verschiedenen Möglichkeiten!
   a) Müller ist Eigentümer, wenn: . . . .
   b) Maier ist Eigentümer, wenn: . . . .
   c) Brand ist Eigentümer, wenn: . . . .
3. a) *Ilse* hat ihrer Freundin *Beate* ein Buch ausgeliehen. Diese braucht dringend Geld und verkauft deshalb kurzerhand das ausgeliehene Buch an *Fritz* für 15,00 DM. Zufällig sieht Ilse „ihr" Buch bei Fritz liegen und erkennt es an einem eingerissenen Einband wieder. Sie ist natürlich nicht damit einverstanden, daß Beate das Buch an Fritz verkauft hat und verlangt deshalb die sofortige Herausgabe „ihres" Buches!
   b) Beate ist im Besitz des von Ilse geliehenen Buches. Sie nimmt es mit ins Schwimmbad, wo es ihr gestohlen wird. Der Dieb verkauft das Buch an *Georg,* der nicht weiß, daß das Buch gestohlen ist. Durch Zufall entdeckt Ilse „ihr" Buch bei Georg und verlangt die sofortige Herausgabe; das Geld könne sich Georg bei dem Dieb wiederholen.
4. Unter welchen Umständen müßte Fritz im Fall 3a) das Buch an Ilse herausgeben?
   Erweitern Sie den Fall entsprechend!

Texte zur Eigentumspolitik

Text 1:

Jede staatliche Ordnung muß das Spannungsverhältnis zwischen Individuum und Gesellschaft normativ regeln. Die Persönlichkeit des Menschen besitzt einen sittlichen Eigenwert, deshalb wird ihr in einer freiheitlich-demokratischen Ordnung eine möglichst weitgehende *Sphäre der persönlichen Entfaltung* garantiert.

Zur sinnvollen Nutzung dieses Freiheitsraumes bedarf der Mensch individueller Eigentumsrechte. Im Eigentum offenbart sich die Individualität des Menschen; es umgrenzt die äußere Sphäre seiner Freiheit. Das Eigentum wird zum Ausdruck der Persönlichkeit, weil es die *Gestaltungskraft* des Menschen wirksam werden und jene private Initiative sich entfalten läßt, die jedem die Möglichkeit des Freiwerdens in schöpferischer, sich selbst verwirklichender Tätigkeit eröffnet.

Die Freiheit, die das Eigentum gewährt, kann in der Bereitschaft zur Mitverantwortung und *Teilnahme am gesellschaftlichen Leben* ihre Erfüllung finden. Dann wird Eigentum als Grundlage des Eigenlebens zugleich die Grundlage des kulturellen und politischen Gemeinschaftslebens.

Eigentum erlaubt es, vorübergehende Sonderbelastungen etwa durch Vermögenserträge auszugleichen oder sich gegen unvorhergesehene Schicksalsschläge durch die Veräußerung von Eigentumsteilen zu sichern. Es stärkt die Existenz und Unabhängigkeit, bedeutet die *selbstverantwortliche Vorsorge* für das Alter und die Kinder (Erbrecht) und kann insofern dem Trend zum Versorgungsstaat Einhalt gebieten.

Darüber hinaus gewährt Eigentum *gesellschaftliches Ansehen*. Es kann Ausdruck für Bewährung im Lebenskampf und Auslese der Tüchtigen sein.

Das Individualeigentum weckt die *persönliche Initiative* und ist damit ein Anreiz zur Leistungssteigerung. Es fördert die Einsatz- und Verantwortungsbereitschaft im wirtschaftlichen Prozeß.

(Quelle: Ortlieb, H. D., Dörge, F. W.: Wirtschafts- und Sozialpolitik, 4. Aufl., Opladen 1969, S. 124.)

Text 2:

Ganz abgesehen von den verschiedenen Perioden, gilt im Marxismus-Leninismus allgemein das Prinzip, daß *alle Produktionsmittel*, d. h. alle jene Güter, vermittels derer andere erzeugt werden, *vergesellschaftet* werden sollen. Das bedeutet, daß sie nie das Eigentum einzelner Menschen, sondern nur der Gesellschaft sein dürfen. Freilich gibt es diesbezüglich in der ersten Periode (Übergang vom Kapitalismus zum Sozialismus) gewisse Abweichungen, die vorläufig zu dulden sind. So nimmt man in den sog. „Volksdemokratien" regelmäßig drei verschiedene wirtschaftliche „Sektoren" an: den staatlichen, den genossenschaftlichen und den privaten Sektor. Das sind jedoch nur „Überbleibsel des Kapitalismus", die mit der Zeit aufgehoben werden müssen. Es soll keine Privatunternehmer geben. - Dazu ist noch zu bemerken, daß das Privateigentum an *Konsumgütern*, d. h. an jenen Gütern, die nicht zur Erzeugung weiterer Güter, sondern nur zum Gebrauch dienen, nicht verboten ist. Ein einzelner darf also z. B. ein Haus, ein Auto besitzen, ja sogar ein Sparkonto bei der Bank haben - er darf aber keineswegs Eigentümer einer Kuh sein, weil dies Milch *erzeugt*. Daß man den Bauern - auch in der Sowjetunion - erlaubt, eine Kuh zu haben, ist nur ein vorläufiger Kompromiß. Jedenfalls werden alle Produktionsgüter von größerer Bedeutung gleich nach einer kommunistischen ner kommunistischen Machtergreifung vergesellschaftet, d. h. enteignet und vom Staat oder von einer Organisation, die von ihm voll kontrolliert wird, übernommen.

Aus diesem Prinzip folgt aber nicht, daß alle Produktionsgüter dem *Staat* gehören sollen. Man macht nämlich einen Unterschied zwischen staatlichem und genossenschaftlichem Eigentum. Auch in der Sowjetunion gibt es Produktionsmittel, die theoretisch nicht dem Staat, sondern den Genossenschaften, vor allem den sog. Kolchosen (kollektivno chozjastvo = kollektivistische Wirtschaft) gehören, die bäuerliche Genossenschaften darstellen. Nach dem Verschwinden des Staates im Vollkommunismus wird es selbstverständlich kein Staatseigentum mehr geben, und alle Produktionsgüter werden, wie es scheint, Eigentum der Genossenschaften sein.

Jedoch spielt das Staatseigentum auch im Sozialismus und in den verschiedenen Übergangsformen eine sehr wichtige Rolle; und zwar wegen des anderen Grundprinzips der kommunistischen Ökonomie, nämlich des *Prinzips der Planung.* Im Gegensatz zum Kapitalismus soll sich nämlich in der kommunistischen Wirtschaft alles planmäßig entwickeln. Daraus erwächst die Notwendigkeit einer *zentralen Verwaltung* der Wirtschaft. Diese schreibt im voraus vor, wie viele und welche Güter verbraucht und demgemäß erzeugt werden sollen. Aus diesem Prinzip ergibt sich, daß der Staat bzw. seine zentrale Planungsstelle auch die genossenschaftlichen Betriebe sehr streng kontrollieren soll. Damit wird der Unterschied zwischen den beiden zulässigen Formen des Eigentums an Produktionsmitteln ziemlich belanglos: die gesamte Wirtschaft soll nach dem Marxismus-Leninismus von einem einzigen Zentrum aus geleitet werden.

Aus diesem Prinzip ergibt sich wenigstens theoretisch die vollständige Ausschaltung des freien *Marktes.* Im Gegensatz zum Kapitalismus, in welchem Waren auf dem Markt angeboten und verkauft werden, soll jetzt jede Ware nicht für den freien Markt, sondern für einen im voraus geplanten Verbrauch erzeugt werden. Damit wird auch jede Konkurrenz ausgeschaltet, und der Marxismus-Leninismus verspricht sich davon die Ausschaltung von Krisen und der Verelendung sowie einen ungeheuren Aufschwung der Produktivität.

(Quelle: Informationen zur politischen Bildung. Kommunistische Ideologie III, Folge 111/Jan./Febr. 1965, S. 7.)

1.4 Medien

1.4.1 Funktion der Medien im Unterricht

Die Medien werden im folgenden allein in ihrer Funktion als Hilfsmittel der methodischen Gestaltung des Lehr- und Lernprozesses (des Unterrichts) gesehen und damit der Methodik untergeordnet. *Unter Medien sind daher alle direkten pädagogischen Hilfsmittel zu verstehen, die symbolisch oder ikonisch (als Sekundärerfahrung) den unterrichtlichen Lehr- und Lernprozeß unterstützen.* Der Ansicht, die Medien hätten neben ihrer Hilfsmittelfunktion auch die Aufgabe, Ziel- und Thementräger zu sein (z. B. die Besprechung eines originären OHG-Gesellschaftsvertrages macht das Gesellschaftsrecht in anderer Weise zugänglich als die Besprechung des Gesellschaftsrechts mit Hilfe des Lehrbuchs bzw. des Gesetzestextes), die insbesondere die „Berliner Didaktik" von Heimann, Otto, Schulz vertreten hat, wird hier nicht gefolgt. Zwar ist unbestritten, daß Medien unterschiedliche Ziel-/Inhaltsperspektiven eröffnen, diese haben sich jedoch den zuvor getroffenen allgemeinen didaktischen Entscheidungen unterzuordnen. Gegebenenfalls sind die didaktischen Ziel- und Inhaltsentscheidungen neu zu überdenken, und anschließend die Medien erneut hierauf abzustimmen. Medien haben, wie alle anderen Unterrichtsmethoden auch, die angestrebten Zielsetzungen zu unterstützen und sind danach auszuwählen und einzusetzen.

Aus diesem Grund sind Medien an eine Theorie von Unterricht und Lernen zu binden und aus ihr zu entwickeln. Die theoretischen Überlegungen dürfen sich also keinesfalls in schulpraktischen Gesichtspunkten erschöpfen (Medientechnik), sondern müssen umfassender angesetzt, d. h. in eine didaktische Konzeption eingebettet sein.

1.4.2 Gedanken zur Auswahl der Medien

Die Lernenden nehmen die eingesetzten Medien auf verschiedene Weise wahr und codieren und verarbeiten sie auch unterschiedlich. Die Art und Weise, wie Medien von den einzelnen Schülern intern verarbeitet werden, ist daher mindestens genau so entscheidend für den Lernerfolg, wie das eingesetzte Medium selbst. Für den Lehrer bedeutet dies, daß er den Unterricht - zumindest von der Intention her - auf die zuvor erfaßte subjektive Individuallage auszurichten hat, denn der Lernprozeß verläuft um so nachhaltiger, je genauer das methodisch-didaktische Vorgehen des Lehrer dem internen Lernablauf des Lernenden entspricht. Für die Medien bedeutet dies, „daß der bisher im Vordergrund stehende enge Zusammenhang von Medium und Sachinhalt aufgebrochen wird zugunsten einer starken Betonung der Beziehungen von Medium und Methode und weiterführend von Medium und Lernprozeß. Als Konsequenz dieser Überlegungen sollte endgültig Abschied genommen werden von Untersuchungen, die von dem folgenden Fragemuster ausgehen: ‚Welches Medium - Film oder Tonband oder ... - ist besser und lerneffizienter als das andere?' Es gilt vielmehr, Medien nicht mit solchen Globalbegriffen, sondern in einer Terminologie ihrer spezifischen Attribute zu fassen, so daß die obige pauschale Fragestellung abgelöst wird von einer differenzierteren Art: ‚Welche Medienattribute sind für Lerner mit welchen Eigenschaften in bezug auf welche Art von Aufgaben lernrelevant'?"[1] Bei der Auswahl der Medien gilt es demnach, Persönlichkeitsstruktur, Lernziel bzw. Schlüsselqualifikationen und Medieneigenschaft in Übereinstimmung zu bringen. Eine Aussage darüber, ob ein Medium effizient oder ineffizient ist, kann also letztlich weder vom Gegenstand Medium (der Filmeinsatz bringt im Unterricht bessere Ergebnisse als das Dia!), noch vom Stoff allein (für die Erarbeitung des vorliegenden Stoffgebietes ist der Overhead-Projektor besser geeignet als die Wandtafel!) getroffen werden, der entscheidende Ansatz geht vielmehr vom Lernprozeß des Individuums aus.

Im einzelnen kann bei der Realisation des Medieneinsatzes folgende Vorgehensweise von Vorteil sein:[2]

1. Stufe: Als erstes müssen Inhalte und Ziele auf ihre Fähigkeitsanforderungen hin analysiert und klassifiziert werden, um damit die Art des anstehenden Lernprozesses zu bestimmen.

2. Stufe: In einem zweiten Schritt gilt es festzustellen, inwieweit der Lernende schon über die geforderten Fähigkeiten verfügt, um danach das Ausmaß des erforderlichen Medieneinsatzes festlegen zu können.

---

1 Heidt, E.: Medien und Lernprozesse, Weinheim/Basel, 1976, S. 121.
2 Vgl. Heidt, E., ebenda, S. 178 f.

3. Stufe: Über die Faktorenanalyse sind jetzt die funktionalen Merkmale der für diesen Fall heranzuziehenden Medienattribute zu bestimmen und die mögliche Mediengruppe auszuwählen.

4. Stufe: Im letzten Schritt wird das konkrete technische Instrumentarium festgelegt, das zur Realisation des Lernprozesses herangezogen wird.

Graphisch läßt sich dieser Zusammenhang wie folgt darstellen:

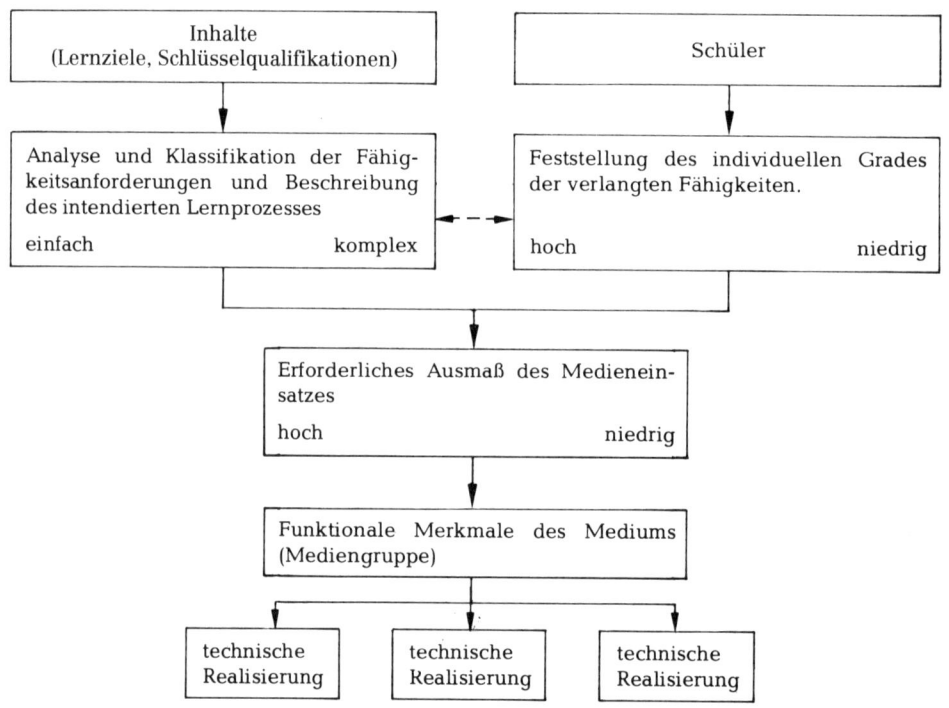

Überlegungen zum Medieneinsatz

Nach diesem Theorieansatz wäre es nun sinnvoll, die Medien nach ihrer Funktion für bestimmte Lernprozesse zu ordnen. Dies setzt jedoch voraus, daß eine Klassifikation der internen Operationen der Individuen vorliegt, was wiederum genaue Kenntnisse über die relevanten Persönlichkeitsmerkmale beinhaltet. Genau das kann die Theorie aber im Augenblick noch nicht erbringen, so daß eine Medienklassifikation nach dem hier gewählten Ansatz nicht vorgenommen werden kann. Eine unmittelbare unterrichtspraktische Umsetzung ist somit nur von der Zielsetzung, die bei der Medienauswahl vorzunehmen ist, her möglich. Dieser Mangel ist zwar zu bedauern, jedoch ist er nicht so gravierend, wie es auf den ersten Augenblick scheint.

In der *Praxis des Unterrichts,* die ihre Medienentscheidung nach Gründen der Brauchbarkeit trifft, kommen zur Kategorie der funktionalen Attribute noch weitere Bestimmungsfaktoren hinzu, etwa der Kostengesichtspunkt, die Frage der technischen Komplexität, der organisatorischen Handhabung, des Zeitaufwandes u. a. Für die Praxis ist es im Grunde sogar unerheblich, nach einer allgemeinverbindlichen Klassifikation zu suchen, da sie letztlich immer nur vortäuscht, als sei hiermit die auf jede Unterrichtssituation zutreffende Medienwahl, die es nur richtig anzuwenden gelte, gegeben, denn für eine modifikationsfreie Handhabung der Medien ist das Unterrichtsgeschehen zu komplex. Im Unterricht ist keine Entscheidungssituation mit der anderen vollkommen identisch. Für die Praxis ist es daher bedeutsamer, möglichst umfassende Informationen über das jeweilige Medium zu besitzen, um es in der Eigenverantwortung optimal einzusetzen, wobei jedoch, wie im Theorieteil geschehen, die Zielrichtung vorgegeben sein muß. „Konkret bedeutet das, möglichst viele Kriterien, die als Deskriptoren dienen können, festzuhalten, zu sammeln und gegebenenfalls zu bündeln bzw. komplexe Kriterien aufzuspalten und zu spezifizieren."[1]

1.4.3 Überlegungen zu wichtigen Medien im Wirtschaftslehre-Unterricht

1.4.3.1 Stellung der Medien im Wirtschaftslehre-Unterricht

Die wirtschaftswissenschaftlichen Fächer sind insbesondere durch die zwei Kriterien *Dynamik* und *Komplexität* im Sinne einer engen Verflechtung mit anderen Bezugswissenschaften gekennzeichnet. Hinzu kommt, daß das Situationsfeld Wirtschaft unabhängig von Alter und Berufsausbildung permanent auf jedes Gesellschaftsmitglied, also auch auf die Schüler, einwirkt. Das Individuum ist somit gezwungen, sich mit den dort anstehenden Problemen zu befassen, um sie letztlich für seinen Bereich zu bewältigen. Erschwerend ist hierbei die Tatsache, daß die Interdependenz der Wirtschaftsfaktoren so komplex geworden ist, daß die Primärerfahrung und der hierauf sich stützende „gesunde Menschenverstand" häufig nicht mehr ausreichen, die wirtschaftlichen Zusammenhänge klar zu erfassen. Vielfach herrscht Unkenntnis über wirtschaftliche Größen und Zusammenhänge sowie Unsicherheit bei Entscheidungen und Handlungen im wirtschaftlichen Bereich. Das beginnt mit Fragen des Konsums, des Sparens und Investierens im privatwirtschaftlichen Bereich und reicht bis hin zu den Problemen der Dependenz und Interdependenz von Wirtschaft und Politik, von Wirtschafts- und Gesellschaftsordnung. Das gilt auch, obwohl Funk und Fernsehen praktisch allgegenwärtig aktuell und attraktiv über brennende wirtschaftliche Fragen berichten.

Für den Wirtschaftslehre-Unterricht bedeutet dies zum einen, daß der Lehrer gezwungen ist, ständig sein Wissen zu ergänzen, zu aktualisieren und bisherige Kenntnisse zu revidieren. Als Fortbildungsmedien stehen ihm hierzu insbesondere Fachbücher, Fachzeitschriften, Tageszeitungen, Funk und Fernsehen zur Verfügung. Grundsätzlich können diese Medien, und zwar vor allem die Massenmedien, auch vom Schüler ohne Schwierigkeiten in Anspruch genommen werden. Für den Unterricht hat dies die Konsequenz, daß der Lehrer gezwungen ist, ihn ständig attraktiv und aktuell zu gestalten, wobei er gleichzeitig versuchen muß, die Ziele und Inhalte des Lehrplans und die wirtschaftlichen Meldungen, die außerhalb des Schulbereiches auf den Schüler hereinstürmen, zu kanalisieren und

---

1 Heidt, E.: Medien und Lernprozesse, S. 201.

auf ihre Strukturen zurückzuführen. Dies kann angesichts der zur Verfügung stehenden Unterrichtszeit nur über einen verstärkten Medieneinsatz gelingen. Von diesem Aspekt her gesehen kommt den Medien im Wirtschaftslehre-Unterricht eine höhere Bedeutung zu als in manchem anderen Fach. Andererseits hat der Lehrer in diesem Fach den Vorteil, ständig „Aufhänger" und Einstiege für seinen Medieneinsatz zu erhalten.

Zum anderen hat die Komplexität und der vielfältige Bezug zu anderen Wissenschaftsdisziplinen zur Folge, daß die Lerninhalte für die Schüler häufig sehr abstrakt sind, da die Primärerfahrung der Schüler, selbst wenn sie im Berufsleben stehen, wie etwa der Berufsschüler, nicht genügen, um den Realitätsbezug problemlos herzustellen. Hier fällt den Medien eine wichtige „Transformationsfunktion" zu. Nach Kielich müssen die Medien „die Sache Arbeitswelt in die Schule holen, deren komplexe Erscheinungsformen elementarisieren, thematische Schwerpunkte aufweisen und die Akzentuierung nach didaktischen Gesichtspunkten erlauben. Sie sollen ferner entweder erklären, veranschaulichen und Stellung beziehen oder problematisieren und zur Auseinandersetzung, zum Analysieren oder zum Forschen motivieren. Sie haben deshalb vor allem für die Schüler, die nicht durch Betriebserkundungen oder Betriebspraktika in direkten Kontakt mit der Wirtschafts- und Berufswelt treten können, die Funktion eines Fensters, das Ausblicke aus dem ‚Schonraum' Schule in die Realsituation gestattet."[1]

Für den Lehrer, der im Bereich Wirtschaftslehre unterrichtet, ergibt sich schon aus diesen kursorischen Überlegungen die Konsequenz, daß er dem Medieneinsatz in seiner Unterrichtsplanung viel Gewicht beimessen muß, und er hierzu genaue Kenntnisse über Funktion und Eigenschaften der Medien besitzen muß.

Die nachfolgenden Ausführung zu den einzelnen Medien haben deskriptiven und pragmatischen Charakter. Sie wollen Informationen, Anregungen, Hinweise über den praktischen Medieneinsatz im Wirtschaftslehre-Unterricht geben. Die theoretische Fragestellung: „Welches Medium wird bei der Umsetzung der getroffenen didaktischen Inhalts- und Zielentscheidungen eingesetzt", ist auf der Ebene der Unterrichtsplanung angesiedelt und dort im Rahmen der allgemein-didaktischen Überlegungen zu entscheiden, wobei der hier gewählte Ansatz, nämlich Anpassung der Medien an die individuellen Lernprozesse, zu berücksichtigen ist.

Die hier vorgenommene unterrichtspraktische Ausrichtung der Mediendarstellung setzt sich das Ziel, den Lehrer anhand ausgewählter Beispiele, Möglichkeiten für den Medieneinsatz aufzuzeigen und auf Stärken und Schwächen der einzelnen Medien hinzuweisen. Diese Informationen sollen den Lehrer dazu befähigen, ausgehend vom individuellen Lernprozeß, die Medien noch differenzierter einzusetzen. Soll der hier vorgenommene theoretische Ansatz, Anpassung der Lernumwelt und der Persönlichkeitsmerkmale, realisierbar werden, muß der Informationsstand und insbesondere die Variationsfähigkeit und die Mobilität des Lehrers hinsichtlich des Medieneinsatzes erhöht werden.

---

1 Beck, H.: Der Einsatz von Medien im Wirtschaftslehre-Unterricht, in: Neugebauer, W. (Hrsg.): Fachdidaktisches Studium in der Lehrerbildung, Wirtschaft 2, München 1977, S. 321.
Vgl. auch Kielich, H.: Die große Marktlücke: Medien für das Fach Arbeitslehre, in: Lehrmittel aktuell 6/1972, S. 10 f.

1.4.3.2 Tafelanschrieb

Unter den gebräuchlichen Medien ist der Tafelanschrieb eines der wichtigsten, und zwar sicher nicht nur, weil er jederzeit und ohne großen Aufwand erstellt werden kann, sondern wohl deshalb, weil er aus der Unterrichtssituation heraus entsteht und aufgrund seiner hohen Variabilität allen unterrichtlichen Gegebenheiten angepaßt werden kann. Der Tafelanschrieb hält im Regelfall die Abfolge der Lerninhalte fest und verdeutlicht so den sachlogischen Aufbau des Unterrichtsstoffes. Dabei löst er sich, ohne den Charakter des Bildhaften aufzugeben, von der Realität und leitet über Symbole, Schematas, Definitionen, Tabellen u. a. hin zur Abstraktion. Der Tafelanschrieb will in seiner Mittlerfunktion zwischen konkreter Anschauung und abstrahierender Begrifflichkeit im Schüler das „Stützgerüst" aufbauen, das er für seine gedanklichen Operationen benötigt. Sein methodischer Ort liegt somit dort, „wo sich das Unterrichtsgeschehen von der konkreten Wirklichkeit loslöst und auf die Herausarbeitung der Abstraktionen hinleitet."[1] Im einzelnen kann die Wandtafel folgende methodisch-didaktischen *Aufgaben* übernehmen:

1. „Zunächst kann an der Wandtafel festgehalten werden, was beabsichtigt ist und zur Führung des Unterrichts dienen soll. Hierher zu rechnen ist das Ziel der Lehrstunde; dazu kommen Erinnerungen an früher gemachte Feststellungen, bereits benutzte Gliederungen etc. Es werden also Impulse zum Neuen gesucht, wenn nötig, natürlich in größtmöglicher Kürze festgehalten."[2] Der Tafelanschrieb will damit Basisinformationen und Denkhilfen zur Verfügung stellen, die der Schüler als *Grundlage für sein Lösungsbemühen* heranziehen kann. Diese Funktion übernimmt der Tafelanschrieb beispielsweise häufig im Schriftverkehr, wenn die betriebswirtschaftlichen Fakten, die für den zu schreibenden Geschäftsbrief von Bedeutung sind, zusammenfassend wiederholt werden; aber auch im Kaufmännischen Rechnen bzw. der Buchführung, sofern zur Lösung eines komplizierten Textsachverhaltes betriebswirtschaftliche Vorgänge zu erklären sind.

   Beispiel: Vor der Behandlung des Wertpapierrechnens bzw. der Buchungen im Wertpapiergeschäft wird nochmals in einer Skizze der betriebswirtschaftliche Sachverhalt in Erinnerung gerufen. Allerdings nur in dem Umfang, wie dies für den Rechenablauf bzw. die Erstellung der Buchungssätze erforderlich ist. Die Skizze sollte *parallel* zu den rechentechnischen bzw. buchtechnischen Operationen schrittweise entstehen und nicht vorweg als „Betriebswirtschaftlicher Block" dargeboten werden.

2. Werden alle wesentlichen Lernschritte und stofflichen Fakten im Tafelbild festgehalten und vom Schüler in seine Unterrichtsaufzeichnungen aufgenommen, soll ihm eine *Grundlageninformation* gegeben werden, die die Lerninhalte auf ihr elementares Strukturgerüst reduzieren. Gleichzeitig geben die erfaßten Lernziele die Grundlage für nachfolgende Lernschritte bzw. zur Formulierung von Unterrichtsergebnissen ab. Diese Aufgabe übernimmt der Tafelanschrieb

---

1 Wälde, E.: Die Anschauung, S. 85.
2 Lochner, H.: Methodik, S. 144.

in allen kaufmännischen Fächern (Musterlösungen im Rechnen; Formulierung von Grundbuchungen im Fach Buchführung; Abfassen von Musterbriefen im Schriftverkehr oder Herausarbeiten einer Übersichtstabelle in der Betriebswirtschaftslehre).

3. Werden die Grundinformationen über ein anderes Medium, beispielsweise das Lehrbuch, erarbeitet und sollen hierzu nur Zusatzinformationen gegeben werden, etwa in der Betriebswirtschaftslehre die neuesten gesetzlichen Bestimmungen, übernimmt der Tafelanschrieb *Ergänzungsfunktionen.*

4. Da der Tafelanschrieb nur die Struktur der Lernstoffe zum Ausdruck bringen soll, bietet er sich am Ende der Unterrichtsstunde für eine Vertiefung und zusammenfassende Wiederholung geradezu an. Der Schüler soll unter Zuhilfenahme des formulierten Strukturgerüstes die geforderten Inhalte und Ziele mit eigenen Worten darstellen können, wobei der Lehrer durchaus noch einzelne neue Gedanken erschließen lassen kann. Außerdem sollte im Rahmen einer derartigen *Erfolgssicherung* versucht werden, den Stoff noch stärker zu generalisieren und zu abstrahieren. „Wenn der durchgenommene Lehrinhalt für die Schüler in seinem Charakter sehr neuartig gewesen ist, kann das nochmalige Durchgehen des Gedankenganges anhand des Tafelanschriebs unter Umständen erst in zusammenhängender Weise eine wirkliche Klarheit herbeiführen. - Die Zusammenfassung am Schluß der Stunde kann natürlich auch vorgenommen werden, indem der Tafelanschrieb vorübergehend zugedeckt wird, so daß von den Schülern dann eine Konzentrierung auf das gefordert wird, was sich während des Unterrichts schon visuell, wenn auch meist unbewußt, eingeprägt hat.“[1]

Der Tafelanschrieb greift somit differenzierend in den Lernprozeß der einzelnen Schüler ein, da er mehrere Bereiche im Schüler anspricht. „ Durch den Tafelanschrieb kommen wir dem visuellen Anschauungstyp und damit bei weitem den meisten Schülern entgegen; denn durch die Überbetonung des Optischen in unserer Zivilisation nimmt der visuelle Typ immer mehr zu, der Mensch wird mehr und mehr zum Augenmenschen. An diesen Typ müssen wir uns also im Unterricht in erster Linie wenden. Dadurch aber, daß wir an der Tafel etwas entstehen lassen, kommen wir auch dem Bewegungsdrang des Schülers entgegen. Durch das Entstehenlassen, durch Mitschreiben und Mitzeichnen des Schülers, sprechen wir den motorischen Typ an. An den auditiven Typus schließlich wendet sich das begleitende, gesprochene Wort. Auf diese Weise erreichen wir praktisch alle Schüler und haben jedem der drei wichtigsten Anschauungs- bzw. Wahrnehmungstypen etwas zu bieten.“[2]

Im täglichen Umgang mit dem Tafelanschrieb ergeben sich viele konkrete Fragen, auf die einzugehen es sich lohnt.

---

1 Schneider, G.: Unterrichtslehre, S. 158.
2 Wolf, E.: Der Tafelanschrieb im Unterricht an kaufmännischen Schulen, in: Der Merkur-Bote, 5/ 1965, S. 293.

1. Was soll angeschrieben werden?

Grundsätzlich ist hier zunächst zwischen dem vorbereiteten und dem ungeplanten Tafelanschrieb zu unterscheiden.

Der *ungeplante Tafelanschrieb* entsteht spontan und erfüllt Stützfunktionen. Etwa in Form einer Klärungsskizze im Kaufmännischen Rechnen, wenn der Lehrer bei der Einführung in das Diskontrechnen bemerkt, daß die Mehrzahl der Schüler den Ablauf eines Wechselgeschäftes, trotz der Behandlung des Stoffgebietes in der Betriebswirtschaftslehre, nicht mehr nachvollziehen kann, und er daraufhin eine kurze schematische Wiederholung an der Tafel einschiebt. Neben solchen erklärenden Zeichnungen werden häufig noch Worterklärungen, Nebenrechnungen, Merkhilfen, kleine Übungsaufgaben u. a. als zusätzlicher, nicht vorgeplanter Tafelanschrieb im Unterricht spontan eingesetzt. Alle diese Nebenhilfen müssen vom eigentlichen Lernstoff deutlich getrennt und alleingestellt werden.

Der *vorbereitete Tafelanschrieb* hat sich das Ziel zu setzen, dem Schüler Denkhilfen zu geben, die ihn zur geistigen Selbsttätigkeit anregen und es ihm ermöglichen, die Rekonstruktion der vermittelten Lernziele eigenständig vorzunehmen. Die Herausarbeitung des „Elementaren" hat im Vordergrund zu stehen: „Das Komplizierte und Unübersichtliche wird auf seine elementaren Grundrisse reduziert und kann auf diese Weise durchsichtig gemacht werden und dem Begreifen nähergebracht werden. Dabei wird die vereinfachend-schematische Darstellung vor allem darauf abzielen, den strukturellen Aufbau des Anschauungsgegenstandes herauszuarbeiten und die Funktionszusammenhänge einsichtig zu machen."[1]

Dem Tafelanschrieb kommt damit eine wesentliche didaktische Bedeutung zu, die es durch einen methodisch geschickten Aufbau noch zu stärken gilt. Der Tafelanschrieb ist somit eine Summe didaktisch gegliederter und methodisch aufbereiteter Denkhilfen, die dem Schüler das eigenständig operierende Strukturieren ermöglichen bzw. erleichtern. Bei seiner *inhaltlichen Ausgestaltung* gilt es folgendes zu beachten:

Durch den Tafelanschrieb sollen Sachzusammenhänge und logische Interdependenzen aufgezeigt werden, um dem Schüler Impulse und Denkstützen zu geben, die ihm bei Bedarf weiterhelfen. Das Anschreiben von Merksätzen oder Satzfolgen, die oft nur auswendig gelernt und nicht wirklich verstanden werden, sollte eingeschränkt werden.

In der Betriebswirtschaftslehre kann es beispielsweise sinnvoller sein, den Begriff der KG anhand eines Schaubildes darzustellen, als einen Definitionssatz zu formulieren.

Definitionssatz: Die Kommanditgesellschaft ist die vertragliche Vereinigung von zwei oder mehr Personen zum Betrieb eines Handelsgewerbes unter gemeinschaftlicher Firma, wobei den Gläubigern gegenüber mindestens ein Gesellschafter unbeschränkt und mindestens ein Gesellschafter beschränkt haftet. Die Vollhafter heißen Komplementäre, die Teilhafter Kommanditisten.

---

1 Wälde, E.: Die Anschauung, S. 86.

Schaubild:

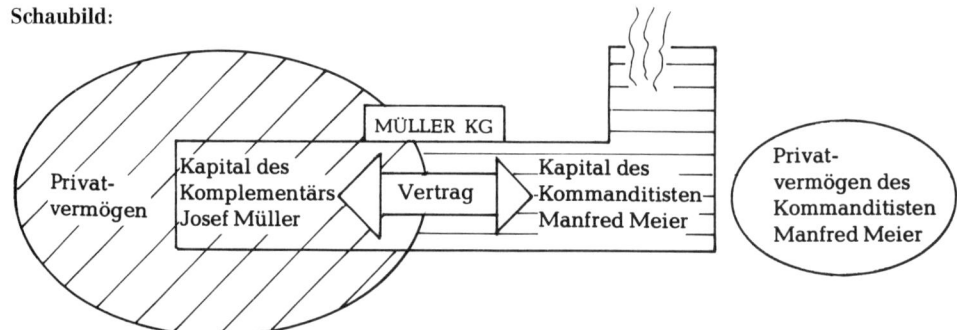

Als zweites Beispiel soll aus dem Themengebiet „Die Kreditgeschäfte" die Bürgschaft herausgegriffen werden.

Definitionssatz: Die Bürgschaft ist ein Vertrag zwischen dem Gläubiger und dem Bürgen, wonach der Bürge für den Schuldner haftet. Der Kreditgeber hat also für seine Forderung zwei Schuldner.

Schaubild:

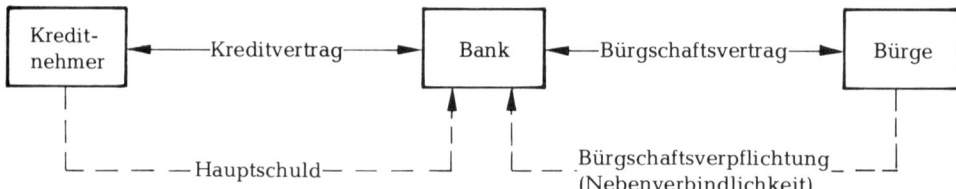

Allerdings ist der hier angeführten Prämisse kein Ausschließlichkeitscharakter beizumessen. „In einzelnen Fällen kann es gleichwohl zweckmäßig sein, das gemeinsam erarbeitete Unterrichtsergebnis in vollem Umfang an die Tafel zu schreiben, und zwar vor allem dann, wenn eine bestimmte Form genau zu beachten ist. So werden z. B. im kaufmännischen Schriftverkehr nicht nur die Gliederungen der Briefe, sondern auch die im Gruppen- oder Frontalunterricht erarbeiteten Musterbriefe Satz für Satz angeschrieben. Ähnliches gilt für die Entwicklungslektionen in Buchführung und im Kaufmännischen Rechnen."[1] Das vollständige Unterrichtsergebnis kann etwa auch dann in den Tafelanschrieb übernommen werden, wenn die Lehrbuchinformationen unvollständig sind.

Ein zweiter Hinweis: Stoffgebiete, die nicht oder noch nicht zum Unterricht gehören, dürfen in den Tafelanschrieb nicht einbezogen werden. Sie lenken vom anstehenden Thema ab. Der Tafelanschrieb soll allein dazu dienen, Komplexes zu entwirren und auf die Schülerebene zu transformieren.

Der Schüler muß durch den Tafelanschrieb auf das Wesentliche hingeführt werden und darf durch Nebensächlichkeiten, Stoffvorausgriffe u. a. nicht abgelenkt werden. „Ablenkend wirkt alles, was den Schüler abwegig beschäftigt. Schülernamen an der Wandtafel, etwa handelnd im Unterrichtsbeispiel oder als Merksäu-

---

1 Wolf, E.: Tafelanschrieb, S. 294.

len eingesetzt oder wirkliche Firmennamen, besonders wenn man sie irgendwie belastet, oder mit Gefühlsbetonung belegte Namen, wirken in der Klasse immer so, daß sie die erforderliche Konzentration stören. Auch müssen der Wirklichkeit entnommene Zahlen möglichst der Sache entsprechen."[1]

2. Wie soll angeschrieben werden?

Im folgenden werden nicht alle Gestaltungsmöglichkeiten angeführt, vielmehr sollen nur die bildhaft-schematischen Formen herausgestellt werden, die im Wirtschaftslehre-Unterricht von besonderer Bedeutung sind. Dabei kann es auch nicht darum gehen, das Tafelbild jeweils für ein Unterrichtsthema vollständig auszuführen, sondern es wird angestrebt, die Charakteristika der einzelnen Gestaltungsformen zu klassifizieren und herauszustellen. Im Grunde können drei Darstellungsformen unterschieden werden: die graphische Darstellung, die Textaufstellung und die graphische Textaufstellung.[2]

Die *graphische Darstellung* möchte insbesondere kausale, zeitliche, rechtliche oder funktionale Zusammenhänge aufzeigen und verdeutlichen. Wichtige Elemente dieser Darstellungsform sind Linien, Pfeile, Symbole, Zeitachsen, Koordinationssysteme, Konten, schematische Bilder u. a. Ansatzpunkt ist in der Regel das konkret Gegenständliche, wobei die zentralen Fragen, unter Auslassung aller unwesentlichen Merkmale, in einfachen und überschaubaren Zeichnungen dargestellt und damit gleichzeitig generalisiert und abstrahiert werden. Bei der Verwendung graphischer Elemente muß jedoch sehr darauf geachtet werden, daß sie dem Anspruchsniveau der Klasse angepaßt sind. So können Unterforderungen leicht zu ungewollter Heiterkeit führen und daher vom angestrebten Lernziel ablenken. Anspruchsgerechte und zeichnerisch gekonnte Darstellungen verstärken dagegen über den affektiven Bereich die Lehrbemühungen und können so viel zur Belebung des Unterrichtsgeschehens beitragen.

Hierzu einige praxisbezogene Anmerkungen.[3] Im Wirtschaftslehre-Unterricht wiederholen sich Personengruppen oder Institutionen sehr häufig, so daß es angezeigt erscheint, mit *Symbolen* zu arbeiten, etwa: E = Eigentümer; S = Schuldner; G = Gläubiger; Be = Besitzer; WE = Willenserklärung; B = Betrieb; U = Unternehmen u. a. Die vereinbarten Symbole sind ständig beizubehalten. Pfeillinien

---

1 Lochner, H.: Methodik, S. 146.
2 Eine umfassende Übersicht mit einer Vielzahl von Beispielen über die Bedeutung, die Formen, die Herstellungstechnik, den Einsatz und die Auswertung von Schaubildern gibt W. Schön. Seine Ausführungen gelten insbesondere auch für das Arbeiten mit dem Tageslichtprojektor und dem Dia. Vgl. Schön, W.: Das Schaubild, Stuttgart 1957, S. 18 f.
Anders als die Photographie, die eine Sache naturgetreu wiedergibt, ist dem Schaubild die Aufgabe gestellt, die Realität zu vereinfachen. „Durch zeichnerische Vereinfachung kann man das Typische einer Sache hervorheben, das Unwesentliche weglassen. Man kann zeichnerisch jede komplizierte und unübersichtliche Angelegenheit schnell und klar überschaubar machen. Gerade das ist der Sinn und Zweck des Schaubildes." Nach Schön können im Schaubild folgende graphische Mittel Anwendung finden: der Punkt, die Strecke, die Linie, die Fläche, der Körper. An Ordnungssystemen unterscheidet er: die freie Fläche, die gebundene Fläche, die Tabelle, die rechtwinkligen Koordinaten, die Dreiecks-Koordinaten, die Polar-Koordinaten und die Kartogramme.
3 Vgl. hierzu auch Rölke, S.: Betriebswirtschaftskunde, S. 62 f.

werden dazu verwendet, um Beziehungen zwischen Personen oder Sachen auszudrücken. So kann die Bestellung des Pfandrechtes folgendermaßen dargestellt werden:

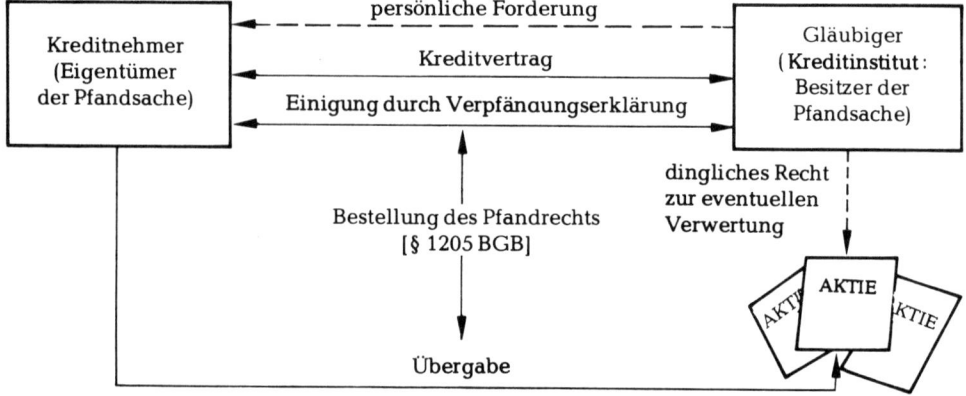

Die Pfeillinien stellen außerdem ein vorzügliches Mittel dar, Begriffsbeziehungen zu ordnen und zu gliedern. Dabei können *Über- und Unterordnungsverhältnisse* (z. B. Rechtsbehelfe des Steuerpflichtigen), *Weisungsverhältnisse* (z. B. Unternehmer, Prokurist, Handlungsbevollmächtigter u. a.) und *Aufgliederungsverhältnisse* (z. B. Gliederung der Steuern in Besitz-, Verkehr- und Verbrauchsteuern) unterschieden werden.

Beispiel: Die Rechtsbehelfe des Steuerpflichtigen

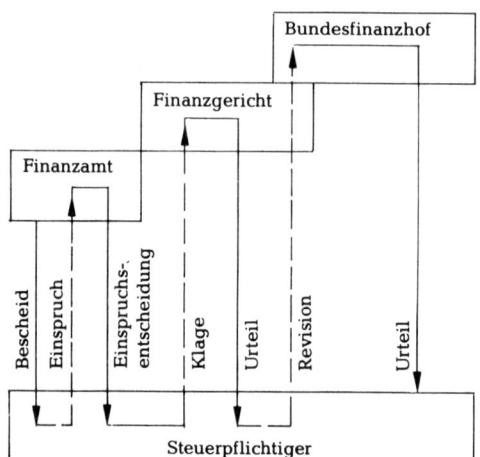

Daneben können Pfeillinien auch einen *zeitlichen Verlauf* veranschaulichen. Als Beispiel soll hier die Einleitung des Konkursverfahrens angeführt werden:

340

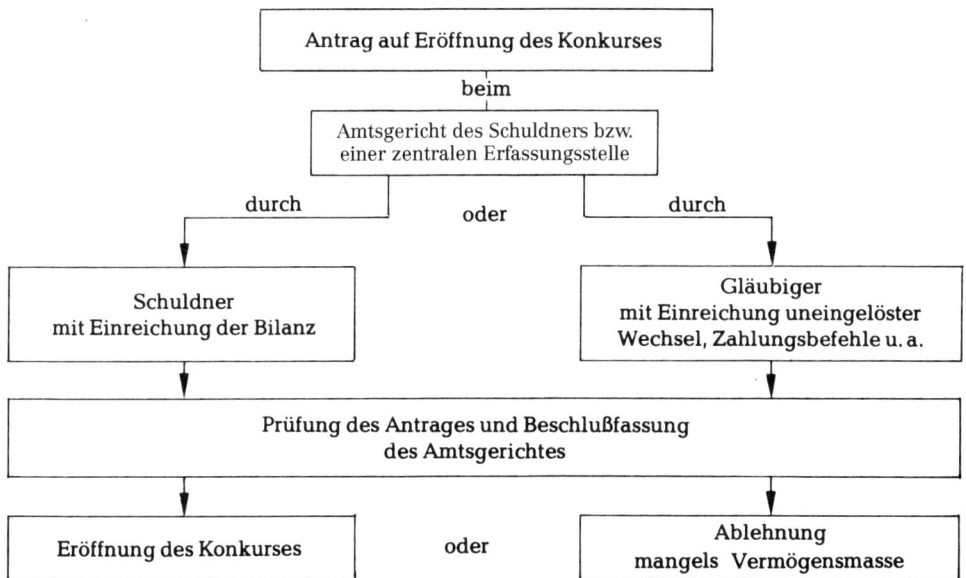

Als weiteres Beispiel für die Darstellung zeitabhängiger Lerninhalte soll die Darstellung der Rechnungsabgrenzungen in der Buchführung angeführt werden. Hier kann die *Zeitachse* methodisch wertvolle Dienste leisten.

Beispiel: Die aktive Rechnungsabgrenzung

Die Prämie für die betriebliche Feuerversicherung für die Zeit vom 01. 11. bis 30. 04. (halbjährlich) in Höhe von 300,00 DM wird von uns am 01. 11. per Banküberweisung gezahlt.

Wie ist dieser Fall im alten und wie im neuen Geschäftsjahr zu buchen?

Folgende Skizze soll unsere Überlegungen unterstützen:

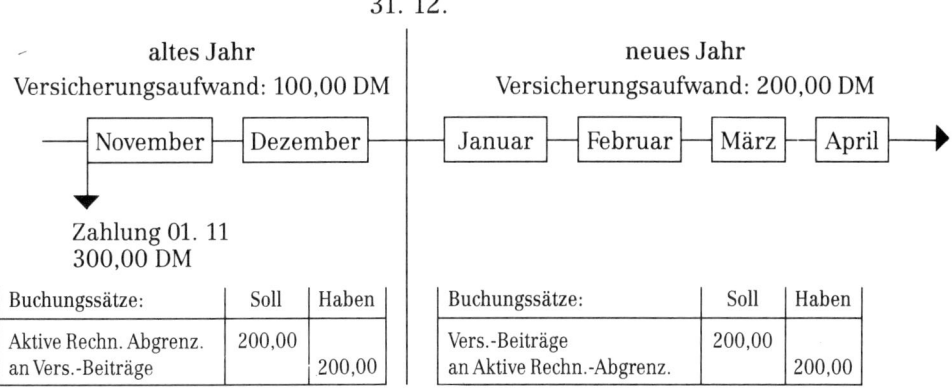

Soll der Zusammenhang zweier Bezugsgrößen graphisch herausgestellt werden, bietet sich hierzu das *Koordinatenkreuz* an. Sein Einsatz kann beispielsweise bei den Themengebieten Kosten und Beschäftigungsgrad (Kostenhöhe in DM/Beschäftigungsgrad), Kursbildung bei Effekten (Kurshöhe/Konjunkturentwicklung,

341

Diskonthöhe, Dividendenhöhe, Kursindex u. a.), Preisbildung (Angebot/Nachfrage), Lagerhaltung (Bestellmenge/Zeit) u. a. erwogen werden. Als Beispiel soll die Kosten-Ertragsanalyse bei linearem Kostenverlauf und schwankender Beschäftigung dargestellt werden:

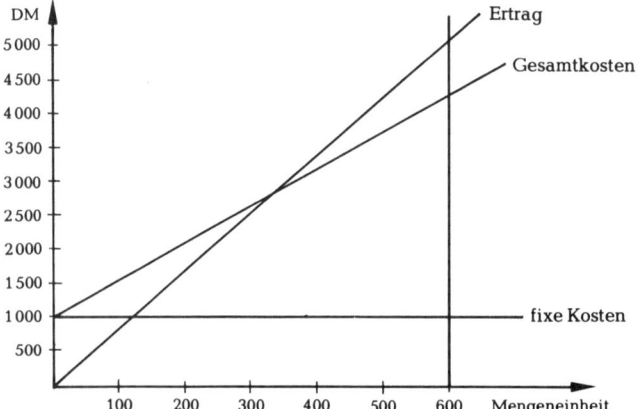

Ein hoher Veranschaulichungsgrad ergibt sich auch durch die schematische Aufschlüsselung komplexer Zusammenhänge in vereinfachende und überschaubare Zeichnungen. Hierzu können abstrakte Inhalte durch bildhafte Zeichen ausgedrückt (für Geld das Markstück; für den Fertigungsprozeß ein Fabrikgebäude; für die Bank ein Sparsack; für den Produktionsfaktor Arbeit eine Menschenfigur u. a.) und damit veranschaulicht werden. Die *Tafelzeichnung* wird somit zur „anschaulichen Repräsentation" des abstrakten Inhaltes: „anschaulich, weil der abstrakte Inhalt auf der Ebene des sinnlich Wahrnehmbaren eine Klärung und Verdeutlichung erfährt, und Repräsentation, weil die verwendbaren Zeichen und Symbole nicht identisch sind mit dem Darstellungsinhalt, vielmehr für diesen nur vergegenwärtigend die Funktion der Stellvertretung einnehmen."[1] Da einerseits die wirtschaftlichen Stoffe sehr häufig abstrakten Charakter besitzen und andererseits die Mehrzahl der Schüler in einer Entwicklungsphase stehen, in der sich die Fähigkeit zum abstrahierenden Denken erst entwickelt, kommt der Tafelzeichnung in den kaufmännischen Schulen eine hohe Bedeutung zu. Für die Ausgestaltung der Tafelzeichnung bieten sich dem Lehrer eine Fülle von Möglichkeiten an. Einige ausgewählte Beispiele mögen dies verdeutlichen:

Durchführung der Verkaufskommission

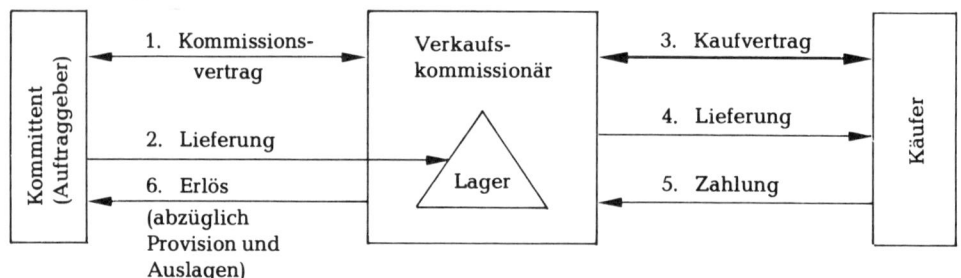

---

1 Wälde, E.: Die Anschauung, S. 87.

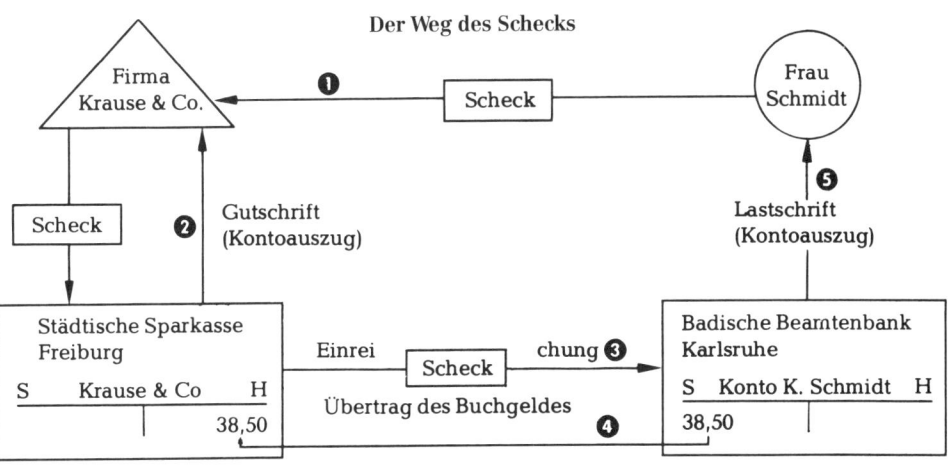

Der Weg des Schecks

Firma Krause & Co.

❶ Scheck — Frau Schmidt

Scheck

❷ Gutschrift (Kontoauszug)

❺ Lastschrift (Kontoauszug)

Städtische Sparkasse Freiburg		Badische Beamtenbank Karlsruhe	
S Krause & Co H		S Konto K. Schmidt H	
	38,50	38,50	

Einrei — Scheck — chung ❸

Übertrag des Buchgeldes ❹

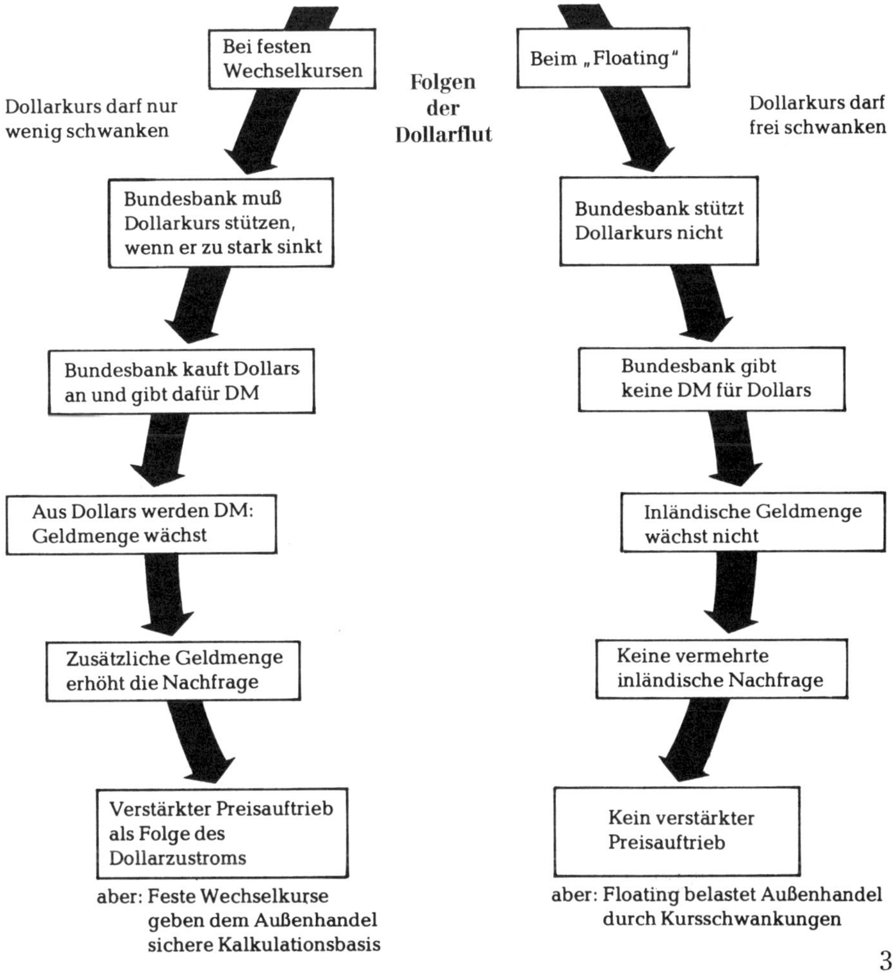

Folgen der **Dollarflut**

Bei festen Wechselkursen

Dollarkurs darf nur wenig schwanken

Beim „Floating"

Dollarkurs darf frei schwanken

Bei festen Wechselkursen	Beim „Floating"
Bundesbank muß Dollarkurs stützen, wenn er zu stark sinkt	Bundesbank stützt Dollarkurs nicht
Bundesbank kauft Dollars an und gibt dafür DM	Bundesbank gibt keine DM für Dollars
Aus Dollars werden DM: Geldmenge wächst	Inländische Geldmenge wächst nicht
Zusätzliche Geldmenge erhöht die Nachfrage	Keine vermehrte inländische Nachfrage
Verstärkter Preisauftrieb als Folge des Dollarzustroms	Kein verstärkter Preisauftrieb

aber: Feste Wechselkurse geben dem Außenhandel sichere Kalkulationsbasis

aber: Floating belastet Außenhandel durch Kursschwankungen

Die zweite Grundform des Tafelanschriebes stellen die *Textaufstellungen* dar. Hier werden in Stichwörtern, kurzen Sätzen (Überschriften, Begriffe, Worterklärungen u. a.) oder Textgliederungen (einzelne Briefe im Schriftverkehr) die zentralen Punkte einer Unterrichtsstunde an der Tafel vermerkt. Textaufstellung finden dort Anwendung, „wo das Bildungsgeschehen die Abstraktionen aus ihren anschaulichen Grundlagen bereits herausgearbeitet hat und wo es nun darauf ankommt, die gefundenen Begriffe auf eine anschauliche Art zusammenzuordnen, so daß eine überschaubare Bildungsganzheit entsteht."[1] Hierzu zwei Beispiele:

Thema: Das Bewerbungsschreiben

Aufgrund der folgenden Anzeige sollen die Schüler im Schriftverkehr ein Bewerbungsschreiben anfertigen. An der Tafel werden die allgemeinen Kriterien, die ein Bewerbungsschreiben enthalten soll, festgehalten und auf den vorgegebenen Fall konkret angewandt.

Anzeige (Vorgabe z. B. als Folie):

Donnerstag, den 20. Febr. 19..	*Schwäbische Zeitung*	*Anzeigenseite*
Wir suchen zum 1. Juni einen erfahrenen *Bilanzbuchhalter* *Bewerbungen mit handgeschriebenem Lebenslauf, Lichtbild, Zeugnisabschriften und Gehaltsanspruch sind zu richten an:* *Maschinenfabrik Franzi & Co Ravensburg, Postfach*		

Tafelanschrieb:

Das Bewerbungsschreiben

Inhalt	*Gliederung des Briefes*
– Hinweis auf die Bewerbungsanzeige	– Schwäbische Zeitung vom 20. 02. 19..
– Bisherige Berufsausbildung	– Abgeschlossenes Ausbildungsverhältnis
	– Kaufmannsgehilfenprüfung
	– Praktische Tätigkeit in der Buchhaltungsabteilung
	– Bilanzbuchhalterprüfung
– Jetzige Tätigkeit	– 2. Buchhalter in einer Elektrofirma
– Gründe für den Arbeitswechsel	– Beruflicher Aufstieg
	– Wille zu einer leitenden Tätigkeit
– Referenzen	– Referenzen der besuchten Kurse
	– Evtl. bisheriger Arbeitgeber
– Gehaltsansprüche	– etwa 4 900,00 DM
– Bitte um ein persönliches Gespräch	
– Anlagen	– Lebenslauf
	– Lichtbild
	– Zeugnisse

---

1 Wälde, E.: Die Anschauung, S. 92.

344

Eine Textaufstellung kann sich auch zur Erläuterung einer Einführungsstunde im kaufmännischen Rechnen anbieten.

Thema: Berechnung des Grundwertes

Aufgabe

Ein Unternehmen hat für die Versicherung des Warenlagers 1 692,60 DM Prämie zu zahlen. Das sind 2 $^1/_3$ % der Versicherungssumme.
Wieviel DM beträgt die Versicherungssumme?

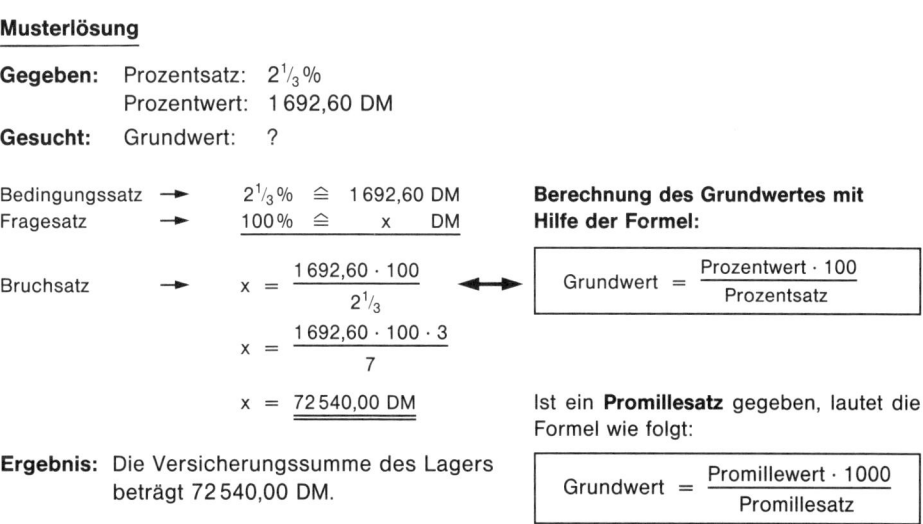

Musterlösung

Gegeben: Prozentsatz: 2$^1/_3$ %
Prozentwert: 1 692,60 DM
Gesucht: Grundwert: ?

Bedingungssatz → 2$^1/_3$ % ≙ 1 692,60 DM   **Berechnung des Grundwertes mit**
Fragesatz → 100 % ≙ x DM   **Hilfe der Formel:**

Bruchsatz → $x = \dfrac{1\,692{,}60 \cdot 100}{2^1/_3}$ ⟷ $\text{Grundwert} = \dfrac{\text{Prozentwert} \cdot 100}{\text{Prozentsatz}}$

$x = \dfrac{1\,692{,}60 \cdot 100 \cdot 3}{7}$

$x = \underline{72\,540{,}00\ \text{DM}}$ Ist ein **Promillesatz** gegeben, lautet die Formel wie folgt:

Ergebnis: Die Versicherungssumme des Lagers beträgt 72 540,00 DM. $\text{Grundwert} = \dfrac{\text{Promillewert} \cdot 1000}{\text{Promillesatz}}$

Aus Gründen der Klarheit und der Transparenz ist es teilweise erforderlich, die Texte durch schematische Elemente zu gliedern, um ihren Sinnzusammenhang noch zu verdeutlichen. Die *graphische Textaufstellung* ist somit eine Darstellungsform, die insbesondere die Herausstellung begrifflicher Ordnungsstrukturen und Kausalzusammenhänge erleichtert. Aus der Vielzahl der hier möglichen Formen wird die Tabelle und die schematische Darstellung herausgegriffen.

Durch die *Tabelle* wird eine große Anzahl von Einzelheiten nach Kriterien geordnet, systematisiert, generalisiert oder vergleichbar gemacht. Über diese Darstellungsform lassen sich viele wirtschaftliche Stoffgebiet und Daten erschließen, z. B. Vergleich der Unternehmensformen nach Haftung, Kapital u. a.; Einteilung der Wertpapiere; Bewertungsgrundsätze nach dem Handels- oder Steuerrecht; Vergleich der Bevollmächtigungen, Ordnung statistischer Zahlen u. a.

Thema: Vergleich der Genossenschaft mit der AG

Kriterien	Genossenschaft	AG
Gründung:	mindestens 7 Gründer müssen unterzeichnen.	mindestens 5 Gründer müssen Aktien übernehmen. Notarielle Beurkundung.
Organe: – Vorstand	mindestens 2 Genossen; Wahl durch Generalversammlung; Führung des Verzeichnisses der Genossen.	mindestens eine Person; Wahl durch Aufsichtsrat; muß nicht Aktionär sein.
– Aufsichts- rat – usw.	mindestens 3 Genossen; nur festes Gehalt; keine Tantieme; ...	mindestens 3 Mitglieder; Wahl auf 4 Jahre Tantieme vom Gewinn; müssen nicht Aktionär sein; ...

Schematische Darstellungen setzen sich aus Wörtern, Symbolen und graphischen Elementen zusammen. Mit dieser Darstellungsform strebt der Lehrer eine optische Hervorhebung von Zusammenhängen, von Abhängigkeiten, von Über- und Unterordnungsverhältnissen u. a. an. Zwei Beispiele sollen dies verdeutlichen.

Thema: Die Fließbandfertigung

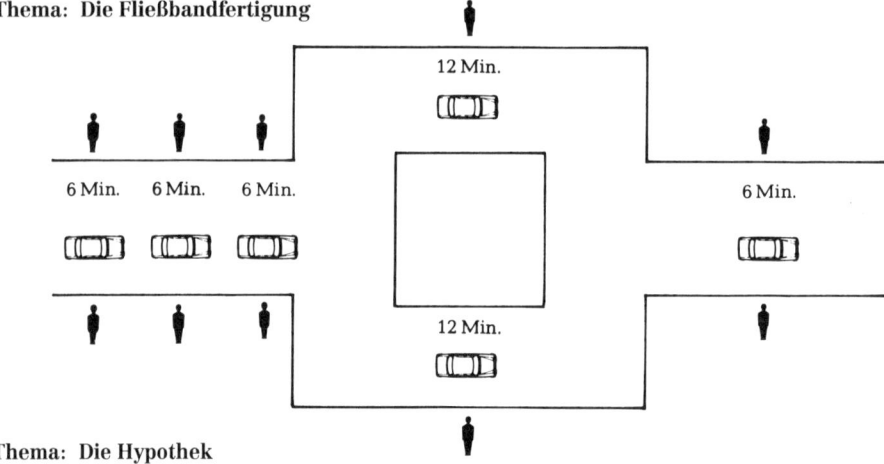

Thema: Die Hypothek

Die Maschinenfabrik Oskar Albrecht OHG erhält zum Bau einer Fabrikhalle ein Darlehen in Höhe von 400 000,00 DM. Zur Sicherung des Darlehens wird eine Hypothek in der gleichen Höhe eingetragen. Das Darlehen wurde in der Zwischenzeit bis auf 150 000,00 DM zurückgezahlt.

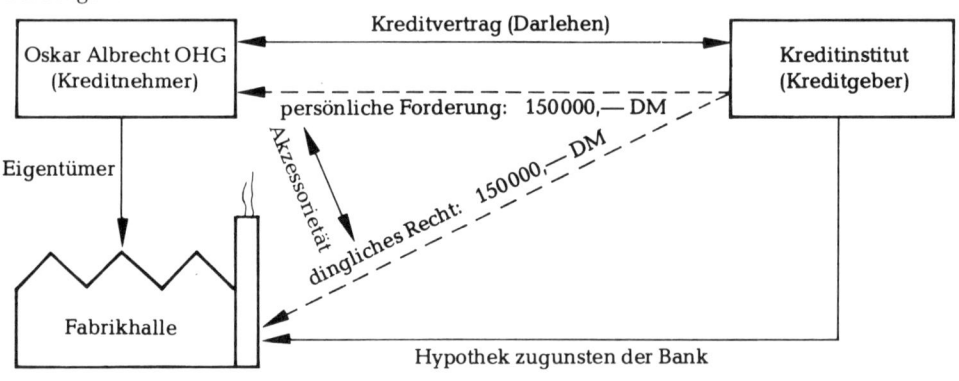

3. Was muß beim Tafelanschrieb beachtet werden?

Formell gesehen sind für einen guten Tafelanschrieb folgende Bedingungen zu beachten:

— Der Tafelanschrieb muß Strukturen und nicht eine Summe von Einzelheiten ausweisen. „Er darf nicht überladen, sondern muß gut überschaubar sein; er muß sinnfällig gegliedert sein, seine Teile müssen organisch miteinander verbunden sein."[1] Ein Tafelanschrieb erscheint nur dann sinnvoll, wenn es gelingt, über den Bezug zum konkret Gegebenen den abstrakt generalisierenden Sachverhalt aufzudecken.

— Der Tafelanschrieb ist bei der Unterrichtsvorbereitung zu konzipieren und sollte zweckmäßigerweise in den Unterricht mitgenommen werden. Allerdings muß sich der Lehrer keineswegs sklavisch an diese vorherige Planung halten. „Grundsätzlich geht der Unterricht ja erarbeitend oder herausholend vor sich, und dementsprechend sollen die Formulierungen möglichst so angeschrieben werden, wie sie von den Schülern gebracht worden sind. Deshalb werden gewisse Abweichungen gegenüber der Planung, soweit sie nicht zu einer wesentlich anderen Gliederung führen, ohne Bedeutung sein, ja sie können sogar Verbesserungen darstellen."[2]

— In der Regel sollten die Schüler den Tafelanschrieb während der Stunde mitschreiben. Allerdings muß die Klasse hierzu erst angeleitet werden, da dies von den Schülern ein hohes Maß an Konzentration verlangt.

— Der Tafelanschrieb darf, um den Unterricht nicht zu erdrücken, nicht zu umfassend angesetzt werden. Er sollte zudem sehr sorgfältig vorgenommen werden, „denn wenige unterrichtliche Handlungen des Lehrers haben eine solche suggestive Wirkung wie die Tafelanschrift. Sorgfalt, Genauigkeit, aber auch Schlamperei und Gleichgültigkeit übertragen sich durch nichts so schnell auf die Arbeit der Schüler."[3] Die Klasse darf jedoch zu keiner Zeit vernachlässigt werden. Der Lehrer sollte also nicht zu lange mit dem Rücken zur Klasse stehen.

— Es muß darauf geachtet werden, daß nichts Falsches an der Tafel steht. Die Erfahrung zeigt, daß Fehler an der Tafel nur unter großen Anstrengungen wieder aus dem Denkprozeß der Schüler verdrängt werden können.

— Der sinnvolle Einsatz von Farben kann viel zur Verdeutlichung des dargestellten Sachverhaltes beitragen. Gleiches sollte gleichfarbig, Verschiedenartiges sollte verschiedenfarbig dargestellt werden. Dabei ist darauf zu achten, daß für bestimmte gleichartige Vorgänge auch immer wieder die gleiche Farbe eingesetzt wird. Dies erscheint insbesondere im Fach Buchführung möglich zu sein. Es wäre hier sinnvoll, etwa alle Salden der Bestandskonten rot einzutragen, für die Salden der Erfolgskonten blau zu verwenden und die übrigen Buchun-

---

1 Wolf, E.: Tafelanschrieb, S. 295.
2 Schneider, G.: Unterrichtslehre, S. 156 f.
3 Heindl, K.: Methodik des kaufmännischen Unterrichts, 2. Aufl., München 1967, S. 39.

gen (etwa Kapital an Privat; Warenverkauf an Wareneinkauf; Wareneinkauf an Bezugskosten u. a.) grün vorzunehmen. Ein solcher Farbeneinsatz gibt „dem Denkweg zusätzlich eine formale Richtung auf Unterscheidung und Vergleich."[1]

– Soweit der Tafelanschrieb neue Stoffgebiete erschließt, sollte der Lehrer selbst der Ausführende sein, denn er kennt die Zusammenhänge, veranschaulicht richtig und zeitsparend. Aufgabe des Schülers sollte es sein, dem Unterrichtsablauf konzentriert zu folgen und die gegebenen Denkimpulse aufzugreifen und weiterzuführen. „Der Lehrer aktiviert die Schüler nicht, wenn er sie zur Tafel beordert. Eine solche Maßnahme bewirkt lediglich, daß die Arm- und Beinmuskeln der Schüler betätigt werden. Dafür ist der Sportlehrer zuständig; er versteht mehr davon. Zur Bewirkung geistiger Schulung müssen Schüler weder laufen, noch an der Tafel schreiben."[2]

– Der Tafelanschrieb entwickelt sich in der Regel aus dem Unterrichtsgeschehen, was besagt, daß der Anschrieb während des Unterrichts vorzunehmen ist. Durch die sukzessive Entwicklung wird das jeweilige Unterrichtsziel veranschaulicht und geklärt und kann als Denkimpuls für den Weitergang des Unterrichts eingesetzt werden.

4. Welche Gründe sprechen für den Tafelanschrieb?

Ein solchermaßen vorgenommener Tafelanschrieb nimmt, bei Beachtung aller moderner Medien, auch heute noch einen bedeutsamen Platz im Unterrichtsgeschehen ein. Hierfür können gewichtige *Gründe* angeführt werden:

– Die Schüler erleben synchron zum Unterrichtsgeschehen die Entwicklung des Tafelanschriebes mit. Damit kann sich der Schüler den Entstehungsprozeß einprägen und später, wenn er den Stoff wiederholen, vertiefen oder anwenden soll, den Unterrichtsprozeß nachvollziehen und neu „entstehen" lassen. Eine Weiterentwicklung des Stoffes oder die Herstellung evtl. fächerübergreifender Strukturzusammenhänge wird damit entscheidend erleichtert.

– Das Tafelbild fördert über die Bereitstellung von Denkimpulsen die gedankliche Weiterentwicklung des Lerninhaltes durch die Schüler und somit die Schüleraktivität. Damit ist der Tafelanschrieb gleichzeitig auch ein Mittel in der Hand des Lehrers, mit dem er dem Unterricht einen zielgerichteten Verlauf zu geben vermag.

– Der Tafelanschrieb erleichtert, über die bildhaft-schematische Darstellungsweise, die Hinführung des Schülers an die Abstraktion, was den wirtschaftlichen Stoffgebieten besonders entgegenkommt.

– Der Wert des Tafelanschriebes ergibt sich insbesondere aus der Tatsache, „daß das geschriebene Wort für viele Schüler anschaulicher ist als das nur gesprochene und daß ein Wort, das an der Tafel steht, immer wieder betrachtet wird

---

1 Lochner, H.: Methodik, S. 144.
2 Rölke, S.: Methodik, S. 61.

und sich auf diese Weise tief einprägen kann. Dabei hat für das gedächtnismäßige Behalten die Wortstellung neben der Sachvorstellung eine ganz erhebliche Bedeutung."[1]

– Das Medium kann mit geringem Aufwand eingesetzt werden, ist jederzeit parat und zeichnet sich durch eine große Variabilität (Wörter, Zeichnungen, Tabellen, Farbeneinsatz u. a.) aus. Der Tafelanschrieb kann so der jeweiligen Unterrichtssituation optimal angepaßt werden.

– Sinnvoll eingesetzt erzieht der Tafelanschrieb die Schüler zu Sorgfalt, Genauigkeit, Konzentrationsfähigkeit u. a.

Allerdings liegen im Tafelanschrieb auch *Gefahren* begründet, die es zu vermeiden gilt:

– Bei einem überladenen Tafelanschrieb erfolgt der Unterricht „tafelbezogen". Er zwingt die Schüler zu dauernder Schreibleistung und läßt nur wenig Raum für einen schülerzentrierten Unterricht.

– Es besteht die Gefahr, daß nicht der Unterrichtsstoff, sondern die Form des Tafelanschriebes bzw. die vorbildliche Heftführung im Vordergrund des Lehrerbemühens stehen. Auch der Farbeneinsatz kann überbetont werden, so daß ein buntes, aber kein anschauliches, sachtransparentes Tafelbild entsteht.

– Der Tafelanschrieb verleitet zu mechanischem Zusammenfassen der Lerninhalte und zur Herausstellung von auswendig zu lernenden Merksätzen, was Möller zu Recht ablehnt.[2] „Auf der Stufe der Vertiefung muß sich der Lehrer daher vom Tafelanschrieb lösen, weil hier der Stoff unter neuen Gesichtspunkten zu durchdringen ist."[3]

– Bei zu zeitaufwendiger Tafelarbeit besteht die Gefahr, daß die Klasse dem Lehrer „entgleitet" und es zu Disziplinschwierigkeiten kommt.

Die methodischen Überlegungen des Lehrers müssen darauf abzielen, den Tafelanschrieb sinnvoll in einen Unterricht zu integrieren, der multimedial gestaltet und durch einen gezielten Methodenwechsel gekennzeichnet ist. Eine tagtägliche Erarbeitung aller Lernziele mit einem alle Lerninhalte umfassenden Tafelanschrieb führt letztlich zu einem ineffektiven Methodenmonismus.

1.4.3.3 *Arbeitsprojektion (Tageslichtprojektion)*[4]

Die Arbeitsprojektion weist enge Bindungen zum Tafelanschrieb auf. Diese Interdependenz aufzuzeigen, aber auch die Einsatzmöglichkeiten der beiden Medien abzugrenzen, ist Gegenstand der folgenden Untersuchungen. Hierbei wird folgende These zugrunde gelegt:

---

1 Vgl. Reinhardt, E.: Einzelhandelsklassen, zitiert nach Schneider, G.: Unterrichtslehre, S. 155.
2 Möller, F.: Unterrichtslehre für Berufsschulen, 2. Aufl., Braunschweig 1951.
3 Wolf, E.: Tafelanschrieb, S. 296.
4 Über die Technik und das Arbeiten mit der Tageslichtprojektion vgl. Milan, W.: Arbeiten mit dem Tageslichtprojektor, 5. Aufl., München 1974. Milan, W.: Selbstfertigung von Transparentfolien für die Tageslicht-Overheadprojektion, 3. Aufl., München 1973.
Pflüger, M.: Arbeitsprojektor und Unterrichtstransparent, Ratschläge zur Unterrichtspraxis und zur Herstellung von Transparentfolien, Hitzkirch/Schweiz 1972.

Es ist davon auszugehen, daß die Arbeitsprojektion spezielle Einsatzmöglichkeiten bietet und nicht als illuminierter Tafelersatz anzusehen ist. Sie erschließt Möglichkeiten, die mit Kreide und Wandtafel nicht erreichbar sind.

1. Wodurch wird ein Arbeitstransparent charakterisiert?

Nach Hertkorn wird das Arbeitstransparent von vier Kriterien geprägt:[1]

– „Spezifisch für Arbeitstransparente ist die Nähe der *Abstraktion und Reflexion.* Mit Hilfe von Transparenten kann das Zeigen abstrakter Vorgänge, Begriffe, Symbole, Zusammenfassungen verwirklicht werden. Immer geht es darum, Klarheit, Ein-Sicht in Zusammenhänge zu geben. Das Wesentliche soll gezeigt werden, die wichtigsten Zusammenhänge sollen sichtbar werden. Es soll nicht primär Realität abgebildet werden."

– Zum zweiten ist die Arbeitsprojektion durch eine hohe *Variabilität* im visuellen Bereich gekennzeichnet. „Arbeitstransparente sind verwendbar zum normalen Klassenunterricht genauso wie zum differenzierenden Unterricht und zur Gruppenarbeit. So können die von einzelnen Schülern oder Schülergruppen gefertigten Ausarbeitungen als Transparente leicht, schnell und übersichtlich ohne zeitliche Verzögerungen den übrigen Schülern im Raum mitgeteilt werden."

– Das Arbeitstransparent ist drittens durch eine ihm innewohnende *Dynamik* gekennzeichnet. Es ist dann optimal eingesetzt, wenn es dynamisch und nicht statisch eingesetzt wird. „Einerseits soll es nicht zu lange gezeigt werden, andererseits soll durch Kombination von Einzelteilen, Farben, Abdeckungen, Wiederholungen, Auswechselungen, Markierungen mit Zusatzpfeilen oder -linien, durch didaktisch durchdachtes Zusammenspiel von festen (*vor* dem Unterricht) und löslichen (*während* des Unterrichts durch Lehrer oder Schüler verwendeten) Farbstiften usw. der Unterrichtsgegenstand motivierend und sozusagen ins Auge springend vermittelt werden."

– Als viertes Kriterium ist dem Arbeitstransparent eine *Zuwendungsverstärkung* immanent. Cabeceiras hat empirisch nachgewiesen, daß die Lehrer mehr Zeit für das Gespräch mit den Schülern verwenden und sich auch verstärkt darum bemühen, von den Schülern stammende Ideen auszuwerten, wenn sie den Arbeitsprojektor einsetzen. In der genannten Untersuchung wird gefolgert, daß durch eine indirekte Lenkung der Schüler, man könnte auch sagen: durch eine gemeinsame Orientierung von Lehrer und Schülern an objektiviert vorliegendem Material, mehr Teilnahme der Schüler am Unterricht erfolgt, also mehr gelernt wird, obwohl weniger direkt gelehrt und gelenkt wird.

2. Welche Anwendungsbereiche bestehen?

Der Overheadprojektor bietet dem Lehrer eine Fülle von *Arbeitsmöglichkeiten.*

– So kann der Lehrer *vorgefertigte Folien* (aus Verlagsprogrammen, Unterrichtshilfen von Firmen, Verbänden u. a.) oder *Foliensätze* übernehmen und im

---

1 Teilweise wörtlich zitiert, vgl. Hertkorn, O.: Arbeitstransparente im Unterricht, in: Schorb, A., Simmerding, G. (Hrsg.): Lehrerkolleg, AV-Medien im Unterricht, München 1975, S. 145 f.

Unterricht behandeln. Bei Einzelfolien können die Lerninhalte entweder insgesamt vorgegeben und dann einzeln analysiert werden, oder aber der Lehrer gibt durch entsprechende Bildabdeckungen jeweils nur die angefallenen Lernschritte frei. Bei den Foliensätzen (Aufbautransparente bzw. Overlay-Technik) wird der Unterrichtsstoff, aufbauend auf einem Grundblatt, über Deckblätter laufend ergänzt und differenziert, was sowohl sukzessive Lernschritte als auch einen zusammenfassenden Überblick gestattet. „Durch Übereinanderlegen von Folien gelingt es, komplexe Erscheinungen und Funktionen in ihrer fortschreitenden Wandlung zu zeigen ... Mit Hilfe von Foliensätzen kann der Lehrer einzelne Phasen eines Entwicklungsprozesses gut verdeutlichen und zu einer Gesamtschau führen sowie gewisse Strukturen und technische Systeme erhellen."[1]

— Daneben kann der Lehrer *unbeschriftete Folien* verwenden und sie mit Hilfe von Filz- und Fettstiften, die auch eine farbige Bildgestaltung ermöglichen, während des Unterrichts beschreiben.

— Ein weiterer Anwendungsbereich eröffnet sich durch das *Kopieren von Prospekten, Zeitungen, Formularen, Buch- oder Zeitschriftenseiten auf projektionsfähige Transparentfolien.* Im Wirtschaftslehre-Unterricht kommt dieser Darstellungsmöglichkeit eine hohe Bedeutung zu, da sie die Hereinnahme der Realität und den Bezug auf aktuelle Entwicklungen wesentlich erleichtert. Außerdem ist es durch Variierung der Folienauswahl möglich, auf individuelle oder gar gruppenspezifische Lernprozesse stärker einzugehen und sie gezielt zu fördern. „Die Lehrenden sollten sich nicht auf das Angebot vorgefertigter Foliensätze verlassen. Vielmehr kommt es darauf an, das Material dem aktuellen politischen Geschehen und dem eigenen Lernprozeß anzupassen, zu variieren und zu ergänzen. Schließlich wird es möglich sein, durch geschickte Kopier- und Zeichentechnik zu selbstgefertigten Foliensätzen zu gelangen, die im selbstgesteuerten Gruppenlernprozeß jeweils situationsgerecht einzusetzen sind."[2]

— Die Arbeitsprojektion läßt noch eine vierte Arbeitsweise zu: Das *Arbeiten mit Modellen.* Hier werden über figürliche Muster, Scherenschnitte, geometrische Formen u. a. Teile angefertigt, die das Zerlegen bzw. ein Zusammenbauen von Modellen erlauben.

3. Welche Einsatzmöglichkeiten bestehen?

Die Fülle von *Einsatzmöglichkeiten* für die Tageslichtprojektion im Wirtschaftslehre-Unterricht soll thesenartig in fünf generalisierten Fällen zusammengefaßt werden, wobei kein Anspruch auf Vollständigkeit erhoben wird.

---

1 Bergmann, E.: Audiovisuelle Mittel in der modernen Schule, München 1970, S. 37.
2 Beier, G.: Overheadprojektion, in: Volker, O. (Hrsg.): Materialien zur Arbeit mit Medien. Beispiele für Theorie und Praxis von Unterrichtsmedien in der Erwachsenenbildung, Grafenau 1974, S. 138.

(1) Der Folieneinsatz ist dann angezeigt, wenn sich die Erarbeitung der Lerninhalte über mehrere Unterrichtsstunden hin erstreckt, wobei immer wieder auf die geleistete Stoffstrukturierung zurückgegriffen werden muß (der Vermerk an der Tafel „Bitte stehen lassen" ist nicht immer durchführbar und stößt insbesondere in der Berufsschule auf unüberwindliche Schwierigkeiten) bzw. wenn die anzuschreibenden Stoffinhalte so umfangreich sind, daß sie an der Wandtafel mangels Platz nur schwer angebracht werden können.

Bei der Tageslichtprojektion läßt sich der Stoff durch Fortführung der Folienrolle bzw. durch Auflegen einer neuen Einzelfolie problemlos weiterentwickeln. Sicher, auch in diesem Fall sind nicht alle Aufzeichnungen gleichzeitig sichtbar, aber das bereits Erarbeitete kann jederzeit reaktiviert werden, während es aus Platzgründen an der Wandtafel schon hätte gelöscht werden müssen. Andererseits bleiben die Vorteile der Wandtafel erhalten, da in diesem Fall ja synchron zur Tafelarbeit vorgegangen wird.

Aus dem Kaufmännischen Rechnen sind hierfür vor allem folgende Themengebiete als Beispiel zu nennen: Das Kontokorrentrechnen, sofern eine umfangreiche Staffelrechnung vorliegt; die Kalkulation des Groß- und Einzelhandels und des Industriebetriebes mit ihren teilweise sehr extensiven Schemata; die Aufstellung eines Betriebsabrechnungsbogens oder die Darstellung der Kostenarten unter dem Gesichtspunkt des Beschäftigungsgrades. In der Buchführung kann der Lehrer eine Betriebsübersicht, einen Abschluß oder eine fortlaufende Buchungsfolge, etwa die anfallenden Buchungen bei der indirekten Abschreibung auf Forderungen mit der Erhöhung bzw. Absenkung der Wertberichtigungen oder beim Verkauf von Anlagegütern mit Buchgewinn bzw. Buchverlust in Form der Tageslichtprojektion veranschaulichen. Im Betriebswirtschaftslehreunterricht wird diese Darstellungsform wohl dann aufgegriffen werden, wenn zusammenfassende tabellarische Gegenüberstellungen vorgenommen werden, wenn Prüfungs- und Abituraufgaben zu lösen sind oder wenn umfassende Verlaufsschemata dargestellt werden, z. B. der Verlauf des gerichtlichen Mahnverfahrens; der Ablauf einer Zahlung durch Wechsel; die schematische Darstellung der anfallenden Arbeiten bei der Abwicklung eines Kundenauftrages, die Durchführung einer Sanierung u. a.

(2) Wird die Stoffstrukturierung in Form komplexer Skizzen, Schemata, Tabellen, Zeichnungen u. ä. vorgenommen, so erfordert dies eine gründliche Planung und Vorbereitung. Der Folieneinsatz verschafft dem Lehrer die Möglichkeit, diese Arbeiten zu Hause sorgfältig vorzunehmen.

In der Regel wird der Lehrer das vorgefertigte, aber noch nicht ausgefüllte Schema auch den Schülern, etwa in Form eines Arbeitsblattes, vorgeben, um die Unterrichtszeit optimal auszunutzen. Diese Art des methodischen Vorgehens soll beispielhaft am Thema: Die Abschreibungsmethoden aufgezeigt werden:

Thema: Abschreibungsmethoden[1]

| | gleichförmige Abschreibung | | | variable Abschreibung | | | |
	linear	geometrisch-degressiv	arithmetisch-degressiv (digital)	Abschreibung nach Leistung		Abschreibung für Substanzverringerung	
	Bezeichnung / Betrag	Betrag	Betrag	LE (km)	Betrag	m³	Betrag
	Aw 60 000 / *a 1* 12 000	60 000 / 12 000	60 000 / 20 000	50 000	60 000 / 10 000	70 000	600 000 / 70 000
	R 1 48 000 / *a 2* 12 000	48 000 / 9 600	40 000 / 16 000	70 000	50 000 / 14 000	80 000	530 000 / 80 000
Rechenmethoden	*R 2* 36 000 / *a 3* 12 000	38 400 / 7 680	24 000 / 12 000	80 000	36 000 / 16 000	150 000	450 000 / 150 000
	R 3 24 000 / *a 4* 12 000	30 720 / 6 144	12 000 / 8 000	55 000	20 000 / 11 000	120 000	300 000 / 120 000
	R 4 12 000 / *a 5* 12 000	24 576 / 4 915,20	4 000 / 4 000	45 000	9 000 / 9 000	180 000	180 000 / 180 000
	R 5 ——	19 660,80	——	300 000	——	600 000	——

$$A.\,Satz = \frac{100\%}{N.\,Jahre}$$
$$A.\,Satz = \frac{100}{5} = 20\%$$

A. Teile:
$$5+4+3+2+1=15$$
$$1\,T = \frac{60\,000}{15} = 4\,000$$
$$1\,J : 5 \times 4\,000 = 20\,000$$
$$2\,J : 4 \times 4\,000 = 16\,000$$

$$Ab = \frac{Anschaff.\text{-}W.}{LE}$$
$$Ab = \frac{60\,000}{300\,000} = 0,2$$

$$Ab = \frac{Anschaff.\text{-}Wert}{Subst.\text{-}Menge}$$
$$Ab = \frac{600\,000}{600\,000} = 1,00$$

Eigenart	*Abschr. vom Aw gleichbl. A.-Beträge.*	*Abschr. vom Restwert, A.-Betrag fällt in geom. Reihe.*	*Abschr. fällt in arithm. Reihe.*	*variable Abschreibungsbeträge gemäß: Jahresleistung, Jahresabbaumenge.*			
Gründe für die Verwendung	*1. Wertverlust etwa gleichbleibend. 2. Einfache Verteilungsmethode. 3. Gleichbl. Aufwandsverteilung.*	*1. Wertverlust anfangs stark. 2. Evtl. kürzere Nutzungsdauer. 3. Gleichbl. Belastung (Abschr. + Reparatur).*	*4. Punkte 1 – 3 werden verstärkt. 5. Günstigere Aufwandsverteilung.*	*Geeignet für die Kostenrechnung.*			
Steuergesetz	*Nach § 7 (1) EStG erlaubt.*	*Bewegl. Anlagegüter: dreifacher linearer Satz: höchstens 30 % § 7 (2/3); Abschreib-Richtsätze.*	*Nicht erlaubt. Grund: § 7 (2) EStG.*	*Erlaubt § 7 (1) EStR Abschn. 43.*		*Erlaubt § 7 (1) EStG.*	

[1] Der kursiv gesetzte Text wird vom Schüler erarbeitet.

(3) Die Arbeitsprojektion trägt dazu bei, die Partnerarbeit i. w. S. und die methodische Großformen zu unterstützen und den Ablauf effektiver zu gestalten.

Die Projektion wird hier nicht zur Vermittlung von Lehrerbeiträgen herangezogen, vielmehr soll sie dazu verwandt werden, Schülerbeiträge in den Unterricht einzubringen. Am Verlauf des themengleichen Gruppenunterrichts soll dies aufgezeigt werden. - Nach Herausarbeitung der Gruppenthemen aus der Problematik des Gesamtthemas und deren Aufarbeitung durch die einzelnen Gruppen kommt es in einer 3. Phase zur Arbeitsvereinigung in der Klasse. Hierbei stellen die Gruppen ihre Berichte zur Diskussion. Wird beispielsweise der Vergleich OHG zur KG bezüglich Begriff, Haftung, Rechte und Pflichten der Gesellschafter und Firmennamen in Gruppenarbeit durchgeführt, dann werden die einzelnen Gruppen die Übersicht wohl schriftlich zu fixieren haben, etwa in Form einer Tabelle, und diese dann in den Unterricht einbringen. Aus den einzelnen Gruppenbeiträgen wird anschließend eine gemeinsame Übersichtstabelle erstellt. Zur Verbesserung der Kommunikation in dieser Phase ist zu empfehlen, daß die einzelnen Gruppen ihre Ergebnisse auf Folien festhalten, um sie so später der ganzen Klasse leicht zugänglich machen zu können. Nachdem alle Gruppen ihre Arbeitsergebnisse auf diese Weise dokumentiert haben, wird eine Gruppenarbeit als Arbeitsgrundlage ausgewählt und über die Tageslichtprojektion veranschaulicht. Die einzelnen Gruppen haben anschließend die Aufgabe, in gemeinsamer Arbeit diese Arbeitsgrundlage durch ihre Beiträge zu differenzieren bzw. zu vervollständigen. Die Ergänzungen sollten in einer anderen Farbe eingetragen werden, um den Anteil der gemeinsamen Arbeit herauszustellen. Gegebenenfalls müssen zwei Projektoren eingesetzt werden, um Gruppenvergleiche durchführen zu können. Diese Vorgehensweise macht es allerdings erforderlich, daß die Schüler über die Beschriftung von Folien und über die Technik der Projektoren unterrichtet sowie in diese Vorgehensweise eingeführt werden.

Die Arbeitsfolie einer Gruppe könnte etwa folgendermaßen aufgebaut werden: Gruppe I:

Kriterien	OHG	Ergänzungen zur KG	KG	Ergänzungen zur OHG
Begriff				
Haftung				
u. a.				

(4) Über die Arbeitsprojektion können Impulse, die die Motivation erhöhen bzw. zur Weiterführung des Lernprozesses beitragen, gegeben werden. Außerdem kann sie dazu eingesetzt werden, dem Grundsatz des Methodenwechsels im Unterricht Rechnung zu tragen.

Bei der Unterrichtsvorbereitung hat der Lehrer nach der Stoffauswahl und nach Festlegung der Lernziele bzw. Schlüsselqualifikationen die Aufgabe, den Unterrichtsstoff methodisch aufzubereiten, d. h., er hat Schlüsselfragen zu formulieren, Erläuterungsbeispiele festzulegen und Impulse bereitzustellen. Der Lehrer ist dabei keinesfalls gehalten, den Unterricht im Sinne eines Drehbuches vorzuformulieren; er ist aber sicher dazu verpflichtet, die „Schlüsselpunkte" einer Unterrichtsstunde methodisch abzusichern und seine Vorgehensweise hierfür festzulegen. Die Arbeitsprojektion kann ihm hierbei gute Dienste leisten. Hierzu ein Beispiel:

Als Abschluß des Themas „Die Lohnformen" möchte der Lehrer das Problem des „gerechten Lohnes" ansprechen und das Verhältnis von Lohn zu Unternehmergewinn diskutieren. Als Einstiegsmotivation könnte er nebenstehende Karikatur vorgeben.

Auch in der Erfolgssicherungsphase kann die Arbeitsprojektion gute Dienste leisten. Etwa im Kaufmännischen Rechnen, wenn die Schüler eine Übungsaufgabe in Alleinarbeit lösen und der Lehrer dann zur Besprechung die Aufgabenlösung über den Projektor vorgibt. Soll in einer Schriftverkehrsstunde Ausdruck und Stil geübt werden, so kann der Lehrer einen fehlerhaften Brief über die Arbeitsprojektion vorgeben und ihn mit der Klasse gemeinsam verbessern. In der Buchführung schließlich kann der Lehrer einen T-Kontenabschluß, den die Schüler als Hausaufgabe gelöst haben, über die Tageslichtprojektion vorgeben, damit die Schüler ihre Fehler erkennen und gezielt Fragen stellen können. Da im letzteren Fall eine Vielzahl von Fehlermöglichkeiten besteht, kann auf diese Weise viel Unterrichtzeit gewonnen werden.

Diese Beispiele sollten verdeutlichen, daß die Arbeitsprojektion dem Lehrer eine Vielzahl von Möglichkeiten bietet, dem Unterricht in allen Unterrichtsabschnitten und auf allen Lernzielebenen wertvolle Impulse und immer wieder neu motivierende Akzente zu geben.

(5) Die Arbeitsprojektion erleichtert die Veranschaulichung im Wirtschaftslehre-Unterricht, da sie die Hereinholung der Realität in ökonomischer Weise ermöglicht.

Diese Erleichterung ist vor allem dadurch gegeben, daß das Kopieren von nichttransparenten Vorlagen auf Folien die Möglichkeit eröffnet, auf einfache Weise wichtige Dokumente allen Schülern über einen längeren Zeitraum sichtbar zu machen. So können Belege (Kontoeröffnungsantrag, Ausbildungsverträge, Wechseleinreichungsformulare, Wechsel-, Scheck-, Überweisungsformulare u. a.), Dokumente (Briefgrundschuld, Handelsregister, Wertpapiere, Bankauszüge, Steuerbescheide, Zahlungsbefehle u. a.) oder Schaubilder (Zeitungsausschnitte, Prospekte, Karikaturen, Modelle, Textvergleiche u. a.) gezeigt und gegebenenfalls ausgefüllt werden, ohne hiervon immer Klassensätze beschaffen bzw. herstellen zu müssen. Bei dem hohen Abstraktionsgrad, der dem Wirtschaftslehrestoff immanent ist, kommt der Tageslichtprojektion damit eine hohe Bedeutung zu.

4. Wie ist der Einsatz der Arbeitsprojektion zu bewerten?

Faßt man die angeführten Einsatzmöglichkeiten zusammen, so können der Arbeitsprojektion im einzelnen folgende *Vorteile* zugeschrieben werden:

- Erarbeitetes kann gespeichert und damit jederzeit wieder präsent gemacht werden. Neben der hohen pädagogischen Bedeutung wird damit für den Lehrer ein Beitrag zur Unterrichtsökonomie geleistet, da ein wiederholter Einsatz der einmal angefertigten Folie möglich ist.
- Durch die Arbeitsprojektion können „komplexe Zusammenhänge" geklärt, Entwürfe, Zeichnungen, Übersichten gezeigt und Zuordnungen visualisiert werden, die sonst rein verbal (also auf noch abstrakterer Ebene) bleiben. „Arbeitstransparente als ‚visuelle Symbole' stehen näher der Wirklichkeit als die Lehrersätze als ‚verbale Symbole'."[1]
- Die Arbeitsprojektion erleichtert die Veranschaulichung. Durch ihren hohen Variabilitätsgrad ermöglicht sie es dem Lehrer, das Unterrichtsgeschehen auf die individuellen Lernprozesse auszurichten.
- Durch die Tageslichtprojektion wird die synoptische Arbeit verschiedener Lerngruppen erleichtert, da sie die gemeinsame Konzentration auf eine einzige Arbeitsgrundlage erlaubt.
- Bei entsprechender Handhabung bleiben die Vorteile des Tafelanschriebes erhalten, wobei der Lehrer zudem jederzeit in Kontakt mit der Klasse bleibt, da das „Anschreiben" mit dem Rücken zur Klasse entfällt.
- Die Arbeitsprojektion kann ohne Aufwand eingesetzt werden und ist leicht und visuell ansprechend zu gestalten; dabei kommt dem Lehrer zustatten, „daß er auf der Folie wie auf einem normal großen Blatt arbeitet und somit die oft wenig übersichtlichen Größenverhältnisse einer Tafel vermeidet."[2]
- Der Lehrer wird in die Lage versetzt, das geplante Strukturbild zu Hause vorzubereiten. Er kann methodisch schwierige „Schlüsselpunkte" einer Unterrichtsstunde gezielt planen und über den Medieneinsatz absichern. Der Unterricht kann somit noch effektiver gestaltet werden.
- „Die helle Fläche bedeutet im Augenblick des Einschaltens eine Aufmerksamkeitssteigerung. Deshalb sollte auch dann, wenn der Overhead-Projektor nicht mehr benötigt wird, das Licht ausgeschaltet werden, so daß bei neuerlichem Einschalten ein neuer Impuls erzeugt wird."[3]
- Die rasche Veränderbarkeit der Folie durch Abdeckung bzw. Erweiterung des Bildteils durch Aufbautransparente ermöglicht eine Anpassung der Lernschritte an die individuellen Lernprozesse, die die Tafel nicht bieten kann. Das Bild ist jederzeit zurückholbar und kann auch jederzeit abgeschaltet werden, so daß das Medium je nach Lernfortschritt einsetzbar ist.

Neben diesen positiven Seiten hat die Arbeitsprojektion aber auch *Gefahrenpunkte,* die es zu beachten gilt:

- Werden vorgefertigte Folien bzw. Foliensätze jeweils nur vorgegeben und anschließend analysiert, geht dem Schüler das „Entwicklungserlebnis" verloren. Der Unterricht bewegt sich in diesem Fall in der Regel auf einer hohen Abstraktionsebene.

---

1 Hertkorn, O.: Arbeitstransparente, S. 145.
2 Bergmann, E.: Audiovisuelle Mittel, S. 37.
3 Hubalek, G.: Audio-visuelle Medien im Unterricht, Wien 1974, S. 68.

- Der Lehrer ist durch vorgefertigte Folien im Unterrichtsverlauf gebunden, so daß situativ bedingte Unterrichtsergebnisse nur schwer berücksichtigt werden können und hieraus die Gefahr eines schablonenhaften Unterrichts entstehen kann.

- Durch die Overlay-Technik wird das Gesamtziel „in Teilziele aufgegliedert und strukturiert auf diese Weise zwingend den Lernvorgang der einzelnen Kinder der Klasse in nur einer Richtung vor. Schülerbeiträge, die hier vorgreifen, verharren wollen oder einen anderen Weg zum Gesamtziel anstreben, fallen notwendigerweise unter das Verdikt ‚nicht passend‘, was einem ‚falsch‘ bedenklich nahe steht. Ein weiteres Charakteristikum der Overlay-Technik, die Dynamisierung, muß ebenfalls kritisch bedacht werden. Denn allzu leicht wird dem Zuschauer auf diese Weise eine Entwicklung als zwingend suggeriert, deren Notwendigkeit zumindest überprüft werden müßte ... Im letzten verpflichten die Folien den Schüler auf eine Konzeption, die er als richtig und gut akzeptieren soll, die aber auf seine eigenen Erfahrungen keine Rücksicht nimmt."[1]

- Der Unterrichtsablauf wird in einem gewissen Rahmen apparaturabhängig und damit „anfällig."

- Die Arbeitsprojektion kann beim Schüler zu einer passiven Erwartungshaltung führen, da er sich lediglich auf die Aufnahme der „Folienbilder" einstellt und hierin kein lerndominantes, schüleraktives Unterrichtsmedium erkennt. Es besteht die Gefahr, daß das Gerät zu einer mehr statischen Arbeitsweise verführt und damit den Frontalunterricht fördert.

- „Durch zu gute ‚Vorarbeit‘ wird der Lehrer verführt, in zu kurzer Zeit zu viel Information an seine Schüler zu bringen. Der durch das Medium nahegelegte Akzent auf der Vermittlung von Fakten darf nicht der einzige Unterrichtsinhalt werden. Gerade durch zu gut vorbereitete Transparente kann ein zu hoher Abstraktionsgrad in den Unterricht kommen (zu stark direkt lernzielansteuernd, zu wenig kommunikationsoffen)."[2]

- Der Unterricht mit Overheadprojektoren ist letztendlich auch eine Kostenfrage, was nicht übersehen werden sollte.

Wägt man das Für und Wider ab, so ist festzuhalten, daß die Arbeitsprojektion im Wirtschaftslehre-Unterricht vielfältig und didaktisch-methodisch in sehr effektiver Weise eingesetzt werden kann, daß aber auch aus Gründen des Methodenwechsels ein Dauereinsatz nicht in Frage kommen kann und nur eine gezielte Anwendung Erfolg zeitigen kann.

---

1 Wiater, W.: Die Beeinflussung sozialer Lernziele durch den Einsatz von Medien im Unterricht, in: Neue Unterrichtspraxis, 3/1979, S. 83.
Eine Beschränkung der Tageslichtprojektion auf das Angebot vorgefertigter Arbeitstransparente und Foliensätze kann den Software-Bedarf eines differenzierten Unterrichts niemals voll abdecken, so daß Lehrer, die sich auf eine langfristige, intensive Arbeit mit dem Overheadprojektor einstellen, nach technischen Hilfsmitteln Umschau halten müssen, die bei der Eigenfertigung von Arbeitstransparenten nützlich sind.
Vgl. hierzu: Beier, G.: Technische Hilfsmittel für die Herstellung von Arbeitstransparenten, in: Volker, O. (Hrsg.): Materialien zur Arbeit mit Medien. Beispiele für Theorie und Praxis von Unterrichtsmedien in der Erwachsenenbildung, Grafenau 1974, S. 159 f.
2 Hertkorn, O.: Arbeitstransparente, S. 156.

5. Was ergibt ein abschließender Vergleich von Tafel und Arbeitsprojektion?

Ein Vergleich von Tafel und Arbeitsprojektion bestätigt die anfangs getroffene Feststellung, daß der Folieneinsatz kein Ersatz für die Schultafel sein kann. „Er (der Arbeitsprojektor, d. Verf.) ist entweder der Schultafel methodisch überlegen - oder er ergänzt sie. Die Überlegenheit kann begründet sein: in der Unterrichtsökonomie, in der Technologie oder schlicht in der Unmöglichkeit, das gleiche Bild durch die Tafel zu vermitteln. Unterrichtsökonomisch gesehen ist der Arbeitsprojektor vorzuziehen, wenn bestimmte Schaubilder oder Graphiken vom Lehrer zu Hause auf Folien vorbereitet werden können und der Unterricht nicht mit zeitraubendem Zeichnen an der Tafel ausgefüllt wird. Voraussetzung ist allerdings, daß die Schüler ein entsprechendes Arbeitsblatt erhalten und ihnen der Arbeitsaufwand des schematischen Abzeichnens erspart wird ... Technologisch ist die Folie der Tafel überlegen durch ihre große Bildfläche, die Farbigkeit und vor allem durch die Transparenz beim Übereinanderlegen von mehreren Folien ... Die schnelle Variabilität des Bildes durch Hinzufügen oder Wegnehmen oder Verschieben eines Bildteiles (in Form von Overlays) lassen Wirkungen erzielen, die an der Tafel fast unmöglich sind. Durch An- und Ausschalten läßt sich das Projektionsbild blitzschnell den Schülern vor Augen führen, und ebenso schnell verschwindet es."[1]

1.4.3.4 Schulbuch

1. Welche Probleme sind mit dem Schulbucheinsatz verbunden?

– Zwischen der Realität und der Schulbuchinformation gibt es zwangsläufig Diskrepanzen.[2] Einerseits kann das Schulbuch schon aus organisatorischen Gründen heraus niemals in allen Dingen auf dem aktuellsten Stand sein, und zum anderen läßt sich die Wirklichkeit nie vollkommen in Buchwissen umsetzen. Kleine Fehler, subjektive Wertungen, nicht hinreichend ausgewogene Auswahl der Fakten, unvollständige Darstellung der Stoffinhalte aus Gründen der „methodischen Aufbereitung," Verniedlichungen u. a. lassen häufig ein verfälschtes Weltbild entstehen. Dieser Umstand wiegt sehr schwer, da vom Schulbuch eine suggestive Kraft auf den Schüler ausgeht. Was im Buch steht, das gilt! Der Lehrer ist daher verpflichtet, die Frage zu überprüfen, wie weit das eingeführte Buch hinter der Wirklichkeit herhinkt.

– Neben inhaltlichen Fragen sind mit dem Schulbucheinsatz auch formale Probleme verknüpft. Die Ansicht, das Buch sei dem Schüler im Anschluß an den Unterricht in jedem Fall verständlich, ist irrig. Allein schon die Tatsache, daß ihm der Sachverhalt gedruckt statt wie im Unterricht in verbaler Form geboten wird, bereitet Schwierigkeiten. Hinzu kommt das Problem des fachlich-inhaltlichen Verständnisses. Der Lehrer muß deshalb den Schülern Gelegenheit geben, das Buch kennenzulernen. „Dazu ist es nötig, sich die Zeit zu nehmen, um z. B. die Arbeit mit dem Inhalts- und Stichwortverzeichnis zu üben.

---

1 Mantel, M.: Audio-visuelle Medien im Lernbereich der Volks- und Betriebswirtschaftslehre, in: Gönner, K., Reip, H. (Hrsg.): Unterrichtsplanung für kaufmännische Schulen, Bad Homburg v. d. H. 1977, S. 234.

2 Kozdon, G.: Wird das Schulbuch im Unterricht noch gebraucht?, Bad Heilbrunn 1974, S. 54 f.

Die Schüler müssen lernen, die Struktur der einzelnen Kapitel zu erkennen und sinnvoll zu nutzen. Sie müssen möglicherweise in Symbole und Strukturhilfen eingeführt werden."[1] Daneben sollten immer wieder in der Klassengemeinschaft Textabschnitte aus dem Schulbuch gelesen werden, um die Lernenden an die Sprache, den Stil und die Ausdrucksweise des Autors heranzuführen.

— Für den Schüler bedeutet es eine Erleichterung, wenn sich der Lehrer inhaltlich, terminologisch und gliederungsmäßig an das Buch anlehnt. Allerdings sollte der Lehrer seine Individualität, seine eigene Art des Vorgehens dabei nicht aufgeben. „Es wäre schlimm, wenn das Buch und nicht der Lehrer den Unterricht führen würde. Es kann in vielen Teilen den fachlichen Weg verfolgen, aber es darf seiner Auflockerung keine Hindernisse setzen."[2] „Das Kernproblem in bezug auf das Verhältnis von Unterricht und Lehrbuch zueinander ergibt sich aber aus der Diskrepanz des nach psychologischen und methodischen Gesichtspunkten ausgerichteten Unterrichts, der vorwiegend induktiven Charakter hat und konkrete Beispiele berücksichtigt, mit dem nach sachlichen Gesichtspunkten verfaßten Lehrbuch, dessen Charakter mehr systematisch und abstrakt ist."[3] Weicht nun der Lehrer aus methodischen oder sachlichen Gründen von der Schulbuchkonzeption ab, so sollte er den andersartigen Weg erläutern, um Unklarheiten beim Schüler vorzubeugen bzw. zu bereinigen. Kurz, der Lehrer sollte alles unternehmen, um dem Schüler den Zugang zum Lehrbuch zu erleichtern. Dies setzt natürlich voraus, daß sich der Lehrer zuvor gründlich mit dem Schulbuch auseinandergesetzt hat.

— Erhält der Schüler bei der Verwendung des Schulbuches vom Lehrer keine Hilfestellung, ist er häufig nicht in der Lage, Wesentliches von Unwesentlichem zu trennen. Die Eingliederung der neuen Lerninhalte in sein schon vorhandenes Strukturwissen wird hierdurch erschwert. In einer solchen Situation neigt der fleißige Schüler zum „sinnlosen" Auswendiglernen, während der weniger interessierte Schüler häufig das Schulbuch schlicht beiseite legt.

2. Welche Einsatzmöglichkeiten bestehen?

Der Lernerfolg, der durch das Schulbuch erzielt werden kann, hängt sicher zu einem großen Teil von der Buchkonzeption ab, entscheidend aber ist letztlich doch wohl die Art seiner Verwendung in der unterrichtlichen Arbeit. Wie mit dem Lehrbuch gearbeitet werden kann, dazu sollen im folgenden einige Anregungen gegeben werden.

(1) Erarbeitungsphase. Die moderne Unterrichtstheorie stellt die Schüleraktivität, das selbständige Erarbeiten, Forschen, Experimentieren in den Vordergrund pädagogischen Bemühens. Die Konsequenz hieraus ist, daß die originären Medien, wo immer möglich, heranzuziehen sind. Das Schulbuch wird somit bei der

---

1 „Das Einüben und Vertiefen elementarer Arbeitstechniken beim Umgang mit dem Schulbuch sollte in jedem Schuljahr am Anfang des Unterrichts stehen, damit später effektiv gearbeitet werden kann." Meißner, O.: Die unterrichtliche Verwendung von Schulbuch und Arbeitsblatt, in Schnitzer, A. (Hrsg.): Medien im Unterricht, München 1977, S. 41.
2 Lochner, H.: Methodik, S. 291.
3 Schneider, G.: Unterrichtslehre, S. 181.

Erarbeitungsphase in den Hintergrund gedrängt und wohl nur dann heranzuziehen sein, wenn der Sachverhalt sehr komplex ist und somit in der aufbereiteten erklärend-deduktiven Verfahrensweise besser erarbeitet werden kann. Der oft geäußerten Ansicht, das Buch sei vorwiegend an der zentralen Stelle des Lernprozesses, der Erarbeitungsphase, einzusetzen, kann daher im Grundsatz nicht zugestimmt werden. Inwieweit das Schulbuch aber trotzdem zur Erarbeitung herangezogen werden kann, zeigen zunächst folgende Beispiele aus der Betriebswirtschaftslehre:

Ein einfaches Verfahren, Fakten aus dem Schulbuch zu erarbeiten, stellt die ergänzende und erklärende Beschriftung des Buchrandes dar.[1] Dies ist allerdings nur möglich, wenn der Schüler Eigentümer des Buches ist.

Beispiel: Die Aktie

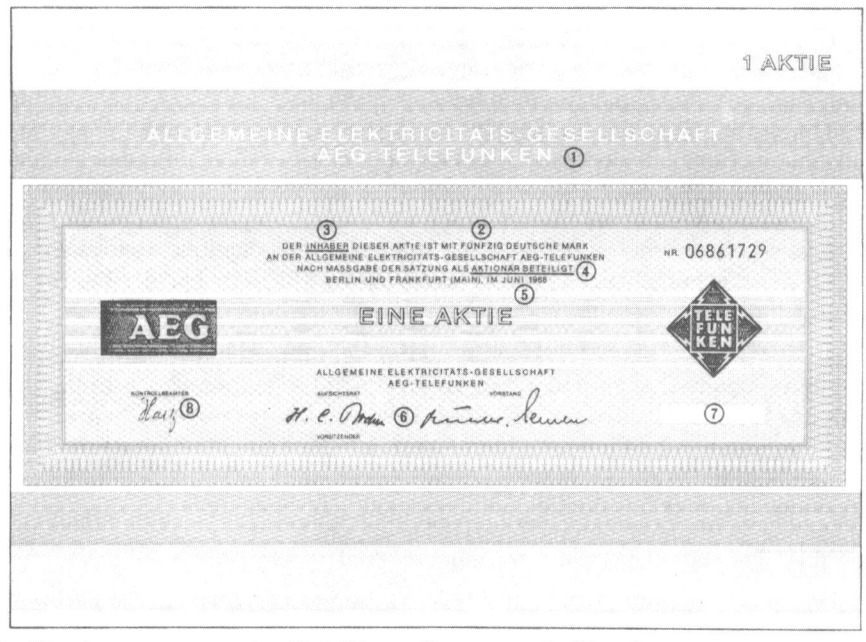

1 Emittent	4 „Beteiligung"	7 Siegel
2 Nominalbetrag	5 Emissions-Datum	8 Zeichen
3 Inhaberklausel	6 Unterschriften	(Kontrollbeamter)

Der Prolongationswechsel soll anhand des Schulbuchtextes durchgenommen werden. Den Schülern wird die Aufgabe gestellt, durch Interpretation des Textes die Fachausdrücke zu klären und die Zusammenhänge mittels einer graphischen Darstellung aufzuhellen, um sie dann mit eigenen Worten zu erläutern. Solche Texterarbeitungen sollen neben der Interpretation auch die Technik der Erschließung eines Drucktextes vermitteln. Gelingt diese Aufgabe nicht allen Schülern, kann der Lehrer über das fragend-entwickelnde Lehrgespräch („Sie haben die

---

1 Vgl. Richard, W.: Schülerbücher im betriebswirtschaftlichen Unterricht in: Der Merkur-Bote, 11/ 1966, S. 556.

Aufgabe des Austellers noch nicht erkannt!"; „Lesen Sie die beiden letzten Sätze des Textes nochmals genau durch!"; „Sie haben eine wesentliche Textstelle im zweiten Abschnitt überlesen!" u. a.), das direkt auf den Text zu beziehen ist, die Aufhellung des Sachverhaltes herbeiführen.

Das Ergebnis der Schülerarbeit könnte folgendes Aussehen haben:

(1) Prolongation. Ist der Bezogene nicht in der Lage, den Wechsel am Zahlungstag einzulösen, so wird er versuchen, den Zahlungstag hinauszuschieben und die Laufzeit des Wechsels zu verlängern, zu prolongieren (von frz. prolonger = verlängern). Andernfalls würde der Wechsel „zu Protest gehen." In der Regel wendet sich der Bezogene an den Aussteller mit der Bitte, ihm den zur Einlösung des Wechsels notwendigen Betrag vorzuschießen. Gleichzeitig übersendet er ein neues Akzept mit einem späteren Zahlungstag. Der Aussteller wird gewöhnlich dieser Bitte entsprechen, so daß der Bezogene sein Akzept einlösen kann. Dritte Personen erfahren so nichts von der Prolongation. Der Aussteller kann das neue Akzept, den sog. Prolongationswechsel, wie üblich verwenden, wird es also in der Regel zum Diskont an seine Bank geben. Der Bezogene wird mit dem Diskont und eventuell anfallenden Spesen belastet.

(2) Die graphische Darstellung des Sachverhaltes könnte wie folgt vorgenommen werden:

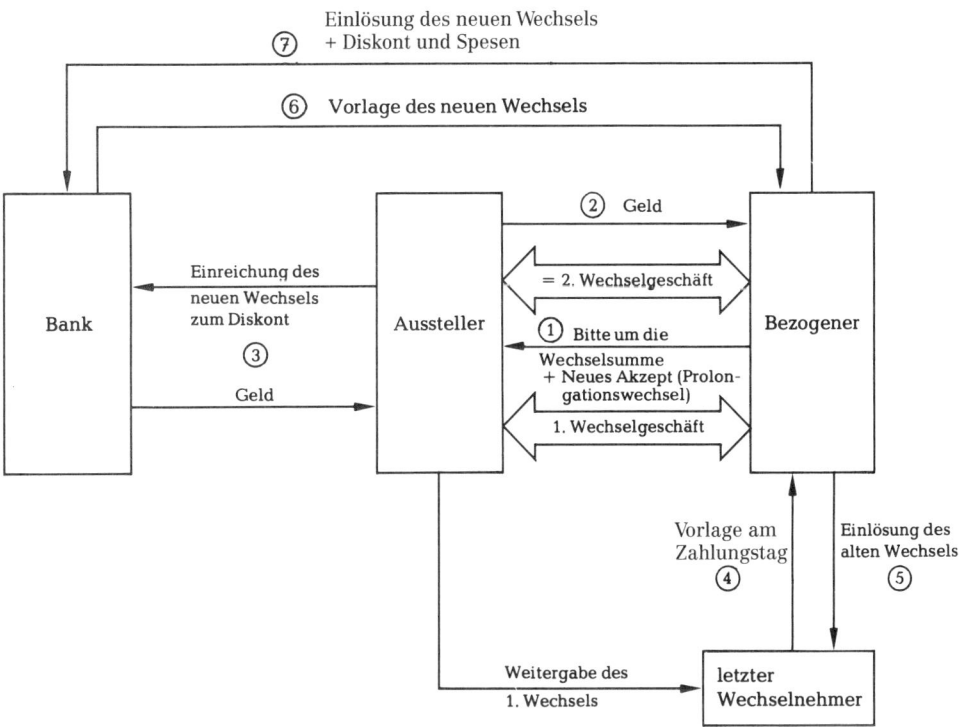

361

Daneben kann das Schulbuch in der Betriebswirtschaftslehre immer dann zur Erarbeitung herangezogen werden, wenn der Lehrer während des Unterrichts das erklärend-deduktive Unterrichtsverfahren heranzieht und den Stoffinhalt vorgibt; etwa die gesetzlichen Regelungen bei der Verjährung, beim unlauteren Wettbewerb, den Aufbau der Gerichte, das Zollerhebungsverfahren u.a.

Ein Beispiel aus dem Kaufmännischen Rechnen. Der Aufbau moderner Rechenbücher ist im wesentlichen durch die Zweiteilung „Musteraufgabe mit Lösung" - „Aufgabensammlung" bestimmt. In der Erarbeitungsphase kann das Rechenbuch in zweifacher Weise eingesetzt werden:

- Der Lehrer gibt das Musterbeispiel aus dem Buch vor und vollzieht, gemeinsam mit der Klasse, den Lösungsweg für das anstehende Problem nach. Eine Vertiefung der so erarbeiteten Lerninhalte wird bei dieser Vorgehensweise dadurch erzielt, daß den Schülern der Auftrag erteilt wird, eine ähnliche Aufgabe zu formulieren und zu lösen. Für die weitere Erfolgssicherung werden sodann Übungsaufgaben aus dem Buch herangezogen. Diese Vorgehensweise ist eventuell dort angebracht, wo die Erarbeitung des Lösungswegs schwierig ist (z. B. Einführung in die Terminrechnung) oder viele Vorgaben zu machen sind (z. B. die Berechnung der Spesen beim Effektenrechnen).

- Der Lehrer läßt das Musterbeispiel in Einzel- oder Partnerarbeit selbständig erarbeiten und hinterfragt anschließend den Lösungsweg. Dies ist dann möglich, wenn der Lerninhalt keine großen Schwierigkeiten aufweist. Beispiele: Beim Prozentrechnen ist die Berechnung des Prozentwertes und des Grundwertes erfolgt und nun soll der Prozentsatz ermittelt werden, oder im Zinsrechnen sind durch Umwandlung der Zinsformel der Zinssatz und das Kapital schon berechnet worden und jetzt soll die Berechnung der Zinstage durchgeführt werden.

Auch im Schriftverkehr kann das Schulbuch in der Erarbeitunsgphase Platz greifen, und zwar dann, wenn der Schüler, etwa in Einzel- oder Partnerarbeit, einen Brief mit einem komplexen betriebswirtschaftlichen Sachverhalt zu verfassen hat und er zu dessen Klärung das Betriebswirtschaftslehrebuch heranzieht. Auch in diesem Fall dürfte die Schülerleistung über das Niveau des Übens hinausgehen. Als Beispiel hierfür soll das Thema *Auskunft über das Systemsparen* herangezogen werden.

Kunde: Oberst a. D. Ernst v. Zitzewitz, Seepromenade 18, 88085 Langenargen
Bank: Deutsche Bank AG, Filiale Friedrichshafen, 88045 Friedrichshafen

Der Kunde schreibt:
Von einem Regimentskameraden erfahre ich, daß die Banken besondere Sparsysteme entwickelt haben, um einen möglichst hohen Ertrag zu gewährleisten. Ich könnte monatlich etwa 500,00 DM erübrigen. Teilen Sie mir bitte mit, wie ich vorgehen muß, um dieses Geld richtig anzulegen!

Aufgabe: Geben Sie dem Kunden Auskunft über das „Erfolgssystem 100" der Deutschen Bank. Es handelt sich um ein Ratensparprogramm mit individuellen Kombinationsmöglichkeiten des Konten- und des Investmentsparens. Neben den Zinsen bzw. Erträgen erhält der Kunde bei fünfjähriger Vertragsdauer einen Bonus von 2 %. Die Anlageform kann auf Wunsch jederzeit geändert werden. Einen Prospekt legen Sie bei. Ihr Anlageberater, Herr Krüger, wird in den nächsten Tagen persönlich bei Herrn v. Zitzewitz vorsprechen.

Überlegen Sie:

1. Wie lange sind die Sparbeträge beim prämienbegünstigten Sparen und beim Bausparen gesperrt? Welche Ausnahmen gelten in beiden Fällen?
2. Welche Beträge könnte der Kunde (60 Jahre, verheiratet) in beiden Fällen höchstens anlegen, um die bestmögliche Rendite zu erreichen?
3. Warum erwähnen Sie in diesem Brief nicht auch das 936,00-DM-Gesetz?

In der Buchführung werden geringere Möglichkeiten für den Einsatz des Schulbuches zur Stofferarbeitung gesehen. Hier steht mehr das originäre Medium, also der Beleg (Lohnzettel, Steuerbescheid, Rechnungsbeleg, Wechsel u. a.) bzw. die logisch-systematische Entwicklung der Buchung aus dem Motivationsbeispiel im Vordergrund. Ist das Schulbuch durch die Zweiteilung methodisch-didaktisch aufbereitetes Einführungsbeispiel (mit Angabe der betriebswirtschaftlichen und rechnerischen Hintergrundsdaten und Vorgabe von Merksätzen, Musterlösung und Regeln) und Aufgaben- und Übungsteil gekennzeichnet, so steht dem Lehrer prinzipiell das gleiche methodische Vorgehen wie im Rechenunterricht zur Verfügung.

(2) Motivationsphase. In der Motivationsphase erscheint die Verwendung des Schulbuches nur in seltenen Fällen angebracht, denn „blättert der Lehrer im Buch, noch ehe der eigentliche Unterricht begonnen hat, wird er wohl an Lernbereitschaft und Mitarbeit der Schüler keine hohen Anforderungen stellen dürfen. Dem Buch, das ja alle Schüler haben, fehlt das Odium des Neuartigen, und es wird dadurch wenig zur Motivierung beitragen. Ein Farbdia oder auch ein Wandbild, das bisher noch nicht gezeigt wurde, dürfte einen ungleich stärkeren Eindruck ausüben, wenn auch diese Medien die Begegnung mit der Wirklichkeit nicht voll zu ersetzen vermögen... Die Entscheidung bei der Wahl eines geeigneten Mediums fällt häufig vorschnell zugunsten des Buches aus."[1] Soll beispielsweise in das Thema Kartell eingeführt werden, so wird der Lehrer Interesse kaum dadurch wecken können, daß er die Schüler auffordert, zunächst einmal im Buch nachzulesen, was dort über das Kartell geschrieben steht. Hier ist es wohl besser, etwa durch einen aktuellen Zeitungsbericht, in dem über gleichartige Preiserhöhungen in einer Branche berichtet wird, in die Problematik einzuführen. In der Motivationsphase steht das Überraschende, Neue, Aktuelle, Unbekannte im Vordergrund.

(3) Erfolgssicherung und Erfolgskontrolle. In dieser Phase liegt zweifelsfrei der Schwerpunkt des Schulbucheinsatzes. „Der Unterricht über einen beliebigen Sachverhalt kann für Schüler und Lehrer ein noch so großer Erfolg gewesen sein: Dennoch wird man schon nach kurzer Zeit beträchtliche Lücken im Wissen der Schüler feststellen müssen. Um die Kenntnisse wieder aufzufrischen, bedarf es nun freilich nicht mehr anspruchsvoller Methoden und Medien, woher sollte der Lehrer auch die Zeit hernehmen! Genau an dieser Stelle kommen die sekundären Informationsmedien voll zum Zuge. Einmaliges Nachlesen im Buch genügt oft schon, um altes Wissen wieder aufzupolieren."[2] Neben der Wiederholung

---

1 Kozdon, B.: Schulbuch, S. 88 f.
2 Kozdon, B., ebenda, S. 90.

kommt insbesondere auch der Übung eine hohe Bedeutung zu: man denke an die Übungsaufgaben im Kaufmännischen Rechnen; das Lösen von Buchungsfällen, T-Konten-Abschlüssen oder Betriebsübersichten in der Buchführung; das mehrfache Abfassen gleichartiger Briefe im Schriftverkehr zur Erlangung einer hohen Fertigkeit in Form und Inhalt; oder an das Lösen von Fallbeispielen, Planspielen, Fallstudien, Aufgaben u. a. in der Betriebswirtschaftslehre. In allen diesen Fällen, wo es um Sicherung, Vertiefung und Anwendung des vermittelten Wissens geht, kann dem Schulbuch bei der Medienwahl häufig der Vorzug eingeräumt werden, da es von seinem Aufbau her geradezu prädestiniert ist, diese Aufgabe zu übernehmen. Über das Schulbuch kann der Lehrer auf dieser Stufe „durch gezielte Auswahl der Übungsaufgaben differenzieren und durch geeignete Organisation des Unterrichts leistungsgerecht unterrichten."[1]

Einige Beispiele für den Schulbucheinsatz in der Phase der Erfolgssicherung, die jedoch keinen Anspruch auf Vollständigkeit erheben, sollen diese theoretischen Ausführungen verdeutlichen. Im einzelnen kann das Schulbuch herangezogen werden:

— *zur systematischen Zusammenfassung von Lerninhalten*
In der Betriebswirtschaftslehre z. B. die Erstellung einer schematischen Übersicht über die Unternehmungsformen hinsichtlich Begriff, Firma, Haftung, organisatorischem Aufbau u. a.; Zusammenstellung der Vor- und Nachteile der einzelnen Kreditsicherheiten; Vergleich der Bewertung in der Handels- und Steuerbilanz hinsichtlich Gegenstand, obere Wertgrenze, untere Wertgrenze u.a.

Im Kaufmännischen Rechnen beispielsweise die Formulierung des Rechenwegs bei einzelnen Beispielaufgaben oder das Herausarbeiten von Gemeinsamkeiten bei der Waren- bzw. Industriekalkulation u. a.

— *zur Erläuterung fachbezogener bzw. fächerübergreifender Zusammenhänge*
Etwa in der Betriebswirtschaftslehre, wenn Interdependenzen im Stoffgebiet durch eine graphische Zeichnung verdeutlicht werden sollen (Weg des gerichtlichen Mahnverfahrens; Aufbau der Einkommensteuer; der Ablauf des Rembourskredits; der Weg eines Wechsels u. a.).

In der Buchführung, wenn die Abschlußsystematik beim T-Konten-Abschluß bzw. der Betriebsübersicht schematisch dargestellt wird, wenn das Problem der Abschreibung (rechnerischer, betriebswirtschaftlicher, buchhalterischer Aspekt) zusammengestellt werden soll oder wenn der Zusammenhang: Kostenarten - BAB - Kostenträgerrechnung zu erläutern ist.

— *zur Gewinnung ergänzender und vertiefender Erkenntnisse*
In der Betriebswirtschaftslehre kann beispielsweise nach der Besprechung der einzelnen Steuerarten der Buchtext, evtl. ergänzt durch statistisches Material (Steuerbelastung pro Kopf; Belastung eines Vierpersonenhaushaltes; Steuerreformpläne der Parteien; Steuereinnahmen in absoluten Zahlen, internationaler Vergleich der Steuerbelastung u. a.), analysiert werden, um Fragen der Steuergerechtigkeit, das Problem Steuerbelastung-Leistungswille u. a. zu behandeln.

---

1 Meißner, O.: Schulbuch und Arbeitsblatt, S. 43.

Im Schriftverkehr kann nach der Ausarbeitung eines Briefes zur Vertiefung ein Musterbrief im Buch nachgelesen und besprochen werden, oder den Schülern können anhand der Fälle im Buch die möglichen Variationen einer Briefaufgabe aufgezeigt werden.

— *zur Anwendung und Übung des theoretischen Wissens*
Hierzu zählt, wie schon ausgeführt, das Lösen von Übungsaufgaben im Kaufmännischen Rechnen; die Übung von Buchungssätzen bzw. Abschlüssen in der Buchführung; die Bearbeitung wirtschaftlich-rechtlicher Fallsituationen in der Betriebswirtschaftslehre und im Schriftverkehr. Dabei ist es gleichgültig, ob der Schulbucheinsatz während des Unterrichts oder als Hausaufgabe erfolgt.

Werden die Ergebnisse der Erarbeitungs- und Sicherungsphase vom Lehrer überprüft, tritt er in die Phase der *Erfolgskontrolle* ein. Sie zeigt dem Lehrer zum einen den beim Schüler erzielten Lernerfolg an und zum anderen gibt sie dem Unterrichtenden Auskunft über seinen Lehrerfolg. Da diese Rückmeldung in Form der kontrollierten Wiederholung bzw. Übung erfolgt, kann damit gleichzeitig eine Verstärkung der gelernten Qualifikationen verbunden werden, so daß mit einer sinnvollen Lernzielkontrolle gleichzeitig auch eine Lernsicherungsfunktion wahrgenommen werden kann. Das besagt, daß für den Schulbucheinsatz in dieser Phase gegenüber der Phase der Erfolgssicherung keine signifikanten Unterschiede bestehen.

3. Wie ist der Schulbucheinsatz zu bewerten?

Wird das Schulbuch gezielt und in methodisch-didaktisch abgesicherter Weise eingesetzt, weist es eine Reihe von *Vorteilen* auf, die es wohl auch in der Zukunft unersetzbar machen. Meißner faßt die Vorteile des Schulbuches wie folgt zusammen:[1]

— Das Schulbuch entlastet den Lehrer bei der Vermittlung des Unterrichtsstoffes und hat damit informatorische Funktionen.

— Es ermöglicht einen Überblick über den Jahresstoff und hilft bei der Strukturierung des Lehrplanes bzw. des Stoffverteilungsplanes.

— Das Schulbuch unterstützt die Unterrichtsvorbereitungen des Lehrers.

— Es ist in der Hand eines jeden Schülers, kann ohne größere Vorbereitung immer eingesetzt werden und bildet so eine Grundlage für Leistungskontrollen.

— Es unterstützt die Differenzierung und Individualisierung, weil es dem Schüler die Möglichkeit zur Vor- und Nacharbeit gibt und bei Lernschwierigkeiten zusätzliche Hilfen anbietet.

— Wenn es richtig aufgebaut ist, vermittelt es wie wenige andere Lernmittel Einblicke in Zusammenhänge, ermöglicht Überblick und Rückschau. Es strukturiert so die Lernprozesse des Schülers vor.

— Soziale Arbeitsformen, vor allem Gruppen- und Partnerarbeit, werden durch das Buch ermöglicht und gefördert.

---

1 Meißner, O.: Schulbuch und Arbeitsblatt, S. 40.

– Das Schulbuch kann als Erfahrungsgrundlage für den Zugang zur Literatur und zur Presse eingesetzt werden.

Diese Vorteile werden mit zunehmendem Alter der Schüler und wachsender Komplexität der Lerninhalte immer signifikanter, womit sich auch die Möglichkeiten für den Schulbucheinsatz erhöhen. Bei all diesen Vorteilen darf jedoch keineswegs übersehen werden, daß dem Schulbucheinsatz auch *Gefahren* und *Nachteile* anhaften, die es zu berücksichtigen gilt.

– Der Schüler soll den Unterrichtsstoff möglichst eigenständig erforschen, entdecken. Dem steht das Buch von seiner Konzeption her entgegen, da es oft ein fertiges, systematisches Wissen bietet und den Schüler daher von der Selbsttätigkeit ablenkt. Ein rein „buchorientierter" Unterricht muß daher abgelehnt werden, da er zu einem sachlogischen, statt zum methodisch-didaktisch ausgerichteten Unterricht führt.

– Das Buch geht häufig von dem Gedanken der vollständigen Stoffdarstellung aus, während der Lehrer allein die Lerninhalte heranzieht, die er aufgrund des Lehrplanes und der Rahmenbedingungen für angemessen hält. Dies macht eine Auswahl der im Schulbuch angebotenen Stoffinhalte erforderlich. „Hier genügt es nicht einfach festzustellen, daß das Unnötige lediglich weggelassen zu werden brauche, denn dies ist mit Rücksicht auf die Schüler nicht ohne weiteres durchführbar. Es besteht die Gefahr, daß sie verwirrt werden, wenn sie häufig einen umfangreicheren Text vor sich sehen, als er dem zu lernenden Inhalt entspricht, und dies hat auch psychologisch eine nachteilige Wirkung: die Schüler vermögen vielfach nicht zu erkennen, was wichtig ist, es ist andererseits oft umständlich, jeweils einiges, was wichtig ist, anstreichen (oder anderes durchstreichen) zu lassen, was außerdem zur Unübersichtlichkeit führt."[1]

– Der Lehrer steht bei einem allzu engen Vorgehen nach dem Buch in der Gefahr, den Stoff als didaktischen Schwerpunkt zu akzeptieren, der ihm durch das Buch vorgegeben wird. Damit führt jedoch letztlich das Buch und nicht der Lehrer den Unterricht. Der Unterricht, insbesondere in der Wirtschaftslehre, bedarf aber täglich neuer Hilfen von außen, „von der Zeitung, der Lektüre, von neuem Fachwissen, von Objekten, vom Beruf und von den Schülern. Allein auf das Buch abgestellt, wäre der Unterricht eine seichte Angelegenheit."[2] Durch einen zu engen Kontakt mit dem eingeführten Buch, insbesondere dann, wenn es schon jahrelang verwendet wird, ist der Lehrer zudem der Gefahr aus-

---

1 Schneider, G.: Unterrichtslehre, S. 180.
2 Lochner, H.: Methodik, S. 290.
   Über den Einsatz der Tageszeitung im Wirtschaftslehre-Unterricht, der beispielhaft für solche zusätzliche Medien angegeben werden soll, vgl. Everling, W.: Tageszeitung und wirtschaftskundlicher Unterricht, in: Erziehungswissenschaft und Beruf, 4/1973, S. 366 f.
   Castner, T.: Die Zeitung im Unterricht an wirtschaftskundlichen Schulen, in: Wirtschaft und Erziehung, 2/1963, S. 85 f.; Lepper, U.: Die Tageszeitung im Unterricht, 4. Aufl., Frankfurt/Main 1973.

gesetzt, daß er neue methodische, didaktische oder psychologische Erkenntnisse nicht berücksichtigt und in einem eingefahrenen Unterrichtsschematismus steckenbleibt.[1]

– Schulbücher sind in der Wirtschaftslehre, die laufenden Veränderungen unterworfen ist, zwangsläufig nie auf dem allerneuesten Stand, wodurch zusätzliche Lehrerinformationen unumgänglich sind. Darüber hinaus muß der Lehrer aber auch darauf achten, daß die Stoffauswahl des Schulbuches und der vorgeschriebene Lehrplan übereinstimmen. Auch hier sind eventuell Korrekturen erforderlich.

– Schulbücher sind zwangsläufig abstrakt und mit wenig Bezug zu konkreten Beispielen geschrieben, wodurch insbesondere der junge Schüler oft Schwierigkeiten hat, die dargestellten Lerninhalte zu verstehen.

– „Im Buch sind Realsituationen sprachlich vermittelt. Wer die Sprache, im besonderen die spezielle Begrifflichkeit, nicht beherrscht, kann aus dem Buch daher nicht lernen. Der Umstand sprachlicher Vermittlung ist jedoch nicht der einzige Unterschied bezüglich der Lernwirkung von Büchern und Realsituationen. In der Realsituation ist die Erfahrung (z. B. der verschlossenen Haustür) eng verwoben mit einer Fülle anderer Eindrücke (etwa der dunklen Umgebung, der Kälte der eisernen Türklinke, möglicherweise auch mit dem Angstgefühl, nicht hineinzukommen). Die durch das Buch vermittelte Erfahrung filtert diese Wahrnehmungen aus und konzentriert die Information auf den einen Sachverhalt (der verschlossenen Haustür = Filter- oder Auswahleigenschaft).“[2]

– Das Schulbuch beeinflußt über die Auswahl und die Darstellungsweise der Lerninhalte - beabsichtigt oder unbeabsichtigt - die Werthaltungen und Einstellungen der Schüler. Diese affektive Dimension des Schulbuches gilt es - je nach Einzelfall - entweder zu verstärken oder zu korrigieren.[3]

1.4.3.5 Arbeitsblatt

Viele Lehrer stehen dem Schulbuch mit Skepsis gegenüber und ersetzen es durch den Hefteintrag bzw. durch das Arbeitsblatt. „Den Lehrern, die damit arbeiten, dürfte insbesondere daran gelegen sein, Erfolgssicherung sowie Leistungskontrolle auf eine solide Grundlage zu stellen. Sie erwarten, daß der Schüler das lernt, was in seinem Heft bzw. in seiner Arbeitsmappe steht. Was er an ganz persönlichen Eindrücken, Erfahrungen zu einem Thema beizusteuern vermag, oder

---

1 „Abhängigkeit vom Schulbuch kann als Zeichen von Unsicherheit gelten. Das bedeutet: Je abhängiger der Unterricht vom Schulbuch ist, desto mehr wird seine Qualität vom Schulbuch bestimmt. Folglich ist durch die Qualität der verfügbaren Leitmedien die qualitative Untergrenze vom Unterricht markiert. Um diese Grenze und damit auch das Durchschnittsniveau des Unterrichts zu heben, bedarf es einer ständigen Weiterentwicklung des Schulbuches als Leitmedium." - Beddies, H., Knepper, H.: Das Schulbuch in der Trendwende?, in: Neue Unterrichtspraxis, 2/1977, S. 93.
2 Flechsig, K. H., Haller, H. D.: Einführung in didaktisches Handeln, Stuttgart 1975, S. 203 f.
3 Willeke zeigt in dem Aufsatz „Die Arbeits- und Wirtschaftswelt in emanzipatorischen Schulbüchern" beispielhaft auf, welches Ausmaß diese affektive Dimension in Lehrbüchern erreichen kann. Vgl. Willeke, R.: Die Arbeits- und Wirtschaftswelt in emanzipatorischen Schulbüchern, in: Wirtschaft und Erziehung, 9/1976, S. 256 f.

was er dazu in seinem Arbeitsbuch gelesen hat, interessiert solche Lehrer u. U. nur am Rande, vielleicht überhaupt nicht."[1] Zu dieser Entwicklung mögen vor allem folgende Gründe beigetragen haben:

- Der Lehrer ist der Ansicht, daß der Schüler durch die abstrakt-theoretische Darstellung und die Stoffülle überfordert ist.

- Im Unterricht steht ein aktuelles Stoffgebiet an, das im Schulbuch noch nicht oder nicht erschöpfend genug dargestellt ist.

- Im Arbeitsblatt können Stoffinformation, Erarbeitung, Erfolgssicherung und Erfolgskontrolle vereint und damit die Effektivität des Unterrichts erhöht werden.

- Durch die Arbeitsblätter weiß der Schüler genau, welche Schwerpunkte der Lehrer setzt und was er bei einer Erfolgskontrolle zu erwarten hat. Außerdem freut es ihn, wenn er Arbeitsblatt für Arbeitsblatt ausfüllen, vervollständigen, beschriften und einordnen kann. Die geleistete Arbeit wird äußerlich sichtbar.

- Das Arbeitsblatt kann bei Bedarf eingesetzt werden und ist damit gezielt auf ein bestimmtes Thema ausgerichtet. Während das Schulbuch ein umfassendes Lehrwerk darstellt, aus dem einzelne Zusammenhänge unter Umständen an verschiedenen Stellen zusammengestellt werden müssen.

- Das Arbeitsblatt bringt eine Abkehr vom „Buchunterricht" und fördert das „forschende" Lernen an der originären Situation.

- Im Falle eines Unterrichtsbesuches ist der Lehrer in der Lage, konkret nachzuweisen, welche Lerninhalte im Unterricht schon behandelt wurden.

Aus den genannten Gründen, die wohl zu dieser „Flut" von Umdrucken in unseren Schulen geführt haben, können für das Arbeitsblatt 5 Aufgaben abgeleitet werden: Informationsgebung, Strukturierung von Lerninhalten, Übungsfunktion, Erfolgssicherung, Erfolgskontrolle. Strobel leitet hieraus folgende Typen von Arbeitsblättern ab:[2]

1. *Das Informationsblatt:* Dieses enthält Informationen in Gestalt von Leseproben, Sachtexten, Statistiken, Auszügen aus Gesetzen, von bildlichen und symbolischen Darstellungen. Es enthält jedoch keine konkrete Aufgabenstellungen ... Sie stehen zumeist am Beginn des Unterrichts und unterstützen den Lehrer bei der Vorstellung eines Problems bzw. eines Sachverhalts zum Zweck des Einstiegs. Es kann dabei der Motivation und der Veranschaulichung dienen. Das Informationsblatt kann aber auch während des Unterrichts eingesetzt werden, um einen bereits erarbeiteten Sachverhalt zu illustrieren ...

2. *Das Merkblatt:* Dieses ist dem Informationsblatt insofern ähnlich, als es keine konkreten Aufgabenstellungen enthält. Es steht aber am Ende und nicht am Beginn des Unterrichts, dessen wesentliche Ergebnisse es in übersichtlicher

---

1 Kozdon, B.: Schulbücher, S. 85.
2 Strobel, E.: Das Arbeitsblatt als Hilfsmittel der Unterrichtsgestaltung, Funktionen, Formen, Kritik, in: Erziehungswissenschaft und Beruf, 2/1979, S. 204 f.

Form zusammenfaßt ... Das Merkblatt dient der Erfolgssicherung, ohne allerdings eine übende Anwendung zu ermöglichen. Es vermag lediglich Prozesse der Nacharbeit und der Wiederholung zu initiieren.

3. *Das Aufgabenblatt:* Dieses enthält nur Aufgaben, allenfalls noch kurze Bearbeitungshinweise und ist die Grundlage für Klassenarbeiten, Klausuren und schriftliche Prüfungen. Meistens sind die Lösungen auf gesonderten Blättern niederzuschreiben. Aufgabenblätter dienen ausschließlich der Leistungskontrolle ...

4. *Das Testblatt:* Dieses Blatt dient der Erfolgskontrolle, seltener der Leistungskontrolle und wird zum Ende einer Unterrichtseinheit eingesetzt, um die Erreichung der Lernziele zu überprüfen ...

5. *Die Arbeitsanweisung:* Dieses Arbeitsblatt ist unentbehrliches Hilfsmittel für alle lerndominanten Unterrichtsformen (Unterrichtsmethoden in der Definition des Verfassers), wie Gruppenunterricht, Partner-, Allein-, Projektarbeit usw. Neben der Aufgabenstellung enthält ein solches Blatt auch Bearbeitungshinweise ... Die Arbeitsanweisung kann aber auch selbst Text- und Zahlenmaterial enthalten und zur Bearbeitung entsprechend der Aufgabenstellung anbieten.... Die Arbeitsanweisung dient nicht der Erfolgs- und der Leistungskontrolle. Dafür vermag sie einen Einstieg zu geben, zu motivieren, der Erarbeitung, der Einübung und Vertiefung neuer Lerninhalte sowie deren Transfer zu dienen ...

6. *Das Lernhilfeblatt:* ... Von der Arbeitsunterweisung unterscheidet es sich dadurch, daß es im lehrdominanten Unterricht eingesetzt wird. Man findet das Lernhilfeblatt meistens im erarbeitenden Unterricht, der aber durchaus durch Phasen des entdecken-lassenden Lernens aufgelockert sein kann ... Das Lernhilfeblatt enthält nicht nur Aufgabenstellungen, Bearbeitungshinweise, Informations- und Anschauungsmaterial, sondern auch Ergebnisse, Merksätze, Musterlösungen, Regeln, Formeln usw. Es dient insoweit nicht nur der Information und Motivation, sondern vor allem der Erarbeitung neuer Inhalte und deren Vertiefung, seltener der Erfolgskontrolle ... So zeigt das Lernhilfeblatt dem kundigen Betrachter die Aufeinanderfolge der einzelnen Lernschritte, die Phasen der Motivation, Erarbeitung und Vertiefung, endlich den Wechsel der Unterrichtsformen und -methoden. Es ist zweifellos das Arbeitsblatt par excellence ..."

In „reiner Form" kommen die dargestellten Typen von Arbeitsblättern in der Unterrichtspraxis nur selten vor. Es soll daher auch nicht versucht werden, für jede einzelne Form ein adäquates Beispiel vorzustellen. Vielmehr sollen beispielhaft einige Arbeitsblätter zu verschiedenen Themengebieten aus der Unterrichtspraxis angeführt werden, um einen Eindruck von den vielfältigen Möglichkeiten zu vermitteln, die sich durch das Arbeitsblatt auftun.

Arbeitsblatt: Verjährung von Forderungen

Sie arbeiten als Praktikant bei der Ratlos-Reifen GmbH. Der Geschäftsführer, Herr Müller, legt Ihnen eine Liste von Forderungen vor. Sie sollen am 28. 01. 06 die Verjährung begutachten. Verwenden Sie folgende Gesetzestexte: BGB §§ 195, 196, 197, 198, 201, 202, 205 und 222.

Forderungen	Fälligkeits-tag	Verjährungsfrist			Begründung/ Bemerkungen
		Dauer	Beginn	Ende	
1. Forderung der Ratlos GmbH an das Autohaus Maier aus Lieferung.	29. 02. 03				
2. Forderung der Gutglaub Bank an die Ratlos GmbH a) Darlehen b) Zinsen.	08. 08. 01 08. 08. 01				
3. Forderung von Herrn Müller an seinen früheren Arbeitgeber, die Reifen AG (ausstehendes Gehalt).	27. 01. 04				
4. Forderung von Herrn Müller an seinen Schwager aus dem Verkauf eines Stücks Berliner Mauer.	03. 10. 02				
5. Forderung der Ratlos GmbH an die bedürftige Schwester von Herrn Müller aus dem Verkauf von 4 Winterreifen.	05. 11. 03				Am 28. 12. 05 gewährt Herr Müller eine Stundung von 1 Monat.
6. Forderung der Weber OHG an die Ratlos GmbH aus dem Verkauf von Schneeketten.	10. 10. 05				Die Schneeketten waren verbogen. Nach 3 Monaten kam eine korrekte Ersatzlieferung.

Arbeitsblatt: Die Just-in-Time-Beschaffung

Arbeitsanweisung für die Gruppenarbeit:

Die beiden folgenden Zeitungsartikel beschäftigen sich mit der Just-in-Time-Beschaffung und ihrem organisatorischen Umfeld.

Gruppe 1: Beschreiben Sie anhand des Artikels „Gesundes Risikodenken statt totaler Absicherung" zwei Formen der Just-in-Time-Beschaffung.

Gruppe 2: Klären Sie anhand des Artikels „Gesundes Risikodenken statt totaler Absicherung" die Frage, welche Voraussetzungen auf seiten des Abnehmers (Käufer) und auf seiten der Zulieferer gegeben sein müssen, um die Just-in-Time-Beschaffung verwirklichen zu können.

Gruppe 3: Die Just-in-Time-Beschaffung erfordert eine enge, partnerschaftliche Zusammenarbeit zwischen Abnehmer und Zulieferern, um auf Dauer erfolgreich zu sein. Erläutern Sie anhand des Artikels „Zulieferer geht mit seinen Lieferanten neue Wege", auf welche Bereiche sich eine solche Zusammenarbeit beziehen kann.

Zulieferer geht mit seinen Lieferanten neue Wege

ZF Friedrichshafen: Ziel ist die Kostensenkung bei allen Beteiligten

Von unserem Redaktionsmitglied

Friedrichshafen (rod) - Die Automobilhersteller sind seit geraumer Zeit dabei, gemeinsam mit ihren Zulieferunternehmen Rationalisierungspotentiale zu erschließen. Dabei wollen beide Seiten in allen Phasen - von der Planung über die Entwicklung, Produktion und Qualitätssicherung bis hin zur Logistik - eng zusammenarbeiten. Nunmehr setzt mit der ZF Friedrichshafen AG ein großer Automobilzulieferer dieses Konzept gegenüber seinen eigenen Lieferanten fort. Die ZF gehe sogar noch weiter als die Autofirmen, hieß es am Freitag in Friedrichshafen anläßlich des ersten ZF-Lieferantentages. Man biete den Zulieferern umfassende Unterstützung bei der Analyse und gegebenenfalls Umstrukturierung ihrer Produkte an und komme damit vor allem mittelständischen Zulieferbetrieben entgegen.

Ziel dieser ZF-Bemühungen ist es, bei allen Beteiligten Kosten zu senken, um Weltmarktpreise halten und Erträge sichern zu können. Die Gesamtkosten aller einzukaufenden Waren will man - bei weiter steigender Qualität - um etwa 25 Prozent senken. Zu dieser Reduktion sollen die ZF und ihre Zulieferer „je nach erschließbarem Rationalisierungspotential" beitragen. Einschlägige Erfahrungen wurden bereits Mitte 1991 mit Pilotprojekten in fünf verschiedenen Warengruppen gesammelt.

Ein wichtiger Teil dieser Rationalisierungsanstrengungen betrifft die Entwicklungszeiten, die künftig entscheidend vermindert werden sollen. Dazu bedürfe es einer möglichst zeitgleichen Produkt- und Prozeßplanung sowie Entwicklung (simultaneous engineering), erklärt die ZF. Deshalb müsse es schon sehr früh zu einem vollen Know-how-Austausch kommen. Dieses Konzept setze auch eine Reduzierung der Zuliefererzahl voraus, wobei die verbleibenden Partner - künftig vermehrt in der Funktion von Systemlieferanten (wie auch die ZF selbst) - den Vorteil langfristiger Verträge und größerer Auftragsvolumina hätten. Es entstehe eine neue Lieferantenstruktur, die aber offen bleibe für den Einstieg neuer Partner aus dem In- und Ausland.

Die neue Form der Zusammenarbeit zwischen der ZF und ihren Zulieferern werde nicht nur für die Ingenieurbereiche, sondern auch für den Einkauf erhebliche Veränderungen bringen, heißt es weiter. Bisher sei es darum gegangen, den preisgünstigsten Anbieter für ein Bauteil zu finden. In Zukunft werden eine Sollwertbildung für den Einkaufspreis eine wichtige Grundlage der Lieferantenauswahl sein. Damit trete an die Stelle von Preisverhandlungen die Kostendiskussion, was eine stärkere Kostentransparenz auf beiden Seiten voraussetze. Viel vorgenommen hat man sich auch für die Optimierung der Beschaffungslogistik. Die Logistikkosten sollen gesenkt, die Bestände in der gesamten Lieferkette vermindert und die Beschaffungszeiten verkürzt werden. Zudem wird eine größere Flexibilität angestrebt, wozu auch die Zulieferung direkt in die Montage gehört.

Quelle: Schwäbische Zeitung vom 27. 02. 1990

Gesundes Risikodenken statt totaler Absicherung

Just-in-Time-Beschaffung (JiT) bedeutet, die Bereitstellung von Material an den Verbrauchsorten so zu optimieren, daß das Material „gerade noch rechtzeitig," d. h. fertigungssynchron, angeliefert und ohne weitere Liegezeit seiner Bestimmung zugeführt wird. Dadurch können die Durchlaufzeiten und die Lagerbestände drastisch reduziert werden. Für die Materialwirtschaft bedeutet dieser zukunftsweisende Ansatz die Entwicklung neuer Strategien auf der Grundlage einer weitgehenden gegenseitigen Abstimmung der Material- und Informationsflüsse zwischen Abnehmer und Zulieferer. Das Sicherheitsdenken mit einer totalen Absicherung (Just-in-Case) weicht einem gesunden Risikodenken auch über die Unternehmensgrenzen hinaus.

Der Kristallisationspunkt für die JiT-Einführung in der Bundesrepublik Deutschland war die Automobilbranche. Große Produktionsstückzahlen bei höchsten Qualitätsansprüchen und kundenorientierter Variantenvielfalt führten hier zu einem ständigen Anwachsen der Zukaufanteile und machten früher als in anderen Branchen neue Beschaffungskonzepte erforderlich.

In der Vergangenheit verfolgten die Unternehmen die Strategie, vorwiegend Einzelteile zuzukaufen und sich bei mehreren Lieferanten abzusichern. Heute konzentrieren sich die Unternehmen auf weniger Lieferanten, um Rationalisierungspotentiale auszuschöpfen. Bei der Lieferantenauswahl sind Qualität, Preis, Lieferzeit und Flexibilität ausschlaggebend. Da die Zeit bei der JiT-Anlieferung eine entscheidende Größe ist, läßt sich ein Ansiedlungstrend der Zulieferer in die Nähe der Abnehmer erkennen.

Die anspruchsvollste Form der Lieferantenanbindung ist die Direktbelieferung. Alle Materialien werden stündlich oder täglich angeliefert und unverzüglich in den Produktionsprozeß übernommen. Statt großer Lagerkapazitäten werden dezentrale, fertigungsintegrierte Puffer aufgebaut, denen eine reine kurzfristige Zeitüberbrückungsfunktion zukommt, um einen Kapazitätsausgleich aufeinanderfolgender Fertigungsschritte zu ermöglichen. Die Direktbelieferung setzt eine konsequente Informationskopplung zwischen Zulieferer und Abnehmer voraus, um einen Versorgungsmangel zu verhindern.

Um auch entfernt gelegenen Zulieferern eine Chance zu geben, ohne den alten Standort aufzugeben, wurden Konzepte entwickelt für die JiT-Anlieferung über große Entfernungen. Hierbei spielt die intensive Kooperation zwischen Zulieferern in einem Produktionsverbund untereinander sowie zwischen Zulieferern und Spediteuren eine wichtige Rolle. Letztere übernehmen zusehends erweiterte Aufgaben wie Lagern, Kommissionieren, Vormontage und Direktanlieferung an die Bedarfsorte der Abnehmer.

Die Entwicklungsrichtung der JiT-Einführung erfolgte stets von dem „größeren" Partner aus, der mit Hilfe seiner Zulieferer und dem neuen Konzept wirtschaftliche Vorteile erwartete. Die JiT-Konzepte standen in dem Ruf, dem Abnehmer einseitige Vorteile zu verschaffen durch Übertragung der Lagerhaltungs- und Qualitätssicherungsfunktion auf die Zulieferer. Es wurde jedoch bald erkannt, daß dieses Nullsummenspiel - einer gewinnt, was der andere verliert - auf Dauer keine gesunde Basis sein kann. Deshalb wurde mit der Entwicklung partnerschaftlicher Konzepte begonnen.

Quelle: Handelsblatt 16. 08. 1988

Arbeitsblatt: Kauf eines Anlagegutes, wobei ein gebrauchtes Anlagegut in Zahlung gegeben wird.

Aufgabe. Bei Neukauf einer EDV-Anlage zum Kaufpreis von 42 000,00 DM zuzüglich 15 % USt wird ein gebrauchter Personalcomputer, der bereits auf 2 500,00 DM abgeschrieben ist, für 4 000,00 DM zuzüglich 15 % USt in Zahlung gegeben. Die Restschuld wird durch Banküberweisung beglichen. Auf dem Konto Bank wird ein Anfangsbestand von 60 000,00 DM angenommen.

Tragen Sie die sich aus der Aufgabe ergebenden Anfangsbestände auf die entsprechenden Konten vor, stellen Sie den Vorgang auf Konten dar, und bilden Sie die Buchungssätze!

T-Kontendarstellung:

Soll	Haben		Soll	Haben

Soll	Haben		Soll	Haben

Soll	Haben		Soll	Haben

372

Buchungssätze:

Nr.	Geschäftsvorfälle	Konten	Soll	Haben

Arbeitsblatt: Berechnung des ausmachenden Betrages für festverzinsliche Wertpapiere*

Aufgabe:	Ein 7prozentiger Pfandbrief, Nennwert 2 000,00 DM, Kurs 98, wird am 14. 03. gekauft, Zinstermin 01. 07. Wieviel DM beträgt der ausmachende Betrag, wenn der laufende Zinsschein mitgegeben wird?

30. 12. ◄———————— Zinsen für 180 Tage ————————► 30. 06.

◄— Zinsen stehen   Zinsen stehen —►

dem . . . . . zu   —►|◄—   dem . . . . . zu

> Abrechnung mit laufendem Zinsschein: Die Zinsen vom letzten Zinstermin bis zum Valutatag gehören dem . . . . Diese Zinsen (vom . . . bis . . .) sind dem Kauf- bzw. Verkaufspreis . . . .

Lösung:	2 000,00 DM 7 % Pfandbrief, Kurs 98	DM
	Stückzinsen (7 % vom . . . = . . . Tage)	DM
	ausmachender Betrag	DM
Übungsaufgabe:	Stellen Sie eine Verkaufsabrechnung über 8 400,00 DM, 6 % Bundesanleihe, Kurs 94, Zinstermin 01. 11., auf. Tag der Valutierung ist der 06. 07. Der laufende Zinsschein wurde mitgegeben.	

(Es schließt sich die Abrechnung an, bei der der laufende Zinsschein einbehalten wurde!)

* Dieses Arbeitsblatt ist als Lückentext aufgebaut und führt den Schüler in extremer Weise.
Im Regelfall sollte ein solches Arbeitsblatt im Unterricht nicht eingesetzt werden.

Im Schriftverkehr kann das Arbeitsblatt insbesondere dann eingesetzt werden, wenn ein Beispiel vorgegeben werden soll, um hieraus eine Übungsphase aufzubauen. Etwa wenn ein stilistisch fehlerhafter Brief vom Schüler überarbeitet werden soll, wenn es Rechtschreib- oder Formfehler zu erkennen gilt oder wenn anstelle der Verbesserung der Brief eines Schüler als Musterbrief verteilt wird u. a.

Wenn das Arbeitsblatt gezielt eingesetzt wird, weist es eine Reihe von *Vorteilen* auf:[1]

– Das Arbeitsblatt ist ein Mittel, das die Individualisierung und Differenzierung der Unterrichtsarbeit fördern kann.

– Über das Arbeitsblatt läßt sich eine Verselbständigung der Schülerarbeit und damit ein verstärkter Einsatz schülerzentrierter Unterrichtsmethoden erreichen. Verselbständigung wiederum vermittelt Erfahrungen einer Selbstverantwortung.

– Durch das Arbeitsblatt erweitern sich die Möglichkeiten der Aufgabenstellung und -anordnung, womit insbesondere fächerübergreifende Interdependenzen aufgezeigt werden können. In den Wirtschaftsfächern kommt dieser Möglichkeit eine hohe Bedeutung bei.

– Wird mit dem Arbeitsblatt nahtlos an die vorhergehende Unterrichtstätigkeit angeknüpft, können die geforderten Inhalte und Ziele in einer weiterführenden Selbstarbeit vom Schüler eigenständig erarbeitet bzw. geübt werden. Der Schüler erhält damit ein individuelles Verhältnis zur stofflich notwendigen Vorgehensweise, während sich beim Schulbuch eine Trennung von Erarbeitungs- und Erfolgssicherungsphase nur selten vermeiden läßt.

– Das Arbeitsblatt eignet sich gut zur Vorgabe aktueller stofflicher Informationen, die im Schulbuch noch nicht erfaßt sind.

Trotz dieser unbestrittenen Vorzüge haften dem Arbeitsblatt auch *Gefahren* an, die es zu beachten gilt:

– Das Arbeitsblatt sollte vermieden werden, wenn es gegenüber dem Schulbuch keine wesentlichen Ergänzungen bringt bzw. keine weiteren Möglichkeiten zur Individualisierung bzw. Differenzierung des Unterrichts schafft. Es darf nicht nur Aufgaben anbieten, die ähnlich oder gar besser im Lehrbuch zu finden sind bzw. nur Stoffinformationen enthalten, die auch schon im Buch zusammenfassend dargestellt werden.

– Der Schüler neigt dazu, das Arbeitsblatt als alleiniges Mittel zur Stoffinformation anzusehen und andere Medien zu vernachlässigen.

– Die Ausarbeitungen im Arbeitsblatt sind oft sehr arbeitsintensiv, so daß der Unterricht aus rein formal-organisatorischen Gründen nicht zu vertiefenden Fragen vorstößt. „Wenn manche Schüler auch mit sichtlichem Eifer bei der Sache sind, so ist es u. U. doch nicht die Sache, auf die es eigentlich hätte ankommen müssen! Zeitraubende Einträge können sehr wohl vom Lernen im natürlichen, umwelterschließenden Sinne ablenken. Ob man mit Büchern oder Arbeitsblättern die eigentliche Sache totschlägt, bleibt letztlich einerlei."[2]

---

1 Die folgenden Darlegungen stützen sich auf Ausführungen von H. Holstein. Vgl. Holstein, H.: Arbeitsmittel im Unterricht, 3. Aufl., Bochum 1973, S. 81 f.
2 Kozdon, B.: Schulbuch, S. 86.

– Das Arbeitsblatt stellt das Grundgerüst des Unterrichtsablaufes dar und gibt damit die einzelnen Unterrichtsschritte genau vor. Der Unterricht wird dadurch starr, unbeweglich und fixiert. Der Schüler kann aus der Unterrichtsplanung kaum mehr ausbrechen und Eigeninitiativen entwickeln. Er wird vom Arbeitsblatt geleitet. Selbst wenn vom Lehrer viele schüleraktive Phasen in diesen Unterricht eingebaut werden, kann der Schüler nicht zur Eigenständigkeit gelangen, da er in der Regel nur jeweils Stationen eines vorgegebenen Weges bearbeiten kann. Die Wegfindung selbst ist ihm vorgegeben.

Das Arbeitsblatt, dies sei hier nochmals ausdrücklich betont, kann andere Medien nicht ersetzen. Bei der Flut der Arbeitsblätter, die heute insbesondere jüngere Kollegen „produzieren", muß gerade in diesem Zusammenhang vor einem Methodenmonismus gewarnt werden. Der Unterricht darf für den Schüler nicht hauptsächlich im Ausfüllen von Arbeitsblättern bestehen. Dies erzeugt Langeweile und Überdruß in unseren Schulen.

1.4.3.6 Heftführung

Durch den Einsatz von Tafelanschrieb, Arbeitsblatt, Folien und Schulbuch versucht der Lehrer die Lerninhalte zusammenfassend darzustellen und sie den Schülern „mitzugeben". Die Übernahme einer solchen Zusammenschau durch den Schüler ist für den Lernerfolg von entscheidender Bedeutung. Daher ein grundsätzliches Ja zur Heft- bzw. Ordnerführung. Allerdings auch ein entschiedenes Nein zu Lernstoffdiktaten. Fakten, die im Buch ausführlich beschrieben sind, gehören nicht ins Heft. Der Heftaufschrieb hat nur die Aufgabe, Lerninhalte in kurzer, zusammenfassender Form zu ordnen, zu gliedern und zu strukturieren. Geschieht dies im Buch ebenfalls, genügt als Hefteintrag die Übernahme der Überschrift und die Seitenangabe im Buch, z.B. „Überblick über die Steuerarten (Buch S. 120)". Dieser Vermerk ist jedoch unerläßlich, da für die Heftführung der Grundsatz gilt: *Der Hefteintrag hat dem Schüler einen vollständigen Überblick über den behandelten Unterrichtsstoff zu vermitteln.* Entweder der Stoff steht im Heft oder im Heft ist ein Vermerk auf das Buch, beigelegte Formblätter, Prospekte, Zeitungsausschnitte u. a. Dem Heft kommt also eine *Leitfadenfunktion* zu, die entweder die Information in Kurzfassung gibt, oder aber auf andere Informationsquellen verweist. Das Heft kann und soll damit andere Medien in keiner Weise ersetzen; es kann diese nur ergänzen.

In Klassen der Wirtschaftsschule oder in Einzelhandelsklassen mit Schülern, die an überwiegend geistig selbständiges Arbeiten noch nicht hinreichend gewöhnt und dazu auch von ihren entwicklungsspezifischen Anlagen her noch nicht befähigt sind, kommt der Heftführung erhöhte Bedeutung zu. Bei diesen Schülern steht das Selbst-Tun, das Schreiben und Zeichnen für die Aufnahme- und Einprägungsfähigkeit durch die Möglichkeit der Hinwendung an selbstgeschaffene schriftliche Strukturen im Vordergrund. Wichtig ist - dies sei nochmals wiederholt -, daß die Eintragung der stofflichen Inhalte in das Heft in einer Form erfolgt, die eidetischen Prinzipien entspricht: So sollten im Heft nicht fortlaufend schriftliche Aufzeichnungen in Satzform, sondern strukturell gegliederte Inhalte der Unterrichtsstunden in exemplarischer Darstellung, übersichtlich und klar gegliedert, stehen.

Dann vermögen die Eintragungen im Heft den roten Faden von Unterrichtssequenzen zu repräsentieren, dem Schüler rasch Zugangsmöglichkeiten zu verschaffen und ihm den Lernvorgang zu erleichtern.

Auf einen weiteren Gesichtspunkt sei ebenfalls noch hingewiesen. Durch eine saubere Heftführung soll der Schüler zur Ordnung und Genauigkeit erzogen werden.
Wer es gewohnt ist, beispielsweise in seinem Rechenheft Zahlen, Zahlenkolonnen,
Übersichten, Rechenwege klar, deutlich und übersichtlich zu schreiben, vermeidet
überflüssige Fehler und den damit zusammenhängenden Ärger, spart Zeit. Er liefert
wohl auch später im Beruf eine Arbeit, die leicht nachzuvollziehen ist und an der andere Mitarbeiter ohne Mühe weiterarbeiten können, wenn er als bisheriger Sachbearbeiter aus irgendeinem Grund verhindert ist. Für diese Begründung eines saube-
ren Hefteintrags haben unsere Schüler auf jeden Fall dann Verständnis, wenn sie die
Berufsschule als Teilzeitschule besuchen. Wie oft müssen sie selbst z.B. eine Kunden-
abrechnung, die sie begonnen haben, liegen lassen, um am nächsten Tag die Schule
zu besuchen, und ein anderer Mitarbeiter muß die Abrechnung beenden, weil sie an
den Kunden weitergeleitet werden muß? Schüler, die eine solche Ordnung als
„Kleinlichkeit" betrachten, müssen systematisch auf die Ordnung hin erzogen werden. Und das ist heute nicht immer ganz leicht!

Fassen wir zusammen: Das Heft ist ein wichtiges Hilfsmittel für den Schüler zur
Vorbereitung, Sicherung und Vertiefung von Lernergebnissen. Es bietet dem
Schüler die Möglichkeit der stofflichen Orientierung und des eigenständigen gei-
stigen Nachvollzugs von Lernergebnissen.

1.4.3.7 Film

Der Film ist in unserer Zeit zu einem Informations-, Suggestions- und Verständi-
gungsmedium ersten Ranges geworden. Mit der Ausbreitung des Films und des
Fernsehens mehren sich die Stimmen, „die über eine zunehmende Oberflächlichkeit
in der Wahrnehmung und in der Beurteilung von Sachverhalten auf allen Gebieten
klagen. Auch die Erklärung ist für den pädagogischen Bereich interessant: Ursache
für die ‚geistige Verflachung' sei, so wird argumentiert, die Vielzahl der optischen
und der akustischen Reize, durch die Sinne und Geist fortwährend neuen Beeinflussungen ausgesetzt seien, ohne daß Zeit für eine ordnende Auseinandersetzung mit
dem Gesehenen und Gehörten bleibe ... Andererseits ist zu bemerken, daß den optischen Mitteln viele Kenntnisse zu verdanken sind, an die sich im Unterricht erfolgreich anknüpfen läßt. Die Schilderungen der Schüler über das visuell Wahrgenom-
mene sind mitunter so genau und zutreffend, daß es wünschenswert erscheint, durch
den Unterricht ebenso genaue Vorstellungsbilder zu erzielen, wie es Film und Bild
offenbar gelingt."[1] Daß bei dieser Konstellation die Schule das Medium Film nicht
mehr nur sozusagen mit der linken Hand behandeln darf, versteht sich von selbst.

Der Filmeinsatz hat in der Schule sowohl fachliche als auch allgemeine Ziele[2] zu
verfolgen:[3]

---

1 Fischlein, W.: Film und Bild im wirtschaftsbezogenen Unterricht, in: Die Deutsche Berufs- und Fachschule, 5/1964, S. 359.
2 Eine ausführliche Darstellung der didaktischen Funktion des Mediums Film hat Ruprecht vorgenommen.
  Vgl. Ruprecht, H., Schneider, W., Mörking, R.: Lehren und Lernen mit Filmen, Bad Heilbrunn 1970.
3 Die folgenden Ausführungen stützen sich insbesondere auf W. Fischlein.
  Vgl. Fischlein, W.: Film und Bild, S. 360 f.

— Generell gesehen verfolgt der Filmeinsatz im Unterricht das Ziel, die Fähigkeit der Schüler zu konzentriertem und kritischem Sehen zu fördern.

Die Fähigkeit zur konzentrierten Bildbetrachtung besagt, daß der Schüler von der weit verbreiteten Flüchtigkeit der Bildwahrnehmung zu einem bewußten, der Anschauung, Erfahrung und dem Erlebnis dienenden Sehen geführt werden muß. Er muß daran gewöhnt werden, den Aussagewert eines Filmes möglichst vollständig zu erfassen und darüber zu berichten. Über die letzte Maßnahme wird der Schüler gezwungen, seine ganze Konzentration auf den sachlichen Inhalt zu richten, und er ist ferner gedanklich und sprachlich zur Aktivität aufgerufen. Daneben hat der Lehrer darauf hinzuarbeiten, daß der Schüler seine Aussagen zu dem Film nicht aus dem Dialog bzw. dem Kommentar, sondern aus einem kritischen Sachverständnis heraus ableitet. Dieses Bemühen erscheint um so dringlicher, als die Suggestionskraft des Bildes das kritische Urteilsvermögen allgemein abschwächt. Kritiklosigkeit aber muß für den zukünftigen Kaufmann, der durch den Vergleich von Leistung, Qualität und Preis eine illusionslose Geschäftspolitik zu betreiben hat, verhängnisvoll werden.

— Aus stofflicher Sicht kommt dem Filmeinsatz eine vierfache Bedeutung zu:

(a) Durch den Film soll die Realität in den Unterricht einbezogen werden. Der Film stellt reale Sachverhalte und Vorgänge dar, „die aus räumlichen und zeitlichen Gründen nicht unmittelbar erschlossen werden können, die sich aufgrund der Größenverhältnisse einer unmittelbaren Beobachtung entziehen, die eine lange Verlaufsdauer haben und deshalb nicht in allen Phasen unmittelbar verfolgt werden können oder die so schnell ablaufen, daß sie nur durch filmische Mittel der Beobachtung zugänglich gemacht werden können. In dieser Funktion begnügt sich der Film damit, fotografierte Wirklichkeit zu bieten, d. h. einen Gegenstand oder einen Vorgang analog zu vertreten."[1]

(b) Durch den Film soll die Anschauung beim Schüler erhöht werden. In diesem Fall gibt der Film kein Abbild der Realität, sondern er interpretiert die Wirklichkeit. Er ordnet, gliedert, vereinfacht die verwirrende, ungegliederte Wirklichkeit und macht sie für den Schüler überschaubar. Da er Zufälligkeiten ausschalten und Zusammenhänge theoretisch aufbereiten kann, die auch bei einer sinnlichen Wahrnehmung nicht klar werden, ist er insoweit beispielsweise einer Betriebsbesichtigung überlegen. In der interpretierenden Funktion erreicht der Filmeinsatz seinen hohen didaktischen Wert, aber auch seine höchste Problematik, da die Auswahlkriterien von den jeweiligen Vorstellungen der produktionsbeteiligten Fachpädagogen abhängen.

(c) Durch den Film soll die Lerneffektivität des Schülers erhöht werden. Die Einbeziehung der übernommenen bzw. interpretierten Wirklichkeit in den Unterricht erleichtert dem Schüler den Weg, den er zur Erreichung der geforderten Lernziele zu durchschreiten hat. Neben dieser stofflichen Komponente besitzt der Film aber auch einen hohen Wert für die Interessenprovokation und -erhaltung (Motivation). Jeder Lehrer weiß, wie schwierig es ist, die Aufmerksamkeit

---

1 Scheuerlein, H., Krauß, H.: Der 16-mm-Film, in: Schorb, A., Simmerding, G. (Hrsg.): Lehrerkolleg, AV Medien im Unterricht, München 1975, S. 91.

der Klasse von Stunde zu Stunde zu gewinnen und über die ganze Unterrichtszeit zu erhalten. Der Filmeinsatz bewährt sich in dieser Hinsicht außerordentlich gut.

(d) Durch den Film soll die Berufsorientierung erleichtert werden. „Die Bedeutung der Veranschaulichung durch Film und Bild reicht weiter über die unmittelbaren stofflichen Ziele des Unterrichts hinaus. Sie betrifft auch den Problemkreis der Berufsorientierung. Durch wirklichkeitsgetreue Aufnahmen wird dem Jugendlichen, der sich noch nicht für einen bestimmten kaufmännischen Beruf entschieden hat (Berufsfachschüler, Fachoberschüler) deutlich, in welcher Umgebung die einzelnen Berufe zu bewältigen und welche Tätigkeiten darin zu verrichten sind."[1] Inwieweit die jeweils eingesetzten Filme diese Funktion abzudecken vermögen, ist eine andere Frage.

Aus den Funktionen des Films als Anschauungs- und Arbeitsmittel geht hervor, daß es mit einem gelegentlichen Vorführen im Unterricht nicht getan sein kann, vielmehr bedarf es einer fortwährenden Integration in den unterrichtlichen Ablauf. Man kann den Film nicht als ein Mittel der Belohnung („Wenn Sie heute kräftig mitarbeiten, dürfen Sie einen Film sehen".) oder der Strafe verwenden („Sie waren heute so unruhig, daß ich Ihnen als Strafe den Film nicht zeige"!). „Lohn und Strafe sind sicher pädagogische Mittel, aber man kann nicht mit dem Entzug einer Lehrerinformation drohen oder strafen wollen. Auch wenn die Medien nur zu ‚allen heiligen Zeiten‘ (vor Weihnachten oder Ostern) verwendet werden, gehören sie zu einer Ausnahmesituation, sind aber nicht regelmäßige Arbeitsmittel. Es heißt dann: ‚Heute brauchen wir nichts zu lernen, heute sehen wir Lichtbilder‘ ... Die Medien dürfen auch nicht als bloße Unterhaltung, als Zeitvertreib und zur Füllung von Leerstunden verwendet werden."[2] Im folgenden gilt es daher, den *methodisch-didaktischen Standort des Filmeinsatzes* genauer zu determinieren.

(1) Setzt der Lehrer den Film in der *Motivationsphase* ein, so verfolgt er damit das Ziel, Interesse zu wecken, den Schüler lernbereit zu machen und Initiativen hervorzurufen, die über den Augenblick hinausgehen. Hierfür eignen sich primär Filme, die den anstehenden Sachverhalt zwar problematisieren, aber noch keine Lösungen oder Antworten bereithalten (= Open-end-Filme). Da eine solche Motivation sehr zeitaufwendig ist, sollte sie nur dann eingesetzt werden, wenn der Lehrer das anstehende Stoffgebiet für so zentral ansieht, daß er es breit gefächert problematisieren und vertiefen möchte. In neueren Filmproduktionen sind dem Informationsteil häufig spezielle Motivationssequenzen vorangestellt, so daß Motivation und Erarbeitung eines Themas mittels eines Filmes möglich sind.

(2) Seine volle methodisch-didaktische Entfaltung erlangt das Medium Film in der *Erarbeitungsphase*. In diesem Fall verbleibt die motivierende Aktivierung der Schüler beim Lehrer. Hierbei müssen die Grundlagen für die anstehenden Lerninhalte geschaffen und der Bezug zu bisherigen Unterrichtsergebnissen hergestellt werden, denn nur wer mit Fragestellungen oder Aufga-

---

1 Fischlein, W.: Film und Bild, S. 362.
2 Hubalek, F.: Audio-visuelle Medien, S. 23 f.

ben an ein Geschehen herangeführt wird, kann auch beobachten. Der eigentliche Filmeinsatz hängt dann von der filmischen Struktur, dem Schwierigkeitsgrad des Stoffes, den Rahmenbedingungen der Klasse oder von Fragen der Unterrichtsökonomie ab. Vier Möglichkeiten sollen hier angeführt werden:[1]

Darbietungsmodus 1: „Nach der bereits aufgezeigten Vorarbeit wird der Film einmal im ganzen dargeboten. Die filmisch vermittelten Inhalte werden dann gesichert und die Ergebnisse fixiert.

Darbietungsmodus 2: Filme können ein so anspruchsvolles Struktur- und Formgefüge aufweisen, daß ein einmaliges Darbieten für die Erfassung der Aussage nicht ausreicht. Erst- und Zweitdarbietung haben dabei ganz spezifische Funktionen. Während die Erstdarbietung eine Grobstrukturierung erlaubt, dient die Zweitdarbietung der Feinstrukturierung. Sie ermöglicht eine stärkere Durchgliederung der dargestellten Sachverhalte, im ersten Durchgang entstandene ‚Leerstellen' werden aufgefüllt, aufgetauchte Fragen beantwortet. Erst- und Zweitdarbietung müssen entsprechend vorbereitet sein. Dies geschieht durch gezielte Arbeits- und Beobachtungsaufträge, die beim zweiten Durchgang enger, detaillierter, schärfer zu stellen sind als beim ersten und die bereits erworbene Erkenntnisse mit einbeziehen.

Darbietungsmodus 3: Der Film wird zunächst im ganzen geboten. Er dient nicht nur der Vermittlung eines Gesamteindrucks, sondern vor allem der Erkenntnis der Grobstruktur eines filmisch dargestellten Sachverhaltes. Diese Grobstruktur, die fixiert werden müßte, bildet die Grundlage der zweiten Darbietung. Sie erfolgt in Abschnitten, die der vorher fixierten Grobstruktur entsprechen. Die Erfolgssicherung wird sich zunächst auf die jeweilige Sachaussage der einzelnen Abschnitte beziehen ... Nach der zweiten, also in Abschnitten vollzogenen Darbietung, erfolgt die sichernde Zusammenfassung der Einzelergebnisse.

Darbietungsmodus 4: Der Film wird zunächst in Abschnitten dargeboten, die der Sachstruktur des Gegenstandes entsprechen. Diese Darbietungsform wird durch bestimmte filmgestalterische Maßnahmen erleichtert: strenge sachlogische Lineargliederung, Unterstützung dieser Gliederung durch Zwischentitel, besondere optische und akustische Zeichen. Die Erfolgssicherung schließt sich unmittelbar an die Sachauseinandersetzung nach den einzelnen Abschnitten an. Die nochmalige Filmdarbietung, die ohne Unterbrechung erfolgt, dient der beziehungsstiftenden Zusammenschau und bereitet die abschließende Gesamtzusammenfassung vor."

---

1 Scheuerlein, H., Krauß, H., haben die Darbietungsmöglichkeiten des Films kurz und prägnant zusammengefaßt. Ihre Ausführungen sollen hier übernommen werden. Vgl. Scheuerlein, H., Krauß, H.: Der 16-mm-Film, S. 98 f.
Die didaktischen Einsatzmöglichkeiten des Films hat auch Spreitzer in sehr interessanter Weise aufgearbeitet. Vgl. Spreitzer, L.: Der didaktische Ort dynamisch-visueller Medien, in: Schnitzer, A. (Hrsg.): Medien im Unterricht, München 1977, S. 119 f.
Decker wiederum stellt den Konflikt-Element-Film als die für den Wirtschaftslehre-Unterricht adäquate Filmart heraus. Vgl. Decker, F.: Der Einsatz von Konflikt-Element-Filmen im Wirtschaftslehre-Unterricht, in: Decker, F. (Hrsg.): Grundlagen der Wirtschaftsdidaktik, Ravensburg 1974, S. 377 f.

(3) Bleibt zu fragen, ob der Filmeinsatz auch in der *Phase der Erfolgssicherung* Platz greifen kann. In der Praxis kann dieses Vorgehen häufig beobachtet werden. Hierzu ist zu sagen, daß der Filmeinsatz nach der Erschließung der Lerninhalte in der Regel wenig sinnvoll erscheint, da er vom Schüler oft nur als „Dreingabe", als Lohn für erfolgreiche Arbeit verstanden wird. Außerdem ist die Veranschaulichung der Lerninhalte bei deren Erarbeitung und nicht nach „getaner Arbeit" notwendig. Hinzu kommt, daß Unterrichtsfilme nur selten auf der Stufe der Erfolgssicherung konzipiert sind. Damit ist festzuhalten, der Filmeinsatz hat primär keine Sicherungs- oder Transferaufgaben zu erfüllen.

Nach den allgemeinen Erörterungen über die Einsatzmöglichkeiten des Mediums Film gilt es, ihn auf den Wirtschaftslehre Unterricht zu projizieren. Dies soll fächerspezifisch erfolgen, ohne daß hierbei auf einzelne Filme genauer eingegangen wird, da zum einen die Beschreibung eines speziellen Filmeinsatzes als zu spezifisch und ohne allzu breite Verallgemeinerungsmöglichkeit angesehen wird und zum anderen der Leser nur dann einen Gewinn hätte, wenn er den Film genau kennt.

Die Möglichkeiten, den Film in der *Betriebswirtschaftslehre* in didaktisch sinnvoller Weise einzusetzen, sind sehr zahlreich. Im Grunde gibt es kaum betriebswirtschaftliche Lerninhalte, in deren Rahmen der Filmeinsatz als nicht zweckmäßig erscheint. Als Hauptaufgaben des Filmeinsatzes in der Betriebswirtschaftslehre können angesehen werden:

1. Der Film führt die Schüler in die wirtschaftliche Realität ein und schließt ihn unmittelbar in das Geschehen ein. Dies geschieht durch die wirklichkeitsgetreue Darstellung von Betriebseinrichtungen, Produktionsabläufen, Verwaltungs- und Vertriebsvorgängen u. a. Da viele Themengebiete aus der Betriebswirtschaftslehre einen hohen Abstraktionsgrad aufweisen, kommt dieser Funktion eine hohe Bedeutung zu.

2. Durch den Film können wirtschaftliche Prozesse und kaufmännische Verhaltensweisen sachlich, räumlich und zeitlich gerafft und auf ihre wesentlichsten Phasen verdichtet werden. Auf diese Weise können dem Schüler wichtige Strukturen des Wirtschaftsprozesses veranschaulicht werden.

Die Einsatzmöglichkeiten des Films im *Schriftverkehr* sind beschränkt. Schriftverkehr, der als Anwendungsfeld für die Fächer Betriebswirtschaftslehre, Deutsch sowie die schreibtechnischen Fächer aufgefaßt wird, besitzt außer den DIN-Vorschriften kaum eigene Inhalte. Da der wirtschaftliche Tatbestand eines Briefes in der Betriebswirtschaftslehre abgeklärt wird und die Erarbeitung des Briefes vorwiegend am Objekt (Beleg, Geschäftsvorfall u. a.) zu erfolgen hat, verbleiben für den Filmeinsatz letztlich nur die Darstellung der Technik im Büro. „Adressiermaschinen, Frankiermaschinen, Diktiergeräte, wirklichkeitsgetreue Karteien u. a. können selten in der Schule zur unmittelbaren Anschauung bereitgehalten werden. Damit sich die Schüler überhaupt ein Bild davon machen können, ist die Zuhilfenahme von Veranschaulichungsmitteln nötig. Die Möglichkeiten des Films reichen hier beispielsweise weiter als die der Stehbilder, denn die Funktion und die Bedeutung der Anlagen können den Schülern erst verständlich werden, wenn sie ihren betrieblichen Einsatz gesehen haben. Diese bewegungs-gebundenen Vorgänge kann der Film besser verdeutlichen."[1]

Buchführung und *Kaufmännisches Rechnen* haben gemein, daß sie betriebswirtschaftliche Vorgänge in einem System abstrakt aufzeigen und zahlenmäßig widerspiegeln. Betriebswirtschaftliche Vorgänge werden damit auf eine höhere Stufe der Abstraktion angehoben. Zur Buchführung bzw. zum Kaufmännischen Rechnen führen demnach in der Schule zwei Abstraktionsebenen:[2]

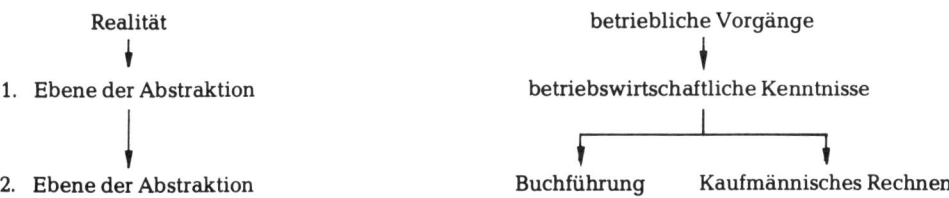

Für den Filmeinsatz ist hieraus zu schließen, daß in der Buchführung und im Kaufmännischen Rechnen die erste Ebene der Abstraktion, also ein gedankliches System, dargestellt werden muß, da die zugrunde liegenden wirtschaftlichen Verhältnisse ja schon in der Betriebswirtschaftslehre veranschaulicht wurden. In der inhaltlichen Darstellung eines Systems ist aber der Film anderen Medien, wie etwa dem Tafelanschrieb, dem Arbeitsblatt oder der Arbeitsprojektion, unterlegen. Daraus ist zu folgern, daß in den Fächern Buchführung und Kaufmännisches Rechnen die Möglichkeiten für den Filmeinsatz sehr stark eingeschränkt sind. Allein in der Motivationsphase werden gewisse Einsatzgelegenheiten zu sehen sein.

Trotz der großen Anzahl an positiven Gesichtspunkten, die dem Film zuzuschreiben sind und die ihn in vielen Fällen für den Unterricht prädestinieren, hat auch dieses Medium *Grenzen,* die es zu beachten gilt.

— Durch den Film werden zwar in bestimmten Fällen Motivierung, Erarbeitung und Erfolgssicherung im Unterricht erleichtert und damit die Lehr- und Lerneffektivität erhöht, die sozialen Interaktionen werden dadurch zunächst kaum tangiert. „Immer wieder aber stellt sich heraus, daß eine Sozialphase unumgänglich ist. Die Gemeinschaft und das Gespräch mit dem Lehrer und anderen Lernenden führen erst zur Formung des richtigen Verständnisses und zur Festigung des Gelernten, bauen eine Hierarchie der Werte auf und ermöglichen die Prüfung und Bewährung des Wissens."[3] Dem Filmeinsatz muß sich daher eine intensive schüleraktive Phase anschließen. Allerdings ist dies sehr zeitintensiv und wirft so von dieser Seite her wiederum Probleme auf.

— Der Filmeinsatz ist überwiegend auf die Wiedergabe bzw. strukturierende Zusammenfassung der konkreten Wirklichkeit abzustellen. Der Darstellung abstrakter geistiger Inhalte oder Systeme durch das Medium Film sind enge Grenzen gesetzt.

1 Fischlein, W.: Film und Bild, S. 366.
2 Der Grundgedanke dieses Schemas geht auf Fischlein zurück. Vgl. Fischlein, W., ebenda, S. 367 f.
3 Hubalek, F.: Audio-visuelle Medien, S. 23.

– Der Film kann nur dann die Unterrichtsarbeit des Lehrers effektiv unterstützen, wenn er in den laufenden Lernprozeß der Schüler integriert wird. Wird er jedoch unabhängig vom ablaufenden Lernprozeß des Schülers eingesetzt, etwa zur Entlastung der Lehrtätigkeit des Lehrers, zur Überbrückung einer Leerstunde, als Belohnung für Schülerverhalten, zur vertiefenden Wiederholung u. a., sinkt seine Effektivität stark ab.

– Die Qualität des Films hängt ab von den Intentionen der Produzenten und richtet sich daher nach dessen subjektiven Erlebnissen, Erkenntnissen und Einstellungen. Selbst wenn der Gestalter um Objektivität bemüht ist, so kann der Film doch niemals die Objektivität darstellen. Inwieweit der Film dem Lehrplan, den Lernzielen des Lehrers bzw. der Realität nahekommt, muß daher in jedem Einzelfall genau geprüft werden.

– Bei der Auswahl und Anordnung des Films sind die Produzenten sicherlich darum bemüht, in einem generellen Rahmen auf die anzusprechenden Schüler einzugehen (Alter, Vorbildung, angenommene Verständnisfähigkeit, Lernzeit u. a.). Es ist aber keinesfalls möglich, individuelle Lernbedingungen zu berücksichtigen. „Lernpsychologie und Kommunikationswissenschaft haben jedoch längst bemerkt, daß Kommunikationsprozesse disfunktional verlaufen können, d. h. daß etwas anderes dabei herauskommen kann, als ursprünglich beabsichtigt war. Menschen lernen auf unterschiedliche Weise, wählen Informationen unterschiedlich aus und sind dabei sowohl von individuellen Gegebenheiten als auch von den Einflüssen ihrer vielschichtigen Umwelt abhängig."[1] Das besagt, daß für einen optimalen Ablauf des individuellen Lernprozesses neben der fachdidaktischen Auswahl der Inhalte auch die Berücksichtigung der individuellen Lernbedingungen erforderlich wäre. Allerdings ist damit das Medium Film überfordert. Für den Lehrer läßt sich hieraus jedoch die Forderung ableiten, der Differenzierung und Individualisierung im Anschluß an die Filmvorführung im besonderen Maße Rechnung zu tragen.

1.4.3.8 EDV im Unterricht[2]

Die Literatur über dieses Themengebiet ist häufig sehr speziell ausgerichtet, geht es doch oftmals nur darum, dem Lehrer Hinweise und Anregungen zu geben, wie diese oder jenes Softwareprogramm (z. B. ein computergestütztes Planspiel im Betriebswirtschaftslehre-Unterricht; der Aufbau einer Fibu im Fach Buchfüh-

---

1 Zimmermann, D.: Unterrichtsfilm und Lernen, in: Lehrmittel aktuell, 1/1977, S. 34.
Nach Zimmermann ist der „typische Unterrichtsfilm durch folgenden Aufbau gekennzeichnet:
– einer Kette von Informationen, die meist linear, phasen- oder schubweise einen Sachverhalt darstellen,
– einer Kette von Informationen, die nur das ‚Wesentliche' beinhalten,
– der auf die vorgestellte Person des Lernenden bezogenen Begrenzung optisch-akustischer Zeichen,
– dem Verzicht auf Zugeständnisse an alle Erwartungen des Lernenden, die von seinem außerschulischen Konsum der Unterhaltungsmedien geprägt sind,
– der ‚Seriosität der Präsentation'."
2 Zur Theorie des computerunterstützten Lernens vgl. Euler, D.: Kommunikationsfähigkeit und computerunterstütztes Lernen, Wirtschafts-, Berufs- und Sozialpädagogische Texte, Bd. 13, Köln 1989; sowie Euler, D., Jankowski, R., Lenz, A., Schmitz, R., Twardy, M.: Computerunterstützter Unterricht, Möglichkeiten und Grenzen, Braunschweig 1987.

rung, ein Graphik-Programm im Bereich der Statistik oder ein Tabellenkalkulationsprogramm im Fach Kaufmännisches Rechnen) in den Unterricht zu integrieren ist. Im Rahmen dieses Buches müssen solche Ausführungen außen vor bleiben. Wir beschränken uns hier darauf, in aller kürze allgemeine Aussagen zum EDV-gestützten Unterricht in den wirtschaftswissenschaftlichen Fächern vorzutragen.

Ob ein anwendungsorientierter Computereinsatz im Unterricht als sinnvoll angesehen werden kann, hängt von der Beantwortung folgender zwei Fragestellungen ab:

— *Ist das computergestützte Lehr- und Lernmodell dazu geeignet, gesetzte Lernziele bzw. Schlüsselqualifikation zu fördern (= Zielbezug)?*

Zu fragen ist also beispielsweise: Wird problemlösendes, entdeckendes und selbstgesteuertes Lernen gefördert? Läßt das Programm dem Schüler genügend Spielraum für ein eigenständiges Urteil? Erhält der Schüler Einsichten in aktuelle, praxis- und berufsbezogene Tatbestände? Trägt der Computereinsatz dazu bei, Techniken zu lernen, die im künftigen Berufsleben nicht mehr wegzudenken sind oder erfordert der Computereinsatz die Aneignung schulspezifischer (aber praxisfremder) Techniken?

— *Werden durch das computergestützte Lehr- und Lernmodell neue methodische Vorgehensweisen ermöglicht (= Methodenbezug)?*

Zu fragen ist also beispielsweise: Ermöglicht das Programm, viele Daten schnell und genau aufzuarbeiten (Rechnen, Speichern oder Visualisieren), so daß umfassende, entscheidungsorientierte und praxisbezogene Projekte in den Unterricht einbezogen werden können? Trägt das Programm dazu bei, fächerweise erlerntes Einzelwissen inhaltlich und methodisch zu integrieren? Erlaubt das Programm individuelles Arbeiten der Schüler (z. B. Variabilität von Lernweg und Lernzeit)? Bietet der Computereinsatz methodische Vorteile, die durch andere Medien nicht zu erzielen sind?

Unter Berücksichtigung der angesprochenen Fragestellungen erscheint der Einsatz der Datenverarbeitung in den wirtschaftswissenschaftlichen Fächern in folgenden Fällen sinnvoll:

— Der Computereinsatz dient der schnellen Verarbeitung mengenmäßig vieler und unterschiedlicher Daten, z. B. Tabellenkalkulationsprogramme zur Erstellung einer Betriebsübersicht, eines BAB, einer Warenkalkulation, einer Gehaltsabrechnung oder Programme zur Auswertung eines Planspiels.

— Der Computer wird dazu eingesetzt, statistisches Zahlenmaterial grafisch darzustellen, z. B. Absatz-, Kosten-, Gewinn- oder Umsatzentwicklungen werden in Linien-, Kurven-, Balken- oder Kreisdiagrammen dargestellt.

— Der Computer wird dazu verwendet, Alternativen aufzuzeigen, komplexe Tatbestände zu ordnen oder Analysen zu erstellen, um Entscheidungsgrundlagen abzugeben, z. B. Vergleich von Leasing- und Bankkreditraten, Auswirkungen der verschiedenen Abschreibungsmethoden auf die Gewinnentwicklung bzw.

Steuerbelastung, Durchführung eines Angebotsvergleichs für die Kaufentscheidung, Veranschaulichung der Zusammenhänge zwischen Angebot, Nachfrage und Preisbildung durch ein Tabellenkalkulationsprogramm mit integrierter Grafik.

— Der Computer wird nach der theoretischen Vermittlung der Lerninhalte eingesetzt, um praxisorientierte Vorgehensweisen zu demonstrieren, z. B. Programmeinsatz zur Ermittlung der Bilanz- bzw. GuV-Kennziffern; Einsatz eines Fibu-Programms, um die Debitoren- bzw. Kreditorenbuchhaltung bzw. den Jahresabschluß zu demonstrieren.

Die isoliert angesprochenen Einsatzmöglichkeiten werden im Unterrichtsalltag häufig in kombinierter Weise angewandt.

Beck, der sich in mehreren Beiträgen intensiv mit dem EDV-Einsatz im Wirtschaftslehre-Unterricht auseinandergesetzt hat, stellt fest, daß der Einsatz des Computers im Unterricht nur dann Sinn macht, wenn

— „dem Schüler ‚mehr‘ gezeigt, vermittelt und verständlich gemacht werden kann, als es ohne den Einsatz der Datenverarbeitung möglich ist,

— ein vorgegebenes *Unterrichtsziel* auf andere Weise *nicht* oder nur schwer erreicht werden kann,

— Schüler und Lehrer von *unnötiger Rechenarbeit* entlastet werden können, wodurch der schnelle Einstieg in fachlich relevante Fragestellungen möglich ist,

— in die *Arbeitsmethoden der Praxis* eingeführt werden soll,

— *komplexe reale Vorgänge* - beispielsweise im Rahmen von Planspielen - *simuliert* werden sollen.“[1]

Ein anwendungsorientierter Einsatz der EDV wird in praktisch allen neueren Lehrplänen verbindlich vorgeschrieben bzw. in der Hinweisspalte empfohlen. Wie weit diese Entwicklung schon fortgeschritten ist, soll an einigen Beispielen aus dem Lehrplan „Bürokaufmann, Bürokauffrau, Jahrgangsstufe 10 bis 12“ hrsg. vom Bayerischen Staatsministerium für Unterricht, Kultus, Wissenschaft und Kunst aufgezeigt werden.[2] Hier ein Auszug aus den in den „Hinweisen zum Unterricht“ geforderten EDV-Einsätzen:

---

1 Beck, H.: Schlüsselqualifikationen, S. 130.
2 Zu beziehen beim Verlag Alfred Hintermaier, Edlingerplatz 4; 81543 München 90.

Allgemeine Wirtschaftslehre

Fachklassen Bürokaufmann/Bürokauffrau

LERNZIELE	LERNINHALTE	HINWEISE ZUM UNTERRICHT
1.1 Kenntnis wirtschaftlicher Grundbegriffe und ihrer Zusammenhänge	Zusammenhang zwischen – Angebot, Nachfrage und Preisbildung	Die Wechselwirkung soll am Modell der vollständigen Konkurrenz verdeutlicht werden. Veranschaulichen der Zusammenhänge zwischen Angebot, Nachfrage und Preisbildung durch ein Tabellenkalkulationsprogramm mit integrierter Grafik
1.2 Bewußtsein der Notwendigkeit der Sicherung einer intakten Umwelt sowie der Weiterentwicklung des Systems der Produktionsfaktoren.	Erhöhter Stellenwert von – ökologischen Zusammenhängen – Information und Kommunikation – Bildung im Rahmen der volkswirtschaftlichen Produktionsfaktoren.	Z. B. Erweiterung des Faktors Boden auf natürliche Regelsysteme. Der Einsatz eines geeigneten computerunterstützten Planspiels zur Veranschaulichung der Zusammenhänge wird empfohlen.
4.1 Kenntnis der Instrumente der Absatzpolitik	Verkaufsförderung Öffentlichkeitsarbeit Marketing-Mix	Kritische Betrachtung absatzpolitischer Instrumente durch die Schüler Einsatz eines computerunterstützten Planspiels zur Absatzwirtschaft
5.2 Einsicht in die Vorgänge bei Anbahnung, Durchführung und Erfüllung des Kaufvertrags	Der Angebotsvergleich als Voraussetzung für die Kaufentscheidung	Bearbeitung von Fallbeispielen mit Unterstützung eines Tabellenkalkulationsprogramms
6.3 Einsicht in die Notwendigkeit zur Überwachung der Zahlungseingänge und Zahlungsausgänge	Terminüberwachung Skontowahrnehmung/ Lieferantenkredit	Einsatz eines einfachen DV-Programms zur Skontoberechnung und zur Ermittlung von Verzugszinsen

Rechnungswesen

Fachklassen Bürokaufmann/Bürokauffrau

LERNZIELE	LERNINHALTE	HINWEISE ZUM UNTERRICHT
4 Materialwirtschaft 4.1 Fähigkeit, Einstandspreise zu berechnen	Einfache und zusammengesetzte Bezugskalkulation unter Anwendung der – Verteilungsrechnung (Gewichts- und Wertspesen)	Durchführen der Bezugskalkulation mit einem Tabellenkalkulationsprogramm
5.2 Fertigkeit, die Vorgänge beim Absatz zu buchen	Verkauf von – Erzeugnissen – Handelswaren – Dienstleistungen einschließlich – Versandkosten – Rücksendungen – Erlösberichtigungen	Einsatz der DV-Fibu unter Berücksichtigung von Debitorenkonten.
7.2 Fertigkeit, Arbeitsentgelte zu berechnen	Bruttoentgelt Abzüge: – Lohn-, Kirchensteuer – Sozialversicherung – Vorschüsse/ sonstige Abzüge – Nettoentgelt – Vermögenswirksame Leistungen	Einsatz eines DV-Programms zur Nettolohnermittlung Beachtung steuerpflichtiger und steuerfreier Sondervergütungen
10.2 Fähigkeit, statistische Zahlen auszuwerten und darzustellen	Darstellung des Zahlenmaterials: – Tabellen – grafische Darstellungen	Einsatzmöglichkeit für ein grafikfähiges Tabellenkalkulationsprogramm oder ein spezielles Grafik-/Chartprogramm Beispiele können u.a. Lagerbestandsveränderungen, Monatsumsätze, Personalentwicklung oder Altersstruktur sein. Dabei können mehrere Artikel oder in- und ausländische Mitarbeiter vergleichend dargestellt werden.
11.5 Fähigkeit, mit Hilfe von Kalkulationsverfahren Selbstkosten und Verkaufspreise zu ermitteln	Kostenträgerstückrechnung: – Handelskalkulation – Divisionskalkulation – Zuschlagskalkulation – Maschinenstundensatzrechnung	Einsatz eines Tabellenkalkulationsprogramms

2 Methodische Großformen

Vorbemerkung: Die methodischen Großformen[1] setzen sich zwar aus den methodischen Grundelementen Aktionsformen, Sozialformen, Unterrichtsverfahren und Medien zusammen. Jede Großform besitzt aber jeweils eine eigenständige Dynamik, Systematik und Zielsetzung.

Beispielhaft für methodische Großformen werden im folgenden die Grundstrukturen des fächerverbindenden und -übergreifenden Unterrichts, des Rollenspiels, der Fallstudie, des Planspiels, des Projekts, des Lernbüros und der Juniorenfirma vorgestellt, da ihnen im Wirtschaftslehre-Unterricht eine wichtige Funktion zukommt.[2]

2.1 Fächerverbindender und –übergreifender Unterricht [3]

Beim *fächerverbindenden Unterricht* werden Interdependenzen zwischen Lerninhalten verschiedener Unterrichtsfächer hergestellt. Dadurch soll Fachwissen mit den Erkenntnissen anderer Bereiche vernetzt, auseinanderströmendes Einzelwissen in größere Zusammenhänge eingeordnet werden. Der Schüler soll lernen, in Zusammenhängen und Ganzheiten zu denken. Durch diesen ganzheitlichen Aspekt wird der fächerverbindende Unterricht zum erziehenden und persönlichkeitsbildenden Unterricht.[4]

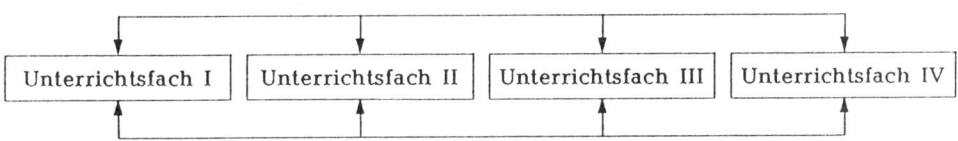

Die Behandlung *fächerübergreifender Unterrichtsthemen* stellt eine besondere Form des fächerverbindenden Unterrichts dar, indem die in verschiedenen Unterrichtsfächern enthaltene Inhalte, die sich auf dasselbe Thema beziehen, herausgearbeitet und untereinander verbunden werden. Fächerübergreifende Unterrichtsthemen sind z. B. Umwelt-, Familien-, Gesundheits- oder Medienerziehung, regionale Infrastruktur, Landesgeschichte u.a. Es handelt sich dabei um thematische Komplexe, die nicht in einem Fach und nicht in wenigen Unterrichtseinheiten behandelt werden können, vielmehr des längerfristigen Zusammenwirkens der Lehrer verschiedener Fächer bedürfen.

---

1 Zum Begriff der methodischen Großformen vgl. S. 189.
2 Kaiser/Kaminski haben die für den Wirtschaftslehre-Unterricht wichtigen methodischen Großformen auf der Grundlage des handlungsorientierten Lernkonzepts aufgearbeitet und mit Beispielen versehen.
Vgl. Kaiser, F.-J., Kaminski, H.: Methodik des Ökonomie-Unterrichts. Grundlagen eines handlungsorientierten Lernkonzepts mit Beispielen, Bad Heilbrunn 1994.
3 Vgl. hierzu: Kultus und Unterricht, Amtsblatt des Ministeriums für Kultus und Sport, Baden-Württemberg, Heft 28/1991.
4 Das Landesinstitut für Erziehung und Unterricht Stuttgart hat Unterrichtsbeispiele zum fächerverbindenden Unterricht an Beruflichen Schulen für den gewerblichen, kaufmännischen, hauswirtschaftlichen, landwirtschaftlichen und sozialpädagogischen Bereich entwickelt und veröffentlicht.
Vgl. Landesinstitut für Erziehung und Unterricht Stuttgart, Neue Unterrichtsformen. Beispiele zum fächerverbindenden Unterricht an Beruflichen Schulen, Handreichungen H - 93/40.

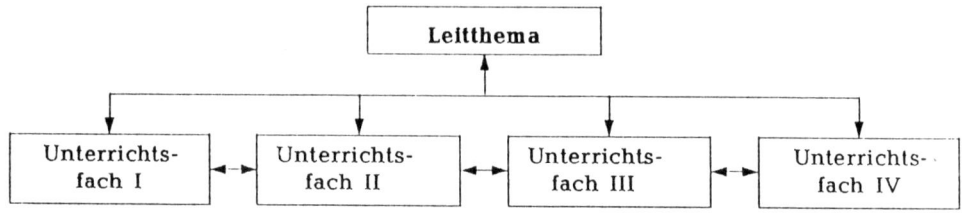

Zur Realisierung eines fächerverbindenden und -übergreifenden Unterrichts ist es nicht unbedingt erforderlich, den fächerorientierten Unterricht aufzulösen, es kann vielmehr schon genügen, „Fenster in die Wände zwischen den Fächern einzubauen". Konkret können z. B. folgende Maßnahmen im Unterrichtsalltag getroffen werden:

– Abstimmung der Lerninhalte durch die betroffenen Fachlehrer im Rahmen eines gemeinsamen Stoffverteilungsplans (= abgestimmter Unterricht),

– Projekttage,

– Studientag,

– Schüler-Hausarbeit usw.

Das nachfolgende Schema enthält mögliche Planungsschritte zur Durchführung einer fächerübergreifenden Thematik:[1]

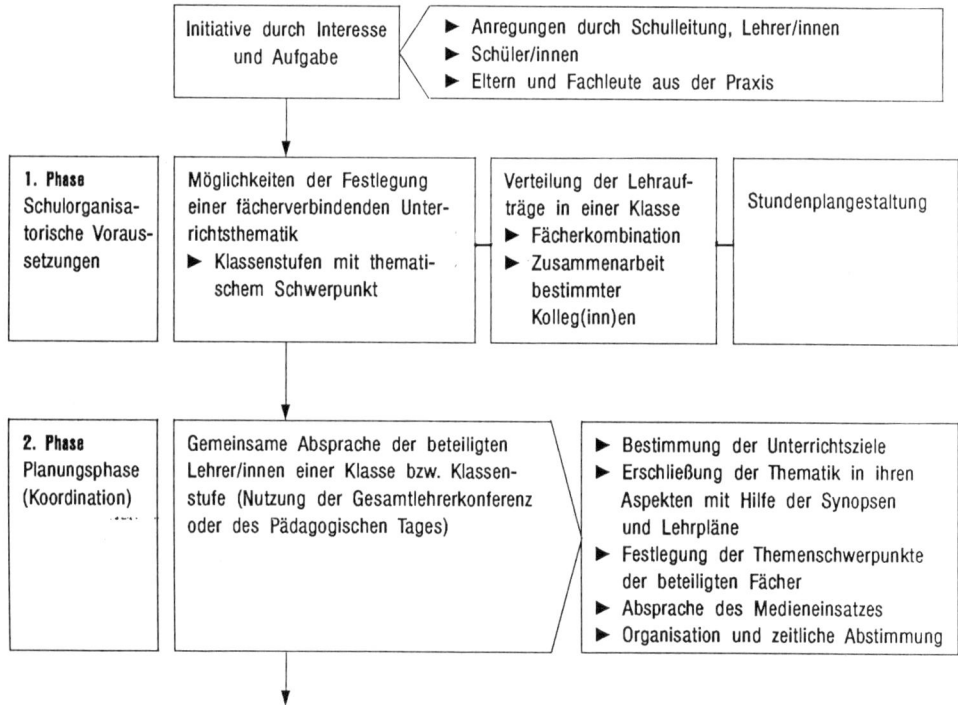

---

1 Stripf, R.: Fächerverbindender Unterricht, in: SchulVerwaltung Baden-Württemberg, Nr. 1/93.

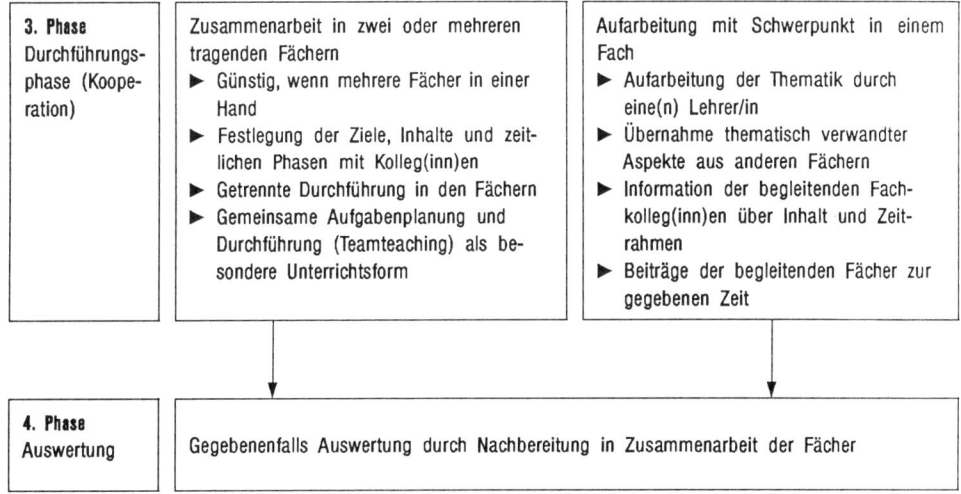

| 3. Phase Durchführungs- phase (Koope- ration) | Zusammenarbeit in zwei oder mehreren tragenden Fächern
▶ Günstig, wenn mehrere Fächer in einer Hand
▶ Festlegung der Ziele, Inhalte und zeitlichen Phasen mit Kolleg(inn)en
▶ Getrennte Durchführung in den Fächern
▶ Gemeinsame Aufgabenplanung und Durchführung (Teamteaching) als besondere Unterrichtsform | Aufarbeitung mit Schwerpunkt in einem Fach
▶ Aufarbeitung der Thematik durch eine(n) Lehrer/in
▶ Übernahme thematisch verwandter Aspekte aus anderen Fächern
▶ Information der begleitenden Fachkolleg(inn)en über Inhalt und Zeitrahmen
▶ Beiträge der begleitenden Fächer zur gegebenen Zeit |
| 4. Phase Auswertung | Gegebenenfalls Auswertung durch Nachbereitung in Zusammenarbeit der Fächer | |

Planungsschritte zur Durchführung einer fächerübergreifenden Thematik

Verschiedene Bundesländer sind dazu übergegangen, affine Fächer zu einem neuen Fach zusammenzufassen, um die Integration der fachlichen Inhalte optimal vornehmen zu können. So etwa geschehen im Fach Rechnungswesen, in das die Fächer Buchführung und Kaufmännisches Rechnen aufgegangen sind. Eine extreme Position nimmt derzeit (noch?) der Stadtstaat Bremen ein, der den Unterrichtsstoff im Lehrplan für den Bürokaufmann/die Bürokauffrau bzw. beim Kaufmann/Kauffrau für Bürokommunikation zu funktionsbezogenen Lernbereichen zusammenfaßt (z. B. Beschaffung, Absatz, Personalwesen usw.) und dabei die Fächer Betriebswirtschaftslehre, Rechnungswesen, Bürowirtschaft, Datenverarbeitung und Textverarbeitung in einen „Berufsbezogenen Bereich" integriert.

Die nachfolgende Übersicht von Beck zeigt mögliche Organisationsformen des fächerverbindenden und -übergreifenden Unterrichts auf:[1]

(1) Unterricht unter Beachtung von Lehrstoff**schichtungen**			
Die Aspekte anderer Fächer werden in den Unterricht einbezogen. Eine formelle oder informelle Abstimmung mit anderen Kollegen ist **nicht** erforderlich.			
Fächerverbindender bzw. **-übergreifender** Unterricht im engeren Sinne.			
Erhaltung der fachlichen Systematik		**Auflösung** der fachlichen Systematik	
(2) Zeitlich parallele Vermittlung der relevanten Lerninhalte.	(3) Zeitlich versetzte Vermittlung. Herstellung von systematischen Bezugen.	(4) Partielle Integration (z.B. gemeinsame Veranstaltungsreihe in Form cinos Projekts)	(5) Vollständige Integration (= Vernetzung aller Lerninhalte in einem neuen Fach).

1 Beck, H.: Schlüsselqualifikationen, S. 57.

2.2 Rollenspiel

Spielen ist eine Grundfunktion menschlichen Tuns und ist so Wesensbestandteil jeder Kultur. Es versetzt den Menschen in eine hypothetische Situation, eine Scheinwelt, die neben der Realität existiert. „Das Spiel besitzt den Charakter einer gewissen Unwirklichkeit, es ist aus der Freiheit geboren, verschafft Spannung, Freude und Glück, und setzt einen anderen Wertmaßstab, als er sonst im Leben gilt. Es verfolgt keinen unmittelbaren praktischen Zweck, weist nicht über sich hinaus. Denn während bei jeder Arbeit ein Zweck das Handeln bestimmt, kreist spielerisches Tun gleichsam in sich."[1] Von den Spielenden wird „nichts weiter verlangt, als daß sie eine neue Individualität annehmen, gewissermaßen in eine fremde Haut schlüpfen und, soweit das möglich ist, dementsprechend reagieren und handeln. Wie ein Rollenspiel verläuft, bleibt reine Vermutung; es gibt in einer Situation keine formalen Beschränkungen, selbst wenn die jeweilige Spielgruppe sich vielleicht eines gewissen allgemeinen Rahmens bewußt ist."[2]

Für den Ablauf des Rollenspiels ist es entscheidend - grundlegende Informationen vorausgesetzt - , daß die Spieler klar erkennen, wodurch die Situation gekennzeichnet ist. Sie müssen spüren, „was auf dem Spiel steht". Die Konsequenzen, die sie hieraus ziehen, müssen das Ergebnis sachlogischer Überlegungen sein, die sich deshalb vom Schüler leichter treffen lassen, weil er als Spielender nur eine Rolle übernommen hat und daher keine Sanktionen für ein eventuelles Fehlverhalten zu fürchten braucht. Diesem Hineinversetzen des Spielenden in die Gegebenheiten eines anderen, das Bemühen, die Rolle so auszufüllen, wie sich die betroffene Person realiter verhalten könnte, „folgt die Erfahrung, daß die eigene Situation mit den von ihr verschiedenen Situationen anderer in Beziehung gesetzt werden muß - es geht also um das Problem der Interaktion. Durch Teilnahme an einem solchen Spielgeschehen werden die Schüler, so ist zu hoffen, sowohl tieferes Verständnis für andere Rollen und Verhältnisse gewinnen als auch sich der Art ihres eigenen Tuns in höherem Maße bewußt werden."[3] Beim Rollenspiel steht somit der personale Bezug im Vordergrund und nicht die Sachproblematik. „Das Rollenspiel eignet sich daher vornehmlich dazu, dem Spieler und den Zuschauern zu verdeutlichen, wie sich bestimmte Personen in bestimmten Situationen verhalten können oder wie man sich im Konfliktfall auf die Argumentationsweise des anderen einstellen muß."[4] Außerdem ist das Rollenspiel trefflich dazu geeignet, auf einen problemorientierten Sachverhalt hinzuführen und die Schüler zu Lösungsbemühungen zu motivieren.

Im einzelnen kommt dem Rollenspiel folgende *pädagogische Bedeutung* zu:[5]

1 Kaiser, F.-J.: Entscheidungstraining, Bad Heilbrunn 1973, S. 71.
2 Taylor, J. L., Walford, R.: Simulationsspiele im Unterricht, Ravensburg 1974, S. 22.
3 Taylor, J. L., Walford, R., ebenda, S. 23.
4 Kaiser, F.-J., ebenda, S. 72.
5 Mit der Bedeutung des Spiels als Erziehungsmittel und der Interdependenz von Spiel und Lernen haben sich insbesondere Scheuerl und Geißler befaßt.
   Scheuerl, H.: Das Spiel. Untersuchungen über sein Wesen, seine pädagogischen Möglichkeiten und Grenzen, Weinheim 1954.
   Geißler, E. E.: Erziehungsmittel.

- Dem Schüler wird sein eigenes Tun in höherem Maße bewußt, da er ein vertieftes Verständnis für andere Rollen gewonnen hat und auch in der Lage ist, Situationen treffender zu analysieren.

- Das Rollenspiel ermöglicht es dem Schüler, seine Verhaltensweisen in einer Spielsituation, und dennoch realitätsnah, zu üben und zu erweitern. Über die Reaktionen von Mitschülern und Lehrer steht ihm gleichzeitig ein Kontrollorgan zur Verfügung, an dem er die Folgen seiner Handlungsweise messen kann.

- „Daß er im Spiel Rollen übernimmt, die ihm in der Realität noch nicht zukommen (z. B. diejenige des Vaters usw.), macht ihn fähig, sich in andere Rollen hineinzuversetzen. Das heißt, der Schüler lernt, Verhaltensweisen anderer vorweg zu bedenken, seine Partner zu verstehen bzw. sich auf sie einzustellen. Er erfährt auf diese Weise auch, wie andere als Träger einer Rolle seinen eigenen Handlungsspielraum beschränken können. So wird er einzuschätzen vermögen, inwiefern diese eben durch ihre Rollen dazu gezwungen werden, und tolerant zu reagieren lernen. Insofern trägt das Rollenspiel dazu bei, Konfliktsituationen zu erkennen, zu durchschauen und durchzustehen. Das so verstandene Rollenspiel - so wird deutlich geworden sein - hat keinerlei ästhetische Funktion; es geht nicht um darstellerische Fähigkeiten, wie sie etwa für das Laienspiel oder Schulspiel erwartet werden.“[1]

- Das Rollenspiel fördert im besonderen Maße auch das Sprachverhalten der Schüler: Verbesserung der Ausdrucksfähigkeit; Sprechen in ganzen Sätzen; Erhöhung der sprachlichen Flexibilität und Argumentationsfähigkeit; der Schüler erfährt die Sprache als Kommunikationsmittel und als Instrument zur Durchsetzung von Interessen u. a.

- Gefördert wird auch die Erkenntnis, daß reale Entscheidungssituationen in der Regel keine eindeutigen Lösungen und eindeutigen Lösungsregeln besitzen.

- Der Schüler macht die Erfahrung, daß verschiedene Verhaltensweisen möglich sind, mit unterschiedlichen Konsequenzen für alle von dem Problem tangierten Personen.

- Das Rollenspiel fördert die Erfahrung, daß eine Bewertung der Konsequenzen notwendig ist, wobei verschiedene Personen aufgrund ihrer verschiedenen Präferenzstrukturen zu unterschiedlichen Bewertungen kommen.

„Teillernziele sind somit die Erfahrung grundlegender Strukturen von Situationen mit alternativen Handlungsmöglichkeiten sowie die Bereitschaft, sich mit der Lösung derartig strukturierter Aufgaben zu befassen, mögliche Handlungsweisen zu entdecken, sie der Diskussion auszusetzen und die Konsequenzen einer endgültig gewählten Alternative im Spiel auszuhalten.“[2]

---

1 Entnommen aus: Schülerbuch Sprache und Sprechen, 5. Schuljahr, Hannover 1972, zitiert nach Kösel, E.: Sozialformen, S. 30 f.
2 Brinkmann-Herz, D.: Strategien zur Beteiligung von Schülern an der Unterrichtsplanung, in: Unterrichtswissenschaft, II/1979, S. 184.

Die Stellung des Rollenspiels im Wirtschaftslehre-Unterricht haben insbesondere Farber und Wittmann untersucht. Sie schlagen für die Anwendung des Rollenspiels folgenden Aufbau vor:[1]

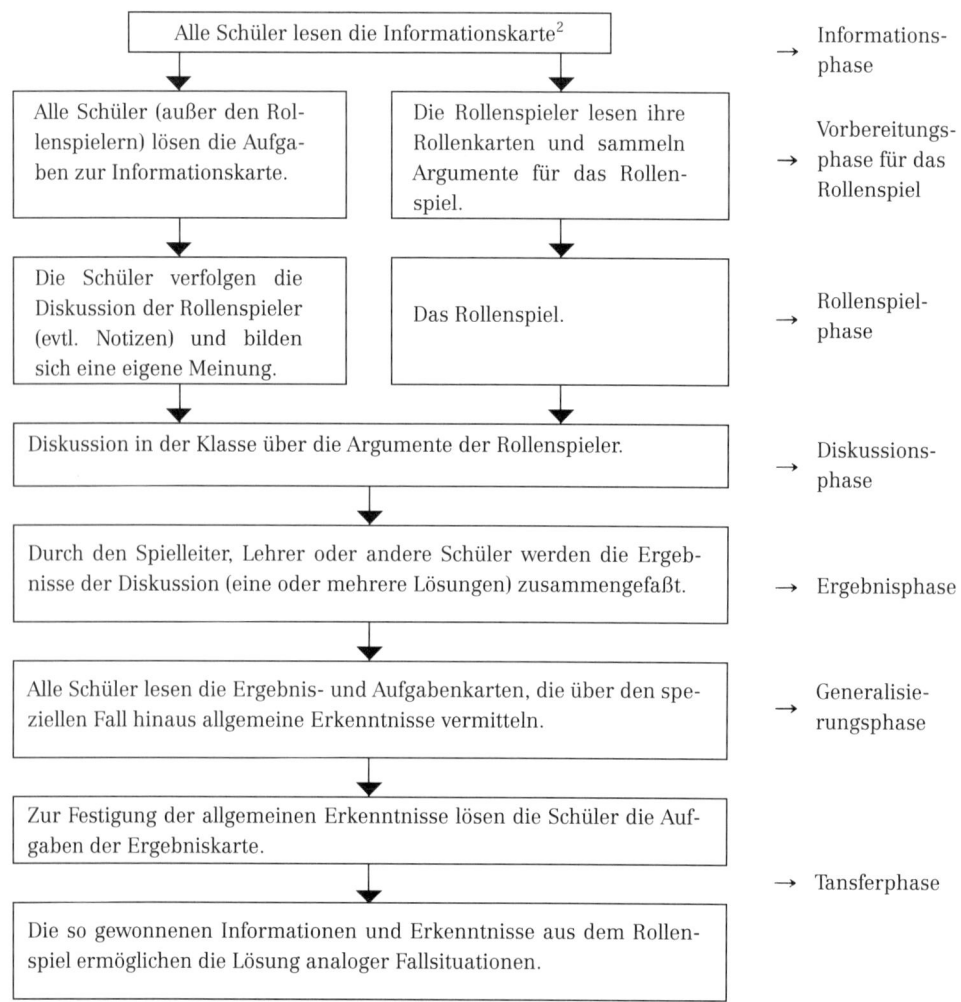

Ablaufdiagramm eines Rollenspiels

Die Bedeutung des Rollenspiels im Wirtschaftslehre-Unterricht sollte nicht unterschätzt werden, da der pädagogische Nutzen dieser methodischen Großform doch sehr bedeutsam ist. Allerdings sollte das Rollenspiel in der Regel nicht ganze Unterrichtsstunden umfassen, vielmehr gilt es, diese methodische Großform immer wieder

---

1 Farber, K., Backhaus, J.: Nachfrage-Preis-Angebot. Rollenspiele zur Wirtschaftslehre. Herausgegeben von K. Farber und B. Wittmann, Dortmund 1972, S. 7.
2 Selbstverständlich kann die Informationsphase methodisch auch anders gestaltet werden. Die Verwendung von Informationskarten kann nur als *eine* Möglichkeit zur Vermittlung des notwendigen Basiswissens angesehen werden.

kurzzeitig in Unterrichtseinheiten einzubauen, als Phase der Motivationssteigerung, der Auflockerung, der Kontrastierung verschiedener einnehmbarer Positionen, der Situationsanalyse und der bewußten Sprachförderung. Viele kleinere Rollenspiele sind pädagogisch als weit wertvoller anzusehen als einige, gezwungenermaßen wenige, jedoch umfassendere Lernspiele. Im übrigen kann man sich uneingeschränkt der Meinung von Kaiser anschließen, der über die Bedeutung des Rollenspiels ausführt: „Das Spiel als Lern- und Erziehungsmittel bietet durch die ihm eigentümlichen Charakteristika die Möglichkeit, Lernen reizvoller zu gestalten. Dabei darf das Spiel jedoch den unterrichtlichen Zwecken nicht soweit untergeordnet werden, daß der Spielcharakter verschüttet oder gar verloren geht."[1]

2.3 Fallstudie

Die Fallstudie ist eine methodische Großform, die die Behandlung von Entscheidungsfällen aus der Unternehmenspraxis in den Mittelpunkt unterrichtlichen Geschehens stellt. Der Schüler hat an einem konkreten Einzelfall die Situation zu analysieren, Fakten herauszustelllen, Probleme zu lösen, Informationen zu sammeln und auszuwerten und Entscheidungen zu treffen. „Das wesentliche Kennzeichen ist, daß es sich um *Entscheidungsfälle* handelt, um Fallschilderungen also, die ein Problem enthalten, das nach einer Entscheidung verlangt. Dafür stehen in der Regel mehrere *Alternativen* zur Verfügung; insbesondere gibt es auch *keine eindeutigen Lösungen.*"[2] Verfahrensfälle mit eindeutiger Lösung, Illustrationsbeispiele und Beschreibungen von praktischen Vorgängen gehören deshalb nicht zur Fallstudienmethode.

Somit steht die Entwicklung von Lösungsstrategien beim Schüler im Vordergrund des Lehrerbemühens, während die Vermittlung von theoretischem Wissen etwas in den Hintergrund gedrängt wird. Da für eine begründete und sachgerechte Entscheidung die genaue Analyse aller Kriterien zu erfolgen hat, wird der Schüler mehr und mehr darin geschult, komplexe und vielschichtige Zusammenhänge zu entwirren und ihren jeweiligen Stellenwert zu bewerten. Dies führt dazu, daß die intelligente Flexibilität, die Entscheidungsbereitschaft, die Entscheidungsfähigkeit, die Entschlußkraft, aber auch das Urteilsvermögen entscheidend gestärkt werden. Dies sind alles Eigenschaften, die in der Auseinandersetzung mit den vielschichtigen und schwer durchschaubaren ökonomischen, politischen und gesellschaftlichen Sachverhalten von großer Bedeutung sind. Hinzu kommt, daß die Wirtschafts- und Sozialwissenschaften keine „exakten" Wissenschaften - etwa im Sinne der Naturwissenschaften - sind und es durch die Verhaltensorientierung dieser Disziplin nur in seltenen Fällen eindeutig richtige oder falsche Lösungen gibt. „Da menschliches Verhalten eher auf subjektiven Individualentscheidungen als auf objektiven Gesetzmäßigkeiten beruht, sehen sich die Wirtschafts- und Sozialwissenschaften (als Wissenschaften vom Verhalten der Menschen in wirtschaftlichen Situationen) gezwungen, engsten Kontakt mit den wirtschaftlichen Entscheidungsprozessen der Realität zu halten. Der Fall stellt mit der Beschrei-

---

1 Kaiser, F.-J.: Entscheidungstraining, S. 71.
2 Hüttner, M.: Der Einsatz „aktiver Lernmethoden", speziell der „Fallmethode" im berufsbildenden Schulwesen, in: DtBFsch 5/1976, S. 347.

bung realer Entscheidungsprobleme und -prozesse ein ideales Mittel der Verbindung zwischen Theorie und Praxis sowie Universität und Umwelt dar."[1] Die Fallmethode, verstanden als „methodische Entscheidungsübungen auf Grund selbständiger Gruppendiskussionen am realen Beispiel einer konkreten Situation,"[2] ist somit hervorragend geeignet, wirtschaftliche Sach- und Wertzusammenhänge zu durchdringen.

Die Ausführungen machen deutlich, daß es auch mit dieser methodischen Großform nicht möglich ist, die ganze Palette der anzustrebenden Lernziele und Schlüsselqualifikationen zu erreichen. Die Fallmethode ist daher nicht als Inkarnation moderner Unterrichtsmethodik anzusehen, ihre Effektivität hängt vielmehr ab vom anvisierten Lernziel und vom Entwicklungsstand des Lernprozesses.

Ziele, die insbesondere durch die Fallmethode gefördert werden, sind:[3]
— Lernen, die Probleme kritisch zu analysieren;
— Förderung der Kooperationsbereitschaft;
— Erkennen von komplexen Zusammenhängen;
— Beherrschung von Managementtechniken;
— Lernen durch (das) Sammeln von problemrelevanten Daten und Informationsverarbeitung;
— Lernen der Fähigkeit, das Gelernte in der Praxis anzuwenden.

Die Fallmethode ist dagegen weniger geeignet, einen Wissensstoff systematisch zu vermitteln.

Für die Schule muß hieraus gefolgert werden, daß diese Fallmethode insbesondere solchen Stoffgebieten vorbehalten bleibt, die, aufbauend auf einem schon geschaffenen Basiswissen, nach einer Strukturierung komplexer Zusammenhänge und nach einer Findung der daraus abzuleitenden Lösung drängen. Die Fallmethode ist deshalb häufig in einer fortgeschritteneren Phase des Lernprozesses einzusetzen, nämlich dann, wenn der Schüler die Stufe der reinen Wissensvermittlung schon durchlaufen hat.

Die *Konstruktion von Fallstudien* vollzieht sich nach Wolff, der sich an Reetz anlehnt, in dem „Spannungsfeld zwischen Situationsbezug, Faßlichkeit, Bedeutsamkeit, Wissensbezug und Handlungsbezug. Soweit Konkurrenzen zwischen

---

1 Staehle, W. H.: Zur Anwendung der Fall-Methode in den Wirtschafts- und Sozialwissenschaften, in: Pilz, R. (Hrsg.): Entscheidungsorientierte Unterrichtsgestaltung in der Wirtschaftslehre, Paderborn 1974, S. 117.
2 Kosiol, E.: Die Behandlung praktischer Fälle im betriebswirtschaftlichen Hochschulunterricht (Case Method), Berlin 1957, S. 36.
3 Grundlage hierfür ist eine Befragungsaktion von Steinmann an Universitäten und bei betrieblichen und außerbetrieblichen Weiterbildungsveranstaltungen von Führungskräften.
Steinmann, H., Kumar, B., Bleyer E.: Die Fallmethode in der universitären Führungsbildung. Ergebnisse einer empirischen Befragung betriebswirtschaftlicher Lehrstühle, Heft 2 der Arbeitspapiere des Betriebswirtschaftlichen Instituts der Friedrich-Alexander-Universität Erlangen-Nürnberg, Nürnberg 1972.
Steinmann, H., Kumar, B., Kurz, W.: Die Fallmethode in der betrieblichen und außerbetrieblichen Weiterbildung von Führungskräften. Ergebnisse einer empirischen Befragung, Heft 7 der Arbeitspapiere des Betriebswirtschaftlichen Instituts der Friedrich-Alexander-Universität Erlangen-Nürnberg, Nürnberg 1972.

einzelnen Richtgrößen entstehen (Bsp.: Konkurrenz zwischen Faßlichkeit und Wissensbezug) sind Präferenzen zu bilden. Im Zweifel hat die Faßlichkeit ‚Zielpriorität'."[1]

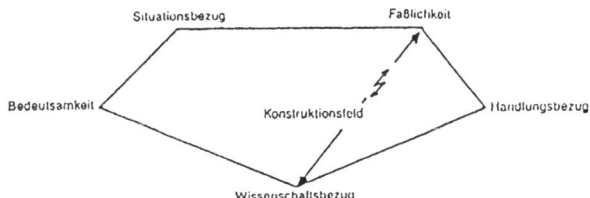

Situationsbezug: Die Fallstudie muß einen realen Praxisbezug aufweisen und einen bestimmten Realitätsausschnitt repräsentieren.

Faßlichkeit: Der reale Fall ist so aufzubereiten, daß er der kognitiven Struktur der Schüler angepaßt ist. Um Faßlichkeit zu erreichen, ist ein eventueller Realitätsverlust hinzunehmen.

Wissenschaftsbezug: Die fachlichen Inhalte müssen verallgemeinerungsfähig sein und sich in die Systematik der jeweiligen Fachwissenschaft widerspruchslos eingliedern lassen.

Bedeutsamkeit: Die Problemstellung muß für die Schüler subjektiv von Bedeutung sein und an ihr Vorwissen anknüpfen.

Handlungsbezug: „Die Fallstudie sollte den Lernenden zu einem praxisnahen, selbständigen Handeln animieren. Eine entsprechende Handlungsorientierung wird erreicht, wenn der Bearbeiter zur Bewältigung des Fallstudienproblems Tätigkeiten durchführen muß, die auch für die berufliche ‚Ernstsituation' relevant sind. Hierzu zählen etwa das Beschaffen von Informationen, das Ausfüllen von Formularen, die Interpretation von Vertragstexten und Computerausdrucken, die Überprüfung von Abrechnungen, die Durchführung mathematischer Operationen.

Die angestrebte Realitätsnähe und Handlungsorientierung muß nicht durch den Einsatz einer großen Zahl von zu bearbeitenden Originalformularen dokumentiert werden, denn Handeln vollzieht sich nicht nur beobachtbar in äußerem Tun, sondern auch innerlich im Rahmen von Denkoperationen, die vor, neben und/oder nach dem äußeren Handeln durchgeführt werden. Ein unnötiger Formularaktionismus kann die Nervosität des Bearbeiters erhöhen und dadurch lernhemmend wirken. Gezielt und sparsam eingesetzte Unterlagen wirken dagegen motivierend und lernunterstützend."[2]

---

1 Wolff, K.: Die Fallstudie als Unterrichtsmethode, Konstruktion, Lernprozeßgestaltung, in: Wirtschaft und Erziehung, 10/92, S. 324.
2 Wolff, K., ebenda, S. 325.

In vielen Fällen ist die Fallstudie EDV-gestützt angelegt, d.h., die Schülergruppen setzen zur Ergebnisermittlung den Computer ein bzw. der Lehrer nutzt ihn zur Auswertung der Fallstudie.

Für die Anwendung der Fallstudienmethode schlägt Kaiser folgenden Stufenaufbau vor:[1]

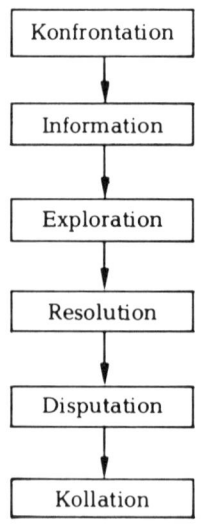

Die *Konfrontation* dient der Erfassung der Problemsituation. Ziel dieses Lernschrittes ist es, über eine Situationsanalyse, bei der Unwesentliches vom Wesentlichen getrennt wird, die erforderliche Klarheit über das anstehende Problem zu gewinnen. Am Ende dieser Phase steht das Entwickeln eines „Suchschemas".

In der Phase der *Information* ist der Schüler bemüht, sich über den Sachverhalt Informationen zu beschaffen, sie zu ordnen und auszuwerten.

Sind über die Informationen die Ursachen und Wirkungen der vorgegebenen Situation erkannt, kann mit der Entwicklung von alternativen Lösungsmöglichkeiten begonnen werden (*Exploration*). Es geht auf dieser Stufe darum, möglichst viele Lösungswege und Lösungsvarianten und ihre Konsequenzen zu erarbeiten, denn nur über ein Suchen nach Alternativen kann die optimale Lösung eines Problems gefunden werden.

In der Stufe der *Resolution* wird nach der Diskussion über Vor- und Nachteile der einzelnen Lösungsalternativen die Entscheidung getroffen und schriftlich begründet.

Die einzelnen Gruppen legen nun ihre Entscheidungspläne der Klasse vor und versuchen, ihre Auffassung gegenüber eventuellen Einwänden zu verteidigen (*Disputation*). Dabei zeigt es sich dann, ob die Überlegungen, die zur Entscheidung geführt haben, schlüssig waren oder nicht.

Die Lösung der konkreten Fallstudie ist jedoch erst dann abgeschlossen, wenn der als richtig angesehene Vorschlag mit der in der Wirklichkeit getroffenen Entscheidung verglichen ist (*Kollation*). Dies geschieht nicht, um einen Sieger zu ermitteln, sondern um darzulegen, nach welchen Maßstäben die Wirklichkeit Entscheidungen trifft.

Aufbauend auf dem Modell von Kaiser hat V. Holzer in einer Seminararbeit im Fachseminar „Betriebswirtschaftslehre mit wirtschaftlichem Rechnungswesen" am Seminar für Schulpädagogik Weingarten eine Fallstudie über das Thema: „Die notleidende Unternehmung" entwickelt. Sie soll hier in einer Übersichtstabelle vorgestellt werden:

---

1 Kaiser, F.-J.: Entscheidungstraining, S. 43 f.

Kurzfassung	Veranschaulichung dieses Modells

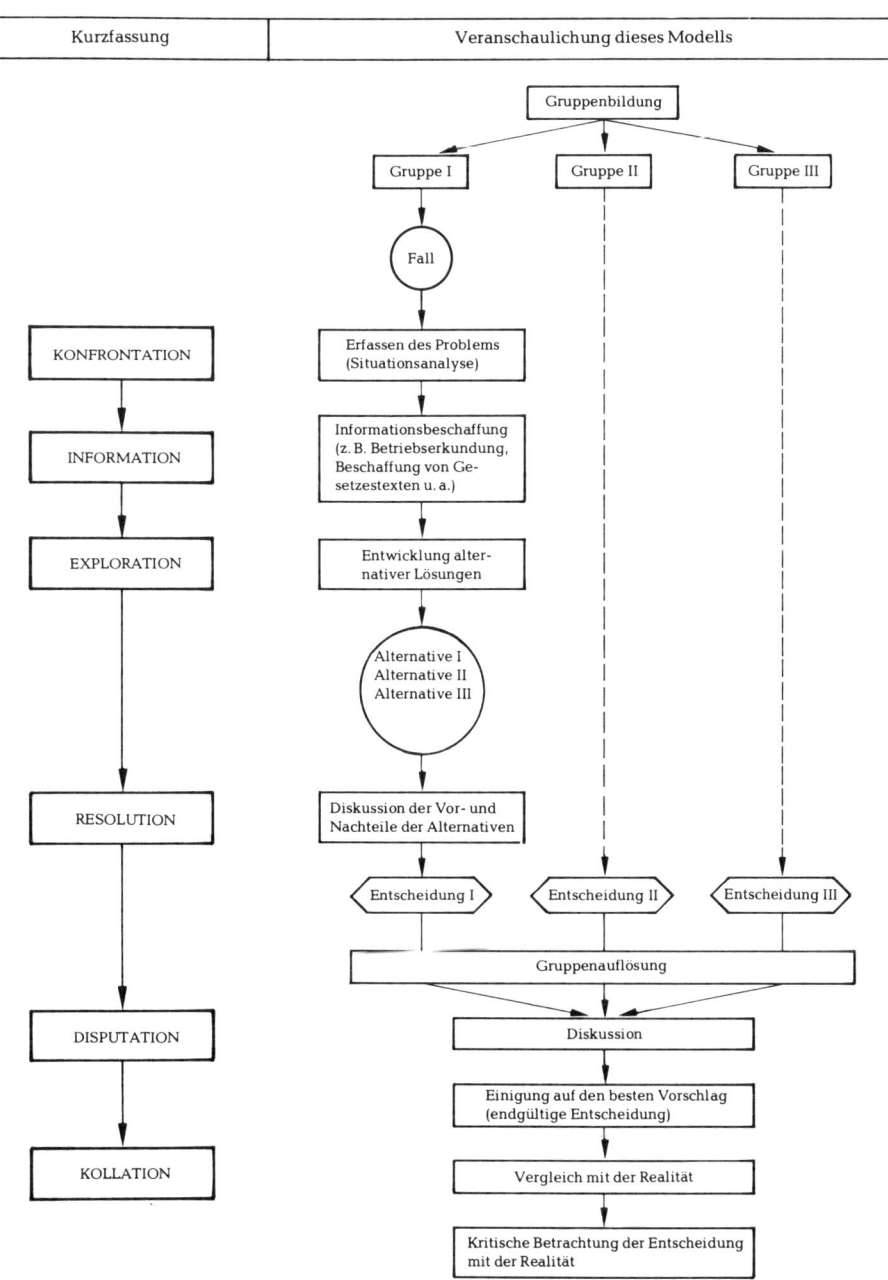

Ablaufdiagramm einer Fallstudie (nach F.-J. Kaiser)

Konkretisierung des Modells

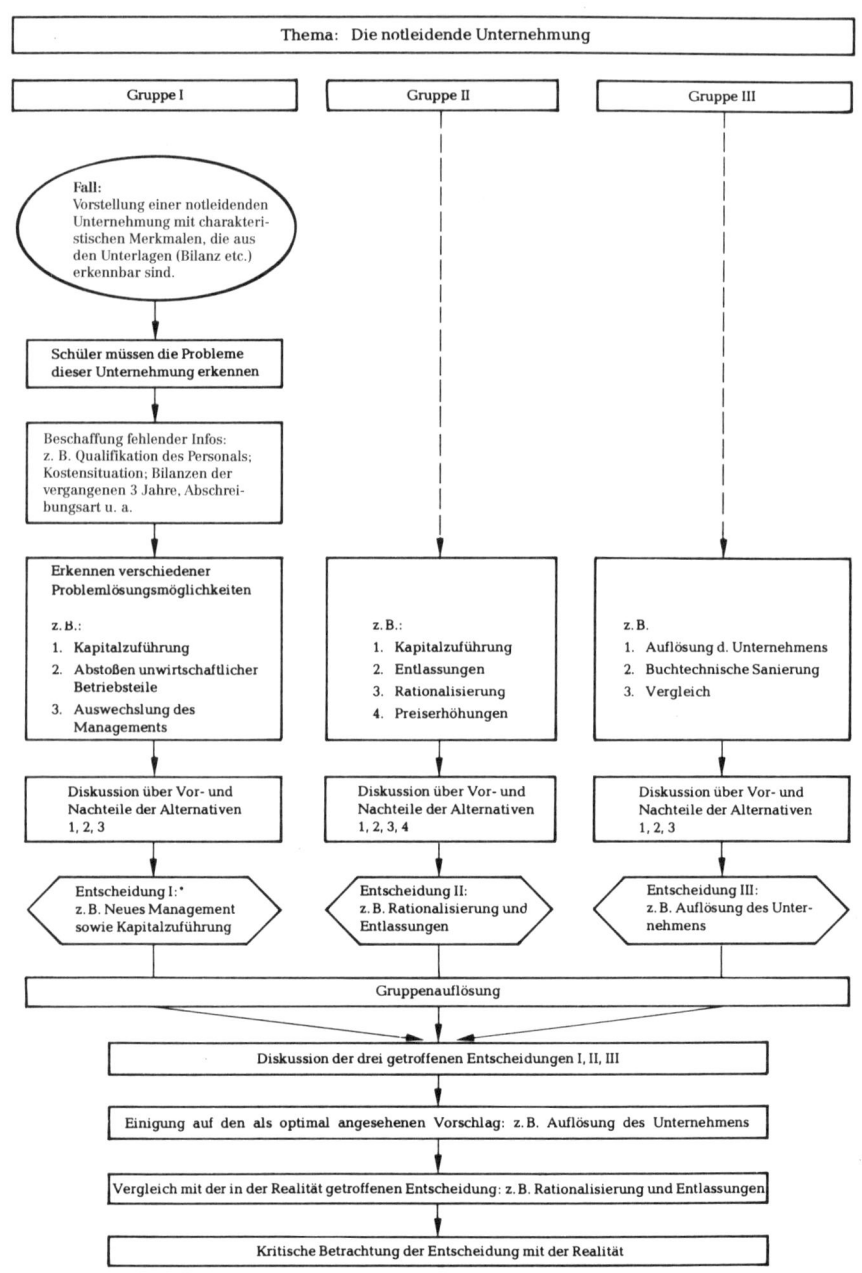

| Thema: Die notleidende Unternehmung |

| Gruppe I | Gruppe II | Gruppe III |

Fall:
Vorstellung einer notleidenden Unternehmung mit charakteristischen Merkmalen, die aus den Unterlagen (Bilanz etc.) erkennbar sind.

Schüler müssen die Probleme dieser Unternehmung erkennen

Beschaffung fehlender Infos: z. B. Qualifikation des Personals; Kostensituation; Bilanzen der vergangenen 3 Jahre, Abschreibungsart u. a.

Erkennen verschiedener Problemlösungsmöglichkeiten

z. B.:
1. Kapitalzuführung
2. Abstoßen unwirtschaftlicher Betriebsteile
3. Auswechslung des Managements

z. B.:
1. Kapitalzuführung
2. Entlassungen
3. Rationalisierung
4. Preiserhöhungen

z. B.
1. Auflösung d. Unternehmens
2. Buchtechnische Sanierung
3. Vergleich

Diskussion über Vor- und Nachteile der Alternativen 1, 2, 3

Diskussion über Vor- und Nachteile der Alternativen 1, 2, 3, 4

Diskussion über Vor- und Nachteile der Alternativen 1, 2, 3

Entscheidung I:* z. B. Neues Management sowie Kapitalzuführung

Entscheidung II: z. B. Rationalisierung und Entlassungen

Entscheidung III: z. B. Auflösung des Unternehmens

Gruppenauflösung

Diskussion der drei getroffenen Entscheidungen I, II, III

Einigung auf den als optimal angesehenen Vorschlag: z. B. Auflösung des Unternehmens

Vergleich mit der in der Realität getroffenen Entscheidung: z. B. Rationalisierung und Entlassungen

Kritische Betrachtung der Entscheidung mit der Realität

Ablaufdiagramm der Fallstudie „Die notleidende Unternehmung"

398

Als Hilfe für den Entscheidungsprozeß kann der Lehrer mit den Gruppen z.B. folgende Matrix erarbeiten, die die Gruppen dann selbständig auszufüllen haben:

E N T S C H E I D U N G		Vorteile	Nachteile	Konsequenzen
	Kapitalzuführung	Investitions-möglichkeiten etc.	Abhängigkeiten etc.	Ausdehnung der Produktion etc.
	Abstoßen unwirtschaftlicher Betriebsteile	freiwerdendes Kapital etc.	Entlassungen etc.	Einschränkung des Betriebsumfanges etc.
	Auswechslung des Managements (z.T.)	Bessere Entscheidungen evtl. durch neue Kräfte etc.	Jahrelange Erfahrungen gehen verloren; Abfindungen etc.	Einarbeitungszeiten; evtl. Folgekündigungen etc.

Je nach Dominanz der Zielsetzung ergeben sich verschiedene Spielarten der Fallmethode. Sie sind dem folgenden Schema zu entnehmen:[1]

Methode		Information	Aufgabe Problemfindung	Problemlösung
1	case method	vollständige Information gegeben	Problem ausdrücklich genannt	Problemlösung zur Aufgabe gestellt
	Entscheidungsfall			
2	incident method	unvollst./keine Information gegeben. Daten werden vom Diskussionsleiter erfragt	Problem ausdrücklich genannt	Problemlösung zur Aufgabe gestellt
	Informationsfall			
3	project method	keine Information gegeben. Daten werden durch Betriebsuntersuchung gewonnen	Problem ausdrücklich genannt	Problemlösung zur Aufgabe gestellt
	Untersuchungsfall			
4	case study method	vollständige Information gegeben	Problem nicht genannt. Problem muß gefunden werden	Problemlösung zur Aufgabe gestellt
	Problemfindungsfall			
5	case problem method	vollständige Information gegeben	Problem ausdrücklich genannt	Problemlösung von vornherein gegeben oder nach Selbstlösung nachträglich gegeben
	Beurteilungsfall			

---

1 Ahl, P.: Möglichkeiten und Grenzen der Fallmethode im Betriebswirtschaftskundeunterricht an der Kaufmännischen Berufsschule, in: Pilz, R. (Hrsg.): Wirtschaftslehre, S. 122.

Zusammengefaßt sind die pädagogischen *Vorteile* der Fallmethode insbesondere in folgenden Punkten zu sehen:

- Über die Konfrontation mit einer konkreten Situation ist der Unterricht besonders auf praktische Lebensbewältigung ausgerichtet.

- Förderung des selbständigen Kennenlernens von Sachzusammenhängen. Ständige Impulssituation, um Nachforschungen anzustellen.

- Förderung der Entscheidungsfreude und des Entscheidenkönnens.[1]

- Hinführung zum selbständigen Denken, das sich von alten eingelernten Schablonen löst und schöpferisch neue Erfahrungen verwertet.

- Förderung des Interesses beim Schüler für den Unterrichtsstoff über den konkreten Fall und damit verstärkte Motivation für weitere Lernanstrengungen.

- Erhöhung der intellektuellen Beweglichkeit, Kreativität und Urteilsfähigkeit beim Schüler.

- Über die starke Betonung der Gruppenmethode werden intensive soziale Interaktionsprozesse ausgelöst , die das Sozialverhalten des einzelnen fördern.

Diesem pädagogischen Gewinn stehen insbesondere folgende *Schwierigkeiten* gegenüber:

- Der Schüler muß über ein Grundwissen und oft auch über praktische Erfahrung verfügen. Dies engt den Einsatz der Fallmethode ein.

- Die Entscheidungsprobleme werden aus Gründen der Transparenz oft stark simplifiziert.

- Zur systematischen Wissensvermittlung ist die Fallstudie nur wenig geeignet.

- Der Individualfall steht so im Vordergrund, daß eine Verallgemeinerung des Problems (Gesetze, Hypothesen, Axiome) unter Umständen nur unzureichend gelingt.

- Das Fallbeispiel muß einerseits genügend Überlegungsfreiheit für den Schüler lassen, andererseits gilt es, den Unterrichtsablauf vorauszuplanen. Dies stellt hohe Anforderungen an das pädagogische Können des Lehrers, aber auch, je nach Weite des Überlegungsspielraumes, an die intellektuellen Fähigkeiten der Schüler.

An der Fallstudie „SPORT UND MODE SCHUSTER" sollen die theoretischen Überlegungen verdeutlicht werden.[2]

---

1 „Insoweit bei der ‚entscheidungsorientierten Betriebswirtschaftslehre' der Entscheidungsprozeß im Mittelpunkt steht, entspricht dies der ‚Fallmethode' am stärksten...Insoweit man die Fähigkeit, Entscheidungen zu treffen, als wesentliches Element einer ‚Selbstbestimmung' ansieht bzw. eben diese Fähigkeit als gewissermaßen (subjektive) Voraussetzung der Entscheidungsfreiheit versteht, insoweit muß man auch der - viel ausführlicher begründeten - These Kaisers: ‚Die systematische Einübung im Entscheidungsprozeß als Lernprozeß ist Emanzipationsprozeß' zustimmen. Insoweit gewinnt die Fallmethode auch eine zusätzliche - soziologisch-politische Dimension" - Hüttner, M.: Fallmethode, S. 350 f.

2 Die Verfasser dieser geringfügig geänderten Fallstudie sind Volker Hertel und Rudolf Schlegel.

Die Firma SPORT UND MODE SCHUSTER ist ein Einzelhandelsunternehmen mittlerer Größe mit 9 Beschäftigten (der Geschäftsinhaber, seine Ehefrau, 4 dauernd Beschäftigte, 2 Auszubildende und 2 Aushilfskräfte für die Hochsaison). Das Unternehmen hat seinen Geschäftssitz im größten Vorort von Karlsruhe und führt ein Sportartikel-Sortiment einschließlich Tennis- und Skibekleidung.

Aufgrund wachsender Umsätze in den letzten Jahren beabsichtigt Herr Schuster, die Verkaufsräume im Herbst des Jahres 01 zu erweitern, damit sie vor Beginn der Wintersaison 01/02 fertig sind.

In diesem Zusammenhang will er sein Sortiment überprüfen, und sich auf möglichst umsatzstarke Warengruppen konzentrieren.

Warengruppen	Warenein-kaufskonto	Umsatz-anteile
WG 1 *Ski alpin/Abfahrtsski*	301	29%
WG 2 *Langlaufski*	302	19%
WG 3 *Skibekleidung*	303	14%
WG 4 *Tennisschläger + Zubehör*	304	13%
WG 5 *Tennisbekleidung*	305	9%
WG 6 *Sportschuhe*	306	16%

Herr Schuster ist aber noch nicht schlüssig, ob er von allen sechs Warengruppen mehr einkaufen oder nur einige Warengruppen stärker im Sortiment führen soll. Darüber hinaus überlegt er sich, ob es sinnvoll ist, künftig im Saisonausgleich neue Warengruppen ins Sortiment aufzunehmen.

Für seine Entscheidung errechnet er aus den Zahlen seiner Buchhaltung Lagerkennzahlen für die 6 Warengruppen und vergleicht diese mit den Durchschnittszahlen der Branche, die er von der Betriebswirtschaftlichen Beratungsstelle für den Einzelhandel (BBE) eingeholt hat.

Warengruppe	1	2	3	4	5	6	Summe 1–6
Bestellung am 01.09.00	70 499	46 189	34 034	31 603	21 879	38 896	243 100
Bestellung am 28.02.01	78 518	39 259	35 690	74 949	60 673	67 811	356 900
Bestellung am 31.08.01	89 929	58 919	43 414	40 313	27 909	49 616	310 100
Einkäufe vom Sept. 00 – Aug. 01	224 750	147 250	108 500	100 750	69 750	124 000	775 000
Umschlagshäufigkeit lt. BBE	1,9	2,5	1,8	1,5	1,6	3,5	1,9

---

1 Die Lösung der Fallstudie ist im Anhang S. 521 abgedruckt.

1. Berechnen Sie für die einzelnen Warengruppen

   1.1 den Umsatz zu Einstandspreisen (Wareneinsatz),

   1.2 den durchschnittlichen Lagerbestand,

   1.3 die Umschlagshäufigkeit,

   1.4 die durchschnittliche Lagerdauer und

   1.5 die prozentuale Abweichung der Umschlagshäufigkeit von den Durchschnittszahlen der Branche!

2. Entscheiden Sie, ob und gegebenenfalls welche Warengruppen aus dem Sortiment herausgenommen werden sollen, und machen Sie Vorschläge zur Aufnahme neuer Warengruppen in das Sortiment!

2.4 Planspiel

Die Wurzeln dieser methodischen Großform sind eindeutig im militärischen Bereich zu suchen, wo „Kriegsspiele" schon seit alters her einen hohen Stellenwert einnehmen. Von der Fallstudie unterscheidet sich das Planspiel durch seine innere Dynamik. Das Planspiel entwickelt und erstreckt sich über einen Zeitraum und nicht auf einen Zeitpunkt. Es ist wie die Fallstudie entscheidungsbezogen, durch die Aufteilung des Spielablaufes in einzelne Perioden erfordert es aber vom Spieler laufend eine Simulation und Reaktion auf die getroffenen Zwischenentscheidungen. „Allgemein formuliert handelt es sich um ein Lernverfahren, das dem Lernenden Gelegenheit gibt, Entscheidungen für ein wirklichkeitsbezogenes, periodengegliedertes Zeitablaufmodell zu treffen und die Qualität der Entscheidungen auf Grund der quantifizierten Periodenergebnisse zu überprüfen."[1]

Grundlage des Planspiels ist das *Modell,* das den Spielrahmen festlegt und gewisse Verhaltensregeln vorschreibt, nach denen die Simulation zu erfolgen hat. Es ist zwar immer der realen Gegebenheit entnommen, kann aber nur eine vereinfachte, schematisierte und abstrakte Nachbildung darstellen. Dynamisiert wird das im Grunde statische Modell durch das Element des *Spieles.* Die Schüler übernehmen hierbei Rollen, mit denen sie sich identifizieren können und simulieren so Konkurrenz-, Kooperations- oder Konfliktsituationen. „Ausgangspunkt und Grundlage für das Verhalten, das Sichentscheiden der Spieler sind die Tatsachen und Daten, die durch die Abbildung der wirtschaftlichen Situation gegeben sind oder sich durch Datenänderungen, Datenergänzungen und Datenvermehrungen während des Spielverlaufs ergeben."[2]

---

1 Grimm, W.: Das Unternehmungsplanspiel. Wirtschafts- und sozialpolitische Grundinformationen IV, Nr. 32, Köln 1968, S. 7.
2 Kaiser, F.-J.: Entscheidungstraining, S. 77.

Die einzelnen Phasen des Spielverlaufes stellt Koller wie folgt schematisch dar:[1]

Beginn des ersten Spielzuges

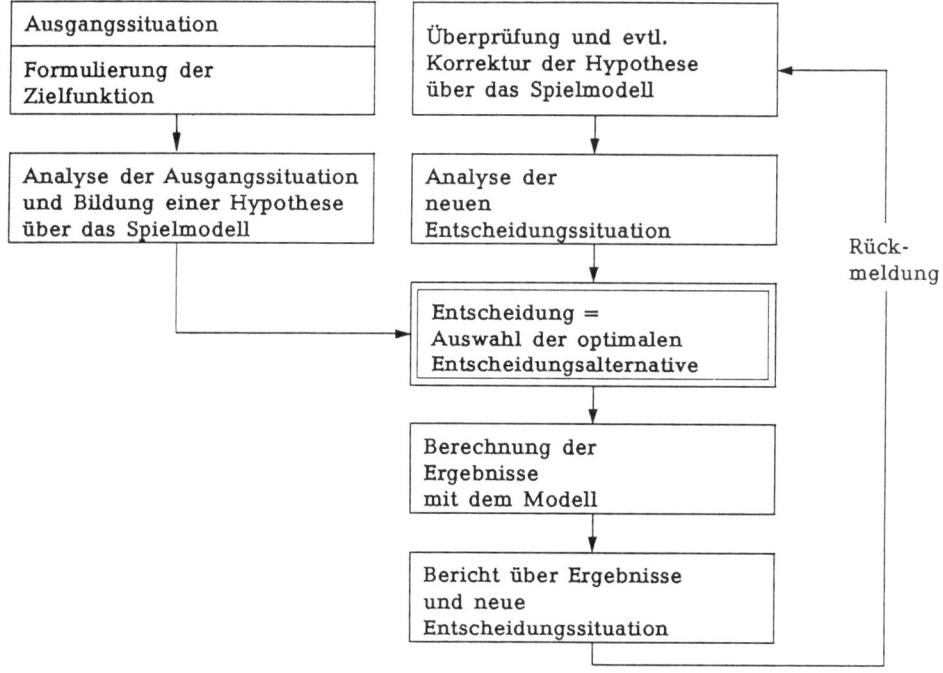

Ablaufdiagramm eines Planspiels

In vielen Fällen ist das Planspiel EDV-gestützt angelegt, d. h., die Spielgruppen setzen zur Ergebnisermittlung in den einzelnen Spielphasen den Computer ein bzw. der Lehrer nutzt ihn zur Spielauswertung.

Es stellt sich nun die Frage, was das Planspiel vom pädagogischen Standpunkt aus zu leisten vermag:

– Der Einsatz von Planspielen führt zu einer erheblichen Verstärkung der Schülermotivation.
– Die Herausbildung von generalisierten Planungs- und Entscheidungsstrategien im Schüler werden stark gefördert. Dies geschieht, was für das Sozialverhalten von wesentlicher Bedeutung ist, in enger Kooperation der Schüler untereinander. „Probleme müssen auf das Wesentliche zurückgeführt, alternative Strategien entwickelt und ausprobiert, Ergebnisse beobachtet und Schlüsse gezogen werden - und all das auf der Grundlage direkter Auseinandersetzungen. Unter solchen Umständen sind Schüler und Lehrer oft gleichermaßen unbeeinflußt von vorgefaßten Meinungen; es gibt nur wenige Universalmittel aus dem

---

1 Vgl. Koller, H.: Simulation und Planspieltechnik, Wiesbaden 1969, zitiert nach Kaiser, F.-J.: Entscheidungstraining, S. 81.

Repertoire ‚überkommener Schulweisheit‘, die verwendbar sind. Im Optimalfall kann die Simulationstechnik so zu einem Kommunikationskanal zwischen unvoreingenommenen Partnern werden und den Schüler auf eine neue Wellenlänge des Lernens einstimmen."[1]

- Dem Lehrer fallen beim Planspiel erhebliche Koordinierungsaufgaben zu. Er muß Anregungen und Anstöße geben, den Spielablauf in Fluß halten, um eine zielgerichtete Spielabfolge bemüht sein u. a. Der Spielcharakter dieser Unterrichtsmethode verlangt vom Lehrer eine Zurücknahme seiner dominierenden und bestimmenden Rolle und kann so zu einem neuen Schüler-Lehrer-Verhältnis beitragen.

- Das Planspiel verlangt vom Schüler eine Vielfalt unterschiedlichster Lern- und Arbeitsverfahren, die einerseits neben dem kognitiven Lernbereich auch die affektiven und die psychomotorischen Ebenen ansprechen und andererseits auch auf unterschiedlichen Lernzielebenen stattfinden, so daß die Planspielmethode sowohl den begabten als auch den weniger begabten Schüler gleichermaßen ansprechen kann. Hinzu kommt, daß das Planspiel auf diese Weise den unterschiedlichen Neigungen der Schüler entgegenkommt.

- Das Planspiel vermittelt den Schülern zudem Erfahrungen mit Entscheidungsprozessen. „Der Spieler erkennt die Bedeutung der für die Entscheidungsfindung notwendigen Vorbereitungen wie Informationsbeschaffung, Konsequenzenanalyse, Faktorenbewertung, Alternativenaufstellung usw. Die Planspielmethode fördert das Bewußtsein für Unsicherheit und Erwartung, Risiko und Wagnis, die in jeder Entscheidung enthalten sind."[2] Da gleichzeitig die Interdependenzen, die zwischen den Entscheidungskriterien bestehen, aufgehellt werden, wird in der Regel auch eine interdisziplinäre, fächerübergreifende Blickweise beim Schüler gefördert.

- Durch die Realitätsnähe des Spieles wird der Abstand Schule – „wirkliche Welt" verkürzt. Der Schüler erwirbt so einen Fundus von Verhaltensweisen, auf die er im praktischen Leben zurückgreifen kann.

- Das Planspiel kann dazu dienen, Stoffeinheiten zusammenzufassen, Strukturen und Querverbindungen aufzuzeigen, fächerverbindende Elemente zu komprimieren. Es kann aber auch so aufgebaut werden, daß über das Planspiel ein entsprechender Lehrplanabschnitt vermittelt wird. Planspiele können also die Funktion eines „Zusatzangebotes" einnehmen, oder aber zur Behandlung des Pflichtstoffes eingesetzt werden.

Die *pädagogische Bedeutung* des Planspiels wurde von Achtenhagen in einem Modellversuch untersucht. Das Planspiel „Jeansfabrik - Leistungsprozesse in Wirtschaft und Verwaltung" war dabei so angelegt, daß mit seinem Einsatz der entsprechende Lehrplanabschnitt abgedeckt wurde. Parallel wurde in Kontrollklassen der Lehrplanabschnitt im traditionellen Unterricht vermittelt. Ein Vergleich der Leistungsergebnisse der Testklassen mit den Kontrollklassen ergab: „Die Experimentalklassen waren im Durchschnitt nicht schlechter, aber auch

---

1 Taylor, J. L., Walford, R.: Simulationsspiele, S. 41 f.
2 Kaiser, F.-J.: Entscheidungstraining, S. 80 f.

nicht besser als die Kontrollklassen. Auf der einen Seite konnten wir feststellen, daß es uns gelungen war, das Leistungsniveau der Kontrollklassen, d. h. des traditionellen Unterrichts, zu halten; auf der anderen Seite mußten wir aber eingestehen, daß zumindest in bezug auf dieses Lernergebnis der im Projekt betriebene relativ große Aufwand nicht zu einem gewünschten Ergebnis - nämlich Überlegenheit zu demonstrieren - geführt hatte.“[1]

Positiver sind die Schlußfolgerungen aus dem Modellversuch dann, wenn nur die Schülerergebnisse bei der Lösung von Problemlösungsaufgaben herangezogen werden. Hier wurde festgestellt, daß die Planspielgruppen den Kontrollgruppen überlegen sind. Achtenhagen schließt hieraus u. a.

– „Komplexe Lehr-Lern-Arrangements (wie Planspiele z. B.) sind in der Lage, einen höheren Lernerfolg zu bewirken.

– Der Einsatz eines Planspiels allein garantiert den höheren Lernerfolg noch nicht.

– Diejenigen, die Planspiele durchführen, sind auf Probleme des Planspielunterrichts aufmerksam zu machen; zugleich sind sie auf Techniken zu verweisen (die sie auch trainieren müssen), die den Planspielerfolg im Sinne des Pflichtkanons sichern helfen.

– Unsere empirischen Befunde deuten darauf hin, daß eine solche Koppelung von Planspiel und Planspielunterricht erfolgreich sein kann.“[2]

Naetscher hat die drei methodischen Großformen Rollenspiel, Fallstudien und Planspiel, in einer Synopse zusammengestellt. Aus ihr können die Gemeinsamkeiten bzw. die trennenden Kriterien recht deutlich herausgelesen werden.[3]

Methode / Aspekte	Rollenspiel	Fallstudie[4]	Planspiel
Ursprung	Spieltrieb als Grundfunktion menschlichen Tuns – Soziodrama – Psychodrama (Moreno)	(case method) Harvard Business School in USA – Studenten unmittelbar auf berufliche Praxis vorbereiten	militärischer Bereich – Kriegsspiele
Beispiel	eine als ungerecht empfundene Kündigung	Gründung eines Lebensmittelgeschäfts (Filialgründung)	Planung eines Werbefeldzugs – Bekanntmachung und Einführung eines neuen Produkts
Themen im Mittelpunkt	hypothetische Situationen aus zwischenmenschlichem Bereich (besondere Konfliktsituation)	Entscheidungsfälle aus Unternehmungspraxis	Erarbeitung von Planungs- und Entscheidungsstrategien
Dauer	kurzzeitig	mittelzeitig	langzeitig

1 Achtenhagen, F.: Möglichkeiten und Grenzen komplexer Lehr-Lern-Prozesse in der kaufmännischen Erstausbildung, dargestellt am Beispiel des Einsatzes von Planspielen im Betriebswirtschaftslehreunterricht, in: Aschenbrücker, K., Pleiß, U. (Hrsg.): Menschenführung und Menschenbildung, Perspektiven für Betrieb und Schule, Hohengehren 1991, S. 315 f.
2 Achtenhagen, F., ebenda, S. 317.
3 Naetscher, H.: Simulation – ihre Entwicklung als Lehrform und ihr Beitrag als Entscheidungshilfe zur Berufswahl in der Schule, Wiesbaden 1978, S. 202.
4 Naetscher spricht von „Fallbeispiel“.
Vgl. auch: Ewig, G.: Aktivitätsbetonte Formen des Wirtschaftsunterrichts im englischsprachigen Schrifttum, Kaiserslautern 1986.

Aspekte \ Methode	Rollenspiel	Fallstudie	Planspiel
Zeit	zeitlos, zeitindifferent	auf Zeitpunkt bezogen	sich über Zeitraum erstreckend
Verlauf	keine formale Beschränkung, Verlauf völlig offen	Spielregeln, Weg offen, Ziel bekannt, mehrere Lösungen möglich	Spielregeln, Ziel steht fest, Strategien sind zu entwickeln
Objekt/Subjekt	personaler Bezug vordergründig	Sachproblematik	Tatsachen und Daten
Ausgangslage	grundlegende Information	Fall: strukturiert	Modell: alles vorgegeben, komplex abstrakte Nachbildung, reduzierte Realität
Dynamik/Motivation	Dynamik der Akteure, Spontaneität	Engagiertheit intermittierend, fallbezogen	Dynamik modellimmanent
Spielerverhalten	gelöst, da keine Sanktionen bei Fehlverhalten	beurteilungsbezogen	entscheidungsbezogen
Stoffvermittlung	gering, Grundwissen sollte als Basis vorhanden sein	exemplifiziert Beispiel: der Fall konkret überschaubar, analysierbar	aktuell, sachlich spontan, komplex, undogmatisch
pädagogische Zielsetzungen[1]	– Verhaltenstraining, – Forderung von Kreativität, Konfliktbewältigung, Toleranz u.ä., – Schulung der Kommunikationsfähigkeit, – Stärkung der Entscheidungs- und Problemlösungsfähigkeit (Open-end-Situation).	– Förderung des eigenständigen und konstruktiven Denkens, – Schulung im Problemlösen, Entscheiden und Entwickeln eigener Lösungsstrategien, – Erwerb von Transferkompetenz, – Stärkung der Fähigkeit der Interpretation, der Diskussion und des Konfliktlösens.	– Förderung des analytischen, kreativen und hypothesenbildenden, Denkens, – Schulung ganzheitlicher Betrachtungsweisen, – Stärkung der Entscheidungs- und Gestaltungsfähigkeit, – Erwerb von Transferkompetenz.

Synopse der drei methodischen Großformen Rollenspiel, Fallstudie und Planspiel

2.5 Projekt

Dies vorweg: Das Projekt ist ein gleichermaßen offenes wie auch in sich strukturiertes Konzept und damit die methodische Großform, die dem handlungsorientierten Unterricht am meisten entgegenkommt. Das Projekt bietet ein großes Maß an Mitgestaltungsmöglichkeiten an und gibt die Chance zu selbständigem und eigenverantwortlichem Arbeiten.

Die Charakterisierung der Strukturelemente des Projektunterrichts und damit auch die Definition des Begriffs Projekt werden in der einschlägigen Literatur kontrovers diskutiert. Aus der hier vertretenen Sichtweise ist der Projektunterricht durch folgende *Merkmale* bestimmt:

---

1 Dieser Abschnitt der Übersicht wurde vom Verfasser erstellt.

– Projekte beinhalten Probleme,[1] Fragestellungen, die unmittelbar der wirtschaftlichen und sozialen Realität entstammen. Sie erzeugen damit eine stabile Motivationslage beim Schüler. Projekte sind in aller Regel komplex aufgebaut und deshalb mit herkömmlichen Unterrichtsmethoden, im Rahmen eines fächerbezogenen Unterrichts, nur teilweise lösbar. Über das Lösen von Projekten stellt sich die Schule realen gesellschaftlichen Problemen und verringert somit gleichzeitig das Spannungsverhältnis von Theorie und Praxis.

– Die Schüler übernehmen zum Lösen des Projekts selbstverantwortlich Planungsschritte und bestimmen auch das zur Erreichung des Projektziels erforderliche methodische Vorgehen. Neben der Förderung von Selbsttätigkeit und Selbstverantwortung lernt der Schüler insbesondere Kommunikations-, Problemlösungs- und Analysetechniken, sowie die Fähigkeit zur Koordination. Der Lehrer hat hierbei Unterstützungsarbeit zu leisten, indem er Verfahrensregeln anbietet und arbeitsmethodische Hinweise gibt.

– Projektarbeit ist durch gemeinsame Problemlösung charakterisiert, was notwendigerweise zur Kooperation zwingt. „Zusammenarbeit in der Gruppe, gegenseitige Rücksichtnahme, Abstimmung von Ergebnissen, Bewältigung gruppendynamischer Prozesse, gleichberechtigte Interaktionen werden als Formen sozialen Lernens praktiziert und durch die Auflösung der traditionellen Unterrichtsorganisation (Zeitrhythmus, Sitzordnung, Bezogenheit auf den Klassenraum etc.) verstärkt."[2]

– Eine komplexe Problematik zu lösen, kann nur gelingen, wenn es ganzheitlich gesehen und mit Kopf, Herz, Händen und allen Sinnen angegangen wird. Insoweit erfüllt der Projektunterricht eine wichtige Voraussetzung des handlungsorientierten Unterrichts. „Geistige und körperliche Arbeit wird ,wiedervereinigt', weil die Suche nach Sachinformationen sich aus den Handlungszielen und -notwendigkeiten ergibt. Lernen und Arbeiten, Produktion und Konsumtion, Verstand und Sinnlichkeit, Theorie und Praxis rücken wieder zusammen."[3]

– Gegenstand der Projektarbeit sind reale Aufgaben oder Probleme („Handlungsprodukte"), die häufig öffentlich und damit der Beurteilung anderer zugänglich gemacht werden. Neben der Fähigkeit, produktorientiert zu arbeiten,

---

1 Zum Begriff „Projekt" stellt Aebli fest: „Wer ein Ziel hat und sieht noch nicht, wie er es erreichen wird, hat ein Problem. Wer zu sehen beginnt, wie man es lösen könnte, hat ein Projekt".
Aebli, H.: Grundformen des Lehrens, Stuttgart 1983, S. 196.
Gottfried Adolph formuliert so: „Ein projektorientierter Unterricht liegt vor, wenn der einzelne Schüler sagt: ,Ich habe ein Problem. Die Lösung dieses Problems ist mein Anliegen. Die Suche nach Lösungen treibt mich an. Ich erkenne mögliche Lösungen. Ich habe ein Projekt. Die Schwierigkeiten, die auftreten, sind meine Schwierigkeiten. Sie fordern mich heraus.' Durch diese Erlebnislage gewinnt der Lehrende eine andere Bedeutung. Er ist nicht der Drängende oder auch Bedrängende. Er gerät in die Rolle des möglichen Helfers."
Adolph, G.: Projektorientierung - eine Möglichkeit ganzheitlichen Lernens, in: Pätzold, G. (Hrsg.): Handlungsorientierung in der beruflichen Bildung, 4. Aufl., Frankfurt a. M. 1992, S. 172.
2 Landesinstitut für Erziehung und Unterricht Stuttgart: Berufsorientierte Projekte. Handreichungen H-93/07, S. 3.
In den Handreichungen werden auch mehrere Projekte vorgestellt, die direkt im Unterricht umgesetzt werden können.
3 Gudjons, H.: Handlungsorientiert lehren und lernen. Schüleraktivierung, Selbsttätigkeit, Projektarbeit, 4. Aufl., Bad Heilbrunn 1994, S. 73.

lernt der Schüler, insbesondere bei der Aufarbeitung und Vorstellung der Projektergebnisse, vielfältige Handlungsformen kennen, die in herkömmlichen Unterrichtsmethoden nicht oder nur schwer vermittelbar sind.

Der *Ablauf des Projektunterrichts* wird in der Literatur unterschiedlich gesehen, wobei Konsens darüber besteht, daß Projekte als „offenes Lernen" nur begrenzt planbar sind. Die nachfolgenden Verlaufsstrukturen des Projektunterrichts sind daher nur als grobe Planungselemente und Planungsabschnitte zu verstehen. Das Grundmuster der Projektmethode auf S. 409 ist von Frey übernommen.[1]

Ziel dieses methodischen Vorgehens ist es, ein funktions- und verwendungsfähiges Handlungsprodukt zu erstellen (=Projektarbeit im engeren Sinn). Daneben können auch umfassende Ausbildungsabschnitte in Form eines Projekts unterrichtet werden (= Projekt im weiteren Sinn).

Zusammengefaßt sind die *pädagogischen Vorteile* der Projektarbeit insbesondere in folgenden Punkten zu sehen:

– "führt zu mehr Selbständigkeit und Eigeninitiative der Lernenden,
– fördert bislang nicht bekannte Schülerneigungen und -interessen,
– spricht kognitive, motorische und affektive Bereiche an,
– fördert kooperatives Verhalten und Rücksichtnahme,
– versucht, persönliche Bedürfnisse der Beteiligten zu berücksichtigen,
– erhöht die Motivation durch Festlegung gemeinsamer Ziele,
– kann die Zusammenhänge zwischen Lernbereichen aufdecken,
– erhöht die Bindung zwischen schulischen und außerschulischen Lernbereichen,
– fördert die persönlichen Kompetenzen zur Bewältigung komplexer Praxisprobleme."[2]

Diesem pädagogischen Gewinn stehen insbesondere folgende *Schwierigkeiten* gegenüber:[3]

– die Projektmethode wird um so schwieriger, je stärker durch Stoffvorgabe, Lernschrittanordnung oder vorab genau festgelegten Fertigkeitserwerb stark vorstrukturierte Lernprozesse ablaufen sollen;
– die Projektmethode ist kein optimales Lernverfahren, um einen Wissensstoff rasch zu lernen, denn bei ihr entwickeln die Schüler ihre Lernschritte;
– die Projektmethode ist darüber hinaus nicht geeignet, eng gefaßte Lernaufgaben, die genau überprüft werden, zu vermitteln;
– die Überprüfung der Lernergebnisse in Form der üblichen Klassenarbeiten bzw. Schulprüfungen ist schwierig, insbesondere deshalb, weil die angestrebten Ziele bzw. Schlüsselqualifikationen nicht genau determiniert werden können;
– der gehemmte, schwache Schüler ist bei dem Vorgehen nach der Projektmethode benachteiligt. Er bedarf besonderer Fürsorge und Betreuung durch den Lehrer;

---

1 Frey, K.: Die Projektmethode, 5. Aufl., Weinheim, Basel 1993, S. 63.
2 Landesinstitut für Erziehung und Unterricht: Berufsorientierte Projekte, S. 7.
3 Vgl. hierzu Frey, K., ebenda, S. 205 f.

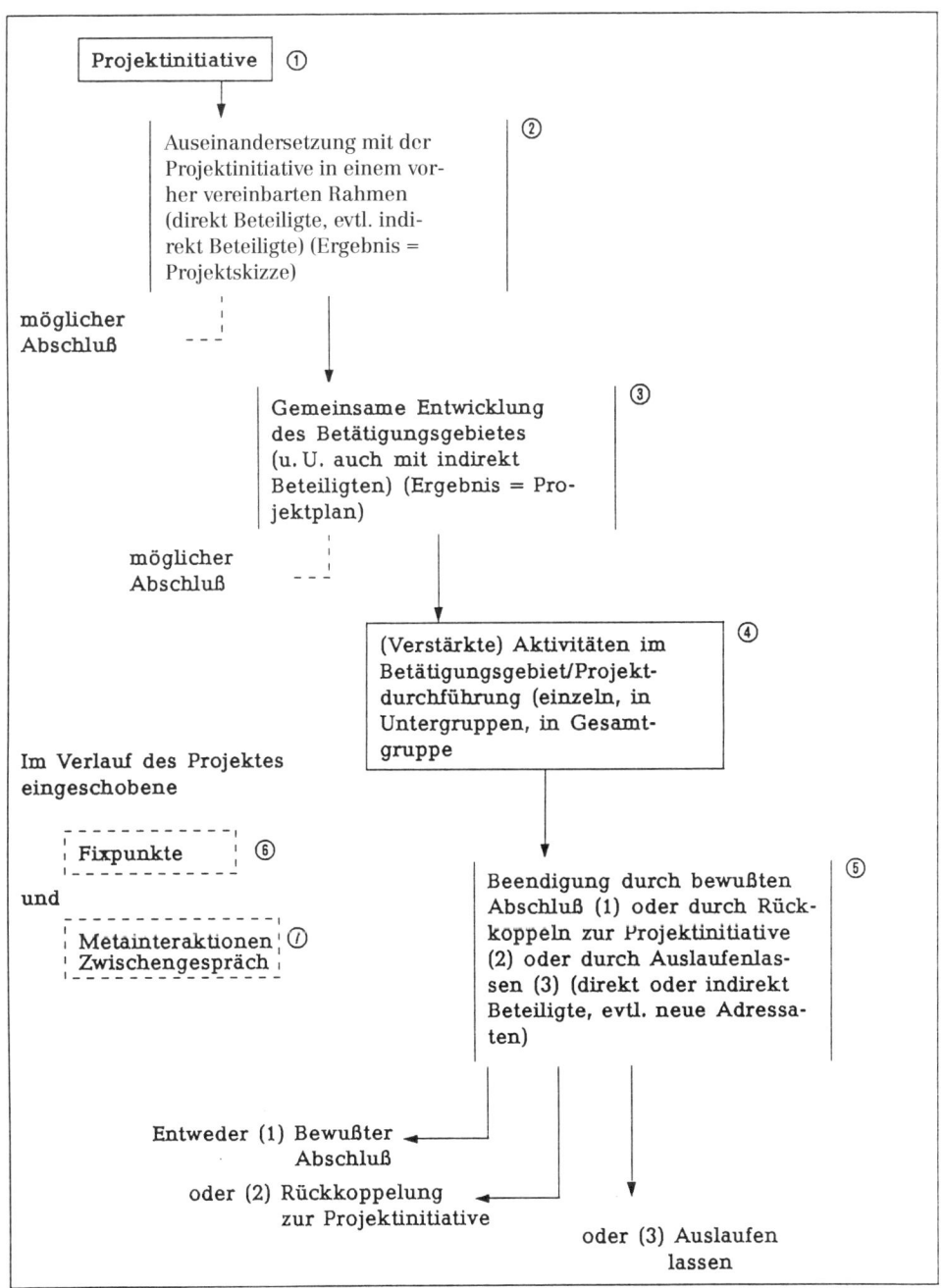

Grundmuster der Projektmethode – dargestellt anhand eines idealisierten Projektablaufes

– für den Lehrer stellt der Projektunterricht eine schwierige und aufwendige Unterrichtsmethode dar, denn er verzichtet auf seine „klassische" Lehrerrolle; auf exaktes Planen und Steuern des Unterrichts; er hat einzusetzende Hilfsmittel, Materialien, Informationen zu besorgen, muß den „ungesteuerten" Lernprozeß der Schüler begleiten, beraten, stützen, muß gruppendynamische Prozesse abfangen u. ä.

Es würde den Rahmen dieses Buches weit sprengen, wollte man hier konkrete Projekte und ihren Ablauf vorstellen. Dies erscheint auch bei der Fülle der in der Literatur angebotenen Beispiele entbehrlich.[1]

2.6 Lernbüro [2]

Das Lernbüro ist „ein komplexes eigendynamisches Modell eines Wirtschaftsunternehmens, in dem für berufspraktische Qualifizierungsprozesse im kaufmännisch-verwaltenden Bereich Arbeitshandlungen didaktisch so organisiert werden, daß ein Höchstmaß an Lernwirksamkeit durch die Verbindung von Arbeiten und Lernen erwartet werden kann."[3] Damit die Bildungswirksamkeit voll zur Geltung kommen kann, sind nach F.-J. Kaiser und B. O. Weitz folgende *Elemente zur didaktischen Ausgestaltung des Modells Lernbüro* zu beachten:

(1) Das Modell muß so angelegt sein, daß kaufmännisches Handeln für die Schüler erfahrbar wird. „Das heißt, das Lernbüro muß die Erarbeitung kaufmännischen Handlungswissen ermöglichen und

– sicherstellen, daß die Tätigkeiten nicht auf die Ebene kaufmännischer Sachbearbeitung beschränkt bleiben, sondern darüber hinaus betriebswirtschaftliches und unternehmerisches Gesamthandeln gefördert werden;

– Möglichkeiten der Mitbestimmung und kollegiales sowie soziales Handeln der Mitarbeiter eröffnen;

---

1 Weitere Literatur zur Projektmethode:
Chott, P.: Projekte im Unterricht, Weiden 1990.
Emer, W., Horst, U., Ohly, P. (Hrsg.): Wie im richtigen Leben... Projektunterricht für die Sekundarstufe II, Bielefeld 1991.
Hänsel, D., Müller, H. (Hrsg.): Das Projektbuch - Sekundarstufe, Weinheim 1988.
Klippert, H.: Projektwoche. Arbeitshilfen für Lehrer und Schulkollegien, Weinheim/Basel, 1989.
N. N.: Projektorientierter Unterricht, in: b:e, Erziehung, Weinheim/Basel 1976.
Schäfer, U.: Internationale Bibliographie zur Projektmethode in der Erziehung, 1895 - 1982, Berlin 1988.
2 Einen neuen Modellversuch, der die ganze Thematik der methodischen Großform „Lernbüro" nochmals analysiert und hierbei auf die Ergebnisse des Modellversuchs Lernbüro, der in den 80er Jahren in Nordrhein-Westfalen durchgeführt wurde, zurückgreift, hat das Bundesland Brandenburg durchgeführt. Da im vorliegenden Kapitel nur ein grober Überblick über die Konzeption des Lernbüros gegeben werden kann, können Einzelheiten zu dieser methodischen Großform in dem vorgelegten Modellbericht nachgelesen werden. Vgl. Halfpap, K., Oppenberg, H., Richter, D.(Hrsg.): Lernbüro, Bd. 2, Kaufmännisches Arbeitslernen in Modellbetrieben des Landes Brandenburg. Beiträge aus dem BLK-Modellversuch, Schwerte 1993.
Vgl. auch Benteler, P.: Arbeiten und Lernen. Grundlagen und Gestaltungsmöglichkeiten wirtschaftsberuflicher Bildung im Lernbüro, Bad Heilbrunn 1988.
3 Kaiser, F.-J. u. Mitarbeiter: Dritter Zwischenbericht zum Forschungsobjekt: „Handlungsorientiertes Lernen in Bereichen der kaufmännischen Berufsfachschulen", Paderborn 1985. Arbeitspapiere des Fachbereichs Wirtschaftswissenschaften der Universität Gesamthochschule Paderborn, S. 26.

– einen Wechsel zwischen den Perspektiven des Unternehmers, Arbeitnehmers und des Konsumenten erlauben."[1]

Um diese Zielsetzung realisieren zu können, ist es notwendig, das Modellunternehmen so zu planen, daß die Freiheits- und Gestaltungsräume der Schüler erhalten bleiben.

(2) Der Arbeitsraum ist so zu gestalten, daß von ihm eine Büroatmosphäre ausgeht. Er ist so mit didaktisch aufbereiteten Arbeitsmitteln und Materialien auszustatten (z. B. Formulare, Kataloge, bürotechnische Geräte einschließlich der neuen Informations- und Kommunikationstechnik mit entsprechender Software), daß arbeitsgleiche und arbeitsteilige Arbeiten in unterschiedlichen Abteilungen (z. B. Einkauf, Verkauf, Rechnungswesen, Personalwesen) möglich sind.

(3) Schüler und Lehrer müssen sich für das Modellunternehmen unternehmerische Ziele setzen, wobei es zu beachten gilt, daß die pädagogische Zielsetzung nicht vernachlässigt werden darf. „Arbeitshandlungen im Lernbüro dürfen daher nicht so ausgelegt werden, daß sie lediglich ein Trainingsprogramm für zweckrationales Handeln und instrumentelles Denken darstellen."[2]

(4) Die Lernbüroarbeiten müssen vielfältige Interaktionen mit der Umwelt (Kunden, Lieferanten, Behörden, Banken usw.) ermöglichen. Die Intensität dieser Interaktionen (sie hat der Lehrer zu steuern und zu initiieren) ist maßgebend für die Qualität der Lernprozesse. Die Außenbeziehungen können dabei vom Lehrer simuliert, über entsprechende EDV-Programme hergestellt oder durch Anschluß an den Deutschen Übungsfirmenring herbeigeführt werden.[3]

(5) Über die praktischen Tätigkeiten im Lernbüro sind auch theoretische Grundlagen zu vermitteln bzw. zu vertiefen. Allerdings kann dies nur dann gelingen, wenn es zu einer Verzahnung der Arbeitspraxis mit den theoretischen Fächern kommt.

„Wichtige Voraussetzungen für eine effiziente Verzahnung von Arbeitspraxis und Theorie im Rahmen der Lernbüroarbeit sind

– die Kooperation der Lehrer, die im Lernbüro arbeiten, mit anderen Fachlehrern der Klasse,

– der Einsatz der Lernbürolehrer in zumindest einem weiteren kaufmännischen Kernfach und

– eine auf das Kooperationsanliegen abgestimmte Neustrukturierung und Überarbeitung der Rahmenlehrpläne".[4]

---

1 Kaiser, F.-J., Weitz, B.: Arbeiten und Lernen im Lernbüro, Gestaltungshinweise und Einschätzungen zur Lernbüroarbeit, in: Erziehungswissenschaft und Beruf, II/1990, S. 124.
2 Kaiser, F.-J., Weitz, B., ebenda, S. 125.
3 Nähere Ausführungen hierzu vgl. Benteler, P., Kaiser, F.-J., Korbmacher, K. H.: Lernen und Handeln im Lernbüro kaufmännischer Berufsfachschulen, Opladen 1989.
4 Kaiser, F.-J., Weitz, B., ebenda, S. 125.

(6) Da die Arbeiten im Lernbüro von Lehrern und Schülern gemeinsam erbracht werden, kommt es zu einer Veränderung der traditionellen Lehrer- und Schülerrolle. Der Schüler übernimmt verstärkt eine aktive Rolle im Unterrichtsgeschehen, indem er die anstehenden Arbeitsaufgaben selbständig bewältigt und die Arbeitsprozesse autonom steuert. Der Lehrer übernimmt die Rolle des leitenden Mitarbeiters, der mitplant, Anregungen gibt und mit Hilfen unterstützend eingreift. Er nimmt sich, wo immer möglich, zurück.

(7) Die Arbeiten im Lernbüro bewirken eine Auflösung des Klassenverbandes in Arbeitsgruppen, die in den jeweiligen Abteilungen die anstehenden Arbeiten erledigen und neue Aufgaben planen. Dies erfordert gegenüber der traditionellen Unterrichtspraxis veränderte Lern- und Arbeitsformen.

„Besondere Bedeutung erhalten im Lernbüro folgende Arbeits- und Lernformen:

– Einzel- und Gruppenarbeit, die den Jugendlichen die Möglichkeit bieten, weitgehend selbständig die Arbeit in den Abteilungen ihrer Lernbüros arbeitsgleich oder arbeitsteilig auszuführen.

– Gesprächskreise, die z. B. als Mitarbeiterbesprechung organisiert werden können, um Unternehmensstrategien, Unternehmensziele, Probleme, Konflikte und Fragen zur Arbeitsorganisation zu klären.

– Projekte, die von den Schülern und Lehrern gemeinsam geplant, durchgeführt und ausgewertet werden, die eine komplexere Arbeitsaufgabe umfassen.

– Fallstudien, mit deren Hilfe betriebliche Entscheidungssituationen analysiert, alternative Entscheidungen erarbeitet und die Arbeitsergebnisse mit Entscheidungen in der Realität verglichen werden können.

– Rollen- und Planspiele, in denen aus der betrieblichen Arbeit erwachsene Konflikt- und Entscheidungssituationen durchgespielt und Planungs-, Entscheidungs- und Konfliktlösungsstrategien entwickelt werden können."[1]

(8) Die Bewertung der Schülerleistungen im Lernbüro erfordert andere Formen der Leistungsmessung und -beurteilung. Auf sie soll im folgenden nicht näher eingegangen werden.[2]

Für den *Ablauf der Lernbüroarbeit* hat F.-J. Kaiser zwei Wege aufgezeigt, die sich danach unterscheiden, ob ein Simulationsunternehmen neu aufgebaut oder aber ein bestehendes Simulationsunternehmen weitergeführt werden soll. Beide Vorgehensweisen sind in vier Phasen untergliedert, um die unterschiedlichen Vorgehensweisen zu verdeutlichen. Beide Vorgehensweisen werden auf der S. 413 vorgestellt.[3]

---

1 Kaiser, F.-J., Weitz, B.: Lernbüro, S. 126.
2 Die angeführten acht Charakterisierungsmerkmale verdeutlichen, daß diese Sicht des Lernbüros zwar auf Elemente der traditionellen Büro-Simulation (Stichworte „Übungsfirma", „Scheinfirma", „Kontorübungen") zurückgreift, aber sich insbesondere aufgrund der zugrunde gelegten handlungsorientierten Didaktikkonzeption vielfältig von seinen Modellvorgängern unterscheidet.
3 Kaiser, F.-J., Korbmacher, K. H., Weitz, B. O.: Verbindung von berufspraktischer und theoretischer Arbeit im Lernbüro. Bericht aus einem Modellversuch, in: Söltenfuß, G., Halfpap, K. (Hrsg.): Handlungsorientierte Ausbildung, S. 117 f.

Weiterführung eines bestehenden Simulationsunternehmens

1. Phase: Einführung in das Unternehmen
- Hospitationen in einem Lernbüro in Funktion
- Einführung in die Unternehmensstruktur anhand der Unterlagen des bestehenden Unternehmens an der Schule
- Betriebserkundung
- Einstellung und Einarbeitung der Mitarbeiter

2. Phase: Arbeiten an kaufmännischen Sachbearbeiterplätzen
- vorrangig operatives Arbeiten im arbeitsteilig organisierten Lernbüro
- anhand von Arbeitsablaufplänen und Stellenbeschreibungen Nachvollzug der Güter-, Geld- und Informationskreisläufe

3. Phase: Verbindung operativer und dispositiver Arbeiten
- Problemanreicherung durch besondere Geschäftsvorfälle
- abteilungsübergreifende Projekte und Vorhaben
- Wechsel der Perspektiven
- Ergänzungen durch dispositive Aufgaben

4. Phase: Zusammenschau und Geschäftsbericht
- Rückbesinnung auf die Ausgangssituation
- Erstellen eines Geschäftsberichts für die Übergabe
- eventuell Unternehmensplanspiel, Projekte und Vorhaben
- Betriebspraktikum

Teilweiser Neuaufbau des Simulationsunternehmens[1]

1. Phase: Kennenlernen kaufmännischer Tätigkeiten
- Vorstellen des Unternehmens
- Ausführung erster grundlegender kaufmännischer Tätigkeiten
- Betriebserkundung
- Hospitation im Lernbüro anderer Klassen
- Übersicht über die Funktionsbereiche und den Aufbau eines Unternehmens

2. Phase: Gemeinsames Arbeiten in einzelnen Funktionsbereichen
- Ausführen operativer und dispositiver Arbeiten
- genetischer Aufbau von Güter-, Geld- und Informationskreisläufen
- Aufbau von Arbeitsablauf- und Belegflußplänen
- Problemanreicherung durch besondere Geschäftsvorfälle

3. Phase: Arbeiten im funktionsfähigen Büro
- Prüfung und Revision bzw. Reorganisation der Arbeiten in den Funktionsbereichen
- Aufgliederung in Abteilungen und Stellen
- evtl. Einstellung von Mitarbeitern
- Durchführung spezieller operativer und dispositiver Tätigkeiten
- Projekte und Vorhaben

4. Phase: Praxisorientierte Reflexion
- Rückbesinnung auf die Ausgangssituation
- eventuell „Jahresabschluß"
- spezielle Projekte und Vorhaben
- Unternehmensplanspiel zur gezielten Einbringung der Unternehmensperspektive
- Betriebspraktikum

1 Kaiser, F.-J.: Handlungsorientiertes Lernen, S. 44, 45.

Zur *pädagogischen Bedeutung* der Lernbüroarbeit stellt Halfpap, der den Modellversuch geleitet hat, fest:

„Beobachtungen und Gespräche mit Schülern und Lehrern lassen fast ‚spürbar' bei der Arbeitsatmosphäre im Lernbüro erkennen, daß die Schüler sehr motiviert sind, weil sie

— zielgerichtet an konkreten Aufgaben arbeiten und lernen,

— die Bedeutung ihres Tuns (d. h. die Nützlichkeit und Zweckmäßigkeit der Arbeitsaufgabe) erkennen,

— den betrieblichen (und damit fachübergreifenden) Zusammenhang begreifen (was überschaubare Aufgaben voraussetzt),

— mit Mitarbeitern kooperativ zusammenarbeiten und damit soziale Beziehungen festigen und vertiefen können,

— bei der Wahl der Arbeitsmittel und -wege zunehmend Entscheidungsfreiräume erhalten.

Die erziehungswirksame Funktion der Lernbüro-Arbeit läßt sich so zusammenfassen: Die Schüler werden in ihrer Persönlichkeit geprägt und weiterentwickelt, weil sie

— arbeitsteilig und gemeinsam arbeiten und lernen,

— systematisch zum zielgerichteten Planen, ordnungsgemäßen Ausführen und verantwortungsbewußten Kontrollieren von Arbeitsaufgaben angeleitet werden,

— in die Bewertung der Lern- und Arbeitsleistung einbezogen und zu zunehmender tätigkeitsbezogener Selbstbewertung und kritischer Reflexion ihres Handelns geführt werden."[1]

Der *organisatorische Ablauf* der Arbeiten im Lernbüro sowie Fragen zur Ausgestaltung des Lernortes „Lernbüro" können der Veröffentlichung zum „Modellversuch Lernbüro" entnommen werden.[2]

2.7 Juniorenfirma[3]

Bei „Realen Übungsfirmen" bzw. „Juniorenfirmen" handelt es sich um real am Markt operierende Unternehmen, die mit echten Produkten und echtem Kapital

---

1 Halfpap, K.: Ganzheitliches Lernen im Unterricht kaufmännischer beruflicher Schulen, in: Erziehungswissenschaft und Beruf, 3/91, S. 237.
2 Vgl. Kaiser, F.-J.: Handlungsorientiertes Lernen, S. 171 f. Halfpap, K., Oppenberg, H., Richter, D. (Hrsg.): Lernbüro, S. 113 f.
3 Die Ausführungen zur Juniorenfirma sind einem Beitrag von Siegfried Miller in der Zeitschrift Erziehungswissenschaft und Beruf entnommen. Siegfried Miller ist Leiter der Juniorenfirma an der Constantin-Vanotti-Schule in Überlingen.
Miller, S.: Die Juniorenfirma - Ein handlungsorientiertes Konzept auch für die Schule? in: Erziehungswissenschaft und Beruf, III/90, S. 246-253.

arbeiten. Diese Form des gegenständlichen Lernens bietet eine außerordentlich hohe Motivationsquelle, die nicht zuletzt im gemeinsamen Handeln und Lösen von Problemen begründet liegt.[1]

Bestehende Konzepte

Im betrieblichen Bereich existiert eine solche Juniorenfirma seit 1975 bei der Zahnradfabrik Friedrichshafen AG. Diese Einrichtung trat an die Stelle des innerbetrieblichen Unterrichts für Auszubildende des Berufs Industriekaufmann/Kauffrau. Von 1983 bis 1986 wurde vom Bundesinstitut für Berufsbildung, Berlin, ein von der Industrie- und Handelskammer Bodensee-Oberschwaben getragener und von Herrn Professor Dr. Fix wissenschaftlich begleiteter Modellversuch „Reale Übungsfirma" durchgeführt. Ziel des Modellversuchs, an dem insgesamt 8 Ausbildungsbetriebe[2] teilnahmen, war es, die Anwendbarkeit des Konzeptes Juniorenfirma als Ergänzung zur betrieblichen kaufmännischen Ausbildung zu erproben.

Einige der wichtigsten Ergebnisse,[3] die auch für schulische Juniorenfirmen von Bedeutung sein können, waren:

— Projektorientierte Organisationsformen lassen sich auch in der kaufmännischen Berufsbildung umsetzen.

— Die Mitarbeit in der Juniorenfirma erhöht die Lernmotivation und vermittelt Zusammenhangwissen.

— Die Mitarbeit in der Juniorenfirma wirkt sich positiv auf die Entwicklung sozialer und kommunikativer Fähigkeiten aus.

— Die Juniorenfirma fördert die Selbststeuerung des Lernens und Tuns der Auszubildenden, z.B. beim Erwerb von Kreativität, Kontaktfähigkeit, Teamfähigkeit, Dispositionsfähigkeit, Entscheidungsfähigkeit und Verantwortungsbereitschaft.

— In der Juniorenfirma lassen sich neuere Büro- und Informationstechnologien einsetzen.

---

1 Auch Benteler u.a. sprechen davon, daß Lernen in ernsthaften und realen Situationen aus motivationaler Sicht wünschenswert wäre, stehen aber einem realen Unternehmen an Schulen skeptisch gegenüber; ein Teil der von ihnen genannten Probleme konnten jedoch an der Überlinger Schule bereits gelöst werden.
Zur motivationalen Bedeutung gemeinsamen Handelns vgl. Cube v., F.: Problemorientierter Unterricht aus der Sicht der Verhaltensbiologie, in: Sommer K.-H. (Hrsg.): Aspekte der Planung und Gestaltung von Unterricht und Unterweisung, Esslingen 1986, S. 104.
2 Es handelte sich um folgende Betriebe: Bizerba Werke-Wilhelm Kraut GmbH & Co KG, Balingen; FAG Kugelfischer - Georg Schäfer & Co, Schweinfurt; Otto Maier Verlag GmbH, Ravensburg; Wieland Werke AG, Ulm; Württembergische Metallwarenfabrik AG, Geislingen (Steige); Zahnradfabrik Friedrichshafen AG, Friedrichshafen; Carl Zeiss, Oberkochen; Zeppelin Metallwerke GmbH, Friedrichshafen.
3 Vgl. Fix, W.: Juniorenfirmen, ein innovatives Konzept zur Förderung von Schlüsselqualifikationen, Berlin 1989, S. 30.

Daß der Modellversuch seine Erwartungen zum größten Teil erfüllt hat, läßt sich auch daran ablesen, daß alle beteiligten Unternehmen ihre Juniorenfirma als Element der betrieblichen Ausbildung fortführen. Mittlerweile ist eine Anzahl neuer Firmen hinzugekommen, die sich in der nach Ende des Modellversuchs gegründeten „Arbeitsgemeinschaft der Juniorenfirmen" zusammengeschlossen haben. Ziel dieser Arbeitsgemeinschaft ist es, einen regelmäßigen Erfahrungsaustausch der Ausbildungsleiter zu organisieren, die jährlich stattfindenden Juniorenfirmen-Messen zu planen und durchzuführen sowie allgemein Informationen an Interessierte abzugeben und somit diese Idee weiterzutragen.

Die entscheidende Frage an dieser Stelle lautet: Können Ergebnisse dieses Modellversuchs auch auf andere Bereiche übertragen werden? Ist es möglich, daß Schüler in berufsbildenden Schulen solche Miniaturfirmen gründen, um so eine interessante Konkretisierung des Handlungslernens nutzbar machen zu können? Macht man in diesem Zusammenhang einen Exkurs in die Geschichte des kaufmännischen Bildungswesens, so stößt man auf die Jahre 1796/1797. In diesen Jahren gründete G.H. Buse in Erfurt eine kaufmännische Erziehungsanstalt, die zwei Klassen umfaßte. Über die „zweite Klasse", in der Jugendliche von 12 bis 15 Jahren aufgenommen wurden, schreibt er: „Zur näheren practischen Vorbereitung der Zöglinge zu ihren künftigen Geschäften hat die Anstalt einen kleinen Handel, theils für die Zöglinge selbst, mit den nöthigen Bedürfnissen derselben, z.B. mit Schreibe- und Zeichenmaterialien, mit Strümpfen, Hals- und Taschentüchern etc., theils auch für Fremde mit selbst verfertigten Zeichnungen, Landkarten, Papparbeiten usw. eröffnet, welcher von den Zöglingen der 2ten Classe, jedoch mit der nöthigen Aufsicht und Anleitung verwaltet wird."[1]

Dieses schulische Unternehmen ging also über die Simulation hinaus, operierte „am Markt", indem es einen Kiosk für Schüler betrieb und kleinere Geschenkartikel verkaufte. Sicherlich gibt es heute auf diesem und auch auf anderen Gebieten vielfache Aktivitäten von Schülern, die an diese Miniaturfirma erinnern. Der Vertrieb von Schülerzeitungen sowie einzelne Projekte, in denen Produkte hergestellt und verkauft werden, seien als Beispiele genannt. In den meisten Fällen fehlt wohl unter den Schülern das Bewußtsein dafür, daß sie, überspitzt formuliert, ein kleines Wirtschaftsunternehmen führen. „Oft fehlt auch die konsequente Durchführung der damit verbundenen kaufmännischen Elemente wie Kalkulation, Buchführung, Erstellung einer Bilanz u.ä.."[2] Praktische Anknüpfungspunkte, wenn auch in unvollständiger und unsystematischer Form, sind jedoch ausreichend vorhanden.

Eine weitere Frage, die sich im Anschluß an den Modellversuch „Reale Übungsfirma" stellt: Gibt es den Juniorenfirmen vergleichbare Konzepte in ausländischen Schulen? Liegen dort evtl. Erfahrungen vor, die sich auf unsere Verhältnisse übertragen lassen?

Eine in Amerika verbreitete Einrichtung ist die Junior-Achievment-Bewegung, eine Form der Wirtschaftserziehung von Schülern der High Schools, die allerdings nicht in Verantwortung der Schulen, sondern von einer Dachorganisation

---

1 Dieses Zitat findet sich bei Korbmacher, K.: Zur Geschichte des Lernbüros, in EWuB 4/1989, S. 392.
2 Vgl. Brodersen, M.: Miniaturfirmen in der Schule, in Sommer, K.H., (Hrsg.): Aspekte der Planung, S. 173.

durchgeführt wird. Es gibt in den Vereinigten Staaten ca. 8 000 „Junior-Achievment-Companies" mit insgesamt über 200 000 High-School-Schülern, die unter der Betreuung von Beratern aus der Geschäftswelt zusammenkommen und ihre Geschäfte abwickeln. Die 15-25 Schüler in jeder Firma verkaufen Aktien im Wert von je 1,00 $, um das benötigte Startkapital zu erhalten. Sie stellen selbst Produkte her oder bieten Dienstleistungen an, die sie auf dem freien Markt verkaufen müssen. Während des gesamten Programms treffen sie Entscheidungen über den weiteren Ablauf der Firma, führen Buch über Einnahmen und Ausgaben u.a. und legen bei Auflösung der Firma am Ende des Schuljahres oder Semesters einen Jahresbericht vor, in dem sie die Gründe ihres Erfolges oder Mißerfolges näher erläutern. Falls möglich, wird zu diesem Zeitpunkt das Startkapital mit der Dividende an die Aktionäre zurückgezahlt.[1] Junior Achievment wurde 1919 von dem Industriellen Horace Moses gegründet mit dem Ziel, die Wirtschaftserziehung in amerikanischen Schulen zu verbessern und zu ergänzen. Die Schüler sollten durch Junior Achievment die Gelegenheit bekommen, das amerikanische Wirtschaftssystem verstehen zu lernen, indem sie selbst ihre eigenen Firmen gründeten und betrieben. Vorrangig war und ist jedoch nicht die Berufsbildung, sondern die Allgemeinbildung.

Auch außerhalb der Vereinigten Staaten hat sich die Idee verbreitet. Der bedeutendste Ableger ist die britische Organisation „Young Enterprises" mit 400 Jungunternehmen, daneben gibt es einen französischen Verband „Jeunes Enterprises" mit ca. 40 Minifirmen und die schwedischen „Ung Företagsamhet" mit ca. 80 Firmen. Auch in Belgien hat die Bewegung Fuß gefaßt. Brüssel ist der gegenwärtige Sitz der Dachorganisation „European Federation of Young Enterprises".

Juniorenfirmen können in vielfältiger Weise organisiert werden. Beispielhaft soll hier der Aufbau von zwei schulischen Juniorenfirmen vorgestellt werden.

Das „Überlinger Modell"

An der Überlinger Constantin-Vanotti-Schule wurde die Juniorenfirma 1987 eingerichtet. Explizites Ziel dieses Projektes war und ist, die im Betriebswirtschaftslehre- und Rechnungswesenunterricht erworbenen theoretischen Kenntnisse praktisch anzuwenden, sowie Schlüsselqualifikationen zu fördern.

Das Projekt ist als freiwillige Arbeitsgemeinschaft konzipiert, der für ein Jahr ca. 15 Schülerinnen und Schüler des Wirtschaftsgymnasiums angehören. Die AG Juniorenfirma trifft sich einmal wöchentlich nachmittags, um ihre Geschäfte abzuwickeln, die sich zum Teil auf die Schule beschränken, zum Teil aber auch darüber hinausgehen. Die Geschäftstätigkeit besteht im Handel von Produkten und im Angebot diverser Dienstleistungen. Das Verkaufsprogramm setzt sich zusammen aus Heften, Blöcken, Stiften, Textmarkern, Pinnwänden, Klassenarbeitsblöcken, Feuerzeugen, Disketten, T-Shirts und Sweatshirts mit Schulemblem, Klarsichthüllen, kleinen Geschenkartikeln u.a. Produkten für Schüler und Lehrer.

---

1 Vgl. Brodersen, M.: Die amerikanischen Junior Achievment-Firmen und die deutschen Juniorenfirmen - Ein Vergleich, in: Sommer, K.H. (Hrsg.): Handlungslernen in der Berufsbildung - Juniorenfirmen in der Diskussion, Esslingen 1985, S. 132 f.

Vom Angebotsvergleich über die Bestellung, Wareneingangskontrolle, Kalkulation, Verkaufsorganisation bis zum Buchen und Bilanzieren werden hier kaufmännische Tätigkeiten vollzogen und vor allen Dingen Entscheidungen getroffen.

Im Dienstleistungsbereich organisiert die Juniorenfirma einmal jährlich eine Disco-Veranstaltung für die Schüler ihrer Schule, verkauft Klassenphotos, plant Konzertfahrten und andere Veranstaltungen. Eine Dienstleistung, die gesondert abgerechnet wird, erbringt die Juniorenfirma durch die gesamte Lernmittelorganisation und -versorgung der ca. 700 Schüler der Schule. Die Aufgabe besteht hier im Einkauf, in der Lagerung, in der Ausgabe und Rücknahme und im Inkasso der teilweise von den einzelnen Schülern käuflich erworbenen Schulbücher.

Ein besonderes Projekt gelang den Junioren, als sie in Kooperation mit einem Marketingexperten, der die wissenschaftliche Haltbarkeit der Untersuchung sicherstellte, für den Wirtschaftsverbund Überlingen (WVÜ) eine Marktanalyse durchführten. Ziel dieser Untersuchung war es, das Image (Erscheinungsbild) der Stadt Überlingen als Einkaufs-, Gastronomie- und Touristenort zu ergründen. Hierzu mußten Fragebogen erstellt und ca. 600 Interviews erhoben und ausgewertet werden. Seinen Abschluß fand dieses Projekt in einer Präsentation vor einem großen, kommunalpolitisch interessierten Publikum, was sicherlich an die vortragenden Schüler eine hohe Herausforderung darstellte.

Zu den besonderen Ereignissen eines Geschäftsjahres zählt auch die Teilnahme an der jährlich stattfindenden Juniorenfirmenmesse, bei der die Schüler die Gelegenheit haben, ihre Arbeit vorzustellen und sich mit den Auszubildenden der betrieblichen Juniorenfirmen auszutauschen.

Das jeweils abgelaufene Geschäftsjahr wird in einem Geschäftsbericht dokumentiert und mittels GuV-Rechnung und Bilanz rechnerisch festgehalten. Da die Schüler keine Löhne und Gehälter ausbezahlt bekommen, wird der größte Teil des Gewinns - sofern er eine bestimmte Mindestverzinsung des Eigenkapitals überschreitet - für eine Abschlußfahrt verwendet. Hier sehen wir, daß auch die „Reale Übungsfirma" in der Schule zum Teil Simulation enthält, nämlich bei den Lohnkosten. Ähnliches gilt für die Räumlichkeiten und die Möbilierung, die der Schulträger ja „kostenlos" zur Verfügung stellt. Das Startkapital in Höhe von ca. 3 000,00 DM wurde durch Spenden regional ansässiger Wirtschaftsbetriebe aufgebracht.

Die Darstellung des Konzeptes läßt erkennen, daß die Juniorenfirma den herkömmlichen Unterricht nicht ersetzen, ihn jedoch in vielfacher Weise ergänzen und unterstützen kann. Die Juniorenfirma ist in besonderer Weise dazu geeignet, zusätzlich Schlüsselqualifikationen bzw. extrafunktionale Qualifikationen zu vermitteln. Mit der folgenden Tabelle sollen reale Arbeitssituationen in der Juniorenfirma und die dadurch vermittelten Schlüsselqualifikationen dargestellt werden:[1]

---

1 Die Tabelle stellt einen Auszug möglicher Schlüsselqualifikationen dar; in Anlehnung an Romer, M.: „Juniorenfirma", die Ergänzungsmethode in der Erstausbildung, in: Personalführung, 4-5/87, S. 289.

Schlüsselqualifikationen	Aufgaben in der Juniorenfirma
TEAMARBEIT	– Gemeinsame Definition von Unternehmenszielen – Zusammenarbeit der einzelnen Abteilungen, Einkauf, Verkauf, Rechnungswesen u.a. – Gemeinsame Durchführung von Sonderprojekten – Einarbeitung von Nachfolgern
KREATIVITÄT	– Produktfindung – Gestaltung von Prospekten, Produktdesign, Geschäftsberichten – Einarbeitung von Absatzstrategien
ENTSCHEIDUNGSFÄHIGKEIT	– Lieferantenauswahl – Sortimentszusammenstellung – Preisbestimmung – Anlage liquider Mittel
SPRACHKOMPETENZ	– Vorträge auf Messen – Präsentationen – Rechenschaftsbericht an Aufsichtsrat – Verhandlung mit Kunden und Lieferanten – Korrespondenz
DENKEN IN ZUSAMMEN-HÄNGEN	– Auswirkung von Arbeitsabläufen der eigenen Abteilung auf andere Abteilungen – Erstellung von Arbeitsabläufen – Auswirkungen von Beschaffungs- bzw. Absatzentscheidungen auf betriebswirtschaftliche Kennziffern – Auswirkungen produktpolitischer Entscheidungen auf die Umwelt

Das „Ravensburger Modell"

Den „Überlinger Gedanken" aufgreifend wurde an der Humpisschule in Ravensburg im Schuljahr 89/90 eine Juniorenfirma gegründet. Die grundsätzlich ähnliche Konzeption weicht jedoch in zwei Punkten ab: Die Juniorenfirma wird zum einen in der Wirtschaftsschule (2jährige Berufsfachschule) angeboten, zum anderen ist sie als „Wahlfach" konzipiert, d.h., alle Schüler, die zu Beginn eines Schuljahres Juniorenfirma gewählt haben, kommen in eine Klasse. Die durch diese Organisationsform erreichte Identität von Klasse und Juniorenfirma eröffnet den unterrichtenden Lehrern natürlich vielerlei Anknüpfungspunkte. So war bei der Herstellung des ersten Produktes, einem Schulführer, der neuen Schülern eine schnelle Orientierung ermöglicht, auch der Deutsch-Fachlehrer als Berater mitbeteiligt.

Interessant ist, daß die Ravensburger Schüler in ihrem ersten Geschäftsjahr eine eigene Abteilung „Geschäftsleitung" installiert haben. Dies auf eigenen Wunsch und gut funktionierend. Eigene Erfahrungen und Erfahrungen in betrieblichen Juniorenfirmen zeigen, daß solche hierarchischen Strukturen unter gleichaltrigen Schülern und Auszubildenden häufig zu Akzeptanzproblemen und Konflikten führen. Wolfgang Fix weist in diesem Zusammenhang allerdings darauf hin, daß auch hierarchiefreie Juniorenfirmen einen ernstzunehmenden Realitätsbezug besitzen, da ein Trend zum Abbau betrieblicher Hierarchie zu beobachten sei.[1]

---

1 Vgl. Fix, W.: Juniorenfirmen, 1989, S. 87.

Resümee

Die beiden skizzierten schulischen Juniorenfirmen zeigen bereits, daß bezüglich der individuellen Ausgestaltung vielfältige Varianten möglich sind. Es würde dem Grundsatz der Juniorenfirma widersprechen, wollte man genaue und allgemeingültige Organisationsmuster festschreiben. Die Identifikation der Junioren mit ihrer Firma ist um so höher, je mehr Freiraum besteht, in dem sie Probleme erkennen, lösen und Entscheidungen selbst treffen können.

IV. Methodenwechsel als Unterrichtsgrundsatz

1 Pädagogische Bedeutung des Methodenwechsels

Dauenhauer beklagt in seiner „Kategorialen Didaktik", daß viele Lehrer ihren Unterricht jahrzehntelang methodisch konstant „ablaufen" lassen. „Ein Altphilologe begann seine Stunde stets mit dem Abhören von Vokabeln, ein Geographielehrer wiederholte konstant den Stoff der letzten Stunde, und ein Volksschullehrer ließ immer zu Anfang zwei Lieder singen. Wer als Schüler über längere Zeit solche Unterrichtserstarrung erleben mußte, wird die emotionale Abneigung gegen solches Unterrichten heute noch empfinden."[1]

Jede Lernleistung wird von Lernhemmnissen begleitet, deren Gewicht und Relevanz von verschiedenen Kriterien abhängig sind. Hierzu zählen etwa die Wahl des Lerntempos, die Dauer des Lernprozesses, die Anzahl der Lernpausen und ihre Ausdehnung, ferner sind hier die gesetzten Lernzielstufen, die Motivationssensibilität, die Struktur des Lernmaterials und schlußendlich, was hier von besonderem Interesse ist, die methodische Konzeption. Wird der Schüler in ein monotones, starres Lernschema hineingepreßt, steigen die Lernhemmungen an, womit ein Absinken der Lernleistung herbeigeführt wird. Diese Art der Konstanz widerspricht dem ureigensten menschlichen Sein und Streben, das auf Variation, auf Entwicklung, Neuerung, Variabilität u. a. ausgerichtet ist. Der Methodenwechsel ist somit ein unabdingbarer Bedingungsfaktor für eine Optimierung des Lernerfolges. Im einzelnen kommt der methodischen Dynamik eine vierfache Bedeutung zu:

— Sie bringt häufig eine Umstrukturierung des Lernfeldes mit sich.

— Es wird eine zusätzliche Motivationswirkung erzielt.

— Durch die Auflockerung des Unterrichts wird ein physischer und psychischer Erholungseffekt ermöglicht.

— Es wird der Abbau von Lernbarrieren ermöglicht.

So gesehen ist der Methodenwechsel ein wesentliches Unterrichtsprinzip, und man kann begründet feststellen: „Die beste Methode ist der Methodenwechsel."[2]

---

1 Dauenhauer, E.: Kategoriale Didaktik, S. 293.
2 Tütermann, H.: Der Wechsel in der Methode ist die beste Unterrichtsmethode, in: Erziehungswissenschaft und Beruf, 2/1975, S. 176.

2 Wechsel in der Unterrichtsmethode

Alle methodischen Maßnahmen haben Stärken und Schwächen aufzuweisen. So führt einerseits der erarbeitende Frageunterricht den Schüler zu logischem Denken, engt andererseits aber seinen Gedankenablauf in die vom Lehrer gewünschte „Denkspur" ein. Der Frontalunterricht ermöglicht wiederum als Positivum eine rasche und gleiche Information für alle Schüler, birgt gerade deshalb aber auch einen negativen Nivellierungseffekt in sich, weil sich der Lehrer gezwungen sieht, immer alle Schüler gleichzeitig anzusprechen und er deshalb wenig Gelegenheit hat, individuelle Unterschiede zu berücksichtigen, zum Schaden sowohl der aufgewecktesten als auch der schwächsten Schüler. Als Beispiel aus dem Bereich der Medien sei das Lehrbuch angesprochen. Sicher ist die konzentrierte Vorlage des Lernstoffes und damit die Zeitersparnis im Unterricht sehr wertvoll, auf der anderen Seite aber steht die Gefahr, daß der Unterricht zwar sachlogisch, nicht aber methodisch und lernzielorientiert ausgerichtet wird. Oder greifen wir aus dem Bereich der methodischen Großformen die Fallstudie als Beispiel heraus. Bei der Fallstudie steht im Vordergrund des Lehrerbemühens, Lösungsstrategien im Schüler zu entwickeln, während die Vermittlung von theoretischem Wissen etwas in den Hintergrund gedrängt wird.

Bei allen Unterrichtsmethoden kommt es zu Über- und Unterordnungsverhältnissen, zu Prozessen der Sympathie- und Antipathiebildung, zur Rollenverteilung und Rollenanpassung, zu Statuszuweisungen, zu eindimensionaler Förderung des Schülers u. a. Diese Prozesse dürfen keinesfalls fatalistisch hingenommen werden, sondern müssen über einen Wechsel in den Unterrichtsmethoden ausgeglichen werden, um so der multiplen Individuallage der Schüler zu entsprechen. Es kann nicht *die* Unterrichtsmethode geben, vielmehr muß die Forderung nach Variation der Unterrichtsmethoden aufgestellt werden.

Es ist nicht Aufgabe dieser Veröffentlichung, dieses Unterrichtsprinzip bis ins Detail darzustellen. Ein allgemein gehaltenes Beispiel mag deshalb den angesprochenen Sachverhalt generalisierend verdeutlichen.

So kann etwa ein Unterrichtsstoff im Frontalunterricht anhand eines Falles aus dem Übungsbuch erklärend-induktiv, in der fragend-entwickelnden Aktionsform begonnen werden. Die Analyse ergibt eine Zerlegung des Stoffgebietes in einzelne Themenabschnitte, die eine Gruppenarbeit sinnvoll erscheinen lassen. Wenn die anstehenden Fragen dort z. B. durch Vorlage von Axiomen (Gesetzestexte, Formeln, Prämissen u. a.) zu erarbeiten sind, so wird neben dem Wechsel der Aktionsform, der Sozialform und der Medien auch das Unterrichtsverfahren (erklärend-deduktiv) ausgetauscht. Nach Auflösung der Gruppenarbeit wird die Vereinigung der Teilarbeiten wieder zum Frontalunterricht zurückführen, eventuell wird sich ein Streitgespräch in Form des dialektischen Unterrichtsverfahrens anbahnen u. a. mehr.

Die im Unterricht auf verschiedenen Lernebenen angestrebten Inhalte und Ziele erfordern eine Variation der Unterrichtsmethoden. Diese gilt es, sicher neben anderen Maßnahmen, vom Lehrer im Rahmen der sozialkulturellen Bedingungen zu planen. Um die Zuordnung der Unterrichtsmethoden zu den Lernzielen zu erleichtern und übersichtlich zu gestalten, sollte die Darstellungsform der Matrix herangezogen werden. Sie ermöglicht es, die Zuordnung der Aktions- und Sozialform, des Mediums, des Unterrichtsverfahrens und der methodischen Großform zum jeweiligen Lernziel bzw. zur jeweiligen Schlüsselqualifikation übersichtlich vorzunehmen bzw. im Nachhinein bei der Nachbereitung des Unterrichts transparent zu machen (vgl. hierzu die Beispiel-Matrix S. 423). Um die Übersichtlichkeit zu steigern, erscheint es angebracht, daß der Lehrer bei seinen Vorbereitungen einige Unterrichtsmethoden zu Gruppen zusammenfaßt und die Matrix damit individuell gestaltet.

Abschließend stellt sich die Frage, ob durch häufige Variation der Unterrichtsmethoden ein optimaler Unterrichtserfolg garantiert ist. Gewiß nicht, denn auch der Methodenwechsel hat Licht- und Schattenseiten. Sicher bedeutet diese Dynamik, die durch den Wechsel der Unterrichtsmethoden erzeugt wird, einerseits Belebung des Unterrichts, andererseits kann sie aber auch Unruhe in das unterrichtliche Geschehen bringen. Eine unangemessen häufige Variation führt zur Verunsicherung des Schülers, zu Störungen im Lernprozeß und eventuell auch zur Oberflächlichkeit in der geistigen Auseinandersetzung. Unter Einbeziehung aller unterrichtlichen Bestimmungsgrößen muß der Lehrer den „optimalen Variationswert", wie Dauenhauer formuliert, finden. Diesen Wert zu finden, erfordert vom Lehrer das Wissen um die Anwendungsmöglichkeiten der Unterrichtsmethoden, viele Versuche und, hierauf gründend, die pädagogische Erfahrung. „Schüler lieben den Wechsel im Ablauf und im Inhalt, und ein guter Unterricht wird sich diese Schülerneigung zu eigen machen und das Moment der Überraschung hin und wieder bewußt planen. Wenn eine Klasse weiß, heute um 9.30 Uhr beginnt Herr X - wie seit Monaten - den Unterricht damit, daß er zunächst einige Schüler tadelt, wird er zum Gespött, und gerade diese atmosphärische Komponente beeinflußt sehr den Unterricht, d. h., die übrigen Feldkomponenten. Wir stimmen dagegen die Schüler erwartungsvoll, wenn Ablauf, Medien u. a. nicht starr festliegen, sondern in überraschenden Zusammenhängen geboten werden."[1]

D. Lernsicherung

I. Aufgaben der Lernsicherung

Folgen wir H. Roth, dann liegt ein Lernprozeß dann vor, „wenn relativ dauerhafte Veränderungen des Verhaltens, der Verhaltensdispositionen und damit auch der Person nachweislich entscheidend aufgrund von Erfahrungen und ihrer Verarbeitung entstehen oder bewirkt werden."[2] Der Lernprozeß ist daher nicht mit der Lösungsfindung und der Ergebnisfixierung abgeschlossen, vielmehr müssen anschließend Maßnahmen ergriffen werden, *erworbene Denkweisen* durch *operatives Üben* zu festigen und zu einem festgefügten Strukturzusammenhang auszubauen sowie *erworbene Fertigkeiten* und *Verhaltensweisen* durch *Üben der Fertigkeit* zu vervollkommnen. Dabei muß ständig auf das neu Erarbeitete rückgeschlossen werden, so daß die Phase der Stoffvermittlung, vom Blickpunkt der Lernsicherung aus betrachtet, eine entscheidende *Vorarbeit* für einen dauerhaf-

1 Dauenhauer, E.: Kategoriale Didaktik, S. 294.
2 Roth, H.: Pädagogische Anthropologie Bd. 2, S. 115.

Unterrichtsmethoden / Lerninhalte	Aktionsformen			Sozialformen				Unterrichtsverfahren				Medien				Methodische Großformen		
	dar-stel-lend	erar-bei-tend	ent-dek-kend	Frontal-unter-richt	Allein-arbeit	Partner-arbeit	Grup-penar-beit	de-duk-tiv	in-duk-tiv	dia-lek-tisch	inter-pretie-rend	Tafel	Folie	A.Blatt	EDV	Plan-spiel	Pro-jekt	Fall-stu-die
Lernziel/ Schlüsselqualifikation 1	X			X				X				X						
Lernziel/ Schüsselqualifikation 2		X		X					X				X					
Lernziel/ Schlüsselqualifikation 3			X				X				X				X		X	

Darstellung von Lernzielen/Schlüsselqualifikationen und Unterrichtsmethoden in Form einer Matrix

423

ten Lernerfolg leistet. Stoffvermittlung und Stoffsicherung sind somit aus metho-disch-didaktischer Sicht untrennbar miteinander verbunden. Es sind deshalb im Unterricht sehr wohl Gelegenheiten denkbar, „in denen Teile der Einprägung (bzw. der Einübung, Anm. d. Verf.) mit der Lehre gleichzeitig ablaufen, und zwar immer dort, wo Zäsuren, Vergleiche, Zusammenfassungen eingeschaltet werden ... Der Lehrer wiederholt schon einprägend auf allen Stufen der Unterrichtslek-tion, da wo sich ihm eine Möglichkeit anbietet, und der erste kleine Erfolg wird gesichert, wenn er erkennbar ist oder angebahnt werden soll, nicht erst nach Be-endigung der Lehre; Teilergebnisse werden ja ohnehin festgehalten und vielleicht geübt. Ein Unterricht, der nicht fortwährend zur Wiederholung greift, ist der Auf-merksamkeit der Schüler nicht sicher, denn wie soll er diese Aufmerksamkeit an-ders prüfen als im Wiederholen. Er vergibt sich eines wertvollen Treibmittels zur Mitarbeit; er unterläßt es, das Wesentliche auf einfache Art festzustellen und fest-zuhalten; er versucht kein Aufmuntern und Mitreißen der Schwachen; er über-sieht den großen Einprägungswert im Augenblick der Höhepunkte des größten Schülerinteresses und läßt sie ungenützt. Wiederholend lassen sich alle Unter-richtsakte aufhellen und begreifen."[1] Die Konsequenz hieraus ist, daß sich die Lernsicherung nicht immer auf einen bestimmten Unterrichtsabschnitt festlegen läßt. Voraussetzungen für das Behalten werden vielmehr in allen Unterrichtsab-schnitten geschaffen; die Lernsicherung wird insofern auch zum *Unterrichts-prinzip.*

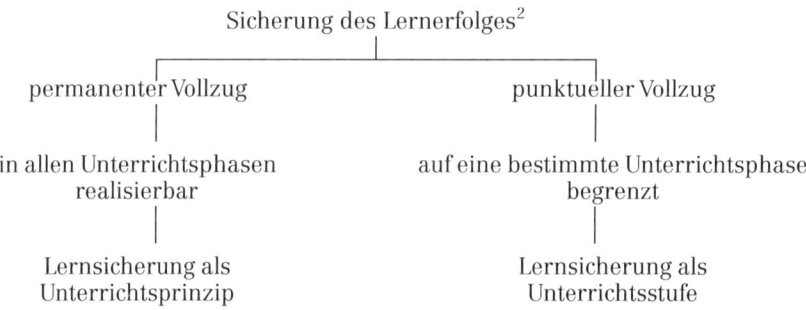

Zentrale Aufgabe der Lernsicherung ist das *operative Üben,* d. h. die Schaffung einer dauerhaften Inbesitznahme von Lerninhalten, Einstellungen und Denkwei-sen zum Aufbau eines umfassenden Wissens- und Verhaltensinstrumentariums und *die Fertigkeitsübung,* d. h., daß der in der Stoffvermittlungsphase begon-nene Schritt zum Können jetzt zur fast mechanischen Geläufigkeit ganz ausge-führt wird. Ferner ist es Aufgabe der Übung, den Lernprozeß noch einmal nach-zuvollziehen, damit neben den Inhalten auch das Erlernen von fachbezogenen Vorgehensweisen geübt werden kann.

1 Lochner, H.: Methodik, S. 192.
2 Der Grundgedanke dieses Schemas geht zurück auf Hölzl, E.: Die Sicherung und Kontrolle des Lernerfolges, in: Gönner, K., Reip, H. (Hrsg.): Unterrichtsplanung für kaufmännische Schulen, Bad Homburg v. d. H. 1977, S. 263.

Bisher wurde immer von der Prämisse ausgegangen, der Schüler habe die neuen Inhalte und Ziele schon voll verstanden. In der Realität ist es jedoch oft so, daß der Schüler in die Übungsphase eintritt, ohne die volle Einsicht in die neuen Inhalte und Ziele erlangt zu haben. Damit aber erhält die Lernsicherung auch noch Stoffvermittlungsaufgaben, denn durch das nochmalige Beschäftigen der *Schüler* mit dem Lerngegenstand soll sie ihn *zum umfassenden Verstehen führen.* Die Übung tritt dann über die Sicherungsfunktion hinaus und vereinigt in sich Komponenten der Stoffvermittlungsphase. Ein weiteres Indiz dafür, wie eng Stoffvermittlung und Übung verzahnt sind!

Nicht Aufgabe dieser Phase ist es, *beurteilend* zu kontrollieren, ob der Schüler das Lernziel bzw. die Schlüsselqualifikation erreicht hat oder nicht. Dagegen fällt im Grunde mit jeder Sicherungsmaßnahme, durch die enge Verflochtenheit von Stoffvermittlung und Lernsicherung, eine *diagnostische* Kontrolle des Schülerwissens mit an. Die Erfolgskontrolle zeigt dem Lehrer den Lernfortschritt beim Schüler bzw. den Erfolg seiner Lehrbemühungen an, und sie ermöglicht ihm so Rückschlüsse auf die weitere Entwicklung des Lernprozesses (vertiefend wiederholen; üben; Fortschreiten in der Stoffvermittlung u. ä.), d. h., „die Erfolgs*kontrolle* kann zugleich die Funktion der Erfolgs*sicherung* mit übernehmen: Erfolgs- bzw. Lernzielkontrollen sollten also so angelegt sein, daß sie zugleich ihrer Sicherungsfunktion gerecht werden.“[1] Die Abgrenzung der Begriffe Erfolgssicherung und Erfolgskontrolle und Lernsicherung kann wie folgt vorgenommen werden:

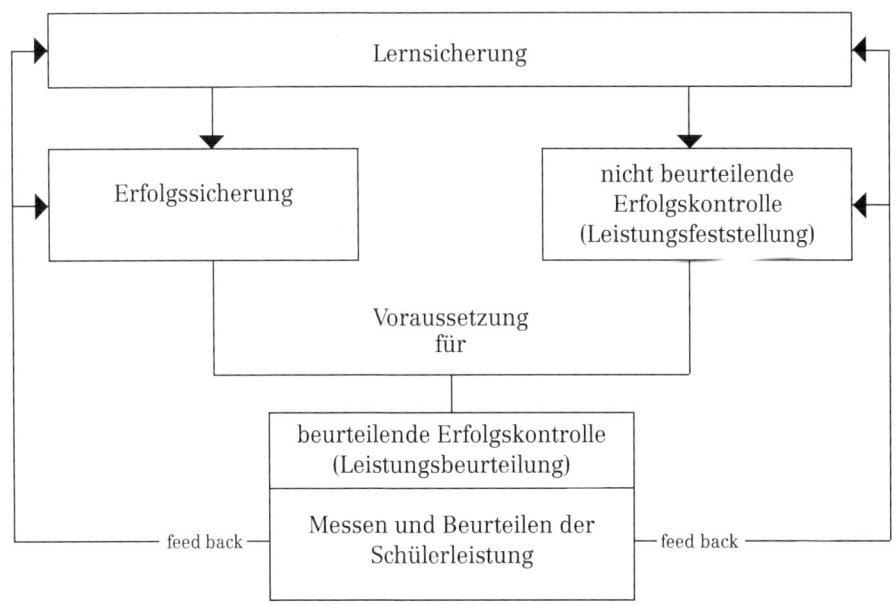

**Interdependenz der Begriffe Lernsicherung, Erfolgssicherung
und Erfolgskontrolle**

1 Hölzl, E.: Die Sicherung und Kontrolle des Lernerfolges, in: Gönner, K., Reip, H. (Hrsg.): Unterrichtsplanung für kaufmännische Schulen, S. 265.

Erfolgssicherung

1 Formen der Erfolgssicherung[1]

Als Mittel der Erfolgssicherung wurden die *operative Übung* und das *Fertigkeitsüben* schon genannt. Üben bedeutet zum einen *Handeln, „wiederholtes Tun"* im Sinne der Verfeinerung oder Steigerung eines Verhaltens, zum anderen wird darin aber auch der *Zustand „der Geübtheit"* im Sinne eines Lernergebnisses verstanden. Übung ist so gesehen ein Element des Lernens. Einer Aufspaltung in einen Lernprozeß (als Weg zum Wissen) und in einen Übungsprozeß (als Weg zum Können) kann nicht gefolgt werden. Die Übung verfolgt so gesehen im Rahmen des Lernprozesses das Ziel, das Lernergebnis künftig verfeinerter und schneller zu erbringen. Übung kann somit definiert werden, als „die Fähigkeit des Menschen, durch Wiederholung, durch wiederholtes Tun eine in ihm angelegte Fähigkeit einmal heranzubilden und zum anderen dann zu verfeinern, in ihrem Volumen zu vergrößern und in ihrem Ablauf zu beschleunigen."[2] Hierzu stehen dem Lehrer eine Vielzahl von Übungsmöglichkeiten zur Verfügung. Hier sollen nur die in der Schule gebräuchlichsten Formen dargestellt werden:

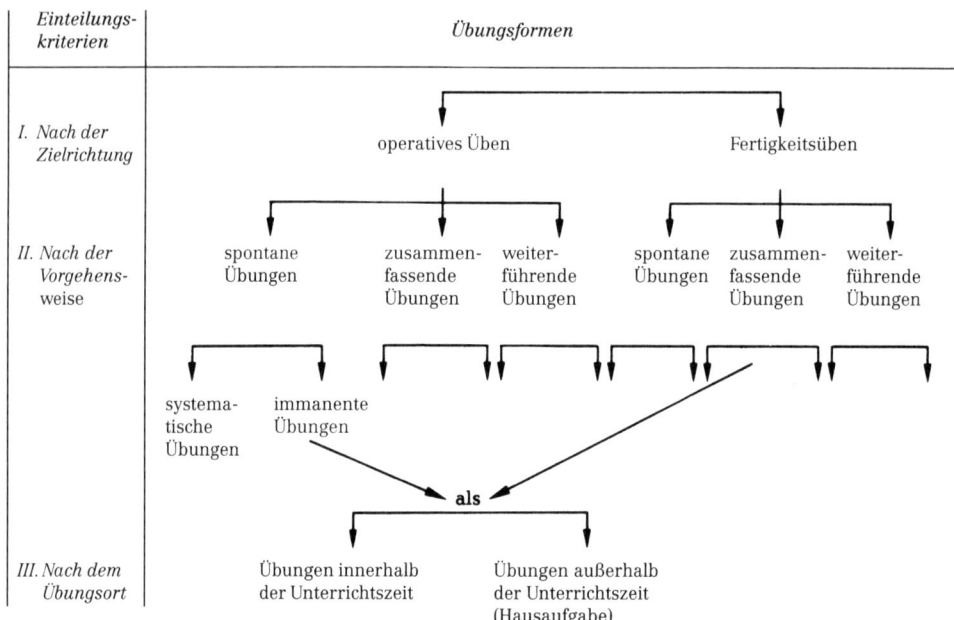

Übersicht über die Übungsformen

Neben dem Üben von Inhalten und Zielen in kleinen überschaubaren Sequenzen ist es auch möglich, die Erfolgssicherung stoff- und fächerübergreifend in methodischen Großformen (Fallstudie, Planspiel, Juniorenfirma usw.) vorzunehmen. In

---

1 Diese Ausführungen gehen in ihrem Grundgedanken auf M. Bönsch zurück. Vgl. Bönsch, M.: Wie sichere ich Ergebnis und Erfolg in meinem Unterricht?, 3. Aufl., Essen 1971, S. 81 f.
2 Bönsch, M., ebenda, S. 82.

diesem Fall wird die Übung von Einzelheiten zugunsten einer zusammenfassenden Gesamtschau zurückgedrängt. Der Schüler gewinnt damit jedoch ein Struktur- und Transferwissen von hohem Wert. Da die Handhabung der jeweiligen methodischen Großform im Rahmen der Erfolgssicherung von der bei der Neueinführung von Stoffgebieten nur unwesentlich abweicht, wird auf die methodische Großform im Rahmen der Lernsicherung nicht eingegangen.

Nach der *Zielrichtung,* die durch die Übung angestrebt wird, kann man zwischen operativem Üben und Fertigkeitsüben unterscheiden.

Durch das *operative Üben* soll der Schüler den Lerninhalt in seinem gesamten inneren Aufbau sowie in all seinen äußeren Interdependenzverhältnissen zu anderen Stoffgebieten erkennen und in die Lage versetzt werden, ihn selbständig nachzuvollziehen. Die aktive, reversible und assoziative Ausführung, der für den jeweiligen Lerninhalt notwendigen Operationen durch den Schüler, ist somit das entscheidende Charakteristikum dieser Übungsform. Dabei muß immer beachtet werden, daß der vielfältige Bezug zu verwandten Operationen bestehen bleibt und keine isolierte Fertigkeit geübt wird. Die operative Übung ist folglich auf einem hohen Schwierigkeitsgrad angesiedelt. Eine operative Übung liegt etwa vor, um ein Beispiel aus dem Kaufmännischen Rechnen zu nehmen, wenn dem Schüler einer Berufsschule eine betriebswirtschaftlich interessante Textaufgabe zur Berechnung des Zinsfußes gestellt wird.

Beispiel:
Die Eisenhandlung Klier & Co. erhält von einem Lieferer folgende Zahlungsbedingungen: „Zahlbar innerhalb 30 Tagen netto oder innerhalb 10 Tagen mit 3 % Skonto."
1. Welchem Jahreszinsfuß entspricht der Skontosatz von 3 %?
2. Der Rechnungsbetrag für einen Wareneinkauf beträgt 8 125,00 DM.
   Wieviel DM spart die Firma Klier bei Ausnutzung des Skontos, wenn sie für die Zahlung einen Bankkredit mit einer Verzinsung von 9,5 % in Anspruch nimmt?

Ein Beispiel aus der Betriebswirtschaftslehre soll sich anschließen. Behandelt wurde die Berechnung und die Eigenart der verschiedenen Abschreibungsarten. Als operative Übung legt der Lehrer den Schülern in der Erfolgssicherungsphase die Aufgabe vor, zu den einzelnen Abschreibungsformen entsprechende Beispiele zu finden, zu begründen und die erarbeitete Tabelle zu ergänzen:

erarbeiteter Unterrichtsstoff   operative Übung

Methode	Eigenart	Beispiele	Begründung
1. lineare Abschreibung: gleichbleibender Abschreibungssatz von den Anschaffungskosten bzw. Herstellungskosten	gleichbleibende Abschreibungsbeträge		
2. geometrisch-degressive Abschreibung: gleichbleibender Abschreibungssatz vom jeweiligen Restbuchwert	in geometrischer Reihe fallende Abschreibungsbeträge		

Das dritte Beispiel soll aus der Buchführung ausgewählt werden. Im Unterricht wurde das Thema: „Sachliche Abgrenzung" erarbeitet. Zur Sicherung der Lernergebnisse gibt der Lehrer folgende Geschäftsvorfälle vor:

Geschäftsvorfälle	Aufwand		Ertrag	
	betrieblich	neutral	betrieblich	neutral
1. Gehaltszahlungen				
2. Diskontaufwand				
3. Umsatzerlöse für Waren				
4. Verkauf eines gebrauchten Anlagegutes über dem Buchwert usw.				

Bei der *Fertigkeitsübung* steht die isolierte Übung bestimmter Lernergebnisse im Vordergrund, wobei angestrebt wird, im Lernenden eine fast mechanische Geläufigkeit bei der Lösungsfindung zu entwickeln. Das Ziel der Fertigkeitsübung ist somit vor allem darin zu sehen, das Lernergebnis zukünftig zielgerichteter, schneller und sicherer zu erreichen. Bleibt es aus, geht ein Können schnell wieder verloren und es tritt in der Handhabung einfacher Lerninhalte und Verhaltensweisen keine Entlastung zugunsten der schwierigen Operationen ein. Die Fertigkeitsübungen befinden sich überwiegend auf den Lernzielebenen der Reproduktion und Reorganisation.

Anhand der zuvor angeführten Themengebiet soll aufgezeigt werden, daß an die Stelle operativer Übungen auch Fertigkeitsübungen treten können. Zugleich soll dadurch veranschaulicht werden, worin die unterschiedlichen Intentionen dieser beiden Übungsformen zu sehen sind.

Verfolgt man etwa bei der Berechnung des Zinsfußes das Ziel, daß der Schüler die hierfür notwendige Rechentechnik schnell und sicher beherrscht, wird man sich bei der Aufgabenstellung auf die Vorgabe der notwendigen Ausgangsdaten beschränken und auf eine schwierige Textgebung verzichten.

Beispiel:
Welcher Zinssatz liegt den folgenden Kreditgeschäften zugrunde?

Kreditsumme	Kreditdauer	Zinsen
8 000,00 DM	ein Jahr	676,00 DM
4 100,00 DM	2 Monate	62,87 DM
2 700,00 DM	05. 09. - 20. 11.	74,25 DM

Thema: „Abschreibungen". Eine Fertigkeitsübung bei diesem Thema wird sich darauf beschränken, die Berechnung der einzelnen Abschreibungsarten anhand eines Beispiels nachzuvollziehen und ihre Eigenart an den errechneten, konkreten Zahlen erneut aufzuzeigen.

428

Beispiel:
Wert des Anlagegutes: 81 000,00 DM
Nutzungsdauer: 8 Jahre
Schrottwert: 1 000,00 DM

Berechnen Sie die Abschreibungsbeträge nach der linearen, der arithmetisch-degressiven und der geometrisch-degressiven (steuerlichen Höchstsatz verwenden!) Methode, und vergleichen Sie den Verlauf!

Beim Thema „Sachliche Abgrenzung" kann die Hauptschwierigkeit der Thematik, nämlich die Zuordnung von konkreten Beispielen zu den abstrakten Begriffen, dadurch beseitigt werden, daß letztlich die Begriffsdefinitionen abgefragt werden.

Beispiel:
1. Erklären Sie die Begriffe neutrale und betriebliche Aufwendungen!
   Nennen Sie jeweils zwei Beispiele!
2. Erklären Sie die Begriffe neutrale und betriebliche Erträge!
   Nennen Sie jeweils zwei Beispiele!

Die *Gestaltung* der operativen Übung und der Fertigkeitsübung kann in dreifacher Weise erfolgen, und zwar als spontane, zusammenfassende oder weiterführende Übung.

(1) Eine *spontane Übung* liegt dann vor, wenn der Lehrer „in loser Folge und nicht festgelegt in der Zahl wie in der zeitlichen Ansetzung Übungen anschließt, um den betreffenden Unterrichtsgegenstand zu festigen und zu sichern."[1] Selbstverständlich ist jede dieser Übungen in der Unterrichtsplanung methodisch-didaktisch vorbereitet worden, nur über ihren tatsächlichen Einsatz bzw. ihrer Entbehrlichkeit entscheidet der Lehrer spontan je nach Verlauf des Lernprozesses. Diese Übungsform enthält in der Regel nur eine Aufgabe und kann daher sehr zielgerichtet auf einen Lernschritt ausgerichtet werden. Enthält ein Lerninhalt mehrere Lernschritte, kann jedem Lernschritt eine oder auch mehrere Übungen zugeordnet werden. Werden mehrere Übungen für einen Lerninhalt vorbereitet, sollte so vorgegangen werden, daß der Lerninhalt jeweils von einem anderen Blickpunkt aus angegangen wird. Dadurch, daß die spontane Übung jeweils nur mit einem Lerninhalt verknüpft ist, kann sie jederzeit, wenn der tatsächliche Unterrichtsverlauf eine Umstellung der Lerninhalte erforderlich macht, mit umgestellt werden. Die Fungibilität ist daher ein wesentliches Charakteristikum dieser Übungsform. Ein Beispiel aus der Buchführung soll das Gemeinte verdeutlichen.

„Das Thema der Buchführungsstunde lautet: „Einführung in die Betriebsübersicht" Als Schlüsselstellen für den Schüler haben sich in der Unterrichtspraxis erwiesen:

a) Die Tatsache, daß bei der Betriebsübersicht mit Bilanzen in den verschiedensten Vollendungsstadien operiert wird.

b) Die neue Darstellungsform der Umbuchungen.

Der Lehrer greift sich diese Schlüsselstellen teilweise schon in der Einführungsstunde, zum Teil auch erst in den folgenden Unterrichtsstunden heraus und wird sie besonders zu sichern versuchen. Exemplarisch soll zu jedem dieser Unterrichtsfixpunkte ein Übungsbeispiel angeführt werden.

---

1 Bönsch, M.: Ergebnis und Erfolg, S. 114.

Zu a): Die Sicherungsphase für den Gedanken der Saldenbilanz I liegt schon in den Stunden vor der Einführung in die Betriebsübersicht, und zwar bei der Buchung auf T-Konten. Anläßlich einer solchen Unterrichtsstunde wird den Schülern, nach Eröffnung der T-Konten und Buchung der Geschäftsvorfälle, die Aufgabe gestellt, die einzelnen Summen auf den T-Konten, nach Bestands- und Erfolgskonten getrennt, einander gegenüberzustellen. Dem Schüler wird dadurch deutlich, daß er damit eine vorläufige Bilanz erstellt hat, die nach Saldierung und Umbuchung zur endgültigen Bilanz wird. Bei der „Einführung in die Betriebsübersicht" wäre es denkbar, auf diese Summenbilanz als Beispiel zurückzugreifen.

Zu b): Als Erfolgssicherung bietet sich hier die Umwandlung eines T-Konten-Teilabschlusses in die neue Darstellungsform der Betriebsübersicht an.
Hierzu folgendes Zahlenbeispiel:

T-Konten-Abschluß[1]

Soll	Betr.- u. G.-Ausst.		Haben
Su	40 000,00	Abschr. a. S.	10 000,00
		SBK	30 000,00
	40 000,00		40 000,00

Soll	Aufwendungen f. Waren		Haben
Su	50 000,00	Waren	15 000,00
		GuV	35 000,00
	50 000,00		50 000,00

Soll	Forderungen a. Lief. u. Leist.	Haben
Su	58 000,00	SBK	58 000,00

Soll	Abschr. a. Sachanlagen	Haben
BGA	10 000,00	GuV	10 000,00

Soll	Waren		Haben
Su	10 000,00	SBK	25 000,00
A.f.W.	15 000,00		
	25 000,00		25 000,00

Soll	Umsatzerlöse	Haben
GuV	52 000,00	Su	52 000,00

Soll	Eigenkapital		Haben
Privat	2 000,00	Su	108 000,00
SBK	113 000,00	GuV	7 000,00
	115 000,00		115 000,00

Soll	Privat	Haben
Su	2 000,00	EK	2 000,00

Soll	Schlußbilanz		Haben
BGA	30 000,00	Eigenkapital	113 000,00
Ford. a.L.u.L.	58 000,00		
Waren	25 000,00		
	113 000,00		113 000,00

Soll	GuV		Haben
A.f.Waren	35 000,00	U.-Erl.	52 000,00
Abschr.	10 000,00		
Eigenk.	7 000,00		
	52 000,00		52 000,00

---

1 Zugrunde gelegt ist der Einzelhandelskontenrahmen (EKR).

Übung: Betriebsübersicht

Konten	Saldenbilanz I Soll	Haben	Umbuchungen Soll	Haben	Saldenbilanz II Soll	Haben	Inventurbilanz (Schlußbilanz) Soll	Haben	Erfolgsbilanz (GuV-Konto) Soll	Haben
Betr.- u. G.-Ausst.	40 000,00			10 000,00	30 000,00		30 000,00			
Ford.a.L.u.L.	58 000,00				58 000,00		58 000,00			
Waren	10 000,00		15 000,00		25 000,00		25 000,00			
Eigenkapital		108 000,00	2 000,00			106 000,00		106 000,00		
Aufw. f. Waren	50 000,00			15 000,00	35 000,00				35 000,00	
Abschr. a. Sachanl.			10 000,00		10 000,00				10 000,00	
Umsatzerlöse		52 000,00				52 000,00				52 000,00
Privat	2 000,00			2 000,00						
	160 000,00	160 000,00	27 000,00	27 000,00	158 000,00	158 000,00	113 000,00	106 000,00	45 000,00	52 000,00
								7 000,00	7 000,00	
							113 000,00	113 000,00	52 000,00	52 000,00

Die Vorgehensweise bei den Umbuchungen kann auch schon während der Unterrichtsstunde durch den Bezug zur T-Konten-Darstellung gesichert und vertieft werden.

(2) Bei der *zusammenfassenden Übung* stellt der Lehrer in seiner Unterrichtsvorbereitung für einen Lerninhalt, in der Regel aber für eine Summe von Lerninhalten, einen Übungsblock zusammen, der das Lernergebnis von verschiedenen Blickwinkeln aus beleuchtet und somit seinen Verflechtungszusammenhang aufzeigt. Der Übungsblock wird anschließend in einzelne, in sich geschlossene Übungsgruppen aufgeteilt, die der Lehrer dann von Zeit zu Zeit in den Unterricht einarbeitet, um so das Lernergebnis bei den Schülern präsent zu halten. Als Ordnungselemente für solche Aufgabengruppen können beispielsweise herangezogen werden: vom Konkreten zum Abstrakten; vom Einfachen zum Komplexen; vom engen zum weiten Lernschritt u. ä. Da solche Übungsreihen nahtlos in das laufende Unterrichtsgeschehen integriert werden müssen, sollten sie in den Stoffverteilungsplan einbezogen werden. Ein Beispiel aus dem Schriftverkehrsunterricht soll diese theoretischen Ausführungen konkretisieren.

Für das betriebswirtschaftliche Themengebiet „Beschaffung und Lagerung" sind in aller Regel folgende Briefe vorgesehen: Anfrage, Angebot, Kaufvertrag, Störungen des Kaufvertrages (Mahnschreiben, Mängelrüge, Lieferungsverzug). Als didaktische Schwerpunkte für den Schriftverkehr in diesem Kapitel möchte der Lehrer herausarbeiten: (1) Hinführung zur inhaltlichen Genauigkeit; (2) Festigung der Ausdruckssicherheit und Sensibilisierung des sprachlichen Empfindens; (3) Stärkung des psychischen Einfühlungsvermögens. Sein Übungsblock und dessen Aufgliederung könnte folgendes Aussehen haben:

Anfrage, Angebot, Kaufvertrag	*Ziel der Erfolgssicherungsphase:* Inhaltliche Genauigkeit Der Unterrichtsablauf wird als „Kette" aufgebaut, d. h., die zu schreibenden Briefe sind inhaltlich eine Einheit. Gekauft werden soll eine neuartige komplizierte Stanzmaschine, die sehr teuer ist und für den Käufer ein Wagnis darstellt, da sie bisher noch nicht erprobt worden ist. Nach diesem Sachverhalt werden die ersten drei Briefe geschrieben (Anfrage, Angebot, Kaufvertrag). Um die inhaltliche Genauigkeit beim Schüler zu fördern, werden ihm im Anschluß an das erste Angebot vom Lehrer sehr detaillierte Änderungswünsche des Käufers, die sich vor allem auf die Gewährleistungsansprüche beziehen, in Form einer Bestellung vorgegeben. Der Schüler wird anschließend aufgefordert, den Text des Kaufvertrages neu zu formulieren.
Mängelrüge, Lieferungs- verzug	*Ziel der Erfolgssicherungsphase:* Festigung der Ausdruckssicherheit und Sensibilisierung des sprachstilistischen Empfindens. Der Lehrer stellt aus den Schülerbriefen typische Ausdrucksfehler, sprachliche Schematismen, grammatikalisch falsch aufgebaute Sätze u. ä. in einem Arbeitsblatt zusammen und läßt diese in einer schülerzentrierten Sozialform umformulieren und die Fehlerart beschreiben.

Vorgegebener falscher Text (Unterstreichen Sie den vorliegenden Fehler!)	Verbesserungsvorschlag (Formulieren Sie den Text um!)	Beschreiben Sie die Art des Fehlers!

Mahn- schreiben	*Ziel der Erfolgssicherungsphase:* Stärkung des psychologischen Einfühlungsvermögens. Um das Gefühl des Schülers dafür zu stärken, daß er erkennt, welcher Gesichtspunkt die Stärke der eigenen Position am deutlichsten herausstellt und somit beim Briefempfänger wohl den nachhaltigsten Eindruck hinterlassen dürfte, stellt der Lehrer folgende Aufgabe: Formulieren Sie für den gleichen Sachverhalt (Rechnung Nr. 4491 vom ... über 700,00 DM, ist seit 6 Wochen fällig) auf einem Übungsblatt den Text für verschiedene zweite Zahlungserinnerungen: 1. eine, die durch ihre überraschende Kürze wirkt. 2. eine, die auf die Rechtslage hinweist. 3. eine, die die Zahlungsverzögerung wirtschaftlich-finanziell betrachtet. 4. eine, die gemütlich humorvoll (doch bestimmt und wirksam) um Zahlung bittet.

(3) Als drittes schließlich kann der Lehrer die Übungen so auswählen, daß sie zu einer stofflichen Ausweitung des betreffenden Unterrichtsgegenstandes beitragen (= *weiterführende Übung*). Die Übungen sind so angeordnet, daß sie anders als die eben beschriebenen Formen, die in ihrer Reihung keinem Gliederungskriterium unterworfen sind, langsam zu einer Erweiterung der Lernergebnisse beitragen. Diese Übungsform führt somit über das rein formale Ziel der Lernsicherung hinaus und leistet einen Betrag zur stofflichen Erweiterung des unterrichtlichen Lernerfolges.

Der chronologische Ablauf eines so gestalteten Unterrichts verläuft wie folgt: Zunächst werden die angestrebten Lerninhalte und Ziele für diese Unterrichtseinheit vom Lehrer in seiner Unterrichtsplanung formuliert. Durch den Unterricht wird dem Schüler sodann das Grundwissen zu diesem Stoffgebiet vermittelt. Die Erfolgssicherungsphase hat im Anschluß daran nun die Aufgabe, über dieses Grundwissen hinaus, weiterführende Probleme anzusprechen, um auf diese Weise das Schülerwissen in verschiedene Richtungen hin zu erweitern.

Bönsch veranschaulicht die vorgestellten drei Übungsmöglichkeiten wie folgt:

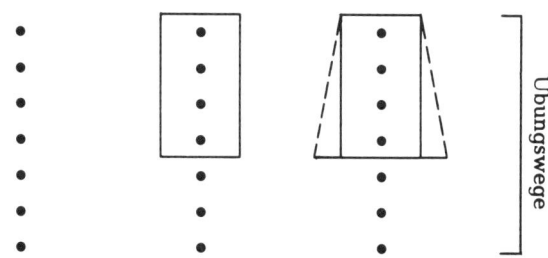

(Die einzelnen Punkte symbolisieren jeweils eine Übungsmöglichkeit)

Das Beispiel zur Veranschaulichung der theoretischen Darlegungen soll der Betriebswirtschaftslehre entnommen werden. Themengebiet: „Der Lohn". Der Lehrer setzt es sich zum Ziel, neben den rein betriebswirtschaftlichen Stoffinhalten auch hiermit zusammenhängende Fragen wie etwa: Lohn als Kostenfaktor im Betrieb; der gerechte Lohn; Lohnpolitik und Konjunkturpolitik u. ä. anzusprechen, um dieses wesentliche Themengebiet seiner Bedeutung entsprechend abzuhandeln. Ein Weg hierzu scheint über die Gestaltung der Erfolgssicherungsphase möglich. Ohne das Themengebiet vollständig entwickeln zu wollen, sollen hierzu einige Anregungen gegeben werden. Die angegebenen Lernziele sind nicht als chronologischer Aufbau der Unterrichtseinheit gedacht.

Lernziel 1: *Der Schüler soll anhand von Beispielen aufzeigen können, daß Arbeit für die Mehrzahl der Menschen unabdingbare Voraussetzung zur Einkommensgewinnung ist.*

Erfolgs- Interpretation der Statistiken: „Erwerbstätige nach Stellung im Beruf"
sicherung: und „Erwerbstätige nach Stellung im Beruf und Nettoeinkommen 1991."

Erwerbstätige nach Stellung im Beruf[1])

	West							Ost	
	1950	1960	1970	1980	1985	1990	1991	1990	1991
	in %								
Selbständige Mithelfende Familienangehörige	14,5	12,6	10,7	8,6	9,1	8,8	9,1	2,5	4,5
	13,8	9,9	6,8	3,5	2,7	2,0	1,7	0,7	·
Beamte	3,7	4,7	5,5	8,4	8,9	8,2	8,2	·	1,2
Angestellte	17,0	22,6	29,6	37,2	39,6	43,3	43,8	44,5	48,9
Arbeiter	51,0	50,2	47,4	42,3	39,8	37,4	37,2	52,3	45,4
Teilzeitbeschäftigte[2])	·	·	·	12,3	13,5	16,6	17,1	9,7	9,5

[1]) 1950 Ergebnis der Berufszählung, danach Mikrozensus. Ab 1990 erweitert um geringfügig Beschäftigte. [2]) Abhängig Beschäftigte mit einer Wochenarbeitszeit von 35 und weniger Stunden. In den neuen Bundesländern (Ost) mit einer Arbeitszeit unterhalb der Normalarbeitszeit.

Erwerbstätige nach Stellung im Beruf und Nettoeinkommen 1991[1])

von ... bis unter ... DM	Insgesamt		Selbständige		Beamte		Angestellte[2])		Arbeiter[2])	
	West	Ost	West	Ost	West	Ost	West	Ost	West	Ost
	in %									
unter 600	7,0	10,6	5,2	4,6	7,0	5,0	27,7	27,7	31,7	34,4
600–1000	7,2	28,0	4,2	3,4	2,1	0,6	39,3	42,0	29,2	53,2
1000–1400	7,3	37,6	0,6	0,3	3,1	0,5	49,9	50,9	38,4	45,7
1400–1800	10,9	13,5	4,2	4,4	4,1	1,1	44,7	58,6	46,2	35,9
1800–2200	15,1	4,9	4,2	8,9	5,4	·	39,3	62,0	50,9	28,3
2200–3000	23,2	3,0	5,3	13,2	8,5	·	39,3	59,8	46,8	25,2
3000–4000	11,2	0,7	10,2	18,2	16,8	·	51,4	61,8	21,5	18,2
4000 und mehr	10,1	0,3	23,2	40,0	18,9	·	53,7	45,0	4,1	·

[1]) Mikrozensus April 1991; alte Bundesländer; ohne Selbständige in der Land- und Forstwirtschaft, Fischerei und mithelfende Familienangehörige aller Wirtschaftsbereiche sowie ohne Erwerbstätige, die keine Angaben gemacht haben; Selbsteinstufung der Befragten. Einschließlich Teilzeitbeschäftigte. [2]) Ohne Auszubildende.

(Quelle: Zahlen zur wirtschaftlichen Entwicklung der Bundesrepublik Deutschland, Ausgabe 1994, hrsg. vom Institut der Deutschen Wirtschaft.)

Lernziel 2: *Der Schüler soll mit eigenen Worten beschreiben können, von welchen Faktoren die Lohnhöhe abhängt. Er soll außerdem die Ziele der Lohnpolitik der Arbeitgeber- bzw. Arbeitnehmerorganisationen beurteilend wiedergeben können.*

Erfolgssicherung: Stellen Sie begründend fest, welches Argumente der Arbeitgeber (Arbeitgeberverbände) und welches Argumente der Arbeitnehmer (Gewerkschaften) sind![1]

1

Die wirtschaftliche Situation erfordert geradezu eine weitere Lohnerhöhung, um durch mehr Kaufkraft die Wirtschaft wieder anzukurbeln. Außerdem müssen die um knapp 7% gestiegenen Lebenshaltungskosten ausgeglichen werden. Zählt man die um rund 2 % geschätzten Produktivitätssteigerungen hinzu, sind mindestens 8-9% Tariferhöhung gerechtfertigt.

2.

Die augenblickliche wirtschaftliche Situation erlaubt keine oder nur eine geringe Lohnerhöhung.

3.

Lohnerhöhungen gefährden Konjunktur, Exportgeschäft, Lohnstunden-Preis, Inlandsgeschäft.

4.

Lohnerhöhungen gefährden die Arbeitsplätze nur, wenn ihre Höhe weit über dem Produktivitätsfaktor, über der Inflationsrate und auf Kosten der Investitionen erzwungen werden. Das war in Deutschland noch nie der Fall.

5.

Lohnerhöhungen gefährden die Arbeitsplätze.

6.

Lohnerhöhungen im geforderten Umfang sind nicht preisneutral. Die durch die Lohnerhöhung verursachte Kostenerhöhung muß, da sie innerbetrieblich nicht aufgefangen werden kann, auf den Preis durchschlagen (Lohn-Preis-Spirale).

7.

Löhne sind nur ein Teil der Kosten und sind nicht allein für die Inflation verantwortlich, denn die Preise macht der Staat und die Wirtschaft selbst. Lohnerhöhungen traben immer nur der Inflation nach.

8.

Lohnerhöhungen beschleunigen den Inflationstrend.

9.

Löhne sind Kosten, das ist nicht bestritten. Es kommt aber auf den Lohnanteil am Produkt an. Dabei schlägt z. B. eine Lohnerhöhung um rund 8,5 % lediglich mit rund 2 % auf den Preis durch. Außerdem haben die Unternehmer auch die Preise erhöht, als die Tarife dazu keinen Anlaß gaben.

10.

Lohnerhöhungen gefährden die Konjunktur nur dann, wenn die Wirtschaft im Export oder durch Import nicht mehr konkurrenzfähig bleibt. Der Export hat in den vergangenen Jahren aber fast beängstigend zugenommen, der Import dagegen hat zu größerer Wirtschaftlichkeit beigetragen. Das Inlandsgeschäft aber kann nur durch mehr Kaufkraft belebt werden.

---

1 Die Tabelle ist der Unterrichtseinheit „Lohn aus der Sicht des Arbeitnehmers und des Arbeitgebers" entnommen. Vgl. Keim, H. u.a.: Der Betrieb.Wirkungsstruktur und Entscheidungsbereich, Didaktische Reihe Ökonomie, Köln 1975, S. 100.

Lernziel 3: *Der Schüler soll die einzelnen Lohnformen in eigenen Worten erklären und ihre Vor- und Nachteile interpretieren können.*

Erfolgssicherung (Arbeitsblatt[1])

(1) Welche Lohnform, welches Lohnsystem ist günstiger?

Ein Wirtschaftlichkeits- und Rentabilitätsvergleich mit ähnlich strukturierten Unternehmen veranlaßt die Geschäftsleitung, die allgemeine Kostensituation zwecks Rationalisierung weiterhin zu überdenken. Ein Team, das zu diesem Zweck gebildet wurde, stellt in seinem Abschlußbericht u. a. folgendes fest:

- Zu hoher Ausschuß, erhebliche Reklamationen und Nacharbeit.
- Verschwendung des Faktors Werkstoffe.
- Hohe Leerkapazitäten.
- Anormal hohe Instandhaltungskosten.
- Mangelhafte Arbeitsgesinnung der Belegschaft.
- Die Produktivität je Beschäftigtem liegt weit unter dem Branchendurchschnitt.

Aufgabe:

1. Welches Lohnsystem könnte zur Zeit im Unternehmen gelten?
   Begründen Sie Ihre Meinung, indem Sie jeden der sechs Kritikpunkte zu jedem der drei bekannten Lohnsysteme in Beziehung setzen!

2. Welches Lohnsystem würden Sie dem Unternehmen für die Zukunft empfehlen? Begründen Sie Ihre Entscheidung anhand einer Überprüfung der Effizienz Ihres empfohlenen Systems!

---

(2) Aus Günter Wallraff: „Im Akkord"

Eine 17jährige Arbeiterin neben mir spricht mich während der Frühstückspause an ...
Die Arbeiterin, die höchstens wie eine 14- bis 15jährige aussieht, steht bereits voll im Akkord. Sie setzt alles daran, die Akkordspitze von 20 Prozent Mehrarbeit herauszuholen. Sie sagt: „Ich bin auf das Geld angewiesen. Wenn man einmal an die Zulage gewöhnt ist, kommt man ohne nicht mehr aus!" Oft schafft sie die Akkordspitze dennoch nicht: „Trotzdem daß der Meister mich gut leiden mag und mir schon die beste Arbeit zuteilt."

Das war in den letzten beiden Wochen der Fall. Sie konnte nur mit halbem Akkordzuschlag abrechnen. Aber sie war an das Geld gewöhnt und darauf angewiesen und mußte Vorschuß nehmen. So steht sie jetzt mit 40,00 DM minus zu Buch.

Beim nächsten „Lohnabschlag" muß das Defizit wieder ausgeglichen sein, und sie ist gezwungen, die Akkordspitze zu erreichen.

Wir verrichten beide die gleiche Arbeit, sie ist trotzdem zwei Lohngruppen tiefer als ich eingestuft. Sie erhält in Lohngruppe vier 2,18 DM Stundenlohn, ich in Lohngruppe sechs 2,51 DM. Macht in der Woche 13,20 DM Unterschied, im Monat 52,80 DM. Ein Betrag, der empfindlich spürbar ist bei nur 330,00 DM netto monatlich. Dabei unterscheidet sich unsere Arbeit in nichts, und sie dürfte ihr als Mädchen schwerer fallen als mir.

---

1 Vgl. Keim, H.: Der Betrieb, S. 116.

Sie bringt mir einen Trick beim Feilen bei, so komme ich mit der vorgeschriebenen Zeit wenigstens ungefähr hin, zuvor brauchte ich das Doppelte. Dem Meister war es nicht eingefallen, mir das zu erklären, es war ja nicht seine Zeit, die ich erreichen mußte.

Einmal zeigt mir das Mädchen in der Pause ein Foto und erklärt stolz: „Das ist mein Bub." Ich bemühe mich, mir mein Erstaunen nicht anmerken zu lassen. Sie erzählt: „Böse reingefallen bin ich. Er wollte mich heiraten. Jetzt zahlt er nicht mal die Alimente und geht extra nicht arbeiten, damit man sie nicht vom Lohn pfänden kann." Das Kind wird von ihrer Mutter aufgezogen. Sie zahlt ihr im Monat 60,00 DM dafür. („Die hat selbst auch nur 180,00 Mark Rente im Monat.") Zuerst wohnte sie selbst noch mit dem Kind bei ihrer Mutter und kam jeden Tag als Pendlerin 130 km mit dem Zug in die Stadt. Da war sie dreizehn Stunden täglich unterwegs, acht Stunden Arbeit und fünf Stunden An- und Abreiseweg. Dann wurde ihr das Fahrgeld zuviel. Jetzt wohnt sie im Ledigenheim für 60,00 DM im Monat und fährt an jedem Wochenende nach Hause zu ihrem Sohn.

Aufgabe:

3. Worauf erstreckt sich die Kritik des Autors? Begründen Sie Ihre Ansicht!
4. Wie glauben Sie, denkt die Arbeiterin über ihre Form der Entlohnung?

(Quelle: Decker, F. (Hrsg.): Wirklichkeiten. Lese- und Arbeitsbuch, Schöningh Verlag).

Fassen wir zusammen: Über die Erfolgssicherungsphase hat der Lehrer die Möglichkeit, im Schüler das angestrebte Lernergebnis dauerhaft anzulegen, wenig einsichtige Kenntnisse zu vervollkommnen und vorhandene Fähigkeiten und Fertigkeiten breiter gefächert anzulegen. Als die beiden Grundarten der Übungen wurden das *„operative Üben"* und das *„Fertigkeitsüben"* erkannt, die im Unterricht je nach Vorgehensweise des Lehrers als *spontane, zusammenfassende* oder *weiterführende Übungen* eingesetzt werden können. Während der Unterrichtsstunde können die Übungsformen in Form von *Lernzielwiederholungen* jeweils an die einzelnen Lerninhalte angeschlossen oder als *zusammenfassende Gesamtwiederholung* an das Ende der Unterrichtsstunde gerückt werden. Daneben kann sich der Lehrer noch die Frage stellen, ob er nicht etwa vor einer Klassenarbeit eine geschlossene Wiederholungseinheit als *Generalwiederholung* ansetzen soll.

Die in der wirtschaftsdidaktischen Literatur überwiegend herausgestellte Zweiteilung: *Wiederholung - Übende Anwendung* (der Begriff der Übung kann zwar in der Theorie so aufgegliedert werden, ist aber in der Unterrichtspraxis in der Form nur schwer auftrennbar, denn zum einen wird in der Phase der übenden Anwendung wiederholt und zum anderen wird in der Wiederholungsphase anwendend geübt) geht im Grunde nur auf das Problem der methodischen Gestaltung der Erfolgssicherungsphase ein.

So ist die Frage, ob der Lehrer

systematisch: ↓ *oder* ↓	es handelt sich hier um eine für den Schüler erkennbare Form der Übung, wobei die Inhalte und Ziele in der Weise wiedergegeben werden müssen, wie sie im Unterricht geboten wurden;
versteckt: ↓ *oder* ↓	die Übungsform ist für den Schüler nicht ohne weiteres erkennbar, da die Inhalte und Ziele über einen anderen, ähnlichen Sachverhalt wiederholt werden;
immanent: ↓ *oder* ↓ *fallbezogen:* ↓	diese Übungsform ist ihrem Wesen nach unsystematisch und wird in Form der stofflichen Rückblende im gleichen Fach oder aber als fächerübergreifender Rückgriff in den Unterricht eingebaut;
oder ↓ *automatisierend:*	hier werden abstrakte Lerninhalte in fallbezogene Aufgaben und Beispiele transferiert und dann geübt. Damit erfährt der Schüler Verhaltensqualifikationen, die ihn letztlich vom Können zur Eigenständigkeit führen;
	die automatisierende Übung ist darauf ausgerichtet, durch häufige Wiederholung die Beherrschung des Lernziels soweit voranzutreiben, daß sie in einem gewissen Umfang dem Vergessen widersteht;

übt, unterrichtsorganisatorisch gesehen zwar von hoher Bedeutung, klärt jedoch die Frage nach der Zielrichtung der Übung nicht. Gleiches gilt für die Frage, ob die Übungsphase während oder außerhalb der Unterrichtszeit (als Hausaufgabe) angelegt wird.

2 Methodisch-didaktische Hinweise zur Gestaltung der Erfolgssicherung

2.1 Leitlinien für die Gestaltung der Erfolgssicherung im Unterricht

Für die in der Erfolgssicherung einzusetzenden Verfahrensweisen und Techniken liefert die Gedächtnis-, Denk- und Lernpsychologie wertvolle Ergebnisse, die es bei der methodisch-didaktischen Ausgestaltung zu berücksichtigen gilt. Die Erkenntnisse der Psychologie zum Einprägungs- und Übungsvorgang werden daher in die folgenden Hinweise einbezogen, die als kursorische Anregungen angelegt sind.

Im einzelnen sollten im Rahmen der Erfolgssicherung folgende Grundgedanken Berücksichtigung finden:[1]

– *Das Lernergebnis ist eine Funktion der Übung.*

Empirische Untersuchungen haben eindeutig ergeben, daß die Leistungen der Schüler ansteigen, wenn die Anzahl der Wiederholungen erhöht wird. Aufgrund der individuellen Persönlichkeitsstruktur des Schülers kann dabei der Beginn des Lernprozesses durch ein langsames oder aber durch ein rasches Ansteigen des

---

1 Die Ausführungen stützen sich vor allem auf H. Aebli und K. Odenbach, Vgl. Aebli, H.: Grundformen des Lehrens, S. 164 f.; Odenbach, K.: Die Übung im Unterricht, 5. Aufl., Braunschweig 1969, S. 52 f.

Lernverlaufes gekennzeichnet sein. Auf jeden Fall aber werden die Lernfortschritte durch Ermüdung und Sättigung mit der Zeit kleiner und nähern sich einem momentanen Tiefstand. Die Konsequenz hieraus ist:

- *Zeitlich verteilte Wiederholungen sind wirksamer als eine langdauernde Einzelübung.*

„Ermüdung und Sättigung spielen hier die entscheidende Rolle. Es muß angenommen werden, daß im Verlauf einer Übungsperiode die sichtbare, gemessene Leistung geringer ist als die potentielle Leistungsfähigkeit des Übenden. Die potentielle Leistung ist durch Ermüdung und Sättigung um einen bestimmten Betrag reduziert: die effektive Leistung stellt den Restbetrag dar. Während der Lernpause verschwindet die Ermüdung. Beim frischen Beginn entspricht die effektive Leistung der potentiellen Leistung. Es muß nun angenommen werden, daß Wiederholungen einer Tätigkeit, die nicht durch Ermüdung reduziert sind, einen höheren Lerngewinn zeitigen."[1] Aufgrund dieser Erkenntnisse müssen die Übungen also kurz und prägnant angelegt werden, und es muß streng darauf geachtet werden, daß der Leistungswille der Schüler für diese kurze Zeitspanne intensiv geweckt und aufrechterhalten bleibt. Damit ist eine dritte Grundbedingung für die erfolgreiche Durchführung der Erfolgssicherungsphase genannt:

- *Das Lernergebnis ist eine Funktion der Motivation und der Übungsbereitschaft.*

Diese Grundbedingung, dies muß vorausgeschickt werden, ist durch keine Unterrichtsmaßnahme, und sei sie noch so verfeinert, zu ersetzen; allerdings kann der Lehrer viel dazu beitragen, sie im Schüler zu schaffen. Der Wille des Schülers zum Behalten des Lernergebnisses kann dieses zwar selbst nicht schaffen, wohl aber liefert er eine wichtige Vorarbeit hierzu. Der Lernerfolg hängt direkt vom Einsatz und Einprägungswillen des Lernenden ab. Nach Odenbach gehen von folgenden Faktoren Impulse zur Steigerung der Übungsbereitschaft aus:[2] (1) Von der Aufgabenstellung selbst; (2) Von der Person des Lehrers; (3) Wenn die Übung in einen konkreten Fall („Ernstfall"), in einen Wettkampf oder in ein Spiel eingebaut wird; (4) Von der „Selbstkontrolle" des Schülers; (5) Vom Erfolgserlebnis aufgrund eines individuellen Leistungsvergleiches; (6) Von der Einsicht in die Notwendigkeit der Übung.

Zieht man hieraus methodische Konsequenzen für die Gestaltung der Übungsphase, so kann der Lehrer die innere Bereitschaft des Schülers sicher dann besonders aktivieren, wenn er:

- die *schülerzentrierten Unterrichtsmethoden* bevorzugt einsetzt, und so dem Drang der Schüler nach „Tätigsein" entgegenkommt.

- *erfolgreiche Verhaltensweisen* der Schüler, die zu einem Lernergebnis (Effekt) geführt haben, *verstärkt* und *erfolglose Versuche abschwächt.* „Der Erfolg ist ein starker Impuls für das Lernen, die Erfolglosigkeit wirkt destruktiv, hemmt und lähmt den Lernwillen. Das gilt zwar nicht absolut, in manchen Fällen kann die Erfolglosigkeit auch einen Ansporn bedeuten, nämlich dann, wenn das Ver-

---

1 Aebli, H.: Grundformen des Lehrens, S. 166.
2 Odenbach, K.: Übung, S. 34 f.

sagen kein endgültiges ist. Die Aussicht auf den großen Erfolg und die Kraft dazu müssen immer gegenwärtig sein. Für die Übung im Unterricht lassen sich daraus zwei wichtige Folgerungen ziehen: Einmal muß der Erfolg, der durch die Übung erstrebt wird, im Bereich des Möglichen liegen. Der Schüler muß davon überzeugt sein, daß er dieses Ziel erreichen kann. Zum anderen muß er auf dem Weg dahin die Erlebnisse von Teilerfolgen spüren."[1] Dabei hat es sich gezeigt, daß die Verhaltensweisen der Schüler um so mehr verstärkt bzw. abgeschwächt werden, je rascher die Reaktion (Lob, Strafe u. a.) erfolgt. Strafen, die sich erst in einigen Stunden unangenehm auswirken (Strafarbeiten), bewirken wenig oder gar nichts. „Aber auch positive Effekte, Belohnungen und Bedürfnisbefriedigungen, die erst lange Zeit nach der verlangten Anstrengung eintreffen, vermögen wenig Energie freizulegen. Nur wenig Schüler lassen sich durch das Versprechen, daß ihnen der Stoff des Unterrichts ‚später einmal' nützen werde, zur Arbeit anspornen."[2]

— *die Schüler in die Planung und Ausgestaltung der Übungen mit einbezieht.* Insbesondere sollten reifere Schüler bei der Frage, welche Inhalte und Ziele wiederholt werden sollten, ein Mitspracherecht erhalten (Stärkung des Eigenverantwortungsgedankens).

— *jede Wiederholung zu einer neuen Lernsituation gestaltet:* „Die Übung darf nicht mechanisch ablaufen. Je mehr sie sich dem Drill nähert, desto mehr Wiederholungen sind erforderlich, um das Behalten zu sichern. Da jede Variation auf das Kind einen Reiz ausübt, wird die Übung wirkungsvoller, wenn alte Gegebenheiten in neuen Situationen und anderen Zusammenhängen auftreten. Der Wechsel der Gesichtspunkte beugt der Ermüdung vor und sichert das Interesse. Mit Recht betont H. Roth: Übungen unter immer wieder *neuen Gesichtspunkten,* an immer wieder *anderem Material,* in immer wieder *neuen Zusammenhängen,* anderen *Anwendungen,* unter immer wieder neuen *größeren Aufgaben* - darin steckt das Geheimnis des Übens."[3]

— *den Schüler dazu anhält, einsichtig zu lernen,* d. h., daß er darauf achtet, daß der Schüler die Zusammenhänge des Stoffgebietes immer vor Augen hat. „Nicht die Übung an sich ist das primäre, sondern die durch sie aktivierten Strukturphänomene oder, nach der Terminologie von Bergius, die autochthonen dynamischen Momente."[4] Schablonenhafte, auf Drill und Memorieren ausgerichtete Übungen müssen vermieden werden, da sie u. U. das bei der Stoffvermittlung mit sehr viel methodischem Aufwand und Geschick aufgebaute Strukturgefüge wieder zunichte machen könnten.

— *Die G-Methode ist wirksamer als die T-Methode.*
Nach der *„Teil-Methode"* arbeitet der Schüler, wenn er beispielsweise die verschiedenen Rechte und Pflichten der Gesellschafter bei den einzelnen Unternehmensformen abschnittsweise lernt, also zuerst bei der OHG, dann bei der KG

1 Mohr, K.: Die methodische Gestaltung des Unterrichts, Harms Pädagogische Reihe, Heft 32, 3. Aufl., München 1973, S. 36.
2 Aebli, H.: Grundformen des Lehrens, S. 169.
3 Mohr, K., ebenda, S. 37.
4 Dauenhauer, E.: Kategoriale Didaktik, S. 284.

usw. Die erlernten Teile werden zusammengefügt bis das Ganze „sitzt". Bei der *„Ganz-lern-Methode"* wird ein Sachverhalt immer in seinem Strukturzusammenhang gesehen und gelernt (z. B. Frage nach dem Gemeinsamen bzw. Trennenden bei den einzelnen Unternehmensformen). Untersuchungen haben ergeben, daß die G-Methode bei Stoffgebieten, denen eine einheitliche Bedeutung innewohnt, und dies ist bei wirtschaftlichen Lerninhalten meistens der Fall, rationeller ist als die T-Methode. Sind jedoch im Lernstoff keine inneren Beziehungen erkennbar, oder kann der Schüler den Gesamtzusammenhang des Sachverhaltes aus qualitativen oder quantitativen Gründen nicht übersehen, dann ist die T-Methode durchschlagender.

— *Die Wiederholungen sollten mit der Kurve des Vergessens korrelieren.*

Die Psychologie hat nachgewiesen, daß der Prozeß des Vergessens einen gewissen typischen Verlauf aufweist, und zwar vergißt man in den ersten Tagen nach dem Lernprozeß am meisten. Die erste Wiederholung muß daher bald nach Beendigung der Übungsphase erfolgen. Da die „Vergessenskurve" im Verlauf der Zeit immer stärker abflacht, können die Abstände der einzelnen Übungsphasen später vergrößert werden. „Über die absolute Größe dieser Abstände kann keine Angabe gemacht werden, denn der Rhythmus des Vergessens variiert seinerseits, wie wir gesehen haben, als Funktion verschiedener Variablen. Immerhin kann man sich vorstellen, daß in einem gewissen Fall eine erste Wiederholung wenige Tage nach dem Abschluß der Übungsarbeit stattfindet, daß sodann ein erstes Intervall von einigen Wochen eingeschaltet wird, daß eine weitere Wiederholung nach einem Vierteljahr stattfindet und daß schließlich nach einem weiteren halben Jahr oder nach weiteren 9 Monaten eine vorläufig letzte Wiederholung stattfindet. Wir sind uns dabei natürlich bewußt, das es schwer fiele, die Wiederholung sämtlicher Stoffe in dieser Weise zu sichern. Immerhin ist es richtig, daß der Lehrer das optimale Verfahren kennt und es nach Maßgabe der praktischen Möglichkeiten einhält."[1]

2.2 Hausaufgabe[2]

Die Diskussionen um Schulstreß und Humanisierung der Schule haben die Frage nach dem Sinn und Zweck dieses Erfolgssicherungsmittels in den vergangenen Jahren wieder verstärkt aufkommen lassen. Von den Befürwortern und Gegnern der Hausaufgaben werden unter anderem folgende *Argumente* angeführt:

pro Hausaufgabe
— Hausaufgaben stellen ein wichtiges Mittel der Erfolgssicherung dar, da sie dazu beitragen, die Stoffülle der Schule zu bewältigen. Sie vertiefen und sichern das Unterrichtsergebnis noch zusätzlich und ermöglichen es auch, Lerninhalte zu behandeln, die ansonsten aus Zeitgründen nicht hätten aufgegriffen werden können. Das Lernergebnis wird damit gesteigert.
— Hausaufgaben stellen eine Zeitersparnis für den Unterricht dar. Geistiges Arbeiten wird mit in den häuslichen Bereich übertragen und trägt dazu bei, daß

---

1 Aebli, H.: Grundformen des Lehrens, S. 178.
2 In diese Ausführungen ist ein Referat von S. Schlor eingearbeitet, das dieser im Fachseminar Betriebswirtschaftslehre mit betrieblichem Rechnungswesen am Seminar für Schulpädagogik Weingarten gehalten hat.

der Schüler durch das selbständige Arbeiten „das Lernen" weiter übt. Dem Schüler eröffnet sich damit die Möglichkeit, von der direkten Führung durch den Lehrer loszukommen.

– „Hausaufgaben sind wichtig für den Lernprozeß, besonders für die Gedächtnisschulung. Als Fortsetzung des Unterrichts sind sie insbesondere in der Halbtagsschule von Bedeutung, in denen auf Übung und damit Festigung der Lerninhalte oft verzichtet werden muß."[1]

– Hausaufgaben sind dazu geeignet, affektive Lernziele und Schlüsselqualifikationen zu festigen. Sie fördern Pflichtgefühl und -bewußtsein, regen zur Eigentätigkeit an und fördern so die Herausbildung vorteilhafter Arbeitsgewohnheiten, indem sie zu Fleiß, Sorgfalt, Ausdauer und Entsagungsbereitschaft erziehen. Sie besitzen damit einen hohen erzieherischen Wert.

– Erfolgserlebnisse beim Anfertigen der Hausaufgaben stärken das Selbstbewußtsein und die Motivationsfähigkeit des Schülers.

contra Hausaufgabe

– Aus medizinischer Sicht wird gegen Hausaufgaben angeführt, daß sie den Schüler körperlich und seelisch stark belasten.

– Durch die Einschränkung der Freizeit werden individuelle Interessen der Schüler blockiert. Sie stören das Familienleben, „da sie gemeinsames Tun in der Familie einschränken, wenn der Schüler am Nachmittag und Abend mit diesen schulischen Pflichten belastet ist."[2]

– Hausaufgaben sprechen meist zu stark nur den Intellekt oder die Lernausdauer an. Spontaneität und Kreativität kommen häufig zu kurz.

– Viele Schüler verfügen zuhause nicht über einen ordentlichen Arbeitsplatz. Eltern, fühlen sich bzw. sind durch die Mithilfe, die vom Lehrer meistens stillschweigend angenommen wird, teilweise überlastet und überfordert.

– Für den Lehrer bedeutet die Korrektur der Hausaufgaben einen Verlust der notwendigen Unterrichtszeit.

– Da Hausaufgaben von Schülern oft als bloße Beschäftigung betrachtet oder Hausaufgaben gar als Strafe auferlegt werden, wird auch die erzieherische Wirkung der Hausaufgaben bestritten: Sie erzeugen beim Schüler eine negative Arbeitshaltung, indem die Schüler den Weg des geringsten Widerstandes gehen (z. B. Abschreiben, Lügen). Die durch Hausaufgaben erbrachte Leistung ist nur sehr schwer zu bewerten (Elternhilfe und dgl.).

Wiegt man das Für und Wider ab, so drängt sich die Frage nach empirischen Untersuchungen auf. Hier muß jedoch konstatiert werden, daß außer den Untersu-

---

1 Aschersleben, K.: Unterrichtsmethodik, S. 90.
2 Aschersleben, K., ebenda, S. 91.

schungen von Wittman,[1] Dietz/Kuhrt[2] und Eigler/Krumm,[3] um die wichtigsten zu nennen, das Gebiet empirisch nur wenig erforscht wurde, so daß über die tatsächliche Effektivität von Hausaufgaben kaum abgesichertes Wissen bekannt ist. Aus den Argumenten wider die Hausaufgaben fällt es im Grunde nicht schwer, mit stichhaltigen Gründen die Abschaffung der Hausaufgaben zu verlange, doch „schafft man Hausaufgaben ab, dann bleiben die Probleme schulischen Lernens weiterhin ungelöst und die gängigen Muster des Lehrens und Lernens unverändert. Es könnte (sogar) sein, daß mit einem generellen Verzicht auf Hausaufgaben Lernmöglichkeiten verlorengehen, die in der bisherigen Hausaufgabendiskussion weithin unbeachtet geblieben sind."[4] Solange die Ineffektivität dieser Erfolgssicherungsmaßnahme daher nicht nachgewiesen wird, gilt die These, daß eine sinnvoll gestellte Hausaufgabe durchaus in der Lage ist, den Lernprozeß zu unterstützen und daher aus dem methodischen Repertoire des Lehrers nicht gestrichen werden sollte.

Im einzelnen können nach Winkeler der Hausaufgabe folgende Funktionen beigemessen werden:

1. *Didaktische Funktion*

Hausaufgaben tragen einerseits dazu bei, die im Unterricht vermittelten Inhalte und Ziele zu festigen bzw. zu erweitern und andererseits dienen sie dem Erwerb von Methoden selbständigen Arbeitens.

2. *„Disziplinierungsfunktion"*

Hausaufgaben haben schon immer dazu herhalten müssen, die Kinder in der Schule und zuhause zu disziplinieren. Die Strafarbeit kann hier als geradezu klassisches Beispiel gelten; mit ihrer Hilfe wird die Unterrichts- und Schuldisziplin mit ausdrücklicher Billigung vieler Eltern gepflegt und erzwungen.

3. *Beschäftigungsfunktion*

Hausaufgaben eignen sich in der Sicht vieler Eltern und Lehrer vorzüglich, Kinder in ihrer Freizeit zu beschäftigen, zumal dann, wenn Spiel- und Freizeitmöglichkeiten für sinnvollere Beschäftigungen nicht ausreichen und mit Theorien des Musters ‚Müßiggang ist aller Laster Anfang' die Entfaltung kindlicher Kreativität verhindert werden soll.

4. *Legitimationsfunktion*

Lehrern, Eltern und Schülern bieten Hausaufgaben die Möglichkeit, den Nachweis zu erbringen, den Kindern gegenüber ihre pädagogische Pflicht zu tun. Nicht selten gilt unter den Eltern die Menge der Aufgaben als Nachweis für

---

1 Wittmann, B.: Vom Sinn und Unsinn der Hausaufgaben, 2. Aufl., Neuwied 1970.
2 Dietz, B., Kuhrt, W.: Wirkungsanalyse verschiedenartiger Hausaufgaben, in: Schule und Psychologie, 7/1960, S. 264-275 und S. 319 f.
3 Eigler, G., Krumm, V.: Zur Problematik der Hausaufgaben, Weinheim 1972.
4 Kamm, H., Müller, E.: Hausaufgaben - sinnvoll gestellt, Freiburg 1975, S. 59 f.

Fleiß und Qualität des Lehrers, und die Qualität der Hausaufgaben, die der Schüler dem Lehrer vorlegt, als Beweis dafür, daß die Familie pädagogisch in Ordnung ist.

5. *Entlastungsfunktion*

Hausaufgaben bilden für den Lehrer vielfach die einzige Möglichkeit, angesichts überfüllter Klassen und unzureichender Unterrichtsbedingungen mit den z. T. unsinnigen und überzogenen Lehrplanvorschriften fertig zu werden. Von den Eltern werden Lehrerfunktionen erwartet, um die Schule zu entlasten.

6. *Kontrollfunktion*

Lehrer können mit Hilfe von Hausaufgaben - vorausgesetzt, daß die Schüler diese selbst anfertigen - den Erfolg ihres Unterrichts und die Erreichung von Lernzielen kontrollieren. Da die Aufgaben zugleich den Eltern Einblicke in die Unterrichtsarbeit vermitteln, eröffnen sie auch den Eltern die Möglichkeit, die Arbeit des Lehrers zu überwachen.

7. *Informationsfunktion*

Hausaufgaben bilden für die meisten Eltern den einzig wirksamen Weg, sich über die Inhalte, Methoden, Ziele und Anforderungen des Unterrichts sowie über die Lernschwierigkeiten, Lernfortschritte und Lernleistungen ihrer Kinder zu informieren. Die Hausaufgaben haben hier die Funktion einer Brücke zwischen Schule und Elternhaus.

8. *Selektionsfunktion*

Da die Schule heute als Verteilerstelle von Sozialchancen fungiert, zählt die Selektion von Schülern zu ihren ständigen Aufgaben. Sie ist deshalb gezwungen, sich ein Bild über die Leistungsfähigkeit des einzelnen Schülers zu machen. Dabei spielt die Qualität der Hausaufgabenanfertigung - auch wenn dies aus Gründen der Chancengleichheit sehr fragwürdig ist - eine nicht unwesentliche Rolle; de facto bilden Hausaufgabenleistungen einen, wenn auch unterschiedlich gewichteten Faktor bei der Schülerbeurteilung.

9. *Kommunikationsfunktion*

Die Kommunikationsfunktion von Hausaufgaben zeigt sich auf mehreren Ebenen. Innerhalb der Familie bilden Hausaufgaben ein Medium für pädagogisch bedeutsame Interaktionsprozesse zwischen Kindern und Eltern, die im gemeinsamen Bewältigen von Schwierigkeiten überaus positive Wirkungen haben können - vorausgesetzt natürlich, daß entsprechend qualifizierte Kommunikationsstile vorliegen. Hausaufgaben bilden aber auch ein effektives Kommunikationsmedium zwischen Schule und Elternhaus, das zur beiderseitigen Verständigung wesentlich beitragen kann. Schließlich ist nicht zu übersehen, daß die Anfertigung von Hausaufgaben interessante Kommunikationsprozesse zwischen den Schülern auslöst."[1]

---

1 Winkeler, R.: Hausaufgaben in der Schulpraxis. Reihe Workshop Schulpädagogik, Materialien 21, Ravensburg 1977, S. 43 f.

Diese Funktionen gelten einmal mehr, einmal weniger für alle Schulbereiche, also auch für den Wirtschaftslehre-Unterricht. An speziellen Gründen, die für den Einsatz von Hausaufgaben in den kaufmännischen Fächern sprechen, können insbesondere angeführt werden:

— Den Fächern Betriebswirtschaftslehre, Volkswirtschaftslehre, Buchführung, Schriftverkehr, Organisationslehre, EDV sowie Kaufmännisches Rechnen kommt an kaufmännischen Schulen die zentrale Bedeutung zu. Die Stoffülle, die in diesen Fächern besonders deutlich zutage tritt, läßt sich unter Beibehaltung der Unterrichtsstundenzahl ohne Hausaufgaben kaum bewältigen. Die Hausaufgaben dienen hier neben der Lernzielsicherung und -vertiefung in einem hohen Maße auch der Lernzielausweitung.

— Der Abschluß von Buchführungsfällen und die nicht minder zeitbeanspruchende Erstellung von T-Konten-Abschlüssen, Betriebsübersichten, Abgrenzungstabellen u.ä. können nicht allein in den Schulstunden erfolgen.

— Aktuelle wirtschaftspolitische Ergebnisse, die im Unterricht diskutiert und behandelt werden sollen, lassen sich außerschulisch (Fernsehen, Tageszeitungen, Erkundungen u. ä.) beobachten.

— Berufsschüler, die meist nur einmal pro Woche die Schule besuchen, sollen durch Hausaufgaben veranlaßt werden, sich zwischen den Schultagen mit dem Unterrichtsstoff zu befassen. Angesichts der erhöhten Anforderungen in Beruf und Gesellschaft kommt es für die Schüler nicht nur darauf an, am Ende des Schuljahres versetzt zu werden, sondern auch gute Noten zu erzielen; dies ist jedoch nur möglich, wenn der Schulstoff zuhause nachgearbeitet wird.

— Das Fachlehrersystem im Berufsschulbereich kann durch das Zusammentreffen von vielerlei Hausaufgaben an gleichen Tagen leicht zu einer Überforderung der Schüler führen.

— In den Berufsschulen ist es gegenwärtig noch üblich, die kaufmännischen Fächer in die Hand weniger Lehrer zu legen. Die Lehrer sollten diesen Umstand nutzen und die Hausaufgaben fächerübergreifend bzw. fächerverbindend anlegen, um das Strukturgeflecht des Sachverhaltes aufzuzeigen.

— In der Berufsschule ist das Leistungsniveau der Schüler häufig sehr heterogen. Hausaufgaben für den Hauptschulabsolventen bedeuten etwas anderes als für den Abiturienten eines beruflichen Gymnasiums bzw. den Absolventen der Kaufmännischen Berufsfachschule, die den gesamten Unterrichtsstoff häufig bereits kennen. Die Hausaufgabe ist hier ein Mittel, den unterschiedlichen Kenntnisstand der Schüler zu nivellieren.

— Schüler an beruflichen Schulen sollten von ihrem Alter her eine andere Einstellung zur Schule und zu der von ihr geforderten Leistung haben als Schüler von Grund- und Hauptschulen.

Nach diesen Ausführungen stellt sich nicht mehr die Frage: Hausaufgabe -ja oder nein?, sondern die Frage, ob sich didaktisch begründete Ansätze für eine Verbesserung in der Gestaltung der Hausaufgaben aufzeigen lassen? Hierzu einige Anmerkungen:

1. Hausaufgaben sind als integrativer Bestandteil der Unterrichtskonzeption aufzufassen.

Hausaufgaben gehen nach übereinstimmenden Untersuchungen fälschlicherweise häufig nicht organisch aus dem Unterrichtsgeschehen hervor. Meist werden sie in letzter Minute oder gar nach dem Pausenzeichen noch angehängt. In dieser Situation fehlt die erforderliche Konzentration, Ruhe und Zeit, um in inhaltlicher Hinsicht und in bezug auf die anzuwendenden Arbeitsverfahren die erforderlichen Informationen zu geben, Unklarheiten und Verständnisschwierigkeiten auf seiten der Schüler zu beseitigen. Schüler wissen dann zu Hause oft nicht, was sie eigentlich tun sollen. Hausaufgaben müssen also organisch mit den in der Unterrichtsstunde angestrebten Zielen verbunden werden. Sie sind immer so zu stellen, daß ihr Sinn und Zweck von den Schülern verstanden und in vollem Umfang *eingesehen* werden. „So selbstverständlich es scheinen mag: immer wieder sollte den Schülern klar gemacht werden, daß die Hausaufgaben nahtlos dem Stoffgebiet entsprechen und daher ihre Erledigung eine natürliche und nützliche Folge der Stoffbewältigung, der Stoffbeherrschung und der Erkenntnisbereicherung bedeutet. Gerade diesem Gesichtspunkt sollte besonderes Gewicht beigemessen werden, weil hier nämlich am häufigsten die Kritik von Schülern und Eltern einsetzt: Die Hausaufgabenstellung war im Ansatz verfehlt, weil der Stoff im Unterricht noch nicht durchgenommen war. Das haben wir noch nicht gehabt, das kann ich nicht lösen - dieser Einwand sollte sorgfältig vermieden werden. Nur Hausaufgaben, die sich aus dem Unterrichtsstoff zwanglos ergeben, erfüllen den Sinn von Hausaufgaben im weitesten Sinn: sie vertiefen, vervollständigen und erweitern das Wissen."[1]

2. Der Schwierigkeitsgrad der Hausaufgabe ist auf die „sozialkulturellen Rahmenbedingungen" abzustimmen.

Unstrittig scheint, daß Hausaufgaben nur solche Lernanforderungen stellen dürfen, die vom Schüler selbständig bewältigt werden können. Wo es möglich ist, sollten vor allem bei älteren Schülern auch kooperativ zu lösende Hausaufgaben gestellt werden. Unterschiedliche Eingangsvoraussetzungen machen es allerdings schwierig, im Unterricht Lerninhalte so zu bearbeiten, daß Schüler weder überfordert werden noch sich langweilen. Hieraus folgt:

3. Hausaufgaben können differenzierend gestellt werden.

Nach Ansicht von Kamm/Müller zieht ein auf unterschiedliche Lernfähigkeiten abgestimmtes Vorgehen im Unterricht geradezu zwingend entsprechend differenzierte Hausarbeiten nach sich. Dies kann im Schulalltag jedoch nicht heißen, daß der Lehrer den Umfang und den Schwierigkeitsgrad der Hausaufgaben für jeden

---

1 Commer, M.: Sinn und Ziel von Hausaufgaben, in: Erziehungswissenschaft und Beruf, 1/78, S. 41.

Schüler auf der Grundlage der Erkenntnisse der Begabungs-, Intelligenz- und Motivationsforschung trifft; vielmehr sollte auf Lerntempo *(quantitative Differenzierung)*, strukturellen Entwicklungsstand *(Niveaudifferenzierung)*, Lernmuster *(methodische Differenzierung)* und Lerninteresse *(qualitative Differenzierung z. B. durch Auswahlmöglichkeiten)* der Schüler geachtet werden. Nach Geißler/Plock kann die Differenzierung bei den Hausaufgaben in folgenden Formen vorgenommen werden:

— „Eine um ein Hauptthema gelagerte thementeilige Gruppenarbeit.

— Eine Hausarbeit mit Leistungsdifferenzierung (Minimalanforderungen mit gleichzeitigen Hinweisen auf individuelle Weiterführung).

— Eine Hausarbeit, die nur von einer einzelnen Gruppe von Schülern vorgelegt wird, sei es als weiterführende Wahldifferenzierung, sei es auch als vorbereitende Arbeit für den nachfolgenden Unterricht.

— Eine vorbereitende Hausarbeit als Einzelarbeit."[1]

4. Die Hausaufgabenstellung sollte durch eine Methodenvielfalt gekennzeichnet sein, um einförmige Tätigkeiten zu vermeiden.

Geißler/Plock vertreten die Auffassung, der Lehrer solle motivationsarme Aufgaben (in der Regel Aufgaben mit Übungscharakter, Wiederholungen und dgl.) nach Möglichkeit im Unterricht bearbeiten lassen. Die fehlenden Sachanreize könnten im Unterricht durch soziale Motive des Lernens ausgeglichen werden, was in der Hausarbeit nicht möglich ist. Über die Variation der Aktionsformen und des Unterrichtsverfahrens sollte versucht werden, den Schüler, über den Sachverhalt hinaus, auch Techniken und Methoden des selbständigen Lernens zu vermitteln. Selbstverständlich ist dies nur möglich, wenn auch der Unterricht selbst von dem Prinzip geprägt ist, die Eigentätigkeit der Schüler zu fördern.

Für eine Steigerung der Methodenvielfalt in der Hausaufgabenstellung bieten sich vor allem auch die Medien an. Hausaufgaben werden heute noch fast ausschließlich über die „klassischen Medien" Hausheft und Schulbuch abgewickelt. Beide Medien sind häufig mit zeitraubenden Abschreibearbeiten (z. B. Übertragung von Rechen- und Buchführungsaufgaben aus dem Buch ins Heft) verbunden; abgesehen davon können in der Regel nur Hausaufgaben erteilt werden, die sich der schriftlichen Sprach- und Rechensymbole als Informationsträger bedienen.

Die Gefahr der Monotonie ist dabei deshalb so groß, weil bei der häuslichen Arbeit die sozialen Motive des Lernens weitestgehend entfallen und die Motivation somit fast nur mit Hilfe des Mediums beeinflußt werden kann. Mit Hilfe von Vervielfältigungsgeräten lassen sich differenzierende Arbeits- und Kontrollblätter für Hausaufgaben anfertigen. Auch können damit die Arbeitsergebnisse einzelner Schüler allen Schülern zugänglich gemacht werden.

5. Der Umfang der Hausaufgabe hat sich am Leistungsvermögen der Schüler auszurichten, wobei dem Schüler ein möglichst hoher Freiheitsraum für die eigenständige Nutzung seiner Freizeit überlassen bleiben muß.

---

1 Geißler, E., Plock, H.: Vorbereitende Hausarbeiten mit Differenzierung, in: Preuß, E. (Hrsg.): Zum Problem der inneren Differenzierung, Bad Heilbrunn 1976, S. 123.

Der Umfang der Hausaufgaben wird immer zu einem wesentlichen Konfliktstoff zwischen Lehrern und Schülern gehören. Der Umfang kann nicht dogmatisch umrissen werden. Nur der für die Hausarbeit Verantwortliche kann hierauf im konkreten Fall eine sachgemäße Antwort geben. Als Grundregel sollte gelten: die Güte der gestellten und danach erstellten Hausaufgabe kann nicht an ihrem Umfang gemessen werden. Gerade hieraus entsteht für den Lehrer oft eine besonders schwierige, manchmal heikle Aufgabe: die Konzentrierung auf das Wesentliche des Unterrichtsstoffes und der gestellten Aufgabe ist vordringlich. Dies ist häufig schwierig, sollte aber als Richtschnur gelten.[1] Wittmann hat sowohl Eltern als auch Schüler und Lehrer verschiedener Schulstufen nach der zeitlichen Belastung durch Hausaufgaben befragt. Auffallend ist, daß die Lehrer die tatsächlich beanspruchte Zeit unterschätzen und daß eine Hausaufgabenzeit von 2 Stunden und mehr von Schülern an weiterführenden Schulen bereits als Überforderung empfunden wurde. Der Lehrer sollte sich daher über zusätzliche zeitliche Belastungen der Schüler (Schulweg, Mithilfe im Elternhaus, häusliche Arbeitsbedingungen u. ä.) in regelmäßigen Abständen informieren.

6. Die Hausaufgaben müssen immer kontrolliert werden.

Die Auslösung von Erfolgserlebnissen ist eine wesentliche Funktion der Hausaufgabe und um diese zu erreichen, müssen sie vom Lehrer *immer* in irgendeiner Weise kontrolliert werden. Schüler, die im Unterricht aus welchen Gründen auch immer (Zurückhaltung, Hemmung u. ä.), ihre Lernergebnisse nicht zeigen können, erhalten hier eine Möglichkeit, ihr „Können" zu beweisen. Gute Leistungen müssen dabei gelobt, negative Ergebnisse gerügt werden. Mit der Forderung nach Kontrolle der Hausaufgaben sollte jedoch keiner autoritären Überwachung das Wort geredet werden, vielmehr geht es hier um Beachtung der Schülerleistung, um weiter zu motivieren, und dann, die Hausaufgaben zu besprechen und zusätzliche Anregungen zu geben. Verschiedene Formen der Hausaufgabenkontrolle sind möglich, sie reichen vom einfachen Abhaken und bloßem Durchsehen der Arbeiten bis zur gemeinsamen Besprechung und Wiederholung der Lerninhalte. Schüler, deren Hausaufgaben nicht in den Lernprozeß eingeplant werden und keine Beachtung finden, werden entmutigt, gleichgültig und erleben die Hausaufgaben als überflüssiges, weil scheinbar sinnloses Tun und damit als Zeitvergeudung.[2]

In der didaktischen Literatur wurde immer wieder versucht, die Fülle möglicher Hausaufgaben zu gliedern und in einer Systematik zusammenzufassen. Das Klassifikationsschema von Geißler/Plock soll stellvertretend für diese Bemühungen herausgegriffen werden. Sie unterscheiden drei Hauptformen von Hausaufgaben:[3]

1. Nachbereitende Hausaufgaben (Üben, Einprägen, Auswendiglernen, Wiederholen, Zusammenfassen, Übertragen)

Diese Form der Hausaufgabe wird im Schulalltag üblicherweise gewählt. Etwa wenn der Lehrer Wiederholungsfragen, die in den meisten Schulbüchern das Themengebiet abschließen, schriftlich bzw. mündlich beantworten läßt, wenn

---

1 Commer, M.: Hausaufgaben, S. 42.
2 Vgl. Aschersleben, K.: Unterrichtsmethodik, S. 100.
3 Vgl. hierzu Winkeler, R.: Hausaufgaben in der Schulpraxis, S. 47. Geißler, E., Plock H.: Hausaufgaben - Hausarbeiten, 2. Aufl., Bad Heilbrunn 1974, S. 80 f.

der Schüler Unterrichtsstoff frei oder mittels Testblatt, Lückentext u. ä. strukturieren muß, wenn, bei der Wiederholung eines größeren Themengebietes, vom Schüler die Inhalte in seinen eigenen Worten formuliert werden sollen, um ihn auf das Wesentliche zu konzentrieren oder wenn der Lehrer Referate zu bestimmten Themengebieten vergibt.

2. Vorbereitende Hausaufgaben (Sammeln, Erkunden, Beobachten, Sich-Informieren, Einlesen, Vergleichen)

Diese Form der Hausaufgaben soll der Vorbereitung des Unterrichts dienen und dazu beitragen, die gerade beim Beginn der Unterrichtsstunde starke Dominanz des Lehrers durch ein größeres Maß an Schüleraktivität zu ersetzen. Der Lehrer tritt dann in den Hintergrund und beschränkt sich mehr auf die Rolle des Koordinators. Beispiele: Einholen von Informationen bei Banken, Versicherungen, Behörden; Durcharbeitung von Informationsmaterial, das der Lehrer verteilt hat; Beschaffung von Formularen, Belegen u. ä.

3. Freiwillige Hausaufgaben

Sie können vorbereitender oder nachbereitender Art sein und stellen insofern, von der Zielrichtung der Aufgabenstellung her gesehen, keine neue Form der Hausaufgabe dar.

Faßt der Lehrer die Hausaufgaben auf als ein Mittel der Erfolgssicherung und ist er bestrebt, um Spannungen mit den Schülern und dem Elternhaus wegen der Praxis der Hausaufgabenstellung zu vermeiden, in ein ständiges Gespräch mit den Schülern einzutreten, dann können sie einen wesentlichen Beitrag zur Sicherung der Lernergebnisse leisten.

III. Erfolgskontrolle

1 Leistungsprinzip in der Schule

Es kann nicht erwartet werden, daß hier der enge Zusammenhang des Leistungsproblems mit den gesellschaftlichen Prozessen,[1] die historische Dimension des Problems Leistung in der Schule[2] oder die Zielsetzungen für die heutige Schule und deren Durchsetzung, Sicherung und Überprüfung bei ihren Schülern diskutiert werden. Dies ist von anderen Stellen zu leisten, und zwar insbesondere von der allgemeinen Didaktik. Es mag hier genügen, zwei Grundfragen herauszustellen, um sie dann in der Tendenz, ohne auf Einzelheiten einzugehen, zu beantworten.

(1) Muß die Schule Leistung fordern?

Nach meinem Verständnis von Unterricht und den hier vorgetragenen Überlegungen zum Lehr- und Lernprozeß ist es unumgänglich, den Schülern Aufgaben und Ziele vorzugeben und deren Bewältigung zu ermöglichen und zu fordern. Der

---

1 Vgl. hierzu z.B. Gamm, H. J.: Kritische Schule, München 1970. Lichtenstein-Rother, I.: Schulleistung und Leistungsschule, Bad Heilbrunn 1971. Choeck, H.: Ist Leistung unanständig, 4. Aufl., Osnabrück 1972.
2 Vgl. hierzu z. B. Furck, C.L.: Das pädagogische Problem der Leistung in der Schule, 4. Aufl., Weinheim 1972.

Schüler hat dann alles in seiner Kraft Stehende zu tun, durch sein Leistungsbemühen die gestellten Aufgaben und Ziele, so gut er es vermag, zu erfüllen. Dabei hat er allerdings einen Anspruch darauf, daß ihm Leistungsmaßstäbe und Kriterien für die Beurteilung seiner Leistungen vorgegeben werden. „Schule muß, wenn jene Erziehungsziele nicht nur programmatisch verfochten, sondern in der Praxis der Bildungsarbeit tatsächlich realisiert werden sollen, in *dem* Sinne ‚Leistungsschule' sein, daß sie die Bewältigung der Aufgaben und Lernprozesse *ermöglicht* und *fordert,* die zur Mündigkeit, Selbst- und Mitbestimmungsfähigkeit führen können."[1]

(2) Sind die geforderten Leistungen jeweils zu überprüfen?

Die Antwort kann nur lauten: ja, Leistungen sind zu überprüfen. Allerdings dürfen nur die Leistungen überprüft werden, die die Schule zuvor auch tatsächlich erbracht hat. Zu der Frage, welche Leistungen zu überprüfen sind und in welcher Form dies erfolgen sollte, hier einige prinzipielle Anmerkungen.

— Gegenwärtig ist die Leistungsmessung individualistisch orientiert und auf abfragbares Wissen ausgerichtet. Der Schüler hat Leistungsergebnisse, „Produkte", zu liefern, die dann vom Lehrer beurteilt werden. Wenn man die in dieser Fachdidaktik angestrebten allgemeinen didaktischen Zielsetzungen zugrunde legt, die vor allem auch handlungs- bzw. prozeßorientiert sind, dann ist festzustellen, daß viele der geforderten Zielsetzungen von der gegenwärtigen Form der Leistungsmessung nicht erfaßt werden können. Es muß deshalb darüber nachgedacht werden, Leistungskriterien zu entwickeln, die Prozeß- und Handlungsziele mit einbeziehen und auch bewerten.

— Ein weiteres Kennzeichen der gegenwärtig praktizierten Leistungsmessung ist ihre Wettbewerbs- und Konkurrenzorientierung. Leistungen sind in Konkurrenz zu den Mitschülern zu erbringen. Da die Schüler von unterschiedlichen anthropogenen und sozialkulturell bestimmten Ebenen starten, kommt es zu einem ungleichen schulischen Leistungswettbewerb. Das Streben nach Erfolg, eine wichtige intrinsische Motivationsdeterminante, wird heute bei vielen schwächeren Schülern ersetzt durch die der Furcht vor Mißerfolg.

Können schon die Zielsetzungen der Selbstbestimmungs- und Mitbestimmungsfähigkeit unter diesen Umständen von vielen Schülern nur mit äußerster Mühe und von manchen Schülern gar nicht erreicht werden, so wird das Leistungskonkurrenzprinzip noch fragwürdiger, wenn die Zielsetzung Solidaritätsfähigkeit zur Bewältigung ansteht. Man kann im Grunde nicht Sozialerziehung, Kooperation, Solidarität u. ä. fordern und im Lehr- und Lernprozeß auch umsetzen, um die Schüler sodann einer individualistisch-konkurrenzorientierten Leistungsmessung zu unterziehen, bei dem „kollektive" Kenntnisse, Fähigkeiten, Einsichten oder Werthaltungen außen vor bleiben. Auch hier müssen Kriterien gefunden werden, die diese Komponenten mit einbeziehen.

---

1 Klafki, W.: Bildungstheorie und Didaktik, S. 228.

– Leistungsmessung macht nur Sinn, wenn das gemessen wird, was vorher gelehrt und gelernt wurde. Der Lehrer hat daher auf eine enge Verzahnung von Lerninhalten, Lernzielen, Lernformen, Lernsicherung und Leistungsüberprüfung zu achten. Was macht es für einen Sinn, Inhalte, Ziele und Methoden zu planen und zu verzahnen, wenn anschließend andere Inhalte, Ziele und Methoden überprüft werden? Viele Lehrer agieren wenig verantwortungsbewußt, wenn sie in ihren Arbeiten ständig Randprobleme, knapp behandelte, teilweise neuartige Stoffgebiete abfragen, um die Schüler zum „Denken" anzuregen. Nach meinem Verständnis wird hier nicht zum „Denken" angeregt, sondern hier wird der Schüler vor die Frage gestellt: „Wie verhalte ich mich in einer Situation, die ich nicht kenne und auf die ich nicht vorbereitet bin."

– Bleibt zu fragen, ob jede Leistungsmessung als Leistungsvergleich *aller* Schüler, unter Vorgabe *genereller Normen,* zu erfolgen hat. Wird nämlich die Leistungsbeurteilung als eine Hilfe im Lernprozeß des einzelnen Schülers gesehen, so ist es nur folgerichtig, auch den individuellen Lernfortschritt zu überprüfen. Die Leistungskontrolle könnte dann zu einer Lernhilfe und zu einem Motivationsschub für den einzelnen Schüler werden, wenn dieser vom Lehrer erfährt, daß er, im Rahmen seiner Verhältnisse, einen großen Lernfortschritt erzielt hat; selbst wenn er noch einen Schritt vom „allgemeinen Leistungsstandard" seiner Mitschüler entfernt ist. Die Beurteilung des individuellen Lernfortschritts sollte auch zu einem Teil in die Gesamtbewertung der Schülerleistung mit einbezogen werden. Dies könnte u. U. dadurch realisiert werden, daß die Gewichtung der mündlichen Leistung zu Lasten der schriftlichen Leistung verstärkt wird, was allerdings die Subjektivität der Leistungsmessung durch den Lehrer erhöht.

Der Hinweis auf die individuelle Leistungsmessung darf allerdings nicht dahingehend mißverstanden werden, als werde hier die Meinung vertreten, Leistungsvergleiche seien abzulehnen, vielmehr gilt weiterhin: Leistungsvergleiche der Schüler untereinander bei generellen Leistungsnormen bleiben unverzichtbar. „Die Wahrnehmung gesellschaftlich bedeutsamer Aufgaben erfordert in erheblichem Maße generalisierbare Maßstäbe, und wo immer es berufliche und gesellschaftliche Funktionen gibt, bei denen das Angebot vorhandener Möglichkeiten geringer ist als die Zahl der Interessenten, ist es eine gesellschaftliche Notwendigkeit, daß der einzelne sich dem Leistungsvergleich mit anderen stellt. Insofern ist es auch für den Aufwachsenden - mindestens im Hinblick auf seine spätere Erwachsenenexistenz - eine Notwendigkeit, bisweilen die Erfahrung des Leistungsvergleichs mit anderen und die Einschätzung der eigenen Leistung angesichts generalisierter Leistungsnormen zu machen. Beides wird man auch heute und in absehbarer Zukunft als ein unverzichtbares Moment der Fähigkeit zur Selbstbeurteilung und Selbsteinschätzung betrachten müssen."[1] Abzubauen ist allerdings die *einseitige Dominanz* des Leistungsvergleichs im Rahmen der Leistungsbeurteilung.

---

1 Klafki, W.: Bildungstheorie und Didaktik, S. 235.

2 Unterrichtsplanung und Erfolgskontrolle

Vorbemerkung: Die Bemerkungen zum Leistungsprinzip in der Schule sollten Perspektiven aufzeigen, in welche Richtung sich die Erfolgskontrolle in der Folgezeit entwickeln muß. Das hierzu erforderliche Instrumentarium gilt es im Rahmen der Fachdidaktik in Verbindung mit der allgemeinen Didaktik zu entwerfen und der Unterrichtspraxis bereitzustellen. Die nachfolgend beschriebenen Maßnahmen zur Erfolgskontrolle sind unterrichtspraktisch angelegt und beschreiben das derzeit eingesetzte Instrumentarium.

Es wurde festgestellt, daß sich die Erfolgssicherung prinzipiell auf alle überprüfbaren Lernziele und Schlüsselqualifikationen erstreckt. Die Maßnahmen der Erfolgssicherung beinhalten dabei in aller Regel auch eine (nicht beurteilende) Erfolgskontrolle (Leistungsfeststellung), beispielsweise wenn der Lehrer im Unterricht die gestellten Übungsaufgaben überprüft oder wenn er zu Beginn des Unterrichts die Hausaufgaben kontrolliert. Eine Abgrenzung zwischen den Begriffen Erfolgssicherung und nicht beurteilender Erfolgskontrolle ist aus theoretischer Sicht dadurch möglich, daß hinterfragt wird, worauf der Lehrer im Einzelfall seinen Schwerpunkt legt: auf die Sicherung der Lerninhalte oder auf deren Kontrolle. In der täglichen Unterrichtspraxis ist eine solche Unterscheidung wenig aussagekräftig. Die nachfolgenden Ausführungen beschränken sich daher auf die Hinterfragung der *beurteilenden Erfolgskontrolle* (= *Leistungsbeurteilung*).

Da Unterrichtsplanung und Erfolgskontrolle nach meinem Verständnis eine untrennbare Einheit bilden, soll hierauf nochmals kurz eingegangen werden. Meine These lautet: Wenn man davon ausgeht, daß der Lehrer den Unterricht didaktisch zielgerichtet plant, hierauf sein Vorgehen im Unterricht methodisch ausrichtet und durch entsprechende erfolgssichernde Maßnahmen absichert, dann ist es nur konsequent, wenn er anschließend auch den *angestrebten* Lernerfolg kontrolliert. Anders gewendet: Die Erfolgskontrolle macht nur dann Sinn - und dies vergessen leider viele Kollegen - wenn nur das kontrolliert wird, was unterrichtet wurde. Wird also beispielsweise im Unterricht bewußt darauf verzichtet, durch die Vorgabe von Rechtsfällen festzustellen, ob ein Lieferungsverzug vorliegt oder nicht, beschränkt sich der Lehrer also auf die Aufzählung der rechtlichen Voraussetzungen, dann führt er seinen Unterricht ad absurdum, wenn er z. B. in der Klassenarbeit - mit der Begründung, die Aufzählung der rechtlichen Voraussetzungen sei zu leicht - das Lösen von Rechtsfällen verlangt (bzw. umgekehrt). Hier macht der Lehrer etwas falsch. Wenn der Lehrer der Ansicht ist, die Schüler sollen Rechtsfälle lösen können, dann hat er ihnen das hierzu erforderliche methodische Rüstzeug an die Hand zu geben. Ist der Lehrer der Ansicht, es genügt, wenn die Schüler die rechtlichen Kriterien auswendig aufzählen können, dann sollte er den Unterricht hierauf abstellen. Die Überprüfung und Bewertung des Lernerfolgs hat sich dann auf die angestrebte Zielsetzung zu beschränken. Die Erfolgskontrolle wird mit der Unterrichtsplanung festgelegt. Es besteht, nach meinem Verständnis von Unterricht, also eine untrennbare Interdependenz zwischen didaktischer Zielsetzung, methodischer Umsetzung, Erfolgssicherung und Erfolgskontrolle. Die Zeiten - ich habe sie selbst und bei meinen Kindern erlebt - die die Schüler am Nachmittag vor der Klassenarbeit vor ihren Büchern und Heften sitzend verbringen und darüber nachdenken, welche „Überraschung" der Lehrer morgen bereithält, sollten der Vergangenheit angehören. Eine solche Form der Leistungskontrolle ist demotivierend und frustrierend.

3   Schriftliche Erfolgskontrolle[1]

3.1   Aufgabenformen

3.1.1 Überblick

Bevor auf den Aufbau und die Korrektur der schriftlichen Erfolgskontrolle (Klassenarbeit, Tests usw.) eingegangen wird, sollen die möglichen Aufgabenformen vorgestellt werden.

(1) Geht man davon aus, daß die Schüler die Aufgaben selbständig zu lösen haben, und beschränkt man sich auf die Kontrolle kognitiver Lernziele, da sie derzeit die Unterrichtspraxis bestimmen, so können, in Anlehnung an Herbig, folgende Aufgabenformen unterschieden werden:[2]

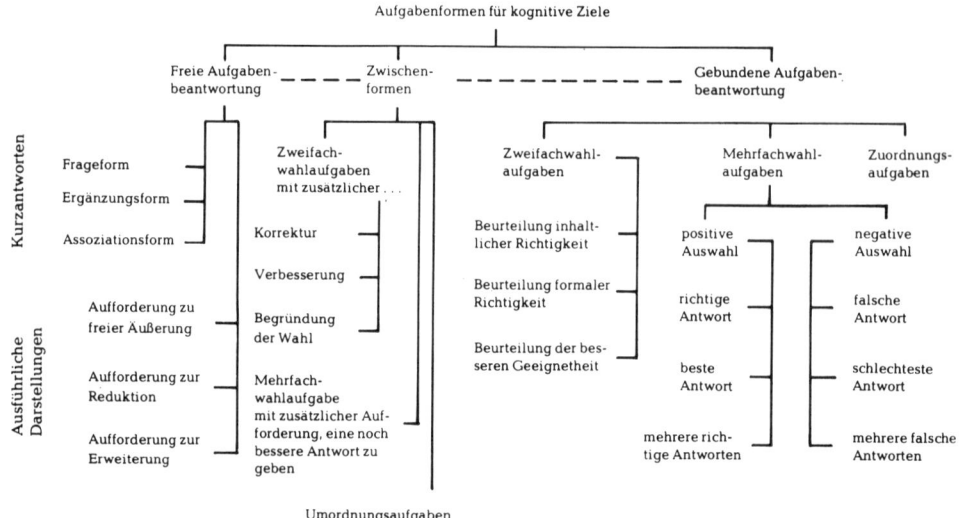

Überblick über die Aufgabenformen für kognitive Ziele

„Unter den Aufgabenformen lassen sich zwei Hauptgruppen abgrenzen, nämlich Aufgaben mit freier Beantwortung und Aufgaben mit gebundener Beantwortung. Im ersten Fall ist die Antwort von der getesteten Person selbst zu formulieren, ohne daß ihr im Moment Vorbilder dazu vorgelegt werden. Hierunter kann man sowohl Aufsatzthemen als Aufforderungen zu freier Äußerung als auch Ergänzungsaufgaben, die nur um ein Detail zu vervollständigen sind, verstehen. In der Abbildung sind daher die beiden Untergruppen mit verschiedenen Aufforderun-

---

1 Das Kapitel ist entnommen aus: Speth, H., Krug, R., Dörr, F.: Medieneinsatz und Lernzielkontrolle im Wirtschaftslehre-Unterricht, 2. Aufl., Rinteln 1979, S. 145 - 154.
2 Herbig, M.: Praxis lehrzielorientierter Tests, Düsseldorf 1976, S. 45.

gen zu ausführlichen Darstellungen und Kurzantwortaufgaben voneinander unterschieden. Die ‚Aufforderung zur Reduktion‘ kennzeichnet, daß ein vorgegebenes Material nach bestimmten genannten Kriterien oder Anweisungen gekürzt wiedergegeben werden soll ... Die Aufforderung zur Erweiterung kennzeichnet den umgekehrten Fall, daß ein bereits vollständiges Material frei zu erweitern ist, so daß eine neue sinnvolle Information entsteht."[1]

(2) Die zweite Möglichkeit der Leistungsbeurteilung besteht darin, daß die Inhalte und Ziele stoff- und fächerübergreifend in methodischen Großformen (Fallstudie, Planspiel, Projekt usw.) kontrolliert werden. Da methodische Großformen überwiegend eine Schülerzusammenarbeit erforderlich machen, bleibt hier die Leistungskontrolle nicht auf die rein inhaltliche Komponente beschränkt. Hier ist vielmehr die Bewertung *aller* didaktischen Zielsetzungen möglich und auch angesagt. Hierzu allgemeingültige Bewertungskriterien anzubieten, vermag ich derzeit noch nicht. Dies bedarf einer längeren Forschungsarbeit und einer Vielzahl von Schulversuchen.

3.1.2 Beispiele für das Fach Wirtschaftslehre

In den folgenden Beispielen sollen Anregungen für die Gestaltung verschiedener Aufgaben für kognitive Ziele im Fach Wirtschaftslehre vermittelt werden.

3.1.2.1 Freie Aufgabenbeantwortung

(1) Frageform

Beispiele:

a) Welchen Namen haben Kosten, deren Höhe von der Ausbringung unabhängig sind?

b) Bei welchen rechtlichen Formen eines Unternehmens haftet der Gesellschafter mit dem Privat- und Geschäftsvermögen!

c) Geben Sie bitte auf alle drei Fragen *eine* gemeinsame Antwort!
   1. Welches Organ der AG prüft den Jahresabschluß?
   2. Welches Organ der GmbH ist bei mehr als 500 Arbeitnehmern vorgeschrieben?
   3. Welches Organ der Genossenschaften kann entweder gewählt oder bestellt werden?

Die angeführten Aufgaben sind drei Beispiele für verschiedene Formen von Freiantwortaufgaben: a) für einfache Antwort, b) für Mehrfach- oder Reihenantwort und c) für Sammelantwort.

Zu a): Diese Form enthält *eine* Frage, auf die der Schüler eine Antwort zu geben hat. Solche Formen haben den Vorteil, daß sie schnell gestellt sind, bergen aber die Gefahr, daß sie unpräzise formuliert werden. Ein Beispiel: „Was sind Kosten?" Eine mögliche Antwort: „Das Gegenteil von Leistungen." Dies scheint aber nicht die erwünschte Antwort zu sein, denn der Lehrer wollte sicherlich die Definition von Kosten abfragen. Deshalb hätte er seine Frage (präzise) so formulieren müssen: „Nennen Sie die betriebswirtschaftliche Definition von Kosten i. S. von Gutenberg!"

---

1 Herbig, M.: Lehrzielorientierte Tests, S. 44.

Zu b): Bei dieser Form ist der Schüler aufgefordert, eine Reihe von Kurzantworten zu geben.

Zu c): Die Sammelantwort stellt eine gemeinsame Antwort auf verschiedene Fragen dar. Ein Problem besteht darin, daß der Schüler nur eine Aufgabe zu beantworten braucht, um damit die beiden anderen mitzubeantworten. Diesem Mangel kann man jedoch durch Steigerung der inhaltlichen Differenzierung begegnen.

(2) Ergänzungsform
Beispiele:
a) Jede industrielle Produktion setzt den gezielten und geplanten Einsatz von .....
   voraus.
b) In der Volkswirtschaftslehre unterscheiden man den ... und den ... Markt.
c) Stellen Sie aufgrund der angegebenen Daten einen Wechsel aus!

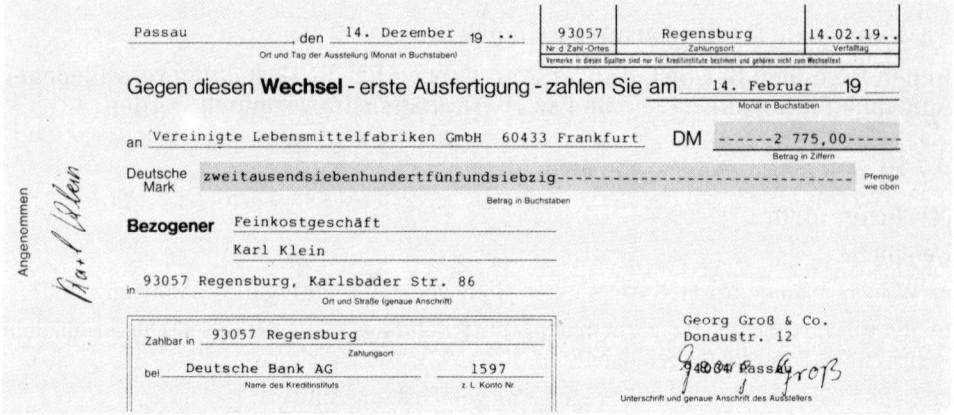

* Der Wechsel muß vom Schüler ausgefüllt werden.

Die hier vorgestellten Beispiele lassen sich ähnlich wie die Aufgaben in der Frageform in verschiedene Unterformen zerlegen. Die Ergänzungsform ist dadurch charakterisiert, daß sie bruchstückhafte Informationen (= Lücken) liefert, die der Schüler durch Ausfüllen zu ergänzen hat.

(3) Checkliste
Die folgenden Hinweise, mit deren Hilfe man typische Fehler beim Entwickeln von Aufgaben weitgehend vermeiden kann, beziehen sich vorwiegend auf die Frage- und Ergänzungsform.[1]

– Benutzen Sie die Kurzantwort-Formen nur für Aufgaben, die durch ein einziges Wort, einen einzigen Satz oder eine einzige Zahl gelöst werden können.
– Übernehmen Sie den Satz nicht wörtlich aus einem zusammenhängenden Text, um ihn ergänzen zu lassen bzw. in eine Frage umzuformen.

---

1 Herbig, M.: Lehrzielorientierte Tests, S. 59.

- Formulieren Sie die Frage bzw. den zu ergänzenden Satz im Hinblick auf eine exakt definiert Antwort.
  (Gegen diese Regel verstößt z. B. die Frage: „ Wer war Bismarck?")
- Lassen Sie ausreichend viel Platz für die Antwort und die Bewertung frei.
- Bei Ergänzungsaufgaben dürfen die Lücken nicht so dicht aufeinander folgen, daß der Sinn des Textes verlorengeht.

(4) Assoziationsform

Beispiele:

a) Übersetzen Sie folgende Begriffe ins Deutsche:
   - Cash-flow
   - Konnossement
   - Terms of trade
   - Disagio

b) Nehmen Sie eine Informationsbroschüre des Postdienstes Deutsche Bundespost zur Hand, und stellen Sie das Entgelt für folgende Sendungen fest:
   - Kompaktbrief
   - Großbrief mit Einschreiben
   - Postkarte
   - Maxibrief als Wertbrief

c)

Klageort

Unternehmungsform	*K*	*G*			
Finanzierungsart	*S*	*E*	*L*	*B*	*S*
Rabattform	*T*	*R*			
Staffelungsart		*I*			
Zahlungsmittel		*C*			
⋮		*H*			

Auch bei diesen Formen lassen sich Differenzierungen vornehmen. „Die Aufgaben enthalten Auslöser. Dem Auslöser hat der Schüler entsprechende andere, selbst zu formulierende Elemente zu assoziieren. Diese Assoziate sollen den vorgegebenen Auslösern dadurch entsprechen, daß sie ihnen zum Beispiel äquivok, analog, gleichbedeutend sind oder Übersetzungen, Bezeichnungen und dergleichen darstellen."[1]

(5) Aufforderung zur freien Äußerung

Hierunter könnte man die typische Klassenarbeit einordnen. Gewöhnlich werden dabei die Schüler aufgefordert, in Form eines Aufsatzes fachspezifische Probleme zu bearbeiten, wie z. B.: „Schildern Sie die Vorzüge und Nachteile der Zession" oder „Welche Aufgaben hat der Wechsel?" oder „Wie wirken sich die Steuern auf unternehmerische Entscheidungen aus?"

---

1 Rütter, Th.: Formen der Testaufgaben, München o. J., S. 94.

Stellvertretend für die mit dieser Form verbundenen Probleme sei hier eine Aussage von Gage zitiert:

„Die Aufsatzfrage ist dann nützlich, wenn man die Fähigkeit eines Schülers zur Strukturierung und zur Anwendung seiner eigenen Methoden auf die Bewältigung eines ziemlich komplexen Problems bewerten will. Das Problem verlangt möglicherweise die Anwendung aller kognitiven Prozesse der Taxonomie: Gedächtnis, Verständnis, Anwendung, Analyse, Synthese und Bewertung. Je weniger man einem Schüler in einer Aufsatzfrage eine bestimmte Struktur vorgibt, um so mehr ist er gezwungen, diese Struktur selbst zu entwickeln. Für die Beantwortung einer Aufsatzfrage kann offensichtlich nur ein kurzer Absatz oder können viele Seiten erforderlich sein...

Der Hauptvorteil einer Aufsatzfrage leitet sich aus der Komplexität der Ansprüche, die sie an den Schüler stellt, ab. Ein weiterer Vorteil besteht darin, daß nur ein relativ geringer Zeitaufwand für die Erstellung einer Aufsatzfrage erforderlich ist. Aber damit ergeben sich auch die entsprechenden Nachteile: Die Meßwertermittlung für Aufsatz-Tests verlangt nicht nur einen wesentlich größeren Zeitaufwand, sondern sie ist auch wesentlich schwieriger durchzuführen (und stellt manchmal eine regelrechte Plage dar). Die Komplexität der Antworten, auf die eine Aufsatzfrage abzielt, erzeugt gleichzeitig ihren hauptsächlichen Mangel: Die Meßwertzuweisung kann kaum reliabel erfolgen. Reliabilität bezieht sich hier auf die Übereinstimmung zwischen Lehrern in der Zuweisung von Meßwerten für denselben Aufsatz-Test...

Um eine hohe Reliabilität bei der Aufsatzbewertung zu erreichen, wäre ein sorgfältiges und auf den speziellen Fragen-Typ ausgerichtetes Training für die Bewerter erforderlich; dieses Training ist jedoch für den in der Klasse tätigen Lehrer nicht verfügbar. Schließlich können Aufsatz-Test noch den Nachteil haben, daß es mit ihnen in nur unzureichendem Ausmaß möglich ist, den entsprechenden Leistungsbereich abzudecken oder eine adäquate Stichprobe daraus zu erheben. Da jede Aufsatzfrage in der Beantwortung einen relativ hohen Zeitaufwand verlangt, können nur wenige derartige Fragen gestellt werden. Der Lehrer stellt dann vielleicht fest, daß ein Test weite und wichtige Teile des Stoffgebiets unberücksichtigt läßt. Für die Beantwortung der Frage, ob man Aufsatz-Tests verwenden sollte, ist also letzten Endes ein Abwägen des Vorteils, der mit dem Erfassen einer komplexen Art von Leistung gegeben ist, und der Nachteile, die aus der niedrigen Reliabilität der Benotung, der relativ beschränkten Stichprobe aus dem Stoffgebiet und aus dem hohen Zeitaufwand bei der Bewertung des Tests resultieren, notwendig. Die meisten Lehrer gelangen zu einem Kompromiß, indem sie sowohl Aufsatzfragen als auch Fragen mit kurzer Antwort verwenden."[1]

(6) Aufforderung zur Reduktion und zur Erweiterung

Für diese beiden Formen eignen sich etwa Texte aus dem Wirtschaftsteil von Zeitungen oder Zeitschriften. Den Schülern wird danach z.B. ein Bericht über kon-

---

1 Gage, N. L., Berliner, D. C.: Pädagogische Psychologie, München, Wien, Baltimore 1977, S. 770 f.

junkturpolitische Maßnahmen eines Landes vorgegeben, und sie werden aufgefordert, unter marktwirtschaftlichen Aspekten diesen verkürzt wiederzugeben oder im anderen Fall, den Zeitungsartikel unter wirtschaftspolitischen Aspekten erweiternd zu fassen und in freier Form wiederzugeben.

3.1.2.2 Aufgaben mit gebundener Aufgabenbeantwortung

Der bei der vorigen Gruppe konstatierte Objektivitätsmangel läßt sich bei Aufgaben in gebundener Form weitgehend vermeiden. Dies kann vor allem darauf zurückgeführt werden, daß die Aufgaben vorwiegend einer strengen Struktur folgen.

Bei den Aufgaben mit gebundener Aufgabenbeantwortung können wir zwei Formen unterscheiden, und zwar die Zweifachwahlaufgaben und die Mehrfachwahlaufgaben. Diese Aufgabenformen sind häufig als „Testaufgaben" konzipiert. Testaufgaben umfassen die Felder Information, Frage und Antwort. Die drei Felder der Testaufgabe können sich im konkreten Fall überlappen, ja sogar ineinanderfließen, doch ist es sinnvoll, sie zunächst einmal zu unterscheiden.

Beispiel:[1]

Die Wasserleitung füllt einen Eimer,   ⟵ Informationsfeld
der 15 Liter faßt, in drei Minuten.
Ein Eimer von 20 Liter soll gefüllt werden.

In wieviel Minuten ist der 20-Liter-Eimer voll?   ⟵ Fragefeld

    in 5 Minuten
    in 2 Minuten
    in 4 Minuten   ⟵ Antwortfeld
    in 3 Minuten
    in einer Minute

Die falschen Antworten werden als Distraktoren bezeichnet.

Aufgabenformen	Beispiele für Zweifachwahlaufgaben:
Beurteilung inhaltlicher Richtigkeit	a) Der Ausdruck „juristische Person" bezeichnet die Person, die sich mit der Rechtsprechung befaßt (z. B. Richter). Beurteilen Sie die Richtigkeit dieser Aussage durch Ankreuzen! ☐ richtig ☐ falsch
Beurteilung formaler Richtigkeit	b) Firma Karl Müller 67281 Kirchheim Weinstraße Nord 5 Beurteilen Sie die Richtigkeit der Anschrift im Sinne von DIN 5008! ☐ richtig ☐ falsch

---

1 Rütter, Th.: Testaufgaben, S. 52.

c) Hier soll aus Raumgründen auf eine ausführliche Darstellung verzichtet werden. Anstelle dessen soll ein Beispiel beschrieben werden. Dem Schüler werden Bilanzen zweier Unternehmen mit unterschiedlicher Vermögens- und Finanzstruktur vorgelegt. Die Schüler (z.B. Bankkaufleute) werden aufgefordert, zu beurteilen, welches Unternehmen für die Gewährung eines Investitionskredits besser geeignet ist.

In der Praxis werden *Mehrfachwahlaufgaben* (*„Multiple-choice"-Aufgaben*) bevorzugt. Mit diesen Aufgaben können sowohl Wissensgebiete als auch komplexere Sachverhalte abgeprüft werden.

Beispiel für Zuordnungsaufgaben:

d)

	Zahlender zahlt		Empfänger erhält	
	unbar	bar	unbar	bar
Scheck				
Wechsel				
Überweisung				
Lastschrift				
Zahlschein				
Banknoten				

Für Zweifachwahl-, Mehrfachwahl- und Zuordnungsaufgaben können folgende Konstruktionshinweise gegeben werden:[1]

— Geben Sie das Kriterium, nach dem man die Auswahl zu treffen hat (richtig, besser etc.), exakt an. Vermeiden Sie Aufgaben, die gleichzeitig mehrere Kriterien zulassen.

— Vermeiden Sie lange Sätze und schwierige Satzkonstruktionen, die zudem mehrere Beurteilungskriterien zu erläutern versuchen.

— Wählen Sie keine aus dem Zusammenhang genommenen Zitate als Aufgabe.

— Benutzen Sie entweder eine direkte Frage oder einen unvollständigen Satz als „Aufgabenstamm".

— Formulieren Sie den Aufgabenstamm so, daß sie nicht in jeder Antwort ein bestimmtes Wort wiederholen müssen.

— Falls vom Adressaten eine negative Auswahl verlangt wird, so heben Sie dies ganz besonders hervor (etwa durch Unterstreichen). Fassen Sie möglichst die Aufgaben mit negativer Auswahl zu einem Block zusammen.

— Bemühen Sie sich, die „beste Antwort" und ihre Alternativen so zu formulieren, daß sie auch von Fachleuten als „beste Antwort" akzeptiert wird.

— Alle Alternativen müssen grammatikalisch auf den Aufgabenstamm abgestimmt sein.

— Gestalten Sie die falschen Antwortalternativen (Distraktoren) einsichtig und attraktiv für jene Adressaten, die nicht über die abgefragten Fähigkeiten bzw. das abgefragte Wissen verfügen.

---

1 Herbig, M.: Lehrzielorientierte Tests, S. 59 f.

– Vermeiden Sie Distraktoren, die wesentlich über oder unter dem angenommenen Niveau der Adressaten liegen. Sie werden ohnehin in der Regel nicht gewählt.
– Vermeiden Sie Antworten, die sich gegenseitig voraussetzen oder einschließen.
– Benutzen Sie die Alternative „keine von diesen" nur bei Aufgaben, für die ein eindeutig richtiges Ergebnis angegeben werden kann.
– Bringen Sie die Antworten möglichst in eine logische Reihenfolge. Vermeiden Sie aber, daß die richtige Antwort immer am selben Platz steht.
– Wird die Definition eines Begriffes abgefragt, so ist es günstiger, den Begriff in den Aufgabenstamm zu nehmen und alternative Definitionen anzubieten.

3.1.2.3 Zwischenformen

Hier sind solche Aufgaben zusammengefaßt, die teils frei, teils gebunden zu beantworten sind.

Merkmale	Beispiele
Zweifachwahl-aufgaben mit zusätzlicher Korrektur	a) Suchen Sie aus dem folgenden Text die falschen Begriffe heraus, und schreiben Sie die richtigen in die rechte Zeile! Die Investitionsgüter dienen der persönlichen Bedürfnis-befriedigung . . . . Bei Maslow stehen die sozialen Bedürfnisse auf der untersten Stufe . . . . Die gemeinwirtschaftlichen Betriebe sind kennzeichnend für das westliche Wirtschafts-system . . . . usw.
... mit zusätzlicher Verbesserung	b) Hier kann man den Schülern einen Geschäftsbrief vorlegen, in dessen Text z. B. mehrere Verben kursiv oder gesperrt geschrieben sind. Die Schüler sind dann aufgefordert, zu jedem Verb ein anderes zu finden, das den dargestellten Sachverhalt besser darstellt.
.... mit Begründung der Wahl	c) Das gleiche Beispiel wie bei b), jedoch sind die Schüler jetzt aufgefordert, ihre Wahl des besseren Wortes zu begründen.
Umordnung	d) Bei der Verteilung des freien Vermögens im Konkursfall ist nach einer bestimmten Reihenfolge zu verfahren. Bringen Sie die folgenden Gläubigerforderungen in die richtige Reihenfolge, indem Sie in die Klammern die entsprechenden Ordinalzahlen einsetzen! Gerichtskosten ( ) Forderungen des Bundes, der Länder und Gemeinden ( ) Lohn- und Gehaltsforderungen der letzten 6 Monate ( ) Forderungen der Kinder des Schuldners ( ) Sonstige Forderungen usw. ( )

3.2 Gestaltung und Korrektur einer Klassenarbeit

3.2.1 Gestaltung einer Klassenarbeit, dargestellt am Beispiel des Betriebswirtschaftslehre-Unterrichts

Aufgabe der Klassenarbeit ist es, zu überprüfen, ob die im Unterricht angestrebten Lernziele und Schlüsselqualifikationen vom Schüler erreicht wurden. Daraus folgert, daß der Lehrer in die Klassenarbeit nur solche Fragen aufnehmen darf, die er in dieser Weise im Unterricht erarbeitet hat, da ansonsten die Unterrichtsplanung ad absurdum geführt würde. Setzt sich also der Lehrer das Lernziel: „Der Schüler soll die verschiedenen Arten von Börsenkursen auswendig nennen und ihre Bedeutung erklären können", dann kann die Art der Fragestellung in der Klassenarbeit z.B. nur lauten: „Erklären Sie die verschiedenen Kursarten bei amtlich notierten Papieren"; „Was versteht man unter dem Begriff geregelter Freiverkehr und welche Bedeutung kommt ihm zu" u. ä. Die Überlegung des Lehrers, der, um mit der Klassenarbeit die „Spreu vom Weizen" trennen zu können, als „unerwartete" Aufgabe die Berechnung des Einheitskurses verlangt, obwohl diese Problematik aufgrund einer Schülerfrage nur kurz angesprochen worden war, ist grundsätzlich falsch. Auch die Forderung des Lehrers, der Schüler müsse ja schließlich für eine gute Note mehr lernen als unmittelbar im Unterricht besprochen wurde, ist nicht zutreffend. Der Schüler muß sich auf eine Lernzielfestsetzung seines Lehrers verlassen können. Eine andere Frage ist, ob die Lernzielformulierung als solche richtig war. Wurde beim Thema „Börsenkurs" den Schülern als Lernziel vorgegeben, sie sollen die Berechnung des Einheitskurses anhand des Buches selbständig erarbeiten und in ein eigenes Beispiel fassen können, dann konnten sie mit der Frage rechnen und dann war die Aufgabenstellung auch berechtigt.

Gegen die hier vertretene Auffassung könnte eingewandt werden, durch die Lernzielformulierung seien letztlich alle Aufgabenstellungen schon bekannt und damit werde die Bedeutung der Klassenarbeit abgewertet. Zu diesem Einwand ist folgendes festzuhalten: In der Unterrichtsvorbereitung überlegt der Lehrer, welche Kenntnisse er im Schüler aufbauen will und wie er methodisch vorzugehen hat, um dieses zu erreichen. Es wäre geradezu widersinnig, wollte er dann bei der Kontrolle dessen, was er angestrebt hat, etwas anderes verlangen als die Wiedergabe der geforderten Lernziele. Hat also der Lehrer im Unterricht zu dem Themengebiet Unternehmensformen ständig Rechtsfälle vorgegeben, die der Schüler unter Zuhilfenahme des Gesetzestextes lösen mußte, dann ist es falsch, wenn in der Klassenarbeit verlangt wird, der Schüler möge beispielsweise zur Haftung der OHG einen eigenen Rechtsfall konstruieren. Der Schüler hat gelernt, *gegebene Rechtsfälle* zu lösen, aber er hat *nicht* gelernt, *Rechtsfälle selbständig zu konstruieren*. Sind die angestrebten Lernziele auf einer hohen Lernzielebene angesiedelt, so besteht keine Gefahr, daß ihre Überprüfung zu leicht ist. Fällt aus der Tatsache heraus, daß der Schüler genau weiß, was er lernen soll und er es auch lernt, das Klassenarbeitsergebnis gut aus, dann sollte sich der Lehrer darüber freuen und nicht darüber spekulieren, wie er die die nächste Klassenarbeit erschweren könnte.

Welche Überlegungen sollte der Lehrer bei der Aufstellung der Betriebswirtschaftslehrearbeit beachten? Hierzu einige Anmerkungen:

(1) Die Aufgabenstellung hat den angestrebten Lernzielen und Schlüsselqualifikationen zu entsprechen, die wiederum am vorgegebenen Lehrplan auszurichten sind.

(2) Die Klassenarbeit sollte sowohl von der inhaltlichen Komponente her als auch von seiten der formalen Gestaltung variabel aufgebaut werden.

– Vom *Inhalt* her sollte in die Arbeit neben Definitionsfragen, Begriffserläuterungen, der Analyse von Unterscheidungskriterien bestimmter Grundbegriffe u. ä., die mehr die Lernfähigkeit des Schülers überprüfen, auch das Lösen von Fallsituationen, Konflikten, die Bildung eigener Beispiele u. ä. eingebaut werden, die, auf höherer Lernebene angesiedelt, stärker auf das Verständnis der Schüler ausgerichtet sind.

– Bei der *formalen Gestaltung* der einzelnen Aufgaben ist ebenfalls auf eine Streuung der verschiedenen Aufgabenarten zu achten. Neben der Aufforderung zur freien Äußerung, der reinen Frageform, des Lückentextes, der Assoziationsaufgabe sollte auch die gebundene Aufgabenbeantwortung wie Zweifachwahlaufgaben, Multiple-choice-Aufgaben oder Zuordnungsaufgaben herangezogen werden. Außerdem können methodische Großformen zur Erfolgskontrolle herangezogen werden. Der Schüler eignet sich dadurch generalisierte Vorgehensweisen an, die ihm im späteren Leben sehr nützlich werden können.

(3) Die Aufgabenstellung sollte nicht so erfolgen, daß eine Aufgabe auf der anderen aufbaut und jeweils die Lösung der vorherigen Aufgabe bedingt.

Der schwächere Schüler wird bei dieser Form der Aufgabenstellung unter Umständen zu früh aufgeben und „unter Wert geschlagen". Ist diese Art der Aufgabenvorgabe vom Thema her jedoch unabdingbar, dann ist die Vorgabe von Zwischenergebnissen, mit denen der Schüler die folgenden Aufgaben lösen kann, unerläßlich.

(4) Die Formulierung der Aufgaben und Fragen muß für den Schüler klar, präzise und unmißverständlich sein, damit er sie einwandfrei erfassen und beantworten kann. Fremdwörter und komplizierte Satzbauten sollten keine zusätzlichen Hemmnisse aufbauen.

(5) Der Lehrer hat genau zu prüfen, ob der Umfang der Aufgaben in der vorgegebenen Arbeitszeit bewältigt werden kann.

(6) Die Gewichtung der einzelnen Aufgaben muß durch Angabe der erreichbaren Punktzahl für die Schüler erkennbar sein.

3.2.2 Bewertung und Korrektur von Klassenarbeiten, beispielhaft dargestellt an einer Betriebswirtschaftslehrearbeit und an einer Klassenarbeit aus dem Schriftverkehr

3.2.2.1 Korrektur und Bewertung einer Betriebswirtschaftslehrearbeit[1]

Bei der *Korrektur und Bewertung* der Klassenarbeit sollte sich der Lehrer grundsätzlich von dem Bestreben leiten lassen, den Überprüfungsvorgang für den Schüler so überschaubar wie möglich zu gestalten. Der Schüler muß die Möglichkeit haben, die Korrektur nachzuvollziehen. Zum einen wird ihm damit Gewißheit verschafft, daß er gerecht behandelt wurde, und zum anderen kann er seine Fehler genau erkennen und hieraus lernen, diese in Zukunft zu vermeiden. Für den Korrekturvorgang ergibt sich hieraus folgender Ablauf:

(1) Nach Ausformulierung der Klassenarbeit fertigt der Lehrer seinen Lösungsvorschlag an und ordnet den einzelnen Lösungsteilen der Aufgaben Teilpunkte zu, die addiert die Punktzahl für die jeweilige Aufgabe ergeben.

(2) Die Punkte je Aufgabe werden auf dem Aufgabenblatt des Schülers angegeben. Zum einen erhält der Schüler damit einen Anhaltspunkt, wie er schwerpunktmäßig vorzugehen hat, und zum anderen erhöht diese Vorgehensweise die Bewertungstransparenz.

(3) Noch vor Durchführung der Klassenarbeit erstellt der Lehrer einen Notenschlüssel, in dem er den Gesamtpunkten eine Notenskala zuordnet; z. B. insgesamt erreichbar: 60 Punkte, die Punktzahl 32 ergibt die Note befriedigend/ausreichend usw. Selbstverständlich hat sich der Notenschlüssel an den amtlich vorgegebenen Notendefinitionen zu orientieren. Die nachträgliche Ausrichtung der Notenskala nach den gezeigten Leistungen, etwa mit Hilfe der Gaußschen Normalverteilung, ist abzulehnen, da es sich hierbei um eine subjektive, klassenbezogene Notengebung handelt. Die Bewertung sollte vielmehr objektiv an den postulierten Inhalten und Zielen ausgerichtet sein, denn nur dann kann der Lehrer die Lernergebnisse der Schüler bzw. die Frucht seiner Lehrtätigkeit richtig einschätzen. Daß auch hier die Subjektivität nicht ganz ausgeschlossen werden kann, ist selbstverständlich, da ja die gewählte Punkteverteilung pro Aufgabe vom Lehrer vorgenommen wird. Gibt er für eine leichtere Aufgabe etwa gleich viel Punkte wie für eine schwierige, wird die Durchschnittsnote höher liegen, als wenn er die komplexere Aufgabe mit einer höheren Punktzahl belegt. Um auch hier möglichst objektiv zu sein, sollte der Lehrer die Punktzahl nach der Intensität aufteilen, mit der er die einzelnen Inhalte und Ziele behandelt hat.

(4) Der eigentliche Bewertungsvorgang wird in der Weise durchgeführt, daß der Lehrer den einzelnen Lösungsteilen die erzielte Teilpunktzahl zuordnet und auf dem Lösungsblatt des Schülers vermerkt.

(5) Bei der Besprechung der Klassenarbeit gibt der Lehrer die optimal möglichen Teilpunkte pro Aufgabenteil an, z. B. durch Vorgabe der Lösung mittels einer Folie, in die die einzelnen Punkte eingetragen sind.

---

1 Grundsätzlich können die Ausführungen auch auf die Fächer Buchführung und Kaufmännisches Rechnen übertragen werden.

(6) Nach Lösung aller Aufgaben muß der Lehrer den Schülern die Möglichkeit einräumen, Fragen zur Korrektur anzubringen.

Aufbau, Lösungsvorschlag und Korrektur einer Betriebswirtschaftslehrearbeit sollen an zwei Beispielen konkretisiert werden:

Beispiel I: Thema: Der Wechsel

Aufgabe: Erklären Sie mögliche Funktionen, die der Wechsel im Wirtschaftsleben erfüllt, und bilden Sie hierzu jeweils ein Beispiel! (6 Punkte)

Lösung und Punkteverteilung:

Der Wechsel erfüllt zwei Funktionen: a) er dient dem Zahlungsverkehr (1) ; b) er dient dem Kreditverkehr (1).

Beispiel zu a): A, der C den Betrag von 1 000,00 DM schuldet, hat gegen B eine Forderung in gleicher Höhe (1/2). A zieht deshalb auf B einen Wechsel und übergibt diesen nach Annahme (= Akzept) (1/2) durch B an C weiter. Löst B den Wechsel ein (1/2), so werden durch die Zahlung (1/2) des B an C zwei Schulden getilgt.

Beispiel zu b): Großhändler A liefert dem Kaufmann B Waren im Wert von 500,00 DM; die Zahlung soll in 3 Monaten (1/2) erfolgen, da B im Augenblick nicht die nötigen Zahlungsmittel hat. A braucht aber seinerseits Geld. A zieht (1/2) deshalb auf B einen Wechsel, den er nach Annahme durch B an seine Bank verkauft (1/2) Der Geldeingang errechnet sich: Wechselsumme - Zinsen (Diskont) (1/2)

(= insgesamt 6 Punkte)

Korrektur der nachfolgenden Schülerarbeit:

Der Wechsel ist ein Zahlungs- und Kreditmittel. (1) Beispiel für ein Zahlungsmittel: Die Firma Meier erhält von ihrem (1/2) Kunden einen Wechsel und zahlt damit (1/2) eine Liefererrechnung. - Beispiel für ein Kreditmittel: Die Firma Meier erhält von ihrem Kunden einen Wechsel, der erst in einem Monat fällig ist und gibt diesen an den Lieferer weiter. Da der Lieferer sein Geld auch erst in einem (1/2) Monat erhält, liegt ein Kredit vor.

(erzielte Punktzahl: 3,5)

Beispiel II: Thema: Der Scheck

Aufgabe: In welcher Form kann ein Scheck rechtswirksam übertragen werden.?

(6 Punkte)

Lösung und Punkteverteilung:

Als Orderpapier (1) wird der Scheck durch Einigung, Übergabe und Indossament (1) übertragen. Als Rektapapier (1) kann der Scheck nur in der Form und mit den Wirkungen einer gewöhnlichen Abtretung übertragen werden, also durch Einigung, Übergabe und Zession (1). Als Inhaberpapier (1) wird der Scheck durch Einigung und Übergabe (1) der Urkunde übertragen. (= 6 Punkte)

Korrektur der nachfolgenden Schülerarbeit:

Die Übertragung des Schecks erfolgt in der Regel durch Einigung und Übergabe. (1) Als Rektapapier (1) erfolgt die Übertragung durch Abtretung. (1) Ist der Scheck ein Orderpapier (1), hat das Gesetz eine andere Übertragungsform bestimmt.

(erzielte Punktzahl: 4)

3.2.2.2 Korrektur und Bewertung eines Geschäftsbriefes

Über die Art und Weise, wie ein Geschäftsbrief korrigiert und bewertet werden soll, besteht eine weit verbreitete Unsicherheit. Diese Schwierigkeiten sind darauf zurückzuführen, daß die Schülerleistung nach zwei Seiten hin beurteilt werden muß: zum einen fachlich und zum anderen sprachlich. *Fachlich* gesehen hat der Lehrer auf vollständige, lückenlose und in einem logisch aufgebauten Gedankengang vorgetragene Wiedergabe des Sachverhalts zu achten. Er hat dabei auch die formale Briefgestaltung zu überprüfen, wobei er das Prädikat „absendbar" als Maßstab der Beurteilung anzulegen hat. Die Korrektur der *sprachlichen* Komponente umfaßt als Schwerpunkte: Rechtschreibung, Zeichensetzung, grammatikalisch richtiger Satzbau, Ausdrucksgenauigkeit sowie das gezeigte psychologische Einfühlungsvermögen.

Grundsätzlich wird hier davon ausgegangen, daß *alle* von Schülern geschriebenen Briefe in letzter Instanz vom Lehrer korrigiert werden.[1] Dies ist unbedingt erforderlich, da der einzelne Schüler nicht in der Lage ist, seine Fehler, insbesondere im sprachlichen Bereich, selbst zu erkennen. Ohne Korrektur des Lehrers ist der Brief pädagogisch wertlos, ja geradezu gefährlich, da der Schüler entweder im Glauben bleibt, der so formulierte Brief sei richtig oder er nimmt an, daß die Formulierungen wohl falsch seien, da er bisher immer nur mangelhafte Briefe geschrieben habe. So gesehen ist die Schülerarbeit unnütz und kann damit unterlassen bleiben. Eine andere Frage ist, ob jeder korrigierte Brief auch bewertet werden soll.

Die Fehlerkorrektur durch den Lehrer könnte folgendermaßen vorgenommen werden:

– Bei der *Korrektur der fachlichen Bestandteile* eines Briefes bestehen im Grunde wenig Unterschiede zur Betriebswirtschaftslehre. Der Lehrer stellt in einem Lösungsschema die Inhalte zusammen, die der Brief zu enthalten hat und bewertet sie mit einer entsprechenden Punktzahl. Ebenso ordnet er der Form eine Punktzahl zu und legt für Formfehler einen entsprechenden Punktabzug fest. Die Fehler sind am Briefrand mit den Vermerken I (= Inhalt), F (= Form) bzw. Gl (= Gliederung) zu kennzeichnen. Treten in einem Abschnitt gravierende Inhaltsfehler auf, hat der Schüler den entsprechenden Briefabschnitt bei der Verbesserung nachzuformulieren.

– Sehr viel komplexer und schwieriger gestaltet sich die *Korrektur der sprachlichen Fehler.* Drei wesentliche Fehlermöglichkeiten sollen hier kurz angesprochen werden:

---

1 Von einer „Austauschkorrektur" durch die Schüler ist abzuraten, da es sehr fraglich ist, ob der Mitschüler über soviel fachliche Kenntnisse, sprachliches Ausdrucksvermögen und Kenntnis der Rechtschreib- und Sprachregeln verfügt, um eine sinnvolle Korrektur durchzuführen. Aus der Art der „Korrekturführung" (Nachbarschaftshilfe bzw. gehässige Korrektur) können zudem unerwünschte Einflüsse auf den Klassenverband ausgehen. Schülerkorrekturen schaden mehr als sie nützen und sind daher abzulehnen.

(1) Rechtschreibfehler: Orthographie-Fehler sind vom Lehrer anzustreichen und durch einen Vermerk am Briefrand (R) zu kennzeichnen. Der Lehrer wird bei der Besprechung wichtige Rechtschreibfehler ansprechen und auf entsprechende Orthographie-Regeln hinweisen. Im übrigen aber soll der Schüler die richtige Schreibweise selbst ermitteln, etwa durch Nachschlagen im Duden. Ein systematischer Rechtschreibunterricht kann im Rahmen des Schriftverkehrsunterrichts nicht geleistet werden.

(2) Ausdrucksfehler: Der Schüler muß im Schriftverkehr dazu angeleitet werden, die richtige Wortwahl zu treffen, und zwar einmal aus stilistischen Gründen und zum anderen aus kaufmännischen Überlegungen heraus, da sich aus einer falschen Wortwahl unter Umständen rechtliche Konsequenzen ableiten lassen.

Beispiel: schwerfällige bzw. falsche Ausdrücke

Bezug nehmend auf Ihr Schreiben ...	Wir haben Ihr Angebot vom ... erhalten.
Sie kaufen *denselben* Wein ein, wie ich ...	den gleichen
Sie sind der *einzigste* Geschäftsfreund, dem ich dies anvertraue	einzige
in Abzug bringen ...	Bitte setzen Sie den Rabatt von 10 % vom Listenverkaufspreis ab ...

Beispiel: rechtlich bedeutsame Ausdrücke

Prüfen Sie die Ware *sofort* nach ...	unverzüglich
Liefern Sie mir die Ware *Mitte* nächster Woche ...	fix bis zum Mittwoch nächster Woche
Wenn Sie nicht zahlen, schicke ich Ihnen den *Gerichtsvollzieher* ...	Wenn Sie innerhalb von 10 Tagen nicht bezahlen, senden wir Ihnen einen Mahnbescheid zu ...

(3) Stilfehler und mangelndes Einfühlungsvermögen: Zweifellos handelt es sich bei dieser Fehlergruppe um die schwierigste Fehlerquelle. Dem Schüler fehlen hier, zumindest im Anfangsunterricht, konkrete Anhaltspunkte. Er ist demnach auf die Vorgabe charakteristischer, stilreiner Ausdrücke und Wendungen angewiesen. Soll die Briefkorrektur den Schüler in seiner geistigen Entwicklung weiterhelfen, so kann die Anmerkung St (= Stil: Formulierung unbeholfen, fehlerhafter Satzbau) am Briefrand keine wirklich brauchbare Grundlage für die Förderung des Stilempfindens beim Schüler abgeben. Außerdem ist dieser Vermerk für eine sinnvolle Verbesserung unbrauchbar. „Deshalb sollten wir zu einer Verbesserungsmethode greifen, die wir im Anschluß an Mahrenholz als sogenannte ‚redigierende Methode' bezeichnen. Bei dieser Methode bringt der Lehrer die stilistisch verbauten Sätze selbst in die gehörige Form, indem er die besseren Formulierungen darüberschreibt. Der Schülerbrief enthält beispielsweise die Formulierung: ‚Die Lieferung wünschen wir in geteilten Sendungen, in den Monaten August und September'. Der mißlungene, stilistisch und grammatikalisch fehlerhafte Satz wird durchgestrichen und eine korrekte Wendung (Wir bitten, im August und September in Teilsendungen zu liefern) vom Lehrer darübergeschrieben. Wenngleich diese Methode zeitraubend ist, so verbinden wir damit den un-

bestreitbaren Vorteil, daß die Schüler bei stilistischen Unstimmigkeiten nicht nur durch ein bloßes Korrekturzeichen am Rand, sondern durch eine korrekte stilreine Wendung zur Selbstkritik und Verbesserung des Briefes aufgefordert werden.“[1]

Bleibt noch zu untersuchen, wie für den Briefentwurf eine Note gebildet werden soll? Hier wird vorgeschlagen, nach dem *Punktabzugsverfahren* vorzugehen. Für die Bewertungsfaktoren Inhalt, Gliederung, Form und Sprachstil werden dabei zunächst die maximal erreichbaren Punktzahlen festgesetzt und sodann für die Fehlermöglichkeiten Punktabzüge festgelegt.

Beispiel:

Ausgangspunktzahl:	20 Punkte	**Schema zur Berechnung der Note**
Inhalt bis maximal:	6 Punkte	
(je nach Bedeutung des Fehlers		Basis: 20 Punkte
1 bis 3 Punkte Abzug)		
		Inhalt: I_2/I_1 = 3
Gliederung bis maximal:	4 Punkte	
(je nach Bedeutung des Fehlers		Gliederung: Gl_1 = 1
1 bis 2 Punkte Abzug)		
		Form: F_2 = 2
Form bis maximal:	3 Punkte	
(je nach Bedeutung des Fehlers		Sprachstil: St_2/St_2 = 4 10 Punkte
1 bis 2 Punkte Abzug)		
		Gesamtpunktzahl: 10 Punkte
Sprachfehler bis maximal:	7 Punkte	
(je nach Bedeutung des Fehlers		Note: 3/4
1 bis 3 Punkte Abzug)		

    * (Wird der Sachverhalt völlig falsch dargestellt, kann die Note ausreichend nicht mehr erteilt werden.)

Selbstverständlich ist das angeführte Beispiel keineswegs als starres Bewertungsschema anzusehen, das es über das ganze Jahr hindurch durchzuhalten gilt. Die Gewichtung der Bewertungsfaktoren ist vielmehr für jeden Brief neu zu überdenken und auf das angestrebte Lernziel abzustellen. So wird etwa im Anfangsunterricht der Schwerpunkt stärker auf der Form und dem Inhalt liegen, während später der Sprachstil mehr in den Vordergrund drängt. Daneben werden die Schwerpunkte auch vom Thema her bestimmt; so liegt etwa bei den Stoffgebieten Mahnwesen, Werbung, Auskünfte erteilen u. ä., die inhaltlich problemlos sind, die Gewichtung eindeutig auf der sprachlichen Ebene, während bei den Themengebieten Störungen beim Abschluß und bei der Erfüllung eines Kaufvertrages, Wechselverkehr, Regelung von Steuerangelegenheiten u. ä. die inhaltliche Komponente stärker ins Gewicht fällt. In jedem Fall ist es bei dieser Vorgehensweise unerläßlich, daß dem Schüler der Beurteilungsmaßstab - die Verteilung der Gesamtpunktzahl auf die einzelnen Bewertungsfaktoren - vor der Erstellung des Briefes mitgeteilt wird, damit er sich auf die Anforderungen einstellen kann.

---

1 Kreling, R.: Methodische Gesichtspunkte der Briefkritik und Fehlerbehandlung im kaufmännischen Schriftverkehr, in: Der Merkur Bote 6/1966, S. 306.Vgl. auch: Mahrenholz, H.: Gedanken zur Berichtigung, Zensierung und Besprechung des Geschäftsbriefes, in: DtBFsch, 1/1959.

Beispiel aus der Industriefachklasse, Fachstufe II

Unsere Firma:

Chemiewerke Reiner GmbH, Brückenstraße 29, 74078 Heilbronn

Vorgang:

Wir hatten am 5. April 19.. das Blumenhaus Jakob Häberlen, Steinstraße 79, 74172 Nekkarsulm, um die Dekoration der Eingangshalle unseres neuen Bürohochhauses in Heilbronn gebeten. Diese Halle soll anläßlich einer Einweihungsfeier geschmückt werden, welche am 3. Mai 19.. morgens um 10 Uhr stattfindet.

Nach Besichtigung der Empfangshalle legte die Firma Häberlen am 9. April 19.. ein Angebot über Blumengebinde zum Preis von 400,00 DM einschließlich Dekoration vor. Das Angebot wurde von uns mit Schreiben vom 11. April 19.. angenommen (Zeichen B/L) und die Lieferung wegen des Aufbaus der Dekoration mit der Firma Häberlen am 3. Mai 19.. morgens um 7 Uhr fest vereinbart.

Die Lieferung blieb jedoch zu diesem Zeitpunkt aus. Da die Firma Häberlen weder telefonisch zu erreichen war, noch sich selbst bei uns meldete, wurde schnellstens ein Heilbronner Blumenfachgeschäft beauftragt, einen entsprechenden Blumenschmuck zu liefern und aufzubauen. Allerdings berechnet das Heilbronner Fachgeschäft für Blumen und Dekoration 482,50 DM.

Als um 9.30 Uhr die Lieferung der Firma Häberlen eintrifft, verweigert unser Abteilungsleiter Binder die Annahme der Sendung.

Aufgabe: Schreiben Sie an die Firma Jakob Häberlen! Begründen Sie die Haltung unseres Abteilungsleiters! Überlegen Sie, ob die Firma Häberlen die entstandenen Mehrkosten ersetzen muß!

Datum des Briefes: 6. Mai 19..

Bewertungsschlüssel:

Bewertungsfaktoren:	*Punkteabzug*	
Inhalt und Gliederung		
1. Bezug auf Dekorationsauftrag	1	
2. Hinweis auf den Fixkauf	2	
3. Schilderung des Lieferungsverzugs	1	
4. Deckungskauf notwendig. Schadenersatz wegen Nichterfüllung	3	
5. Begründung der Haltung des Abteilungsleiters	3 max: 10	
Bei einem Gliederungsfehler wird die Hälfte des betreffenden Inhaltspunktes angesetzt.		
Form		
Jeder Formfehler	2 max: 3	
Sprache		
schwerfällige Formulierungen je	1	
rechtlich ungenaue Formulierungen je	2	
Fehler in der Rechtschreibung je	0,5 max: 7	

Chemiewerke Reiner GmbH
Brückenstraße 29
74 078 Heilbronn

Blumenhaus
Jakob Häberlen
Steinstraße 79

74 172 Neckarsulm

| N a m e |
| Vorname |
| Klasse |
| Datum |
| Br.-Nr. |

Ihre Zeichen, Ihre Nachricht vom	Unsere Zeichen, unsere Nachricht vom	☏ Durchwahl-Nr.	Datum
09.04.19..	at-ag 11.04.79..		06.05.19..

Lieferungsverzug

Sehr geehrte Damen und Herren,

am 05.04.19.. hatten wir sie um die Dekoration der Eingangshalle unseres neuen Bürohochhauses in Heilbronn gebeten.
In dieser Halle soll ~~e~~ am 03.05. um 10.00 Uhr eine Ein-   *St 1*
weihungsfeier stattfinden. Nach Besichtigung der Eingangshalle legten sie uns am 09.04. ein Angebot über
Blumengebinde zum Preis von 400,00 DM einschließlich
Dekoration vor. Dieses Angebot wurde von uns mit
Schreiben vom 11.04. angenommen. Die Lieferung haben
wir wegen des Aufbaus der Dekoration bis zum 03.05.
morgens um 7.00 fest vereinbart.   *R 0,5*

Ihre Lieferung ist zum vereinbarten Zeitpunkt nicht erfolgt.
Doch Sie lieferten bis zu diesem Zeitpunkt nicht. Da wir sie   *St 1*
telefonisch nicht erreichen konnten, und sie selbst sich

⟨N⟩ DRUCK ANTON OBERT 88239 WANGEN IM ALLGÄU

468

bei uns nicht gemeldet haben, beantragen wir
schnellstens ein Heilbronner Blumengeschäft mit Lieferung
entsprechenden Blumenschmucks und der Dekoration.
Dieses Heilbronner Fachgeschäft berechnete uns für
Blumen und Dekoration 482,50 DM.

Da sie erst um 9.30 Uhr lieferten hat unser Abteilungsleiter Herr Binder die Annahme der Sendung verweigert.
Sie sind durch die Verspätung in Lieferungsverzug geraten. *Unser Abteilungsleiter, Herr Binder konnte daher Ihre erheblich verspätete Lieferung zu Recht verweigern, da er
mit Ihrer Lieferung nicht mehr rechnen konnte.*

Hierzu machen wir folgendes Recht geltend:

> Wir verzichten auf Lieferung und verlangen,
> daß sie uns den Differenzbetrag von 82,50 DM
> zurückzahlen. *Schadenersatz wegen Nicht-
> erfüllung in Höhe von*

Für eine baldige Überweisung des Betrages von
82,50 DM wären wir Ihnen dankbar. *sind*

Mit freundlichen Grüßen

CHEMIEWERKE REINER GMBH

i.A. Albrecht

$$I/Gl \quad -4,5 \qquad = 5,5 \text{ Punkte}$$
$$F \qquad\qquad = 3,0 \text{ Punkte}$$
$$St \quad -3 \qquad = 4,0 \text{ Punkte}$$
$$R \quad -0,5 \qquad = 0,5 \text{ Punkte}$$
$$\qquad\qquad\qquad \underline{13,0 \text{ Punkte}} \quad Nok: 3 \; Me.$$

469

Soweit kein Musterbrief erstellt wurde, ist an die Korrektur eine *individuelle Verbesserung* der festgestellten Mängel anzuschließen. Der eigentlichen Verbesserung, die der Schüler in Einzelarbeit anzufertigen hat, geht eine gemeinsame *Besprechung* des Briefes durch den Lehrer voraus, bei der die ganze Klasse mitarbeitet. Zu dieser kooperativen Fehlerbesprechung hat der Lehrer eine Zusammenfassung typischer Fehler, die in der vorliegenden Arbeit gemacht wurden, vorzubereiten, da eine individuelle Besprechung der Fehler im Beisein des Schülers aus Zeitgründen wohl nur selten möglich sein wird. „Das leitende Prinzip muß sein: Wenn aus Zeitmangel nicht alle Fehler behandelt werden können, daß das Richtige als Bewußtseinsinhalte an die Stelle des Falschen tritt, dann muß eine Auswahl aus den Fehlern getroffen werden, denn eine nur mechanische Berichtigung ist wertlos.“[1] Der Lehrer wird etwa typische Ausdrucksfehler vortragen und eine kurze Ausdrucksschulung verwandter Begriffe anschließen, auf Rechtschreibfehler aufmerksam machen und auf die jeweilige Rechtschreibregel kurz eingehen, die inhaltlichen Fakten nochmals erarbeiten und signifikante Fehler, Verwechslungen u. ä. herausstellen. Es genügt nicht, den Fehler lediglich bloßzulegen, „weil damit die Grundkräfte, die zum Fehler geführt haben, noch nicht angesprochen sind. Es kommt darauf an: Warum ist das Falsche falsch und warum ist das Verbesserte richtig.“[2]

Die sich anschließende *individuelle Schülerverbesserung* sollte immer einen in sich geschlossenen Gedankengang umfassen. Eine punktuelle Verbesserung einzelner Ausdrucks-, Rechtschreib- oder Stilfehler sollte nicht vorgenommen werden. Ist der Brief insgesamt akzeptabel und die Fehler auf ein oder zwei Abschnitte konzentriert, so kann auch der Schüler diese, vom Lehrer genau gekennzeichneten Briefabschnitte als Teilverbesserung auf der Rückseite der Erstfassung nachformulieren. Einzelne Fehler in den übrigen Briefabschnitten können vernachlässigt werden. Der Schüler konzentriert sich so auf die wesentlichen, die typischen Fehler. Ist das Kriterium „absendbar“ aufgrund gravierender Fehler keinesfalls erreicht, ist vom Schüler auf einem Normblatt eine Gesamtverbesserung vorzunehmen. Die verbesserten Briefe hat der Lehrer nochmals nachzusehen. Eventuelle neuerliche Fehler, die bei gründlicher Vorbereitung der Verbesserung wohl nur noch vereinzelt auftreten, sollten mit dem einzelnen Schüler, z. B. während einer Phase der Stillarbeit, durchgesprochen werden. Auf eine nochmalige Verbesserung kann sodann verzichtet werden.

4 Mündliche Erfolgskontrolle

Bei der mündlichen Erfolgskontrolle mag man zunächst an mündliche Prüfungen oder sogenanntes Abfragen denken, womit mancher Lehrer zu Beginn einer Unterrichtsstunde nachprüft, ob die Schüler die in der voraufgegangenen Stunde intendierten Inhalte und Ziele erreicht haben und ob gegebenenfalls notwendige Nacharbeit geleistet wurde. Eine Analyse der Unterrichtspraxis zeigt, daß es noch zahlreiche andere Formen mündlicher Erfolgskontrollen gibt, die hier vorgestellt und erörtert werden sollen.

---

1 Heindl, K.: Methodik, S. 140.
2 Heindl, K., ebenda, S. 141.

4.1 Indirekte mündliche Erfolgskontrolle

Indirekte mündliche Erfolgskontrollen können bei jeder Art von Schüleräußerungen im Verlauf einer Unterrichtsstunde erfolgen, also beispielsweise bei den verschiedenen Formen des Lehr- und Unterrichtsgespräches, bei mündlichen Berichten, bei Rollenspiel und Diskussion. Wohl werden die hierzu angestellten Beobachtungen nicht für eine hinreichend zuverlässige Erfolgskontrolle ausreichen, weil die festgestellten Lernergebnisse oder Mängel weder für die Gesamtheit der geplanten Lernziele noch für die ganze Klasse repräsentativ sind. Es werden nur solche Lernziele kontrolliert, die bei der jeweiligen Äußerung angesprochen worden sind.

Trotzdem sollte der Lehrer diese Möglichkeit der Erfolgskontrolle nicht ungenutzt lassen. Ohne großen organisatorischen Aufwand kann er sich ein skizzenhaftes Bild über den Lernerfolg in seiner Klasse machen und daraus Schlüsse für künftige Lehr- und Lernstrategien ziehen. Wenn z. B. über die Gewinnverteilung der Aktiengesellschaft diskutiert wird, dann wird man auch das Aktiengesetz heranziehen; man wird über Bilanz und Gewinn- und Verlust-Rechnung reden. Wird der Lehrer bei einem solchen Gespräch feststellen, daß wesentliche Elemente der Bilanz von manchen Schülern nicht begriffen wurden, dann ist diese Beobachtung für ihn Anlaß, die künftige Unterrichtsplanung hierauf entsprechend einzustellen. Es ist daher zu empfehlen, daß solche Beobachtungen bewußt registriert und nach Möglichkeit in einer Notiz schriftlich fixiert werden.

Die indirekte mündliche Erfolgskontrolle wäre nicht genügend ausgewertet, wenn nur der Lehrer Erkenntnisse über den Lernerfolg seiner Schüler gewonnen hätte. Auch die Schüler selbst sollten erfahren, ob sie die Lerninhalte verstanden haben oder nicht. Der Lehrer hat somit während des Unterrichts darauf zu achten, daß er den erbrachten Lernerfolg der Schüler entsprechend verstärkt oder auftretende Fehler korrigiert bzw. korrigieren läßt. Lernkontrolle, so wurde an anderer Stelle festgestellt, sollte auch die Funktion einer Lernhilfe übernehmen und dazu beitragen, die Motivation auf neue Inhalte und Ziele zu stärken.

Um den Schülern deutlich zu machen, daß Lerninhalte im wesentlichen oder gar im besonderen Maße erreicht worden sind, sollte der Lehrer angemessene Verstärkungsbekundungen einsetzen: z. B. zustimmendes Nicken, Bejahen, Hervorheben der wesentlichen Gedanken, qualifizierende Äußerungen des Lehrers wie richtig, gut usw. Wenn andererseits die Erfolgskontrolle ergibt, daß die angestrebten Inhalte und Ziele nicht erreicht worden sind, sollte dies der Lehrer dem Schüler ebenfalls mitteilen in der Absicht, Wege zur Beseitigung der Schwächen aufzuzeigen. Solche Hinweise müssen sachlich erfolgen und dürfen keinesfalls diskriminierend wirken. Z. B.: Lesen Sie das Kapitel über das Aktienrecht in Ihrem Lehrbuch nochmals nach; arbeiten Sie Ihre Papiere mit den Aufschrieben über die Aktiengesellschaft nochmals gründlich durch; informieren Sie sich im Aktiengesetz! usw.

Offenkundig gewordene Fehler sind durchweg richtigzustellen. Es ist allerdings in der jeweiligen Unterrichtssituation zu entscheiden, in welchem Umfang festgestellte Defizite sofort aufgearbeitet werden sollen. Kleinere Mängel kann man in der Regel innerhalb einer geplanten Unterrichtsstunde angehen. Man sollte sich aber davor hüten, von einer geplanten Unterrichtskonzeption zu sehr abzugleiten und unvorbereitet Stoffinhalte nacharbeiten zu wollen, die bei einem früheren Anlauf nicht erreicht worden sind. Vielmehr sollte der Lehrer die Lernstrategie gründlich reflektieren und seinen Unterricht entsprechend vorbereiten.

4.2 Direkte mündliche Erfolgskontrolle

Im Vergleich zur indirekten Erfolgskontrolle liegt bei der direkten Erfolgskontrolle eine deutliche Kontrollsituation vor, die dem Schüler auch als solche bewußt wird, insbesondere dann, wenn der Lehrer die mündliche Leistung beurteilt. Der Schüler muß sich auf diese Kontrollsituation einstellen und wird dadurch psychisch stärker angespannt sein als bei den Formen der indirekten Erfolgskontrolle. Dies kann bei manchem Schüler zu einer Minderung der Leistung führen.

Weil die Schülerleistung bei der direkten mündlichen Erfolgskontrolle häufig beurteilt wird, hat der Lehrer die Erfolgskontrolle didaktisch-methodisch vorauszuplanen. Dazu gehören sowohl die Reflexion von Umfang, Niveau und Komplexität der Inhalte und Ziele als auch die Überlegung über die Form der Erfolgskontrolle und deren Stellung im Unterrichtsablauf. Für die Durchführung dieser mündlichen Erfolgskontrolle hat der Lehrer die Fragestellungen und die erwarteten Leistungen vorzubereiten, um eine sinnvolle Beurteilung der Schülerleistung vornehmen zu können. Insoweit besteht zwischen der mündlichen und der schriftlichen Leistungsbeurteilung eine hohe Affinität in der Planung.

Die bisweilen geübte Praxis, auf eine Vorplanung der mündlichen Erfolgskontrolle ganz zu verzichten und im Verlauf des Unterrichts bei geeigneten Gelegenheiten kontrollierende Fragen an die Schüler zu richten, überläßt die Erfolgskontrolle dem methodischen Zufall. Eine systematische Kontrolle, die sowohl für künftige Lernplanungen als auch für Leistungsbeurteilungen unabdingbar ist, kann so nicht gewährleistet werden. Eine ungeplante Leistungsbeurteilung der Schüler muß daher eindeutig abgelehnt werden.

Die Durchführung der direkten mündlichen Erfolgskontrolle erfordert vom Lehrer viel Geschick. Sollte etwa ein Schüler im Verlauf seiner Ausführungen falschen Lösungsansätzen nachgehen, dann muß der Lehrer versuchen, ihn über Impulse auf mögliche Fehldeutungen und Widersprüche hinzuweisen. Generell gilt: Der Lehrer hat durch gezielte Fragen und viel Einfühlungsvermögen darauf hinzuwirken, daß der Schüler möglichst sein gesamtes Wissen vortragen kann. Hierbei hat der Lehrer dem Schüler die Sicherheit zu vermitteln, daß er ihn jederzeit „auffängt" und ihn nicht dem Gespött der Mitschüler ausliefert. Auch dann nicht, wenn deutlich wird, daß der Schüler die Lerninhalte nicht verstanden bzw. gelernt hat.

4.3 Zur pädagogischen Bewertung der mündlichen Erfolgskontrolle

Der mündlichen Erfolgskontrolle können folgende *Vorteile* zugeschrieben werden:

— Die mündliche Erfolgskontrolle ermöglicht ein differenziertes Ansprechen verschiedener Schwierigkeitsgrade. Wenn ein Schüler im Kaufmännischen Rechnen eine schwierige Zinsaufgabe lösen soll, dann muß er doch erst in der Lage sein, die entsprechende Formel wiederzugeben oder einen entsprechenden Ansatz darstellen zu können. Stellt es sich heraus, daß das notwendige Wissen nicht reproduziert werden kann, dann ist es wenig sinnvoll, die höhere Ebene des Transfers zu kontrollieren. Andererseits gelangt man bei der individuellen mündlichen Lernzielkontrolle rascher zu höheren Lernebenen. Im Gespräch kann man relativ schnell feststellen, wie es um das Wissen eines Schülers steht. Sind die Ergebnisse positiv, dann erübrigt sich ein Verweilen der Kontrolle auf der Ebene der Reproduktion. Es können dann je nach Verlauf beim einen Schüler Lernziele des problemlösenden Denkens angesprochen werden, während der andere Schüler über die Stufe der Reorganisation nicht hinauskommt. Dabei kann man nicht nur nach den Lernebenen, sondern auch noch nach dem Beherrschungsgrad differenzieren. Wir halten fest, mündliche Erfolgskontrollen sind gut geeignet, differenziert Schülerwissen zu ermitteln.

— Die mündliche Erfolgskontrolle ist des weiteren prädestiniert dafür, den individuellen Lernerfolg zu messen. Dem Lehrer wird damit ein Instrument an die Hand gegeben, welches ihm erlaubt, die Leistungsbewertung an das individuelle Leistungsvermögen anzupassen. Der Lehrer wird in die Lage versetzt, die Lernanforderungen und die Leistungsbewertung an den einzelnen Schüler bzw. eine Schülergruppe kontrolliert und schrittweise zu steigern und sie mit den anthropogenen und soziokulturellen Bedingungen abzustimmen. Die Differenzierung der Leistungsbeurteilung, die hier angesprochen ist, steht damit nicht nur am Ende des angestrebten Lernprozesses, quasi als Offenbarungseid über den erreichten Leistungsstandard, sondern „als Moment im Lernprozeß, als *Lernhilfe*. Günter Schreiner hat diesen Sinn der Leistungsbeurteilung meines Erachtens treffend in den Begriff der ‚Lerndiagnose‘ gefaßt. Schreiner erläutert: Die Leistungsbeurteilung soll in erster Linie Informationen *für* das Kind liefern, nicht über das Kind. Sie soll dem Kind melden, wie erfolgreich sein Lernen in einem bestimmten Zeitabschnitt war ... Die Leistungsbeurteilung soll im Kontinuum des Lernens Orientierungspunkte setzen, die dem Kind erlauben, die eigene Distanz zu einem Lernziel oder -zwischenziel abzuschätzen und besondere Schwächen und Fehler festzustellen, um daraus Korrekturmöglichkeiten für sich abzuleiten ... In die Leistungsbeurteilung sollten die Ausgangslage auf dem Lernkontinuum, die lernrelevanten Fähigkeiten, Motivationen, Einstellungen und Arbeitsgewohnheiten sowie besondere äußere Umstände, kurz: die Lernsituation des einzelnen Schülers eingehen.“[1] Der Klarheit halber muß hier allerdings nochmals festgehalten werden: Individuell ausgerichtete Leistungsbeurteilungen können und sollen Leistungsvergleiche zwischen den Schülern nach generalisierten Maßstäben nicht ersetzen.

---

1 Kalfki, W.: Bildungstheorie und Didaktik, S. 234 f.
Vgl. hierzu auch: Schreiner, G.: Gegen eine verdinglichende Leistungsbeurteilung. Westermanns Pädagogische Beiträge (1972), S. 155 f.
Schreiner, G.: Sinn und Unsinn der schulischen Leistungsbeurteilung, in: Die Deutsche Schule (1970), S. 226 f.

Gehen wir nun auf die *Probleme* der mündlichen Erfolgskontrolle ein.

– Der Lehrer hat bei der mündlichen Erfolgskontrolle gleichzeitig mehrere Funktionen zu erfüllen, die eine hohe Konzentrationsfähigkeit verlangen. Er muß sich in die Argumentation der Schüler hineinversetzen, um gegebenenfalls Hilfestellung leisten zu können; er muß ein flexibles Frageverfahren entwickeln, das eine differenzierte Kontrolle der Lernebenen ermöglicht; er muß feststellen, welche Inhalte und Ziele erreicht bzw. nicht erreicht worden sind; schließlich muß er noch eine Beurteilung der Schülerleistung vornehmen, wenn die Erfolgskontrolle mit einer Notengebung verbunden ist.

– Ein weiteres Problem der mündlichen Erfolgskontrolle liegt in der Unwiederholbarkeit der gesprochenen Darstellung, sofern technische Hilfsmittel nicht eingesetzt werden (z. B. ein Tonbandgerät). Hier ist der Lehrer stark auf die Qualität der Speicherung seines Gedächtnisses angewiesen. Dies führt in besonderem Maße zu einer Subjektivierung bei der Bewertung der Kontrollergebnisse.

– Es darf auch nicht unerwähnt bleiben, daß irrationale Faktoren wie Sympathie oder die äußere Erscheinung des Schülers die mündliche Erfolgskontrolle stärker beeinträchtigen können als die schriftliche.

– Die Subjektivität kommt auch in der Nicht-Vergleichbarkeit der einzelnen Kontrollergebnisse zum Ausdruck. Die oben dargestellte Flexibilität der mündlichen Erfolgskontrolle hat zur Folge, daß wohl kaum eine Erfolgskontrolle der anderen gleichen wird.

– Schließlich muß auch der Zeitaufwand angesprochen werden, den eine mündliche Erfolgskontrolle für eine ganze Klasse erfordert. Während der Lehrer auf schriftlichem Wege den Lernerfolg der Schüler einer Klasse gleichzeitig feststellen kann, muß dies bei der mündlichen Erfolgskontrolle nacheinander geschehen. Dies bedeutet, daß der gesamte Prozeß der Erfolgskontrolle in der Unterrichtszeit durchgeführt werden muß, wogegen die Korrektur der schriftlichen Kontrolle vom Lehrer außerhalb der Unterrichtszeit erledigt werden kann.

– Bei der mündlichen Erfolgskontrolle, bei der man sich vorwiegend mit einem Schüler beschäftigt, besteht die Gefahr, daß die Aufmerksamkeit der anderen Schüler verlorengeht. Es wird deshalb empfohlen, Individualkontrollen nicht zu lange auszudehnen.

– Die mündliche Erfolgskontrolle kann auch in Gruppen durchgeführt werden. Die zu prüfende Gruppe sollte dabei nicht größer als fünf Schüler sein. Die Kontrollfragen werden jeweils allen Gruppenmitgliedern gestellt. Wer sich zuerst meldet, beginnt mit der Lösung. Die Mitschüler müssen die Argumentation der ersten Antwort genau verfolgen und jeweils in der Lage sein, Anschlußfragen zu beantworten. Ist ein erster Fragenkomplex durchgearbeitet, dann wendet sich der Lehrer in einem zweiten Durchgang vorwiegend an solche Schüler, die bisher noch zurückhaltend waren. So kann der Lehrer bei kleinen überschaubaren Gruppen jeden Schüler etwa gleichermaßen bei der Erfolgskontrolle berücksichtigen. Diese Form der Erfolgskontrolle hat gegenüber der Einzelbefragung den Vorzug einer gewissen Vergleichbarkeit innerhalb der Gruppe. Außerdem ist die zeitliche Effizienz größer, weil im Grunde während des ganzen Lernkontrollvorgangs immer alle Schüler angesprochen sind, auch wenn sie nicht ständig zu Wort kommen. Zumindest muß jeder Schüler der Gruppe den Denkprozeß seines Vorredners nachvollziehen, um dann die daran anschließenden Stoffinhalte darlegen zu können. Bei diesem Verfahren muß der Lehrer jedoch darauf achten, daß der wortgewandte Schüler den weniger sprachbegabten nicht zurückdrängt und sachfremde Gegebenheiten das Ergebnis beeinflussen.

Ein wichtige Hinweis zum Schluß dieses Kapitels: Beurteilt der Lehrer die mündliche Leistung des Schülers, so hat er diesem die erzielte Note mitzuteilen. Zum eine kann damit der Schüler (und der Mitschüler) die Berechtigung der Note „überprüfen" und gegebenenfalls um eine Begründung bitten, da die Note für die Erstellung der Zeugnisnote ja von Bedeutung ist, und zum anderen dient die Note dem Schüler zur Beurteilung seines gegenwärtigen Leistungsstandes.

E. Unterrichtskonzeptionen

I. Grundlegendes

Es wurde festgestellt, daß die Erfassung der Stoffinhalte (Begriffe, Regeln, Theorien, Konzepte) im Rahmen der Strukturanalyse im vorpädagogischen Raum stattfindet.[1] Verfolgt der Lehrer das Ziel, bestimmte Stoffinhalte in die kognitive Struktur der Lernenden hinein abzubilden, trifft er eine didaktische Entscheidung. Durch sie werden Stoffinhalte zu „Lehr- und Lerninhalten". Da mit der didaktischen Auswahl der Lehr- und Lerninhalte eine bestimmte Zielsetzung verfolgt wird, sind Lehr- und Lerninhalte strenggenommen bereits als Subzielsetzungen aufzufassen, die der Prüfung an übergeordneten Zielsetzungen standzuhalten haben. Insbesondere die Ziele und Inhalte des Unterrichts (des Lernens), aber auch die Art der Lernprozeßgestalt, auf die im folgenden nicht eingegangen wird, werden somit zum prägenden Element der didaktischen Auswahlkriterien, zu normierenden Prinzipien der Curriculumentwicklung und letztlich zu den Begründungsstrukturen für didaktische Theorien (= *Unterrichtskonzeptionen*).

Bleibt zu fragen, wie curriculare Lehrinhalte ermittelt, ausgewählt und rechtfertigend begründet (legitimiert) werden. Zur Lösung dieses Relevanzproblems haben sich in der didaktischen Diskussion der Erziehungswissenschaft drei unterschiedliche Auswahlprinzipien herausgebildet und zu Unterrichtskonzeptionen verdichtet:

– Prinzip der Wissenschaftsorientierung
– Prinzip der Persönlichkeitsorientierung
– Prinzip der Situationsorientierung.

1 Vg. Ausführungen S. 126 f.

Da alle drei Prinzipien „pädagogische Grundsätze darstellen, sich mithin auf den zu erziehenden Menschen beziehen, treffen sich die Prinzipien in diesem Bezugspunkt und sind folglich durch ihn miteinander verbunden. Diese Verbundenheit ist durch gegenseitige *Abhängigkeit (Interdependenz)* gekennzeichnet: Die stärkere Betonung des einen Prinzips führt zur Vernachlässigung der anderen.“[1]

Im folgenden werden die angeführten zentralen didaktischen Argumentationslinien idealtypisch aufgezeigt, wobei auf deren Verzweigungen bzw. auf ihre historischen Entwicklungen nicht eingegangen wird, da dies den Rahmen dieses Buches sprengen würde.

II. Didaktische Prinzipien der Ermittlung, Auswahl und Begründung von Zielen/Inhalten und ihr Einfluß auf den Unterricht

1 Prinzip der Wissenschaftsorientierung

Das Prinzip der Wissenschaftsorientierung knüpft an der jeweiligen Fachwissenschaft an und ist damit ein *inhaltsorientierter* Unterricht. Ziel eines solchen Unterrichts ist es, durch die Auswahl entsprechender fachwissenschaftlicher Inhalte, im Schüler transferfähige, kognitive Wissensstrukturen (= System von Denk- und Handlungsschematas, von Kategorien und Bedeutungshierarchien) aufzubauen. Das Postulat der Wissenschaftsorientierung von Curricula, und damit von Unterricht, läßt sich vor allem durch folgende drei miteinander interdependente Argumente begründen, nämlich

- „die aus der Analyse und Interpretation moderner Lebenssituationen gewonnene These der *Verwissenschaftlichung der Arbeits- und Lebensbedingungen;*

- die lerntheoretische These von der *Begünstigung des Lernens durch Wissenschaft;*

- das *sozialpolitische Postulat der Chancengleichheit* für alle durch wissenschaftsorientiertes und wissenschaftskontrolliertes Lernen auf allen Schulstufen und in allen Schularten.“[2]

Der wissenschaftsorientierte Curriculumansatz hatte in den 60er und 70er Jahren zwei Varianten:

(a) Der *disziplinorientierte Ansatz,* der bis heute noch vor allem im naturwissenschaftlichen Bereich Anwendung findet, knüpft bewußt an der (Fach-)wissenschaft an und reduziert die Stoffinformationen auf die Sachstruktur der Wissenschaft. Erfaßt werden soll die gesamte Disziplin durch die Auswahl von Kategorien mit besonders hoher Erschließungsmächtigkeit.[3] Unterstellt wird hierbei, daß die hierdurch erworbenen geistigen Instrumente dazu geeignet sind, Alltagserfahrungen zu bewältigen.

---

1 Reetz, L.: Wirtschaftsdidaktik, S. 77 f.
2 Reetz, L., ebenda, S. 86.
3 Vgl. Bruner, J.S.: Der Prozeß der Erziehung, Berlin 1970.

(b) Der *disziplinkritische Ansatz,* der vor allem in der Wirtschaftsdidaktik der 70er Jahre eine wichtige Rolle gespielt hat, möchte neben fachwissenschaftlichen Strukturbegriffen auch noch gesellschaftliche und subjektive Gesichtspunkte berücksichtigen, die die Wissenschaft kritisch hinterfragen. Nach Blankertz ist eine Verbindung von Wissenschaft und Kritik eine zeitgemäße Form der Allgemeinbildung.[1] Zur Umsetzung dieses Ansatzes wurde das sogenannte didaktische Strukturgitter entwickelt.[2] Es handelt sich dabei um eine Matrix, in der fachwissenschaftliche Strukturbegriffe gesellschaftlichen und subjektiven Gesichtspunkten gegenübergestellt werden. Ziel des disziplinkritischen Ansatzes, der vor allem bei der Entwicklung der Kollegstufe in Nordrhein-Westfalen Pate stand, ist es, aus den wissenschaftlichen Theorien Techniken mit Handlungsanweisungen zu formulieren, die dann vom Lernenden in konkrete Handlungssituationen transferiert werden können. Diese Form der Wissenschaftsorientierung beinhaltet somit auch situations- und handlungsorientierte Elemente.

Ohne im folgenden auf eine genaue Abgrenzung der beiden Richtungen einzugehen, sprechen für das Prinzip der Wissenschaftsbezogenheit eine Reihe von Argumenten, von denen die wichtigsten stichwortartig angesprochen werden sollen:

(1) Theoretisches Wissen ermöglicht Lebensbewältigung. Theoriewissen bewirkt, daß die Realität faßbar, begreifbar wird, da es die Grundstrukturen von Alltagssituationen aufzeigt, vergleichbar und damit bewältigbar macht. Lerninhalte sind Instrumente zur Interpretation und Bewältigung von Alltagserfahrungen.[3] Die Vermittlung von fachwissenschaftlichen Theorien, Fakten, Modellen stellt gleichzeitig ein formales didaktisches Kriterium dar, um Schüler zu einer allgemeinen Denkerziehung zu führen. Dadurch wird erreicht, daß sich der „Wissende" von der jeweiligen konkreten Gegebenheit löst und, unabhängig von raum-zeitlichen Prämissen, generelle Lösungsstrategien für eine Vielzahl von unterschiedlichen Situationen entwickeln kann. Ansatzpunkt für die Hinwendung zum wissenschaftsorientierten Unterricht ist die Vorstellung, daß Lebensbewältigung vor allem über Wissen und hieraus abgeleitetes rationales Handeln zu lösen ist. Unterstellt wird dabei, daß Wissenschaften fähig sind, Lösungen für reale Situationen anzubieten, d.h. daß ihnen unmittelbare Lebensbedeutung zukommt.

Die These von der Lebensbedeutsamkeit der Wissenschaft, dies sei nicht ausgeklammert, läßt selbstverständlich die Forderung entstehen, daß alle gesellschaftliche Schichten daran teilhaben müssen, sollen denn nicht einzelne vom gesellschaftlichen Prozeß ausgeschlossen werden. Es wundert daher nicht, daß das

---

1 Vgl. Blankertz, H.: Die Integration von studienbezogenen und berufsqualifizierenden Bildungsgängen, in: Zeitschrift für Pädagogik 17, 1971, Heft 6, S. 809 f.
2 Vgl. Kutscha, G.: Das politisch-ökonomische Curriculum. Wirtschaftsdidaktische Studie zur Reform der Sekundarstufe II, Kronsberg/Ts., 1976.
3 „Die Bedingungen des Lebens in der modernen Gesellschaft erfordern, daß die Lehr- und Lernprozesse wissenschaftsorientiert sind."... Deutscher Bildungsrat: Strukturplan für das Bildungswesen, 2. Aufl., Stuttgart 1970, S. 33.

Prinzip der Wissenschaftsorientierung in den emanzipatorischen und funktionalistischen Didaktikmodellen einen wichtigen Platz einnimmt.

(2) Theoretisches Wissen erhellt Realzusammenhänge. „Besonders bedeutsam wird wissenschaftsorientierter Unterricht dort, wo Aspekte der Realität überhaupt erst durch theoretischen Zugriff in den Blick kommen. Diese Argumentation gilt für eine Didaktik der Wirtschaftslehre in besonderer Weise, weil Wirtschaften im engeren Sinne als ein Prozeß des Planens, Vergleichens und Entscheidens sich sinnlicher Wahrnehmung völlig entzieht. Wissenschaft bildet mit den in ihr aufgehobenen Konzepten und dem darin angelegten Gestaltungswissen ein Surrogat für sinnlich nicht mehr erfahrbare soziale und ökonomische Realzusammenhänge sowohl für Beschäftigte in Führungspositionen als auch auf der Ausführungsebene. Was für berufliche Situationen gilt, gilt umso mehr noch für außerberufliche, so beispielsweise für die Situation des Wirtschaftsbürgers und Wählers, wo bereits das Wahrnehmen des In-die-Situation-gestelltseins theoretische Konzepte voraussetzt. Gerade weil Inhalte antizipativ, mobilitäts- und innovationsfördernd wirken sollen, korreliert ihre didaktische Ergiebigkeit negativ mit Praxisnähe. Erst durch ihre Aspekthaftigkeit entfalten sie Strukturierungskraft und können handlungsleitend wirken."[1] Ohne objektiviertes Theoriewissen wären die Subjekte darauf angewiesen, über Hypothesen und Erfahrungen Realitätsmodelle zu entwerfen.

(3) Wissenschaftsorientierter Unterricht trägt zur Unterrichtsökonomie bei. Über den wissenschaftsorientierten Unterricht wird ein über viele Jahre reflektiertes, abgesichertes Wissen und erworbene Erfahrungen weitergegeben. Das so erworbene Erfahrungswissen ersetzt das individuelle Erfahrungswissen, was dem Grundsatz der Unterrichtsökonomie entgegenkommt. Individuelle Erfahrungen werden durch Informationen, d.h. durch den Aufbau einer transferfähigen Wissensstruktur, ersetzt.[2] Daß hier eine zentrale Streitfrage um den Stellenwert des Wissens gegenüber dem Handeln entsteht, sei angemerkt.

(4) Wissenschaftsorientierung erleichtert die didaktische Reduktion. Wissenschaftliche Inhalte ermöglichen eine genau abgrenzbare, systematische Stoffauswahl und deren Anpassung an die angetroffenen Rahmenbedingungen (= *didaktische Reduktionssteuerung*). Daneben liefert die Wissenschaft mit ihrem Struktur- und Ordnungsgefüge die Systematisierungskriterien für die Stoffabfolge. Es ist daher verständlich, daß das Schulwesen – sowohl was den Fächerkanon, als auch die jeweiligen Lehrpläne anbetrifft – häufig auf die Struktur der Fachwissenschaften zurückgegriffen hat.

Die Struktur der Wissenschaft wurde von Bruner sogar zum Bildungsgegenstand selbst ausgewählt.[3] Er geht von der lernpsychologischen Annahme aus, daß der Lernende die Lehrinhalte dadurch aufnimmt, daß er die Dinge in ihren grundle-

---

1 Neuweg, G.H.: Betriebswirtschaftslehre und Wirtschaftsdidaktik. Für ein umfassendes Verständnis von ökonomischer Bildung im Betriebswirtschaftslehre-Unterricht, Bergisch-Gladbach 1992, S. 75.
2 Vgl. Ausubel, D.P.: Psychologie des Unterrichts, Bd. 2, Weinheim/Basel 1974.
3 Vgl. Bruner, J.S.: Der Prozeß der Erziehung, S. 30 f.

genden Kategorien und Zusammenhängen (ohne auf Einzelwissen einzugehen) vermittelt erhält. Die Wissenschaftsdisziplin wird an Einzelproblemen, die eine hohe „Erschließungsmächtigkeit" aufweisen, gelernt. Diese Reduzierung auf die kategoriale Grundstruktur einer Wissenschaft ermöglicht eine starke Rücknahme der Stoffülle und eine vertiefte Behandlung einzelner Themen.

(5) Die Wissenschaftsorientierung besitzt formale Bildungskraft. Dadurch, daß das Wissenschaftsprinzip unmittelbar auf die Dimension des Inhaltlichen abstellt, werden Abstraktions- und Denkvermögen geschult und damit die Transferierbarkeit des Wissens erhöht. Die klassische Bildungstheorie hat daher im Rahmen der Stoffreduktion häufig zwischen dem materialen und dem formalen Bildungsanteil eines Stoffinhaltes (Bildungsgutes) unterschieden.[1]

Gegen den wissenschaftsorientierten Unterricht werden insbesondere folgende *Einwände* erhoben:

-   Es wird bestritten, daß wissenschaftliche Grundbegriffe und Vorgehensweisen problemlos zur Klärung und Lösung von Alltagssituationen herangezogen werden können. Wissenschaftliche Aussagen sind häufig eindimensional (z.B. ökonomisch, geisteswissenschaftlich) ausgerichtet und unterscheiden sich daher fundamental von dem zur Bewältigung von komplexen Lebenssituationen nötigen Alltagswissen.

-   Wissenschaften bieten in aller Regel heterogene Ansätze mit disparaten und informationsarmen Aussagesystemen. Wissenschaftstheoretische Erkenntnisse stellen keine geschlossene, in sich stimmigen Wissensblöcke mit einheitlichen und gesicherten Erkenntnissen dar.

-   Die Übernahme von „ausgedünnten" fachwissenschaftlichen Strukturen kann dazu führen, daß die Relativität und Pluralität wissenschaftlicher Erkenntnisse nicht vermittelt werden. Die Folge davon ist, daß der Blick auf das „Ganze" menschlicher und kultureller Werte und Zielsetzungen verloren geht.

-   Daneben ist es keineswegs erwiesen, daß Wissen dann auch Handeln-Können einschließt.[2] Es wird darauf verwiesen, daß über die Fachwissenschaften spezialisiertes und partialisiertes Wissen vermittelt wird, was die Lösung komplexer Lebenssituationen für den Lernenden erschwert. „Der einseitige Erkenntnisaspekt willkürlich etablierter Disziplinen läßt die Frage aufkommen, wieweit Wissenschafts- und Alltagswissen strukturell überhaupt identisch sind. Unterstellt werden Transferprobleme perspektivischen Wissens auf komplexe Alltagssituationen, oder wie Popper es einmal bildhaft ausgedrückt hat: ‚Problems may cut right across the borders of any subject matter of disciplin.' In Ansehung der institutionell bedingten Distanz schulischen Lernens zum Leben an sich kann durchaus gefragt werden, ob das Wissenschaftsprinzip nicht gleichsam die

---

1 Vgl. Roth, H.: Stimmen die deutschen Lehrpläne noch?, in: Die Deutsche Schule 60, 1968, S. 70 f.
2 Vgl. Reetz, L.: Wirtschaftsdidaktik, S. 161 f.

Zuspitzung eines Problems darstellt, unter dem der Lernort Schule ohnehin bereits leidet."[1]

– Die Wissenschaftsorientierung steht in der Gefahr, daß es durch den hohen Abstraktionsgrad der Lerninhalte zu einer zunehmenden Entfremdung der Lernprozesse von der Lebens- und Berufssituation kommt. Es gilt die Spezialisierung, Selektivität und Perspektivität der wissenschaftlichen Arbeitsteilung in Handlungen einzubinden, die auf die Erfassung und Bewältigung von Lebens- und Berufssituationen ausgerichtet sind.

– Die Vorbedeutsamkeit der Wissenschaft wird so hoch eingeschätzt, daß die didaktische Reduktion zu wenig greift und damit die Stofffülle die Faßlichkeit übersteigt.

Als Resümee der Überlegungen kann festgehalten werden: Die Wissenschaftsorientierung stellt für die Erstellung von Curricula in sich geschlossene Inhaltssysteme zur Verfügung. Diese bieten Orientierungshilfen im Umgang mit den Lebens- und Berufssituationen. Die Orientierungshilfen reichen allerdings für die Bewältigung von Lebenssituationen nicht aus, da die Struktur der an den Wissenschaften abgeleiteten Wissensinhalten mit der Wissensstruktur, die zur Bewältigung von Lebenssituationen erforderlich ist, nicht übereinstimmen. Die Wissenschaftsorientierung kann damit keinesfalls das alleinige Prinzip für die didaktische Auswahl von Inhalten und Zielen sein.

2 Prinzip der Persönlichkeitsorientierung

Beim Prinzip der Persönlichkeitsorientierung richtet sich die curriculare Ermittlung, Auswahl und Begründung von Zielen/Inhalten an den individuellen Bedürfnissen und an der Persönlichkeitsentwicklung aus. „Argumente gemäß dem Persönlichkeitsprinzip tauchen zumeist dann verstärkt in der pädagogischen Diskussion auf, wenn es darum geht,

– die Rechte und Bedürfnisse des heranwachsenden Individuums gegen Zumutungen der Erwachsenen und ihrer Gesellschaft zu wahren, oder aber

– bestimmte Persönlichkeitsmerkmale als Erziehungsziele oder ‚Bildungsideale' zu betonen,

damit die Heranwachsenden bestimmten Zumutungen besser begegnen und ihre persönliche Individualität nach bestimmten Bildungsidealen ausformen können."[2]

Der erste Gesichtspunkt des Persönlichkeitsprinzip, nämlich die Forderung nach Berücksichtigung individueller Schülerbedürfnisse, findet sich vor allem im Gedanken der „Offenen Curricula" wieder, der einerseits eine rigide Lehrinhalts-

---

1 Neuweg, G.H.: Betriebswirtschaftslehre und Wirtschaftsdidaktik, S. 85.
Vgl. auch : Popper, K.: The Nature of Philosophical Problems and their Roots in Science, in: The British Journal for the Philosophy of Science, Vol. III 1952-53, S. 152. Zit. n. Fischer-Winkelmann, W.F.: Methodologie der Betriebswirtschaftslehre, München 1971, S. 154.
2 Reetz, L.: Wirtschaftsdidaktik, S. 93.

orientierung ablehnt und andererseits den Lernverlauf, nach Themenbereichen geordnet, in Sequenzen aufteilt, um auf das Lernbedürfnis und den Entwicklungsstand der Schüler eingehen zu können.[1] Dieser Gesichtspunkt findet derzeit vor allem in den handlungs- und situationsorientierten Curriculumansätzen seinen Niederschlag.

Der zweite Gesichtspunkt des Persönlichkeitsprinzips kommt dann zum Tragen, wenn bestimmte Persönlichkeitsmerkmale („Bildungsideale") akzentuiert werden. Gemeint ist damit, daß bestimmte Fähigkeiten und Kompetenzen wie beispielsweise Mündigkeit, Kreativität,[2] Handlungs-, Mitbestimmungs-, Problemlösungs- oder Entscheidungsfähigkeit oder aber formal-logisches Denken,[3] Abstraktions- und Transferfähigkeit („formale Bildung") als normative curriculare Vorgaben besonders betont werden. In diesem Zusammenhang spricht man auch von einem „kompetenztheoretischen Ansatz."

Im Bereich der Wirtschaftsdidaktik wurde insbesondere im Rahmen der Kollegschule das Prozeßziel „Entscheidungsfähigkeit" herausgestellt. Kutscha[4] und seine Arbeitsgruppe stellen hierbei vor allem auf die betriebswirtschaftliche Entscheidungstheorie ab, um formalbildungstheoretische transferierbare Entscheidungsfähigkeit zu erlernen, während F.-J. Kaiser[5] Lernsituationen mit Entscheidungscharakter heranzieht (z.B. in Fallstudien) und insoweit auf Unterrichtsmethoden zurückgreift, um die Lernenden zur Entscheidungsfähigkeit zu führen.

Bei den kompetenztheoretischen Ansätzen besteht im übrigen immer die Gefahr, „in der Konzentration auf formale Kompetenzen die Nebenwirkungen der nur instrumentell gedachten Inhalte systematisch zu unterschätzen. Das Persönlichkeitsprinzip sollte Lehrinhalte also auch als Lehrinhalte, nicht bloß als Vehikel der Fähigkeitsschulung in den Blick nehmen können."[6]

3 Prinzip der Situationsorientierung

Auf die Situation als Bestimmungsfaktor für curriculare Inhalte/Ziele wird von der Literatur alternativ Bezug genommen.

(a) Das Prinzip der Situationsorientierung, das auf Robinsohn[7] zurückgeht, setzt sich das Ziel, dem Lernenden Qualifikationen (z.B. Kenntnisse, Einsichten, Haltungen, Fertigkeiten) zu vermitteln, die dieser zur Bewältigung *künftiger*

---

1 Vgl. Heipke, K., Messer, R.: Curriculumentwicklung unter dem Anspruch einer praktischen Theorie, in: Zeitschrift für Pädagogik 19, 1973, Heft 3, S. 351-374.

2 Kirst, W., Dieckmeier, U.: Creativitätstraining, Stuttgart 1971.

3 Klafki, W.: Das pädagogische Problem des Elementaren und die Theorie der kategorialen Bildung, Weinheim, Berlin 1964.

4 Kutscha, G., Loos, W., Sadowski, W.: „Entscheidungsfähigkeit" als Lernzielkonstrukt der wirtschaftswissenschaftlich-kaufmännischen Grundbildung in der Kollegstufe, in: Deutsche Berufs- und Fachschule 75, 1979, Heft 2, S. 83-95.

5 Vgl. Kaiser, F.-J.: Entscheidungstraining.

6 Neuweg, G.H.: Betriebswirtschaftslehre und Wirtschaftsdidaktik, S. 48.

7 Robinsohn, S. B.: Bildungsreform als Revision des Curriculums, Neuwied 1967.

Lebenssituationen braucht. Didaktisches Kriterium für die Auswahl der Bildungs- bzw. Lerninhalte ist ihre Tauglichkeit zur Bewältigung von Lebenssituationen. Diese werden definiert als gleichförmig wiederkehrende *objektive* bzw. *objektivierbare* Anforderungssituationen der Gesellschaft bzw. der Arbeitswelt, die dem Individuum „gegenüberstehen." Die so legitimierten Inhalte und Ziele sind in einem Curriculum festzuschreiben, wobei der Curriculumfestschreibung eine empirische Erfassung von Lebenssituationen und der zu ihrer Bewältigung notwendigen Leistungen vorauszugehen hat. Dieses prozessuale Prinzip, nämlich die Entscheidungskette Lebenssituationen, Qualifikationen und Lehrinhalten[1] durch die empirische Erfassung von Erfahrungen festzulegen, macht die besondere Stellung der Robinsohnschen Curriculumtheorie aus. Ziel des Curriculums ist es, direkt „funktional" für Lebenssituationen zu qualifizieren. Aus wirtschaftsdidaktischer Sicht ist dieser Zielsetzung – mit Einschränkungen – vor allem das Modell der „antizipierenden Didaktik" von J. Zabek zuzuordnen.[2]

Hauptkritikpunkte gegen diese Form der Situationsorientierung sind:

– die Reduzierung des Situations- und Qualifikationsbegriffs auf die funktionsgerechte Erfüllung von Leistungsanforderungen ist zu kurz gegriffen;

– es fehlt eine „Situationstheorie," die die Leistungsanforderungen objektivierbar macht;

– die Qualifikationen werden weniger in Form von Inhalten, als vielmehr in abstrakt-formalen, transferierbaren Verhaltensmustern vermittelt. Insoweit findet sich hier wieder das alte Prinzip der formalen Bildung, obwohl sich das Prinzip der Situationsorientierung ja gerade gegen die ideologieanfälligen Bildungskonzeptionen wendet.

(b) Dieser funktionalen, auf zukünftige, objektive Anforderungen fixierte Situationsorientierung wird eine an den *subjektiven, gegenwärtigen* Anforderungen ausgerichtete Situationsorientierung gegenübergestellt. Zimmer, auf den dieser Theorieansatz hauptsächlich zurückgeht, grenzt diesen Ansatz gegenüber Robinsohn wie folgt ab: „Während innerhalb des Strukturkonzeptes als ein wesentliches Verfahren vorgesehen war, ‚Experten' über Situationen beraten und von ihnen Aussagen über qualifikationsrelevante Merkmale treffen zu lassen, vollzieht sich innerhalb des hier geschilderten Ansatzes die Erschließung von Situationen unter einer möglichst weitgehenden Beteiligung der in ihnen Handelnden. Vermieden werden soll damit eine Beschränkung auf solche Expertenaussagen, die zwar die Rationalität ihrer Wissenschaftsdisziplin, weniger

---

1 Vgl. Blankertz, H.: Theorien und Modelle der Didaktik, 8. Aufl., München 1974, S. 167 f.
2 Zabek, J.: Modell einer antizipierenden Didaktik der Berufsbildung, in: Entwurf eines didaktischen Systems als Voraussetzung für die Entwicklung eines Programms der Curriculumforschung im Bereich der kaufmännischen Berufsausbildung. In: Zabeck, J., Dörr, F., Stiehl, H. (Hrsg.): Ziele, Fragestellungen und methodische Ansätze der Curriculumforschung für den Bereich der kaufmännischen Berufsausbildung. Schriften zur Berufsbildungsforschung, Bd. 6, Hannover 1973, S. 9-33.

aber die *Handlungschancen* innersituativ Betroffener zum Maßstab nehmen. Während dort Versuche unternommen wurden, Situationen nach formalen Merkmalen zu klassifizieren und sie als mehr oder minder statische Gebilde auf gegenwärtige und künftig erwartbare oder wünschbare Merkmale hin zu befragen, werden hier *Situationen* als real erfahrbare und aufklärbare Ausschnitte sozialer Wirklichkeit verstanden, die sich erst im Zuge der Entwicklung und Anwendung des Curriculum konstituieren mit auch eigenen und einzigartigen Momenten (in denen allerdings Allgemeines enthalten sein kann)."[1]

Diese Art der Situationsorientierung nähert sich dem Prinzip der Persönlichkeitsorientierung und insbesondere an die Programmatik der Handlungsorientierung an, legt sie doch besonderen Wert auf

– ein offenes Curriculum mit Betonung der Handlungskompetenz,

– eine Einbeziehung von Lehrer und Schüler in den Unterrichtsprozeß und

– die Einbindung der Lehrinhalte in konkrete Aufgaben und Probleme, von denen her der Lernende seine Aktivitäten (Handlungen) zunehmend selbständig organisieren kann.

Bei dieser Sicht der Situationsorientierung besteht allerdings die Gefahr, den Handlungs-, Kommunikations- und Interaktionsaspekt zu Lasten der Inhalte zu vernachlässigen. Hinzu kommt, daß die zugrunde gelegte Prämisse, daß nämlich zwischen den schulischen Lernsituationen und den realen Lebenssituationen eine strukturelle Gleichheit bestehe, als äußerst fragwürdig angesehen werden muß.

Aus dem Situationsprinzip können neben der Auswahl der Inhalte mittelbar auch methodische Gestaltungsempfehlungen abgeleitet werden. Da sie eindeutig in Richtung „Handeln können" gehen, empfiehlt Neuweg „im Interesse terminologischer Eindeutigkeit statt von Situationsorientierung von Handlungsorientierung zu sprechen."[2] Der Handlungsbegriff ist somit ein unterrichtsmethodischer Terminus und berührt das Problem der Inhaltsfindung und -legitimation nicht unmittelbar. „Insofern schließlich von ‚handlungsorientierter Curriculumentwicklung' gesprochen wird, bezieht sich der Begriff auf ein Verfahren, nicht unmittelbar auf sein Ergebnis, schon gar nicht auf seine bildungstheoretische Legitimation, insofern nämlich die Ergebnisse ‚inhaltlich offen' sind."[3]

Auf der Grundlage des Prinzips der Situationsorientierung hat sich mit dem Konzept des *handlungsorientierten Lernens (= handlungsorientierter Unterricht)* eine starke Gegenbewegung zu der behavioristischen Lernzielprogrammatik bzw.

---

1 Zitiert nach Reetz, L.: Wirtschaftsdidaktik, S. 101. Vgl. auch: Hemmer, K.P., Zimmer, J.: Der Bezug zu Lebenssituationen in der didaktischen Diskussion, in: Frey, K. (Hrsg.): Curriculum-Handbuch, Bd. 2, München 1975, S. 188-201.

2 Neuweg, G.H.: Wirtschaftsdidaktik, S. 33.

3 Neuweg, G.H., ebenda, S. 34.

dem wissenschaftsorientierten Unterricht konstituiert. Da es in der gegenwärtigen pädagogischen Diskussion eine bedeutende Stellung einnimmt, soll es in einem eigenen Kapitel gesondert herausgearbeitet werden.

III. Exkurs: Das handlungsorientierte Lernen (Handlungsorientierter Unterricht)

Vorbemerkung: Die folgenden Ausführungen beschränken sich auf die Grundfragen des handlungsorientierten Unterrichts. Eine differenzierte Betrachtung dieser Unterrichtskonzeption würde den Rahmen dieses Buches sprengen.

1 Grundlegendes

Dem gegenwärtigen Wirtschaftslehre-Unterricht wird von den Vertretern der handlungsorientierten Unterrichtskonzeption eine zu starke fachwissenschaftliche Orientierung bzw. eine zu starke Ausrichtung an dem didaktischen Prinzip der Wissenschaftsbezogenheit der Inhalte vorgeworfen.

„Die schulische kaufmännische Ausbildung genügt weder praktischen noch theoretischen didaktischen Ansprüchen. Für die auszuübenden praktischen beruflichen Tätigkeiten fehlt es aufgrund der unzureichenden, zusammenhanglosen, zuviel spezialisierten fachwissenschaftlichen Theoriefragmente an Handlungskompetenz, d.h. an der Fähigkeit zum Aufbau von kognitiven Wissens- und Regelsystemen für die Bewältigung entsprechender beruflicher Situationen, und andererseits wird die erfahrene Praxis nicht theoretisch über die ‚Schreib- und Ladentischperspektive' hinaus erhellt, d.h., weiterführende Erklärungsansätze werden den Auszubildenden nicht angeboten, die bekannten Phänomene werden nicht in andere Zusammenhänge gestellt. Ganz allgemein wird das Dilemma des Wirtschaftslehre-Unterrichts an kaufmännischen Berufs- und Berufsfachschulen sowohl in einer mangelnden Handlungsorientierung als auch in einer weitgehenden Ausblendung der Erfahrungsinhalte der Auszubildenden/Schüler, sprich ihren subjektiven Alltagstheorien, gesehen. Die Lerninhalte, die überwiegend dem Aspekt der Abfragbarkeit des Wissens dienen, können weder Sach- noch Sozialkompetenz vermitteln. Bei der fachwissenschaftlichen Orientierung der Didaktikkonzepte wird einfach unreflektiert unterstellt, daß die Wissenschaftsbezogenheit der Inhalte automatisch berufliche Handlungskompetenz erzeugen würde. Demgegenüber muß angenommen werden, daß vielmehr die Gefahr besteht, daß durch die geringen Bezüge der Wirtschaftswissenschaft als Bezugsdisziplin zur Arbeitsrealität der Auszubildenden sich die theoretischen Begriffssysteme mit der Konsequenz verselbständigen, daß sie eher zu einer fragmentarischen, unzusammenhängenden lexikalischen Ansammlung von Definitionswissen führen als zu konkretem Handlungswissen, und daher von den Auszubildenden eher als Ballast denn als hilfreich eingeschätzt werden."[1]

Die Vertreter eines handlungsorientierten Unterrichts wollen diese Mängel dadurch beseitigen, daß sie eine didaktische Konzeption fordern, die dazu beiträgt, Theorie und Praxis, Arbeit und Lernen, Kopf und Hände wieder näher zusammenzuführen.

Nach Reetz werden damit zwei neue Akzente in der Didaktik gesetzt:

„1. Die Bedeutung der Handlung für den Erwerb von Wissen wird verdeutlicht und hervorgehoben.

2. Das Wissen von Handlungsstruktur darf gegenüber dem Wissen mit Sachstruktur nicht länger vernachlässigt werden."[2]

Zentrale pädagogische Kategorie dieser Konzeption ist die Wiederentdeckung des Begriffs der Handlung. Handlung wird dabei verstanden als eine „Grundkategorie menschlicher Weltaneignung".

Der *Handlungsbegriff* spielt in der gegenwärtigen wirtschaftspädagogischen Diskussion eine bedeutende Rolle und nimmt bei vielen Autoren eine leitende Funktion ein, wenn es gilt, die jeweilige Unterrichtskonzeption zu begründen. Autorenspezifisch wird der Handlungsbegriff in vielfältiger Art und Weise verwendet:

„– als Erziehungsziel (Nibbrig, Reetz);
– als curriculares Prinzip (Nibbrig, Reetz);
– als wissenschaftsprogrammatisches Prinzip (Twardy, Nibbrig, Achtenhagen);
– als didaktisch-methodisches Prinzip (Nibbrig, Reetz);
– als Rollenspezifität: z.B. der handelnde Lehrer bei der Planung, Durchführung und Evaluation von Unterricht (Achtenhagen, Twardy)."[3]

---

1 Söltenfuß, G.: Grundprinzipien und Modelle handlungsorientierten Lernens in der kaufmännischen Berufsausbildung, in: Söltenfuß, G., Halfpap, K. (Hrsg.): Handlungsorientierte Ausbildung im kaufmännischen Bereich, Sankt Augustin 1987, S. 12 f.
Ähnliche Kritik kommt von Reetz/Witt, Halfpap, Stern oder Sievers, um nur einige Autoren zu nennen.
Reetz, L., Witt, R.: Berufsbildung in der Kritik, Curriculumanalyse Wirtschaftslehre, Hamburg 1974.
Halfpap, K.: Handlungstheoretischer Ansatz für die (schulische) kaufmännische Berufsausbildung. Didaktische Konsequenzen aus der Unterrichtswirklichkeit für die künftige Beschäftigungsstruktur, in: Böhm/Littek/Ortmann (Hrsg.): Rationalisierung der Büroarbeit und kaufmännische Berufsausbildung, Frankfurt 1982, S. 55-64.
Stern, M.: Zum Stellenwert von Praxis in der Fachdidaktik Wirtschaftslehre, in: Kutt, K., Selka, R. (Hrsg.): Simulation und Realität in der kaufmännischen Berufsausbildung, Berlin 1986.
Sievers, H.P.: Lernen, Wissen und Handeln. Untersuchungen zum Problem der didaktischen Sequenzierung. Dargestellt am Wirtschafts-Curriculum in der Sekundarstufe II, Frankfurt a. M. 1984.
2 Reetz, L.: Handlungsorientiertes Lernen in Betrieb und Schule unter dem Aspekt pädagogischer Arbeitsteilung im dualen Berufsausbildungssystem, in: Aschenbrücker, K., Pleiß, U. (Hrsg.): Menschenführung und Menschenbildung. Perspektiven für Betrieb und Schule, Schriftenreihe Wirtschaftsdidaktik, Berufsbildung und Konsumentenerziehung, Bd. 21, Baltmannsweiler 1991, S. 267.
3 Czycholl, R.: Der Entwicklungsrahmen handlungsorientierter Entwürfe einer Didaktik der Wirtschaftslehre und Ausgangspunkte für ihre Kritik, in: Czycholl, R., Ebner, H. (Hrsg.): Zur Kritik handlungsorientierter Ansätze in der Didaktik der Wirtschaftslehre, Beiträge zur Berufs- und Wirtschaftspädagogik , Bd. 4, Oldenburg 1989, S. 12.

Konkretisieren wir die hier schlagwortartig vorgetragenen Bedeutungsweisen des Handlungsbegriffs.

– Mit der Handlungsorientierung sollen dem Lernenden Wertungsmaßstäbe für künftige Handlungssituationen vermittelt werden, an denen er sein Handeln ausrichten kann. Dieses Ziel wird nur erreicht, wenn die Lehrpläne und Curricula auf der Grundlage und unter Berücksichtigung wertorientierter Prinzipien erstellt werden.

– Handlungsorientierung als wissenschaftspragmatisches Prinzip will besagen, daß die allgemeine Didaktik darauf ausgerichtet sein muß, dem Lehrer für seine Unterrichtsplanung, -durchführung, -ausführung und -beurteilung Handlungsempfehlungen und Entscheidungshilfen an die Hand zu geben.

– In didaktisch-methodischer Hinsicht bedeutet Handlungsorientierung – autorenspezifisch unterschiedlich –, daß

– die Ziele und Inhalte in der Schule praxisorientiert (= auf die Praxisrelevanz hin) und im Betrieb projektorientiert (= projektorientierte Ausbildung) vermittelt werden sollen;

– neben abstrakten auch konkrete Themen zu behandeln sind, um dem Schüler eine mehrdimensionale Erfahrungsaneignung zu ermöglichen;

– die Lernprozesse in der Schule auf praktisches Tun, auf die Erstellung eines konkreten Ergebnisses (Produkts) ausgerichtet werden;[1]

– der Unterricht die Schülerselbsttätigkeit zu fördern und die Lehrerdominanz abzubauen hat (= Abbau von lehrerzentrierten Unterrichtsmethoden und Hinwendung zu schülerzentriertem Unterricht). Die Rolle des Lehrers wird damit zu einem bestimmenden Merkmal des Unterrichts.

– Handlungsorientierung wird letztlich auch als ein Weg angesehen, über das Tätigwerden (= gegenstandsbezogene Anwendung vorhandener Erfahrungen) neue Erfahrungen zu machen. Durch das Tätigwerden sollen aber nicht *irgendwelche* inhalts- bzw. zielbezogene Erfahrungen gemacht werden, vielmehr sollen *bestimmte* Kenntnisse, Fähigkeiten und Fertigkeiten erworben werden. Dies erfordert eine methodisch-didaktische Steuerung des Lernprozesses. Nach Ebner soll durch die Handlungsorientierung aber nicht der betriebliche oder gesellschaftliche Qualifikationsbedarf befriedigt werden, vielmehr steht im Zentrum unterrichtlichen Bemühens der Erwerb der *individuellen Handlungsfähigkeit.* Die zentrale These dieses theoretischen Ansatzes besagt: „daß die Handlung das Verbindungsglied zwischen den inneren Prozessen (z.B. Denken) und der jeweiligen Umwelt darstellt. Beim Handeln geschieht zweierlei: Zum einen verändert der Mensch durch sein Tun seine Umwelt, er greift in sie ein (bei der Herstellung eines Werkstücks verändert er durch die Bearbeitung z.B. die Form des Materials). Zum andern verändern seine Handlungen zugleich ihn selbst, denn

---

1 Dies fordert z.B. Hilbert Meyer, dessen handlungsorientierte Unterrichtskonzeption im Anschluß vorgestellt wird. Vgl. Meyer, H.: UnterrichtsMethoden, II: Praxisband, 5. Aufl., Frankfurt a. M. 1993.

beim Handeln macht er Erfahrungen, erwirbt Wissen, gewinnt an Fertigkeit usw. ‚. . .‘ Im Zentrum steht hier nicht der betriebliche oder gesellschaftliche Qualifikationsbedarf, sondern die *individuelle Handlungsfähigkeit.*"[1]

Neben dem Handlungsbegriff nimmt in der handlungsorientierten Unterrichtskonzeption auch der Begriff der *Ganzheitlichkeit* eine bedeutende Rolle ein. Elemente einer pädagogischen Theorie der Ganzheitlichkeit sind:

(1) Der Lernprozeß soll zu einer Veränderung des gesamten Menschen führen, d. h., es genügt nicht, den kognitiven Bereich (*Kopf*) allein anzusprechen. Das Lernangebot hat vielmehr auch den körperlichen (*Hand*) und den affektiven Bereich (*Herz*) anzusprechen. Neben Wissen sind im Schüler Wertvorstellungen, Gefühle, Fähigkeiten, Einstellungen und Handlungsbereitschaft zu entwickeln bzw. zu erweitern.

(2) Die zu vermittelnden Inhalte und Ziele sollen eine umfassende Einheit darstellen. Hinter dieser Formulierung verbirgt sich die Forderung, fächerübergreifendes Struktur- und Vernetzungswissen zu vermitteln. Allerdings können die Fachwissenschaften derzeit ein allgemeines „Strukturwissen", beispielsweise für einen bestimmten beruflichen Bereich, diese „Knotenpunkte", von denen aus gesicherte Verzweigungen ausgehen können, nicht bereitstellen. Ohne „Strukturwissen", hängen aber die Forderungen nach lebenslanger beruflicher Handlungskompetenz, ganzheitlichem Unterricht bzw. handlungsorientiertem Unterricht völlig in der Luft. Berufliche Bezugswissenschaften könnten hier helfend wirken.

(3) Auch wenn es derzeit nicht möglich ist, für einzelne Berufsbereiche ein System von Inhalten und Zielen festzulegen, die „grundlegend", „strukturprägend", „von langer Dauer" sind, so muß trotzdem die Forderung erhoben werden, sie ganzheitlich, d. h. in der komplexen Lebensrealität zu vermitteln.

(4) Die Forderung, Lerninhalte in realen Handlungsproblemen aufzubereiten, zwingt dazu, im Unterricht Methoden einzusetzen, die aktives und selbstgesteuertes Lernen ermöglichen. „Um nicht nur die Begriffsgebäude immer weitere Blüten treiben zu lassen, sondern auch die Wurzeln des Intellekts tiefer im körperlichen Organismus zu verankern, müssen u. E. die Arbeitsformen den Lernenden vielmehr ein Tun ‚ermöglichen‘, das den Umgang mit den neuen Inhalten auch körperlich und gefühlsmäßig erfahrbar, erlebbar und empfindbar werden läßt."[2]

(5) Ein Lernprozeß, der die ganze Persönlichkeit fördern will, macht es auch notwendig, daß er sich an den angetroffenen Rahmenbedingungen ausrichtet. Unterricht darf nicht als „Einwirken des Lehrers auf die Schüler" verstanden

1 Ebner, H. G.: Facetten und Elemente didaktischer Handlungsorientierung, in: Pätzold, G. (Hrsg.): Handlungsorientierung in der beruflichen Bildung, 4. Aufl., Frankfurt a. M. 1992, S. 45 und S. 42.
2 Arnold, R., Müller, H. J.: Ganzheitliche Berufsbildung, in: Pätzold, G. (Hrsg.): Handlungsorientierung in der beruflichen Bildung, 4. Aufl., Frankfurt a. M. 1992, S. 106.

werden, vielmehr ist der Lehr- und Lernprozeß als ein Interaktionsprozeß zu verstehen, in dem sich Lehrer und Schüler wechselseitig anerkennen. Die Rolle des Lehrers muß dabei weniger von dem Gedanken getragen sein, „ich will etwas erzeugen", etwas „durchsetzen", als vielmehr von der Idee durchdrungen sein, „ich will etwas ermöglichen".

Aus der Verwendung der Begriffe „Handlung" und „Ganzheitlichkeit" ist schon zu ersehen, daß es *die* handlungsorientierte Unterrichtskonzeption nicht gibt. Es gibt vielmehr eine Fülle von handlungsorientierten wirtschaftsdidaktischen Konzeptionen, die häufig auf bildungsorganisatorische bzw. bildungspolitische Reforminitiativen bzw. Modellversuche zurückgehen und von Vertretern der Berufs- und Wirtschaftspädagogik wissenschaftlich begleitet wurden. Solche Projekte/Konzeptionen sind:

„(1) Das Hamburger Fallstudien-Projekt (Lothar Reetz), (2) Das Siegener Berufsgrundschul-Projekt (Adolf Kell/Franz-Josef Kaiser), (3) Das Konzept einer Berufsfelddidaktik Wirtschaft und Verwaltung für das Berufsvorbereitungsjahr (Klaus Halfpap), (4) Das Paderborner Lernbüro-Projekt (Franz-Josef Kaiser), (5) Das Münsteraner Lernbüro-Projekt (Klaus Halfpap/Franz-Josef Kaiser), (6) Das Göttinger Projekt ‚Lernen, Denken, Handeln in komplexen ökonomischen Situationen' (Frank Achtenhagen)."[1]

Als Grundgedanke aller Autoren kann die Überwindung des Dualismus von Denken und Handeln herausgestellt werden: Das Wissen soll zur handelnden Lebensmeisterung führen, was nur gelingen kann, wenn rezeptiv-passive, lernstofforientierte Unterrichtsmethoden beiseite geschaffen und schüleraktive, selbstgesteuerte Lern- und Aneignungsmethoden in den Vordergrund geschoben werden. Die Handlungsorientierung will damit weg von den programmatischen Aussagen über Lernzielentwicklung und Lerninhaltsauswahl und hinführen zu einer stärkeren Thematisierung unterrichtsmethodischer und lernorganisatorischer Fragestellungen. Es besteht bei den meisten Autoren Konsens darüber, daß sich der Unterricht verstärkt den prozeßhaften Vorgängen beim Menschen zuwenden muß.

Basierend auf diesem Grundkonsens haben sich bereits heute eine Fülle von handlungsorientierten Unterrichtskonzeptionen herausgebildet. Es würde den Rahmen dieses Buches bei weitem sprengen, wollte man auch nur die wichtigsten handlungsorientierten Unterrichtskonzeptionen vorstellen. Im folgenden beschränke ich mich daher auf die Darstellung *einer* handlungsorientierten Unterrichtskonzeption. Ich habe dabei die Konzeption von Hilbert Meyer ausgewählt, da sie sich durch einen pragmatischen Ansatz auszeichnet.

2 Wesen und Begriff

Nach Hilbert Meyer geht der handlungsorientierte Unterricht von einem bestimmten Welt-, Gesellschafts- und Menschenbild aus, das durch folgende fünf Aspekte charakterisiert ist:

---

1 Czycholl, R.: Entwicklungsrahmen, S. 13.

„1. Handlungsorientierter Unterricht geht davon aus, daß der Mensch zur V*ernunft und Freiheit,* aber auch zur Selbstzerstörung befähigt ist.

2. Handlungsorientierter Unterricht geht davon aus, daß Lernen grundsätzlich *ganzheitlich,* also mit Kopf, Herz, Händen und allen Sinnen abläuft.

3. Handlungsorientierter Unterricht baut darauf, daß Menschen (insbesondere junge Menschen) *neugierig* sind, daß sie fragen und staunen können, daß sie ihre Umwelt erfahren und auf den Prüfstand der Experimentierlust stellen wollen.

4. Handlungsorientierter Unterricht rechnet damit, daß weder die Lehrer noch die Schüler perfekte Wesen sind, sondern *Fehler machen* und versagen, daß sie aber aus Fehler lernen können.

5. Handlungsorientierter Unterricht rechnet mit einem *gesellschaftlichen Umfeld* von Schule, das so strukturiert ist, daß ein nicht-entfremdetes Leben und Lernen in der Schule nur ansatzweise und widersprüchlich möglich ist.“[1]

Meyer geht damit von einem relativistischen Subjektmodell des Menschen aus, wonach die Interaktion zwischen Mensch und Umwelt über Handlungen erfolgt. Er sieht den Menschen als ein Individuum, das fähig ist zum selbständigen Denken, zum überlegten Handeln, zur Antizipation und zur Selbststeuerung.

Auf diesem Welt-, Gesellschafts- und Menschenbild aufbauend, ist das Wesen des handlungsorientierten Unterrichts (Reetz spricht von „handlungsorientiertem Lernen“ oder „Handlungslernen“) durch folgende Kriterien bestimmt:

- er ist zielgerichtet, wobei es gilt, die geplanten Ziele des Lehrers mit den sich aus dem „Handlungsprojekt“ (der Aufgaben- bzw. Problemstellung) entwickelnden Handlungszielen[2] der Schüler zu verbinden. Handlungsorientierter Unterricht ist kein blinder Aktionismus;

- es liegt ein konkretes Handlungsprodukt zugrunde, das einen Bezug zur Realität hat und für Schüler subjektiv bedeutsam ist, d.h., das Handlungsprodukt muß einerseits für den Lernenden soviel Anreize und Spielräume für Eigenaktivität enthalten, damit sich seine Motivation entfalten kann und andererseits sind soviel Problemstellungen und Zielsetzungen „einzubauen“, daß der Lernende aus ihnen heraus seine Aktivität zunehmend selbständig entfalten kann. Das hieraus resultierende Lernen kann dabei in einem äußeren Tun (z.B. rechnen, buchen) oder in einem inneren Handeln (= Denkoperationen) bestehen. „Handlungslernen steht für ein Lernkonzept, bei dem sich Persönlichkeitsentwicklung und Erkenntnisbildung auf Grundlage tätiger Auseinandersetzung mit der Umwelt vollziehen;“[3]

- konkrete Handlungsprodukte, die in eine natürliche und soziale Umwelt eingebettet sind, sind in der Regel durch Sach-, Sinn- und Problemzusammenhänge geprägt und damit interdisziplinär angelegt;

---

1 Meyer, H.: UnterrichtsMethoden, II: Praxisband, S. 403.
2 „Ein *Handlungsziel* beschreibt die Absichten, Motive und Gründe, deretwegen sich der oder die Schüler am Unterricht beteiligen oder die Beteiligung verweigern. Handlungsziele bringen situationsabhängige Bedürfnisse und Interessen der Schüler zum Ausdruck und sind in der Regel auf ein Handlungsprodukt bezogen.“ Meyer, H.: UnterrichtsMethoden, I: Theorieband, S. 90.
3 Reetz, L.: Handlungsorientiertes Lernen, S. 269.

- das methodische Vorgehen zum Lösen des Handlungsprodukts ist dadurch bestimmt, daß die Schüler in Selbstorganisation und Selbstverantwortung erkunden, erforschen, entwickeln oder nachspielen. Es besteht also eine mannigfache Methodenvielfalt, wobei schülerzentrierten Unterrichtsmethoden eindeutig der Vorrang zukommt, wodurch der Schüler an Selbständigkeit gewinnt;

- dem Prozeß des gemeinsamen Handels im Sinne von Kooperation, Konfliktbearbeitung, Durchsetzungsvermögen, Rücksichtnahme u.a. kommt eine ähnlich hohe Bedeutung zu wie den Lösungsergebnissen;

- Lehrer und Schüler versuchen, gemeinsam ein Handlungsprodukt zu lösen, wobei ein ganzheitlicher Lernprozeß (Integration von Kopf, Herz, Händen und allen Sinnen) angestrebt wird;

- „wesentliches Kriterium für die Relevanz der ausgewählten und zu behandelnden Themen sind die Vorerfahrungen der Handlungsteilnehmer und die Zukunftsbedeutung für diese. Handeln, um zu lernen, bedeutet nicht, sich z.B. in parzellierte Teilhandlungen kaufmännischer Sachbearbeiter einzuüben, sondern bedeutet immer ganzheitliche Handlungszusammenhänge zu beachten, die von der Idee über die Zielsetzung, Planung und Durchführung bis zur Auswertung reichen. Sie werden i.d.R. von mehreren Lernenden gemeinsam ausgeführt und führen zu konkreten Ergebnissen oder Produkten, die Gebrauchswert haben, z.B. für die Schüler, den Unterricht, ihr simuliertes Unternehmen o.ä. Dies können Bilder, eine Produktwerbung, eine Karteikarte, ein Arbeitsablaufplan, eine Ausstellung etc. sein."[1]

- Sofern ein reales Handlungsprodukt vorliegt (z.B. in einer Stadt soll eine Fußgängerzone eingerichtet werden, gegen die sich das dort angesiedelte Gewerbe wehrt), kann der Lösungsversuch einen Beitrag dazu leisten, gesellschaftliche Strukturen zu erhellen und eventuell zu verändern.

Dadurch, daß der handlungsorientierte Unterricht eine offene Lernform darstellt, ist eine kurze und prägnante Definition dieser Unterrichtskonzeption schwierig. Hilbert Meyer, dessen Definition die angeführten Wesensmerkmale beinhaltet, formuliert: „Handlungsorientierter Unterricht ist ein ganzheitlicher und schüleraktiver Unterricht, in dem die zwischen dem Lehrer und den Schülern vereinbarten Handlungsprodukte die Organisation des Unterrichtsprozesses leiten, so daß Kopf- und Handarbeit der Schüler in ein ausgewogenes Verhältnis zueinander gebracht werden können."[2]

Im Zentrum dieses Ansatzes steht somit das Primat der Handlung im Lernprozeß. Nach Reetz liegt Handlungslernen dann vor, „wenn die äußere Handlung in ihrem inneren Aufbau so verstanden wurde, daß das abstrakte (vom äußeren Handeln ‚abgezogene') Handlungsgerüst flexible geistige Operationen, flexiblen Umgang mit Handlungsschemata und Begriffen erlaubt. Daraus resultiert ein integratives Lernkonzept mit dem kurzphasigen Rhythmus *Handeln – Lernen* (Reflexion und Abstraktion) – *Handeln*. Es unterscheidet sich von dem dualistischen Konzept des

---

1 Benteler, P.: Handlungsorientiertes Lernen in der wissenschaftlichen Diskussion, in: Söltenfuß, G., Halfpap, K. (Hrsg.): Handlungsorientierte Ausbildung, S. 96 f.
2 Meyer, H.: UnterrichtsMethoden, II: Praxisband, S. 402.

Vorratslernens mit dem langphasigen Rhythmus *Wissenserwerb – Anwendung* vor allem dadurch, daß dem Handeln nicht erst beim Anwenden, sondern bereits beim Erwerb von Wissen eine große Bedeutung zukommt."[1]

3 Aufbau und Struktur

Handlungsorientierter Unterricht muß wie jeder Unterricht vom Lehrer geplant werden. Er hat sich zum einen an die im Lehrplan geforderten Inhalte und Ziele zu halten, und zum anderen muß er versuchen, auf die individuellen Lernvoraussetzungen seiner Schüler einzugehen. Unter Berücksichtigung dieser Voraussetzungen wird er die Lerninhalte festlegen und in Lernzielen, Handlungszielen und Schlüsselqualifikationen komprimieren. In einer ersten Orientierungsphase wird er anschließend die aufbereiteten Lerninhalte den Schülern darlegen und mit ihnen gemeinsam die anzustrebenden Ergebnisse der Unterrichtsarbeit (= Handlungsprodukt) determinieren. Nach Hilbert Meyer können Handlungsprodukte z.B. aus „Modellen, Texten, Filmen, Wandzeitungen, Vertonungen, Schülerbüchern usw. wie auch aus Inszenierungen (Aufführungen, Rollen- und Planspielen, Festen und Feiern) oder Vorhaben (Exkursionen, Projektwochen usw.) bestehen."[2] An die Festlegung des Handlungsprodukts schließt sich dann die Erarbeitung (Planung, Vorbereitung, Exkursionen, Produktion, Erprobung usw.), Sicherung und Auswertung des Handlungsprodukts (Übung, Kontrolle, Sicherung, Kritik, evtl. Veröffentlichung) an.

1 Reetz, L.: Handlungsorientiertes Lernen, S. 269.
2 Meyer, H.: UnterrichtsMethoden, II: Praxisband, S. 404.

4 Methodische Umsetzung

Der handlungsorientierte Unterricht als Unterrichtskonzeption bedarf eines Handlungsprodukts. Durch das Arbeiten an diesem Handlungsprodukt soll subjektives Schülerinteresse geweckt, selbständiges Handeln gefördert, ganzheitliches Denken erworben und Interesse an der Gesellschaft vorangetrieben werden. Die Schwierigkeiten, die bei der Umsetzung dieser Zielsetzungen anfallen, hängen ab vom Umfang und von der Komplexität des ausgewählten Handlungsprodukts.

Nach Reetz lassen sich vier Schwerpunkte der Organisation handlungsorientierten Lernens ausmachen:

„1. Problemhaltige Handlungssituationen sind grundlegend als induktive Basis in Lernprozesse einzubeziehen.

2. Diese Lernprozesse sind demzufolge so zu organisieren, daß die Begrifflichkeit, die Regeln und Handlungsmuster sich aus Handlungszusammenhängen ergeben.

3. Dies bedeutet, daß der Lernende sich selbst aktiv in authentische, simulierte oder symbolisch repräsentierte Handlungen einbringen kann, und zwar bei abnehmender Lenkung des Lehrers/Ausbilders und zunehmender Selbständigkeit des Lernenden.

4. Wichtiger Bestandteil des handlungsorientierten Lernens ist die Reflexion der jeweiligen Handlungssituation und Prozesse."[1]

Der handlungsorientierte Unterricht erfordert keine grundsätzlich neuen Unterrichtsmethoden, sondern nur komplexere Formen ihrer Organisation. Man spricht in der Literatur in diesem Zusammenhang von „methodischen Großformen",[2] von „Großgliederung des Unterrichts"[3] oder von „Schulpartituren."[4] Hierzu rechnen z.B. Projekt, Planspiel, Fallstudie, Rollenspiel, fächerverbindender bzw. -übergreifender Unterricht, Lernbüro, Juniorenfirma u.a. Bei diesen methodischen Großformen handelt es sich nach Hilbert Meyer „um historisch gewachsene, institutionell und auch im Alltagsbewußtsein von Lehrern, Schülern und Eltern mehr oder weniger fest verankerte typische Lehr-/Lernwege mit unterschiedlichen Zielsetzungen und erkennbaren methodischen Gestaltungselementen."[5] Zerlegt man diese methodischen Großformen in ihre methodischen Grundelemente, so können wir sie auf Aktions- und Sozialformen, auf Medien und Unterrichtsverfahren zurückführen.

---

1 Reetz, L.: Handlungsorientiertes Lernen, S. 271.
2 Meyer, H.: UnterrichtsMethoden, I: Theorieband, S. 143 f.
3 Klafki, W.: Allgemeine Probleme der Unterrichtsmethodik, in: Klafki, W. u.a.: Funk-Kolleg Erziehungswissenschaft, Bd. 2, Frankfurt a. M. 1970, S. 137.
4 Hiller, G.: Ebenen der Unterrichtsvorbereitung, S. 122 f.
5 Meyer, H., ebenda, S 143.

Da die pädagogische Handhabung der methodischen Großformen in Kapitel C. III. 2 ausführlich dargestellt wurde, sind weitere Ausführungen zur methodischen Umsetzung des handlungsorientierten Unterrichts nicht erforderlich.

5 Pädagogische Bewertung des handlungsorientierten Unterrichts

5.1 Zur Grundkonzeption

Bisher steht eine grundlegende kritische Analyse des handlungsorientierten Unterrichts, die – unter metatheoretischen und objekttheoretischen Aspekten – nachprüft, ob seine theoretische Fundierung z.B. hinsichtlich Handlungstheorie, Bildungstheorie, Curriculumstheorie und Unterrichtstheorie in sich stimmig ist, noch aus. Nach Czycholl, der eine kritische Überprüfung der veröffentlichten Legitimations- und Begründungsmuster der handlungsorientierten Didaktikentwürfe fordert, bedürfen folgende Grundfragen – eingeschränkt auf Handlungsbegriff und Handlungstheorie – noch einer Klärung:[1]

(1) „Wird der Handlungsbegriff definiert? Wenn ja, welcher Handlungsbegriff wird benutzt? Wie ist es um die Präzision der Begrifflichkeit bestellt?

(2) Welche Funktionen werden dem Begriff ‚Handlungsorientierung‘ im didaktischen Kontext zugeschrieben?

Funktionszuschreibungen lassen sich nach vier Verwendungsebenen hin klassifizieren:

(a) Auf der metatheoretischen Ebene zur Kennzeichnung des Forschungsprogramms.

(b) Auf der Leitzielebene zur Kennzeichnung des Leitziels von Erziehung bzw. Bildung als ‚Handlungskompetenz‘.

(c) Auf der makrodidaktischen Ebene als ‚Strategie der Curriculementwicklung‘ einerseits, als ‚Steuerungsgröße der Inhaltsauswahl‘ andererseits.

(d) Auf der mikrodidaktischen Ebene zur Kennzeichnung der unterrichtlichen Handlungsträger (Lehrerhandeln, Schülerhandeln) oder zur Charakterisierung des Prozesses der Lehr-Lern-Steuerung.

(3) Welche handlungstheoretischen Konzepte werden zur Begründung der genannten Funktionen auf den verschiedenen Ebenen herangezogen?

(4) Welche handlungstheoretischen Konzepte werden vernachlässigt oder ignoriert?

(5) Werden die herangezogenen handlungstheoretischen Konzepte korrekt rezipiert?

---

1 Die Ausführungen von Czycholl sind wörtlich übernommen, wenn auch stark zusammengefaßt. Vgl. Czycholl, R.: Entwicklungsrahmen, S. 40-47.

(6) Wie steht es mit den Verknüpfungsregeln zwischen Argumenten aus Handlungstheorien unterschiedlicher Provenienz?

(7) Wie fruchtbar erweisen sich die jeweils verwendeten Handlungsbegriffe bzw. Handlungstheorien für die (wirtschafts-)pädagogische und (wirtschafts-)didaktische Theoriebildung und Ausbildungspraxis?"

Czycholl kommt zu dem Schluß: „eine kritische Detailanalyse wird vermutlich ergeben, daß z.B. überall dort konzeptionelle und logische Brüche vorhanden sind, wo die handlungstheoretische Argumentation auf die unterrichtliche Ebene wechselt. Das von Söltenfuß, Kaiser oder Halfpap jeweils vorgeschlagene unterrichtsmethodische Arsenal von Planspielen, Rollenspielen, Fallstudien und Projektmethode hat noch keineswegs die begründete Struktur einer ‚handlungsorientierten Didaktik‘."[1] Oder an anderer Stelle: „Die praxistische Norm, ‚Ich weiß nicht warum, aber die Hauptsache ist, daß es funktioniert‘ wird in fahrlässiger Weise verstärkt, wenn Gudjons Beispiele eines handlungsorientierten Unterrichts mit der Bemerkung eingeführt werden... ‚weniger theoretisch schlüssig... ‚aber praktizierbar‘!"[2]

Faßt man die vielen kritischen Stimmen zur theoretischen Fundierung des handlungsorientierten Unterrichts zusammen, so kann man feststellen, daß die Theoriedefizite noch so stark ausgeprägt sind, daß man derzeit nicht von einem in sich stimmigen neuen bildungstheoretischen Ansatz sprechen kann.

5.2 Aus der Sicht der Unterrichtspraxis

Hilbert Meyer, dessen handlungsorientierte Unterrichtskonzeption hier vorgestellt wurde, sieht folgende grundlegende *Argumente*, die *für eine handlungsorientierte Ausrichtung des Unterrichts* sprechen:

„1. Schüler lernen immer *ganzheitlich*, also mit Kopf, Herz, Händen und allen Sinnen. Dies war schon immer so, aber die Schule ist über weite Strecken so konstruiert, als ob Lehrer nur mit dem Kopf lehren und Schüler nur mit dem Kopf lernen.

2. *Lernen und Handeln sind sehr eng miteinander verknüpft*, ja sie sind ursprünglich eins.

3. Weil es immer wichtiger wird, die Schüler in der Schule auf ein kompetentes und *selbständiges Handeln* in zukünftigen beruflichen, gesellschaftlich-politischen und privaten Handlungssituationen vorzubereiten, muß dieses Handeln im Unterricht *geübt* werden. Es ist nicht einzusehen, warum Schüler plötzlich nach Verlassen der Schule selbständig sein sollen, wenn sie die ganze Schulzeit lang daran gehindert worden sind.

---

1 Czycholl, R.: Entwicklungsrahmen, S. 45 f.
2 Czycholl, R., ebenda, S. 7.
Vgl. auch Gudjons, H.: Schritte zum handlungsorientierten Unterricht. Beispiele für Handlungsmöglichkeiten im Fachunterricht, in: Westermanns Pädagogische Beiträge, Heft 5/1987, S. 36-39.

4. Eine verstärkte Handlungsorientierung des Unterrichts ist auch deshalb notwendig, weil die *Komplexität und Unanschaulichkeit* der gesellschaftlichen, wissenschaftlichen, technischen und ökonomischen Entwicklungen in den letzten Jahrzehnten in so rasantem Tempo zugenommen hat, daß es für die Schüler immer schwieriger wird, das für die Berufsausübung und die Sicherung der Lebensqualität erforderliche Wissen und Können durch unmittelbare Anschauung oder handelnden Umgang ‚vor Ort‘ zu erwerben. ‚Vor Ort‘ ist immer weniger zu erfahren, weil die Taylorisierung und Technologisierung der Produktions- und Arbeitsprozesse immer mehr zunimmt."[1]

Aus diesen grundsätzlichen Überlegungen heraus lassen sich für die Unterrichtspraxis folgende konkrete *pädagogische Vorteile* ableiten:

– Die Motivation am Unterricht steigt, wenn sich die Schüler an dessen Planung und Durchführung beteiligen. Sie lernen dadurch besser, und das Gelernte wird länger behalten.

– „‚Handlungsorientierung‘ zwingt zur Überwindung einer klein- und gleichschrittigen Belehrung der Schüler bzw. Auszubildenden, zur Herstellung von Querverbindungen zwischen den Fächern – damit zur aufwendigen Kooperation –, zur Erhöhung des Anteils lernerzentrierter und aktivitätsfördernder Lern- und Arbeitsmethoden, was die Notwendigkeit einer Reduzierung der Stofffülle impliziert."[2]

– Neben den stofflichen Inhalten eignet sich der Schüler durch den handlungsorientierten Unterricht auch eine Methodenkompetenz an und erhöht dadurch die Transferfähigkeit des Gelernten.

– Das anzustrebende Handlungsprodukt kann zu einer schöpferischen Kraft für die Unterrichtsgestaltung werden. Leistungserwartungen und spätere Leistungskontrollen können vom Lehrer sachlich begründet und vom Schüler nachvollzogen werden. Die Fremdbestimmung des Leistungsdrucks kann so verringert werden.

– Dadurch, daß das Handlungsprojekt häufig der Öffentlichkeit vorgestellt wird, kann demokratische Kritik und Kontrolle eingeübt werden.

Es gibt allerdings auch eine ganze Reihe von ebenfalls unterrichtspraktischen *Argumenten*, die *gegen das Konzept des handlungsorientierten Unterrichts sprechen* und sehr ernst zu nehmen sind:

– „Das Konzept erfordert vom Lehrer und auch von den Schülern einen *hohen persönlichen Einsatz*, vielleicht löst es sogar bei mancher Lehrerin und manchem Lehrer Angst aus. Der übliche Frontalunterricht ist bequemer und weniger risikoreich.

– Es ist schwierig, den sogenannten *roten Faden* der lehrgangsmäßigen Ordnung des Unterrichts zu finden. Denn der Unterrichtsprozeß soll sich aus dem

1 Meyer, H.: UnterrichtsMethoden, II: Praxisband, S. 409 f.
2 Pätzold, G.: Handlungsorientierung in der beruflichen Bildung, S. 16 f.

anzustrebenden Handlungsprodukt herleiten lassen. Dabei können andere Schrittfolgen notwendig und andere Grundsätze zu beachten sein, als dies von der sogenannten Sach- oder Fachstruktur des Themas nahegelegt wird."[1]

– Fachsystematische Zusammenhänge werden beim handlungsorientierten Unterricht regelmäßig hintangestellt. „Der scheinbare Umweg eines fachsystematischen Problemangriffs kann aber in vielen Fällen sowohl klärende und strukturierende, den Kern des Problems freilegende, als auch zeitsparende sowie ergebnissichernde Wirkungen entfalten. Festzustellen ist, daß dem Konzept des unmittelbar handlungsorientierten Zugangs in Lernbüros u.ä. als einer besonderen Form des Lernens durch praktisches Handeln insofern eine verabsolutierte und damit fehlerhafte Unmittelbarkeit zugrunde liegt – wer wird bestreiten wollen, daß größere, praktische Probleme oftmals systematisch fachtheoretisch kleingemacht werden können, um sodann sicherer, schneller und nachhaltiger begriffen, behandelt und praktisch bewältigt zu werden? Wer wird bestreiten wollen, daß der direkte Weg über die Nordwand, die ‚Direttissima‘, den schwierigsten, gefährlichsten und zeitaufwendigsten Zugang zum Gipfel des Eiger darstellt?

Dies festzustellen, heißt nicht, einseitig fachsystematischer Ausrichtung des Unterrichts das Wort zu reden. Denn Fachsystematik wird spätestens immer dann zum Unterrichtsproblem, wenn man ihr gestattet, ihr Eigenleben zu entfalten und ihre handlungspraktischen Bezüge hintanzustellen. Insofern sind Praxisbezug bzw. Handlungsperspektive seit jeher unverzichtbare Ergänzungen zur Fachsystematik: Beide Momente gehören untrennbar zusammen – sie bilden eine widersprüchliche, immer wieder neu herzustellende Einheit."[2]

– Es besteht die Gefahr, daß Fragestellungen, Themen und Perspektiven, die nicht unmittelbar in die Problematik des anstehenden Falls (z.B. der Fallstudie, dem Planspiel, des Projekts, der Lernbüroarbeit) zu integrieren sind, aus dem handlungsorientierten Unterricht herausfallen.

Daneben gilt es festzuhalten, daß handlungsorientierter Unterricht häufig computergestützt stattfindet (z.B. im Planspiel, beim Lernbüro oder in der Juniorenfirma). Die Gefahr beim computergestützten Unterricht besteht nun darin, daß Daten und Informationen, die nur schwer mit gängiger Software zu bearbeiten sind, aus dem Unterricht fallen. Es ist damit nicht von der Hand zu weisen, daß der Lehrer versucht sein kann, die Unterrichtsinhalte und -methoden tendenziell der Computerkompatibilität anzupassen und sie damit zur dominierenden Planungsgröße im Unterricht wird.

Dem handlungsorientierten Unterricht sind somit, sowohl was die Stoffauswahl und die Perspektiven als auch was das methodische Vorgehen anbelangt, deutliche Grenzen gesetzt.

---

1 Meyer, H.: UnterrichtsMethoden, II: Praxisband, S. 410.
2 Stommel, A.: Sieben Thesen und einige Anregungen zu handlungsorientiertem Unterricht insbesondere im Lernbüro und mit Computerunterstützung, in: Erziehungswissenschaft und Beruf 2/1994, S. 125.

496

- Des weiteren ist zu fragen, welchen Sinn es macht, ständig Betriebspraxis bzw. aktuelle gesellschaftliche und soziale Problemsituationen simulieren zu wollen. Geht es im schulischen Unterricht nicht auch gerade darum, Grundlegendes und Hintergründiges herauszuarbeiten, um solche Problemstellungen verstehen und hinterfragen zu können? Ist eine solche Hinterfragung durch Simulierung der Realität und selbstorganisiertes Lernen zu bewerkstelligen?

- Schließlich gilt es auch, die Aufwendungen abzuwägen, die mit dem handlungsorientierten Unterricht verbunden sind. Dabei ist vor allem zu denken an: Sach- und Systemkosten einschließlich Folge- und Betriebskosten, Raumkosten, Personalkosten, Organisationskosten, Aufwand an Unterrichtszeit, Aufwand an Vor- und Nachbearbeitungszeit für Lehrkräfte, Abhängigkeit des Unterrichts vom Funktionieren der Technik ...[1]

- Eine stringente Ausrichtung von Lernzielen, Handlungszielen bzw. Schlüsselqualifikationen, eingesetzten Unterrichtsmethoden und anschließender Erfolgskontrolle ist sehr erschwert.

Ein zielorientiertes unterrichtliches Vorgehen setzt voraus, daß die Lernziele, Handlungsziele und Schlüsselqualifikationen inhaltlich so determiniert werden können (= operationalisierbar sind), daß sie durch den Einsatz adäquater Unterrichtsmethoden „anzusteuern" sind. Und hier gilt es festzuhalten, daß die inhaltliche Präzisierung insbesondere der Schlüsselqualifikationen bis heute nicht gelungen ist. Daraus folgt, wenn ein Ziel inhaltlich nicht genau determinierbar ist, kann es auch nicht konsequent zielgerichtet angegangen und damit erreicht werden. Bis heute ist es nicht gelungen, Lerninhalte, verknüpft mit Schlüsselqualifikationen (z.B. „durch das Erlernen eines Fibu-Programms soll der Schüler Beweglichkeit im Denken und Handeln erwerben"), in einem entsprechenden Verhalten zu überprüfen. Solange aber durch die Schule über die Notengebung Berufschancen in der Gesellschaft vergeben werden, wirkt dieser Mangel des handlungsorientierten Unterrichts schwer.

---

1 Vgl. Stommel, A.: Sieben Thesen, S. 125. Stommel hat seine Thesen zum handlungsorientierten Unterricht in der Zwischenzeit erweitert und präzisiert. Vgl. Stommel, A.: Handlungsorientierter und traditioneller Unterricht. Aus dem Labyrinth der Unmittelbarkeit, Rinteln 1995.

IV. Zur Interdependenz der didaktischen Auswahlkriterien im Kontext des Wirtschaftslehre-Unterrichts

Drei Lehrer an beruflichen Schulen führen in einer Berufsfachschule in das Themengebiet „Wechsel" ein. Sie wählen unterschiedliche Ansätze:

– Lehrer A wählt den wissenschaftsorientierten Ansatz, indem er den Begriff des Wechsels über das Wechselgesetz einführt.

– Lehrer B wählt den situationsorientierten Ansatz. Er schildert den Fall eines Budenbesitzers auf einem Weihnachtsmarkt, der im November seine Waren einkauft, diese aber erst nach Beendigung des Weihnachtsmarktes bezahlen möchte, während sein Lieferant auf sofortige Bezahlung besteht. Der Interessenskonflikt wird durch Wechselzahlung gelöst.

– Lehrer C geht vom Persönlichkeitsprinzip aus und schildert, wie der Käufer eines als neuwertig angepriesenen Gebrauchtwagens eine hohe Wechselsumme zu begleichen hat, obwohl sich später herausstellt, daß es sich bei dem Gebrauchtwagen um einen Unfallwagen mit einem geringen Wert handelt. Der Lehrer möchte damit deutlich machen, daß es sich beim Wechsel um eine abstrakte Zahlungsverpflichtung handelt.

Alle drei Ansätze werden sicher im Unterricht umsetzbar sein, und letztlich den Schülern den Begriff Wechsel verdeutlichen. Hieraus leite ich ab, daß sich die drei didaktischen Auswahlprinzipien gegenseitig nicht ausschließen, sondern vielmehr interdependent sind. Was hier an einem Unterrichtsthema aufgezeigt wurde, könnte mühelos auch für die einzelnen kaufmännischen Fächer (z.B. Betriebswirtschaftslehre, Kaufmännisches Rechnen usw.) nachgewiesen werden.

Die Bezugs-(Berufs-)wissenschaft Wirtschaftslehre wird daher je nach Unterrichtsfach und Themenstellung unterschiedliche didaktische Auswahlkriterien heranziehen müssen. Aus der Struktur der wirtschaftswissenschaftlichen Inhalte neige ich allerdings dazu, dem Wissenschaftsprinzip ein gewisses Primat zuzugestehen. Zu viele, für den Beruf eines Kaufmanns essentiell wichtige Inhalte[1] (z.B. das gesamte Fach Buchführung mit Kostenrechnung, große Teile des Kaufmännischen Rechnens, die gesamte Rechtsthemen im Fach Betriebswirtschaftslehre, weite Gebiete des Faches EDV usw.) sind wissenschaftsorientiert. Basis des Wirtschaftslehre-Unterrichts ist daher aus meiner Sicht die wissenschaftliche Unterrichtskonzeption.

Daneben ist es jedoch unverzichtbar, Inhalte situations- bzw. persönlichkeitsorientiert erarbeiten zu lassen. Insbesondere *nach* der Vermittlung strukturell zusammenhängender Stoffeinheiten, die eventuell noch in verschiedenen Fächern angesiedelt sind, ist es unumgänglich, deren Ziele und Inhalte in vernetzter, fächerverbindender bzw. -übergreifender Form im Rahmen von Alltags- bzw. Berufssituationen (als Projekte, Planspiele, Fallstudien, Erkundungen usw.) vom Schüler entdecken zu lassen. Gelegentlich wird es auch möglich sein, sofern der

---

1 Vgl. hierzu auch die Ausführungen in Kapitel C. III. 1.3.6.1.

498

Schwierigkeitsgrad nicht zu hoch, die Komplexität nicht zu verzweigt, die Quellenlage günstig oder die Dringlichkeit des Problems aktuell ist – um nur einige Prämissen aufzuzeigen –, daß die Schüler *neue Inhalte und Ziele* auch eigenständig erarbeiten.

Ohne hier eine vertiefende Konzeption anbieten zu wollen (dies würde eine umfassende theoretische und empirische Forschungstätigkeit erfordern), sei festgestellt, daß ohne mehr Freiraum für die Schulleitung, ohne größere Eigenständigkeit für die Lehrer, aber auch ohne mehr Flexibilität in der Erfolgskontrolle eine grundlegende Öffnung des Unterrichts in Richtung Situations- bzw. Persönlichkeitsorientierung, verbunden mit einer dauernden oder zeitweisen Fächerintegration, nicht möglich sein wird.

Diese Einschätzung des Sowohl-als-auch von Situations-(insbesondere Handlungs-), Persönlichkeits- und Wissenschaftsorientierung (wobei ihr ein gewisses Primat zukommt), mag auf der Basis der heute teilweise zu extensiv in Richtung handlungsorientierter Unterricht geführte Theoriedebatte, von manchem Theoretiker als ein Rückschritt empfunden werden. Die tägliche Unterrichtsarbeit, die die Schüler zur Berufskompetenz führen soll, läßt m.E. jedoch eine andere Schlußfolgerung nicht zu.

Das an den Beginn dieser Ausführungen gestellte fachdidaktische Modell[1] ist ein in sich geschlossenes, handhabbares Modell, das alle Facetten unterrichtlicher Konzeptionen, Inhalte und Ziele sowie methodischer Vorgehensweisen ermöglicht und dabei eine interne Revisionsfähigkeit besitzt.

Während in der Theorie vieles sehr klar und auch einsichtig gefordert werden kann, wird es spannend sein, zu verfolgen, ob und wie deren Umsetzung gelingt.

---

1 Vgl. hierzu S. 27.

Literaturverzeichnis

Achtenhagen, F. (Hrsg.): Didaktik des Rechnungswesens, Programm und Kritik eines wirtschaftsinstrumentellen Ansatzes, Wiesbaden 1990.

Achtenhagen, F.: Möglichkeiten und Grenzen komplexer Lehr-Lern-Prozesse in der kaufmännischen Erstausbildung, dargestellt am Beispiel des Einsatzes von Planspielen im Betriebswirtschaftslehreunterricht, in: Aschenbrücker, K., Pleiß, U. (Hrsg.): Menschenführung und Menschenbildung, Perspektiven für Unterricht und Schule, Hohengehren 1991.

Adolph, G.: Projektorientierung - eine Möglichkeit ganzheitlichen Lernens, in: Pätzold, G. (Hrsg.): Handlungsorientierung in der beruflichen Bildung, 4. Aufl., Frankfurt a. M. 1992.

Aebli, H.: Die geistige Entwicklung als Funktion von Anlage, Reifung, Umwelt- und Erziehungsbedingungen, in: Deutscher Bildungsrat, Gutachten und Studien der Bildungskommission, Bd. 4, Begabung und Lernen, 8. Aufl., Stuttgart 1972.

Aebli, H.: Grundformen des Lehrens, 7. Aufl., Stuttgart 1973.

Ahl, P.: Möglichkeiten und Grenzen der Fallmethode im Betriebswirtschaftskundeunterricht an der Kaufmännischen Berufsschule, in: Pilz, R. (Hrsg.): Entscheidungsorientierte Unterrichtsgestaltung in der Wirtschaftslehre, Paderborn 1974.

Arnold, R., Müller, H. J.: Ganzheitliche Berufsbildung, in: Pätzold, G. (Hrsg.): Handlungsorientierung in der beruflichen Bildung, 4. Aufl., Frankfurt a. M. 1992.

Arvidson, S.: Demokratisierung des Schulsystems, in: Meyer, E.: Gruppenpädagogik zwischen Moskau und New York, Heidelberg 1972.

Aschersleben, K.: Einführung in die Unterrichtsmethodik, Stuttgart 1974.

Ausubel, D. P.: Das Jugendalter - Fakten, Probleme, Theorie, 4. Aufl., München 1974.

Ausubel, D. P.: Psychologie des Unterrichts, Bd. 2, Weinheim, Basel 1974.

Autorenkollektiv: Berufliche Sozialisation und gesellschaftliches Bewußtsein jugendlicher Erwerbstätiger, Frankfurt a. M. 1973.

Backhaus, J., Wagner, R.: Frage- und Antworttechniken als Dimension des Lehrerverhaltens, in: Wirtschaft und Erziehung, 2/1978.

Badura, B.: Sprachbarrieren - Zur Soziologie der Kommunikation, 2. Aufl., Suttgart 1973.

Beck, H.: Der Einsatz von Medien im Wirtschaftslehre-Unterricht, in: Neugebauer, W. (Hrsg.): Fachdidaktisches Studium in der Lehrerbildung, Wirtschaft 2, München 1977.

Beck, H.: Schlüsselqualifikationen, Bildung im Wandel, Darmstadt 1993.

Beddies, H., Knepper, H.: Das Schulbuch in der Trendwende?, in: Neue Unterrichtspraxis, 2/1977.

Beier, G.: Overheadprojektion in: Volker, O. (Hrsg.): Materialien zur Arbeit mit Medien, Beispiele für Theorie und Praxis von Unterrichtsmedien in der Erwachsenenbildung, Grafenau 1974.

Beier, G.: Technische Hilfsmittel für die Herstellung von Arbeitstransparenten, in: Volker, O. (Hrsg.): Materialien zur Arbeit mit Medien, Beispiele für Theorie und Praxis von Unterrichtsmedien in der Erwachsenenbildung, Grafenau 1974.

Benteler, P.: Arbeiten und Lernen. Grundlagen und Gestaltungsmöglichkeiten wirtschaftsberuflicher Bildung im Lernbüro, Bad Heilbrunn 1988.

Benteler, P.: Handlungsorientiertes Lernen in der wissenschaftlichen Diskussion, in: Söltenfuß, G., Halfpap, K. (Hrsg.): Handlungsorientierte Ausbildung im kaufmännischen Bereich, Sankt Augustin 1987.

Benteler, P., Kaiser, F.-J., Korbmacher, K. H.: Lernen und Handeln im Lernbüro kaufmännischer Berufsfachschulen, Opladen 1989.

Berg vom, V.: Gruppenarbeit im kaufmännischen Rechnen - ein Beispiel zum vermehrten (verminderten) Grundwert in der Prozentrechnung, in: Erziehungswissenschaft und Beruf, 1/1976.

Bergmann, E.: Audiovisuelle Mittel in der Schule, München 1970.

Bernstein, B.: Studien zur sprachlichen Sozialisation, hrsg. von Loch, W., Priesemann, G., Düsseldorf 1972.

Bernstein, B.: Sozio-kulturelle Determinanten des Lernens. Mit besonderer Berücksichtigung der Rolle der Sprache, in: Soziologie der Schule, Sonderheft 4/1959, 9. Aufl., 1971.

Bezold, E.: Aufgabe und Stellung des Lehrbuches im kaufmännisch-wirtschaftlichen Unterricht, in: Peege, J. (Hrsg.): Das wirtschaftspädagogische Studienseminar, Darmstadt 1967.

Bierfelder, W. H.: Zur Didaktik der Betriebswirtschaftslehre, Wiesbaden 1973.

Blackmann, G. J., Silbermann, A.: Grundlagen und Methoden der Verhaltensmodifikation bei Kindern, Deutsche Bearbeitung von Eggert, D. G., Weinheim 1975.

Blankertz, H.: Die Integration von studienbezogenen und berufsqualifizierenden Bildungsgängen, in: Zeitschrift für Pädagogik 17, 1971, Heft 6, S 809 f.

Blankertz, H.: Theorie und Modelle der Didaktik, 8. Aufl., München 1974.

Bloch, K. H.: Der Streit um die Lehrerfrage im Unterricht in der Pädagogik der Neuzeit, Wuppertal 1969.

Bloom, B. S.: Taxonomie von Lernzielen im kognitiven Bereich, 2. Aufl., Weinheim 1973.

Bochénski, I. M.: Die zeitgenössischen Denkmethoden, München 1954.

Boeckmann, K.: Analyse und Definition operationaler Lernziele, in: Zum Problem der Lernziele, Auswahl, Reihe A, Bd. 13, Hannover 1973.

Böhler, E.: Nationalökonomie, 4. Aufl., Zürich 1960.

Bönsch, M.: Alternativen zu einem lehrerzentrierten Unterricht, in: Neue Unterrichtspraxis, 3/1974.

Bönsch, M.: Wie sichere ich Ergebnis und Erfolg in meinem Untericht, 3. Aufl., Essen 1971.

Bonz, B.: Didaktische Vorüberlegungen und Unterrichtsplanung, in: Schanz, H. (Hrsg.): Grundfragen der Berufsbildung, Beiträge zur Berufs- und Wirtschaftspädagogik I, 2. Aufl., Stuttgart 1975.

Bonz, B.: Lehr- und Lernziele in der Berufsbildung, in: Schanz, H. (Hrsg.): Berufsbildung im Zeichen des Wandels, Beiträge zur Berufs- und Wirtschaftspädagogik II, 2. Aufl., Stuttgart 1975.

Bradford, L. P., Gibb, J. R., Benne, K. D.: Gruppen-Training, Suttgart 1972.

Brezinka, W.: Grundbegriffe der Erziehungswissenschaft, 5. Aufl., München 1960.

Brinkmann-Herz, D.: Strategien zur Beteiligung von Schülern an der Unterrichtsplanung, in: Unterrichtswissenschaft, II/1979.

Brocher, T.: Schule ohne Sozialerziehung, in: Neue Sammlung, 7. Jg. 1967, Heft 5.

Brodersen, M.: Die amerikanischen Junior-Achievment-Firmen und die deutschen Juniorenfirmen ein Vergleich, in: Sommer, K. H. (Hrsg.): Handlungslernen in der Berufsbildung-Juniorenfirmen in der Diskussion, Esslingen 1985.

Brodersen, M.: Miniaturfirmen in der Schule, in: Sommer, K. H.: (Hrsg.): Aspekte der Planung und Gestaltung von Unterricht und Unterweisung, Esslingen 1986.

Bronfenbrenner, U.: The Measurement of Sociometric Status, Structure and Development, Sociometry Monographs, New York, Nr. 6, 1945.

Brophy, J. E., Good, T. L.: Die Lehrer-Schüler-Interaktion. Das Wechselspiel von Erwartungen, Verhalten und Erfahren im Klassenzimmer, Folgerungen für den Unterricht, Forschung und Lehrerausbildung, hrsg. von Ulrich, D., München, Berlin, Wien 1976.

Bruner, J. S.: Der Prozeß der Erziehung, Berlin 1970.

Bruner, J. S.: Über die „Unreife" in unserer Zeit, in: Zeitschrift für Pädagogik, 1972.

Bund-Länder-Kommission für Bildungsplanung: Bildungsgesamtplan, Bd. 1, 2. Aufl. Stuttgart 1974.

Cappel, W.: Das Kind in der Schulklasse, 8. Aufl., Weinheim 1976.

Castner, H., Castner, T.: Emanzipation im Unterricht, Bad Homburg v. d. H., 1972.

Castner, T.: Die Zeitung im Unterricht an wirtschaftskundlichen Schulen, in: Wirtschaft und Erziehung, 2/1963.

Charms De, R.: Ein schulisches Trainingsprogramm zum Erleben eigener Verursachung, in: Edelstein, W., Hopf, D. (Hrsg.): Bedingungen des Bildungsprozesses, Stuttgart 1973.

Choeck, H.: Ist Leistung unanständig?, 4. Aufl., Osnabrück 1972.

Chott, P.: Projekte im Unterricht, Weiden 1990.

Commer, M.: Sinn und Ziel von Hausaufgaben, in: Erziehungswissenschaft und Beruf, I/78.

Coppes, K. H.: Partnerschaft im Unterrichtsgeschehen der Grund- und Hauptschulen, Weinheim 1969.

Cube v., F.: Problemorientierter Unterricht aus der Sicht der Verhaltensbiologie, in: Sommer, K. H. (Hrsg.): Aspekte der Planung und Gestaltung von Unterricht und Unterweisung, Esslingen 1986.

Czycholl, R.: Der Entwicklungsrahmen handlungsorientierter Entwürfe einer Didaktik der Wirtschaftslehre und Ausgangspunkt für ihre Kritik, in: Czycholl, R., Ebner, H. (Hrsg.): Zur Kritik handlungsorientierter Ansätze in der Didaktik der Wirtschaftslehre, Beiträge zur Berufs- und Wirtschaftspädagogik, Band 4, Oldenburg 1989.

Dahrendorf, R.: Demokratie und Gesellschaft in Deutschland, München 1971.

Dauenhauer, E.: Der Anfangsunterricht der Wirtschaftsschulen, 2. Aufl., Rinteln 1970.

Dauenhauer, E.: Kategoriale Didaktik, 2. Aufl., Rinteln 1970.

Dauenhauer, E.: Wissenschaftstheorie, Wirtschaftspädagogik, Arbeitslehre, Bad Homburg v. d. H. 1973.

Decker, F.: Der Einsatz von Konflikt-Element-Filmen im Wirtschaftslehre-Unterricht, in: Decker, F. (Hrsg.): Grundlagen der Wirtschaftsdidaktik, Ravensburg 1974.

Decker, F.: Spektrum der Wirtschaft, Frankfurt a. M. 1970.

Deutscher Bildungsrat: Strukturplan für das Bildungswesen, 4. Aufl., Stuttgart 1972.

Dietrich, G.: Bildungswirkungen des Gruppenunterrichts, 3. Aufl., München 1974.

Dietz, B., Kuhrt, W.: Wirkungsanalyse verschiedenartiger Hausaufgaben, in: Schule und Psychologie, 7/1960.

Dietz, H.: Die „letzte Bank", in: Die Schulwarte, Suttgart 1960.

Döring, W. K.: Lehr- und Lernmittelforschung, Weinheim 1971.

Dolch, J.: Grundbegriffe der pädagogischen Fachsprache, 8. Aufl., München 1971.

Dollard, J. et al.: Frustration and Aggression, New Haven (Conn.), 1939.

Dubs, R.: Die Neuordnung der Büroberufe aus schweizer Sicht, in: Winklers Flügelstift, 1/1992.

Dubs, R.: Die Taxonomie, in: Wirtschaft und Erziehung, 8/1971.

Dubs, R.: Kognitive und affektive Lehrstrategien, in: DtBFsch, 8/1977.

Dubs, R., Delhees, K., Metzger, Ch.: Leistungsmessung und Schülerbeurteilung, Schriftenreihe für Wirtschaftspädagogik, Bd. 5, Zürich 1974.

Dubs, R., Metzger, Ch., Seitz, H.: Modell einer lernzielorientierten Unterrichtsplanung, in: DtBFsch, 8/1977.

Ebner, H.G.: Facetten und Elemente didaktischer Handlungsorientierung, in: Pätzold, G. (Hrsg.): Handlungsorientierung in der beruflichen Bildung, 4. Aufl., Frankfurt a. M. 1992.

Eigler, G., Judith, H., Künzel, M., Schönwälder, A.: Grundkurs Lehren und Lernen, Weinheim 1973.

Eigler, G., Krumm, V.: Zur Problematik der Hausaufgaben, Weinheim 1972.

Emer, W., Horst, U., Ohly, P. (Hrsg.): Wie im richtigen Leben...Projektunterricht für die Sekundarstufe II, Bielefeld 1991.

Engelmayer, O.: Das Soziogramm in der modernen Schule, Reihe: Pädagogische Studienhilfe, hrsg. von E. Vogt, Bd. 6, 3. Aufl., München 1964.

Erziehungswissenschaft 2: Funk-Kolleg, Frankfurt a. M. 1970.

Euler, D.: Kommunikationsfähigkeit und computergestütztes Lernen, Wirtschafts-, Berufs- und Sozialpädagogische Texte, Bd. 13, Köln 1989.

Euler, D., Jankowski, R., Lenz, A., Schmitz, P., Twardy, M.: Computerunterstützter Unterricht, Möglichkeiten und Grenzen, Braunschweig 1987.

Everling, W.: Tageszeitung und wirtschaftskundlicher Unterricht, in: Erziehungswissenschaft und Beruf, 4/1973.

Ewig, G.: Aktivitätsbetonte Formen des Wirtschaftsunterrichts im englischsprachigen Schrifttum, Dissertation, vorgelegt dem Fachbereich Philosophie/Pädagogik der Johannes Gutenberg-Universität Mainz, Kaiserslautern 1986.

Farber, K., Backhaus, J.: Nachfrage-Preis-Angebot. Rollenspiel zur Wirtschaftslehre. Herausgegeben von Farber, K., Wittmann, B., Dortmund 1972.

Federmann, R.: Allgemeine Betriebswirtschaftslehre, Grundlagen in visueller Form, Wiesbaden 1976.

Fend, H.: Gesellschaftliche Bedingungen schulischer Sozialisation. Zur Soziologie der Schule I, Weinheim 1974.

Fischer, H.: Gruppenstruktur und Gruppenleistung, Bern 1962.

Fischlein, W.: Film und Bild im wirtschaftsbezogenen Unterricht, in: DtBFsch, 5/1964.

Fix, W.: Juniorenfirma. Ein innovatives Konzept zur Förderung von Schlüsselqualifikationen, Berlin 1989.

Flechsig, K. H.: Die Bedeutung von Klassifikations- und Kriteriensystemen für die Auswahl von Curriculum Elementen, in: Frey, K.: Kriterien in der Curriculumkonstruktion, Weinhelm 1970.

Flechsig, K. H., Haller, H. D.: Einführung in didaktisches Handeln, Stuttgart 1975.

Florek, H.C.: Einzelarbeit, Partnerarbeit, Gruppenarbeit? Eine Orientierungshilfe für Wahlentscheidungen in der Unterrichtspraxis, in: Unterrichtswissenschaft, 1/1986.

Förner, A.: Schulische Realisation beruflicher Bildung in der Vergangenheit, in: Erziehungswissenschaft und Beruf, 4/1975.

Frey, K.: Die Projektmethode, 5. Aufl., Weinheim 1993.

Fuhrich, H., Gick, G.: Der Gruppenunterricht, Theorie und Praxis, 2. Aufl., Ansbach 1954.

Furck, C. L.: Das pädagogische Problem der Leistung in der Schule, 4. Aufl., Weinheim 1972.

Gaettens, R.: Inflation, das Drama der Geldentwertung vom Altertum bis zur Gegenwart, München 1955.

Gage, N. L., Berliner, D. C.: Pädagogische Psychologie, München, Wien, Baltimore 1977.

Gagné, R. M.: Die Bedingungen des menschlichen Lernens, aus dem Amerikanischen übersetzt von Skowronek, H., 3. Aufl., Hannover 1973.

Gamm, H. J.: Kritische Schule, München 1970.

Gaude, P., Teschner, W. P.: Objektivierte Leistungsmessung in der Schule, 3. Aufl., Frankfurt a. M. 1973.

Gaudig, H.: Didaktische Präludien, Leipzig 1909.

Geisler, W., Scholz, G., Schweim, L.: Projektorientierter Unterricht. Herausgegeben von der Redaktion betrifft: erziehung, Weinheim und Basel 1976.

Geißler, E.: Erziehungsmittel, Bad Heilbrunn 1967.

Geißler, E.: Allgemeine Didaktik, 2. Aufl., Stuttgart 1984.

Geißler, E., Plock, H.: Hausaufgaben - Hausarbeiten, 2. Aufl., Bad Heilbrunn 1974.

Geißler, E., Plock, H.: Vorbereitende Hausarbeiten mit Differenzierung, in: Preuß, E. (Hrsg.): Zum Problem der inneren Differenzierung, Bad Heilbrunn 1976.

Geißler, G.: Das Problem der Unterrichtsmethode, 7. Aufl., Weinheim 1967.

Geißler, K. A.: Sind die Schlüsselqualifikationen ein Substanzgewinn für das duale System?, veröffentlichter Vortrag an der Universität Hohenheim vom 9. Dezember 1993, Institut für Berufs- und Wirtschaftspädagogik, Universität Hohenheim.

Gerner, B.: Der Lehrer, Verhalten und Wirkung, Darmstadt 1974.

Giel, K.: Über die Frage, mit besonderer Berücksichtigung der Lehrerfrage im Unterricht, in: Studien zur Anthropologie des Lernens, Reihe: Neue pädagogische Bemühungen, Heft 36.

Gordon, C. W.: Die Schulklasse als soziales System, in: Kölner Zeitschrift für Soziologie und Sozialpsychologie, hrsg. von König, R., Sonderheft 4, Soziologie der Schule, 9. Aufl., 1971.

Grauer, G.: Leitbilder und Erziehungspraktiken, in: betrifft: erziehung, Redaktion (Hrsg.): Familienerziehung, Sozialschicht und Schulerfolg, 3. Aufl., Weinheim 1973.

Grell, J.: Techniken des Lehrerverhaltens, 3. Aufl., Weinheim 1975.

Grimm, W.: Das Unternehmungsplanspiel. Wirtschafts- und sozialpolitische Grundinformationen IV, Nr. 32, Köln 1968.

Grimm, W.: Der Gesetzestext im Unterricht, Methodik und Unterrichtsbeispiele, Bad Homburg v. d. H. 1987.

Grüner, G.: Die didaktische Reduktion als Kernstück der Didaktik, in: DtBFsch, 7/8/1967.

Gudjons, H.: Handlungsorientiert lehren und lernen, Schüleraktivierung, Selbsttätigkeit, Projektarbeit, 4. Aufl., Bad Heilbrunn 1994.

Gudjons, H.: Schritte zum handlungsorientierten Unterricht. Beispiele für Handlungsmöglichkeiten im Fachunterricht, in: Westermanns Pädagogische Beiträge, 5/1987.

Gudjons, H., Teske, R., Winkel, R. (Hrsg.): Unterrichtsmethoden, Grundlegung und Beispiele, 3. Aufl., Hamburg 1991.

Hänsel, D., Müller H. (Hrsg.): Das Projektbuch Sekundarstufe, Weinheim 1988.

Halfpap, K.: Ganzheitliches Lernen im Unterricht kaufmännisch beruflicher Schulen, in: Erziehungswissenschaft und Beruf, 3/1991.

Halfpap, K.: Handlungstheoretischer Ansatz für die (schulische) kaufmännische Berufsausbildung. Didaktische Konsequenzen aus der Unterrichtswirklichkeit für die künftige Beschäftigungsstruktur, in: Böhm/Littek/Ortmann (Hrsg.): Rationalisierung der Büroarbeit und kaufmännische Berufsausbildung, Frankfurt a. M. 1982.

Halfpap, K., Oppenberg, H., Richter, D. (Hrsg.): Lernbüro, Bd. 2, Kaufmännisches Arbeits-lernen in Modellbetrieben des Landes Brandenburg. Beiträge aus dem BLK-Modellver-such, Schwerte 1993.

Hauptmeier, G., Kell, A., Lipsmeier, A.: Zur Auswahlproblematik von Lerninhalten, in: DtBFsch, 12/1975.

Hebel, F.: Sozialwissenschaften und Schule, in: Der Gymnasialunterricht, Reihe IX, Heft 1, 1966.

Heckhausen, H.: Anlage und Umwelt als Ursache von Intelligenzunterschieden, in: Päd-agogische Psychologie, Bd. 1, Funk-Kolleg, Frankfurt a. M. 1974.

Heckhausen, H.: Bessere Lernmotivation und neue Lernziele, in: Funk-Kolleg, Pädagogi-sche Psychologie, Bd. 1, Frankfurt a. M. 1974.

Heckhausen, H.: Entwicklung psychologisch betrachtet, in: Pädagogische Psychologie, Bd. 1, Funk-Kolleg, Frankfurt a. M. 1974.

Heckhausen, H.: Leistungsmotivation, in: Thomae, H. (Hrsg.): Handbuch der Psychologie, Bd. 2, Motivation, Göttingen 1965.

Heckhausen, H.: Motive und ihre Entstehung, in: Funk-Kolleg, Pädagogische Psychologie, Bd. 1, Frankfurt a. M. 1974.

Heidt, E. U.: Medien und Lernprozesse, Weinheim 1976.

Heimann, P., Otto, G., Schulz, W.: Unterricht, Analyse und Planung, 6. Aufl., Hannover 1972.

Heimerer, L.: Der Unterricht im Fachbereich Wirtschaft im Rahmen des Block- und Pha-senunterrichts der Berufsschulen, in: Neugebauer, W.: Wirtschaft 1, Reihe: Fachdidakti-sches Studium in der Lehrerbildung, München 1976.

Heindl, K.: Methodik des Kaufmännischen Unterrichts, 2. Aufl., München 1967.

Heipke, K., Messer, R.: Curriculumentwicklung unter dem Anspruch einer praktischen Theorie, in: Zeitschrift für Pädagogik 19, 1973, Heft 3, S. 351 – 374.

Heller, K., Nickel, H. (Hrsg.): Psychologie in der Erziehungswissenschaft, ein Studienpro-gramm, Bd. II, Verhalten im sozialen Kontext, Stuttgart 1976.

Hemmer, K. P., Zimmer J.: Der Bezug zu Lebenssituationen in der didaktischen Diskus-sion, in: Frey, K. (Hrsg.): Curriculum-Handbuch, Bd. 2, München 1975, S. 188 – 201.

Herbig, M.: Praxis lehrzielorientierter Tests, Düsseldorf 1976.

Hertkorn, O.: Arbeitstransparente im Unterricht, in: Schorb, A., Simmerding, G. (Hrsg.): Lehrerkolleg, AV-Medien im Unterricht, München 1975.

Herzog, R.: Werteerziehung in Familie und Schule, in: Lehren und Lernen, 1/1980.

Hetzer, H., Morgenstern, G.: Kind und Jugendlicher auf dem Lande, Lindau 1952.

Hiller, G.: Ebenen der Unterrichtsvorbereitung, in: Adl.-Amini, B., Künzli, R. (Hrsg.): Di-daktische Modelle und Unterrichtsplanung 1980.

Hirzel, M.: Partnerschaft im programmierten Unterricht, eine Möglichkeit zur Differenzie-rung, Stuttgart 1969.

Höhn, E.: Der schlechte Schüler, 7. Aufl., München 1967.

Höhn, E., Seidel, G.: Das Soziogramm, die Erfassung von Gruppenstrukturen, 4. Aufl., Göttingen 1976.

Holstein, H.: Arbeitsmittel im Unterricht, 3. Aufl., Bochum 1973.

Hölzl, E.: Die Sicherung und Kontrolle des Lernerfolges, in: Gönner, K., Reip, H. (Hrsg.): Unterrichtsplanung für kaufmännische Schulen, Bad Homburg v. d. H. 1977.

Hofstätter, P. R.: Einführung in die Sozialpsychologie, Stuttgart 1966.

Hofstätter, P. R.: Gruppendynamik, Hamburg 1957.

Hopf, B.: Methodische Konzeptionen der Simulation im Bereich der kaufmännischen Be-rufsbildung, in: Bonz, B. (Hrsg.): Beiträge zur Methodik in der beruflichen Bildung, Stuttgart 1976.

Hubalek, G.: Audio-visuelle Medien im Unterricht, Wien 1974.

Huber, F.: Allgemeine Wirtschaftslehre, 11. Aufl., Bad Heilbrunn 1972.

Hüttner, M.: Der Einsatz „aktiver Lehrmethoden", speziell der „Fallmethode" im berufsbildenden Schulwesen, in: DtBFsch, 5/1976.

Husinga, R.: Schlüsselqualifikationen und Exemplarik-Genese und Stellenwert, in: Pätzold, G. (Hrsg.): Handlungsorientierung in der beruflichen Bildung, 4. Aufl., Frankfurt a. M. 1992.

Husserl, E.: Ideen einer Phänomenologie und phänomenologischen Philosophie, in: Husserliana, 2. Buch, Den Haag 1952.

Iben, G.: Die Gruppenbeziehungen im Erziehungsprozeß, in: Klafki, W., u. a.: Erziehungswissenschaft, Bd. 1, Funk-Kolleg, Frankfurt a. M. 1973.

Ingenkamp, K.: Die Schülerbeurteilung mit Hilfe psychometrischer Tests, in: Dauenhauer, E. (Hrsg.): Arbeitstechniken in der Schule, Rinteln 1976.

Ingenkamp, K.: Möglichkeiten und Grenzen des Lehrerurteils und der Schultests, in: Deutscher Bildungsrat, Gutachten und Studien der Bildungskommission, Bd. 4, Begabung und Lernen, 8. Aufl., Stuttgart 1972.

Jaide, W.: Die Berufswahl, 2. Aufl., München 1966.

Jannasch, H., Joppich, G.: Unterrichtspraxis, 5. Aufl., Hannover 1964.

Jörg, H.: Unterrichtspraxis, Schulpädagogik und Allgemeine Didaktik, Oberursel 1970.

Jongebloed, H.C., Twardy, M.: Strukturmodell Fachdidaktik Wirtschaftswissenschaften (SMFW), in: Twardy, M. (Hrsg.): Kompendium Fachdidaktik Wirtschaftswissenschaften, Wirtschafts-, Berufs- und Sozialpädagogische Texte, Bd. 3/Teil I, Düsseldorf 1983.

Jongebloed, H.C., Twardy, M.: Lernzielformulierung und -präzisierung, in: Twardy, M. (Hrsg.): Kompendium Fachdidaktik Wirtschaftswissenschaften, Wirtschafts-, Berufs- und Sozialpädagogische Texte, Bd. 3/Teil II, Düsseldorf 1983.

Kaiser, A.: Fragetechnik. Richtig fragen - mehr erfahren, Stuttgart 1977.

Kaiser, F.-J.: Entscheidungstraining, 2. Aufl., Bad Heilbrunn 1976.

Kaiser, F.-J.: Grundannahmen handlungsorientierten Lernens und die Arbeit im Lernbüro, in: Kaiser, F.-J. (Hrsg.): Handlungsorientiertes Lernen in kaufmännischen Berufsschulen. Didaktische Grundlagen und Realisierungsmöglichkeiten für die Arbeit im Lernbüro, Bad Heilbrunn 1987.

Kaiser, F.-J.: Handlungsorientiertes Lernen in Kaufmännischen Berufsschulen. Didaktische Grundlagen und Realisierungsmöglichkeiten für die Arbeit im Lernbüro, Bad Heilbrunn 1987.

Kaiser, F.-J., Kaminski, H.: Methodik des Ökonomie-Unterrichts. Grundlagen eines handlungsorientierten Lernkonzepts mit Beispielen, Bad Heilbrunn 1994.

Kaiser, F.-J., Korbmacher, K. H., Weitz, B. O.: Verbindung von berufspraktischer und theoretischer Arbeit im Lernbüro. Bericht aus einem Modellversuch, in: Söltenfuß, G., Halfpap, K. (Hrsg.): Handlungsorientierte Ausbildung im kaufmännischen Bereich, Sankt Augustin 1987.

Kaiser, F.-J. und Mitarbeiter: Dritter Zwischenbericht zum Forschungsobjekt: „Handlungsorientiertes Lernen in Bereichen der kaufmännischen Berufsfachschulen", Paderborn 1985, Arbeitspapier des Fachbereichs Wirtschaftswissenschaften der Universität Gesamthochschule Paderborn.

Kaiser, F.-J., Weitz, B. O.: Arbeiten und Lernen im Lernbüro, Gestaltungshinweise und Einschätzungen zur Lernbüroarbeit, in: Erziehungswissenschaft und Beruf, 2/1990.

Kamm, H., Müller, E.: Hausaufgaben - sinnvoll gestellt, Freiburg 1975.

Keim, H. u. a.: Der Betrieb, Wirkungsstruktur und Entscheidungsbereich, Didaktische Reihe Ökonomie, Köln 1975.

Kielich, H.: Die große Marktlücke: Medien für das Fach Arbeitslehre, in: Lehrmittel aktuell, 6/1972.

Kirst, W., Dieckmeier, U.: Creativitätstraining, Stuttgart 1971.

Klafki, K. u. a.: Erziehungswissenschaft 2, Funk-Kolleg, Frankfurt a. M. 1970.

Klafki, W.: Allgemeine Probleme der Unterrichtsmethodik, in: Klafki, W. u. a.: Funk-Kolleg Erziehungswissenschaft, Bd. 2, Frankfurt a. M. 1970.

Klafki, W.: Dialektisches Denken in der Pädagogik, in: Geist und Erziehung, Kleine Bonner Festgabe für Theodor Litt, hrsg. von Derbolav, J. und Nicolin, F., Bonn 1955.

Klafki, W.: Neue Studien zur Bildungstheorie und Didaktik: zeitgemäße Allgemeinbildung und kritisch-konstruktive Didaktik, 4. Aufl., Weinheim 1994.

Klafki, W.: Das pädagogische Problem des Elementaren und die Theorie der kategorialen Bildung , Weinheim, Berlin 1964.

Klausmeier, H. J., Ripple, R. E.: Moderne Unterrichtspsychologie, Bd. 2, Lernen im Unterricht, München 1974.

Kleinbeck, U., Lempert, W.: Die Bedeutung verschiedener Lernorte in der beruflichen Bildung, Deutscher Bildungsrat, Gutachten und Studien, Bd. 38, Stuttgart 1974.

Klippert, H.: Projektwoche. Arbeitshilfen für Lehrer und Schulkollegien, Weinheim 1989.

Köck, P.: Moderne Unterrichtsführung durch Impuls und Appell, Donauwörth 1972.

Kösel, E.: Sozialformen des Unterrichts, 4. Aufl., Ravensburg 1974.

Koller, H.: Simulation und Planspieltechnik, Wiesbaden 1969.

Korbmacher, K. H.: Zur Geschichte des Lernbüros, in: Erziehungswissenschaft und Beruf, 4/1989.

Kosiol, E.: Die Behandlung praktischer Fälle im betriebswirtschaftlichen Hochschulunterricht (Case Method), Berlin 1957.

Kozdon, B.: Wird das Schulbuch im Unterricht noch gebraucht?, Bad Heilbrunn 1974.

Krathwohl, D. R., Bloom, B. S., Masia, B. B.: Taxonomie of educational objectives. The classification of educational goals, Handbook II, Affective domain, New York 1964.

Kreling, R.: Methodische Gesichtspunkte der Briefkritik und Fehlerbehandlung im kaufmännischen Schriftverkehr, in: Der Merkur Bote, 6/1966.

Kuhnle, H.: Der Lernort Schule in berufs- und wirtschaftspädagogischer Sicht, in: Schanz, H.(Hrsg.): Entwicklung und Stand der Berufs- und Wirtschaftspädagogik, Beiträge zur Berufs- und Wirtschaftspädagogik III, Stuttgart 1976.

Kutscha, G.: Das politisch-ökonomische Curriculum. Wirtschaftsdidaktische Studie zur Reform der Sekundarstufe II, Kronsberg/Ts., 1976.

Kutscha, G., Loos, W., Sadowski, W.: „Entscheidungsfähigkeit" als Lernzielkonstrukt der wirtschaftswissenschaftlich-kaufmännischen Grundbildung in der Kollegstufe, in: Deutsche Berufs- und Fachschule 75, 1979, Heft 2, S 83 – 95.

Lepper, U.: Die Tageszeitung im Unterricht, 4. Aufl., Frankfurt a. M. 1973.

Lichtenstein-Rother, I.: Schulleistung und Leistungsschule, Bad Heilbrunn 1971.

Lippitt, R., Gold, M.: Die soziale Struktur der Klasse als psychologisches Problem, in: Weinert, F. (Hrsg.): Pädagogische Psychologie, 8. Aufl., Köln 1974.

Litt, Th.: Die Philosophie der Gegenwart und ihr Einfluß auf das Bildungsideal, Berlin/Leipzig 1925.

Lochner, H.: Allgemeine Grundlagen eines qualifizierten Unterrichts, in: Erziehungswissenschaft und Beruf, 2/1974.

Lochner, H.: Methodik des kaufmännisch-wirtschaftlichen Unterrichts, 2. Aufl., Rinteln 1968.

Lorenzen, P.: Methodisches Denken, Frankfurt a. M. 1968.

Lüdtke, H.: Soziale Schichtung, Familienstruktur und Sozialisation, in: betrifft: erziehung, Redaktion (Hrsg.): Familienerziehung, Sozialschicht und Schulerfolg, 3. Aufl., Weinheim 1973.

Lurija, A. R., Judowitsch, F. J.: Die Funktion der Sprache in der geistigen Entwicklung des Kindes, 3. Aufl., Düsseldorf 1973.

Lutz, M., Ronellenfitsch, W.: Gruppendynamik in der Lehrerbildung, Ulm 1971.

Mager, R. F.: Lernziele und Unterricht, Weinheim 1973.

Mager, R. F.: Motivation und Lernerfolg, 5. Aufl., Weinheim 1972.

Mahrenholz, H.: Gedanken zur Berichtigung, Zensierung und Besprechung des Geschäftsbriefes, in: DtBFsch, 1/1959.

Manstetten, R.: Aktions- und Sozialformen, in: Twardy, M. (Hrsg.): Kompendium Fachdidaktik Wirtschaftswissenschaften, Wirtschafts-, Berufs- und Sozialpädagogische Texte, Band 3/Teil III, Düsseldorf 1983.

Manstetten, R.: Die Impulsgebung des Lehrers und ihre Auswirkungen auf das Schülerverhalten - ein Unterrichtsexperiment, in: DtBFsch, 7/1977.

Manstetten, R.: Historische Entwicklung, in: Twardy, M. (Hrsg.): Kompendium Fachdidaktik Wirtschaftswissenschaften, Wirtschafts-, Berufs- und Sozialpädagogische Texte, Bd. 3, Teil 1, Düsseldorf 1983.

Mantel, M.: Audio-visuelle Medien im Lernbereich der Volks- und Betriebswirtschaftslehre, in: Gönner, K., Reip, H. (Hrsg.): Unterrichtsplanung für kaufmännische Schulen, Bad Homburg v. d. H. 1977.

Mayer, K. U.: Ungleichheit und Mobilität im sozialen Bewußtsein, Opladen 1975.

Meißner, O.: Die unterrichtliche Verwendung von Schulbuch und Arbeitsblatt, in: Schnitzer, A. (Hrsg.): Medien im Unterricht, München 1977.

Metzger, Ch.: Der kaufmännische Berufsschüler, Schriftenreihe für Wirtschaftspädagogik, Bd. 3, Zürich 1972.

Metzger, Ch.: Taxonomie im kognitiven Bereich - Anwendung im Wirtschaftsunterricht, in: Decker, F. (Hrsg.): Wirtschaftsdidaktische Konzepte, Ravensburg 1975.

Meyer, E.: Das Modell der Gruppendidaktik, in: Forsberg, B., Meyer, E. (Hrsg.): Einführung in die Praxis der schulischen Gruppenarbeit, Heidelberg 1973.

Meyer, E.: Gruppenunterricht, Grundlegung und Beispiel, 6. Aufl., Oberursel 1972.

Meyer, H.: UnterrichtsMethoden, I: Theorieband, Frankfurt a. M. 1987.

Meyer, H.: UnterrichtsMethoden, II: Praxisband, 5. Aufl., Frankfurt a. M. 1993.

Milan, W.: Arbeiten mit dem Tageslichtprojektor, 5. Aufl., München 1974.

Milan, W.: Selbstfertigung von Transparentfolien für die Tageslicht-Overheadprojektion, 3. Aufl., München 1973.

Miller, S.: Die Juniorenfirma, ein handlungsorientiertes Konzept auch für die Schule, in: Erziehungswissenschaft und Beruf, 3/1990.

Möller, Ch.: Technik der Lernplanung, 4. Aufl., Weinheim 1973.

Möller, F.: Unterrichtslehre für Berufsschulen, 2. Aufl., Braunschweig 1951.

Mohr, K.: Die methodische Gestaltung des Unterrichts, Harms Pädagogische Reihe, Heft 32, 3. Aufl., München 1973.

Mollenhauer, K.: Sozialisation und Schulerfolg, in: Deutscher Bildungsrat, Gutachten und Studien der Bildungskommission, Bd. 4, Begabung und Lernen, 8. Aufl., Stuttgart 1972.

Monsheimer, O.: Bildungsaufgabe und Erziehungsziele der berufsbildenden Schulen, in: Röhrs, H. (Hrsg.): Die Berufsschule in der industriellen Gesellschaft, Frankfurt a. M. 1968.

Moreno, J. L.: Die Grundlagen der Soziometrie, 2. Aufl., Köln 1967.

Mühle, G.: Definitions- und Methodenprobleme der Begabungsforschung, in: Deutscher Bildungsrat, Gutachten und Studien der Bildungskommission, Bd. 4, Begabung un Lernen, 8. Aufl., Stuttgart 1972.

Müller, C. W.: Gruppenpädagogik, Weinheim 1987.

Naetscher, H.: Simulation - ihre Entwicklung als Lehrform und ihr Beitrag als Entscheidungshilfe zur Berufswahl in der Schule, Dissertation, vorgelegt dem Fachbereich Philosophie/Pädagogik der Johannes Gutenberg-Universität Mainz, Wiesbaden, 1978.

Neuweg, G. H.: Betriebswirtschaftslehre und Wirtschaftsdidaktik: für ein umfassendes Verständnis von ökonomischer Bildung im Betriebswirtschaftslehre-Unterricht, Bergisch Gladbach 1992.

Nickel, H.: Stile und Dimensionen des Lehrerverhaltens, in: Betzen, K., Nipkow, K. E. (Hrsg.): Der Lehrer in Schule und Gesellschaft, 2. Aufl., München 1972.

Nickel, H., Dumke, D.: Unterrichtsformen und Unterrichtsstile auf der Oberstufe des Gymnasiums in retrospektiver Sicht von Studienanfängern, in: Die Deutsche Schule, 62, 1970.

Nicklis, W. S.: Handwörterbuch der Schulpädagogik, Bad Heilbrunn 1975.

Niepold, W.: Sprache und soziale Schicht, Berlin 1971.

Northway, M. L.: A Method for Depicting Social Relationship by Sociometric Testing, Sociometry, Bd. 3, Nr. 2, April 1940.

Nuhn, H. E.: Darstellung von Formen der Unterrichtsorganisation und Versuch einer pädagogischen Wertung, Frankfurt a. M. 1979.

Odenbach, K.: Die Übung im Unterricht, 5. Aufl., Braunschweig 1969.

Oehlert, P.: Untersuchungsergebnisse zur Frage der Aktivierung von Schülern durch Unterrichtsimpulse, in: Unterrichtswissenschaft, 3/1980.

Oevermann, U.: Schichtenspezifische Formen des Sprachverhaltens und ihr Einfluß auf kognitive Prozesse, in: Deutscher Bildungsrat, Gutachten und Studien der Bildungskommission, Bd. 4, Begabung und Lernen, 8. Aufl., Stuttgart 1972.

Oevermann, U.: Sprache und soziale Herkunft, 2. Aufl., Frankfurt a. M. 1972.

Ort, M.: Sprachverhalten und Schulerfolg, Weinheim 1976.

Pätzold, G. (Hrsg.): Handlungsorientierung in der beruflichen Bildung, 4. Aufl., Frankfurt a. M. 1992.

Pahl, J. P.: Berufliche Fachdidaktik „Metall- und Maschinentechnik" im Spannungsfeld von Fachwissenschaften, Allgemeiner Didaktik und Erziehungswissenschaften, in: Dresdner Beiträge zur Berufspädagogik, 4/1994.

Parsons, T., Bales, R. F.: Family Socialization and Interaction-Process, London 1955.

Pause, G.: Merkmale der Lehrerpersönlichkeit, in: Ingenkamp, K. (Hrsg.): Handbuch der Unterrichtsforschung, Teil II, Weinheim 1970.

Perquin, C. A.: Pädagogik. Zur Besinnung auf das Phänomen der Erziehung, Düsseldorf 1961.

Peters, H. G.: Das Problem der pädagogischen Vereinfachung, in: Die Erziehung, 1943.

Peters, O.: Soziale Intention in der Schulklasse, in: Handbuch der Unterrichtsforschung, Teil II, Weinheim und Basel 1970, Sp 1904.

Peterßen, W. H.: Grundlagen und Praxis des lernzielorientierten Unterrichts, Ravensburg 1974.

Pflüger, M.: Arbeitsprojektor und Unterrichtstransparent, Ratschläge zur Unterrichtspraxis und zur Herstellung von Transparentfolien, Hitzkirch/Schweiz 1972.

Piaget, J.: Psychologie der Intelligenz, Stuttgart 1969.

Piaget, J.: Theorien und Methoden der modernen Erziehung, München 1972.

Plasberg, J.: Gruppenunterrichtsversuche in Betriebswirtschaftslehre, in: Wirtschaft und Erziehung, 2/1967.

Popham, J. W.: Objectives and Instruction, in: Instructional Objectives, AERA Monograph Series on Curriculum Evaluation 3, Chicago 1969.

Rauh, H.: Entwicklung des Denkens, in: Pädagogische Psychologie 1, Frankfurt a. M. 1974.

Reetz, L.: Wirtschaftsdidaktik, eine Einführung in Theorie und Praxis wirtschaftsberuflicher Curriculumentwicklung und Unterrichtsgestaltung, Bad Heilbrunn 1984.

Reetz, L.: Handlungsorientiertes Lernen in Betrieb und Schule unter dem Aspekt pädagogischer Arbeitsteilung im dualen Berufsbildungssystem, in: Aschenbrücker, K., Pleiß, U. (Hrsg.): Menschenführung und Menschenbild. Perspektiven für Betrieb und Schule, Schriftenreihe Wirtschaftsdidaktik, Berufsbildung und Konsumentenerziehung, Bd. 21, Baltmannsweiler 1991.

Reetz, L.: Zur Bedeutung der Schlüsselqualifikationen in der Berufsbildung, in: Schlüsselqualifikationen, hrsg. von Reetz, L. und Reitmann, Th., Hamburg 1990.

Reetz, L., Witt, R.: Berufsbildung in der Kritik, Curriculumanalyse Wirtschaftslehre, Hamburg 1974.

Reinhardt, E.: Der Unterricht in Betriebswirtschaftslehre und Schriftverkehr, gezeigt am Beispiel der Einzelhandelsklassen, Darmstadt 1961.

Reinhardt, E.: Unterrichtsökonomie, 2. Aufl., Darmstadt 1974.

Reip, H.: Struktur und Schichtung einer elementaren Wirtschaftslehre als Teil der Arbeitslehre, in: Die Schulwarte, 3/1973.

Reitmajer, V.: Untersuchung über den Einfluß von Schicht- und Sprachzugehörigkeit auf die Deutschnote am Gymnasium, in: Linguistik und Didaktik, 26. Jg., 1976.

Richard, W.: Schülerbücher im betriebswirtschaftlichen Unterricht, in: Der Merkur-Bote, 11/1966.

Ritz-Fröhlich, G.: Verbale Interaktionsstrategien im Unterricht, 3. Aufl., Ravensburg 1974.

Robinsohn, S. B.: Bildungsreform als Revision des Curriculums, Neuwied 1967.

Roeder, P. M.: Sprache, Sozialstatus und Schulerfolg, in: betrifft : erziehung, Redaktion (Hrsg.): Familienerziehung, Sozialschicht und Schulerfolg, Weinheim 1971.

Röhrs, H.: Forschungsmethoden in der Erziehungswissenschaft, 2. Aufl., Stuttgart 1971.

Rölke, S.: Methodik der Betriebswirtschaftskunde, 2. Aufl., Bad Homburg v. d. H. 1970.

Rösner, M.: Unterrichtstechnik, Hannover 1951.

Rössner, R.: Autosoziogramm, München 1968.

Rogers, C. R.: Die nicht-direktive Beratung, München 1972.

Romer, M.: „Juniorenfirma", die Ergänzungsmethode in der Erstausbildung, in: Personalführung, 4-5/87.

Rosenthal, R., Jacobson, L.: Pygmalion im Klassenzimmer, 2. Aufl., Weinheim 1974.

Roth, H.: Die Bedeutung der empirischen Forschung für die Pädagogik, Pädagogische Forschung und Pädagogische Praxis, Heidelberg 1958.

Roth, H.: Pädagogische Anthropologie, Bd. 1, Bildsamkeit und Bestimmung, 3. Aufl., Hannover 1971.

Roth, H.: Pädagogische Anthropologie, Bd. 2, Entwicklung und Erziehung, Hannover 1971.

Roth, H.: Stimmen die deutschen Lehrpläne noch?, in: Die Deutsche Schule 60, 1968, S. 63 – 76.

Roth, L. (Hrsg.): Handlexikon zur Erziehungswissenschaft, München 1976.

Rütter, Th.: Formen der Testaufgabe, München 1973.

Ryans, D. G.: Einige Beziehungen zwischen Schülerverhalten und gewissen Verhaltensweisen des Lehrers, in: Weinert, F. (Hrsg.): Pädagogische Psychologie, 7. Aufl., Köln 1972.

Salzmann, Ch.: Gruppenunterricht, in: Lexikon der Pädagogik, Bd. 2, Freiburg 1970.

Salzmann, Ch.: Impuls, Denkanstoß, Lehrerfrage, Reihe: Neue pädagogische Bemühungen, Band 41, Essen 1969.

Schäfer, U.: Internationale Bibliographie zur Projektmethode in der Erziehung 1895-1982, Berlin 1988.

Schanz, H.: Das berufliche Bildungswesen in der Bundesrepublik Deutschland, in: Schanz H. (Hrsg.): Grundfragen der Berufsbildung, Reihe: Beiträge zur Pädagogik für Schule und Betrieb, Bd. 1, 2. Aufl., Stuttgart 1974.

Scharmann, Th. (Hrsg.): Schule und Beruf als Sozialisationsfaktoren, 2. Aufl., Stuttgart 1974.

Schatzmann, L., Strauß, A.: Soziale Schicht und Kommunikationsweisen, in: Holzer, H., Steinbacher, K. (Hrsg.): Sprache und Gesellschaft, Hamburg 1972.

Schell, Ch.: Partnerarbeit im Unterricht, München 1972.

Scheuch, E.-K.: Sozialprestige und soziale Schichtung, in: Class, D. V., König, R. (Hrsg.): Soziale Schichtung und soziale Mobilität, Köln 1961.

Scheuerl, H.: Das Spiel. Untersuchungen über sein Wesen, seine pädagogischen Möglichkeiten und Grenzen, Weinheim 1954.

Scheuerlein, H., Krauß, H.: Der 16-mm-Film, in: Schorb, A., Simmerding, G. (Hrsg.): Lehrerkolleg, AV Medien im Unterricht, München 1975.

Schiefele, H.: Motivation im Unterricht, 5. Aufl., München 1972.

Schneider, G.: Unterrichtslehre für Betriebswirtschaftskunde an Handelsschulen, Darmstadt o. J.

Schön, W.: Das Schaubild, Stuttgart 1957.

Schorb, A. O., Louis, B.: Unterrichtsanalyse, ein Grundkurs im Medienverbund, München 1975.

Schreiner, G.: Gegen eine verdinglichende Leistungsbeurteilung, Westermanns Pädagogische Beiträge 1972.

Schreiner, G.: Sinn und Unsinn der schulischen Leistungsbeurteilung, Die Deutsche Schule 1970.

Schroeder, G., Schroeder, H.: Gruppenunterricht· Beitrag zu demokratischem Verhalten, Reihe: Didaktische Modelle, Band 4, Berlin 1975.

Schröter, G.: Einführung in die Schulpraxis, 3. Aufl., Oberursel 1970.

Schröter, G.: Neue Untersuchungen zur Partnerarbeit mit Lehrprogrammen, in: Neue Unterrichtspraxis, 1/1969.

Schulz, W., Teschner, W. P., Voigt, J.: Verhalten im Unterricht, seine Erfassung durch Beobachtungsverfahren, in: Ingenkamp, K. (Hrsg.): Handbuch der Unterrichtsforschung, Teil I, Weinheim 1970.

Seiffert, H.: Einführung in die Wissenschaftstheorie, Bd. 1, 7. Aufl., München 1974.

Seiffert, H.: Einführung in die Wissenschaftstheorie, Bd. 2, 5. Aufl., München 1973.

Seyd, W.: Lernzielbestimmung im Rahmen individueller Unterrichtsplanung, in: DtBFsch, 12/1975.

Sievers, H. P.: Lernen, Wissen und Handeln, Untersuchungen zum Problem der didaktischen Sequenzierung. Dargestellt am Wirtschaftslehre-Curriculum in der Sekundarstufe II, Frankfurt a. M. 1984.

Simon, A.: Partnerschaft im Unterricht, 2. Aufl., München 1959.

Skinner, B. F., Correll, W.: Denken und Lernen, Braunschweig 1971.

Söltenfuß, G.: Grundprinzipien und Modelle handlungsorientierten Lernens in der kaufmännischen Berufsausbildung, in: Söltenfuß, G., Halfpap, K. (Hrsg.): Handlungsorientierte Ausbildung im kaufmännischen Bereich, Sankt Augustin 1987.

Söltenfuß, G., Halfpap, K. (Hrsg.): Handlungsorientierte Ausbildung im kaufmännischen Bereich, Ergebnisse der Hochschultage Berufl. Bildung 86, Sankt Augustin 1987.

Speth, H. (Hrsg.): Zur Planung von Lehreinheiten in kaufmännischen Schulen, 2. Aufl., Rinteln 1981.

Speth, H.: Analytische Betrachtung zum Lernspiel „Der Mensch und seine Umwelt", in: Decker, F. (Hrsg.): Wirtschaftsdidaktische Konzepte, Ravensburg 1975.

Speth, H., Krug, R., Dörr, F.: Medieneinsatz und Lernzielkontrolle im Wirtschaftslehre-Unterricht, 2. Aufl., Rinteln 1979.

Speth, H., Nußbaum, R.: Die sozialen und anthropogenen Rahmenbedingungen und ihr Einfluß auf den Wirtschaftslehre-Unterricht, 2. Aufl., Rinteln 1979.

Spreitzer, L.: Der didaktische Ort dynamisch-visueller Medien, in: Schnitzer, A. (Hrsg.): Medien im Unterricht, München 1977.

Staehle, W. H.: Zur Anwendung der Fall-Methode in den Wirtschafts- und Sozialwissenschaften, in: Pilz, R. (Hrsg.): Entscheidungsorientierte Unterrichtsgestaltung in der Wirtschaftslehre, Paderborn 1974.

Stegmüller, W.: Einheit und Problematik der wissenschaftlichen Welterkenntnis, München 1967 (Münchener Universitätsreden, Neue Folge 41).

Steinmann, H., Kumar, B., Bleyer, E.: Die Fallmethode in der universitären Führungsausbildung. Ergebnisse einer empirischen Befragung betriebswirtschaftlicher Lehrstühle, Heft 2 der Arbeitspapiere des Betriebswirtschaftlichen Instituts der Friedrich-Alexander-Universität Erlangen-Nürnberg, Nürnberg 1972.

Steinmann, H., Kumar, B., Kurz, W.: Die Fallmethode in der betrieblichen und außerbetrieblichen Weiterbildung von Führungskräften. Ergebnisse einer empirischen Befragung, Heft 7 der Arbeitspapiere des Betriebswirtschaftlichen Instituts der Friedrich-Alexander-Universität Erlangen-Nürnberg, Nürnberg 1972.

Stern, M.: Zum Stellenwert von Praxis in der Fachdidaktik Wirtschaftslehre, in: Kutt, K., Selka, R. (Hrsg.): Simulation und Realität in der kaufmännischen Berufsausbildung, Berlin 1986.

Stöcker, K.: Neuzeitliche Unterrichtsgestaltung, 10. Aufl., München 1960 (und 18. Aufl., München 1984).

Stommel, A.: Sieben Thesen und einige Anregungen zu handlungsorientiertem Unterricht insbesondere im Lernbüro und mit Computerunterstützung, in: Erziehungswissenschaft und Beruf, 2/1994.

Stommel, A.: Handlungsorientierter und traditioneller Unterricht. Aus dem Labyrinth der Unmittelbarkeit, Rinteln 1995.

Störig, H.: Wirtschaft als Entscheidungsfeld, 6. Aufl., Frankfurt a. M. 1971.

Strattmann, K.: Berufsausbildung auf dem Prüfstand: Zur These vom „bedauerlichen Einzelfall", Ergebnisse empirischer Untersuchungen zur Situation der Berufsbildung in der Bundesrepublik, in: Zeitschrift für Pädagogik, 5/1973.

Stripf, R.: Fächerverbindender Unterricht, in: SchulVerwaltung Baden-Württemberg, Nr. 1/93.

Strobel, E.: Das Arbeitsblatt als Hilfsmittel der Unterrichtsgestaltung-Funktionen, Formen, Kritik, in: Erziehungswissenschaft und Beruf, 2/1979.

Sullivan, H. J.: Objectives, Evaluation, and Improved Learner Achievement, in: Instructional Objectives, AERA Monograph Series on Curriculum Evaluation 3, Chicago 1969.

512

Svajcer, V.: Strategie der Gruppenbildung, in: Forsberg, B., Meyer, E.: Einführung in die Praxis der schulischen Gruppenarbeit, Heidelberg 1973.

Tausch, R., Tausch, A.: Erziehungspsychologie, 6. Aufl., Göttingen 1971.

Taylor, J. L., Walford, R.: Simulationsspiele im Unterricht, Ravensburg 1974.

Thiersch, H.: Lehrerverhalten und kognitive Lernleistung, in: Deutscher Bildungsrat, Gutachten und Studien der Bildungskommission, Bd. 4, Begabung und Lernen, 8. Aufl., Stuttgart 1972.

Trow, W., Zander, A., Morse, W., Jenkins, D.: Psychologie des Gruppenverhaltens: Die Klasse als Gruppe, in: Weinert, F. (Hrsg.): Pädagogische Psychologie, 7. Aufl., Köln 1972.

Tschamler, H.: Wissenschaftstheorie. Eine Einführung für Pädagogen, 2. Aufl., Bad Heilbrunn 1983.

Tulodziecki, G.: Allgemeine Mediendidaktik, in: Schorb, A., Simmerding, G. (Hrsg.): Lehrerkolleg, AV-Medien im Unterricht, München 1975.

Tütermann, H.: Der Wechsel in der Methode ist die beste Unterrichtsmethode, in: Erziehungswissenschaft und Beruf, 2/1975.

Twardy, M. (Hrsg.): Kompendium Fachdidaktik Wirtschaftswissenschaften, Wirtschaft-, Berufs- und Sozialpädagogische Texte, Bd. 3, Teil I-III, Düsseldorf 1983.

Ulich, D.: Gruppendynamik in der Schulklasse. Möglichkeiten und Grenzen sozialwissenschaftlicher Analysen, München 1972.

Vogel, A.: Unterrichtsformen I, 2. Aufl., Ravensburg 1975.

Wälde, E.: Die Anschauung im Unterricht der kaufmännischen Schulen, 3. Aufl., Darmstadt 1972.

Walz, U.: Soziale Reifung in der Schule, Hannover 1960.

Watzlawik, P., Beavin, J. H., Jackson, D. D.: Menschliche Kommunikation, Formen, Störungen, Paradoxien, 4. Aufl., Bern 1974.

Weber, E.: Erziehungsstile, 4. Aufl., Donauwörth 1973.

Weinert, F.: Die Familie als Sozialisationsbedingung, in: Pädagogische Psychologie, Bd. 1, Funk-Kolleg, Frankfurt a. M. 1974.

Weinert, F.: Instruktion als Optimierung von Lernprozessen, Teil I: Lehrmethoden, in: Pädagogische Psychologie, Bd. 2, Funk-Kolleg, Frankfurt a. M. 1974.

Weiß, C.: Pädagogische Soziologie, Bd. 4, Soziologie und Sozialpsychologie der Schulklasse, 7. Aufl., Bad Heilbrunn 1972.

Wellendorf, F.: Soziale Konflikte in der Schule, in: Pädagogische Psychologie, Bd. 1, Frankfurt a.M. 1974.

Wendeler, J.: Intelligenztests in Schulen, 4. Aufl., Weinheim 1974.

Weyrich, J.: Organisation der Gruppenarbeit, in: Hillebrandt, F.: Gruppenunterricht - Gruppenarbeit, Wien 1956.

Wiater, W.: Die Beeinflussung sozialer Lernziele durch den Einsatz von Medien im Unterricht, in: Neue Unterrichtspraxis, 3/1979.

Wieczerkowski, W.: Merkmalszusammenhänge in der sprachlichen Kommunikation von Lehrern und Schülern im Unterricht, in: Betzen, K., Nipkow, K. E.: Der Lehrer in Schule und Gesellschaft, 2. Aufl., München 1972.

Willeke, R.: Die Arbeits- und Wirtschaftswelt in emanzipatorischen Schulbüchern, in: Wirtschaft und Erziehung, 9/1976.

Winkeler, R.: Hausaufgaben in der Schulpraxis, Reihe Workshop Schulpädagogik, Materialien 21, Ravensburg 1977.

Winnefeld, F.: Psychologische Analyse des pädagogischen Lernvorganges, in: Weinert, F. (Hrsg.): Pädagogische Psychologie, Köln und Berlin 1972.

Winterhager, W. D.: Lehrlinge, die vergessene Majorität, 2. Aufl., Weinheim 1972.

Wittmann, B.: Vom Sinn und Unsinn der Hausaufgaben, 2. Aufl., Neuwied 1970.

Wittram, R.: Anspruch und Fragwürdigkeit der Geschichte. Sechs Vorlesungen zur Methodik der Geschichtswissenschaft und zur Ortsbestimmung der Historie, Göttingen 1969.

Wolf, E.: Der Tafelanschrieb im Unterricht an kaufmännischen Schulen, in: Der Merkur-Bote, 5/1965.

Wolf, K.: Die Fallstudie als Unterrichtsmethode, Konstruktion, Lernprozeßgestaltung, in: Wirtschaft und Erziehung, 10/1992.

Wolf, W.: Das Problem von Anlage und Umwelt - Das Wechselwirkungsmodell, in: Klafki, W. u. a. (Hrsg.): Erziehungswissenschaft, Bd. 3, Funk-Kolleg, Frankfurt a.M. 1971.

Wygotski, L.: Denken und Sprechen, Frankfurt a.M. 1971.

Zabeck, J.: Modell einer antizipierenden Didaktik der Berufsbildung, in: Entwurf eines didaktischen Systems als Voraussetzung für die Entwicklung eines Programms der Curriculumforschung im Bereich der kaufmännischen Berufsausbildung. In: Zabeck, J., Dörr, F., Stiehl, H. (Hrsg.): Ziele, Fragestellungen und methodische Ansätze der Curriculumforschung für den Bereich der kaufmännischen Berufsausbildung. Schriften zur Berufsausbildungsforschung, Bd. 6, Hannover 1973, S. 9 – 33.

Zilk, H.: Gruppenarbeit in der Volksschule, in: Hillebrandt, F.: Gruppenunterricht - Gruppenarbeit, Wien 1956.

Zimmermann, L. J.: Geschichte der theoretischen Volkswirtschaftslehre, 2. Aufl., Köln 1954.

Stichwortverzeichnis

Lösung Fallstudie

1. **Unterrichtsziel:** Dem Lernenden soll die Bedeutung der Lagerkennziffern für Sortimentsentscheidungen bewußt werden.

_2. **Zeitbedarf:** Zwei Unterrichtsstunden.

3. **Lösungen**

Aufgabe 1:

Konto	301	302	303	304	305	306
Anfangsbestand 01.09.00	70 499,00	46 189,00	34 034,00	31 603,00	21 879,00	38 896,00
+ Einkäufe v. September 00 – August 01	224 750,00	147 250,00	108 500,00	100 750,00	69 750,00	124 000,00
Summe	295 249,00	193 439,00	142 534,00	132 353,00	91 629,00	162 896,00
− Schlußbestand 31.08.01	89 929,00	58 919,00	43 414,00	40 313,00	27 909,00	49 616,00
Einstandswert der verkauften Warengruppen	205 320,00	134 520,00	99 120,00	92 040,00	63 720,00	113 280,00
Ø Lagerbestand (DM)[1]	79 649,00	48 122,00	37 713,00	48 955,00	36 820,00	52 108,00
Umschlagshäufigkeit[2]	2,6	2,8	2,6	1,9	1,7	2,2
Ø Lagerdauer (Tage)[3]	138	129	138	189	212	164
BBE Umschlagshäufigkeit	1,9	2,5	1,8	1,5	1,6	3,5
Abweichungen in % (+/−)	+ 37	+ 12	+ 44	+ 27	+ 6	− 37

Aufgabe 2:

Da die prozentualen Umsatzanteile der einzelnen Warengruppen (siehe Aufgabe) genau den prozentualen Anteilen der Umsätze zu Einstandspreisen am Gesamtumsatz zu Einstandspreisen entsprechen, sind die Kalkulationszuschläge bei allen Warengruppen gleich hoch. Unterstellt werden muß, daß die Gewinnzuschläge ebenfalls bei allen Warengruppen gleich sind, denn nur dann läßt sich sinnvoll begründen, warum Herr Schuster umsatzschwache Warengruppen aussortieren möchte, denn in diesem Fall ist „umsatzschwach" zugleich „gewinnschwach".

Die Warengruppe 5 ist zwar die umsatzschwächste, kann aber nur im Zusammenhang mit der Warengruppe 4 gesehen werden. (Wer in einem bestimmten Geschäft Tennisschläger und -zubehör kauft, möchte dort natürlich auch die Tenniskleidung kaufen). Ebenso stellen die Warengruppen 1 bis 3 ein sogenanntes Komplementärsortiment dar. Wenn also das Sortiment um einen Artikel bereinigt werden sollte, ist allenfalls an die Artikelgruppe 6 zu denken. Sie ist von den übrigen Warengruppen unabhängig; ihre Umschlagshäufigkeit ist um 37 % niedriger als der Branchendurchschnitt.

Hinsichtlich der Vorschläge zur Aufnahme neuer Waren ins Sortiment gibt es viele Möglichkeiten (Lösungen). Beurteilt werden soll hier die Begründung des Schülers.

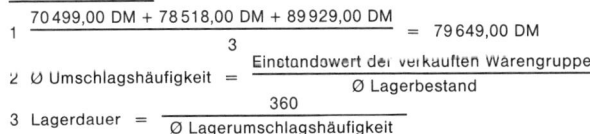

1 $\dfrac{70\,499,00\ \text{DM} + 78\,518,00\ \text{DM} + 89\,929,00\ \text{DM}}{3} = 79\,649,00\ \text{DM}$

2 Ø Umschlagshäufigkeit $= \dfrac{\text{Einstandswert der verkauften Warengruppe}}{\text{Ø Lagerbestand}}$

3 Lagerdauer $= \dfrac{360}{\text{Ø Lagerumschlagshäufigkeit}}$